POLICE

福建警察学院精品课程教材丛书

刑法学

【修订版】

主　编：梁庭标

撰稿人（按姓氏拼音为序）：

孔庆梅　梁庭标　吴文平　向本阳　张光宇

国家一级出版社
全国百佳图书出版单位

图书在版编目(CIP)数据

刑法学/梁庭标主编.—修订版.—厦门:厦门大学出版社,2019.8
(福建警察学院精品课程教材丛书)
ISBN 978-7-5615-5588-0

Ⅰ.①刑… Ⅱ.①梁… Ⅲ.①刑法-法的理论-中国-高等学校-教材 Ⅳ.①D924.01

中国版本图书馆 CIP 数据核字(2015)第 126195 号

厦门大学出版社出版发行
(地址:厦门市软件园二期望海路 39 号 邮编:361008)
总 编 办 电 话:0592-2182177 传真:0592-2181406
营销中心电话:0592-2184458 传真:0592-2181365
网址:http://www.xmupress.com
邮箱:xmup @ xmupress.com
厦门市明亮彩印有限公司印刷
2019 年 8 月第 2 版 2019 年 8 月第 1 次印刷
开本:787×1092 1/16 印张:32.25 插页:2
字数:720 千字
定价:59.00 元

目　录

上编　刑法总论

下编　刑法各论

上　编
刑法总论

第一章　刑法理论与基本原则

作为法学理论的一个分支学科，刑法理论是在总结以往刑事司法实践中获得的成功经验或失败教训的基础上形成的各种观点和看法，而在其漫长的历史发展过程中又受到了各种思想的影响，因而对其有所争议也就不可避免。学习刑法理论，就是要懂得运用正确的观点和方法来判断和处理与其有关的事实和法律问题。在刑法理论的形成过程中还产生了不同的原则，可以说它们是近代以来刑法思想与理论的结晶，凝聚了许多思想家、理论家的心血，是法治国家走向更加文明的一种标志。只有深刻领会和把握其实质内涵，才能将其灵活地应用。

第一节　刑法理论概述

一、刑法

什么是刑法？如果我们抽取刑法的本质属性，则它是规定犯罪、刑事责任和刑罚的法律。传统的刑法理论一般会将法律的阶级属性看作是刑法的本质，“刑法是掌握国家政权的统治阶级，为了维护本阶级的统治和利益，根据自己的意志，规定何种行为是犯罪并对该行为处以刑罚的法律”①。之后的教材虽不再提及此观点，却在无意中回避了其本质属性问题。

那么，刑法的本质属性是什么？要回答这一问题，首先必须回到“法与社会”的关系中去，才有可能将问题看得透彻。如前所述，为什么以前人们习惯于把阶级属性说成是刑法的本质？这是因为当时的人们是从阶级关系的层面来划分整个社会关系的，总认为法律是统治阶级意志通过国家形式表现出来的一种规范，而这一思路吻合了当时社会流行的“以阶级斗争为纲”的价值取向；而将法律视为“掌握国家政权的统治阶级”意志的一种体现，又恰好满足了威权政治社会的利益需求——法律是国家顶层“自上而下”的一种制度性设计。例如，在什么样的行为应当定罪量刑的问题上，是居于国家统治地位的阶级说了算，甚至在何时出台刑法的时间表上，也是国家顶层说了算。从 1949—1979 年的整整 30 年时间里，如此之大的中国居然找不到一部完整意义上的刑法。在进入 21 世纪的前后，经济建设成了国家的首要任务，阶级斗争不再被人们提及，而威权政治也逐步被民主政治

① 何秉松主编：《刑法教程》，中国法制出版社 1998 年版，第 8 页。

所取代，社会关系亦不再是以阶级关系为核心标志，民主、法治思想深入人心，在此背景下，“法与社会”的关系发生了剧变，此时再提上述概念必定不合时宜。如果以民主的观点来确立刑法的本质属性，它就应当是指从“国家实行法治与保障人权”的宪政角度来取代“阶级斗争为纲”的法律观。这一变化意味着“在什么样的行为应当定罪量刑的问题上，不再是居于国家统治地位的阶级单方面说了算”，而是要通过立法上的民主程序，是由人民的意志来决定的。例如，“见危不救”行为能否入罪？这在中国从专家学者到平民百姓已经争论了20多年，至今没有一个统一的结论，这一点多少也影响到了全国人大的立法行为。可见刑法的本质属性是存在着的，只是在不同的历史时期，由于来自社会层面对刑法的关系作用，使其属性有着不一样的内涵。

刑法除了具有本质属性以外，还具有一定的法律属性，这主要是指它在整个法律体系中所占据的地位特征。在我国的法律体系中，宪法是根本大法。宪法之下有刑法、民法、行政法、经济法等基本的部门法律。刑法与其他部门法比较起来，有两个显著的特点：其一，刑法所保护的社会关系的范围更为广泛。其他部门法如民法、行政法等法律都是调整一定范围内的社会关系的。凡调整同一类社会关系的法律规范的总和，就构成一个独立的法律部门。例如民法是调整一定范围内的财产关系和人身关系的法律规范的总和；经济法调整的只能是一定范围内的经济关系。而刑法不以特定的社会关系为调整对象，而是以特定的调整方法使它与其他部门法律区别开来。刑法的调整对象不限于某一类社会关系，而是调整各个领域的社会关系。仅以调整对象为标准，无法把刑法与其他部门法区别开来。任何一种社会关系，只要受到犯罪行为的侵犯，刑法就规定对这种行为予以一定的刑罚处罚，从而使这种社会关系进入刑法的调整范围。其二，刑法的强制性最为严厉。任何法律都具有强制性，任何侵犯法律所保护的社会关系的行为人，都必须承担相应的法律后果，受到国家强制力的干预。例如，违反民法的，要承担民事责任；违反治安管理处罚法的，要受到治安管理处罚，等等。但是，所有这些强制，都不及刑法对犯罪分子进行刑事制裁即适用刑罚严厉。刑罚不仅可以剥夺犯罪分子的财产，限制或剥夺犯罪分子的人身自由，剥夺犯罪分子的政治权利，而且在最严重的情况下还可以剥夺犯罪分子的生命。正因为刑法具有以上特点，所以刑法的法律性质不同于其他法律，它是直接用来同犯罪做斗争的法律。

【资料检索】

从1951年开始陆续出台了一些单行刑事法律和刑事政策等，如《关于惩治反革命条例》《关于没收反革命罪犯财产的规定》《管制反革命分子暂行办法》《惩治贪污条例》《妨害国家货币治罪暂行条例》《关于取缔投机商业的几项指示》《关于打击投机倒把和取缔私商长途贩运的几个政策界限的暂行规定》《关于严禁鸦片烟毒的通令》《关于违反爆炸、易燃危险物品管理规则的处罚暂行办法》等等。除此之外，还在《保守国家机密暂行条例》《全国人民代表大会及地方各级人民代表大会选举办法》等法律法规中，对有关的犯罪行为，直接规定了具体的罪状和处刑条款。以上单行刑事法律、其他法律法规中的处刑规定以及大量的有关司法解释、批复等，都是司法机关办案的依据。我国第一部社会主义的刑法典于1954年开始起草，历经25年，除1957年反右派斗争、1964 年四清运动以及"文化大革命"三次大的停顿外，实际起草工作也有五六年，前后易 38 稿，最后才在 1979 年举行的第五届全国人民代表大会第二次会议上获得通过。从 1981 年开始，全国人大常委会根据形势的发展变化和同犯罪做斗争的实际需要，先后制定出 23 个修改刑法的决定和补充规定，还在 90 多部经济法、行政法中规定了 130 多条"依照""比照"刑法中相近的条文追究刑事责任的规定。这些规定都是刑法的组成部分。全国人大常委会法工委从 1982 年开始研究刑法的修订工作，历时 15 年，经历了酝酿准备、草拟刑法修订草案和全国人大常委会、全国人民代表大会审议三个阶段，最后由八届全国人民代表大会第五次会议于 1997 年 3 月 14 日审议通过，1997 年 10 月 1 日开始实施。这部新刑法是一部统一的、比较完备的刑法典。新刑法自生效后，从 1999 年 12 月 25 日开始至 2015 年 8 月，先后又经历了九次大的修改，理论上统称为"刑法九大修正案"。

二、刑法学

刑法学是研究刑法及其所规定的犯罪、刑事责任和刑罚的科学。它和其他部门法学科一样，同属于部门法学的研究范畴。

刑法学作为研究刑法的科学，是随着刑法的产生而出现的。在漫长的历史发展过程中，随着人类对犯罪和刑罚的认识不断深入，积累了大量的刑法文化遗产，它们构成了人类法治文明的重要组成部分。我国古代刑律十分发达，当时律学主体部分就是研究刑律的学问，如春秋战国时期的"刑名之学"即属于这一范畴。而它作为一门独立学科却是近代才出现的。一般认为，1764 年意大利著名刑法学家贝卡里亚《论犯罪和刑罚》一书的出版，标志着刑法学的正式诞生。此后，经费尔巴哈、龙勃罗梭、菲利、李斯特等人的不断努力，先后出现了刑事古典学派与刑事实证学派(包括刑事人类学派和刑事社会学派)，创立和发展了刑法理论体系。中国当今的刑法学理论主要是受到了苏联刑法学家的影响，其理论及学术观点的作用在改革开放后已经有所式微。

刑法学分为以下类型：(1)规范刑法学，是指以本国的现行刑法为研究对象，主要采取注释方法揭示法条的内容，并加以评注而形成的刑法规范知识体系。(2)理论刑法学，是指采用思辨方法，对蕴含在法条背后对法条起支撑作用的法理加以阐述而形成的刑法知识体系。在理论刑法学中，按照其内容又可以分为刑法法理学与刑法哲学。(3)比较刑法学，是指采用比较方法，研究各国刑法，探求其立法思想和原理的异同，阐述其特征而形成的刑法知识体系。(4)国际刑法学，是指对国际刑事法律规范(包括刑事实体法规范和刑事程序法规范)进行研究而形成的刑法知识体系。

刑法学的作用一是指导刑事立法，二是促进刑事司法。

【资料检索】

刑法学分为刑法总论和刑法分则。其中，总论部分主要有刑法的基本原则，刑法的效力范围，犯罪的概念和构成，犯罪客体，犯罪客观方面，犯罪主体，犯罪主观方面，正当行为，故意犯罪的停止形态，共同犯罪，罪数形态，刑事责任，刑罚概说，刑罚的体系和种类，刑罚裁量，刑罚裁量制度，刑罚执行制度，刑罚的消灭；分则部分包括概述，危害国家安全罪，危害公共安全罪，破坏社会主义市场经济秩序罪，侵犯公民人身权利民主权利罪，侵犯财产罪，妨害社会管理秩序罪，危害国防利益罪，贪污贿赂罪，渎职罪，军人违反职责罪。

三、刑法解释

刑法解释是指对刑法规范蕴含的阐述。刑法条文所具有的一定程度上的抽象性和稳定性，决定了刑法解释在正确领会立法意图、准确适用法律上的必要性。

【观点论争】

在刑法理论上，关于如何对刑法进行解释，存在主观解释论与客观解释论之争。(1)主观解释论认为，法律是立法者为社会一般人设计的行为规范，表达了立法者希望或不希望、允许或不允许人们从事什么样的行为的主观愿望，因而法律应该具有明确性。就刑法而言，刑法应以成文法的形式明确规定什么行为是犯罪以及应受何种刑罚处罚。依据法律规定的行为规范，人们就可以在社会生活中设计自己的行为方式，预见到自己行为的法律后果。法律的明确性同时促使法官严格依法办案，在法律规定的权限范围内行使权力，禁止法官滥用职权，侵犯公民的合法权利，即使是犯罪人也不应受到法外制裁。法律的安全价值由此得到保障。法律的这种可示人以规范的明确性是安全价值的保障。因此，任何对法律的解释都是对立法者在立法时表达的立法原意的理解，即找出立法原意。由于这种法律解释的主张以立法原意为认识目标，企图达到立法者的主观状况，因而被称为法律解释上的主观解释理论。(2)客观解释论认为，法律是社会的产物，法律解释必须符合实际的社会生活。因此，所谓客观，在词义上是指客观的社会现实的需要，以此对应于主观解释理论主张的立法者的主观状况。客观解释论者指出，法律并非死文字，而是具有生命的、随时空因素的变化而变化的行为规范。立法者一旦颁布了法律，法律便随着时间的变化而逐渐地并越来越远地脱离立法者而独立自主地生存下去，并逐渐地失去了立法者赋予它的某些性质，获得了另外一些性质。法律只有在适应社会需要的情况下才能保持活力。激进的客观解释论者认为所谓立法意图只是一个纯属虚构的概念。从否定立法意图开始，法官对法律的解释逐渐演变成在法律解释的名义下对法律的创造，即法官造法。在上述观点中，激进的客观解释论显然有悖于解释一词的原义，从而混淆了立法与司法的界限。

刑法解释种类是多种多样的，一般可以分为立法解释、司法解释和学理解释。

(1)立法解释。立法解释是指立法机关对刑法的含义所做的解释。立法机关具有立法权，当然也有权对法律加以解释，这种解释具有与立法相同的法律效力。刑事立法解释对于弥补刑法规范中的漏洞，使刑法规范适应复杂多变的犯罪活动，维护刑法规范的稳定性，具有重要作用。

【资料检索】

在1997年刑法颁行以后，我国立法机关开始注重通过立法解释进一步明确立法意蕴。尤其是对司法机关存在异议的问题，通过立法解释加以明确。例如，2002年4

月28日全国人大常委会《关于〈中华人民共和国刑法〉第二百九十四条第一款的解释》(以下简称《解释(一)》)和《关于〈中华人民共和国刑法〉第三百八十四条第一款的解释》(以下简称《解释(二)》),是在刑法实施以来,第一次在有关的法律问题已有司法解释的情况下,由于司法机关对法律规定认识不一致,而由全国人大常委会又做出立法解释。其中《解释(一)》是对黑社会性质的组织的立法解释,《解释(二)》是对挪用公款归个人使用的立法解释。这两个问题最高人民法院都曾经作过司法解释,最高人民检察院存在不同意见,因而全国人大常委会作出立法解释。这些立法解释对于明确法律规定的立法本意,进一步规范司法解释具有重要意义。

(2)司法解释。司法解释是指司法机关对刑法的含义所作的多功能解释。在刑法适用中,经常出现一些疑难问题,需要通过司法解释加以明确。因此,司法解释对于刑法的正确适用具有重要意义。我国的司法解释是指最高人民法院和最高人民检察院对刑法适用中有关问题所作的解释。

【资料检索】

根据1981年6月10日全国人大常委会《关于加强法律解释工作的决议》规定:"凡属于法院审判工作中具体应用法律、法令的问题,由最高人民法院进行解释。凡属于检察工作中具体应用法律、法令的问题,由最高人民检察院进行解释。"因此,最高人民法院和最高人民检察院均有司法解释权。从1997年刑法颁行以来,最高人民法院和最高人民检察院就审判和检察工作中具体适用刑法的问题分别进行了大量的司法解释,同时就一些刑法适用的共同性问题,最高人民法院和最高人民检察院联名作出司法解释。此外,最高人民法院和最高人民检察院还与有关行政部门共同对刑法适用中的问题进行解释,这可以视为一种准司法解释。我国的司法解释就内容而言,可以分为规范性解释与个案性解释。规范性解释通常以"规定""解释"等形式发布,而个案性解释则通常以"批复""答复"等形式发布。此外,还有以座谈会纪要的形式出现的司法解释性文件,也同样具有司法解释的性质,只是在法律效力上略逊于正式的司法解释。根据2001年12月16日最高人民法院、最高人民检察院《关于适用刑事司法解释时间效力问题的规定》第2条的规定:"对于司法解释实施前发生的行为,行为对没有相关司法解释,司法解释施行后尚未处理或者在处理的案件,依照司法解释的规定办理。"由此可见,司法解释作为对刑法的解释,其适用的时间效力依附于刑法的效力。但前引司法解释第3条规定:"对于新的司法解释实施前发生的行为,行为时已有相关司法解释,依照行为时的司法解释办理,但适用新的司法解释对犯罪嫌疑人有利的,适用新的司法解释。"因此,在具有新旧司法解释的情况下,应当按照从旧兼从轻的原则解决司法解释的时间效力问题。

(3)学理解释。如果把立法解释与司法解释称为有权解释,即其法律解释具有法律上的拘束力。那么,学理解释就是一种无权解释,但具有学理上的参考价值。尽管学理解释不具有法律效力,但它在刑法适用中仍然具有十分重要的意义。

除此之外,刑法解释的方法还有许多,如文理解释和论理解释,而论理解释又可分为扩张解释、限制解释、当然解释、沿革解释等。

【资料检索】

1. 文理解释，又称为文义解释或者平义解释，是指对法律条文的字义，包括单词、概念、术语以及标点符号，从文理上所作的解释。对于法律解释来说，文理解释是一种首选的解释方法。在一般情况下，通过文理解释可以获得对于刑法条文的正确理解的，就不应当再采用其他解释方法。文理解释依赖的是法律赖以表达的语言的日常意义。由于语言的文义具有多重性，因而有时需要在数个文义中根据立法精神加以选择。为了避免日常语言这种歧义性而引起对法律的误解，在法律实践中创设了专业语言，即所谓法言法语，这种专业语言是法律所特有的，例如刑法中的累犯、假释等概念，对这种法律专业术语的解释被认为是一种特殊文义解释方法。当然，在法律文本中，法言法语只是少数，大多数采用的是自然语言。由于自然语言的含糊性，因而文理解释方法是有很大局限性的，正确的法律解释还须借助于论理解释方法。

2. 论理解释是指按照立法精神，联系有关情况，对刑法条文从逻辑上所作的解释。论理解释可以分为以下几种：(1)扩张解释是指根据立法精神，结合社会的现实需要，将刑法条文的含义作扩大范围的解释。在扩张解释的情况下，解释的内容已经超出了刑法条文的字面含义。这种超出条文字面含义的解释之所以是合法的，主要是因为所解释的法律条文上的概念与被解释的事实上的概念之间具有法律性质的联系。当然，也不排除在某些情况下，通过扩张解释以补救立法不确切之弊。例如，《刑法》第 49 条规定："审判的时候怀孕的妇女，不适用死刑。"从词义上来看，审判是指侦查、起诉相对应的刑事诉讼程序，因而审判的时候不包括侦查、起诉的时候，但根据有关司法解释的规定，这里的审判的时候是指从羁押到执行的整个诉讼过程，而不是仅指法院审理阶段。即使在法院作出死刑立即执行的终审判决以后，在执行死刑时发现被执行的妇女怀孕的，也应停止死刑的执行，并依法予以改判。由此可见，对审刑的时候所作的是扩大解释，将含义扩大到文义字面范围之外。(2)限制解释是指将刑法条文的含义作限制范围的解释，即解释的内容较之刑法条文的词义范围为小。限制解释主要是基于合理性的考虑，同时它又没有超出法律条文的字面含义，因而不存在违反罪刑法定原则的问题。例如，《刑法》第 29 条规定："教唆不满十八周岁的人犯罪的，应当从重处罚。"从字义上看，不满十八周岁的包括不满十四周岁的人，但不满十四周岁的人的危害行为不构成犯罪，因而教唆者不属于共同犯罪中的教唆犯，构成间接正犯。因此，这里的"不满十八周岁的人"应限制解释为"已满十四周岁不满十八周岁的人"，"只有作出这样的限制解释，才符合立法原意"。(3)当然解释是指刑法条文表面虽未明确规定，但实际上已包含于法条的意义之中，依照当然解释的道理解释法条意义的方法。例如，《刑法》第 329 条规定了抢夺国有档案罪，但未规定抢劫国有档案罪。那么，在行为人使用暴力抢劫国有档案的情况下，能否以抢夺国有档案罪论处呢？我认为是可以的，这里适用的就是"举轻以明重"的当然解释。因为抢劫行为本身包含抢夺的内容，是使用暴力抢夺。在抢夺与抢劫之间存在着逻辑上的递进关系。如果不存在这种逻辑上的递进关系，而是具有逻辑上的类似关系，就不能根据"举轻以明重"而予以当然解释。(4)沿革解释又称历史解释，是指根据刑法条文制定的历史背景以及其因袭与演变的情况阐明条文含义的解释方法。法律是一个发展的过程,在这种发展过程中,具有连续性与变动性的双重变奏。沿革解释就是从连续与变动的相关性上阐明刑法条文的含义,在某些情况下,这种沿革解释优于其他解释。

第二节 刑法基本原则

刑法的基本原则,是指贯穿全部刑法规范、具有指导和制约整个刑事立法、刑事司法全过程的意义,并体现我国刑事法治的基本精神的准则。一个国家的刑法选择或不选择刑法原则、选择什么样的刑法原则,体现的是这一国家对犯罪与刑罚所秉持的一种社会态度。新中国第一部刑法(1979 年出台)就采取了不选择的态度,而在 17 年后进行刑法修订时才第一次明确了适用至今的罪刑法定原则、适用刑法平等原则和罪责刑相适应原则等。实际上每一部刑法都蕴藏着立法者的思想或意图,而通过对刑法原则的分析,我们将能够深刻领会在其每一个原则背后的立法思想及其价值取向,因为刑法原则如同棱镜一般已经将其初衷泄露无遗。

【资料检索】

目前世界上大多数国家都实行罪刑法定原则,但这一原则在各国法律上的反映都不完全相同。概而论之,大约有以下几种情况:第一种情况,在宪法中明确规定罪刑法定原则,刑法不再另作规定,如日本、丹麦、挪威、瑞典等国。第二种情况,罪刑法定原则明确规定在刑法中,如德国、荷兰、智利等国。第三种情况,罪刑法定原则既规定在宪法中,又规定在刑法中,如意大利。刑法基本原则的确立事关一国的宪政制度。有意思的是,从时间先后而论,中国刑法是在 1997 年才提出刑法的基本原则,它早于 1999 年宪法提出的"依法治国"的构想。这是否意味着超前诞生的刑法原则存在着"良性违宪"的嫌疑?或许有人会说,中共中央早在 1996 年就提出过"依法治国"的主张,刑法原则就是在这样的背景下才产生的,更何况后来的宪法也在事后的修宪中给刑法原则作了最好的注脚,本无可厚非。但也有的观点认为,毕竟当时的宪法并没有对此作出过规定,更何况刑法原则一般是要载入宪法的,因为它事关人权,类似刑法原则一般走在了宪法修改之前,无论如何都已经构成了违宪。

学习刑法基本原则,主要还在于完善司法应用的环节。刑法原则毕竟不同于具体的刑法制度、条文,怎样才能更好地加以应用,很大程度上取决于每一个人的理论功底与悟性。

一、罪刑法定原则

罪刑法定原则是中国刑法规定的一项基本原则,其基本含义是"法无明文规定不为罪"和"法无明文规定不处罚"。即犯罪行为的界定、种类、构成条件和刑罚处罚的种类、幅度,均事先由法律加以规定,对于刑法分则没有明文规定为犯罪的行为,不得定罪处罚。

罪刑法定原则最早的思想渊源,一般认为是体现在 1215 年英王约翰签署的大宪章第

39 条当中:"凡是自由民除经其贵族依法判决或遵照国内法律之规定外,不得加以扣留、监禁、没收其财产、褫夺其法律保护权,或加以放逐、伤害、搜索或逮捕。"后来在 17—18 世纪启蒙思想家的著作中得到了更为系统与全面的阐述,由此形成了一种思想潮流,与封建社会的罪刑擅断相抗衡。罪刑法定原则从学说向制度的转变,是在法国大革命胜利以后才完成的。在 1789 年法国《人权宣言》第 8 条规定:"法律只应规定确实需要和显然不可少的刑罚,而且除非根据在犯罪前已经制定和公布的且系依法施行的法律以外,不得处罚任何人。"在《人权宣言》这一内容的指导下法国制定了刑法典,并于同年公布施行,这就是举世闻名的 1810 年《法国刑法典》。该法第 4 条明确规定了罪刑法定原则:"没有在犯罪行为时以明文规定刑罚的法律,对任何人不得处以违警罪、轻罪和重罪。"该法一经颁行,即成为世界上大多数国家仿效的范本,遂使罪刑法定主义成为在大陆法系国家刑法中通行的刑法基本原则之一。由此可知,罪刑法定原则是在反对封建社会的罪刑擅断的斗争中提出来的一项刑法原则,是刑事法治的应有之义。

【资料检索】

1. 自然法理论。尊重人权意味着刑法要保障人权,不致阻碍国民的自由行动,这就必须使国民能够预测到自己行为的性质与后果,必须事先明确规定犯罪与刑罚。罪刑法定主义是现代社会保障人权的要求和体现。刑法的机能,站在国家的角度要打击犯罪,保护公众;站在公众的角度要限制国家权力,保障人权。这就是罪刑法定主义的两面性:一方面,法律规定为犯罪的,必须要依照法律定罪处罚,体现了国家对公民权利的保障;另一方面,对于法律没有规定为犯罪的,不得定罪处罚,这体现了对国家权力的限制和对人权的保障。所以说,罪刑法定主义是刑法机能的有机结合,它最终的落脚点是要保障人权。

2. 三权分立。这一思想最早源自英国哲学家洛克,其目的是防止封建贵族实行专制统治。洛克主张把国家的权力分为立法权、行政权和对外权。在他看来,这三种权力不是平列的,立法权高于其他权力,处于支配地位,而三种权力必须由不同的机关行使,不能集中在君主或政府手中。法国著名启蒙思想家孟德斯鸠在洛克的影响下,以英国君主立宪政体为根据,提出了较为完整的分权学说。他把政权分为立法权、司法权和行政权。认为这三种权力应当由三个不同的机关来行使,并且互相制约。有鉴于此,孟德斯鸠提出以权制权的制衡原理。这一学说被看作是产生罪刑法定主义的思想基础。

3. 心理强制说。德国著名刑法学家费尔巴哈是心理强制说的首倡者。他认为,所有违法的行为的根源都在于趋向犯罪行为的精神动向、动机形成源,它驱使人们违背法律。因此,国家制止犯罪的第一道防线便应该是道德教育。然而,教育远非万能,总会有人不服教育而产生违法的精神动向,这就决定了国家还必须建立以消除违法精神动向为目的的第二道防线,即求助于心理强制。那么,怎样才能实现心理强制呢?他认为,刑罚与违法的精神动向相联系必须借助于一定的中介,这就是市民对痛苦与犯罪不可分的确信。而建立痛苦与犯罪不可分的确信的唯一途径就是用法律进行威吓。这样试图犯罪的人不管它具有何种犯罪动向,都面临着刑罚的威吓,就会因该种威吓而不敢实施任何犯罪,从而达到国家预防犯罪发生的目的。由此可以说,罪刑法定是费尔巴哈心理强制说的必然结果。

我国《刑法》第3条将其概括为:"法律明文规定为犯罪行为的,依照法律定罪处刑;法律没有明文规定为犯罪行为的,不得定罪处刑。"它从正反两个方面阐明了罪刑法定原则的双重价值蕴涵,一是强调犯罪及其刑罚的法定性,体现法律的权威和国家对危害社会行为的定罪处罚权;二是强调非罪行为的自由性,即对国家刑罚权的限制,保障公民的权利和自由,体现了对人权的维护。由此派生出以下原则:成文法主义——排斥习惯法、禁止重法溯及既往、禁止刑事类推、排斥绝对不定期刑或绝对定期刑以及刑法的明确性。

【资料检索】

1.成文法主义。成文法主要是指国家机关根据法定程序制定发布的具体系统的法律文件。成文法是"不成文法"的对称。国家机关依立法程序制定的、以规范性文件的形式表现出来的法。其最完善的形态是法典。它的优点是明确、可资直接援用;缺点在于其有条文有时不清楚、立法环境与现实不一样或时移世易。所以,坚持成文法主义时要注意克服其固有的毛病。

2.排斥习惯法。习惯法是独立于国家制定法之外,依据某种社会权威和社会组织,具有一定强制性的行为规范的总和。在现代法律体系中,除非洲一些国家外,其作用被大大减弱,也不是主要渊源。但习惯法仍在一个国家的法律体系中扮演着不可或缺的角色。我国现行法律体系中,相当一些法律、法规涉及习惯法方面的内容。例如,《人民警察法》第20条要求警察"尊重人民群众的风俗习惯"。《监狱法》第52条规定"对少数民族罪犯的特殊生活习惯,应当予以照顾"。《戒严法》第29条规定戒严执勤人员"尊重当地民族风俗习惯"。尤其应当指出的是,由于目前我国尚未诞生统一的民法典,民事立法处于分散、不完备的状态,因此,习惯法补充民法法源的地位不可或缺,习惯法作为法源实际上已被我国民事立法所确立。我国刑法对习惯法的态度是:在无具体条文规定的情形下,从有利于保障人权的角度出发,尊重习惯做法。

3.禁止重法溯及既往。禁止溯及既往是保障人权的一种基本要求。因为人们一般是按照现行有效的法律来规划自己行为的;如果现在的行为是合法的,却在将来被宣告为非法,即会让人们无所适从。因此,所谓禁止溯及既往只是禁止不利于被告人的溯及既往,如果新法有利于被告人,如在新法处罚较轻或者不处罚的情况下,对原来根据旧法所作的判决也必须改判为较轻的刑罚或者宣告无罪的,则可以溯及既往适用新法。

4.禁止刑事类推。刑事类推是对刑法没有明文规定为犯罪的行为,比照同它最相类似的条文定罪判刑的制度。它有悖于罪刑法定原则,因为依其原意,定罪判刑必须根据事前法律明文所作的规定。这可能导致法官随意适用法律,侵害公民的自由权利,因为禁止类推被认为是罪刑法定原则的一个派生原则,但是禁止刑事类推并不反对进行方法论上的法律解释的运用。

刑法从完善中国刑事法治、保障人权的需要出发,明文规定了罪刑法定原则,并废止了已经在中国大陆施行了十几年的类推制度,成为刑法典修订和中国刑法发展的一个重要标志。其价值内涵和内在要求在修订后的刑法中得到了较为全面、系统的体现。当然，罪刑法定原则在刑法中的确认只是我们在走向法治化道路的一个开端，而它的生命力更需要通过司法实践才能显现出来。刑事立法上的罪刑法定原则要付诸实现，有赖于司法机关实际的执法活动。

【观点论争】

中国 1979 年刑法没有规定罪刑法定原则，因此，对于 1979 年刑法是否实行过该原则存在着不同意见。一种观点认为，罪刑法定不是也不应成为中国刑法的基本原则，主要理由是：从方法论来看，罪刑法定是孤立的、静止的观点来看待犯罪现象，因而不能反映犯罪现象的复杂多样和千变万化的情况。中国刑法是根据同犯罪做斗争的比较成熟的经验和迫切需要解决的问题制定的。而按照罪刑法定的原则，必然要求立法机关在没有与某一方面犯罪做斗争的经验或经验不成熟时，即对犯罪与刑罚勉强作出决定，这样就会出现行不通或打击过宽的现象。而且，中国刑事立法的实践和刑法的实际精神是否定罪刑法定的。当时的刑法既然规定了类推，就证明我国没有采用过罪刑法定原则。另一种观点认为，我国刑法实行过相对罪刑法定原则，主要理由是：法律明文规定合法与非法，使广大人民群众知道什么行为是犯罪，什么行为受法律保护。更为重要的是，在刑法上采取罪刑法定原则，对于保障宪法赋予人民的基本权利有着极为重要的作用。虽然刑法还规定了类推制度，但是对其适用的条件极为严格，必须报经最高人民法院核准，因此在实践中适用类推定罪判刑只能是极个别的。

【案例分析】

赵某在某自动取款机上拾得他人信用卡，并从卡上取走人民币 1.2 万元，在即将离开之际被回头找寻的失主查获，将其扭送至公安机关。对于赵某行为的刑法定性问题，司法实践中存在着较大分歧，主要有以下三种观点：(1)有观点认为，赵某的行为应该构成侵占罪，因为信用卡应该被认定为遗忘物，其将他人的遗忘物非法占为已有且从中提取现金，且拒不退还，符合刑法规定的侵占罪的犯罪构成，所以该行为应当被认定为侵占罪。(2)也有观点认为，赵某的行为应该构成盗窃罪，理由是赵某拾得他人信用卡后，利用卡主先前已经输入的密码，取走其账户上的存款，应当视为采用秘密手段窃取公私财物，符合刑法规定的盗窃罪的犯罪构成，所以该行为应当被认定为盗窃罪。(3)还有观点认为，赵某的行为应该构成信用卡诈骗罪，因为赵某从拾得的别人的信用卡中取款的时候，没有经过卡主的授权或允许，而是冒用了卡主的身份，其采取了欺骗的方式非法取得了他人的财产，这符合刑法规定的信用卡诈骗罪的犯罪构成，应该被认定为信用卡诈骗罪。

二、平等适用刑法原则

法律面前人人平等原则是一项普遍适用的人权原则，也是我国的宪法性原则，这意味着其他部门法都必须一体遵守，我国《刑法》第 4 条为此作出明文规定："对任何人犯罪，在适用法律上一律平等。不允许任何人有超越法律的特权。"平等适用刑法是指刑法规范在根据其内容应当得到适用的所有场合，都予以严格适用。这是因为平等适用刑法是保障国民自由的需要，是保护国家与民众法益的要求，是依法治国的基本保障。

【资料检索】

早在欧洲文艺复兴时期，资产阶级启蒙思想家便提出了“人权”的思想。到17—18世纪，洛克、卢梭等人则系统地阐述了“天赋人权”学说，认为“人类天生都是自由、平等和独立的”（洛克：《政府论两篇》），“每个人都生而自由平等”，“放弃自己的自由，就是放弃做人的资格，就是放弃人类的权利”（卢梭：《社会契约论》）。这一理论为资产阶级革命奠定了思想基础，也为资本主义法制建设提供了原则依据。1789年法国《人权宣言》正式确认了这一原则，明确规定“法律是公共意志的表现”，“在法律面前，所有的公民都是平等的”，即“在权利方面，人们生来是而且始终是自由平等的”。这种法律上的平等具体表现为：(1)全体公民“都有权亲身或经由其代表去参与法律的制定”；(2)“法律对于所有的人，无论是施行保护或处罚都是一样的”；(3)他们可以按其能力担任一切官职、公共职位和职务，除德行和才能上的差别外不得有其他差别。1791年的法国宪法以根本法的形式肯定了这些原则。恩格斯指出，“无产阶级抓住了资产阶级的话柄：平等应当不仅是表面的，不仅在国家的领域中实行，它还应当是实际的，还应当在社会的、经济的领域中实行”，“无产阶级平等要求的实际内容都是消灭阶级的要求。任何超出这个范围的平等要求，都必然要流于荒谬”。①

平等适用刑法的具体要求是：对刑法所保护的合法权益予以平等的保护；对于事实犯罪的任何人，都必须严格依照法律认定犯罪；对于任何犯罪人，都必须根据其犯罪事实与法律规定量刑；对于被判处刑罚的任何人，都必须严格按照法律的规定执行刑罚。

【观点论争】

我国刑法中规定了大量的同罪不同罚的内容，如同样都是抢劫罪的共犯，因为有的同案犯存在着自首、检举或其他立功表现的，有的同案犯存在着累犯或其他从重情节的，有的属于主犯、从犯或胁从犯等，所有这些内容都会不同程度地影响到对他们的定罪与量刑。从表面上看，同案不同罪、不同罚，有违平等适用刑法的具体要求，而在实际上恰恰体现了其实质平等的诉求。如果出现了在构成要件中所有罪行、情节都相同的行为，却由于法外的原因而遭遇了不同的对待，那才是事实上真正的不平等。

平等适用刑法原则的真正实现，需要改革现有的司法体制，建立健全完善的引进、培养和使用司法人员的各项的制度与运作机制，保证司法工作人员具有较高素质并且能够独立依法审理刑事案件；需要改革传统的刑事审判方式，保证审判程序有利于查清案件事实；需要改变执法观念，保证以平等的执法观指导刑法的适用；需要全社会各方面的配合，保证刑事案件能够顺利、迅速移送司法机关；需要杜绝地方保护

① 《马克思恩格斯选集》第三卷，第146页。

主义,保证刑法能够适用于任何地方的任何人;需要国家机关及其工作人员率先增强法治观念,保证司法机关平等适用刑法;需要所有公民树立平等观念,保证平等适用刑法有牢固的思想基础。

【案例分析】

2014年8月24日,上海警方以福建某县的人大代表张某某涉嫌醉驾向该县人大常委会申请将其拘留;10月中旬,该县通知上海警方其拘留张某某的申请未获通过。后在社会舆论的压力下,该县人大常委会重新进行审议,于12月2日全票同意拘留张某某的申请。

追求平等的历程几乎没有终点,因为某一方面的平等会在其他方面产生明显的不平等;而实现了一个平等,就会引起另一个不平等,但我们不能因此放弃对平等的追求。在中国,因为身份的特殊而引发的司法平等问题尤其容易让人关注。位高权重者有之,平头百姓者有之。作为一项宪法性原则,为什么需要在刑法中特别突出地予以提出?这其中的深意值得反思。

【案例分析】

2013年7月25日,薄熙来涉嫌受贿、贪污、滥用职权犯罪一案,经依法指定管辖,由山东省济南市人民检察院向济南市中级人民法院提起公诉。起诉书指控,1999年至2006年,被告人薄熙来利用其担任大连市人民政府市长、中共大连市委书记、辽宁省人民政府省长、商务部部长等职务上的便利,为他人谋取利益。2000年至2012年,薄熙来单独或者通过其妻薄谷开来、其子薄瓜瓜,收受大连国际发展有限公司总经理唐肖林(另案处理)、大连实德集团有限公司董事长徐明给予的财物,共计折合人民币2179.0587万元。2013年8月22日8时43分,济南市中级人民法院一审公开开庭审理被告人薄熙来受贿、贪污、滥用职权案。2013年10月25日上午,山东省高级人民法院对薄熙来受贿、贪污、滥用职权案二审公开宣判,裁定驳回上诉,维持一审无期徒刑判决。

三、罪责刑相适应原则

罪刑相适应,源于因果报应观念,是适应人们相互的公平意识的一种法律思想。犯罪是刑罚的前提,刑罚是犯罪的后果,犯罪不仅决定了行为人应当受刑罚处罚,而且决定了刑罚的轻重必须与犯罪的危害程序以及犯罪人刑事责任的轻重相适应。离开犯罪本身与犯罪人本身决定刑罚轻重,是不允许的。因此,罪刑相适应原则也由犯罪与刑罚之间的基本关系决定的。《刑法》第5条规定了罪刑相适应原则:“刑罚的轻重,应当与犯罪分子所犯罪行和承担的刑事责任相适应。”

【资料检索】

罪刑相适应,是源于因果报应观念,适应人们朴素的公平意识的一种法律思想。这种思想伴随罪与刑的出现而产生。无论在奴隶制社会或封建社会,也无论是成文法出现之前或之后,资产阶级早期刑法思想家们接受早就存在的罪刑相适应的朴素思想,并赋予它以新的时代内容,且大力从理论上论证了它的必要性与合理性,将它作为罪刑法定原则的重要内容，奉为立法和司法的一项重要原则。其基本内容是，有罪才有刑，有罪必有刑，刑罚的质量同罪质和实害相均衡。犯罪是刑罚的前提，刑罚是犯罪的后果，犯罪不仅决定了行为人应当受刑罚处罚，而且决定了刑罚的轻重必须与犯罪的危害程序以及犯罪人刑事责任的轻重相适应。离开犯罪本身与犯罪人本身决定刑罚轻重，是不允许的。因此，罪刑相适应原则也是犯罪与刑罚之间的基本关系决定的。

刑罚目的在于预防犯罪，刑罚的裁量也必须有利于刑罚目的的实现。不均衡的刑罚，或者不足以对犯罪人的再犯条件进行限制，不足以威慑犯罪人，或者使犯罪人产生对立与不服情绪难以教育改造犯罪人，因而不利于预防犯罪人再次犯罪；或者使被害人与一般人认为刑罚不公正、不合理，不足以安抚被害人，难以支持、鼓励一般人与犯罪做斗争，因而不利于预防其他人实施犯罪，所以罪刑相适应也是实现刑罚目的的需要。

一般认为，罪刑相适应，就是罪重的量刑要重，罪轻的量刑要轻，各个法律条文之间对犯罪量刑要统一平衡，不能罪重的量刑比罪轻的轻，也不能罪累的量刑比罪得的重。在目前的认识能力与技术水平之下，罪刑相适应只能要求严厉的刑罚分配给严重的犯罪，轻微的刑罚分配给轻微的犯罪，中等程序的刑罚分配给中等程序的犯罪。从而实现基本的公平与正义。就具体内容而言，罪刑相适应原则，可以分解为下列三个方面：(1)刑罚与罪质相适应，罪质，就是犯罪构成主客观要件统一表现的犯罪性质。它是犯罪的质的规定性。不同的罪质，标志着各犯罪行为分割威胁法益的锋芒所向不同。(2)刑罚与犯罪情节相适应。案件定性正确，只是解决了正确选定法定刑的问题，不等于量刑的结果必然完全正确。因为在罪质相同的犯罪中，不同案件的犯罪情节不尽相同，其危害程序也颇不一样。(3)刑罚与犯罪人的人身危险性相适应。犯罪人的人身危险性，是指犯罪人具有的不直接反映罪行的轻重，却可以表明他对社会的潜在威胁程度及其消长的本身情况，包括罪前的和罪后的情况。

【观点论争】

刑罚预防犯罪的目的，通过刑罚的制定、刑罚的适用、刑罚的执行三个环节而实现。罪刑相适应原则在制刑、量刑、行刑三方面表现出不同特点。制刑主要表现为建立刑罚体系和规定各种具体犯罪的法刑。这种立法活动在于准确确定刑法禁止的各种犯罪，在一定的历史时期内，其危害程度可能达到的最高限度与最低限度，从而制定相应的刑罚规范。它重在对各种犯罪的危害程度的宏观预测和遏制手段的刑罚规范。量刑是在认定犯罪性质及其法定刑期的基础上，依案件情节和犯罪实施人的人身危险程度的不同，实行区别对待的方式，具体选定适当的宣告刑或决定免于处罚的审判决活动，所以它重在犯罪情节，兼决定作用。罪质只在极个别情况下，才对宣告刑的选定起绝对决定作用。行刑的直接目标，在于使受刑人接受教育改造，消除其再犯罪的可能性，并对社会起一般预防作用。每个犯罪人在服刑期间的表现是不相同的，反映了他们各自的人身危险性程度消长变化情况不一致。

综上所述，所谓罪刑相适应原则，就是以刑罚与犯罪性质、犯罪情节和犯罪人的人身危险性相适应为内容的原则。审判机关对任何犯罪决定刑罚时，都应当坚持对这“三个相适应”进行全面衡量，容不得偏废。当然，这三者的作用也不是等同的。其中，起主要作用的，应当是直接体现社会危害程序的罪质和情节，而不是人身危险性，人身危险性只起次要作用，而且作为量刑考虑因素的人身危险性，只有在本人实施了犯罪行为，被审判机关裁量刑罚的时候，才有意义。如果他的行为尚未构成犯罪，则没有必要对其人身危险性进行评价，审判机关也没有权力对他所具有的人身危险性进行判决处罚。

【案例分析】

2010 年 9 月 7 日上午，梁某驾驶一辆小货车从长沙机场高速公路经榔梨镇公路赶往浏阳，车速约为 60 公里/小时，在经过秋塘村路口约两米远时，一个小孩(仅四岁)突然从路口旁边的商店冲出横过马路，梁某躲避不及，其车辆右前保险杠撞中小孩，致小孩当场死亡。后长沙县交警队认为梁某在此事故中应负主要责任，并对梁某采取刑事拘留的强制措施，其主要理由是：其事发地点是一路口，车辆经过路口时应当减速行驶。而小孩脱离监护人的监护，擅自横过马路，也是此事故发生的重要原因，其监护人也负有一定的责任。有几个细节需要说明的：(1)道路的基本情况。该公路有两条车道，中间用虚线分开，按照《道路交通安全法实施条例》规定，该种公路的限速规定为时速 70 公里以下；事发地点有一丁字形交叉路口，从路口右转便进入秋塘村，但路口并无人行横道线，也没有任何交通标志提示该路段有一路口；路两边是一棵棵大树，那些大树的存在使在道路上行驶的驾驶员根本无法清晰地看清路两边的行人活动情况，并作出准确的判断。(2)梁某在交警队的笔录中反映了一个事实，即他在事故发生前后，根本就没看清事发地点是一个路口，甚至在他被关进看守所后，其家人委托律师向其了解情况，他仍然否认自己是在路口撞了人。长沙县交警队最终判定梁某在此事故中负主要责任。按照最高人民法院的司法解释，如果在交通肇事中撞死了一人以上，并负事故主要及以上责任的，应当追究其刑事责任。

第二章　刑法的效力范围

刑法的效力范围,即刑法的适用范围,是指刑法在什么地方,什么时间内,对什么人具有效力,具体包括刑法的空间效力和刑法的时间效力。

第一节　刑法的空间效力

刑法的空间效力,又称刑法的空间适用范围,是指一国刑法在什么地域,对什么人具有效力,解决的是一个国家的刑事管辖权的范围问题。刑事管辖权是一国主权的组成部分,当今世界各国无不在刑法中对本国的刑法空间效力即刑事管辖权的范围问题作出明确的规定。

一、刑法空间效力的原则

对刑法的空间效力,各国有不同的规定,但大致实行以下四个原则。

(一)属地原则

又称领土原则,以领域为标准,凡是发生在本国领域内的犯罪,不论犯罪人是本国人还是外国人,均适用本国刑法。

属地原则直接维护了国家的主权,实行起来比较容易。但是,单纯实行该原则,遇到本国人或外国人在本国领域外侵害本国国家或公民利益的犯罪,就无法适用本国刑法。

(二)属人原则

又称国籍原则,以人的国籍为标准,凡本国公民犯罪,不论是在本国领域内还是在本国领域外,都适用本国刑法。

属人原则强调本国公民不论在何地均应遵守本国刑法,有利于维护国家法律的尊严。但是,单纯实行该原则,遇到外国人在本国领域内犯罪,竟无法适用本国刑法,这显然有悖于国家主权原则。

(三)保护原则

又称安全原则,以保护本国利益为标准,凡是侵害本国国家或者公民利益的,不论犯罪人是本国人还是外国人,也不论犯罪地在本国领域内还是在本国领域外,都适用本国刑法。

保护原则,就保护本国国家和公民的利益而言,看起来是全面、彻底的,但实际上,当侵害本国国家或者公民利益的犯罪发生在外国,且行为人也是外国人时,就涉及国家之间的关系和刑事法律的冲突,其可行性也就有限了。

(四)普遍原则

又称世界原则,以保护国际社会的共同利益为标准,凡发生国际条约所规定侵害国际社会共同利益的国际犯罪,不论其行为人是本国人还是外国人,也不论其是否发生在本国领域内,各缔约国都可适用本国刑法。

普遍原则有利于各国在打击某些国际犯罪问题上的协调与合作,其针对的主要是某些国际犯罪,所以其适用本身就受到限制。且由于各国的利益和政治法律观点不同,不可能对所有犯罪都实行普遍管辖权。

二、我国刑法关于空间效力的规定

在空间效力问题上,我国刑法采用以属地管辖原则为基础,兼采属人管辖原则、保护管辖原则和普遍管辖原则。

(一)属地管辖原则

我国《刑法》第 6 条第 1 款规定:"凡在中华人民共和国领域内犯罪的,除法律有特别规定的以外,都适用本法。"

1."中华人民共和国领域内"的含义

所谓"中华人民共和国领域内"是指我国国境内的全部空间区域。具体包括:(1)领陆,即国境线以内的陆地以及地下底土,这是国家领土最基本和最重要的组成部分;(2)领水,即内水和领海及其地下层。内水包括内河、内湖、内海以及外国界水的一部分,这一部分通常以河流中心线或主航道中心线为界。领海,是与海岸或内水相邻接的水域,包括海床和底土。我国政府 1958 年 9 月 4 日发表声明,宣布我国的领海宽度为 12 海里。(3)领空,是指领陆、领水的上空。

同时,根据国际条约和国际惯例,下列两部分属于我国领土的延伸,适用我国刑法:(1)我国的船舶和航空器。《刑法》第 6 条第 2 款规定:"凡在中华人民共和国船舶或者航空器内犯罪的,也适用本法。"很多国家的刑法典都有相同或相似的表述。这里的船舶或者航空器,既可以是军用的,也可以是民用的;既可以是航行途中,也可以是停泊状态;既可以是在公海或公海上空,也可以是在别国领域内。总之,凡是在我国的船舶或者航空器内犯罪的,不论其在何地点,都适用我国刑法。(2)我国的使领馆。根据我国 1961 年 4 月 18 日承认的《维也纳外交关系公约》的规定,各国驻外大使馆、领事馆不受驻在国的司法管辖而受本国的司法管辖,因此,凡在我国大使馆、领事馆内犯罪的,都适用我国刑法。

2."法律有特别规定"的含义

"法律有特别规定"而不适用我国刑法的情况包括:

(1)《刑法》第 11 条规定:"享有外交特权和豁免权的外国人的刑事责任,通过外交途径解决。”所谓外交特权和豁免权是指按照国际法或有关协议，在国家间互惠的基础上，为了保证和便利外交代表执行正常职务，各国根据相互尊重主权和平等互利的原则，按照惯例或有关协议相互给予的特殊权利和待遇。外交特权和豁免本质上属于代表的国家，而不属于外交代表个人，因此个人无权自行放弃。如果上述人员在我国领域内犯罪，不适用我国刑法，只能通过外交途径解决。我国可以采取如可以要求派遣国召回，或者宣布为不受欢迎的人、限期离境等措施。

(2)《刑法》第 90 条规定：“民族自治地方不能全部适用本法规定的，可以由自治区或者省的人民代表大会根据当地民族的政治、经济、文化的特点和本法规定的基本原则，制定变通或者补充的规定，报请全国人大代表常务委员会批准施行。”

(3)我国香港特别行政区和澳门特别行政区基本法作出的例外规定。我国于 1997 年 7 月 1 日和 1999 年 12 月 20 日恢复对香港和澳门行使主权。《香港特别行政区基本法》第 2 条规定：“全国人民代表大会授权香港特别行政区依照本法的规定实行高度自治，享有行政管理权、立法权、独立的司法权和终审权。”《澳门特别行政区基本法》第 2 条也有类似的规定。由此可见，我国刑法(内地)不适用于香港和澳门特别行政区。

3. 犯罪地的确定问题

针对犯罪行为与犯罪结果存在不一致的情况，我国《刑法》第 6 条第 3 款规定：“犯罪的行为或者结果有一项发生在中华人民共和国领域内的，就认为是在中华人民共和国领域内犯罪。”根据这一规定，可以适用我国刑法的情形包括：(1)犯罪行为和犯罪结果都发生在我国境内的，是在我国领域内犯罪。(2)犯罪行为在我国领域内实施，而犯罪结果发生在国外的，属于在我国领域内犯罪。(3)犯罪行为在我国境外实施，但犯罪结果发生在我国领域内的，也是在我国领域内犯罪。

在犯罪地的确定问题上，目前存在两个难点。一是关于网络犯罪地的问题。因为网络犯罪涉及多地，例如诈骗犯在东南亚的 A 国拨打网络电话诈骗我国公民，按照属地管辖原则适用我国刑法，但这并不现实。二是香港、澳门居民在香港、澳门犯罪，又在内地犯罪的，按理既可以适用香港、澳门的刑法，又可以适用内地刑法，但是为了避免双重审讯，内地与特别行政区之间应建立一种行之有效的罪犯移交制度，以解决区际刑法之间的冲突问题。

(二)属人管辖原则

我国《刑法》第 7 条第 1 款规定：“中华人民共和国公民在中华人民共和国领域外犯本法规定之罪的，适用本法，但是按本法规定的最高刑为三年以下有期徒刑的，可以不予追究。”第 2 款规定：“中华人民共和国国家工作人员和军人在中华人民共和国领域外犯本法规定之罪的，适用本法。”根据上述规定，属人管辖原则包括两种情况：

(1)我国公民在我国领域外犯我国刑法规定之罪的，不论按照当地法律是否认为是犯罪，也不论其犯罪行为侵犯的是何国或何国公民的利益，原则上都适用我国刑法。只是依照我国刑法规定的最高刑为 3 年以下有期徒刑的，可以不予追究。“可以不予追究”不是绝对不追究，而是保留追究的可能性。

(2)中华人民共和国国家工作人员和军人在我国领域外犯我国刑法规定之罪的,一律适用我国刑法。这主要是因为国家工作人员和军人的身份决定了其在境外实施犯罪会更直接地危害我国国家安全与利益。

(三)保护管辖原则

我国《刑法》第8条规定:“外国人在中华人民共和国领域外对中华人民共和国国家或者公民犯罪,而按本法规定的最低刑为三年以上有期徒刑的,可以适用本法,但是按照犯罪地的法律不受处罚的除外。”根据此规定,外国人在我国领域外对我国国家或者公民犯罪,我国刑法有权管辖,只是这种管辖有一定的限制。(1)所犯之罪按照我国刑法规定的最低刑必须是3年以上有期徒刑。这表明保护管辖原则的适用范围是较为严重的犯罪。(2)所犯之罪按照犯罪地的法律也应受到处罚。因为外国人在本国内生活时,只需要遵守所在国的法律即可。

(四)普遍管辖原则

我国《刑法》第9条规定:“对于中华人民共和国缔结或者参加的国际条约所规定的罪行,中华人民共和国在所承担条约义务的范围内行使刑事管辖权的,适用本法。”根据这一规定,凡是我国缔结或者参加的国际条约所规定的罪行,不论犯罪分子是我国公民还是外国人,也不论其罪行发生在我国领域内还是领域外,只要犯罪分子在我国领域内被发现,我国就应当在所承担的条约义务范围内,行使刑事管辖权。

根据我国参加公约确定的范围,国际罪行包括:侵略罪、战争罪、反人道罪、非法使用武器罪;灭绝种族、劫持人质、国际贩卖人口、酷刑罪;劫持航空器、危害民用航空安全、危害海上航行安全、破坏海底电缆、管道罪、海盗罪;毒品犯罪,非法获取和使用核材料罪等。

普遍管辖原则的重要内容之一是“或引渡或起诉”,即在境内发现被请求引渡的犯罪人的国家,按照签订的有关条约或互惠原则,应当将该人引渡给请求国;如果不同意引渡,则应当按照本国法律对该人提起诉讼以便追究其刑事责任。又由于我国缔结或者参见的国际条约没有规定具体罪行的法定刑,我国司法机关不能直接根据国际条约定罪处罚,因此,应在我国刑法已经将该国际条约规定的罪行转化为特定的犯罪的条件下,根据我国刑法定罪处刑。

(五)对外国刑事判决的消极承认

在空间效力问题上,大多数国家采取属地管辖、属人管辖、保护管辖和普遍管辖等多个原则,国家间的刑事管辖权冲突也就在所难免,由此就出现了本国刑法对外国刑事判决和执行是否承认的问题。

我国《刑法》第10条规定:“凡在中华人民共和国领域外犯罪,依照本法应当负刑事责任的,虽然经过外国审判,仍然可以依照本法追究,但是在外国已经受过刑罚处罚的,可以免除或者减轻处罚。”这表明我国刑法对外国刑事判决采取了消极承认的态度。原则上我国刑法不承认外国刑事判决的效力,针对外国法院已经作出判决的同一行为,依照我国刑法可以追究，这是我国行使刑事司法主权的表现。但是，为了避免对被告人的双重处罚，我国刑法又对外国刑事判决的效力予以适当的考虑，针对在外国已经受过刑罚处罚的，可以免除或者减轻处罚，这是司法原则灵活性的体现。

第二节　刑法的时间效力

刑法的时间效力，又称刑法的时间适用范围，是指刑法在什么时间内具有适用效力，包括刑法的生效时间、失效时间以及对刑法生效前发生的行为是否具有溯及力的问题。

一、刑法的生效时间

刑法的生效时间与其他法律的生效时间相似，主要分为两种情形：(1)从公布之日起生效；(2)公布之后经过一段时间才生效。我国现行刑法典于 1997 年 3 月 14 日通过并公布，同年 10 月 1 日起生效。由于法律颁布之后，需要让司法人员和公民了解、熟悉，所以公布一段时间后再施行的做法是比较可行的，这也是大多数国家关于刑法生效时间的通行做法。

二、刑法的时效时间

刑法失效的时间也主要有两种情形：(1)由立法机关明确宣布某些法律失效，例如我国《刑法》第 452 条的规定，列于附件一的全国人大常委会制定的《中华人民共和国惩治军人违反职责罪暂行条例》等 15 个单行刑法，自 1997 年 10 月 1 日起予以废止。(2)自然失效，即新法施行后代替了同类内容的旧法，或者原来特殊的立法条件消失，旧法自行废止。

三、刑法的溯及力

1.刑法的溯及力

刑法的溯及力，又称刑法溯及既往的效力，是指刑法生效后，对其生效前未经审判或者判决尚未确定的行为是否具有适用的问题。如果适用，则具有溯及力；如果不适用，则不具有溯及力。

在刑法溯及力的问题，各国立法有不同的规定，大致有四种原则：(1)从旧原则，即按照行为时的旧法处理，新法不具有溯及力；(2)从新原则，即按照新法处理，新法具有溯及力；(3)从新兼从轻原则，即新法具有溯及力，原则上适用新法，但是旧法不认为是犯罪或者处罚较轻的，适用旧法；(4)从旧兼从轻原则，即新法不具有溯及力，原则上适用旧法，但是新法不认为是犯罪或者处刑较轻的，适用新法。

根据罪刑法定主义的要求，法不溯及既往，使行为人对自己行为的可罚性进行预测，以此来保障公民的自由，维护法的安定性，因此，从旧原则符合罪刑法定主义的要求。但是，在新法处罚较轻时，从有利于被告人的角度出发，使新法具有溯及既往的效力，与罪刑法定主义的精神相一致，因此，我国刑法实行从旧兼从轻的原则。

我国《刑法》第 12 条第 1 款规定:“中华人民共和国成立以后本法施行以前的行为,如果当时的法律不认为是犯罪的,适用当时的法律;如果当时的法律认为是犯罪的,依照本法总则第四章第八节的规定应当追诉的,按照当时的法律追究刑事责任,但是如果本法不认为是犯罪或者处刑较轻的,适用本法。”第 2 款规定:“本法施行以前,依照当时的法律已经作出的生效判决,继续有效。”根据上述规定,对于 1949 年 10 月 1 日中华人民共和国成立至 1997 年 9 月 30 日这段时间内所发生的行为,如果未经审判或者判决尚未确定,应当根据从旧兼从轻原则,按照以下情况分别处理:

(1)当时的法律不认为是犯罪,而修订后的刑法认为是犯罪的,适用当时的法律。即修订后的刑法不具有溯及力,体现了从旧原则。

(2)当时的法律认为是犯罪,而修订后的刑法不认为是犯罪的,适用修订后的刑法。即修订后的刑法具有溯及力,体现了从轻原则。

(3)当时的法律和修订后的刑法都认为是犯罪的,并且按照修订后的《刑法》总则第四章第八节的规定应当追诉的,按照当时的法律处理,即修订后的刑法不具有溯及力,体现从旧原则;但是修订后的刑法处刑较轻的,则应当适用修订后的刑法,即修订后的刑法具有溯及力,体现从轻原则。

(4)依照当时的法律已经作出的生效判决,继续有效。

2.有权解释的溯及力

在司法实践中,新、旧法的选择适用问题,不仅仅涉及有罪无罪和处罚轻重的问题,还包括是否受追诉时效的限制、是否构成累犯、是否是自首、是否是立功表现、能否适用缓刑、能否适用假释等问题,这就需要作出明确的解释。

一般认为,立法解释和司法解释等有权解释,与刑法的效力一样,采用从旧兼从轻的原则,禁止不利于行为人的溯及既往。2001 年 12 月 7 日起施行的最高人民法院、最高人民检察院《关于适用刑事司法解释时间效力问题的规定》第 3 条规定:“对于新的司法解释实施前发生的行为,行为时已有相关司法解释,依照行为时的司法解释办理,但适用新的司法解释对犯罪嫌疑人、被告人有利的,适用新的司法解释。”这种解释在当前刑事司法现状下具有合理性。[①] 目前关于时间效力的有权解释还有 2011 年 5 月 1 日施行的最高人民法院《〈关于中华人民共和国刑法修正案(八)〉时间效力问题的解释》。

① 相反观点认为,对于现行正式解释之前的行为,只要是在修订刑法施行之后实施的,就应按正式解释适用刑法,即正式解释(并不是刑法本身)不存在从旧兼从轻的问题。否则就会出现以错误地适用刑法为代价来肯定以往的解释错误的不可思议的现象。张明楷:《刑法学》,法律出版社 2011 年第 4 版,第 83 页。

第三章　犯罪概念与犯罪构成

第一节　犯罪概念

一、犯罪概念的类型

犯罪概念是要解决什么是犯罪的问题，是对犯罪各种内在、外在特征的高度、准确的概括，是对犯罪的内涵和外延的确切、简要的说明。犯罪概念是刑法学的最基本范畴问题，是研究刑法的起点，在刑法学的研究中具有重要的地位。从总体上看，各国刑法关于犯罪的定义，归纳起来可分为形式概念、实质概念和统一概念三种类型。

(1)犯罪的形式概念

犯罪的形式概念，是指仅从犯罪的法律特征上给犯罪下定义，而没有涉及犯罪的本质特征。总的来说，就是把犯罪定义为违反刑事法律并且应当受到刑罚处罚的行为。犯罪的形式概念没有说明犯罪的危害性何在，国家为什么对这些违法行为要课处刑罚，亦即没有揭示犯罪的本质特征。

(2)犯罪的实质概念

犯罪的实质概念，是从犯罪的本质特征上给犯罪下定义，而不涉及犯罪的法律特征。犯罪的实质概念说明了法律将某种行为规定为犯罪的根据和理由，强调了犯罪的社会危害性。

(3)犯罪的统一概念

犯罪的统一概念，也称之为犯罪的混合概念，是指从犯罪的本质特征和法律特征两个方面合二为一对犯罪下定义。这种概念既阐明了犯罪的社会危害本质，又限定了犯罪的法律界限，有利于真正揭示犯罪的内涵和外延。

二、我国刑法中的犯罪概念

我国《刑法》第 13 条规定："一切危害国家主权、领土完整和安全，分裂国家、颠覆人民民主专政的政权和推翻社会主义制度，破坏社会秩序和经济秩序，侵犯国有财产或者劳动群众集体所有的财产，侵犯公民私人所有的财产，侵犯公民的人身权利、民主权利和其他权利，以及其他危害社会的行为，依照法律应当受到刑罚处罚的，都是犯罪，但是情节显著轻微危害不大的，不认为是犯罪。"这一定义揭示了犯罪的本质特征，即"一切……危害社会的行为"，也揭示了犯罪的法律特征，即"依照法律应当受刑罚处罚"，是对我国社会上形形色色犯罪所作的科学概括，将犯罪行为与普通违法行为区别开来，是我们认定犯罪、划分罪与非罪界限的基本依据。

根据刑法对犯罪概念的定义，我国刑法中的犯罪概念可以概括为严重危害社会、触犯刑事法律、依法应当受到刑罚处罚的行为。这一概念表明，犯罪具有以下三个基本特征。

1. 严重的社会危害性

严重的社会危害性，是犯罪最本质最基本的特征。所谓社会危害性，是指行为对法律所保护的社会关系所造成的这样或那样损害的特性。社会危害性是一切违法行为包括犯罪行为的共有的特征。社会危害性的有无是区分违法行为与合法行为的重要标准，但据此无法将犯罪行为与一般违法行为区分开。犯罪行为的社会危害性程度要重于一般违法行为，因而严重的社会危害性是犯罪的基本特征之一。从我国刑法的规定来看，将严重的社会危害性作为犯罪的本质特征，也是有充足的根据的。我国《刑法》第 13 条规定："……以及其他危害社会的行为，依照法律应当受刑罚处罚的，都是犯罪，但是情节显著轻微危害不大的，不认为是犯罪。"这里明确指出危害不大的，不是犯罪，这就意味着只有危害严重的行为，才能认为是犯罪。

我国《刑法》第 13 条通过列举犯罪所侵犯的客体，揭示了犯罪的社会危害性的各个方面的表现。概括起来说，我国刑法中犯罪的社会危害性的基本内容表现为以下几个方面：①对于社会主义的国体、政体和国家安全的危害；②对于社会公共安全的危害；③对于社会主义市场经济秩序的危害；④对于公民人身权利、民主权利的危害；⑤对于社会主义制度下各种财产权利的危害；⑥对于社会秩序的危害；⑦对于国防利益、军事利益的危害；⑧对于国家机关行政、司法秩序及公务活动的廉洁性的危害。

社会危害性的轻重大小主要决定于以下几方面：一是行为侵犯的客体，即行为侵犯了什么样的社会关系。侵犯的社会关系与国家和人民的利益之间的关系越重大，行为的社会危害性也就越严重。二是行为的手段、后果以及时间、地点。犯罪的手段是否残忍，使用还是不使用暴力，对行为的社会危害性程度有很大影响。在战时犯罪还是平时犯罪，其社会危害性也不一样。节日期间或者社会治安形势严峻时期实施的危害行为，其社会危害性就重。在公共场所作案的，其社会危害性较在偏僻地方作案的要大。三是行为人的情况及其主观因素，如是成年人还是未成年人，是出于故意还是出于过失，是偶犯还是累犯，有无预谋，动机、目的的卑劣程度，等等。这些情况对社会危害性程度也有一定的制约作用。

考察社会危害性，应当注意以下几个方面：一是要用历史的观点看问题。社会危害性是一个历史范畴，现实社会条件的变化可能导致社会危害性的有无与大小也会随之变化。同一种行为，在不同的历史时期，其社会危害性是不一样的。二是要有全面的观点。社会危害性是由多种因素决定的，衡量社会危害性的大小不能只看一种因素，应全面综合各种主客观情况；社会危害性的表现也是多方面的，不仅要看到有形的、物质性的危害，还要看到其对社会政治、社会心理等方面的无形损害。三是要透过现象看本质。同样的行为表象基于不同的主客观条件下，可能具有不同的性质，也就具有不同的社会危害性。

2. 刑事违法性

犯罪是触犯刑事法律的行为，即具有刑事违法性。刑事违法性，是指违反刑法条文中所包含的刑法规范。违法行为各种各样，有的是违反民事法律法规，有的是违反经济法律法规,有的是违反行政法律法规。只有当危害社会的行为触犯刑法的时候才构成犯罪。行为的严重社会危害性是刑事违法性的基础,而刑事违法性则是严重的社会危害性在法律上的体现。只有当行为不仅具有社会危害性质,而且违反了刑法时,才能被认定为犯罪。反之,某种行为虽然具有严重的社会危害性,但如果该行为没有触犯刑法,就不能把它作为犯罪处理。刑事违法性既是犯罪的基本法律特征,也是划分犯罪行为与一般违法行为的基本界限。

3. 应受刑罚惩罚性

任何违法行为都要承担相应的法律后果。民事违法行为要承担民事责任,行政违法行为要承担行政处罚或者行政处分,而刑事违法行为则要承担刑罚处罚的法律后果。应受刑罚惩罚性以行为的严重社会危害性和刑事违法性为前提,行为如果没有严重的社会危害性和刑事违法性,则不应受刑罚处罚。同时,不应受刑罚处罚的行为,不可能是犯罪。犯罪是适用刑罚的前提,刑罚则是犯罪的法律后果,因此,应受刑罚惩罚性应是犯罪的一个基本特征。

犯罪的以上三个基本特征紧密结合,相互制约,缺一不可。严重的社会危害性是犯罪最基本的属性,刑事违法性是犯罪的法律特征,应受刑罚惩罚性是犯罪的法律后果。严重的社会危害性是刑事违法性与应受刑罚惩罚性的基础,应受刑罚惩罚性是严重的社会危害性与刑事违法性的归宿。

【观点论争】

关于犯罪的三特征中何为本质特征,有不同的观点:一种观点认为社会危害性是犯罪的本质特征,为多数人所认同,也就是通说;有的学者认为,应受刑罚惩罚性是犯罪的本质特征;也有的学者认为,刑事违法性是犯罪的本质特征。

【案例分析】

某日,王某在家中小酌后双手轻轻抛接其子(9个月)逗乐,逗乐中失手,致其子头部着地休克,经抢救无效死亡。王某的行为应否追究刑事责任?对此有两种不同的观点:一种观点认为不应当追究刑事责任。持该观点的学者根据目的刑主义,认为王某的逗乐行为不具有可复制性,而且也具有不可抑制性,追究其刑事责任并不能实现刑罚的目的;第二种观点认为应当追究刑事责任。持该观点的学者从报应刑主义的角度出发,认为王某的行为已经导致他人生命权利的丧失,客观上具有了社会危害性,且符合我国《刑法》第233条过失致人死亡罪的所有要件,适用刑罚惩罚也具有警示意义,因此应当追究其刑事责任。

三、犯罪概念的意义

犯罪概念是划分罪与非罪的总标准。一个行为究竟是犯罪或者不是犯罪,是犯罪还是其他违法行为,就是看这个行为是否具有一定的社会危害性,并且是否达到触犯刑律、应受刑罚处罚的程度。一方面,犯罪概念明确指出了犯罪必须是依照法律应当受到刑罚惩罚的行为,如果一个行为具有严重的社会危害性,但法律没有规定其为犯罪,或者没有规定对这种行为进行刑罚处罚,那么也就不能认定为犯罪。另一方面,《刑法》第13条"但书”部分明确规定，“情节显著轻微危害不大的，不认为是犯罪”，从而将虽然具有一定的社会危害性和刑事违法性，但又情节显著轻微危害不大的行为排除在犯罪的范围之外。

实践中，除了故意杀人、放火、抢劫、强奸、爆炸、投放危险物质等少数严重破坏社会秩序的行为由于其行为本身的社会危害性程度足以构成犯罪外，多数危害社会的行为必须是其社会危害性程度达到一定的严重程度，才能构成犯罪。我国刑法分则依据犯罪概念的要求，主要通过以下几种规定方式来体现社会危害性程度，从而区分罪与非罪的：(1)以情节严重、恶劣与否作为划分罪与非罪的界限。(2)以后果严重与否作为划分罪与非罪的界限。(3)以是否有引起某种结果的严重危险作为划分罪与非罪的界限。(4)以数额大小作为划分罪与非罪的界限。(5)以是否使用法律规定的犯罪方法作为划分罪与非罪的界限。(6)以行为是否在特定时间内或地点实施作为划分罪与非罪的界限。(7)以是否具有法律规定的特定犯罪对象为划分罪与非罪的界限。(8)以是否“明知”“故意”作为划分罪与非罪的界限。(9)以是否具有特定犯罪目的或意图作为界限。(10)以是否具有某种特定身份作为划分罪与非罪的界限。

四、犯罪的分类

犯罪的复杂性决定了犯罪类别的多样化，以不同的标准，可以把犯罪分成多种，主要有以下划分：

(1)以是否侵害国家利益为标准，分为国事犯罪与普通犯罪。

(2)以是否告诉才处理的案件为标准，分为亲告罪与非亲告罪。

(3)以是否具有反社会性(反道德性)为标准，分为自然犯与法定犯。自然犯也称刑事犯，是指违反公共善良风俗和人类伦理的传统性犯罪；法定犯也称行政犯，是指违反行政法规中的禁止性规范而形成的犯罪。

(4)以是否要求具备特定的身份作为犯罪成立的条件为标准，分为身份犯与非身份犯。

(5)以是否要求出现特定的危害结果作为犯罪成立的条件为标准，分为实害犯与危险犯。

(6)以是否要求出现特定危害结果作为犯罪既遂成立的条件为标准，分为行为犯与结果犯。

(7)以犯罪的主观罪过为标准，分为故意犯罪与过失犯罪。

(8)以一定的应判刑罚期限为标准，分为重罪与轻罪。

第二节　犯罪构成

一、犯罪构成的概念

犯罪构成，是指依照我国刑法的规定，决定某一具体行为的社会危害性及其程度而为该行为构成犯罪所必需的一切客观和主观要件的有机统一。

犯罪构成与犯罪概念是两个既有密切联系又有区别的概念。犯罪概念是犯罪构成的基础,犯罪构成是犯罪概念的具体化。犯罪概念通过对犯罪本质特征和法律特征的揭示,从根本上回答了“什么是犯罪”的问题,从总体上划清罪与非罪的界限,是确定犯罪的总标准。犯罪构成则是进一步回答犯罪是怎样成立的、其成立需要具备哪些法定要件,其所要解决的是成立犯罪的具体标准、规格的问题,是划清罪与非罪、此罪与彼罪的具体标准。犯罪概念作为对各种犯罪现象的本质特征和法律特征的科学抽象与概括,它本身并不能直接解决司法实践中所必需的认定犯罪的具体标准问题,它所具有的对罪与非罪的界定作用只有通过犯罪构成才能发挥。离开犯罪构成,犯罪概念就成了空洞和抽象的东西,罪与非罪、此罪与彼罪的界限就难以具体认定。而犯罪构成只有在犯罪概念的指导下才能成为区分罪与非罪、此罪与彼罪的标准,离开犯罪可能,犯罪构成就失去了依据。所以,犯罪概念与犯罪构成是抽象与具体的关系。

二、犯罪构成的特征

犯罪构成具有以下特征:

1. 犯罪构成是一系列主客观要件的有机统一。任何一个犯罪构成都包括许多要件,这些要件有表明犯罪客体、犯罪客观方面的,有表明犯罪主体、犯罪主观方面的,它们的有机统一形成了某种犯罪的犯罪构成。我国刑法规定了四百多种具体犯罪,每一种具体犯罪都有自己的犯罪构成,而每一种犯罪构成,都是一系列要件的有机统一。所谓有机统一,是指犯罪构成各个要件按照犯罪构成的要求相互联系、相互作用,共同组成一个说明犯罪规格与标准的有机整体。

2. 犯罪构成要件是决定某一行为构成犯罪必须具备的诸事实特征。任何一种犯罪都可以由许多事实特征来说明,但并非每一个事实特征都是犯罪构成的要件,只有对行为的社会危害性及其程度具有决定意义而为该行为成立犯罪所必需的事实特征,才是犯罪构成的要件。犯罪构成的各个要件从不同角度说明行为的社会危害性;犯罪构成的整体说明行为的社会危害性达到了构成犯罪的程度。考察某一行为是否具有社会危害性并构成犯罪,只要看它是否具有符合该罪犯罪构成的事实(犯罪构成要件)。行为符合犯罪构成,即可认定构成犯罪。

3. 行为成立犯罪所必须具备的诸要件是由我国刑法明确加以规定的。某一犯罪具有许多事实特征,这些事实特征中,只有经过法律选择的那些事实特征才能成为犯罪构成要件。

三、犯罪构成的要件

在实际生活中,每一犯罪都是具体的,其犯罪构成的具体内容也是多种多样、形形色色的。理论上,将所有犯罪构成内容进行了抽象的归纳和分类,通常认为,所有的犯罪都必须具备四个要件:犯罪客体、犯罪主体、犯罪客观方面、犯罪主观方面。这四个要件也被称之为犯罪构成的共同要件,即任何犯罪都必须具备的要件。共同要件的具体化,即形成了每一犯罪构成的内容。换言之,不同的犯罪构成是共同要件的不同的具体化。

犯罪客体,是指刑法所保护的而为犯罪行为所侵犯的社会主义社会关系。它主要说明了某种犯罪的犯罪性质。

犯罪客观方面,是指刑法所规定的犯罪活动客观外在表现事实,包括危害行为、危害结果以及危害行为与危害结果之间的因果关系。有的还要求发生在特定的时间、地点或者使用特定的方法。它主要说明犯罪客体在什么样的条件下,通过什么样的行为受到侵害以及受到侵害的程度等。

犯罪主体,是指实施了刑法所禁止的危害行为并依法应当负刑事责任的人,包括自然人和单位。犯罪主观方面,是指犯罪主体对自己所实施的危害行为及其危害结果所持的故意或者过失的心理态度。有的犯罪还要求具有特定的目的或者动机。

【观点论争】

近年来,随着犯罪构成理论研究的深入发展,有的学者在批判修正四要件体系的基础上,提出五要件说、三要件说和二要件说。五要件说主张犯罪构成的共同要件是:危害行为、危害客体、因果关系、主体条件和主观罪过。而持三要件说的学者中,有的主张应该由主体、危害行为和客体三个部分构成;有的主张由犯罪主体、犯罪客观方面和犯罪主观方面三个要件;有的主张犯罪客观方面、犯罪主观方面和客体。同样的在二要件说中,观点也不尽相同,有的主张主观方面和客观方面二要件;有的主张行为要件和行为主体要件构成;也有的主张犯罪构成即由主观要件和客观要件两方面组成。

四、犯罪构成的意义

犯罪构成理论是刑法学中极其重要的理论,在整个刑法理论体系中占据中心的地位,是正确认定犯罪的理论基础。由于它是对一切犯罪的构成所作的归纳和概括,反映了犯罪构成的共同特征,因而对分析具体的犯罪构成,正确定罪量刑都有指导意义。

犯罪构成的意义具体体现在以下几方面:

(1)有助于区分罪与非罪。犯罪构成为区分罪与非罪提供了明确而具体的法律标准。这些标准有些规定在刑法总则中,更大量地规定在刑法分则中。认真查明这些犯罪构成的要件,在司法实践中就可以准确地把罪与非罪加以区分。

(2)有助于区分此罪与彼罪。犯罪构成不仅为罪与非罪的区分提供法律依据,而且为此罪与彼罪的区分提供了法律标准。一切犯罪虽然都必须具有共同的犯罪构成要件,但各种不同的犯罪又存在各自不同的犯罪构成。因此,只要掌握了每个犯罪的犯罪构成要件,就可以正确区分此罪与彼罪的界限。

(3)有助于正确裁量刑罚。犯罪构成的主要作用是为正确定罪提供法律标准,但定罪是量刑的基础和前提,只有定性准确,才能量刑适当。因此,犯罪构成对正确量刑也有一定的意义。尤其是在加重构成与减轻构成的情况下,正确地运用犯罪构成对于量刑更具有重要意义。

第四章　犯罪客体

第一节　犯罪客体的概念和意义

一、犯罪客体的概念

犯罪客体是指我国刑法所保护的并且为犯罪行为所侵害的社会主义社会关系。犯罪客体是行为构成犯罪的必备要件之一,它说明了犯罪行为危害了什么社会利益,是犯罪行为具有严重社会危害性这一本质的集中体现。一切犯罪都必然侵犯一定的客体,某种行为如果没有或者不可能危害任何一种刑法所保护的社会关系,那么它就不是具有社会危害性的行为,当然也就不可能构成犯罪。可见,没有任何一个犯罪是没有犯罪客体的,没有犯罪客体也就没有犯罪可言。

根据犯罪客体的概念,它具有以下一些特征。

(一)犯罪客体是一定的社会关系

社会关系,是指人们在生产和共同生活过程中形成的人与人之间的相互关系。列宁在《什么是"人民之友"》中论述:"社会关系分成物质关系和思想关系,思想关系只是不以人们的意志和意识为转移而形成的物质关系的上层建筑,而物质关系是人们维持生存的活动的形式(结果)。"换句话说,物质关系就是指社会的生产关系,即经济关系,是人类社会赖以存在和发展的基础,人们的政治、法律、道德、宗教、文化、教育、科学艺术等关系,都是依其为基础而建立,并受其制约和决定。思想关系是指由生产关系(经济基础)所决定的上层建筑,即建立在生产关系基础之上的政治关系和意识形态关系。无论是物质关系还是思想关系,都是人与人之间的一种相互关系,而犯罪行为正是用不同的方式,在不同的场合,在不同的程度上侵犯了这种关系。因此,犯罪客体首先就是一定社会关系的体现。

(二)犯罪客体是我国刑法所保护的社会主义社会关系

由于社会关系是人们生产和共同生活中所形成的人与人之间的相互关系,因此,其内容十分丰富,范围也十分广泛,涉及社会生活的所有领域和不同层次,譬如政治、经济、思想、道德、文化、宗教、伦理等方面都有人与人之间的关系。作为犯罪客体的社会关系并不是社会主义社会关系的全部,而只是其中的一部分,如邻里关系、财产租赁关系由民事法律来调整、保护;市场经营管理、商品买卖关系由工商行政管理法规来调整、保护;同事关系、友谊关系、爱情关系等,则由人们共同生活中形成的道德规范进行调整、保护。只有我国刑法所保护的那些社会主义社会关系,才可能成为犯罪侵害的客体。具体说来,就是我国《刑法》第2条和第13条所明确规定的国家主权、领土完整和安全、人民民主专政的政权和社会主义制度、公私财产所有权、公民的人身权利、民主权利和其他权利、社会秩序和经济秩序等,以及刑法分则规范予以保护的具体社会主义社会关系。上述的刑法所保护的社会关系是社会主义社会关系最重要的部分,只有这些社会关系才能成为犯罪客体。

(三)犯罪客体是犯罪行为所侵害的社会关系

我国刑法所保护的社会主义社会关系,无论是物质关系还是思想关系,不论其是否受到侵害,总是客观存在的。我们不能说我国刑法所保护的社会关系就是犯罪客体,只有当刑法所保护的社会关系受到犯罪行为侵害时,才能成为犯罪客体。犯罪客体与犯罪行为是紧密联系的,没有犯罪行为就谈不上犯罪客体。例如,根据我国《刑法》第232条的规定,故意杀人罪的直接客体是人的生命权利,而生命权利是客观存在的,如果没有被犯罪行为所侵害,就不能说生命权利是犯罪客体。在刑法理论上,有人把刑法所保护的尚未受到犯罪行为侵害的社会关系称作"可能的犯罪客体",而把已为犯罪行为所侵害的社会关系称作"现实的犯罪客体"。只有"现实的犯罪客体"才是我们刑法意义上的犯罪客体,因此,犯罪客体还必须是犯罪行为所侵害的社会主义社会关系。

由上述可见,犯罪客体是指我国刑法所保护的而为犯罪行为所侵害的社会主义社会关系。

近年来,随着理论研究的发展,我国刑法学界的许多同志在对犯罪构成理论进行研究的基础上,结合我国刑法的具体规定,对犯罪客体概念的通说即"社会关系说"提出了质疑,进行了新的探索。认为"社会关系说"不能包含我国犯罪所侵犯的全部客体的内容,有的主张"社会利益说",有的主张"法律权益说",有的主张"社会关系与生产力说",有的主张"社会关系与利益说",也有的主张"犯罪对象说"等等。这些研究和探索,为我们对犯罪客体本质和范围认识的深化开拓了思路,具有积极的意义。

犯罪客体是犯罪构成的必要要件,每一个犯罪都必然侵犯一定的客体。在我国刑法中,有的条文明确规定了犯罪客体,例如:《刑法》第102条就明确规定了中华人民共和国主权与领土完整和安全是背叛国家罪所侵犯的客体,但大多数条文并没有直接指出犯罪客体,具体说来,这些条文对犯罪客体的规定主要采用以下一些方式:

第一,有的条文通过某种物质表现以表明犯罪客体。例如:《刑法》第266条规定的诈骗罪,第267条的抢夺罪,条文指出的公私财物是犯罪客体的物质表现,通过公私财物这种物质表明的公私财物所有权关系才是犯罪客体。

第二,有的条文通过犯罪行为所侵犯的社会关系的主体以表明犯罪客体。例如,《刑法》第232条规定的故意杀人罪,条文只规定故意杀人,人是生命权利的主体,而生命权利才是故意杀人罪的犯罪客体。

第三,有的条文通过指出,对调整一定社会关系的某种法律规范的违反,以表明犯罪客体。例如:《刑法》第 230 条规定的逃避进出口商品检验罪,条文指出的是违反进出口商品检验法的规定,但法规本身并不是犯罪客体,法规所调整的社会关系——国家对外贸易制度中的进出口商品检验制度,才是该罪的犯罪客体。

第四,有的条文通过对行为具体表现形式的描述,以表明犯罪客体。例如:《刑法》第 243 条规定的诬告陷害罪,条文指出的是该罪的行为表现形式——捏造事实诬告陷害他人,意图使他人受刑事追究,而该行为所侵犯的他人的民主权利,才是本罪的犯罪客体。

以上情况告诉我们,刑法分则条文对犯罪客体的规定方式各不相同,这就要求我们,只有对犯罪行为所侵犯的社会关系的具体表现加以具体分析,搞清刑法所规定的客观要件和主观要件等,才能准确认定每一犯罪所侵犯的客体是什么。

二、犯罪客体的意义

犯罪之所以有社会危害性,首先是由行为侵犯的犯罪客体所决定的。行为侵犯的犯罪客体的社会政治意义越大,犯罪的社会危害性也就越大;行为侵犯的社会关系的性质不同,犯罪的性质也就随之不同。因此,研究犯罪客体对于我们认识犯罪的本质,揭示犯罪的阶级性,理解犯罪的社会危害性,鼓励人们积极地与犯罪做斗争,有着重要的意义。具体而言,其意义主要体现在以下几个方面:

(1)研究犯罪客体,有助于认识犯罪的本质特征,便于确定惩罚刑事犯罪的重点,提高人民群众与犯罪做斗争的积极性。

(2)研究犯罪客体,有助于确定犯罪的性质,分清此罪与彼罪的界限,正确地进行定罪。

(3)研究犯罪客体,有助于客观地评价犯罪的社会危害性程度,正确地制定法定刑和准确地量刑。

第二节　犯罪客体的种类

不同的犯罪行为侵犯不同的社会关系,即侵害不同的犯罪客体。为了进一步揭示犯罪的社会政治内容,更深刻地分析犯罪客体在决定犯罪性质和犯罪分类中的作用和意义,在司法实践中正确地认识和运用犯罪客体来解决罪与非罪,此罪与彼罪等问题,刑法理论上把犯罪客体进行了分类。按照犯罪行为所侵犯的社会关系的范围和层次的不同,可以把犯罪客体分为一般客体、同类客体和直接客体三种。

一、犯罪的一般客体

犯罪的一般客体,又称犯罪的共同客体,是指一切犯罪行为所共同侵害的客体,也就是我国刑法所保护的社会主义社会关系的整体。我国《刑法》第 2 条和第 13 条系统地揭示了犯罪一般客体的主要内容,即国家主权、领土完整和安全,人民民主专政的政权和社会主义制度,社会秩序和经济秩序,国有财产权,劳动群众集体所有的财产权以及公民私人所有的财产权，公民的人身权利、民主权利和其他权利等。这是对犯罪客体的高度概括，体现了一切犯罪的共性，揭示了犯罪行为的共同本质。所谓一切犯罪所共同侵犯的客体，并不是说每一个犯罪都侵犯了刑法所保护的社会主义社会关系的整体，而是说我国刑法规定的各式各样的犯罪，不管它们的具体表现形式如何，社会危害性大小，但有一点是共同的，即都危害了国家和人民的利益，都侵犯了我国刑法所保护的社会关系。正是基于这共同的基础，把一切犯罪联成一个整体。通过对犯罪客体的研究和分析，深化了对犯罪概念及其社会政治意义的理解，明确了犯罪社会危害性基本含义，可以使人们充分认识与犯罪做斗争的重要性和必要性，并在总的方向上为区分罪与非罪提供了原则界限。当然，犯罪的一般客体揭示了刑法所保护的社会关系的最高层次，反映的是一切犯罪的共性，而每一犯罪行为所侵犯的社会关系是不同的，因此，为了正确地定罪量刑，还必须了解犯罪客体的特殊性问题，犯罪的同类客体和直接客体就是解决这问题的。

二、犯罪的同类客体

犯罪的同类客体，又称犯罪的分类客体，是指某一类犯罪行为所共同侵犯的客体，也就是我国刑法所保护的社会主义社会关系的某一部分或某一方面。

通过对犯罪一般客体的研究，可以揭示一切犯罪行为的共同本质，但是由于刑法所保护的社会主义社会关系的范围非常广泛，各种具体犯罪行为所侵犯的社会关系的性质不尽相同，它们的社会危害程度也就有所差别。但有些犯罪所侵犯的客体又是相同或相近的。为了进一步认识各种犯罪的社会危害性，刑法将这些侵犯的客体具有共同性的犯罪归为一类，而这一类犯罪所共同侵犯的那部分社会关系，就是这类犯罪所侵犯的同类客体。例如，故意杀人、故意伤害、过失杀人、强奸、绑架勒索、拐卖妇女儿童、侮辱诽谤、重婚等犯罪，尽管它们在客观行为方式、主观罪过形式及社会危害程度等方面存在着差别，但它们侵犯的客体的性质却有共同性，都是与人身有直接联系，不可分离，我国刑法就将这些犯罪集中规定在侵犯公民人身权利、民主权利罪一章，而人身权利就是上述各罪的同类客体；又如盗窃、抢劫、抢夺、诈骗、聚众哄抢、敲诈勒索等犯罪，它们侵犯的客体都是公私财产的所有权，我国刑法就将这些犯罪规定在侵犯财产罪一章，公私财产的所有权就是这些犯罪的同类客体。我国刑法典根据同类客体，将形形色色的各种犯罪划分为十类，并在分则中规定了十个罪章，依次是：

第一章，危害国家安全罪，它的同类客体是中华人民共和国的国家安全；

第二章，危害公共安全罪，它的同类客体是我国社会的公共安全，即不特定多数人的生命、健康或重大公私财产的安全；

第三章，破坏社会主义市场经济秩序罪，它的同类客体是社会主义市场经济秩序，即市场经济的正常管理活动；

第四章，侵犯公民人身权利、民主权利罪，它的同类客体是公民的人身权利、民主权利；

第五章，侵犯财产罪，它的同类客体是公私财产的所有权；

第六章，妨害社会管理秩序罪，它的同类客体是我国正常的社会管理秩序；

第七章，危害国防利益罪，它的同类客体是中华人民共和国的国防利益；

第八章，贪污贿赂罪，它的同类客体是国家的廉政制度和公私财产所有权；

第九章，渎职罪，它的同类客体是国家机关的正常职责活动；

第十章，军人违反职责罪，它的同类客体是国家的军事利益。

研究犯罪的同类客体，对犯罪进行分类，为建立科学的刑法分则体系提供了理论依据和标准；同时，依照同类客体的理论，在很大程度上把多种多样的犯罪行为从性质上和社会危害程度上互相区别开来，便于我们理解各类犯罪的基本特点及其危害性，确定刑法的打击重点，保持社会的稳定。

三、犯罪的直接客体

犯罪的直接客体，也称犯罪的具体客体，是指某一种具体犯罪行为所直接侵犯的，我国刑法所保护的某种具体的社会主义社会关系。我们知道，犯罪行为是复杂多样的，是具体的，一种具体的犯罪行为是不可能侵犯刑法所保护的所有的社会关系，它只能侵犯一种或有限的几种具体的社会关系。这种被一种犯罪行为所直接侵犯的具体的社会关系，就是犯罪的直接客体。例如：商业诽谤罪直接侵犯的是他人的商誉权，强奸妇女罪直接侵犯的是妇女的性的自由权利，重婚罪直接侵犯的是社会主义一夫一妻制的婚姻关系。这里的商誉权、性的自由权利与一夫一妻制的婚姻关系便分别是商业诽谤罪、强奸妇女罪与重婚罪侵犯的直接客体。直接客体是每一个具体犯罪构成的必要要件，是决定犯罪性质的重要因素，每一犯罪的性质首先就是由它侵犯的直接客体的性质决定的。犯罪直接客体是立法上每个具体犯罪构成建立并规定相应的法定刑的基础，对于刑事审判工作中正确定罪和准确量刑具有十分重要的意义。如果不了解犯罪的直接客体是什么，在实践中就无法将某些犯罪的界限区别开来，例如，同样是盗窃行为，盗窃公私财物的行为规定在《刑法》第 264 条，盗窃枪支、弹药、爆炸物的行为规定在《刑法》第 127 条，盗窃公文、证件、印章的行为规定在《刑法》第 280 条。这三种行为各自成立不同的罪名，就是因为它们各自侵犯的直接客体的不同。盗窃公私财物的行为侵犯的是公私财产所有权；盗窃枪支、弹药、爆炸物的行为侵犯的是公共安全；而盗窃公文、证件、印章的行为则是侵犯了国家机关的正常管理活动。可见，正确认定每一犯罪行为所侵犯的直接客体，对正确定罪具有决定性的意义。当然，这并不等于说，了解了直接客体，就能把所有的犯罪都区分开来，特别是当某些犯罪的直接客体与同类客体相同时，往往须根据其他的犯罪构成要件来认定。例如：敲诈勒索罪、抢夺罪、诈骗罪与侵占财物罪等侵犯的直接客体和同类客体是一致的，都是公私财产的所有权。在这种情况下，就主要根据各种具体犯罪行为的表现方式的不同来划分此罪与彼罪的界限，敲诈勒索罪表现为使用威胁或要挟的方法，逼迫被害人当场或限期交付财物的行为；抢夺罪表现为乘人不备，公然夺取财物的行为；诈骗罪表现为以虚构事实或隐瞒真相的方法骗取公私财物的行为；侵占财物罪表现为将代为保管的他人财物非法占为己有，拒不退还的行为。客观方面行为表现方式的不同正是区分上述各罪的关键。

犯罪现象是十分复杂的，犯罪行为所直接侵犯的具体社会关系也呈现出十分复杂的情况。我国刑法分则规定的多数犯罪行为只直接侵犯一种具体社会关系，但也有些犯罪行为同时侵犯了两种或两种以上的具体社会关系。根据具体犯罪行为所直接侵犯的具体社会关系的多少，可以把直接客体划分为简单客体和复杂客体两种。

简单客体，又称单一客体，是指一种犯罪行为只直接侵犯了一种具体的社会关系。如破坏交通工具罪只侵犯了交通运输安全，故意杀人罪只侵犯了他人的生命权利，聚众哄抢财物罪只侵犯了公私财产所有权，等等。

复杂客体，又称复合客体或多重客体，是指一种犯罪行为同时直接侵犯了两种或两种以上的具体社会关系，即具有多个直接客体。如抢劫罪不仅侵犯了公私财产的所有权，同时也侵犯了他人的人身权利；走私、贩卖、运输、制造毒品罪既侵犯了国家对毒品的管理制度，又侵犯了人民的生命健康权；集体私分国有资产罪既侵犯了国家机关的正常管理制度，同时也侵犯了国有资产的所有权，等等。在复杂客体中，几个直接客体不是并列的，不能等量齐观，而是有主有次。主要客体决定犯罪的主要性质，是决定该种犯罪在刑法分则归属的根本因素，例如：抢劫罪，虽然使用暴力、威胁或其他办法的行为直接侵犯了公民的人身权利，但它的根本目的是获取公私财物，其所侵犯的客体的主要方面应是公私财产所有权，因此，我国刑法将它纳入侵犯财产罪中。次要客体虽然不决定犯罪的主要性质，但它同样是该种犯罪构成的必要要件，比如上面所说的抢劫罪，如果某行为只侵犯公私财产的所有权，而没有侵犯他人的人身权利，那么就不构成抢劫罪，当然也就不能依照《刑法》第 263 条定罪量刑了。

需要注意的是，在直接客体中还有一种特殊的选择客体。所谓选择客体，有的也称之为随意客体，是指受到刑法保护的，而在实施某种犯罪时可能受到侵犯却不一定受到侵犯的某一具体的社会关系，例如，我国《刑法》第 321 条规定的运送他人偷越国（边）境罪，条文第 2 款又对运送他人偷越国（边）境中造成被运送人重伤、死亡规定了较重的法定刑，该罪侵犯的直接客体是国家对出入境的管理秩序，在这里“他人的健康权利、生命权利”就是运送他人偷越国（边）境罪的选择客体。根据我国刑法分则的规定，多数的选择客体不影响犯罪的性质，仅影响行为的社会危害性程度，而对量刑有意义。但也有少数的选择客体受到实际侵犯时，可能影响犯罪的性质而成立其他犯罪，例如，我国《刑法》第 238 条第 2 款第 2 段规定的非法拘禁中使用暴力致人伤残、死亡的，依照《刑法》第 232 条、第 234 条的规定定罪处罚。在这里，因为选择客体“他人的健康权利、生命权利”受到侵犯而不再成立非法拘禁罪，而成立故意伤害罪或故意杀人罪。可见，选择客体它本身并不是该种犯罪的基本构成的要件，它通常是该种犯罪加重结果的构成要件，而受其影响成立其他犯罪时，则为成立之罪的基本构成要件。

犯罪的一般客体、同类客体和直接客体不是相互独立，而是密切联系的。它们之间是一般、特殊和个别的关系，一般客体与同类客体、同类客体与直接客体存在着种属关系，是两个层次的，反映的是全部犯罪与一类犯罪，一类犯罪与一个犯罪之间共性与个性的关系。因此在分析某一具体犯罪行为时，总是遵循从一般客体、同类客体到直接客体，从而确定该犯罪行为的性质。在理论上对犯罪客体进行这样的分类，是为了使我们既认识犯罪客体的共同本质，又认识每一类以至每一个具体犯罪所侵犯客体的特殊性质，从而便于正确地定罪量刑。

值得一提的是，现行刑法分则第3章破坏社会主义市场经济秩序罪下设8节，进一步把这类罪划分为8小类，第六章妨害社会管理秩序罪下设9节，把这类罪划分为9小类。这实际上相当于在同类客体与直接客体之间又划分出一个衔接层次的客体，鉴于这个层次的客体是在分则章同类客体下增设的，因此亦可称之为"节同类客体"或者"亚层次同类客体"，它指的是某一类犯罪中部分犯罪所共同侵犯的客体。由于"节同类客体"(亚层次同类客体)在我国现行刑法分则体例中不具有普遍性，因此暂不将其划分为一个独立的层次。随着对犯罪现象认识和研究的不断深化，刑法学的发展，刑法体例更科学化、细密化，"节同类客体"(亚层次同类客体)可能成为刑法分则的一个具有普遍性的独立层次。

第三节　犯罪客体与犯罪对象

一、犯罪对象的概念

从词源和语意上看，客体与对象是相同的，因而在哲学上客体与对象并无区别。但由于刑法科学的特殊要求，在刑法理论上，客体和对象都有其各自特定的含义，是既有联系又有区别的两个概念。犯罪客体已如前述，是指刑法所保护而为犯罪行为所侵犯的社会主义社会关系。而犯罪对象则是犯罪行为对之施加某种影响的具体的人或物。如故意杀人犯罪中的被害人，绑架勒索犯罪中的被绑架者、虐待犯罪中的被虐待者、故意毁坏公私财物犯罪中的公私财物、走私犯罪中的走私物品以及毒品犯罪中的毒品等，都是犯罪对象。

二、犯罪客体与犯罪对象的关系

犯罪客体与犯罪对象有着非常密切的联系。犯罪客体是一定的社会关系，犯罪对象是犯罪行为所指向的具体的人或物。我们都知道，具体的人是社会关系的主体，具体的物则是社会关系的外在物质表现。因此可以说，犯罪对象是犯罪客体的存在和表现形式，犯罪客体是犯罪对象的实质。正如马克思在《关于反对盗窃林木法案的辩论》一文中明确指出：盗窃林木这一"犯罪行为的实质并不在于侵害了作为某种物质的林木，而在于侵害了林木的国家神经——所有权本身"。这一精辟的论述深刻地阐明了犯罪对象与犯罪客体之间的联系。它表明，犯罪分子的犯罪行为作用于犯罪对象只是一种表面现象，其实质是通过犯罪对象即具体的人或具体的物来侵犯社会关系即犯罪客体。如果只看到犯罪行为对之起作用的人或物，而看不到其背后所体现的具体的社会关系，就不能正确地定罪量刑。

犯罪对象与犯罪客体是现象与本质，具体与抽象的关系，两者有着密切的联系，但在我国刑法中，两者在法律意义、地位、表现形式等各方面都有着原则的区别。这些区别主要表现在以下几点。

（一）二者对犯罪性质的影响不同

犯罪的客体决定犯罪的性质，而犯罪对象一般不决定犯罪的性质。当某一犯罪行为发生时，如果仅从犯罪对象去考察，其犯罪性质难以确定，因为同一犯罪对象可因其所处的位置、状态、行为主体及其主观心理的不同而体现不同的社会关系。只有通过分析犯罪对象所体现的社会关系即犯罪客体，才能正确认定该行为构成何罪。例如某甲盗窃了某仓库备用的电线，某乙盗割正在使用中的电力运输线，虽然甲、乙二人行为的犯罪对象都是电线，但各自行为所侵犯的相同对象却体现了不同的社会关系，即不同的犯罪客体，从而也就成立不同性质的犯罪。甲的行为侵犯了公私财产所有权，构成《刑法》第 264 条规定的盗窃罪；乙的行为则危害了公共安全，构成《刑法》第 118 条规定的破坏电力设备罪。又如同样是武器弹药，若是普通公民盗窃，是侵犯公共安全，构成《刑法》第 127 条的盗窃枪支弹药罪；如果现役军人盗窃，则侵犯了国家军事利益，构成《刑法》第 438 条盗窃武器装备罪。

（二）二者在犯罪构成中的地位不同

犯罪客体是一切犯罪构成的必备要件，没有犯罪客体也就没有犯罪；而犯罪对象则不是每个犯罪成立的必备条件，它仅仅是法律明确规定了特定犯罪对象的那些犯罪的构成要件，如拐卖妇女、儿童罪，其对象只能是妇女或儿童，否则，就不可能构成拐卖妇女、儿童罪。同时，也并不是所有的犯罪都具备犯罪对象，如叛逃罪、脱逃罪、偷越国（边）境罪、违反国境卫生检疫规定罪等，就很难说有什么犯罪对象。

（三）二者是否受损害的情况不同

任何犯罪都必然侵犯一定的社会关系，即损害犯罪客体；不侵犯社会关系的行为就不具有社会危害性，也就不成立犯罪。但犯罪对象却不一定受到损害，例如某甲窃取了某乙的黄金首饰和人民币，显然犯罪客体即某乙的私人财产的所有权受到了侵犯，但作为犯罪对象的黄金首饰和人民币却并未受到损害，某甲必然好好地保护黄金首饰和人民币，以便卖得高价或供自己使用。

（四）二者的表现形式不同

犯罪客体是人们在生产和生活过程中形成的一定的社会关系，如生命健康权、公私财产所有权、社会管理秩序等，都是无形的、抽象的、观念的、精神性的东西，它不能被人们所感知，而只能通过理性认识来掌握；而犯罪对象是具体的人或具体的物，是物质性的东西，能被人们所控制或感知。

（五）二者对犯罪分类的意义不同

犯罪客体是犯罪分类的基础，而犯罪对象则不是。由于犯罪客体是每一犯罪构成的必要要件，它的性质和范围是确定的，可以按一定的逻辑进行合理的分类和排列，所以它可以成为犯罪分类的基础。我国刑法分则规定的十类犯罪,正是依据犯罪客体划分的。而犯罪对象并不是一切犯罪构成的必要要件,有些犯罪有特定的对象要求,有些犯罪没有特定的对象要求,有些犯罪甚至没有犯罪对象。另外,同一对象可以出现在不同的犯罪中,不同对象可以出现在同一犯罪中。可见,犯罪对象具有不确定性,因此,它不能成为犯罪分类的基础。

综上所述,区分犯罪客体与犯罪对象,不仅有重要的理论价值,而且有重要的实践意义。在司法实践中,只有将犯罪客体与犯罪对象加以正确区分,才能做到定性准确,量刑适当。

第五章 犯罪客观方面

在传统的刑法理论中，犯罪构成要件是我们解构犯罪问题的入手式，而其中的犯罪客观方面却是这一入手式的核心内容。马克思曾经说过："对于法律而言，除了我的行为，我是根本不存在的，我根本不是法律的对象。我的行为就是我同法律打交道的唯一领域，因为行为就是我为之要求生存权利，要求现实权利的唯一东西，而且因此我才受到现行法的支配。"①这就说明了客观行为之于刑法的重要性与唯一性。但在实践中，能够说明犯罪的客观事实有多种多样，而我国立法机关并未将所有的客观事实都作为犯罪客观要件，只是把那些最基本的、足以表明社会危害性质及其程度的客观事实才作为刑法上的犯罪的客观要件来对待。需要强调的是，犯罪客观方面是属于全部犯罪构成的一项内容，只是因为理论研究和学习的需要，才将其从构成要素中分离出来。所以在学习时，不宜将它同犯罪构成要件人为地割裂开来。

第一节 犯罪客观方面概述

犯罪客观方面，亦称犯罪客观要件，是指刑法规定的行为对其所保护的社会关系在客观上构成损害的若干外在的事实特征。犯罪客观方面是与犯罪客体紧密联系着的，在犯罪构成中，犯罪客体回答的是犯罪行为所侵害的是什么样的社会关系，而犯罪客观方面则是回答了这一客体在什么样的条件下，通过什么样的行为受到侵害，并且造成了什么样的危害结果。因此，犯罪的客观方面是犯罪构成的基本要件、也是必备要件之一。犯罪的客观方面与犯罪客体相结合，共同构成了使人负刑事责任的客观基础。

犯罪客观方面具有如下几个特征：

第一，犯罪客观方面具有特殊的损益性。正如犯罪概念所表述的，构成犯罪的前提必须是对社会具有"严重的危害性特征"。如何才能体现出它的危害性？一句话，就是行为在客观上侵犯了我国刑法所保护的法益。例如，我国《刑法》第 307 条规定的妨碍作证罪的客观要件，表明了行为是通过暴力、威胁、贿买等方法，阻止证人作证或者指使他人作伪证，妨碍了正常的司法活动。不能说明侵犯刑法所保护的法益的客观事实特征，刑法不会将其规定为犯罪客观要件。从刑法理论上看，也正是因为犯罪客观方面具有了损害受到刑法保护的法益的特征，使之与犯罪客体形成了一个客观整体的结构，也使得其客观要件

① 《马克思恩格斯全集》第一卷，人民出版社 1956 年版，第 16～17 页。

具备了被刑法责难的依据。

【案例分析】

2009年11月20日，龚某某等34人组织、领导、参加黑社会性质组织案被提起公诉。11月22日—25日，龚某某的妻子程某、堂弟龚某飞先后与北京市康达律师事务所签订了刑事案件代理委托协议，北京市康达律师事务所指派被告人李某及律师马某某担任龚某某的一审辩护人。龚某某的亲属为此支付了律师代理费150万元。同年11月24日、26日、12月4日，李某在重庆市江北区看守所会见龚某某时，为帮其开脱罪责，诱导、唆使其编造公安机关对其刑讯逼供，并向龚某某宣读同案人樊某杭等人的供述，指使龚某某推脱罪责。为使龚某某编造被公安机关刑讯逼供的供述得到法院采信，李某还引诱证人作伪证。从11月底至12月初，李某编造龚某某被樊某杭等人敲诈的事实，并要求程某为此出庭作证。2009年11月24日，在重庆市高新区南方花园一茶楼内，李某指使龚某华安排重庆保利天源娱乐有限公司（以下简称"保利公司"）员工作伪证，否认龚某某系保利公司的实际出资人和控制者，龚某华即安排其公司员工3人作虚假证明。12月3日，在重庆市渝北区的五洲大酒店内，李某指使龚某某的另一辩护人重庆克雷特律师事务所律师吴某友贿买警察，为龚某某被公安机关刑讯逼供作伪证。2009年12月1日，李某向人民法院申请程某、龚某飞等人出庭作证。同年12月10日，龚某某向公安机关揭发了李某的上述行为，第三日，律师李某即被公安机关捉获。

第二，犯罪客观方面具有刑法规定性。根据罪刑法定原则的要求，一切与犯罪有关的内容都必须由刑法作出明文规定，虽然在刑法总则部分，我们只是从抽象的意义上对某些行为作了规定，如"故意行为"和"过失行为"、"预备行为"和"未遂行为"、"主犯行为"和"从犯行为"等的规定，并没有直接为一般危害行为下定义，而是在刑法分则的具体条文中明确、具体地规定了各种犯罪的客观要件。即便是某些犯罪因众所周知而没有详细描述其客观要件，但我们可以从刑法对罪名的规定中把握其客观要件。由于犯罪客观要件具有法定性，故必须严格依照刑法的规定确定其具体内容。当然，有时一些客观事实也会被包含在主观要件中，如《刑法》第312条规定："明知是犯罪所得的赃物而予以窝藏、转移、收购或者代为销售的，处三年以下有期徒刑、拘役或者管制，并处或者单处罚金。"其中的"明知是犯罪所得的赃物"，表面上看只是属于主观要件的内容，其实，该规定同时表明了客观要件的部分内容，即"行为对象"必须是"犯罪所得的赃物"。

【案例分析】

2013年9月间，任某某之子任某林伙同高某胜等利用职务上的便利，将本单位用于生产的原材料——载金碳秘密窃取60余千克（折合人民币价值21000余元），由其父任某某将其中的20余千克（价值7000余元）代为销售给某废品收购站，获赃款3000元。对任某某的行为是否构成销赃罪，也有两种截然相反的分歧意见。第一种意见认为任某某的行为构成销赃罪，其理由是：任某某明知是其子任某林犯罪所得的赃物而代为销售，符合销赃罪特征，构成销赃罪。第二种意见认为任某某的行为不构成犯罪，理由是：虽然任某某所销售的赃物是职务侵占犯罪所得的赃物的一部分，价值 7000 余元，但尚未达到职务侵占构成犯罪的数额标准（10000 元），在数额未达到其主罪构成犯罪的数额标准的前提下，不能认定任某某的行为构成犯罪。

第三，犯罪客观方面具有客观表象性。犯罪行为作为人的一种活动，可以分为客观和主观两个方面的事实。犯罪的客观方面同犯罪的主观有着密切的联系，是主观见之于客观的事实情况，是犯罪心理态度的客观外在表现。作为人活动的外在表现，犯罪客观方面能为人们所直接感知。而我们如果想要了解行为人的主观世界，则必须通过其外在行为来认知。因为从本体论来看，客观是指不依赖于人的意志而存在的物质现象，主观是指对客观的反映；从认识论来看，认识的形式是主观的，认识的内容是客观的；从实践结构上看，客观是指人的外在活动及其结果，主观是指支配人的外在活动的主观意识。从证据学的角度看，行为人的外在客观特征更加稳定、可靠。如《刑法》第 131 条规定："航空人员违反规章制度，致使发生重大飞行事故，造成严重后果的，处三年以下有期徒刑或者拘役；造成飞机坠毁或者人员死亡的，处三年以上七年以下有期徒刑。"在这一条文中，"违章"和各类"重大飞行事故"都是我们这里所说的客观事实，它们是我们认识、理解与处断该航空人员法律责任的基本要素和途径。

【案例分析】

秦某在上海梅都房地产开发有限公司（下称梅都公司）任职，2008 年秦某按照梅都公司董事长兼总经理张某（另案处理）的指示，将梅都公司所开发的"莲花河畔景苑"地下车库的项目工程承包给了被告人张某 1 开办的没有相关资质的上海众欣建筑有限公司（下称众欣公司），张某 1 开始施工后，便指派众欣公司职员即被告人夏某、卫某负责工程的安全和管理等工作，并将部分土方工程分包给其没有专业资质的亲属张某 2 负责。而被告人乔某则作为上海光启建设监理有限公司（下称光启公司）总工程师兼"莲花河畔景苑"总监理参与该工程的建设中。后来在施工过程中，为了赶工程进度，堆放在该楼盘 7 号楼处的土方因堆放过高，导致坍塌，致使旁边正在施工的 7 号楼房倒塌，在楼内作业的工人肖某当场被压死。事故发生后，检察机关对被告人秦某、张某 1、夏某、陆某、张某 2、乔某提起公诉。检察机关认为，六被告人在项目作业中，均违反有关安全管理的规定，发生楼房倾倒事故，并造成一人死亡，直接经济损失达 1946 万元，情节特别恶劣，应以重大责任事故罪追究刑事责任。

第四，犯罪客观方面具有复杂多样性。在犯罪构成的四个方面的要件中，犯罪客观方面的内容最为复杂、多样。它涉及与犯罪行为实施有关的各种客观情况，具体表现为：作案的条件、使用的方法、侵害的后果等。我国刑法分则规定了 400 多个罪名，每一个罪名都各有其特殊性，从而显示出各个犯罪的差别化、复杂度和多样性。具体表现为以下两点：其一，有些犯罪侵犯同样客体，但客观方面却不同。比如，同是侵犯公私财产关系，盗窃罪、诈骗罪和抢夺罪的行为方式却不相同。其二，有些犯罪行为方式相同，但犯罪对象不同，因而其犯罪性质也不同。比如，同是盗窃行为，盗窃枪支、弹药、爆炸物的，构成危害公共安全的盗窃枪支、弹药、爆炸物罪，盗窃一般财物的，构成侵犯财产的盗窃罪，盗窃公文、证件、印章的，构成妨害社会管理秩序的盗窃公文、证件、印章罪。

【案例分析】

2008年12月2日22时许,寇某等人在铁路北塘西车站附近伺机上车盗窃煤炭,被巡逻的天津铁路公安处民警张某等人发现并盘查时,逃离现场。张某一边高喊"我是警察",一边追赶并将寇某扑倒,寇某在反抗过程中将张某仰面翻倒在地压于身下,张某掏出随身携带的"六四"式手枪对其警告和威慑,寇某双手抓住枪筒与张某进行争夺,张某高声呼喊"快来帮忙,有人抢枪"。配合巡逻的武警战士赵某闻讯后将寇某扑倒在地,与张某一同将寇某制服。本案在案件定性分析过程中,存在两种不同意见:一种意见认为,寇某的行为构成了妨害公务罪,即寇某的行为是以暴力、威胁的方法,阻碍国家机关工作人员依法执行职务。首先,客体要件。张某为公安处民警,且在执行公务,而妨害公务罪所侵犯的对象为依法正在执行职务的国家机关工作人员。寇某的行为侵犯了国家的正常管理活动。其次,客观方面。寇某以暴力行为阻碍国家机关工作人员依法执行职务。暴力,是指行为人对正在依法执行职务的国家工作人员的身体实施了暴力打击或者人身强制等。寇某在反抗过程中将张某仰面翻倒在地压于身下,其行为已经构成了暴力抗法。再次,主体要件。寇某为达到刑事责任年龄且具备刑事责任能力的自然人。最后,主观方面。张某在抓捕寇某前曾高喊"我是警察",不难看出寇某在反抗张某抓捕时,已经知道其身份,所以寇某的行为是故意为之。另一种意见认为,寇某的行为构成了抢夺枪支罪。首先,客体要件。抢夺枪支罪侵犯的客体是公共安全,即不特定多数人的生命、健康和财产安全。犯罪对象为枪支、弹药、爆炸物和危险物质。其次,客观方面。寇某的行为属于乘人不备公然夺取枪支的行为。再次,主体要件。寇某为达到刑事责任年龄且具备刑事责任能力的自然人。最后,主观方面。寇某明知是枪支而公然夺取,属于故意抢夺枪支。

"无行为即无犯罪"。在诸多犯罪构成要件中,犯罪客观要件不仅是成立犯罪所必须具备的条件之一,而且是核心要件。不具备这一要件,就没有所谓的犯罪事实的存在。因此,坚持这一核心要件,同时也就表明了中国刑法是从根本意义上坚持主客观相统一、坚决反对各种形式的主观归罪的。

研究犯罪客观方面具有重要意义:

1. 犯罪的客观方面是划分罪与非罪的重要客观标准。如果不具备犯罪客观方面的要件,就失去了构成犯罪和承担刑事责任的客观基础。对一切犯罪来说,危害行为的有无是决定犯罪成立与否的标志,无行为则无犯罪。因为仅有思想而没有将思想外化为行为,就不可能有社会危害性,自然不成立犯罪。对于某些犯罪来说,危害结果及特定的犯罪方法、时间、地点的有无也是区分罪与非罪的重要标准。比如,过失犯罪以具备特定危害结果为要件,如果没有发生法律所规定的危害结果,过失犯罪就不能认定。又如,捕捞水产品的行为若不是在禁渔区、禁渔期或使用禁用的工具、方法实施的,就不成立《刑法》第340条的非法捕捞水产品罪。

2. 犯罪的客观方面是区分此罪与彼罪的重要依据之一。我国刑法中的许多犯罪在犯罪客体、犯罪主体和犯罪主观方面的要件上往往是相同的,法律之所以把它们规定为不同的犯罪,主要就是基于犯罪客观方面的要件不同。比如,绑架罪与非法拘禁罪的主要区别在于是否具有勒索财物、抢劫罪与抢夺罪的主要区别在于是否将暴力直接施加于被害人等等。

3. 研究犯罪的客观要件，对于正确分析和认定犯罪的主观方面也有重要意义。犯罪客观方面是犯罪主观方面的客观外化，主观上的犯罪意图只有通过客观上的危害行为才能实现。因此，要查清行为人的主观方面，就必须认真分析其客观方面。通过考察罪犯实施的行为、行为所造成的结果，以及行为实施的各种客观条件，才能正确地揭示出该行为人的心理态度。

4. 犯罪客观方面是量刑的重要根据。就不同的犯罪来讲，刑法对不同的犯罪规定了轻重不同的刑罚，主要是依据其客观方面的要件内容来判断其具体的社会危害性程度；就同一性质的犯罪来讲，犯罪客观方面对量刑的影响体现在以下两个方面：其一，从立法上看，刑法往往把是否具备某种危害结果作为某些犯罪是否加重处罚的根据；其二，从司法实践中看，同一种性质犯罪的不同案件，因为它们所实施的方式、手段以及时间、地点、条件、具体对象的不同而影响它们的社会危害性，从而导致刑罚的轻重不一。

第二节　一般客观要件

一、危害行为

危害行为，是由行为人的意识、意志支配的危害社会的身体动静。按照递进式犯罪构成体系理论，危害行为是构成要件的该当性或犯罪客观方面最核心的要素。我国刑法学界对于刑法行为理论的研究起步较晚，因此，对刑法行为理论中许多基本问题至今意见不一，尚待深探。

【资料检索】

关于刑法中危害行为概念的表达，概括起来，目前至少有以下几种：(1)危害行为，或称犯罪行为，即指行为人故意或过失实施的，为刑法所禁止的具有一定社会危害性的行为。[①] (2)犯罪构成客观要件中的危害行为，即指由行为人的心理活动支配的危害社会的身体活动。[②] (3)危害行为，在这里专指犯罪构成客观方面的行为，是指由行为人意识和意志支配的危害社会的身体动静。[③] 这些观点的分歧的关键在于以下两方面：一是心素是否为危害行为之必备要素；二是刑法规范的违反性是否为危害行为的法律特征。

危害行为必须具有以下特征：

1. 必须是对社会有严重的危害作用、为刑法所禁止的身体动静。这一特征强调的是来自外部社会对某些“身体动静”所作的一种价值评价。何谓“有害”与“无害”，判断的标

① 高铭暄主编：《中国刑法词典》，学林出版社 1988 年版，第 143 页。

② 赵秉志、吴振兴主编：《刑法学通论》，高等教育出版社 1993 年版，第 147 页。

③ 陈兴良主编：《刑法全书》，中国人民公安大学出版社 1997 年版，第 66 页。

准体系是由谁来建立的？关于这一点的具体内容，我们在犯罪概念中已经做了充分说明。需要解释的是，危害行为的危害性作用与违法性作用之间存在着递进的逻辑关系：有危害作用的行为有许多，并非所有的危害行为都可以成为犯罪的客观要件，只有其同时又存在着违反刑法规定的，才能够进入刑法进行价值评判的视野；反之，那些对社会、他人有益的行为是不能亦不应该被刑法责难的。

2.必须是表现人的犯罪心理态度的行为。有的行为虽然在客观上造成了某种危害结果，但不是在自己的心理支配下进行的，就只能属于无意识行为。行为是表现于外，对客观世界产生影响的身体活动，危害行为也是如此。危害行为的身体活动既包括举动，也包括静止。人的身体举止不限于四肢的举动，还包括诸如以目示、语言教唆、默示等有意义的动作。坚持危害行为的这一特征，对于防止惩罚思想的错误做法具有重要意义。人的意识和意志，是危害行为的主观内在特征。刑法规定犯罪客观要件的行为，目的在于调整这类行为，避免社会遭受危害。如果不是由人的意识和意志支配的身体举止，刑法是不可能起到调整作用的。因为刑法要最终达到调整目的，只能通过调节行为主体的意识和意志，从而间接影响其实施的身体举止。所以，缺乏人的意思的身体动静即使在客观上造成了损害后果，也不属于危害行为。

【观点论争】

关于危害行为的通说观点，主要存在两处矛盾：其一，既然危害行为是"身体动静"，就应该是存在现实生活中的事实性行为，怎么会是作为规范形式存在的"一切犯罪构成的核心"呢？危害行为如果是犯罪构成客观方面的一个要素，在我国的犯罪构成体系中，它应该是与客体、主体、主观要件中要素居于同一序列的位置，并且在功能上是相互排斥的关系，各自从不同的方面说明行为的严重社会危害性，这样危害行为中就不能包含意识要素，因为这会与犯罪主观要素重合。但是如果抛弃行为中的意识要素，就不能被评价为"危害"行为，意外事故和不可抗力即是其例。反之，如果危害行为包含意识要素，它就不是犯罪构成客观方面的要素，这就陷于两难的境地。其二，犯罪客观方面是罪与非罪、此罪与彼罪区分的关键，将危害行为定位于犯罪客观方面并不能实现此界限功能，因为危害性并不是犯罪行为的特有属性，其他一般民事和行政违法行为也具有社会危害性。而且危害行为是一个从行为本质进行界定的概念，并没有体现个罪中行为的形式特征，所以它也不具有区分个罪之功能。①

危害行为的具体表现形式有许多，如与罪过有关的故意行为或过失行为，与犯罪完整形态有关的实行行为或未实行行为，等等，它们同属于刑法理论的重要课题，将分别由"犯罪主观方面"与"犯罪完成形态"等范畴来完成。在这里，我们主要是从有无"作为"的角度进行法理分析，即刑法上的作为和不作为。

【观点论争】

有的认为："行为，从其身体动静，得分为作为与不作为。行为，系本其意思决定

① 刘宗亮、吴晓玲：《刑法中"危害行为"之探析》，来源：中国法院网2014年2月12日。

而为身体的动静。称身体之运动，为作为，称身体之静止，为不作为，前者，亦称积极行为，即运动，后者，亦称消极行为，即静态。"[①]它强调的是身体的动静状态；也有的认为，区分作为与不作为的标准不应该是所谓的动静状态，而应当是行为人对法律义务的态度，"作为违反的义务是指要求人们不为一定的行为，在客观上的表现为一种积极的身体举动，不该为而为；不作为违反的义务是指要求行为人为一定的积极行为，即去做某一件事，在客观上表现为一种消极的态度，该为而不为"。它强调的是行为与法律义务之间的一种互动。[②]从目前学术界的观点看，后者已经成为通说。

(一)作为

作为，即积极的行为，是指以积极的身体举止实施刑法所禁止的行为。作为是危害行为的主要形式，在我国刑法中，绝大部分犯罪一般情况下通常以作为的形式实施，如故意杀人罪、放火罪等；许多犯罪只能以作为形式实施，如抢劫罪、盗窃罪、强奸罪等。

其自身具备了以下几个特征：(1)它表现为积极的身体举动。因果行为论曾经强调行为的有体性，即行为人是在意欲的支配下，必须导致身体的运动，并惹起外界的变动，具有知觉的可能性。这种有体性是单纯地从物理的意义上根据人的行为，追求行为的自然存在性。如摩的抢劫犯驾车向被害人直接冲过去的行为、毒品贩者将毒品藏在鞋底的行为、盗窃犯把他人的门锁撬开的行为，等等，均表现出了其积极实施犯罪的特性。(2)它是由人的一系列举动有联系性地发出的。如在西安药某某杀人案中就可以说明这一切：2010年的某一天，被告人药某某驾驶一小轿车从西安外国语大学长安校区返回市区途中，将前方在非机动车道上骑电动车同方向行驶的被害人张某撞倒。药某某恐张某记住车牌号后会找其麻烦，即从车里取出一把尖刀，走到被其撞倒的张某跟前，朝张的胸、腹、背等处捅刺数刀，将其杀死。后药某某在其父母陪同下到公安机关投案。本案中，药某某的驾车撞人行为还不好认定为积极行为，而其后的从车里"拿刀""走向被害人"、在要害处的"捅刺"等一系列行为，都是他在"害怕被害人事后找其麻烦"的动机指导下，构成积极的、有联系的杀人行为。在分析这一类案件时，切记不要将这一系列的行为分割开来。(3)它是被刑法所禁止的。任何有害行为都存在着性质上的差异，有的行为是被民法禁止的，有的是被商法禁止的，有的是被行政法禁止的，只有那些被刑法所禁止的，才有可能成为犯罪行为。如在同居行为中，只有符合刑法上的重婚行为才有可能构成犯罪，而其他的同居行为是不为刑法所禁止的。

当然，在具体的表现形式上，作为可以是行为人自身的行动所为，如动手伤人，也可以是借助外力所为，如利用职便、利用工具、利用动物、利用他人、利用外部条件等，只要是其有意识地利用了这一切，就都能够成为其积极作为的一个部分内容；而所有这些行为都必须是与行为人的主观意志有着紧密联系的，那些不具有主观意志的行为，有许多已经被刑

---

① 陈朴生：《刑法专题研究》，台湾三民书局 1988 年第 4 版，第 90 页。

② 熊选国：《刑法中行为论》，人民法院出版社 1992 年版，第 120 页。

法理论排除在责难范围之外。

【资料检索】

所谓不具有主观意思的行为包括:(1)反射动作,指无意识参与作用的动作。(2)机械动作,指受他人物理限制,在完全无法抗拒的情况下的动作。(3)本能动作,指因疾病发作、触电或神经注射而产生的抽搐、痉挛,梦游等亦属此类。以下人类行为应视为是在行为人意思支配下实施的,因而仍属于刑法中的行为:(1)自动化行为,指在一定的思维定式支配下反复实施而成为习惯的行为。(2)冲动行为,指在激情状态下实施的、超出行为人理智控制的行为。(3)精神胁迫行为,指在他人暴力的间接强制下实施的行为。(4)忘却行为,指被期待有所行为时,由于丧失行为意识而造成某种危害后果的情形。由忘却行为构成的犯罪,在刑法理论上称为忘却犯。(5)原因上的自由行为,指在本人的心神丧失状态下实施犯罪的情形。原因上的自由行为属于自招行为,是否能作为犯罪行为,关键是如何解释心素与体素的统一性问题。

【案例分析】

1.何某,男,23岁,汉族,大专文化,学生,云南省陆良县人,原为云南省某专科学校学生。2002年3月11日因本案被逮捕。被告人何鹏持只有10元钱的农行金穗储蓄卡到设在云南民族学院分院的建行ATM自动柜员机上查询存款结余,未发现卡上有钱,何鹏即按键取款100元,时逢农行云南省分行计算机系统发生故障,造成部分ATM机失控,ATM机当即按何鹏指令吐出现金100元。何鹏发现这一现象后,当即继续按键取款,共6次取出现金4400元。当晚,何鹏返回学校请假,并到翠湖旁边政协宾馆住宿一夜,于3月3日上午持卡到中国银行翠湖储蓄所、胜利广场储蓄所、云南省分行、北市区支行、东风支行以及王行武城分理处等7台ATM机上,连续取款215次,共取出现金42.53万元。两日合计取款221次,计42.97万元。当天下午,何鹏将钱送回陆良县马街镇家中藏匿,在路上打电话通知其母亲到农行为金穗储蓄卡挂失,并连夜返回昆明。之后,何鹏以其同学伏某仙的名字存入交通银行7300元,以金某波的名字存入4700元,又购买了手机等物品挥霍,并将金穗储蓄卡丢入下水道。

2.童某俊,男,45岁,副局级,1998年至2000年,利用主管招商引资及分管外经集团的职务便利,在引进投资设厂以及促成合作开发房地产项目过程中,涉嫌受贿人民币126万元、港币8万元。

3.2003年12月初,被告人崔某起伙同他人在藁城市商贸城租房,以开办藁城市床上用品加工厂为名合谋诈骗。2003年12月17日,同案人张某杰以业务员刘某的名义与河北客户张彦某联系订货,当日张某刚送来样品白布193米,次日上午张某刚送来两万四千米白布后,同案人王某永以大额现金不能支取为由拖延付款。同案人马某路、张某杰将张某刚骗到饭店后趁机逃走,崔某起趁机将布匹拉走。该布匹经某物品价格鉴证中心评估价值8万多元。

4.2013年的一天,被告人陈某(男,34岁)陪着女友到动物园游玩,期间,其女友多次提出要他同妻子离婚并且娶她的事情。陈某责怪她没有守信,说好两人只是玩玩而已，各自不承当责任；其女友以怀有身孕为由要他负责任。当走到熊园的一个高处时，陈某趁女友不备，将其推入熊园之中，致其被园中凶猛的熊撕咬致死。

（二）不作为

不作为，即消极的行为，是指不实施其依法有义务实施的行为。在我国刑法中，有的犯罪只能由不作为构成，如遗弃罪，这种犯罪称为纯正不作为犯；还有的犯罪虽然通常情况下由作为形式实施，但也可以由不作为形式实施，这种情况下构成的犯罪称为不纯正不作为犯。需要注意的是，不作为犯并不是指行为人没有实施任何积极的举动，而只是指行为人没有实施法律要求其实施的积极举动。因此，行为人通过实施一些积极的举动而逃避法律要求其履行的特定义务时，并不影响不作为犯的构成。如行为人把年幼子女带至深山老林然后予以抛弃以逃避抚养义务，这仍属于不作为犯而非作为犯。

构成不作为犯必须以行为人负有特定义务为前提。根据来源的不同，特定义务可以分为以下几种情况：

1. 法律明文规定的义务。这种义务一般指宪法、法律和其他法规所规定并为刑法所认可的义务，任何符合法律规定条件的人都必须履行这种义务。如宪法和婚姻法规定了家庭成员有相互扶养的义务，刑法也要求履行这种义务，否则即追究刑事责任。因此不履行扶养义务构成遗弃罪即是不作为犯。有的法律虽规定了特定义务，但刑法未认可的，则不构成刑法上的不作为犯。如民法规定，债务人有清偿债务的义务，但债务人拒不清偿的并不属于刑法上的不作为犯，因为刑法没有规定或认可这种义务。

2. 职务或业务上要求承担的义务。这种义务一般由有关法规、规章制度加以规定，但与前述法律明文规定的义务并不相同。两者的区别在于这种义务是以行为人所担任的职务为前提的，行为人只有在履行职务或从事业务期间才谈得上对这种义务的违反，如值班医生负有抢救病人的义务，值勤消防队员负有灭火的义务。行为人在业余时间则谈不上对这种义务的违反，或至多只能说是违反了道德。而法律明文规定的义务一般以某种特定身份为前提，具备此种特定身份者任何时候都必须履行义务，否则即构成不作为犯罪。

3. 先行行为引起的义务。这种义务是指由于行为人的行为使某种合法权益处于危险状态时，该行为人负有采取有效措施积极防止侵害结果发生的义务。这一理论是由德国刑法学家斯特贝尔首倡的，1884年的德国判例首次确认了先行行为与法律。我国刑法界的通说认为先行行为只要足以产生某种危险，就可以成为不作为犯罪的义务来源，而不必要求先行行为具有违法的性质。行为人不履行这种义务而发生严重后果的，构成不作为犯。

4. 基于法律行为承担的义务。法律行为是指在法律上能产生一定权利义务的行为。只要发生一定的法律行为，不管这种行为通过口头还是书面形式发生，行为人就必须承担一定义务。如某人自愿受雇于他人当保姆，则其负有看护好雇主家孩子的义务，若其不负责任致孩子发生意外而伤亡，则需对其不履行义务的行为承担不作为的刑事责任。

【案例分析】

1. 被告人黄某，男，43岁，渔民。1999年11月27日，黄某在长江上捕鱼，突然一条用于摆渡的小船因载人过多而倾翻，小船上的人员全部落水。由于落水人员当中有一部分不会游泳，故其生命处于极度危险状态。这时参与抢救的人们纷纷要求黄某立即参加抢救行动，黄某却笃信封建迷信，认为参加抢救落水的人会给自己带来灾难，因而坚决拒绝参加抢救行动，也不允许其他人用他的船去救人。由于抢救工具不够，最终有四人因抢救不及时而溺水身亡。

2.谢某在上班途中遭到抢劫。谢某在追赶劫匪一段路后，恰逢迎面开来一辆警车，谢某即拦住警车请求开车的警察追赶劫匪。谁知，该警察犹豫片刻说："我已经下班了，你报警吧。"并拿出自己的手机给谢某，让她打电话报警。事后，谢某向警方投诉，认为该警察的行为属于行政不作为。

3.甲乙二人醉酒后在河边发生争执，甲失手将乙推下河中，二人均不会游泳，乙在河中呼救，甲跑到附近农田喊人救乙。等救援的人来到，乙已经溺水身亡，来人发现岸边就有一根长竹竿，乙跌落在浅水区，甲用竹竿完全可以把乙救捞上岸，甲却舍近求远。这时，甲才想起竹竿是自己沿路拾的，准备回家做鱼竿，情急之下竟然忘了用它救人。

4.某市幼儿园保育员王某(女，30岁)于某日下午带领14名儿童外出游玩，途中幼女李某(女，约3岁)失足堕入路旁粪池，王见状只向农民高声呼救，不肯跳入粪池救人。其时，一中学生刘某(男，17岁)路过此地，闻声即跑到粪池观看，并同王某在附近农田内拔得小竹竿一根，经探测得知粪水约有80厘米(半人)深，但王、刘二人均不肯下粪池救人，只共同高呼求救，待农民张某赶来跳下粪池救人时，幼儿李某已被溺死。

不作为犯罪如果仅仅是道义或道德上的义务，则不能作为不作为犯罪的义务来源。所谓道德义务是指虽然该义务不属于法律明文规定的范围，但是基于一定事实形成了社会上通常认为的对危险应当予以共同承担、相互照顾的关系，因而在对方发生危险时，应当具有为对方排除危险的作为义务。就目前刑法学界通说而言，不认为道德义务是属于作为义务的来源，也不应当对义务的理解过分扩大化，从而造成实践与法律规定的脱节；而如果在刑法中就某种犯罪行为规定了结果加重犯或者因发生严重危害结果而另处重罪时，可以将该加重的危害结果评价在相应的结果加重犯或者重罪上；如果没规定结果加重犯或者另处重罪时，则犯罪行为导致另一合法权益处于危险状态时，应负阻止或防止危害结果继续发生的义务，否则可数罪并罚。

【案例分析】

1.被告人洪某系某市出租汽车公司司机。2005年的一天晚上，洪某驱车在大街上招客时，遇一中年男子(何某，某工厂司机)招呼自己的汽车，洪某即停车。何某将一大量失血并已昏迷的老人抱上洪某的汽车后座，并说是自己撞伤老人的，要求洪某驱车前往省第二医院抢救。当车行驶10分钟到达阳明路时，何某要求洪某停车稍候几分钟，称自己去附近找一熟人一并前去医院帮忙，被告人洪某应允，当即停车等候。当时已过深夜12时，被告人洪某等候约30分钟后，见情况不妙，怀疑何某已逃逸，便趁夜深无人之机，将伤重老人弃于附近大街上。第二天交通警察发现老人尸体，经法医鉴定是失血过多致死。后公安机关将何某和被告人洪某一并缉获。检察机关以故意杀人罪对何某和洪某提起公诉。

2.李某在做工时与该厂女工项某相识相恋,并多次发生性关系,使项某怀孕。其后李某因故向项某提出分手,项某不同意,多次找李某希望和好,但李某总是逃避。一天午后,项某带着一瓶农药去李某寝室,与李某发生争吵。李某在争吵过程中用一个打火机朝项某掷去。之后,项某喝下带来的农药自杀。李某明知项某喝了农药,不但不予抢救反而锁门而出,最终致使项某因中毒得不到及时抢救而身亡。

此外,在刑法中还存在一种特有的行为方式,即所谓持有。持有是指行为人所有或者占有某一刑法规定的特定物品的状态。例如《刑法》第128条规定的非法持有枪支、弹药罪,第384条规定的非法持有毒品罪等。关于持有是作为还是不作为,或者是独立于作为与不作为的第三种行为方式,在刑法理论上存在争论。除此之外,理论上还存在着关于不作为的"纯正"与否的问题。

【资料检索】

1.所谓纯正不作为犯是指由刑法明文规定的只能由不作为构成的犯罪,它是以不履行特定义务为构成要件的犯罪。也就是说,在我国现行刑法中,行为人的行为但凡符合法律明文规定的不作为犯罪的构成要件,都可根据法律的规定定罪量刑,因此,纯正不作为犯罪的成立必须以构成要件齐备为前提。例如,遗弃罪,拒不救援友邻部队罪等。所谓"纯正"指的是该类犯罪只能由不作为行为构成,而不能由作为行为构成。同时,在纯正不作为犯罪的犯罪构成中,对法定义务的违反,是该类犯罪成立的前提,也是该类犯罪构成纯正不作为犯罪的构成要件中的重要内容。

2.所谓不纯正不作为犯是指行为人以不作为的形式实施的通常以作为形式实施的犯罪,例如以不作为形式实施的交通肇事后逃逸甚至放任更严重危害后果发生的间接故意杀人案件等。在大陆法系国家的刑法学者眼中,对不纯正不作为犯的认识主要有以下三种观点:(1)认为不纯正不作为犯是行为人以不作为形式实施的通常以作为形式实施的犯罪。该观点是我国目前的通说。(2)认为以不作为的方式实现了法规中以作为形式规定的犯罪构成要件的犯罪叫不纯正不作为犯。这种观点是日本目前的通说。(3)认为不实施法律期待的一定行为并因此而导致一定结果构成的犯罪叫不纯正不作为犯。这种观点目前是德国的通说。不纯正不作为犯是不作为犯中的一个十分重要的犯罪形态,其构成十分复杂,再加之我国目前对于不纯正不作为犯罪只是通过刑法理论予以确认,在现行刑法中并无相关明文规定,因此对不纯正不作为犯的认定比较困难。

3.所谓混合不作为犯的表述为"混合不作为犯是指既有作为又有不作为共同构成的犯罪形态","混合不作为犯的特点在于作为与不作为必须同时存在才能构成犯罪,如果只有作为或者只有不作为,则不能成立该犯罪",例如我国现行刑法规定的抗税罪和走私罪便同时包含作为和不作为两种行为。在抗税罪中不交税是不作为行为,抗拒收税则是作为行为;同样,在走私罪中,不如实申报出入境物品是一种不作为行为,逃避海关检查却是作为行为。.

【案例分析】

应某(男)与张某(女)相恋多年,因为双方父母的反对,始终未能走到一起而产生相约自杀的念头。一日,两人约好到某一水库自杀。应某用自行车载着张某到了水库区,他们在一起喝了酒,并且发生了性关系。在这之后,两人手握手向库区深处走去,不会游泳的两人在入水的途中,应某开始后悔,遂一边借口要给家里打个电话而自行返回岸上,另一边也规劝张某不要做傻事,回去再商量。但是,张某死志已决,执意继续向深水区走去。应某冲到水库边才想起自己不会游泳,大声呼救,待他人赶到时,张某已不治身亡。

二、危害结果

危害结果是指危害行为对具体的犯罪对象或犯罪客体造成的实际损害或现实危险。犯罪对象与犯罪客体有物质性与非物质性之分,也有现实性与将来可能性之分,危害结果因此也可以表现为物质性和非物质性以及现实性与将来可能性等各自的两种情况。物质性的结果通常可以直接根据数量、重量、状态或价值直接计量出来,非物质性的结果往往是无形的,抽象的,一般不能计量,但是根据案件的全部事实和情节,对非物质性的结果仍然可以确定危害的严重程度;现实性的结果是已经具体呈现出来的,而将来可能性的结果却是需要等待一定的时间或其他条件的出现才能呈现出来的。

由于危害结果具有多样性,故有必要从不同角度进行分类,以便深入理解危害结果的内涵。

1.属于犯罪构成要件中的危害结果与不属于犯罪构成要件中的危害结果。这是以危害结果是否属于具体犯罪构成要件为标准所作的分类。前者是指成立某一具体犯罪所必须具备的、危害结果,或者说,该危害结果是具体犯罪客观要件的内容,如果行为没有造成这种结果,就不可能成立犯罪。例如,《刑法》第 397 条规定,国家机关工作人员的滥用职权或者玩忽职守行为,只有造成了公共财产、国家与人民利益的重大损失,才构成滥用职权罪或者玩忽职守罪。这里的"重大损失"属于构成要件的危害结果;后者是指不是成立犯罪所必需的、构成要件之外的危害结果。这种危害结果是否发生及其轻重如何,并不影响犯罪的成立,却可以影响法定刑的认定。例如,抢劫罪的成立并不要求发生致人重伤、死亡的结果,故重伤、死亡不属于抢劫罪基本构成要件要素的危害结果,即使抢劫行为造成了他人重伤或者死亡,该结果也不属于基本构成要件的危害结果,但由于发生该结果的抢劫行为比未发生该结果的抢劫行为的社会危害性严重,故刑法对此规定了较重的法定刑。

2.物质性危害结果与非物质性危害结果。这是根据危害结果的现象形态所作的分类。前者是指现象形态表现为物质性变化的危害结果,它往往是有形的,可以具体认定和测量的,如致人死亡、致人伤害、毁损财物等,都是属于物质性结果;后者是指现象形态表现为非物质性变化的危害结果,它往往是无形的,不能或者难以具体认定和测量,如对人格的损害、名誉的毁损、对社会秩序的破坏等,属于非物质性危害结果。

3.实害结果与危险结果。这是以危害结果是否对具体的犯罪对象或犯罪客体造成的实际损害为标准所作的区分。前者对具体的犯罪对象或犯罪客体造成现实的损害，如故意杀人案发生了死亡结果、盗窃犯取得了赃物、交通肇事罪中出现的车毁人亡的事故，等等；后者是指危害行为对具体的犯罪对象或犯罪客体未造成实际损害，却使其处于一种现实的危险状态。虽然没有发生实害的结果，却存在着发生的可能性，例如，《刑法》第116条规定的破坏交通工具罪，其要害在于可能出现的倾覆、毁坏现象，而危险正隐于其中。

【观点论争】

有关实害结果与危险结果的研究，存在着不可忽视的缺陷：首先，危险本属于危害结果的一部分，与实际侵害共同组成了危害结果的外延。而前述分类将结果犯与危险犯相区分，根据区分，可以看出，结果犯中的结果将危险排除在结果范围之外。这显然缩小了危害结果的范围，将危害结果仅限于实害结果。这种缩小分类标准得出的结论的准确性值得质疑。其次，任何的犯罪都存在危害结果。然而，根据上述的分类，结果犯以损害结果的发生作为犯罪既遂的标准，以结果犯称之，可能引起对结果理解的偏差，可能推断这样的结论：危险犯、行为犯和举动犯无须考察行为是否发生了侵害法益的结果。最后，对行为犯和举动犯的处罚表现为对危害结果既没有实际损害，也没有可能损害的危险，即对行为进行处罚，这既有违犯罪本质：某行为既未造成实际损害，也未造成可能损害的危险，处罚理由何在？而且这也违背了行为与结果之间必然的对应关系 。①

危害结果作为犯罪客观方面的一个重要因素，具有重要意义。

1. 它是区分罪与非罪的标准之一。当危害结果是犯罪构成要件要素时，如果行为没有造成法定的危害结果，就不成立犯罪，过失犯罪便是如此。但由于危害结果并非一切犯罪的构成要件要素，故当危害结果不是构成要件要素时，危害结果是否发生便不影响犯罪的成立。例如，抢劫行为没有取得财物、没有致人伤亡时，仍然成立抢劫罪，只不过是预备、未遂或中止罢了。

2. 它是区分犯罪形态的标准之一。不管人们以什么标准区分犯罪的既遂与未遂，但可以肯定的是，在通常情况下，只有发生了危害结果时，才可能成立犯罪既遂。例如，在故意杀人罪没有发生死亡结果的，不可能成立故意杀人既遂。

3. 它是影响量刑轻重的因素之一。在一切犯罪中，危害结果对量刑都起影响作用。因为危害结果是反映社会危害性的事实现象，刑罚必须与犯罪的社会危害性相适应，所以，危害结果的发生与否、轻重如何，必然影响量刑。危害结果对量刑的影响作用表现为三种情况：(1)作为选择法定刑的根据。例如，《刑法》第234条根据伤害行为造成的结果不同，规定了三个幅度的法定刑。据此，故意伤害造成他人轻伤的，司法机关应选择3年以下有期徒刑、拘役或者管制这一法定刑；造成重伤的，应选择3年以上10年以下有期徒刑这一法定刑，如此等等。(2)作为法定的量刑情节。例如，中止犯没有造成损害的，应当免除处罚；造成损失的，应当减轻处罚。(3)作为酌定的量刑情节。当刑法没有将危害结

① 聂慧萍：《论危害结果在犯罪构成要件体系中的地位与功能》，载《当代法学》2011年第4期。

果规定为法定刑升格的条件和法定量刑情节时，危害结果的情况便是酌定量刑情节。

【观点论争】

刑法中的危害结果是刑法理论中一个没有引起人们足够重视的问题，在50多年前，苏联刑法学家特拉伊宁教授在撰写《犯罪构成的一般学说》一书时就注意到了这一情形。而我国对这一问题的研究却并不令人乐观。我们在引进和吸收苏联刑法理论的同时，倾向于认为危害结果是犯罪构成中客观方面的一个非必要要素，其直接后果是：重行为及因果关系研究而轻结果研究，危害结果在犯罪构成中的分量愈来愈小。英美法系国家没有系统的犯罪构成理论，对危害结果的关注和阐述就更少。有人认为造成这种状况的原因是：人类刑法的科学发展史生动而具体地表明犯罪归责理论由最初的与复仇同时产生的结果责任让位于过错（犯意）责任，相应地刑事立法由“结果刑法”趋向于“行为刑法与结果刑法兼容”，危害结果在犯罪构成中的地位大大下降了（现代刑事立法增加举动犯，一些刑法理论甚至认为过失犯罪没有发生现实危害结果也能构成犯罪就可见一斑）。我们不能被上述表面现象所迷惑。无论是结果责任到过错责任的转换，还是结果刑法行为刑法与结果刑法兼容的变异，都只能说明一个问题：人们强调行为人的主观意识和意志，不追究无过错人的刑事责任，并在此基础上犯罪的成立不以现实危害结果的发生为必要。但无论如何，这并不意味着危害结果丧失了它在犯罪构成中的重要地位，相反，神圣的光环永远在它的头顶闪耀，那就是：没有行为当然没有犯罪，但没有现实的危害结果或可能的危害结果也同样没有犯罪！行为人基于自己的意识侵犯刑法所保护的客体，必定在外界给该客体造成客观的损害或威胁，这就是行为作用于外界所引起的有刑法意义的变动——结果。行为永远不能脱离结果，正如结果不能脱离行为一样。离开结果，行为不能自己说明自己。因此，深入系统地研究危害结果已是当务之急。

三、刑法上的因果关系

刑法上的因果关系是承续了哲学上的概念，但它又不完全等同于哲学上的定义。任何事物的产生与发展的结果，必定都有其原因之所在。这就是客观世界普遍存在着的因果关系论，它对其他研究领域起着一定的指导作用。但是，刑法上的因果关系自有其特殊的一面，它是指行为人的危害行为与危害结果之间存在着引起与被引起的关系。刑法上的因果关系之所以不同于哲学上的因果关系，是因为前者不必要回答有关“事物之间的普遍联系”的问题，它更侧重于解决行为人的刑事责任问题：当某种危害社会的结果已经发生，要使行为人对这一结果负责任，就必须查明这一结果是否经由该行为人之行为所造成的，即要确定行为人的行为与危害结果之间是否存在着刑法上所要求的因果关系。如果缺少这种因果关系，刑法就不能要求该行为人对这一结果承担刑事责任。至于那些与刑法问责无关的因果关系，则不在我们的研究与学习范围。

在以哲学为指导解决刑法中的因果关系问题时，应当注意掌握以下几点：

1.因果关系的客观性。因果关系的客观性是哲学意义上的一般性要求，它表明在原因与结果之间的关系是不以人的主观意志为转移的客观存在；同样地，在司法实践中判断危害行为与危害结果之间是否存在因果关系，也一定要从客观实际出发，深入到客观事物本身中去调查研究，必要时，还要依靠科学的鉴定，才能作出正确的判断。至于行为人本身是否已经认识到因果关系的存在、自己的行为是否会产生刑法上的危害结果以及危害行为与危害结果之间存在着什么样的关联度的主观认知，等等，都不会影响到司法部门对刑法上的因果关系进行客观地、科学地认定。例如，甲男以顺路为由开车在街边接一陌生女子上车，当车行至乡村路上时，甲开始对乙进行言行上的调戏，乙要求甲立即停车，甲不理不睬继续开车，乙跳车后摔成重伤。本案中，乙被摔成重伤，在表面上看是其自己的跳车行为直接造成的，但是她的选择却是在甲先是调戏、后又不开车门的情形下才被迫作出的，这在刑法上就可以被认定为在二者之间存在着客观上的因果关系，甲需要对乙的调戏行为及重伤后果承担罪责。

2. 因果关系的相对性。因果关系的相对性也同样是哲学意义上的一般性要求，它与因果关系的绝对性构成了一对矛盾的统一体，而哲学上的普遍联系则不完全能够适用于刑法上的因果关系，但它却具有一定指导意义。在一组原因与结果链条中，A 因产生 A 果，而在另一组原因与结果链条中，A 果却可以成为 B 因并且引发 B 果，即前一组的 A 果在这里却成了 B 果的因。这就是刑法上有关因果关系的相对性。例如，小偷甲在公共汽车上行窃，被失主乙及时发现，甲急忙下车企图逃跑，乙紧随其后追赶，结果在一转弯处，甲不顾交通信号已亮起红灯，一头冲向对面马路，却被一辆正常行驶的货车撞倒，车子从他的大腿处碾压过去，最终造成了双腿截肢。本案中，甲行窃是引发乙追赶的原因（A 因），乙追赶甲是合法的行为（A 果）；甲被碾压（B 果）是由乙追赶、甲闯红灯、货车司机驾车等原因共同造成的，这时的 A 果就成了 B 果的其中之一的“因”。这就是我们所说的刑法上因果关系的相对性。以此类推，B 果也可以成为 C 因……需要注意的是，有刑法上的因果关系不等于就应当承担刑事责任——本案中的货车司机如果没有任何违规驾驶，就不能要求他承担罪责——至于说到刑法上的因果关系的绝对性，如“前因后果”的时间序列性就是绝对的，刑法理论上不允许出现“倒果为因”的反逻辑现象。

3. 因果关系的特定性。我们强调“前因后果”的时间序列性，并不等同于凡是在结果之前的都是其原因。如白天过去是黑夜的自然现象，是由于地球自转引起的，白天与黑夜都不可能成为相互的因与果。刑法上所强调的原因必然是与结果之间存在着某种内在的、必然的联系，即原因一定会作用于结果。例如，某晚，成年男子张甲、张乙和方某一起从事体力劳动后饮酒，酒后同去水塘里洗澡，三人均会游泳。其间，三人互相拉扯、嬉闹。方某先上岸，用泥土扔向张乙、张甲，张乙与方某嬉闹，接着方某也跳入水塘并扑向张乙，张乙遂将方某整个人按入水中，方某死命挣扎，在其头部尚未全部浮出水面时，张甲又过来将方某按入水中，片刻之后，方某一直未再浮出水面。方某尸体经法医鉴定系溺水死亡。本案中，张乙与张甲先后的按压方某的行为与方某溺水死亡的结果之间，显然存在着内在的、必然的联系：正是由于张乙与张甲先后的按压，使得方某无法获得正常的呼吸，才导致其溺水身亡。至于“水”被灌入方某的呼吸道，是否也需要追究“水”的责任，则由犯罪主体一章加以说明。

4. 因果关系的复杂性。辩证唯物主义认为，客观事物之间联系的多样性决定了因果联系的复杂性。包括以下几种:(1)一因一果。这是最简单的因果关系形式。指一个危害行为直接地或间接地引起一个危害结果。司法实践中,这种因果关系形式较为容易认定。上例中张乙、张甲共同造成方某溺水死亡的案例,即属于此一类。(2)一因多果。一因多果是指一个危害行为可以同时引起多种结果的情形。在一行为引起的多种结果中,要分析主要结果与次要结果、直接结果与间接结果,这对于定罪量刑是有意义的。例如,甲将毒蛇放进乙家,结果造成乙家1死2伤。(3)多因一果。多因一果是指某一危害结果是由多个危害行为造成的。上例中造成小偷被碾压致死的原因,包括"失主追赶""小偷闯红灯"和"司机撞人"等。(4)多因多果。多因多果是指多个危害行为同时或先后引起多个危害结果。例如,甲乙对丙有仇,某日天已擦黑,乙见甲在村路上挖了一个深达2米的大坑,要害丙,遂在甲离开后,自己又偷偷地砍了一些竹尖埋到坑底,结果丙在当晚的回家路上,果然掉进了陷阱被竹尖刺死,连带同村人某丁亦被竹尖刺伤。后经法院审理,判处甲构成故意伤害罪,乙构成故意杀人罪与故意伤害罪。

5.不作为犯罪中因果关系的特殊性。不作为犯罪是指负有特定作为义务的人,故意或者过失地不履行其特定的义务,造成危害社会的结果,依照刑法应受到刑事处罚的行为。我们认为,不作为犯罪是一种特殊的形态,其因果关系也要从特殊的角度进行分析。首先,必须肯定,不作为犯罪存在着刑法上的因果关系,它同样具备了上述的四大特征;其次,对不作为犯罪中的因果关系的认识要从特殊的角度入手,即要从"法律规范"中的义务性内容展开分析,否则将无法理解。例如,在上述某幼儿园保育员王某不愿意下粪池救助幼女李某一案中,法院最后之所以认定王某负有刑事责任,就是因为她存在着"前行行为"的义务,而且具备了救助的能力——粪水约有80厘米(半人)深,但她只是在高声呼救,却不肯跳入粪池救人。正是在这样的情形下,才导致幼儿李某被粪水溺死。当我们了解了不作为中的"法律规范"的义务性内容后,就可以清楚地知道,"应为""能为"却"不为"的全部内容,是不作为犯罪存在因果关系的法定标准。

【观点论争】

一种是肯定说。即肯定作为犯罪中也存在刑法因果关系。持这种学说的学者在具体论证的时候又主要有五种不同的见解。他行为说、先行为说、他因利用说、作为义务违反说、防止可能性说。以上五种学说前两种是从不作为以外的作为行为中寻找不作为犯罪中的因果关系,因此被称为"作为原因说"。后三种,因为都不同程度地力求从不作为本身研究不作为犯罪中的因果关系,因此被称为"不作为原因说"。

另一种是否定说。即否认不作为犯罪中存在着刑法因果关系。这种学说认为,不作为是"无",无中不能生有,因此不作为没有引起结果的原因力,不作为犯罪中就根本不存在因果关系问题。如德国学者韦尔策尔认为:"不作为没有行为,绝无后果可说。"显而易见,这种学说是错误的,也已经被抛弃。现在学者多数认为不作为并不时单纯的"无",而是没有实施法律期待的行为,在社会意义上仍然是一种存在,是否为不作为应当从法律或者社会意义上判断。

还有一种是准因果关系说,即不作为犯罪在客观上事实上不存在因果关系,但是法律将不作为引起的结果的原因与作为犯罪一样看待。德国刑法学者李斯特说:"不作为不过是不防止结果发生的消极的意思活动，所以它对结果的发生，没有任何的物质原因力存在。之所以是犯罪行为之一，无非不作为与结果之间得以作为之因果关系准用之而已。自法律上观察，无此不作为则不发生一定的结果，与作为对于有原因关系存在，完全相同。”

【资料检索】

刑法中较难判定的几种因果关系的情形：(1)假定的因果关系。即，虽然某一行为导致结果发生，但即使没有该行为，危害后果仍会发生。如杀害一个已中毒的人，此时因果关系成立。(2) 择一的因果关系。即，两个以上的行为分别都能导致结果发生，在行为人没有意思联络的情况下发生竞合，发生了危害后果。如两人同时开枪射死被害人，此时因果关系成立。(3)重叠的因果关系。两个以上行为单独都不能导致结果发生，在行为人没有意思联络的情况下发生竞合，发生了危害后果。如两人分别向被害人放入不足致死的毒药，但总剂量致使被害人死亡，此时因果关系成立。(4)介入其他因素的因果关系。“其他因素”包括自然因素、被害人因素和第三人因素。如果介入因素独立于犯罪行为，是犯罪行为所没有预料到的，则不构成因果关系；如果介入因素并不独立于犯罪行为，是因犯罪行为而发生的(如为逃避追杀而落下悬崖)，则因果关系成立。

第三节　特殊客观要件

任何犯罪都是在一定时间和地点，采取一定的方法实施的。可以说，危害行为作为一种外部活动，离不开一定的时间与地点。时间与地点是行为的存在形式，没有时间与地点的行为是不存在的。世界上不存在没有时间、地点或方法的犯罪。既然时间、地点或方法对犯罪而言是那么重要，为什么刑法却没有将这些因素列入犯罪客观要件中去？这就得从犯罪与罪责之间的关系说开去。原来，刑法理论设立构成要件的目的是要分清行为人的罪责问题，但是，在现实生活中，并不见得所有的犯罪时间、地点或方法都会对问责有作用，如在白天杀人和晚上杀人(时间)、在屋里杀人与屋外杀人(地点)、使用工具杀人与不使用工具杀人(方法)等，这些因素除了具有证据意义以外，对问责行为人就没有多大价值。因此，对于多数罪案而言，研究犯罪的时间、地点或方法，就显得意义不大。但是，不可否认的是，对于一些特殊的案件来说，犯罪的时间、地点或方法却有着极其重要的价值，它甚至关系到对这些罪行的判定与量刑。

例如，《刑法》第 340 条规定的“非法捕捞水产品罪”和第 341 条规定的“非法狩猎罪”，就是针对时间或地点作出的特殊规定。在禁止捕捞、狩猎的特殊的时间、区域内进行捕捞、狩猎的，即构成上述犯罪；而在非禁止捕捞、狩猎的时间、地点进行捕捞、狩猎的，则属于合法行为。可见，此处的客观要件，重点是指向了捕捞、狩猎的时间或地点，而非其捕捞、狩猎的行为本身。又如，《刑法》第 257 条规定的“暴力干涉婚姻自由罪”，社会上一般干涉婚姻自由的行为，刑法是不会予以问责的，只有那些以暴力方法干涉婚姻自由的行为，才可能被刑法问责。可见，暴力方法才是构成本罪的要害。我们在学习刑法分则内容的时候，要注意区分哪些罪的时间、地点、方法才是构成该罪的重点，哪些罪的时间、地点、方法不应该成为该罪的重点。

当然，除了与定罪有关以外，犯罪时间、地点与方法还会影响到对某些罪的量刑。例如，有的罪犯在杀人以后，又将尸体分解数块，丢的到处都是，给社会造成极大的恐慌；有的罪犯不顾群众劝阻，竟在光天化日之下猥亵幼女数人；有的罪犯藐视法律，公然冲击司法、执法机关场所，等等，虽然从定性的角度看，对他们的行为各有法律规制，该定何罪即定何罪；而从量刑角度看，就需要在其原有的量刑标准上有所从重，才能符合罪刑相适应原则。

【案例分析】

周克华，1970年02月06日出生于重庆市沙坪坝区井口镇二塘村，汉族，初中文化，身高1.67米，曾因贩卖枪支被劳改服刑。其主要罪行：(1)2004年4月22日中午12时左右，重庆市某酒店的出纳和会计两名女职工，到江北区五黄路分理处取款后，被周克华持枪抢劫，打死1人、打伤1人后逃逸，抢走现金17万元。(2)2005年5月16日上午9点35分左右，重庆沙坪坝区汉渝路一牛肉馆前，周克华尾随并开枪打死2名取款人员，枪声惊动一过路男子，周克华顺势向该男子射击将其打伤后逃逸。(3)2005年10月16日18时50分，云南省宣威市宣威火车站。宣威派出所民警正在候车室内对旅客随身携带的物品进行检查。检查到周克华时，民警发现他右腰上别着一把枪。绿色枪套内装着一把五四式手枪，有6颗子弹。周克华很快被当地派出所带走。但是在这个过程中，他没有逃逸，没有袭警。(4)2009年3月19日晚上7时42分许，位于重庆市高新区石桥铺的成都军区驻渝部队十七团营房门口，站岗的18岁哨兵韩军良(音)，被周克华开枪杀死，战士手中的自动步枪被抢走，另一赶来查看的哨兵遇袭重伤。(5)2009年10月14日，长沙市天心区南郊公园山坡上发生一起枪击案，遇害人李成寿身中6枪，身上20元钱未被抢。(6)2009年12月4日，长沙市天心区芙蓉南路新姚路口发生一起持枪抢劫杀人案，周克华持枪杀害从银行取款出来的郭某，抢走现金4.5万元。(7)2010年10月25日，长沙市雨花区东二环一段220门前，周克华枪杀湖南环城经贸公司经理肖某，抢走其手提电脑一台。(8)2011年6月28日，天心区桂花坪黑梨路一基建工地附近，一名48岁的长沙市男子张某被周克华开枪击伤，致头部、腰部负伤。伤者当时开了一辆雷克萨斯轿车，下车后中枪。(9)2012年1月6日，江苏省南京市下关区和燕路一农业银行发生持枪抢劫案，周克华持枪打死某公司提款人，抢走19.99万元现金后逃窜。(10)2012年8月10日上午9时34分，重庆沙坪坝区凤鸣山康居苑中国银行储蓄所门前发生一起持枪抢劫杀人案。周克华打死2人(重伤者廖德应于8月16日凌晨被确定为脑死亡，22日中午出现多器官衰竭，抢救无效死亡)、打伤1人，抢走死者浅黄色女式单肩大挎包，逃离现场后，搭乘"摩的"逃逸。(11)周克华逃逸后，在警方的搜捕过程中，8月10日中午1点，一位铁路警察还身中三枪，2小时后才被发现在草丛中的尸体。2012年8月14日凌晨6时50分，在公安部统一指挥下，经过重庆等地公安机关连续数日艰苦奋战，犯下累累罪行的公安部A级通缉犯周克华在重庆沙坪坝区童家桥被公安民警成功击毙。至此，苏湘渝系列持枪抢劫杀人案件成功告破。

第六章 犯罪主体

在犯罪构成的几个要件中，犯罪主体无疑是发出危害行为与承担相应罪责的人或单位组织，它是不可或缺的要素之一。但是，发出危害行为的主体并不一定能够成为问责的对象，这是因为犯罪主体是一个特殊的概念，它被附加了一些条件，有的如心理与精神层面等主观方面的内容，也有的如年龄与身份等客观方面的内容。伴随着科学的进步、智识的提高以及对法律价值取向的嬗变，人们对于同犯罪主体有关的一些问题的看法也在悄然发生着变异。正是这些因素在左右着相关的刑法理论，并且也间接地影响到了刑事立法，使得当代的犯罪主体理论研究有着更加广阔的空间。

第一节 犯罪主体概述

我国刑法没有专门为犯罪主体明确定义，而这并不影响刑法理论对其所作的分析。一般认为，犯罪主体是指实施危害社会的行为、依法应当负刑事责任的自然人和单位。其中，所谓自然人犯罪主体是指达到刑事责任年龄，具有刑事责任能力的自然人；所谓单位犯罪主体是指可以独立承担刑事责任能力的企事业单位、国家机关、社会团体等。由于后一主体不具有普遍意义，而且同接下来所需要讨论的问题没有太大的关联性，容后专节讨论。所以，在随后展开的研究中，则仅限于自然人的犯罪主体问题。

有关自然人的犯罪主体，需要从以下三个方面去理解：

1. 自然人的犯罪主体要具备人类的生命资格特征。所谓人类的生命资格特征，当然指的是始于出生后、终于死亡前的这一时段。因为只有具备了人类的生命能力，才有可能实施危害行为，继而承担相应罪责。它强调的是行为人的生命价值以及接受刑罚的可能性及其社会意义，那种把有生命的非人类生物、生物意义上的死人或不为人力控制的自然现象作为问责的对象，是不具备现代刑罚的科学意义的。动物虽然也会做出危害社会的行为，只是从狭义的角度来理解的话，如果动物是在人为的控制下实施了危害社会的行为的，则需要追究其背后的犯罪主体；如果动物的危害社会的行为并非为人为所控制，而是其自发行为，一般情况下是不应该对动物进行惩戒的。

【资料检索】

据报道，印度每年都有大象杀人的报道，人象之争的矛盾不可回避。由于不停地开垦，破坏了大象的生存空间，大象的报复行为也越发变得频繁。在象群施虐后，当局终于为恐惧中的村民建立起临时安置点，却没有因此而加害杀人的大象。

【案例分析】

1.楚平王杀了伍子胥的父亲伍奢与哥哥伍尚,逼得伍子胥四处逃亡,传说其在过韶关时"一夜白头"。后逃到了当时还默默无闻的吴国,吴王阖庐重用伍子胥,锐意改革,使得国家日趋富强。吴楚交兵,吴兵攻入楚国国都,几乎灭了楚国;向南制服了越国,向北伐齐,大败齐兵,一时威震天下。据说吴国攻破楚国国都,伍子胥掘开楚平王的墓,挖出其尸,历数其罪,鞭之三百,终于报了楚平王生前杀其父兄之仇。

2.朱由检(1611—1644年),明朝第十六位皇帝,即崇祯皇帝。在位期间虽有所作为,却无力回天。1644年,李自成军攻破北京城时,崇祯于煤山自缢身亡,终年34岁。"巍巍万岁山,密密接烟树,中有望帝魂,悲啼不知处。"清政府为笼络人心,以"为崇祯报仇"的名义入关,随后选定了一株槐树作为"罪槐",并予上枷,以示惩罚。

2.自然人的犯罪主体必须是实施了一定的危害行为。行为人之所以与刑法勾连在一起,完全是因其危害行为而非其他因素。在刑法方面,单纯的问责是有具体对象的,即行为主体本身。民法上"父债"可以"子还",而刑法上"父罪"却不允许"子顶",因为它违背了罪责自负的原则。我们既不能凭空捏造事实指认他人实施了犯罪,即罪不及无辜,亦不可在他人尚未发出具体的危害行为前欲加其罪。这就说明危害行为必须是一种客观存在的事实,是一种已经发生了的事实。我们强调行为主体本身,强调危害行为的客观实在,强调它们二者之间的密切关联度,目的就是要坐实自然人的犯罪主体的法律属性。当然,有的危害行为是同行为人的职务、身份、专业知识或技术等联系在一起的,那就需要将该行为结合上述诸项内容加以综合考虑,如小偷偷钱是盗窃,出纳窃取属于自己掌管的钱财则是贪污或职务侵占。

【案例分析】

春秋时期,晋献公宠信骊姬,而骊姬想让自己的儿子奚齐继国君之位,可此前已立申生为太子。于是她设计害得申生自杀身亡,申生的两个哥哥重耳和夷吾急忙逃亡国外。在晋献公病重期间,他要当时的大夫荀息好好辅佐奚齐当国君。只是晋献公一死,晋国便陷入一片混乱。大夫里克(原是太子申生的副将)觉得申生死得冤枉,一心要为申生报仇。不久,他就寻机把国君奚齐给杀了;荀息又立奚齐的弟弟卓子当国君,接着又被里克给杀了。后来流亡秦国的夷吾回国当上了国君,担心里克会继续弑君,就想除掉他,于是对里克说:"你手上有两个国君的性命,如果我不杀你,就没法服众。"不料里克却冷笑道:"不杀他们,你又有什么机会当上国君?真是欲加之罪,何患无辞?"于是里克自行扑剑,了结了性命。

3.自然人的犯罪主体应当具备承受刑事问责的能力。有的人在犯罪前具备了这一能力,却在犯罪之后丧失了,如作案后自杀的,或者精神错乱的(在其未被医治好以前)就不能被称之为犯罪主体;有的人作案时不具备承受刑事问责的能力,而在若干年后才获得这一能力的,如作案时未满14周岁(有的问责年龄需要达到16周岁)的,在审判时已经届满14或16周岁的,仍然不能被问责,因为计算问责的时间点应该是以其作案的时间为准。强调"承受刑事问责的能力",其背后可予支撑的刑法理论相当丰富,有人权因素,也有刑罚目的,还有出于司法操作的现实考量。

【案例分析】

徐某,46岁,个体驾驶员。2006年,徐某和阿玲发展为情人关系。2012年10月,阿玲告诉徐某,她怀了他的孩子,向徐某索要经济补偿。双方为此产生矛盾,徐某产生了与阿玲同归于尽的想法。案发几天前,徐某购买了汽油、塑料壶等作案工具,然后留下遗书。10月31日,徐某约阿玲到兴化玩。出发前,他做了两手准备,如果阿玲回心转意,不再要钱,就继续过下去;否则就和她同归于尽。当天下午,徐某驾驶货车载阿玲回高邮,途中,双方再次就经济费用进行商谈,但阿玲并不退让。当晚7点左右,徐某在新237省道高邮境内116公里处,采用关闭车门、浇汽油、点燃车座等手段,将阿玲烧死在车内。徐某后跑到附近的河里自杀身亡。

明确自然人的犯罪主体需要具备人类的生命资格、实施了一定的危害行为并且具备承受刑事问责的能力三个特征,是因为它对定罪量刑都有重要意义。在区分罪与非罪方面,如果该主体不具备刑法属性,属于刑法不适格,如12岁少年杀人的,即便其实施了严重的危害行为或者甚至造成了严重的后果,亦不可被认定为犯罪主体,其行为亦不可被认定为犯罪行为;在区分此罪与彼罪方面,如果该主体的行为是与其职务、身份、专业知识或技术等联系在一起的,例如,《刑法》第102条规定的背叛国家罪,其主体身份绝非普通的中国公民可以"胜任"的,而是占据国家政权高位、有巨大政治影响力的人物才能构成本罪,其他人等的同样行为则只能构成类似《刑法》第105条规定的颠覆国家政权罪等,可见同样的行为会因为主体的身份等因素而影响到对他的定罪;在量刑轻重方面,由于特殊主体的危害行为对社会的影响力是不同的,加之考虑到刑罚的目的,等等,刑法对不同的犯罪主体会作出不一样的刑罚评估。例如,《刑法》第307条第3款规定,同样都是妨害作证罪,对司法人员之所以要比对普通人员"从重处罚",就是因其身份特殊所致。所以,排除对其他因素的考量,单就自然人的犯罪主体本身所固有的刑法属性来看,它对定罪量刑的意义就非同一般。

但是,如果仅仅是将上述的三个特征作为犯罪主体的构成要素,缺漏了另一个重要的内容,那么,所有的这些特征就会失去基础性的理论支撑,这就是行为人的能力问题。何谓能力,指的是人在完成一项目标或者任务时所体现出来的一种素质。人的能力总是有所不同,有高下之分,也有通才与专才之分,而刑法理论对能力的注意度,却是从人的认识能力与控制能力的角度展开研究的,因为只有它们才与刑事责任有一定的关联性。何谓刑事责任?它是依据国家刑法的规定,对犯罪主体所实施的危害社会的行为追究其相应的一种法律责任。如果我们把能力与刑事责任结合起来,指的就是其刑事责任能力,即行为人构成犯罪和承担刑事责任所必须具备的刑法意义上辨认和控制自己行为的一种能力。

刑事责任上的辨认能力是指人对自己行为在刑法上的性质、意义和后果的一种辨识力。人的辨识力与其意识有关。在心理学方面,所谓意识,是人的头脑对于客观物质世界的反映,是感觉、感知或五感感知、思维(脑中所想事物)等各种心理过程的总和。而通过身体接收到声音、味道、颜色、触感等信息被意识知道的过程,称之为意识过程。人的这一辨识力的指向内容大致上可分为两种:一种是对法律的意识。例如,在侦讯中,一些受贿的政府官员总是把自己收人钱财的行为归结为“不懂法”，企图在辨识力问题上逃脱来自法律的制裁。这指的是行为主体对法律性质的认识发生错误；另一种是对事实的意识。例如，有一些强奸犯借口自己喝了酒，降低了辨识能力，才导致与“错误”的对象发生性关系的结果。这指的是行为主体对行为对象在事实上的一种认识“错误”。可见，刑事责任上的辨认能力包括了对法律上和对事实上的两种内容。

刑事责任上的控制能力是指人在具备一定辨识力的基础上，按照个人意志支配自己行为的一种能力。一个人的控制能力与其意志有关。在心理学方面，所谓意志指的是人自觉地确定目的，并支配行动，克服困难，实现目的的一种心理过程，即人的思维过程见之于行动的心理过程。作为控制力方面的意志内容，它是以其辨认能力为前提的。如果一个人对自己行为的性质、意义和后果缺乏必要的认识能力，则该行为人的控制能力也就无所依存。既然人的意志力与人的意识力是如此紧密联系在一起的，那么，意识里涉及的有关内容也都与意志力密不可分：在法律方面，是选择合法还是违法，同样都违法时，是选择违反此法还是违反彼法；在事实方面，是选择实施还是不实施，是选择这样实施还是那样实施，等等；所有这些内容，无不是在人的意志力控制下所决定的。

作为刑法上的辨识力与控制力要求必须是紧密相连、缺一不可的。如果一个人只有辨识力而无控制力，如特殊原因，人的意识力有时会因此而同其意志力有所脱节，刑法上就不能要求其承担相应的罪责。例如，消防队员虽然已经按时到达火灾现场，却发现小区的消防通道被其他小车堵住，一时无法展开及时的灭火行动，因而造成了火灾蔓延的严重后果。这其中，“消防通道被其他小车堵住”就成为阻隔消防队员实施灭火的意志力的主要因素。反之，世界上并不存在只有意志力而无辨识力的情形，因为人的意志力是以其辨识力为前提或基础的。所以，在侦讯中，公安人员需要注意查明与刑事责任有关的辨识力与控制力的具体内容，二者不可偏废。

【案例分析】

2013 年的一个早晨，孙某开着单位的白色小型客车，踏上了探亲之旅。一路上，8 岁的儿子坐在副驾驶位上看风景，其妻子刘某则坐在后排。当车子沿宁杭高速公路由北向南行至 12 公里处时，孙某的儿子觉得无聊，向孙某要收费卡玩。孙某左手从储物槽拿卡，右手仍握着方向盘。就在他将卡递给儿子后的一瞬间，车身忽然抖晃起来，向右偏转，孙某急忙向左打方向，撞到了中心隔离栏。他赶紧又快速向右转，这时他听到了一声惨叫，结果车翻了几番，倒在了公路旁的草地里。等孙某解开安全带，从车里将儿子背出来的时候，却发现妻子不见了，后排的车窗玻璃也没了。抬眼一看，却发现妻子躺在十余米外的地上，他奔过去，发现她脉搏微弱，没多久就停止了呼吸。经公安交管部门认定，孙某在高速公路上行驶，因操作不当致车辆失控而肇事，应负此次事故的全部责任。据孙某交代，事发时他脑子一片空白，后来才想起来在给儿子递收费卡时，他的右手无意中碰到了方向盘，尽管幅度不大，但因为这辆车的方向盘是助力方向盘，力道显得很轻，所以车子当即向右转，当时的时速大约是 110 公里。“要是当时不让儿子坐副驾驶位子就好了。”孙某后悔地说，因为出发前本来是让儿子和妻子坐在后排的，只是因为孩子闹着要坐前排才迁就了他，不想就此发生了惨剧。

从刑法理论上分析能力与刑事责任的关系，我们首先要明确，这其中的能力问题不会是抽象的，而所谓的辨识力与控制力也都是与某些具体的内容勾连在一起的，如人的年龄梯级、精神状态等，它们在很大程度上左右着人的辨识力与控制力。有鉴于此，世界各国的刑法都把人的年龄梯级、精神状态与其相对应的刑事责任进行分类，我国目前采用的是四分法。

(1)完全刑事责任能力。在中国的语词里，所谓“完全”指的是完整、完美、全部等，而完全刑事责任能力指的是行为人所拥有的辨识力与控制力是没有缺陷，且符合刑法要求的一种情形。在我国，年龄届满16周岁、精神和生理功能健全以及智识发展正常的人，即为完全刑事责任能力人。从生物学与社会经验判断，人的不同年龄梯级是可以反映出其体力和智力的成熟程度，也可以反映出其是否具有相当的社会知识、经验以及法律意识的，这是就一般情形而言的，也是从方便司法操作的角度而作出的一种选择，毕竟查明年龄梯级、鉴定精神状态不是一件很困难的事。只是在这里还存在着一种对比性的考量需要引起注意。以刑事责任的年龄为例，我国刑法为什么会作出这样的规定：对于一般犯罪，年满16周岁即为完全刑事责任能力人；而对于故意杀人、故意伤害致人重伤、死亡等恶性刑事案件，只要年满14周岁即可认定为完全刑事责任能力人？这里表面上说的是刑事责任年龄的划分标准，实际上暗含着重大的理性考量，即处在不同年龄段的人，他们对社会与法律的认知程度是不一样的——越是重大的罪行，越要更早的认识——这其中亦表明了刑法的态度，一种来自国家对公民的义务性追加。

【案例分析】

2011年6月19日，被告人罗某某(女，16周岁)告知被告人周某廷(男，17周岁)，其认识的张某要来家吃晚饭，那人很有钱。周某廷即提出叫几个人，趁张某到罗家时敲诈点钱，罗某某当即表示同意。次日，张某与罗某某约好晚上到她家去，罗某某即告知了周某廷这一消息，周遂纠集被告人王某等人(均负案在逃)于当晚9时许来到罗家，以张某与罗某某有不正当男女关系相威胁，对张某拳打脚踢。为逃离现场，张某从二楼跳窗逃跑，造成脊椎错位，手、脚等部位骨折。经法医鉴定：张某所受之伤属重伤。后四被告人共当场取得张某财物共计人民币18万余元。被告人罗某某被抓获归案。

(2)完全无刑事责任能力。这与上述情形正好完全相反。它是指行为人因为不具备刑法意义上的辨识力或控制力，即使在客观上实施了危害社会的行为，也不能成为犯罪主体，不能被追究刑事责任。这其中包括：不满14周岁的人、行为时发作精神病的人。当我们强调刑事责任能力的“完全形态”时，所要求的条件是很全面的，即面面俱到；而一旦反过来强调时，却只要其中缺漏某一条件时，就可以说它是属于“完全无刑事责任能力”的状态。例如，一个精神病人在不能辨认或不能控制自己行为时，即便其已经达到了刑事责任年龄，也还是属于完全无刑事责任能力人。当然，在司法实践中，确定精神病人的精神状态是需要经法定程序鉴定后才能加以确认，并且将其作为最终判定该行为人是否具备完全刑事责任能力的唯一标准。

(3)相对无刑事责任能力。既称之为相对,"有"与"无"就都说得过去。它是指行为人仅限于对刑法所明文规定的某些严重犯罪具有刑事责任能力,而对未明确限定的其他危害行为无刑事责任能力的情况。以我国刑法的规定为例,根据《刑法》第 17 条第 2 款的规定,已满 14 周岁不满 16 周岁的人即为相对无刑事责任能力人,这类人仅对法定的 8 种罪具有刑事责任能力,而对除此之外的其他危害行为则无刑事责任能力。如果按照罪刑法定原则,公安司法人员不能对该条文进行任何的扩张解释,就必须严格限定在这 8 种罪名当中(《刑法》第 17 条第 2 款规定:已满 14 岁不满 16 岁的人,犯故意杀人、故意伤害致人重伤或者死亡、强奸、抢劫、贩卖毒品、放火、爆炸、投毒罪的,应当负刑事责任)。但是,在 2002 年 8 月 22 日,全国人大常委会法制工作委员会在《对最高人民检察院关于已满 14 周岁未满 16 周岁的人承担刑事责任的范围问题的答复意见》中指出,该 8 种罪是具体犯罪行为而非具体罪名。这意味着处在这一年龄段的行为人需要承担更多的刑事责任。有意思的是,完全"有"与完全"无"刑事责任能力的标准,都是以行为人的辨识力或控制力作为衡量尺寸的,为何到了需要对"相对无刑事责任能力"进行认定时,却改成了以某些罪名为准?其实标准没有发生变化,也还是以行为人的辨识力或控制力作为衡量尺寸的——从法理分析,处在已满 14 未满 16 周岁这一年龄区间的人,他们对这 8 种重罪是具有辨识力与控制力的。

(4)减轻刑事责任能力。这是指因年龄、精神状况、生理功能缺陷等原因,而使行为人实施刑法所禁止的危害行为时,虽然具有刑事责任能力,但其辨识力或控制力较完全状态有一定程度的减弱或降低的情况,因此,在量刑时需要法定酌情予以减轻评估。对于一般人来说,只要达到一定的年龄,其生理和智力发育正常,就具有了相应的辨识力与控制力。但在出现了某些疾病之后,其辨认自己行为的性质、后果的能力与自我控制的能力也可能有所分离。以各国的司法经验判定,属于这一部分的人群,基本集中在未成年人、聋哑人、盲人和弱耗精神病人等方面。根据我国刑法规定,对于已满 14 不满 18 周岁的人犯罪,应当从轻或者减轻处罚;对于尚未完全丧失辨认或者控制自己行为能力的精神病人犯罪的,可以从轻或者减轻处罚;对于又聋又哑的人或者盲人犯罪,可以从轻、减轻或者免除处罚。

【案例分析】

被告人单某强,哑巴,有一定的听力。1987 年 2 月 16 日出生于黑龙江省克东县干丰镇宏伟村。2010 年 3 月 14 日上午 11 时 30 分许,被告人在彭山县凤鸣镇西街金工冷气店内,趁蒋某某不备,把蒋放在空调上的红色手提包盗走。该过程被门外卖烟的杜某明发现,随即告知了蒋某某,蒋在他人的帮助下将逃到彭山县第一小学巷内的单某强抓获,从其身上搜出红色手提包,内有佳能数码相机一部、步步高手机一部及现金 500 元。经鉴定,上述被盗物品合计价值 3681 元。

第二节　年龄标段

年龄是用以记载人在不同时间段的一种计量单位。刑事责任年龄是指法律规定行为人对自己所实施的危害社会的行为负刑事责任而必须达到的年龄。相比较于刑事责任能力而言，刑事责任年龄则是一个数字化的标准。从人类进化的角度看，伴随着年龄的增长，以及社会化教育的结果，人的智识与社会经验也会随之有所提高、逐渐成熟，而所有这些内容都与行为人的辨识力与控制力的程度密不可分，它也是年龄之所以能够被引入法律领域并且成为衡量能力的一种标准的事实依据。

【观点论争】

年龄之所以能够成为刑法衡量人的能力的一种标准，其实也是因为它同人的智识、社会经验、生理条件等要素是紧密联系在一起的。在一般情况下，透过年龄的不同标段，人们可以从中找到一种判识上述内容达到不同成熟程度的标识。这样一来，即会在社会上引发不同的声音，因为人的智识、社会经验、生理条件等要素与人的年龄之间并非都可以画等号的，由于人的际遇不同、成长经历上的差异、受教育程度的高低以及人的智商、情商的高下之分，等等，都会对它们之间的这一连接关系产生不同的比值。那么，为什么各国刑法却还要将年龄与刑事责任进行挂钩处理？这当然是因为人群中的一般比值是近似或相同的，也因为在法律价值取向上选择效率优先的结果——毕竟以年龄作为判别行为能力、承担刑事责任的标准，是最为直接和简单的。至于精细到每一个个案是否都是合理的，则另当别论。

在刑法上，不同年龄标段的人因其智识、社会经验、生理条件等要素的差异，被划分为以下三个不同的标准：

1. 不满14周岁的人。一方面，处在这一年龄段的人一般被认为属于幼年时期，其特点是：在发展速度上，他们正在处于一个相对平稳的时期。儿童的身体缓缓生长，心理上一般也没有十分尖锐的自我冲突。在发展的性质上，儿童开始掌握积累人类文化的主要工具书面语言。借助于书面语言与学校，儿童开始有计划、有步骤地、系统地学习人类所创造的文化与知识，开始较有目的地认识外部世界。另一方面，童年期是儿童承担社会义务的起点。学习成为儿童生活中的主要活动并要受到他人的评价，经受选拔，它表明完成这种活动是社会的要求，带有一定的强制性。此外，随着童年期的交往范围的扩大，他在不同的活动和情境中属于不同的群体，担任不同的角色。综合上述，可以把童年期看作是儿童超越家庭范围的社会化的起始阶段，也是儿童因角色、活动、他人评价的多样化而引起的对自发形象反尽的开始时期，或称为整体性的自我意识的萌生时期。这就决定了处于这一时期的儿童尚未具备刑法要求的辨识力与控制力，也因此不可能具备相应的担责能力。即便他们做了错事，也只能继续这一时期的“专项”教育——或家庭管教，或政府管教(主要集中在12～14周岁)。

【案例分析】

李某某(13周岁)为了取乐，于2014年7月17日12时许，驾驶偷来中型客车由西向东行驶至北京市房山区周张路蔡家口村时，因超车驶入道路左侧，适有高某某驾驶二轮摩托车(后载蔡某)由东向西驶来，客车的左前部与摩托车的前部相撞，造成高某某、蔡某当场死亡，而客车亦完全毁损。事故发生后，李某某打电话报警，并在现场等候民警处理。经某司法鉴定所鉴定：被害人高某某颅骨损伤合并创伤失血性休克死亡;被害人蔡某创伤性失血性休克、多器官功能衰竭死亡。北京市公安局公安交通管理局房山交通支队认定,李某某无证驾驶中型普通客车,且未按规定超车发生交通事故,是本次事故发生的主要原因;被害人高某某持C1驾驶证驾驶悬挂其他车牌号码的二轮摩托车发生交通事故,是本次事故发生的次要原因;被害人蔡某没有任何过错行为。

2.已满14未满16周岁的人。处在这一年龄段的人一般被认为属于少年时期,其特点是:在青春期到来时,每个少年人都要经历身体急剧的生长和变化,随着身体的发育,开始适应发展中的新自我,同时还必须适应别人对于他的新形象所表现出的反应。对发育中的他们来说,既不像成人,也脱离了儿童阶段,于是出现了不那么适当的自我意识;对外部社交的需求使他们扩大了自我活动、自我探索的空间,从小学到高中,形成大量的伙伴关系;由于形式运算的出现而使思维逐渐变得完善,它摆脱了儿童时期的单一的具体运算和简单形象思维,进入了抽象思维阶段;他们可以将自身内部主观的经验看作是真实的一部分,抽象思维还使青少年人在处理问题时能考虑更多的可能性,思维活动的数量和质量都有很大的提高。但青年人还不能完全区别他们所想的和别人所想的之间有何不同,因为此时的他们更多的注意力是放在了关心自己的身上。各国对处于这一年龄段的人的刑事责任能力的承担问题,都是根据其本国的实际进行操作,没有一个统一的标准。我国刑法要求处在这一年龄段的行为人需要承担部分刑事责任。

【案例分析】

2011年9月中旬,游某与田某商量共同制造毒品氯胺酮,但是他们对如何具体操作没有经验,此时田某提出,他的外甥陈某虽然只有15岁,却是化学方面的天才,可以请他协助试验,游某表示同意。于是田某就以制药为名,要求陈某帮其进行完成试验制药任务,并且许诺陈某事成之后,给他一笔钱买新款手机。陈某在试验过程中发现其中有蹊跷,认定舅舅要他做的东西与毒品有关,是犯法的事,但是,为了得到自己心仪的手机,他就不管其他的了。试验成功后,舅舅果然兑现了诺言,给他买了手机,并且要他保守秘密。结果,在陈某向其同学炫耀手机时,无意中透露出了某些细节,被同学举报到老师处,终于案发。

3.已满16周岁的人。处在这一年龄段的人一般被认为属于青年时期,其特点是:智力发展显著,生活空间的不断扩大,社会实践活动的不断增多,使其认知能力获得了长足发展。他们的感觉、知觉灵敏,记忆力、思维能力不断增强,逻辑抽象思维能力逐步占据主导地位,通过分析、综合、抽象、概括、推理、判断来反映事物的关系和内在联系,并从一般的逻辑思维向辩证思维过渡,更多地利用理论思维,而且思维的独立性、批判性、创造性都有显著的提高;他们已经开始用批判的眼光来看待周围事物,有独到见解,喜欢质疑和争论;自我意识增强,随着对外界认识的不断提高,生活经验的不断积累,对自己的内心世界和个性品质方面进行不断关注和评价,并且凭借这些来支配和调节自己的言行。但在相当长的一段时间内,他们并没有形成关于自己的稳固形象,也即是说,他们的自我意识还不够稳定,看问题时往往片面主观,加上心理的易损性,一旦遇到暂时的挫折和失败,他们往往又会走入另一极端,评价别人时也常带片面性、情绪性和波动性。而且,他们对于周围人给予的评价非常敏感和关注，哪怕一句随便的评价，都会引起内心很大的情绪波动和应激反应，以至对自我评价发生动摇。我国刑法理论认为，处在这一年龄段的人已经具备了刑法要求的辨识力与控制力，也就具备了完全承担刑事责任的能力。

以不同的年龄段标准来划分对刑事责任的分担能力，固然可以省却了一些诸如“走鉴定程序”等司法成本，却也还有部分技术性问题需要明确：

第一，如何计算周岁年龄？现代社会都以公元纪年，中国传统的农历不是纪年单位；公历每年是以满 12 个月为计算单位，具体可计算到行为人的生日那一天；所谓的满周岁，是从其生日的第二天开始为起算时间。之所以对行为人的年龄问题作出如此具体、明确的说明，是因为不允许任何人在时间问题上有一丝一毫的误差，更不允许对时间进行弹性解说。

第二，如何理解跨年龄段的危害行为？其实这是一个真实存在的“假问题”。因为我们在学习刑法时，只要牢牢记住刑法对不同年龄段的规定，再加上对刑法基本原则的深入理解，所有问题都可以迎刃而解。例如，某人在 12 周岁时放火，15 周岁时制作毒品，17 周岁时抢劫财物，19 周岁时被抓获。如果我们将其放到每一个年龄段去分析，结论很快就会出来：12 周岁属于完全无刑事责任能力，无罪；15 周岁时的行为不属于法定的 8 种犯罪行为范围，无罪；17 周岁时属于完全刑事责任能力阶段，犯任何罪都需要承担罪责。如果某一种犯罪在时间节点上有一定的延续性，如某少年从 13 周岁开始强奸同村的一幼女，并且将这一情形延续了 5 年。那么，从他满 14 周岁时就可以要求其承担相应的罪责，此前的行为不能以犯罪认定。

第三，上述所有的计时标准都是以犯罪时为准。

刑事责任年龄除了与定罪有关以外，还与量刑相关，这主要是从青少年与老年人这两头说开去。

1. 青少年的刑事处遇。因为青少年走入社会的时间不长，遇事容易冲动，过后又常常陷入悔恨当中，有很大的可塑性。对这一群体的刑罚处置需要作出与成年人有所不同的安排。(1)应当从宽处理。凡是已满 14 不满 18 周岁的青少年犯罪需要承担刑事责任的，都必须比照成年人承担罪责的标准从轻或减轻处罚。(2)不适用死刑。凡是已满 14 不满 18 周岁的青少年犯罪需要承担刑事责任的，最高刑止于无期徒刑。(3)不成立累犯。在刑法上，累犯者应当从重处罚，这与对其应当从宽原则形成对立。(4)宽用缓刑方法。凡是审判时不满 18 周岁的青少年，且符合缓刑适用条件的，应当予以适用缓刑。(5)免除前科报告。凡是犯罪时不满 18 周岁被判处 5 年有期徒刑以下的，免除其在就业、入伍时的前科报告义务。

2. 老年人的刑事处遇。由于受中国传统观念中“敬老”思想的影响，加之老年人的身心随着年岁的增长而变得逐渐衰落，需要得到全社会的照顾，这同样也是人道主义精神的一种体现。所以，对这一群体的刑罚处置需要作出一些特殊的安排。(1)从宽处理。犯罪时已满 75 周岁及以上的分为两类：故意犯罪的，可以从轻、减轻处罚；过失犯罪的，应当从轻、减轻处罚。(2)原则上不适用死刑。审判时已满 75 周岁及以上的，除以特别残忍手段致人死亡的以外，原则上不适用死刑。(3)宽用缓刑。审判时已满 75 周岁及以上的，且符合缓刑适用条件的,应当予以适用缓刑。

第三节 精神障碍

人行为时的精神状态是我们决定其是否需要承担或者需要承担多大刑事责任的一种重要的考量标准。根据现代精神病医学研究表明,一个人的精神状态能够直接影响到其在做出行为时的辨识力与控制力的性质、程度与范围等。当然,医学与法学毕竟有所不同:前者重视的是如何才能将其医治,因此它需要对该病症的病理进行深入研究;而后者重视的是如何判定其行为能力,它的重点放在了精神障碍对行为的影响程度。我国《刑法》第18条关于精神病人的规定,就是公安司法部门认定这一问题的重要依据。它与年龄不同的是,行为人是否具有精神障碍必须进入一定的鉴定程序。

【资料检索】

精神障碍者实施危害行为的特点:一是精神病人犯罪具有明显的突发性。此特点与精神病人所患疾病有着密切的客观联系,即患者犯罪并非大脑神经意识主观上所能自控所为,可以说是因发病而犯罪,因此精神病人犯罪普遍存在极强的突发性。众所周知,特别是与精神病患者有一般接触史或目睹过精神病人犯罪的人,对此类犯罪的特点并不陌生,也是一种对社会难以防范而又危害极大的一种犯罪形态。所谓突然就是完全排除规律性,什么时间、地点,犯什么罪都是无法预测确定的,让人所始料不及的。二是精神病人犯罪对象的不确定性。司法实务证明,正常人犯罪除过失性犯罪外,大都具有犯罪客体的特定性。但精神病人犯罪则与之相反,主要表现不是客体而是犯罪对象。在完全丧失辨认或自控行为能力以及间歇性精神病人类型的犯罪尤为明显,这也是与部分丧失辨认或自控行为能力类型的精神病人犯罪特点的最大区别所在。此类犯罪的对象不分人还是动物,不分私有财产还是公共财物,不分时间、地点及环境等影响,犯罪者犯罪时旁若无人般的狂妄至极,其危害后果也是严重的。三是精神病人犯罪具有规律性的特点。此类精神病人犯罪多为间歇性精神病人及部分丧失辨认或自控行为能力类型的精神病人犯罪。即因发病时间间隔上一般有一定周期性规律,因而如果发病后犯罪相对就有一定规律性的特点。四是精神病人犯罪具有正常人所不能预见的严重犯罪后果的特点。精神病人实施危害行为的力度、强度都是惊人的,在诸多精神病人犯罪案例中,有的能掀翻一辆轿车,有的连杀数人后几个人都控制不住,其犯罪后果就更让人无法估量。五是因精神病人犯罪不负刑事责任,致使无刑事附带民事赔偿的特点。该特点符合完全丧失辨认或自控行为能力及间歇性精神病人发病时犯罪的精神病人。对此目前还未引起社会认识及足够重视,警戒度也较为低,也还有不少人误认为一味由精神病人的家属或监护人承担责任,起码这种理解与认识是不全面不正确的。

1. 完全不具备辨别力与控制力的精神病人。《刑法》第18条第1款规定:“精神病人在不能辨认或者不能控制自己行为的时候造成危害结果,经法定程序鉴定确认的,不负刑事责任。"目前，判断人的精神状态有两种标准：一为生物学标准。在它看来，行为人是基于精神病理的作用而实施特定危害社会行为的精神病人，即刑法上的危害结果是由行为人的精神病理引起的，二者之间存在着因果关系；二为心理学标准，即当精神病理影响到行为人时，就会从机理上作用于行为人的辨识力与控制力的性质、程度与范围等，是病理对心理的作用结果。我国刑法是采用了上述双重标准学说：凡是经过国家认可的司法精神病鉴定的精神病人，其在疾病发作时所实施的危害行为，因为是在其不能辨认或不能控制自己行为的时候造成危害结果的，不负刑事责任。

【案例分析】

2000年4月18日深夜2点左右，患有精神分裂症的高某突然心血来潮，捅醒了身边的妻子，处于熟睡中的妻子烦了，就骂了高某一句，不料这下可激怒了高某，上去就对其妻进行殴打，其妻也不甘示弱，与高某对打起来，丧失理智的高某就找来三棱铁锉朝妻子的头部砸去，又找来菜刀，向妻子的脖颈砍去，他的妻子立刻倒在了血泊中。

2. 完全具备辨别力与控制力的精神病障碍者。根据我国现行刑法第18条第2款的规定，"间歇性精神病人"在精神正常的时候实施刑法所禁止的危害行为的，其辨认和控制自己行为的能力即责任能力完全具备，不符合无责任能力和限制责任能力所要求的心理学(法学)标准，因而应当对自己所实施的危害社会的行为承担刑事责任。这里，间歇性精神病人精神正常的时候，是指上述某些精神病(如精神分裂症)患者的彻底缓解期，以及某些阵发性精神病(如癫痫性精神病)的非发病期。

【观点论争】

"间歇性精神病"不是我国临床精神医学和司法精神病学所使用的专业术语，而是刑事立法根据社会公众的日常观念，在我国多次刑法草案中以及现行刑法典中使用的一个法律术语。现行《刑法》第18条第2款明文规定："间歇性的精神病人在精神正常的时候犯罪，应当负刑事责任。"我国司法精神病学一般认为，刑法中所说的"间歇性精神病"，是指具有间歇发作特点的精神病，包括精神分裂症、躁狂症、抑郁症、癫痫性精神病、周期精神病、分裂情感性精神病、癔症性精神病等。但在少数情况下，非精神病性精神障碍人也成为限制责任能力人甚至无责任能力人，从而可以减轻刑罚或者不负刑事责任。例如，有的论著主张，对性变态人中的露阴癖、窥淫癖、恋物癖者，因其自控能力往往有明显的减弱，应评定为部分(即减轻)责任能力；有些论著还指出，在极少数情况下，变态人格者是在病理信念的支配下实施危害行为的，其责任能力有所减弱甚至完全丧失，对此种变态人格者的危害行为应减免其刑罚或消除其刑事责任。再如癔症中，也有极少数属于病理激情发作、有明显的意识障碍而实施危害行为的，其责任能力有所减弱(如有癔症性神游)，应减免刑罚或不负刑事责任。

【案例分析】

2013年23日早晨6时许，四川宜宾翠屏区南岸中渡口发生一起精神病人砍人案件，造成2人重伤，2人轻伤。案发后，接到报警的南岸长江大道派出所迅速赶到现场，发现有3女1男4名群众(其中1名女童摔伤)不同程度受伤。处置民警立即将伤者送往市二医院南岸分院救治，同时，在现场将犯罪嫌疑人陈某抓获。据进一步了解得知，陈某患有间歇性精神病，先后多次入市康复医院治疗，最近一次是2012年9月17日入院，16天后市康复医院直接通知其家属接其出院。

3.非精神病性精神障碍者。它与精神病性的精神障碍者的根本区别在于：精神病性的精神障碍者辨认能力和控制能力的减弱或丧失是一种常态，而非精神病性精神障碍的辨认能力与控制能力的减弱或丧失具有明显的不确定性和瞬间爆发性。这种精神障碍存在于每个人身体中，只是由于认识的局限性和不同质性，以及客观环境的不同致使爆发点不同，有其自身发展变化规律，如果不加区分和一般犯罪主体一样辨认承担完全刑事责任，不符合犯罪构成的主客观相一致的刑事理论，明显是客观归罪。按照我国司法精神病学，非精神病性精神障碍的主要种类有：(1)各种类型的神经官能症，包括癔症、神经衰弱、焦虑症、疑病症、强迫症、恐惧症、神经症性抑郁等，但癔症性精神错乱除外；(2)各种人格障碍式变态人格(包括器质性人格障碍)；(3)性变态，包括同性恋、露阴癖、窥淫癖、恋物癖、恋童癖、性虐待癖等；(4)情绪反应(未达到精神病程度的反应性精神障碍)；(5)未达到精神病程度的成瘾药物中毒与戒断反应；(6)轻躁狂与轻性抑郁症；(7)生理性醉酒与单纯慢性酒精中毒；(8)脑震荡后遗症、癫痫性心境恶劣以及其他未达到精神病程度的精神疾患；(9)轻微精神发育不全。

第四节 身份标准

身份即为地位，是指人的出身以及他/她在一定社会关系中的地位。在中国，身份制作为意识形态是中国民族文化精神的主要部分和重要的道德行为规范准则，它对中国人的作用是持续的，这种持续作用在他们心理层面的深处也凝成了一种情结。传统中国是个讲究身份的国度，成员的生存资源主要依据身份及身份之间的关系来进行配置的，因为中国古代社会就是一个身份制社会，这种身份制度主要体现在君权、父权和夫权上。君与臣、父与子、夫与妻之间是一种绝对的人身支配关系；五四运动后，在平权思想的冲击下，因身份制带给人们的现实影响有所减弱，却没有完全消弭，在当代中国人的行为倾向中总是难免会带有身份制的影子，或者要做的行为与这种身份制不相符合时，行为主体便会产生某些心理不适，这种行为倾向和心理不适，在心理学上被称之为“身份情结”。

从刑法学角度来研究犯罪主体的身份问题，主要是因为某些行为主体因其特殊身份而影响到了对他的刑事责任的认定。其实，有关身份问题在刑法学上的研究，并非始于今日，早在我国古代刑法中就针对身份问题有过详细的规范，如基于生物学特征上的身份问题——年龄和疾病、妇女和孕妇，基于职务、职业形成的身份问题——君臣、官民等级制，基于血缘、姻亲形成的亲属身份问题——亲属相犯、亲亲相隐、族诛与缘坐、亲属相奸等，基于在共同犯罪中形成的身份问题——主犯从重、从犯从轻，等等。

【资料检索】

刑法中关于身份的特征有五个方面：(1)客观人身性。指刑法中的身份是一种能通过人的感觉感知的人身方面客观存在的资格、关系、状态等标识性因素。(2)有效性。指刑法中的身份必须是对定罪量刑具有影响的客观人身方面的因素。(3)针对性。指刑法中所有身份都是针对具体犯罪而言的,不针对任何犯罪的身份便不具有刑法上的意义,即对定罪量刑没有影响。(4)相对性。指刑法中任何一种身份都是依赖与其对立的另一种身份而存在的,二者所起的作用正好相反。(5)先在性。指除"孕妇"等身份外,刑法中绝大多数身份都形成于犯罪行为之前。

在刑法理论上研究身份问题可以有多个角度,如自然人身份与法定身份,定罪身份与量刑身份,等等,我们现在主要是从加害人身份与被害人身份等方面进行分析,而将其他分类依附到对上述理论分析之中去,而所有这些都将围绕着定罪量刑来展开。

1.加害人身份。对行为人的身份进行全方位的分析,势必涉及其行为的前后时段。如果不是因为与特有犯罪有着某种的联系,其实行为人的身份是不具有定罪量刑上的意义的,如一个杀人犯,他是农民工、大学生、公务员、商人或是其他的什么人,都不会影响到对他的刑法处置;问题在于,对于有些犯罪而言,行为人的身份就显得有意义起来。例如,在区分贪污罪、职务侵占罪与盗窃罪的众多标准中,其中之一就是它们的行为主体有着不同的身份:贪污罪对应的是公务员,职务侵占罪对应的是公司法人的职员,盗窃罪对应的是一般主体。又如,如果行为人在历史上曾经有过某些犯罪经历,在对他进行量刑时是否需要冠以"累犯"的头衔?再如,我国《刑法》第49条规定,审判时怀孕的妇女,不得使用死刑。可见,因行为人的身份不同,不仅会影响到对其定罪,甚至还会影响到量刑。

有些行为人在作案时假冒他人身份,因与其真实身份不符,当然就会被当作招摇撞骗或诈骗处置;利用与某些公职人员之间存在着的亲属关系而向他人索贿或受贿的,虽然不属于招摇撞骗或诈骗,但它毕竟是从某些公职人员的特有身份中引申出来的,故仍然被视同受贿行为。

中国历史上曾经存在过身份连带现象,如"一人得道,鸡犬升天";反之,"一人获罪,诛灭九族"等。当然,今天的社会已经不允许再出现因人的自然出身而影响对其定罪量刑的现象。

2.被害人身份。被害人属于刑事诉讼法上的一个概念,是指人身权利、财产权利或其他合法权益受到犯罪行为直接侵害的人。在一般情形中,被害人的身份是不会影响到对加害人的定罪量刑的,但是,在某些特定场合下,被害人的身份还是会影响到对加害人的定罪量刑,有的是因为被害人与加害人之间存在着某些身份上的关系而引起的。例如,行为人如果窃取的是其家人的财产,只要其家人不予举报或举报后不要求起诉的,一般不按照犯罪处置。又如,刑法在区分伤害罪与虐待罪时有一个重要的参数,即被害人如果与加害人之间存在着一定的亲属关系,且没有造成严重后果的,可能被定为后者而非前者;有的则不存在着对应关系,而是仅仅因为被害人的身份特殊而引起的。如《刑法》第259条第1款规定,明知是现役军人的配偶而与之同居或者结婚的行为,即构成破坏军婚罪。这主要是为了保护军人的婚姻而特别设立的。可见,因被害人的身份不同,不仅会影响到对其定罪,甚至也会影响到量刑。

在部分罪行中,因被害人的身份而引发理论界的争议,如嫖宿幼女的行为为何不可以被定为《刑法》第236条的强奸罪？这明显违背了刑法原先想要保护幼女身心健康的初衷。另外，在强奸案中，如果被强暴的对象是专门的性工作者（俗称妓女），是否因此可以减轻对行为人的量刑？对这些问题的讨论，其实都关系到刑法伦理学的范畴，必须引起重视。

【案例分析】

2013年2月17日零时许，被告人李某某、王某、魏某某（兄）、张某某、魏某某（弟）及李某等人，到本市海淀区成府路北京夜半酒吧的“天蝎座”包间内饮酒消费，酒吧张姓服务员安排被害人杨某某及徐某某在该包间内一起喝酒、唱歌、玩游戏。凌晨3时30分许，杨某某被张姓服务员架扶着与李某某等人走出包间。此时，杨某某已不能正常行走，呈醉酒状态。杨某某在张姓服务员陪同下坐上魏某某（兄）驾驶的黑色奥迪07越野车，到达海淀区金源时代购物中心的金鼎轩餐厅。落座不久，李某某等人因琐事与其他顾客发生争执，被人劝开后离开餐厅。杨某某跟随离开餐厅，与张姓服务员坐上魏某某（兄）所驾奥迪越野车。李某某、魏某某（兄）、李某分别驾车到达海淀区人济山庄地下车库会合。后李某与张姓服务员因故先行离开，其他人乘坐魏某某（兄）驾驶的奥迪越野车离开入济山庄。车上，魏某某（弟）坐副驾驶座，后排由左至右依次是张某某、李某某、杨某某、王某。途中，杨某某发现张姓服务员不在，遂要求下车离开，遭拒后呼喊、踢踹、挣扎。李某某、王某、张某某等人遂对杨某某强行摁压、控制。李某某多次扇打杨某某脸部，王某亦对杨某某实施殴打。凌晨5时50分许，五名被告人带着杨某某到达海淀区湖北大厦。魏某某（兄）、张某某先行下车到酒店前台，由魏某某（兄）使用他人身份证办理了入住登记，并与张某某先行进入酒店房间。李某某遂与王某、魏某某（弟）带着杨某某穿过酒店大堂进入电梯。期间，李左手紧抓着杨右手臂，夹拉着杨前行，王在杨左侧协助控制。电梯里，李有击拍杨头和面部动作。出电梯后，杨被李拉拽进入酒店房间。李某某等人要求杨脱衣服，杨不从，李、王等人遂扇打、踢踹杨，强行脱光杨的衣服。随后，李某某、王某、魏某某（兄）、张某某、魏某某（弟）依次强行与杨某某发生性关系。期间，部分被告人有猥亵行为。后李某某、魏某某（兄）拿出人民币2000元给杨某某。7时30分许，五名被告人将杨某某带离湖北大厦，途中将杨放下。2月17、18日间，杨某某先后到北京京华友好医院、北京大学第三医院就诊，经诊断为头面部外伤、脑震荡等。2月19日，杨某某在他人陪同下到公安机关报案。经司法鉴定部门依法鉴定，杨某某左眼上睑见片状皮下出血（吸收期）、鼻背部见片状皮下出血（吸收期，大小为2厘米×2厘米）、左颞部及左颧部见片状皮下出血（吸收期，大小为6厘米×3厘米），身体损伤程度属轻微伤。2月21日1时许，李某某、王某、魏某某（兄）、魏某某（弟）被公安机关抓获。当日2时许，在魏某某（兄）的协助下，公安机关将张某某抓获。

研究刑法学中有过身份问题具有以下几个方面的意义：

1. 规范与制约的意义。通过与一定身份有关并包含罪刑内容的刑法规范的制定和颁行，对具有该身份的人在实施与其身份相关的行为时所形成的一种规范和制约。如金融机构工作人员购买假币或者利用工作上的便利，以假币换取真币的行为，其总面额在

2000 元以上或者币量在 200 张(枚)以上的,就构成金融机构工作人员购买假币、以假币换取货币罪。可以想见,如果不对金融机构工作人员作出如此严厉的规范,必将给社会造成严重的后果:假币成灾、金融无序、国家信誉受损、百姓利益没有保障。对特殊身份的人员进行特别规范,有时是基于其职业身份所无法更替的原因,有时是由于其身份行为而带来特有的社会危害性所致,因此,对特殊身份的规范是必要的。

2. 保障和保护的意义。保障是指某些身份的设置在限制国家刑罚权发动的同时,充分保障了具有一定身份的行为人的人身自由等合法权益。保护是指某些身份的设置给社会中某些弱势群体以及某些担任重要职责的人员、执行国家和社会的重要职能的单位与人员等提供了特别保护。如对孕妇、盲人、聋哑人、未成年人或年纪在 75 周岁以上的老人,等等,出于人道主义或其他价值方面的考虑,既在一定程度上限制了刑罚权的发动范围及力度,也有利于整个社会秩序的平衡;而对于某些担任重要职责的人员、执行国家和社会的重要职能的单位与人员等,如执行国家反恐任务的武警、公安人员等,则需要赋予一定的执法权,他们可以在职权范围内采取特殊手段,制服罪犯,保障国家与人民的生命、财产安全。

3. 平等与平权的意义。刑法中对于有一定身份的人,会影响到对其刑事责任的认定在有无、大小的规定上是有一定区别对待的,但是,这一点不关乎形式平等原则的瑕疵,而是要从实质平等的角度来理解。如上述对孕妇、盲人、聋哑人、未成年人或年纪在 75 周岁以上的老人等所给予的刑罚上的特殊照顾;又如刑法上区分主犯与从犯、胁从犯的不同身份,并且给予了不一样的处罚标准,这其实都还是维持在平权思想的基础上所作出的规定。至于说到宪法上对人大代表的人身自由以及他们在人大会议上的发言,给予了特殊的照顾的问题,这主要是从国家民主政治的大政上作出的制度性安排,与人大代表的特权无关。

第五节 单位犯罪

单位犯罪的概念并非始于今天,早在 17 世纪英国的《刑法》中就有规定。我国 1987 年 1 月 22 日第六届全国人大常委会第十九次会议通过的《海关法》,首开了我国刑事立法史上规定单位犯罪之先河。1997 年《刑法》首次在我国的刑法典中规定了单位犯罪,主要集中在刑法总则的第 30 条和第 31 条以及分则的相关部分。单位犯罪是指公司、企业、事业单位、机关、团体实施的依法应当承担刑事责任的危害社会的行为。

它的特征是:(1)单位犯罪的主体包括公司、企业、事业单位、机关、团体;(2)单位犯罪必须是在单位主体的意志支配下实施的;判断犯罪行为是否体现了单位的集体意志,需要看犯罪行为是否经单位负责人决定,否则,无法形成一个单位的犯意。但是,也不能简单地认为,负责人做出了的决定,就可以认定为单位犯罪的意志,这是要具体分析的。例如:在 1999 年 6 月 25 日《最高人民法院关于审理单位犯罪案件具体应用法律有关问题的解释》中就明确指出,个人为进行犯罪违法活动而设立的公司、企业、事业单位实施犯罪的，或者公司、企业、事业单位设立后，以实施犯罪为主要活动的，不以单位犯罪论处。(3)单位犯罪必须由刑法分则或分则性条文明确规定。我国对单位犯罪的处罚原则是：刑法对单位犯罪的处罚以双罚制(即对单位和单位直接责任人员均处以刑罚)为主，以单罚制(即只处罚单位直接责任人员)为辅。

【资料检索】

1. 作为单位犯罪主体的单位，在一般情况下都是一个独立的实体。例如一个国家机关或者一个企业，因其实施了犯罪行为而构成单位犯罪。那么，单位的附属机构能否成为单位犯罪的主体呢？这里所谓单位的附属机构包括单位的分支机构和内设机构。我们认为，企业法人的分支机构是独立的单位，其成为单位犯罪的主体没有疑问。但单位的内设机构能否成为单位犯罪的主体，尚可研究。在一般情况下，单位的内设机构不是独立地进行活动，而是以单位名义进行活动，因而其行为应当视为所在单位的行为。但在当前的社会生活中，单位的内设机构也有独立对外活动的，在这种情况下，如果不将其视为单位犯罪的主体，无论是将其作为所在单位的犯罪还是个人犯罪，都有不妥之处。在这种情况下，我主张单位的内设机构可以成为单位犯罪的主体。对此，2001 年 1 月 21 日《全国法院审理金融犯罪案件工作座谈会纪要》明确规定："以单位的分支机构或者内设机构、部门的名义实施犯罪，违法所得主要归分支机构或者内设机构、部门所有的，应认定为单位犯罪。"根据这一规定，在以单位的分支机构、内设机构、部门的名义实施犯罪，但违法所得归个人所有的，则应以个人犯罪论处。根据我国《刑法》第 30 条之规定，单位犯罪的主体包括下述五种单位：(1)公司。公司是指依法定程序设立，以营利为目的的法人组织，它包括股份有限公司和有限责任公司。有限责任公司是指全体股东以各自的出资额为限对公司债务负清偿责任的公司。股份有限公司是指由一定人数的股东发起设立的，全部资本划分为等额股份，股东以所购的股份承担财产责任的公司。公司是市场经济中经济活动的重要主体，具有其特殊的经济利益。因此，公司是常见的单位犯罪的主体。(2)企业。企业是指依法成立并具备一定的组织形式，以营利为目的独立从事商品生产经营活动和商业服务的经济组织。企业具有以下特征：①从企业存在的社会性质来看，企业是独立从事商品生产经营活动和商业服务的经济组织。②从企业生存和发展的目的来看，企业是营利性的经济组织。所谓营利性是指主体通过自己的活动追求超额利润，它是企业最重要的特征之一。(3)事业单位。事业单位是指依照法律或者行政命令成立、从事各种社会职能活动的组织。事业单位可以分为三种：①国家事业单位，这种事业单位依靠国家预算从事活动，领导人有权独立处理经费，能够直接参加与自己业务和权益有关的民事活动，并享有民事权利和承担经济责任。因此，在理论上，这种国家事业单位称为国家事业法人。②集体事业单位，这种事业单位可以分为两种：一是由劳动群众集体筹资、独立经营、自负盈亏的事业单位。二是由集体企业预算出资，能够独立处理经费，不自负盈亏的事业单位。在理论上，这种集体事业单位又称为集体事业法人。③私营事业单位，这种事业单位是由私人投资设立，以从事一定的社会活动为目的的机构。随着我国社会的转型，已经出现或者正在出现各种私营事业单位，例如私营的医疗机构、教育机构等。上述各种事业单位属于法人的范畴，可以成为单位犯罪的主体。(4)机关。机关作为单位犯罪的主体有广义和狭义之分。广义的机关包括国家行政机关、立法机关、司法机关、军队、政党等有关机关。狭义的机关主要是指行政机关，一般是地方国家行政机关。(5)团体。团体又称为社会团体，是指各种群众团体组织，例如人民群众团体(工会、共青团、妇联等)、社会公益团体、学术研究团体、文化艺术团体、宗教团体等。这些团体的共同特点是：①在符合我国宪法精神的原则下，为达到一定的目的，由公民或法人自愿结合而成；②由参加成员出资或由国家资助的办法设立财产和活动基金，这些基金属于社会团体自己所有(除依法规定的特别基金外)，并以此担负其债务责任；③各成员参加本组织事务的管理工作；④均须制定章程，并经国家主管部门审核批准予以登记后才能进行活动。社会团体因为拥有自己的独立的财产，并且在完成自己任务的过程中，能够享有财产方面的权利能力，所以它们都是法人。因此，团体也可以作为单位犯罪的主体。

2. 单位犯罪的罪名主要有：《刑法》第 120 条资助恐怖活动罪；第 125 条非法制造、买卖、运输、邮寄、储存枪支、弹药、爆炸物罪；第 126 条违规制造、销售枪支罪；第 128 条非法出租、出借枪支罪；第 137 条工程重大安全事故罪；第 140 条至第 148 条生产、销售伪劣商品罪；第 151 条至第 153 条走私罪；第 159 条虚假出资、抽逃出资罪；第 161 条提供虚假财会报告、不披露重要信息罪；第 162 条妨害清算罪；第 175 条高利转贷罪；第 176 条非法吸收公众存款罪；第 177 条伪造、变造金融票据罪；第 190 条逃汇罪；第 191 条洗钱罪；第 198 条保险诈骗罪；第 201 条逃税罪；第 213 条至第 219 条侵犯知识产权罪；第 221 条至第 230 条扰乱市场秩序罪；第 244 条强迫劳动罪；第 327 条非法出售、私赠文物藏品罪；第 334 条第 2 款采集、供应血液、制作、供应血液制品事故罪；第 347 条走私、贩卖、运输、制造毒品罪；第 355 条非法提供麻醉药品、精神药品罪；第 363 条至第 365 条制作、贩卖、传播淫秽物品罪；第 387 条单位受贿罪；第 391 条对单位行贿罪；第 393 条单位行贿罪；第 396 条私分国有资产罪、私分罚没财物罪；第 341 条非法猎捕、杀害珍贵、濒危野生动物罪；非法收购、运输、出售珍贵濒危野生动物、珍贵、濒危野生动物制品罪；第 342 条非法占用农用地罪；第 344 条非法采伐、毁坏国家重点保护植物罪；非法收购、运输、加工、出售国家重点保护植物、国家重点保护植物制品罪。

在实践中，究竟如何来区分单位犯罪与个人犯罪？可以从以下几个方面：

1. 行为是否是为了单位的利益，是否由单位的决策机构决定？单位决策机构产生单位意志，指挥单位行为的实施，任何单位成员在单位业务活动中依据决策机构的决定实施的行为，应视为单位行为。单位犯罪所具有的特定程序性，即符合单位决策程序，是它与自然人盗用单位名义或擅自以单位名义进行的犯罪相区别的重要特征。因而，单位内部成员未经单位决策机构批准、同意或认可而实施的犯罪行为，一般只能认定为自然人犯罪。同时按照决策机构的决定实施的行为必须是为了单位的利益。单位犯罪中，犯罪后的违法所得通常归单位所有，即因犯罪行为所产生的非法收益，受益对象是本单位或者本单位的多数员工；而自然人犯罪中，犯罪后的违法所得多半为自然人个人所有。如果不是为了单位利益,而是为了谋取个人利益,那么这种情况不应按照单位犯罪处理。比如《刑法》第 393 条规定在单位行贿罪中,因行贿取得的违法犯罪所得归个人所有时,依照《刑法》第 389 条关于行贿罪的相关规定定罪处罚。

2.行为是否是以单位的名义做出的?行为以单位的名义实施是认定单位犯罪的重要因素之一,但是并非所有以单位名义实施的犯罪都是单位犯罪。1999 年最高人民法院《关于审理单位犯罪案件具体应用法律有关问题的解释》规定:"盗用单位名义实施犯罪,违法所得由实施犯罪的个人私分的,依照刑法有关自然人犯罪的规定定罪处罚。"所以,打着单位的幌子,利用单位名义,为个人谋取利益的不法行为,当然不能认定为单位犯罪。

3.行为是否在单位成员的职务活动范围内,或者与单位的业务活动相关?单位只对其在业务范围内或与业务相关的活动范围内的行为负责。如果行为与单位业务没有任何关系,则不应让单位承担刑事责任。当然,单位的行为不拘于在登记机关核准的经营范围之内,也可以超出登记的经营范围,只要是与单位的业务活动相关或者说与单位的人格相关,也可以视为是单位的行为。但如果与单位的业务活动并无实质的关联,则一般不应视为单位行为。

第七章 犯罪主观方面

犯罪主观方面俗称罪过的内容，是指刑法规定的在行为人实施犯罪时所具备的认识事实与控制事实，其具体方面包括行为人的意识因素和意志因素两大部分，是指行为人对自己的危害社会的行为及其危害社会的结果所持的故意或者过失的一种心理态度。犯罪的主观要素是构成犯罪的内在方面的内容，也是其获罪的重要依据；如果客观行为虽然出现了危害社会的情形，但它不是出于行为人的主观罪过，而是由不可预见、不可抗力的原因引起的，按照刑法理论上提出的主客观相一致的原则，则无法加以归罪。而人在实施犯罪时的心理状态是十分复杂的，概括起来有故意和过失两种形式，而在故意犯罪中还存在着犯罪目的和犯罪动机这两种心理要素，虽然它们都与刑事责任有一定的关联性，但在归责时需要进行质与量的区分。

第一节 犯罪主观方面概述

对刑法规定的犯罪来说，行为人的主观方面，特别是行为人的罪过亦即故意或过失，将成为认定其是否构成犯罪所必不可少的一个要件；而认定行为人的目的也将成为认定行为人构成某种犯罪的特定要件；至于行为人的动机，根据现行法律规定虽然不影响对行为人构成犯罪的定性，但对行为人的量刑仍具有积极意义。因此，认定行为人主观方面各要素在刑事诉讼中有着十分重要的现实意义。

《刑法》第 16 条规定："行为在客观上虽然造成了损害结果，但是不是出于故意或者过失，而是由于不能抗拒或者不能预见的原因所引起的，不是犯罪。"本条规定说明，哪怕产生了非常严重的损害结果，只要造成这种结果的行为人没有故意或过失，行为人都不构成犯罪，不管行为人是否具备完全的刑事责任能力。换言之，行为人对其所实施的危害行为是否构成犯罪，完全取决于他在主观方面是否具有罪过。可以这样认为，刑法的每一条款对犯罪以及刑罚轻重的设定，要考虑的最主要因素就是行为人的主观恶性大小；而行为人主观恶性的大小不仅取决于他的行为，更取决于他在主观方面是否有罪过。因此，在刑事诉讼中，对被告人在犯罪事实方面的认定，从某种意义上说很重要的一条就是要对其犯罪主观方面的事实进行认定。

犯罪主观方面各要素的认定之所以复杂，原因在于犯罪主观方面各要素属于被告人的主观意识与意志，而主观的一切东西均来自人的内心。我们无法深入一个人的内心去对他内心世界的状况进行考察。只有通过与行为人危害行为有关的一些客观事实来推断(必然存在偏差)，也即"认定"他的内心世界是个什么样子，或者说他有没有犯罪的罪过。

【案例分析】

被告人四川省阆中市的余英和杨英原是好朋友，1999年11月8日中午，杨英路经余英的小卖部时说自己还没吃早饭，想向余英借点钱，正好杨英以前买过9元钱的鸡蛋送给余英，所以余英说你不用借，我把鸡蛋钱还给你就是了，并拿出了10块钱给杨英。而杨英只要9块，不要10块，余英说多1块钱没关系，不用那么客气，二人就这样相互谦让着。突然，杨英从小卖部的台阶上摔了下来。余英和丈夫赶紧叫了一辆三轮车将杨英送到了阆中市人民医院。经诊断，杨英右腿粉碎性骨折。事发两年后杨英报案称其伤害是因为当时余英将其推倒造成，因而引起一场涉嫌故意伤害的刑事诉讼，结果余英被一审法官判决构成故意伤害罪。余英提出上诉，二审法官最终认定余英是犯过失致人重伤罪。

刑法中提到的“故意”与“过失”的概念，是一种法律上的表述，而从心理学角度分析，其实都只是罪过的表面定义，因为在这些概念的背后还存在着两种因素，它们才是罪过的实质定义：一为意识因素，二为意志因素。

意识因素是指行为人对事物及其性质的认识和分辨情况：(1)行为人对自己行为及其结果的社会危害性的认识，或者说对与犯罪客体有关的事实及性质的认识，如抢劫犯对自己所实施的抢劫行为以及可能给他人或社会造成的危害结果，要有一定的认识；(2)行为人对犯罪的基本事实情况的认识，或者说对犯罪客观方面有关的事实的认识。行为人对犯罪基本事实情况的认识首先包括了危害行为、危害结果和两者之间的因果关系的认识。只有当刑法分则明确要求行为人对犯罪的时间、地点和方法等事实也要有认识时，犯罪客观方面中的选择要件，才能构成特定犯罪罪过的内容。我国刑法并没有要求行为人认识自己的行为是违反刑事法律规定的行为，即不要求认识刑事违法性。如果不认识行为的刑事违法性就不能构成罪过，不负刑事责任的话，那么就容易使有些人借口不懂法律逃避应负的刑事责任。

意志因素是指行为人根据对事物的认识，决定控制自己行为的心理因素，可见行为人的意志因素是建立在意识因素的基础上的。根据我国刑法的规定，意志对于危害行为和危害结果起支配和控制作用，其具体表现为希望、放任、疏忽、轻信四种情形，其中前两种属于故意范畴，后两种属于过失范畴。

我国刑法要求，任何犯罪的主观方面，都是有着具体内容的意识因素与这四种意志形式之一结合组成的；缺乏意识因素或意志因素，罪过内容就是不完整的，也是不能成立的。

研究犯罪主观方面不仅具有深化和丰富刑法学研究的作用，而且有助于正确定罪量刑。

1. 在定罪方面，犯罪主观方面是区分罪与非罪、此罪与彼罪的一个重要标准。首先，成立犯罪必须具备罪过，否则行为客观上虽然造成了损害结果，但是行为人主观上没有罪过，便不能认为是犯罪。《刑法》第14条和第15条规定，各种犯罪在主观方面都必须具备犯罪的故意或者犯罪的过失要件，同时，《刑法》又在第16条规定，行为虽然在客观上造成了损害结果，但不是出于故意或者过失心理态度的，就不构成犯罪。从而在法律上确认，罪过乃是认定行为人构成犯罪和应对犯罪负刑事责任的主观根据。其次，任何具体犯罪构成的罪过形式和罪过内容都是特定的:有的犯罪只能是出于故意,有的犯罪只能出于过失;同是故意或过失犯罪,此罪与彼罪的故意内容或过失内容也有所不同。罪过不仅支配行为人实施危害社会的行为,而且支配行为人在特定的时间、地点,以特定的方法实施特定的危害社会的行为,如果行为人不具备具体犯罪构成所要求的特定罪过及罪过内容,自然不成立此种犯罪。最后,对于某些具体犯罪,法律还要求其主观方面具有特定的目的,如聚众赌博罪要求以营利为目的。是否具备这些特定的目的,往往是区分罪与非罪、此罪与彼罪的重要标准。

2.在量刑方面,犯罪主观方面也具有重要作用。首先,法律对故意犯罪和过失犯罪规定了轻重不同的刑罚,因此通过查明主观方面来解决应定此罪还是彼罪就保证了正确适用轻重不同的法定刑。其次,属于犯罪主观方面的心理态度范畴的犯罪动机、犯罪故意的不同表现形式、犯罪过失的严重程度等因素,表现出了行为人的主观恶性和人身危险性大小的不同,而这些因素往往对量刑起重要的影响作用。因此查明这些主观因素并在决定怎样运用刑罚时予以适当考虑和体现,无疑会有助于正确量刑,体现罪责刑相适应的原则。

犯罪主观方面是客观存在并且要通过客观活动表现出来的,只要深入实际调查研究,全面地、历史地、辩证地分析案件的各种具体情况,就能够查明行为人是否具有主观罪过,行为到底是出于故意还是过失,是何种故意或过失,有无特定的犯罪目的,犯罪动机如何,从而对其主观心理态度作出符合客观真实的判定和结论,进而正确定罪量刑。

第二节　犯罪故意

一、概念

犯罪故意是指行为人在具备特点的意识与意志条件下所实施的一种行为心理,它是构成犯罪要件中的一种心理状态。根据刑法规定,明知自己的行为会发生危害社会的结果,但是却希望或者放任这种结果发生,因而构成犯罪的,是故意犯罪,应当负刑事责任。在这当中,由于我们要把重点放在对其心理层面上的分析,所以必须突出犯罪故意的内容。

犯罪故意的内容同样是由两个因素构成的:一是意识因素(或是认识因素),二是意志因素(或是控制因素)。刑法条文上提到的“明知”即为意识因素,“希望或放任”即为意志因素。

1.行为人明知自己的行为会发生危害社会的结果,是构成犯罪故意的认识因素,也是一切故意犯罪在主观方面必须具备的特征。要正确理解犯罪故意的认识因素,需要对“明知”和“会发生”加以明确。根据犯罪主观要件和犯罪的客观、客体要件的联系,明知的内容包括法律所规定的构成某种故意犯罪所不可缺少的危害事实,也就是作为犯罪构成要件的客观事实。详言之,明知的内容应该包括以下三项:(1)对行为本身的认识,即行为人对刑法规定的危害社会行为的内容及其性质的认识。一个人只有认识到自己所要实施或正在实施的行为危害社会的性质和内容,认识到行为与结果的客观联系,才能谈得上进一步认识行为之结果的问题。因此,要"明知自己的行为会发生危害社会的结果",必须首先对行为本身的性质、内容与作用有所认识。(2)对行为结果的认识,即行为人对行为产生或将要产生何种性质危害结果的认识。比如,故意杀人时,行为人认识到自己的行为会发生他人死亡的结果。(3)对危害行为和危害结果相联系的其他犯罪构成要件事实的认识。对法定的犯罪对象要有认识,比如成立销赃罪要求行为人明知自己代为销售的是犯罪所得的赃物,成立伪造货币罪要求行为人明知自己要伪造的是国内外流通的货币。对法定的犯罪手段要有认识,比如成立强奸罪要求行为人明知自己采取的是暴力、胁迫或其他使被害妇女不知抗拒或者不能抗拒的手段。对法定的时间、地点要有认识,比如,成立非法捕捞水产品罪要求行为人明知自己是在禁渔期或在禁渔区实施捕捞的行为。所谓"会发生",包括两种情况,一是明知自己的行为必然发生某种特定的危害结果,二是明知自己的行为可能要发生某种危害结果。

【资料检索】

在心理学方面,意识指的是人们对外部世界以及自身内在身心的一种认知状态。刑法上用的是"明知",这就说明它对行为人的认知状态的要求是很高的。除了需要其对行为、结果以及二者之间的因果关系要有认知以外,是否也要求行为人对其所实施的行为的违法性内容也要有所认知?这一点在刑法条文中已经明确无误地告诉了我们,"明知自己的行为会发生危害社会的结果",说明了行为人对其行为的违法性是有充分认识的,它是人在长期的成长过程中所形成的社会化的结果。有的人在被逮捕后常常说不知自己的行为已经违法,这除了完全没有被社会化的"狼孩"以外,还有部分社会化程度较低的残疾人以外,一个正常人是不可能不接受通常形成的社会价值观与道德观规制的。至于针对某些条文本身的具体规定,或许不是每一个人都能够清楚地知道,但是,在这些条文的背后所体现的社会共同的价值观应当是认识的。

2.行为人对自己行为将要导致危害结果的发生所抱的希望或者放任的心理态度,是构成犯罪故意的意志因素,是犯罪故意在控制力方面的特征。它表明行为人通过自己的行为来追求或者放任危害社会的结果的发生。犯罪故意的意志因素有希望和放任结果发生的两种表现形式。(1)希望。希望危害结果的发生是指行为人对危害结果抱着积极追求的心理态度,该结果的发生是行为人实施危害行为直接追求的目的。比如,抢劫罪中的行为人希望即积极追求非法占有他人财物这种危害结果的发生。"希望"存在着程度上的差异,但无论是强烈、迫切的希望还是不那么强烈、迫切的希望,都是行为人积极追求危害结果的发生。(2)放任。放任危害结果的发生是指行为人虽然没有积极追求危害结果的发生,但并不反对和不设法阻止这种结果的发生,而是对结果的发生与否采取听任的心理态度。比如,故意杀人罪中的行为人为了击中野兽而对可能击中他人持放任的态度。

犯罪故意内部的认识因素和意志因素之间具有密切的关系:认识因素是意志因素存在的前提和基础,行为人对结果发生采取希望和放任的心理态度,是建立在对行为及其结果的危害性质明确认识的基础上的;意志因素是认识因素的发展,如果仅有认识因素而没有意志因素,即主观上不是希望也不是放任危害结果的发生,也就不存在犯罪的故意,不会有故意犯罪的行为。总之,认识因素和意志因素是犯罪故意中两项有机联系的因素,在认定构成犯罪的故意中缺一不可。

【资料检索】

1.心理性意志是指心理事实意义上的意志。意志对人的行动起支配作用,并且决定着结果的发生。如果说,意志对于行为本身的控制是可以直观地把握的话;意志对于结果的控制就不如行为那么直接。因为结果虽然是行为引起的,它又在一定程度上受外界力量的影响。在这种情况下,应当区分必然的结果与偶然的结果。必然结果是由意志力支配的结果,可以归之于行为。而偶然结果是受外在东西所支配的结果,不能归之于行为。从意志与这些结果的关系上来说,必然结果是意志控制范围之内的、预料之中的结果;偶然结果是出于意料的结果。从意志对行为结果的支配关系上,我们可以把故意中的意志区分为以下两种形态:(1)希望。希望是指行为人追求某一目的的实现。在刑法理论上,由希望这一意志因素构成的故意被称为直接故意。直接故意是与一定的目的相关联的,只有在目的行为中,才存在希望这种心理性意志。在希望的情况下,由于行为人是有意识地通过自己的行为实现某一目的,因此,行为与结果之间的关系是手段与目的之间的关系,意志通过行为对结果起支配作用。(2)放任。放任是行为人对可能发生的结果持一种纵容的态度。在刑法理论上,由放任这一因素构成的故意被称为间接故意。放任与希望之间的区别是明显的:希望是对结果积极追求的心理态度,放任则是对某种结果有意地纵容其发生。两相比较,在意志程度上存在区别:希望的犯意明显而坚决,放任的犯意模糊而随意。

2.违法性意志是指心理性意志的评价因素,这种评价成为归责的根据。在心理性意志的基础上,之所以还要进一步追问违法性意志,是因为违法性的结果虽然是行为人所选择的,但如果这种选择是在不具有期待可能性的情况下作出的,即缺乏违法性意志,我们仍然不能归罪于行为人。因此,违法性意志,其实就是一个期待可能性的判断问题。这里的期待可能性,是指在行为当时的具体情况下,能期待行为人作出合法行为的可能性。法并不强制行为人作出绝对不可能的事,只有当一个人具有期待可能性时,才有可能对行为人作出谴责。如果不具有这种期待可能性,那么也就不存在谴责可能性。在这个意义上说,期待可能性是一种归责要素。期待可能性是就一个人的意志而言的,意志是人选择自己行为的能力,这种选择只有在期待可能性的情况下,才能体现行为人的违法意志。在一般情况下具有责任能力的人,在具有违法性认识的基础上,实施某一行为,通常就存在期待可能性。但在某些特殊情况下,期待可能性的判断仍然是必要的。例如,有配偶而与他人结婚,构成刑法上的重婚罪,但因自然灾害而流落外地,为生活所迫与他人重婚者,行为人明知本人有配偶,具有事实性认识,明行重婚违法,具有违法性认识,而仍然与他人结婚,具有心理性意志。但由于是为生活所迫,缺乏期待可能性,因而没有违法性意志。对此,不能以重婚罪论处。

二、分类

（一）直接故意

它是指行为人明知自己的行为必然或者可能发生危害社会的结果，并且希望这种结果发生的心理态度。它有两种认知状态：一为行为人明知自己的行为必然会发生危害社会的结果，如某甲想杀死某乙，用刀刺向某乙的心口，某甲明知这种行为必然导致某乙死亡，但某甲仍希望这种结果发生。某甲的这种行为就是直接故意杀人罪。二为行为人明知自己的行为可能发生危害社会的结果，如某甲想杀死某乙，用枪对准某乙进行射杀，但是由于距离遥远，自己的技术又不够过硬，某甲对本次的射杀行动没有绝对的把握，可是又不愿意放弃机会，仍抱着一丝希望这种结果可能发生。某甲的这种行为就是直接故意杀人罪。可见，不论是上述那一种的认知状态，只要行为人的主观意志属于“希望”的心理状态，即构成直接故意犯罪。即行为人积极追求危害结果的发生，发生危害结果是行为人实施危害行为所直接追求的目的。希望发生的危害结果与其明知会发生的结果是同一的。另外，直接故意犯罪行为人具有明确的犯罪目的。犯罪目的是行为人想通过自己的行为促使危害结果发生的一种心理愿望，这与行为人希望危害结果发生的心理态度是一致的，它表现为其心理倾向是单向的，即要危害结果发生；如果危害结果没发生，是违背行为人的心愿的。

【案例分析】

2013年12月12日凌晨，被告人王永与邹海、邹生隐在105国道赣县沙地南岭坳山上，用高压汽枪射击，打破浙GG1160货车的前挡风玻璃，毁坏财物价值340元。同月28日晚，王等三人隐藏在105国道赣县沙地古迳坳山上，用高压汽枪射击，打破赣C52876货车的前挡风玻璃，毁坏财物价值240元。次年元月1日晚，被告王永与邹海、邹生隐在105国道赣县沙地古迳坳山上，用高压汽枪射击，打破鲁Q01389进口大货车前挡风玻璃，毁坏财物价值1800元。同月6日凌晨，王等三人在同一地点用同样的方法射击，打破鲁G53928货车前挡风玻璃，毁坏财物价值250元。2月23日凌晨，王永一人隐藏在105国道是赣县沙地古迳坳山上，用高压汽枪打破小东风赣A12831货车的前挡风玻璃，毁坏财物价值200元。27日凌晨，王永又隐藏在105国道赣县沙地南岭坳山上，用高压汽枪射击，打破赣M01294、赣D36272货车的前挡风玻璃，毁坏财物价值共500元。2月4日凌晨，被告人王永隐藏在105国道赣县沙地古迳坳山上，用高压汽轮射击，打破赣D45286、赣C40676货车的前挡风玻璃，毁坏财物价值共500元。

（二）间接故意

它是指行为人明知自己的行为可能发生危害社会的结果，并且放任这种结果发生的心理态度。在这里，刑法条文中规定的“会”，就不应该包括“必然”，就只能是“可能”。其包含以下几层意思：(1)行为人对明知自己的行为可能导致的结果须持放任其发生的心理态度，即行为人对明知可能发生的结果既不是希望其发生，也不是希望其不发生，而是任其自然，发生或不发生都无所谓。(2)间接故意犯罪行为人明知自己的行为会发生的危害结果，仅限于明知"可能发生"一种情况。(3)间接故意犯罪行为人主观上不具有犯罪目的，因为放任危害结果发生的心理态度与犯罪目的追求危害结果发生的要求不相符。(4)间接故意犯罪只有构成与不构成之分，而不存在完成与否的问题。

在这里，"放任"主要有以下三种情况：

1.行为人在实施某种犯罪行为时，同时放任另一种危害结果的发生。当时的情况下，对于危害结果是否真的要发生，是处于一种不能肯定的状态之下，行为人虽不希望这种结果发生，但又不设法防止其发生，而是采取听之任之、漠不关心的态度。例如甲某为杀死妻子，将毒药投入妻子饭碗中。他明知妻子可能会把饭分给孩子吃，孩子吃了带毒药的饭也会引起死亡，但他杀妻心切，仍然将毒药投入妻子碗中。孩子放学回来分了有毒的饭菜，造成孩子中毒死亡。甲某对孩子可能吃此饭而中毒死亡的结果，虽不希望这种结果发生，但又不设法防止其发生，而是采取听之任之、漠不关心的态度，这就是在实施杀害妻子的犯罪时，放任了孩子死亡结果的发生。

2.行为人追求一个非犯罪目的，但在行为过程中放任了某种危害结果的发生。行为人对危害结果并不是完全持"漠不关心"的态度。例如某甲持枪打猎，看到一只野兔，他预见到如果举枪射击，可能会打中正在不远处拔草的某乙，但他仍然举枪向野兔射击，结果将某乙打死。本案某甲造成某乙死亡的结果是基于实现行为人所追求的目的行为而发生的，行为人在明知自己的行为会发生这种危害结果的情况下，为了达到其既定目的，仍然付诸现实，这本身就意味着行为人对所放任的危害结果具有自觉容忍其发生的心理态度。

3.行为人对自己的行为是否会引起危害社会的结果，或者可能引起什么样的危害结果，主观上没有明确认识，但对客观上可能产生的任何结果，却抱着无所谓的放任态度。例如某甲带领一伙流氓同另一流氓团伙聚众斗殴，斗殴过程中，某甲被对方几个人围起来殴打，他为摆脱困境，一边用左手抵挡，一边用右手持刀盲目朝周围乱刺，结果扎死一人，重伤一人。在这种情况下，他用匕首向周围方向乱刺，对于到底能否刺中人，是刺死人还是刺伤人，并没有明确的认识和追求，但这几种结果都是可能发生的，无论实际出现什么结果，都在某甲预见范围内，他也不反对这些结果发生。某甲不计后果，放任严重危害后果的发生，应对这种结果负间接故意犯罪的责任。

因此，放任是指行为人在当时情况下，对危害结果是否会真的发生，处于不能肯定的状态中，发生和不发生都有可能，他虽不追求这种结果，但也排斥、不反对、不设法阻止这种结果的发生，而是对其发生持听之任之、任凭其自然发展的态度，这种结果发生与否，均不违背行为人主观意愿。综上所述，间接故意是以"可能性"的认识因素为基础前提要素，以"放任"的意志因素为核心要素，并以危害结果的实际发生为最终成立要件的犯罪形态。如果在间接故意犯罪构成要件中，缺乏核心因素和必备条件，则不足以构成间接故意犯罪。

【案例分析】

某日下午，被告人荀甲和同班同学李乙等人不满李丙(某中学学生、本案被害人)

到新二中找班上的女同学向某某耍，双方扬言打架，李乙便召集了赵丁等人在校门口等候。16时许，苟甲、李乙等人放学后，双方在新二中校门外发生抓打现象，被学校保安驱散。被告人苟甲、李乙等人不服气，想找人打回来。被告人苟甲遂打电话给被告人赵丁，称自己被人打了，叫赵丁帮其打架。后苟甲得知李丙在学校，便一起赶往学校。苟甲首先上前对李丙踢了一脚，赵丁等人便涌上去对李丙实施殴打，被害人李丙跑向该县中心广场方向，苟甲等人对其追打，在几次追撵中，赵丁持刀将李丙左背部捅伤。经司法鉴定，李丙损伤程度为重伤。后被告人苟甲主动到该县公安局投案自首，李乙与赵丁因涉嫌寻衅滋事罪被逮捕。公诉机关以涉嫌故意伤害罪向法院提起公诉。

（三）二者的联系与区别

犯罪的直接故意与间接故意同属犯罪故意的范畴。二者都明确认识到自己的行为会发生危害社会的结果，都不排斥危害结果的发生。而它们的不同之处在于：(1)从认识因素上看，直接故意的行为人是认识到危害结果的必然发生或可能发生；而间接故意的行为人是认识到危害结果的可能发生。(2)从意志因素上看，直接故意是希望即积极追求危害结果的发生；而间接故意是放任结果发生。有观点认为，明知结果的必然发生而持放任态度时，也应属于间接故意。我们认为不存在行为人认识到结果必然发生而加以放任的情况，因为放任是对危害社会的结果采取了听之任之的态度，其前提是危害结果存在发生与不发生这两种可能性时，只有如此，行为人才可能存在发生也可以不发生也可以的心理态度。

【案例分析】

2005年5月4日凌晨，被告人付某驾驶东风牌自卸卡车在苏州某物流开发公司内运土时，与该公司保安发生纠纷，车辆被扣留在物流园内。当天中午11时许，付某在纠纷尚未处理完毕的情况下，不顾保安的阻拦，指使被告人曾某强行将车开出。保安陈某见状即上前制止，并攀爬上车辆副驾外侧的踏板上，令付、曾两人停车。付某不听劝阻，指使曾某加速行驶。坐在副驾驶座位上的付某在车辆行进过程中，与陈某互相扭扯，致使陈某从正在行驶的车辆上跌地受伤。付、曾两人随即驾车逃离现场。被害人陈某经送医院抢救无效，于当日下午4时许死亡。经法医鉴定，陈某系跌地致颅脑损伤死亡。案发后付、曾二人向公安机关自动投案。

三、犯罪目的与动机

犯罪目的是指行为人希望通过自己所实施的犯罪行为达到某种危害社会结果的心理态度，即某人对某种危害结果所持的希望、追求的心理。犯罪目的对犯罪目标的直接指向性，说明了具有犯罪目的的罪过必须具有直接追求性。很明显，间接故意只具有伴随性，犯罪过失对危害结果具有否定性，都不可能具有犯罪目的，只有直接故意，才能具有犯罪目的。

犯罪动机是指刺激行为人实施犯罪行为以达到犯罪目的的内在冲动或者内心起因，

目的则是行为人在一定的动机推动下希望通过实施某种行为来达到某种结果的心理态度。犯罪动机产生于犯罪目的之前，犯罪的目的形成于犯罪的动机之后。同一种犯罪的目的相同，而犯罪动机则可能有所不同。同一种犯罪动机可以导致几种不同的犯罪目的。我国刑法对犯罪动机没有明文规定，因此，它不是犯罪构成的必备要件。但是，我国刑法分则不少条文规定了情节严重、情节恶劣或情节轻微，犯罪动机无疑是能说明情节的重要因素之一。

【资料检索】

对于故意犯罪来说都有犯罪目的，刑法中并没有将所有的故意犯罪都列出犯罪目的。一般情况下，对于危害结果明显的故意犯罪，刑法并未将犯罪目的作为犯罪构成要件，因为这种目的已经反映在行为人的行为中，比如暴力犯罪和性犯罪；对于以获取利益为目标(或者说“目的”)而不顾损害社会或他人利益的犯罪而言，因为危害结果的隐蔽性，刑法中的这类犯罪明确要求行为人必须具有一定的目的才构成犯罪，这类犯罪主要体现在财产犯罪以及与财产相关的犯罪上。因为犯罪目的与犯罪故意有十分紧密的联系，犯罪目的认定往往与犯罪故意的认定同时进行的。与犯罪目的认定一样，犯罪动机也是故意犯罪所特有的。因此，有犯罪目的的刑事被告人应当说都有犯罪动机，但有犯罪动机的人不一定都有犯罪目的。犯罪动机与犯罪目的比较，后者更明确更具体，而前者可能只是一种临时的冲动。

犯罪动机和犯罪目的之间密切联系，主要表现在以下几个方面：

(1)两者都是犯罪人实施犯罪行为过程中存在的主观心理活动，它们的形成和作用都反映行为人主观恶性程度及行为的社会危害性程度。

(2)犯罪目的以犯罪动机为前提和基础，犯罪目的来源于犯罪动机，犯罪动机促使犯罪目的的形成。

⑶两者有时表现为直接的联系，即它们所反映的需要是一致的，如出于贪利动机实施以非法占有目的的侵犯财产犯罪即是如此。

犯罪动机与犯罪目的又相互区别，主要表现在：

(1)两者的形成时间先后顺序不同。即犯罪动机产生在前，犯罪目的产生在后，犯罪动机是产生犯罪目的的原因。动机产生于人对某方面的需要，动机就是人意识到某种需要。犯罪动机之产生，是由于人的某些需要在不良心理因素的作用下而激发的；犯罪目的则是在对犯罪行为的性质有明确认识的基础上形成的。在实施犯罪时，犯罪目的控制犯罪行为的方向，并将犯罪意识转化为犯罪行为。

(2)两者的内容、作用不同。犯罪动机是表明行为人为什么要犯罪的内心起因，比较抽象，是内在的发动犯罪的力量，起的是推动犯罪实施的作用；犯罪目的则是实施犯罪行为所追求的客观危害结果在主观上的反映，比较具体，它决定着犯罪行为的方向，引导犯罪行为向预期达到的目标运行。所以说，动机决定目的的产生，目的支配行为的实施；有目的必有动机，有动机不一定有目的；两者都伴随行为的发展而发展变化，但动机对行为起的是推动作用，目的起的是导向、指挥作用。

(3)一种犯罪动机可以导致几个或者不同的犯罪的目的。例如，出于报复的动机，可以导致行为人去追求伤害他人健康、剥夺他人生命或者毁坏他人财产等不同的犯罪目的；一种犯罪目的也可以同时为多种犯罪动机所推动。例如，故意杀人而追求剥夺他人生命的目的，可以基于仇恨与图财两种犯罪动机的结合。

(4)两者对定罪量刑的意义不同。实践中，犯罪目的一般不仅影响量刑，还影响定罪，侧重于影响定罪，而犯罪动机侧重于影响量刑。

【资料检索】

犯罪人的犯罪动机并非总是从一开始就是单一的，往往具有几个犯罪动机，经过犯罪动机的激烈斗争，某一强烈的犯罪动机占了上风。这时，基于这一犯罪动机，开始产生特定的犯罪目的。作为犯罪动机的行为人的某种愿望与需要，如泄愤报复，在犯罪意识形成过程中一旦与具体的犯罪行为，如杀人、伤害、毁坏公私财物相结合，并以犯罪结果的实现为满足行为人愿望或需要的方式时，犯罪动机也就转化成为犯罪的目的。也就是说，当行为人以具体的犯罪方式来满足犯罪动机的要求时，就形成了特定的犯罪目的。一般说来，犯罪动机可能出现以下几种不同的结局：(1)依照既定的犯罪动机，实施犯罪，顺利达到犯罪目的。(2)犯罪动机在实施犯罪的过程中，由于犯罪分子的主观因素或出现某种客观情况，致使犯罪终止。(3)犯罪动机在实施犯罪的过程中，由于主客观因素的急剧变化，使犯罪人突生新的犯罪动机，从而构成更为严重的犯罪。

第三节　犯罪过失

一、概念

刑事意义上的过失，是指行为人应当预见自己的行为可能发生危害社会的结果，因为疏忽大意而没有预见，或者已经预见而轻信能够避免的一种心理态度。我国《刑法》第15条第1款规定："应当预见自己的行为可能发生危害社会的结果，因为疏忽大意而没有预见，或者已经预见而轻信能够避免，以致发生这种结果的，是过失犯罪。"其第2款规定："过失犯罪，法律有规定的才负刑事责任。"我国刑法分则规定的过失犯罪，都要求造成严重的危害结果。没有法定的严重危害结果的发生，就谈不上犯罪过失的存在。

在过失的罪过形式当中，无论从主观意识还是意志，过失犯罪的行为人与故意犯罪的行为人都有所不同。从行为人的意识上看，故意犯罪要求行为人对危害行为产生的结果是"明知"的，过失犯罪则要求行为人"应当预见"到危害结果但由于他的疏忽大意而"没有预见"，或者虽然预见到，但他又"轻信"这种结果能够避免；从行为人的意志上看，故意犯罪的行为人是希望或者放任危害结果的发生，过失犯罪的行为人既不希望也不放任危害社会结果的发生。

过失犯罪的行为人在意志上并不追求危害结果的发生，因而我们可以发现：过失犯罪的行为人所实施的行为并不直接指向危害结果发生的方向。多数情况下，危害结果是伴随行为人追求的良性结果而来的。正是因为这种间接性,所以才导致行为人没有预见,或虽预见但又轻信能够避免危害结果的发生。

基于上述理由,认定行为过失时也可考虑犯罪故意认定的一些因素,但犯罪过失又会显现其本身的特征:

1.犯罪动机和目的仅存在于故意犯罪形态当中。过失犯罪的行为人是没有动机的,因而他与被侵害者是没有利害关系的;行为人没有犯罪目的,因为他并不追求或者放任危害结果的发生。

2.因为行为人并不追求危害结果,所以行为人实施的具体行为并不直接指向这种结果,并且危害结果可能不是该行为产生的唯一结果;如果是唯一的结果,那么这种结果一定超出了行为人所追求的危害程度,比如一般互殴导致的重伤害或死亡。因为行为人并不追求危害结果的发生,因而在过失犯罪过程中,不存在行为人有预谋以及与此相关的犯罪预备情形。

3.实际发生的结果,可能有行为人追求的良性结果,也可能有与此相伴的危害社会的结果;或者只发生了危害结果而没有发生良性结果,这就可能构成了过失;如果只发生了良性结果而没有发生危害结果,公诉人一般不会以过失犯罪为由提起刑事诉讼,更不存在犯罪过失的认定问题。

4.在认定犯罪过失时,同样要考虑发生危害结果时与发生该结果有关的时空条件;这些条件对于危害结果的发生所起的作用,以及这种作用是否为行为人所“应当预见”?或者在他看来在这种条件下“可以避免”危害结果的发生?

5.对侵害对象的具体情况考查,也会影响到行为人对危害结果是否应当预见,或就该具体的侵害对象来说他认为危害结果能够避免。

6.刑事被告人的智慧或学识将决定他对危害结果是否应当预见,或者他已经预见到了但他能够避免危害结果的发生。

就过失犯罪的行为人意志来看,如何认定行为人在主观上不希望或不放任危害结果的发生?这要看行为人所实施的行为与危害结果之间是否存在直接的必然的因果关系。因果关系直接,行为人的罪过形式可能就不是过失而是故意,但不尽然。有时,行为与危害结果虽有直接的因果关系,但危害结果超出了行为人所追求的程度,这也是一种过失。

【资料检索】

相对于犯罪故意,犯罪过失的主观恶性要小得多。与明知故犯的犯罪故意相比,犯罪过失这一主观心理态度表现出以下两个特点:一是实际认识与认识能力相分离,即行为人有能力、有条件认识到自己的行为在当时的条件下可能发生危害社会的结果,但行为人事实上没有认识到,或者虽然认识到,错误地认为可以避免这种危害结果发生;二是主观愿望与实际结果相分离,即行为人主观上并不希望危害社会的结果发生,但由于其主观错误认识而导致了偏离其主观愿望的危害结果的发生。

犯罪过失包括认识因素与意志因素两个方面的内容:

第一,犯罪过失的认识因素。犯罪过失的认识因素是犯罪过失成立的前提,其内容是行为人在当时条件下具备发生危害结果的能力;但认为自己的行为不会发生危害社会的结果。在疏忽大意过失的情况下，由于行为人没有预见，因而对危害结果的发生缺乏认识。而在过于自信过失的情况下，虽然行为人已经预见到危害结果发生的可能性，但其又进一步过高估计了避免危害结果发生的有利条件，实际上仍然是认为自己的行为会发生危害社会的结果。因此，不管是疏忽大意的过失还是过于自信的过失，行为人对危害结果发生的可能性在实质上都是缺乏认识的。如果真正认识到其行为会发生危害社会的结果，行为人是不会决意实施其行为的。因此，从这一角度上说，行为人不具有社会危害性意识。

第二，犯罪过失的意志因素。犯罪过失的意志因素是行为人虽不希望危害社会的结果发生，但未履行其应当履行的注意避免危害结果发生的义务。不希望危害结果发生，这是犯罪过失与犯罪故意在意志因素方面的根本区别。不管行为人是轻信能够避免，还是由于追求其他目的而导致了超出其实际认识范围外的危害结果发生的义务，是犯罪过失得以成立的关键。犯罪过失的本质不仅在于造成危害社会的结果，更在于行为人违反了注意义务。如果某种危害社会结果的发生不是因为行为人未履行注意义务而引起，或者行为人虽然履行了注意义务危害结果仍然发生的，不能认为其具有犯罪过失而追求刑事责任。

二、分类

1.疏忽大意的过失。疏忽大意的过失，是指行为人应当预见自己的行为可能发生危害社会的结果，因为疏忽大意而没有预见，以致发生这种结果的心理态度。疏忽大意的过失具有以下两个特征：(1)行为人没有预见其行为可能发生危害社会的结果。疏忽大意的过失是一种无认识的过失，这种过失的表现就是行为人在行为当时没有想到其行为可以发生危害社会的结果。没有预见可能发生危害结果或者是行为人只意识到行为可能产生其他结果而未必会产生危害社会的结果，或者是行为人认识到行为本身但未预见行为可能导致的实际结果，或者是行为人对行为本身和行为可能导致的结果都没有认识。对危害结果的未认识状态，是构成疏忽大意过失的前提。(2)行为人应当预见自己的行为可能发生危害社会的结果。所谓应当预见是指行为人在行为时有能力而且有义务预见以避免危害结果的发生。正是由于行为人对其义务的漠不关心以致造成危害社会的结果，才使得其构成犯罪过失并因此承担刑事责任。如果行为人并不存在危害结果发生的义务，或在当时的情况下不可能预见危害结果的发生。不管造成什么样的危害结果，都不能认为其具有过失而追求其刑事责任。

应当预见是预见义务与预见能力的统一。预见义务是指法律、职务、业务或社会共同生活规则所赋予的人在实施一定的行为时预见行为可能发生危害社会结果的责任。如果行为人在行为时并无义务预见可能发生危害结果，即使他当时能够预见，也不能认为他应当预见。预见能力是指在行为当时的条件下，根据行为人情况，行为人有预见行为可能发生危害社会结果的可能性。如果行为人没有预见能力，法律是不可能让其承担刑事责任的，在理论上存在客观标准与主观标准的分歧。客观标准以普通人的知识、能力水平为依据确定行为人是否有预见能力，主观标准则以行为人本身实际具有的知识、能力为依据确定其是否有预见能力，由于刑事责任是一种个人责任，犯罪过失应根据行为人自身的情况来确定，因此我国刑法理论一般主张采用主观标准，但客观标准可以作为进行判断时的参考。

【案例分析】

(1)在20世纪80年代时，民兵连长训练归来时，带着一个民兵。民兵连长当天下午到了他的一个亲戚家，亲戚是一个老猎户，老猎户让他们当晚住在他家，而且要求他们当天晚上一起去猎野猪，因为野猪对庄稼毁坏比较严重。在吃饭的过程中，老猎人安排他们到时一起去指定的位置，不能随意走动，在收工的时候听口令、听指挥一起收工，让大家注意不要误伤自己的人。安排完后到指定的位置。被告人民兵连长当时在一个庄稼地偏高的位置，下面是开阔的庄稼地，不远处是老猎人的位置。晚上在观察的过程中，民兵连长看到有一个黑影在庄稼地里移动，也能听到声音，认为是野猪来了，瞄准射击，打中了黑影，走过去一看把他的亲戚老猎人打死。

(2)被告人是一客车的司机，进城之后到站停车，此时有一进城的农民(被害人)下车的时候由于比较慌乱，自己的包掉到车底下，包的物品撒落在车下，然后他钻到车底下去找撒落的物品。乘客下车后，司机从反光镜的两边看没有人，鸣笛示意要开车。当农民进车底时没有告诉司机或者其他人，车启动后把农民轧死。

2.过于轻信的过失。过于自信过失，是指行为人已经预见到自己的行为可能发生危害社会的结果，但轻信能够避免，以致发生这种结果的心理态度。过于自信过失具有以下两个特征：

(1)行为人已经预见到自己的行为可能发生危害社会的结果。过于自信的过失属于有认识的过失，行为人对可能发生危害结果有所预见，是构成这种过失的认识因素。但是，与间接故意的认识因素不同的是，过于自信过失的这种认识在程度上是比较模糊、不确定的。也就是说，行为人更倾向于认为危害结果不会发生，或者说危害结果虽有可能发生的危险，但这种可能性不会转化为现实性。

(2)行为人轻信能够避免危害结果的发生。所谓轻信，是指行为人过高估计了避免危害结果发生的自身条件或客观有利因素。因此，在主观意志上，过于自信过失的行为人不仅希望危害结果的发生，而且危害结果的发生是违背其主观意愿的。这与间接故意放任危害结果发生的心理态度存在根本区别。

【案例分析】

甲、乙二人住在山区，当地野猪危害庄稼的情况严重。听说邻村使用“电猫”效果很好，就去观摩取经，并买回一台“电猫”。甲、乙二人安装好“电猫”，并在野猪可能出没的山上拉上裸电线，距地面40厘米。在裸线通过的路口上均设置了警告牌，并告知通电的时间为：晚7点开电，早6点收电。村民丙某盗伐林木，于早5点30分触电死亡。

过于自信的过失与间接故意在对危害结果的可能发生有所预见以及都不希望危害结果的发生方面都有相似之处，但两者仍有本质上的区别。在认识因素上，间接故意行为人对其行为可以发生危害社会结果一般都比较清楚、现实认识；而过于自信过失的行为人对危害结果发生的现实性则往往认识不足。也正因如此，行为人才能轻信能够避免危害结果的发生。在意志因素方面，危害结果的发生并不违背间接故意行为人的意愿；而过于自信过失的行为人责任对危害结果的发生持排斥、反对态度，而且行为人产生的可能避免危害结果发生的轻信态度确定具有一定的客观依据。因此，过于自信过失的主观恶性要远小于间接故意。

【案例分析】

黄某意图杀死张某，当其得知张某当晚在单位值班室值班时，即放火将值班室烧毁，其结果却是将顶替张某值班的李某烧死。由于黄某的意图是杀害张某，应该是积极追求张某死亡结果的发生，而不是积极追求李某的死亡，但是由于黄某没有采取积极措施，排除有人被烧死的结果的发生，所以张某对李某的死亡所持的心态是间接故意。

3.严格刑事责任。也叫绝对责任、无过错责任，是指在某些特殊的犯罪中，即使被告人的行为不具有对被控犯罪必要后果的故意、放任或过失——即使被告人的行为是基于合理的错误认识，即使认为自己具有犯罪定义所规——却要承担刑事责任，这种责任就是刑法中的严格责任。它是一种不以存在过错为要件的责任形态，不要求主观上有过错，但也不是必须无过错，只要行为在客观上造成了危害后果，不论主观上处于何种心理状态，行为人都要对此结果负刑事责任。在本质上是一种归责原则，并非在此归责原则下实现的责任主体所承担的一种法律责难后果与状态。"无犯意则无犯罪"，是近现代刑法理论中的重要格言。然而，从刑法历史上考察，犯意并不是从来就作为犯罪构成的要件的。现代意义上的刑法严格责任产生于英美法系刑法理论中，它作为一种刑法制度为英美法系所独有，大陆法系刑法理论一般不承认严格责任。

刑法上的严格责任可分为：绝对严格责任和相对严格责任。前者是指刑法规定的，只有证明行为人实施了法定的行为（或不作为）或造成了法定结果，即可判令行为人承担的刑事责任。在绝对严格责任的情况下，被告人提出的任何辩护理由均不影响罪名的成立。而相对的严格责任是指刑法规定的，行为人实施某一法定行为（或不作为）或造成某一法定结果即可推定其具有罪过而判令其承担的刑事责任。在相对严格责任情况下，被告人可以"无过失"等理由进行辩护，其辩护理由可影响到罪名是否成立。刑法确立严格责任制度，可以更好地打击和预防一些特殊犯罪，也便于诉讼，因此，英美法系国家在一定范围内存在严格责任，但是，由于严格责任是不问罪过的刑事责任，因此，在严格责任情况下，对于被定罪的被告人来说，他在实施某一法定行为（或不作为）或造成某一法定结果时，实际上可能存在两种心态，一是主观上具有罪过，二是主观上无罪过。换言之，在严格责任情况下，行为人无罪过也可能被定罪判刑。正是由于存在着行为人无罪过也可被定罪判刑，因此，刑法上严格责任问题备受刑法学界的关注，并引起了理论的纷争。近年来，许多学者极力推崇英美法系的严格责任制度，并主张我国引进严格责任制度。关于我国刑法应否规定严格责任制度的问题，是关系到罪刑法定原则、犯罪构成理论和无罪推定原则等方面的重大问题，因此，我们应理性地思考这一问题，并在理论上进一步深入研究。

【观点论争】

英国的古代普通法采取的是以因果关系的存在为责任唯一根据的归责方式，它不考虑被告人的内心状态，只要证明被告人的行为客观上造成了损害结果，就课处刑罚。16世纪末17世纪初，犯意的概念才被引入英国普通法，“无犯意即无犯罪”后来演变成英国刑法的一项基本原则。但是，19世纪末20世纪初，英美刑法又开始突破该原则，在其刑事立法和司法判例中对一些特殊犯罪（主要是公共利益方面和道德方面的犯罪）规定了严格责任，以便于更好地保护社会和公共利益。在英美法系国家所确立的严格责任犯罪里，仅有少部分犯罪属于普通法上的犯罪，绝大部分的严格责任犯罪来源于《交通法》《食品法》《酒类与药物法》《环境保护法》等制定法。其涉及的犯罪主要有以下几类：(1)危害公共安全方面的犯罪。(2)侵害儿童人身权利以及妨害婚姻、家庭方面的犯罪。(3)妨害公共卫生方面的犯罪。(4)破坏公共秩序方面的犯罪。上述立法存在着以下几个共同特点：(1)这些行为侵犯了公共利益或严重违反性方面的道德准则或其他道德准则。(2)侵害行为具有普遍性和复杂性。(3)行为人的主观心理难以认定，取证困难。这些国家之所以确定刑法上的严格责任制度，主要是因为：第一，对一些特殊犯罪实行严格责任，有利于保护公共利益。英美法系国家所确立的严格责任制度主要适用于食品销售、房屋登记、财政金融和道路管理等有关公共利益管理规定中的犯罪，因此，对这些犯罪采取严格责任制度可以提高行为人的责任感，有利于社会管理法规的执行和落实，从而保护公共利益。第二，便于诉讼的需要。被确定为严格责任的犯罪，往往是那些要证明被告人行为是否出于故意或过失均较为困难的犯罪。若将罪过作为犯罪构成的必要要件或将证明罪过之有无的证明责任由起诉方承担，往往会使被告人逃避惩罚，使法律规定形同虚设。另外，适用严格责任的犯罪往往是那些违反工商管理和交通管理等法规的轻微犯罪，这些轻微犯罪案件由初级刑事法院管辖。由于这些轻微刑事案件数量较大，如果对每一起这类轻微刑事案件均调查其有无罪过，那么，起诉方和法院的工作任务将较为繁重，这不仅大大地增加了诉讼成本，而且不能及时惩罚这类犯罪。英美法系国家在刑法上确立严格责任制度，已有近百年的历史，从其实际社会效果看，确实是降低了诉讼成本，提高了诉讼效率，并能有效地惩罚和预防妨害公共利益的犯罪。正因如此，近些年来，我国刑法学者对刑法上严格责任问题不断探索，许多刑法学者提出，我国刑法应引入英美法系国家的相对严格责任制度。

【资料检索】

《最高人民法院关于行为人不明知是不满十四周岁的幼女，双方自愿发生性关系是否构成强奸罪问题的批复》已于2003年1月8日由最高人民法院审判委员会第1262次会议通过，自2003年1月24日起施行。该司法解释规定：“行为人明知是不满十四周岁的幼女而与其发生性关系，不论幼女是否自愿，均应依照刑法第二百三十六条第二款的规定，以强奸罪定罪处罚。”

【案例分析】

2005年3月初的一个深夜，林于（女，13周岁）还没回家，她和黄宁（男，16周岁)、陈云华(男,17周岁)一起刚刚看完一场古代戏,兴奋地聊着天夜已深,几名同伴不想回家,想找最近的同伴家住下。林于回家拿被子给同伴用时,惊醒了父亲。林父大怒,林于抱着被子就跑。林于同伴看到了过来阻止,双方纠缠在一起。村里人听到响声后报了警。警察将林于连同几名男孩带回派出所询问。警方在调查纠纷时意外得知,黄宁和林于是恋人关系,而黄宁也知道林于当时不满14周岁。林于说她和黄宁是自由恋爱,曾经发生过两次性关系。第一次是去年农历十月初十,地点是修车铺;第二次是今年正月初五,在一家洗浴场所里。黄宁也承认了,即被刑事拘留。当时警察又问了她一句:"还有其他人和你发生过关系吗?"于是,林于将陈云华在一家废品收购站里强迫她发生性关系的事情说了出来。陈云华很快也承认了,但他辩称不知道林于系幼女的事实。

第四节　刑法中的认识错误

一、概念

刑法中的认识错误是指行为人对自己的行为在刑法上的认识与客观实际情况存在不正确的认识。行为人发生这种错误时,就产生了是否阻却故意的问题。故意与过失是认识因素的范畴,行为人的认识因素不同,故意或过失会影响到行为人的意志因素,进而影响到犯罪行为的罪过形式。也就是说,行为人的认识错误,可能影响罪过的有无与犯罪形态(既遂还是未遂),还可能影响共同犯罪的成立与否。因此,我们在研究犯罪的构成要件时,必须研究认识错误问题,以确定错误如何影响行为人的刑事责任问题,做到准确定罪量刑。

在国际上,许多国家的刑法对错误就有明文规定。例如,1976年联邦德国《刑法》第16条规定:"(1)行为人于行为之际,对于犯罪的法定构成事实所属情况欠缺认识者,不成立故意行为,但是对过失行为之可罚性不生影响。(2)行为人对于行为之际有可成立较轻法规所定犯罪构成事实之情况者,唯依较轻法规处罚轻故意行为。"该条文就是关于犯罪构成事实错误的规定;还有该法第17条规定:"行为人于行为之际,欠缺违法行为之认识,且此认识错误系不可避免者,其行为无责任,如系可避免者,得依第49条第1项减轻其刑。"又如,日本《刑法》第38条(关于故意、过失条款)规定:"不得因不知法律而认为没有犯罪故意。但根据情节可以减轻处罚。"再如,韩国《刑法》第16条规定:"误认为自己行为依法并不构成犯罪,如其误认为确有正当理由者,不罚。"刑事立法关于错误的规定,是刑法学错误论的重要根据,对错误的概念、分类、效果及其在理论体系中的位置具有重要的影响。我国虽然没有明文规定认识错误,但作为一种理论在司法实践中得以承认。

我国刑法对认识错误没有作出直接的规定,但从《刑法》第11条的规定中可以找到一些依据:"明知自己的行为会发生危害社会的结果,并且希望或者放任这种结果发生,因而构成犯罪的,是故意犯罪。"《刑法》第15条第1款规定:"应当预见自己的行为可能发生危害社会的结果,因为疏忽大意而没有预见,或者已经预见而轻信能够避免,以致发生这种结果的，是过失犯罪。”这是我们理解和掌握刑法关于认识错误的法律依据。

二、分类

（一）法律认识错误

也称违法性错误，是指行为人对自己的行为在法律上是否构成犯罪、构成何种犯罪或者应受怎样的处罚，有不正确的理解。这种不正确的理解或是由不知法律规定或是由误解法律所引起的。行为人对法律的这种认识错误，并不影响其行为的性质和危害程度，司法机关应当按照其实际行为是否违法及其危害严重程度，追究其相应的法律责任。因此，法律认识错误不能成为罪责抗辩理由，没有哪一条法律会作出规定“法律认识错误”可以减轻或免除行为人的罪责的条款。

【资料检索】

在西方的刑法理论上，法律错误是与事实错误相对应的概念，违法性错误或禁止错误是与构成要件错误相对应的概念。不过学者们一般认为，法律错误与违法性错误、禁止的错误具有相同的意义，因此三者往往互相替代。但从严格意义上讲，三者还是有差别的，不同之处主要表现在外延上。法律错误是对法律规范的认识错误，即对自己的行为在法律规范上应受何种评价存在不正确的观念。而刑法规范除了包含犯罪构成的条件外，还包括对犯罪如何处罚的内容。因此，法律错误既可能是行为人对自己的行为在法律上是否认为是犯罪发生了错误认识，也可能是对其应受的处罚有不正确的认识。而违法性错误是行为人对自己行为的违法性存在错误认识，即把本来是违法犯罪的行为误认为是不违法或非犯罪的行为；或者是把本来不是违法犯罪的行为误认为是违法犯罪的行为，但不包括对其行为应定的罪名或应受的处罚存在错误认识的情形。禁止的错误是指行为人对自己的行为是否为刑法所禁止存在不正确认识，即把刑法所禁止的行为误认为不禁止，把刑法不禁止的行为误认为禁止。其含义与违法性错误大致相同。总之，违法性错误或禁止的错误是行为人对自己行为是否违法、是否为法律所禁止存在不正确认识；法律错误除了对这种“违”或“禁”的认识错误外，还包括在明知法或被禁止之后，对应受惩罚的认识错误，所以法律错误比违法性错误、禁止的错误范围更宽、外延更广。

关于法律错误的分类，按通行表述，包括以下三种类型。

1.行为人出于不知或误解法律把自己实施的非犯罪行为误认为是犯罪行为。这种情况在刑法理论上通常被称为“假想犯罪”或“幻觉犯”，也有学者称之为法律的积极错误。这种法律错误一般包括两种情形：一是把不具有社会危害性的正当合法行为误认为是犯罪行为，如把正当防卫行为当作犯罪的情况；二是把具有一般社会危害性但不构成犯罪的行为误认为是犯罪行为，如把盗窃价值不足500元人民币财物的行为当作盗窃罪的情况。

2.行为人由于不知或误解法律把自己实施的犯罪行为误认为不是犯罪，即通常所说的“假想不犯罪”或“错觉犯”，也有学者称之为法律的消极错误。这种法律错误一般也包括两种情形：一是行为人认识到自己的行为是具有社会危害性的违法行为或不道德行为，但认为未达到犯罪程度，不是犯罪。例如，行为人与军人配偶同居，行为人认为这只是违反婚姻法或违反道德的行为，不是犯罪，而实际上其行为已构成《刑法》第 259 条规定的破坏军婚罪。二是行为人把自己实施的通常情况下构成犯罪的行为误认为是合法行为。例如，行为人明知对方是不满 14 周岁的幼女而与之发生性关系，认为只要对方同意就不构成犯罪，而实际上其行为已构成《刑法》第 236 条规定的强奸罪。

3. 行为人已经认识到自己的行为构成犯罪，但对应成立的罪名或应受刑罚的轻重产生错误认识。这种法律错误也包括两种情形，一是对自己行为应成立罪名的误解，例如盗窃后被失主发现，为逃逸对失主使用暴力的，行为人认为是盗窃罪，实应定抢劫罪；二是对行为应处刑罚轻重的误解，例如行为人不知刑法对加重或减轻情节有从重或从轻处罚的规定而受到与自己预想不同的刑罚。

【观点论争】

法律认识错误对刑法的意义在于行为人是否因法律认识错误的行为而承担刑事责任。这种认识错误成立的前提是行为人对犯罪的事实有正确的认识，但对这种事实在法律上的评价发生误解。19 世纪英美法系国家为维护公共政策和公共利益，有效实施刑法，通过判例确立了“不知法律不给任何人提供免责理由”的铁则。进入 21 世纪后，文明进程的发展迫使古板的规则作出了历史让步，社会对犯罪的考察和惩罚由犯罪行为转向了犯罪行为人。刑法界关于法律认识错误与刑事责任的相互关系的探讨古已有之，在理论上有以下几种观点：(1)否定说。认为刑事责任的承担不要求行为人具有违法性意识，即违法性的认识错误并不能够成为减轻或免除刑事责任的正当理由。罗马法中曾有过这样的传统原则：“不知法有害”“不知法不好”这其中的含义就是市民如果不知道法律对自己是有害的，当自己在无意中触犯法律时，不得借口不知法而开脱。这里暗含的条件是市民可以且应当知晓到法律，这显然是加重了市民的责任。(2)肯定说。该说认为法律是规范人们行为的标准，使个人决定其作为和不作为的依据，知法犯法是行为人“对法有敌意”，国家有权对其处罚；违法性认识错误可以减轻或免除刑事责任。(3)折中说。折中说认为违法性认识错误可否阻却或减轻刑事责任不可一概而论，对违法性缺乏认识不影响犯罪故意的成立，但如果对行为的社会危害性缺乏认识则可排除主观故意。

（二）事实认识错误

行为人对事实上的认识错误，一般理解为是行为人对自己的行为是否影响犯罪成立的事实情况的不正确认识。这类错误是否影响行为人的刑事责任，要根据不同的情况做不同的处理：如果属于对犯罪构成要件的事实情况的错误认识，就要影响行为人的刑事责任；如果属于对犯罪构成要件以外的事实情况的认识错误，则不影响行为人的刑事责任。关于事实错误的概念，理论界存在三种观点：(1)狭义的事实错误，是指关于构成要件客观事实的错误，即行为者认识的事实与实际发生的符合构成要件的客观事实不一致；(2)广义的事实错误，除了包括狭义的事实错误之外，还包括关于违法性的事实(阻却违法事由前提事实)的错误；(3)最广义的事实错误，则是指行为人的主观认识与现实发生的客观事实不一致的各种情形，广义的未遂犯和过失犯也在这种最广义的事实错误的范围内。

1.客体错误。客体错误是指行为人意图侵犯一种客体，而实际上侵犯了另一种客体。比如，行为人误认为正在抓捕人犯的警察正与其朋友打架，于是上前将警察打伤。在此案中，行为人意图侵犯的是他人的健康权利，却由于其认识错误，而实际上侵犯了国家机关工作人员正常的公务活动。对于这种认识错误，应当按照行为人意图侵犯的客体定罪，认定为故意伤害罪。

2.对象错误。犯罪对象指的是被犯罪行为人实际侵害的人或物。在故意犯罪过程中，行为人预想加害的对象与实际加害的对象不一致，但在法律性质上是一致的情况。对行为对象的认识错误，有以下几种情况：

(1)误把甲对象作为乙对象加以侵害，而二者体现相同的社会关系。如行为人在行为时，误把甲认为是乙而对其实施杀害行为。这种对体现相同社会关系的具体目标的错误认识，并没有使行为人罪过的内容发生改变，所以行为人仍应负故意杀人罪的刑事责任。

(2)误把甲对象作为乙对象加以侵害，而二者体现的社会关系不同。比如，行为人意图盗窃办公室的一般财物，却到值班室将枪支作为一般财物加以盗窃。对于这种错误，只能根据行为人的主观故意内容认定犯罪性质，即行为人以盗窃一般财物的故意实施盗窃行为，成立盗窃罪。

(3)误将犯罪对象作为非犯罪对象加以侵害。比如，行为人误以人为兽而实施杀伤行为。对于这种错误，由于行为人没有认识到自己的行为可能会发生危害社会的结果，因而不是故意犯罪，而应根据实际情况成立过失犯罪，或是意外事件。

(4)误将非犯罪对象作为犯罪对象加以侵害。比如行为人意图杀害甲，但在黑夜中将牲畜误认为是甲而加以杀害。对于此种错误，由于行为人主观上存在故意，客观上实施了犯罪行为，只是由于认识错误而未得逞，因而构成犯罪未遂。

3.行为认识错误。行为认识错误是指行为人对自己行为的实际性质或手段存在错误的认识。

(1)行为人对自己行为的实际性质发生了错误的理解。比如，行为人把不存在的侵害行为误认为是正在进行的不法侵害而实行防卫，致人死伤。这种情况下，由于行为人不存在故意犯罪的故意，因而不应论以故意犯罪，而应根据实际情况成立过失犯罪，或是意外事件。

(2)行为人对自己行为手段存在错误认识，存在着以下三种形式：其一，行为人由于愚昧无知或者迷信使用了在任何情况下都不能导致危害结果发生的方法。比如，行为人企图用画符念咒的方法达到杀人的目的。这种情况下，由于这种手段本身缺乏危害社会的可能性，行为不具社会危害性，因此，不能成立犯罪。其二，行为人意图采用的犯罪手段具有产生危害社会结果的可能性，但由于认识错误而使用了不能导致危害结果发生的手段。比如，行为人误以砂糖为砒霜，实行杀人。这种情况下，行为人主观上存在犯罪的故意，客观上实施了危害社会的行为，只是由于认识错误，采用了不能使犯罪得逞的手段，因此成立犯罪未遂。其三，行为人不具有危害社会的意图，但由于误解工具或拿错物品造成损害结果。如，行为人误把砒霜当作砂糖给人服用，造成他人死亡。在这种情况下，行为人如果在主观上有过失，成立过失犯罪。

4.因果关系错误。因果关系错误是指行为人对自己所实施的行为和所造成的结果之间的因果关系实际发展有错误认识。因果关系错误主要包括以下四种情况。

(1)行为人误以为自己的行为已达到预期的犯罪结果,但实际上并没有发生这种结果。比如,行为人欲杀甲,将甲从悬崖上推下,以为甲已坠崖身亡而离去,但实际上甲被树枝挂住而未死。在这种情况下,行为人已着手实行犯罪,但由于意志以外的原因而未得逞,因此构成故意杀人罪的未遂。

(2)行为人所追求的结果事实上是由于其他的原因造成的,但行为人误以为是自己的行为造成的。比如,上例中,甲坠崖未死,但在受伤回家的路上,被违反交通规则的汽车轧死。在这种情况下,行为人虽然相信自己的行为已致甲死亡,事实上甲最终确实死亡,但我们却不能认定行为人构成故意杀人罪的既遂,因为甲的死亡并不是行为人的杀人行为直接造成的,而是由于交通事故导致的,因此甲负故意杀人未遂的刑事责任。

(3)行为人的行为没有按照其预想的方向发展及其预想的目的停止,而是发生了行为人所预见所追求的目标以外的结果。比如,行为人意图伤害甲,不料刺中甲腿上的动脉血管,致使甲流血过多死亡。在这种情况下,虽然行为人的行为导致了甲的死亡,但行为人并无杀害甲的故意,因此不能认定行为人构成故意杀人罪,而只能让其负故意伤害致人死亡的刑事责任。

(4)行为人实施了两个行为,伤害结果是由其中一个行为造成的,行为人却误以为是由另一个行为造成的。比如,行为人意图杀害甲,在用暴力致其昏迷后,行为人以为甲已死亡,为隐匿罪证,行为人将甲抛下悬崖,致使甲摔死。刑法理论上对这种情况存在着较大的争议。我们认为,此种情况,行为人主观上具有杀害他人的故意,客观上实施了杀人的行为,并且甲的死亡结果也确实是由他的行为所直接造成的,因此其错误认识并不能影响他的刑事责任,行为人的行为构成故意杀人罪。

【观点论争】

关于事实认识错误的学说,国外有具体符合说、抽象符合说和法定符合说三种理论:(1)具体符合说:主张犯罪故意的成立,必须是行为人主观预见的构成事实与客观发生的构成事实完全具体地一致。按照具体符合说,行为人主观预见事实与客观发生事实只要不能达到完全具体的一致便阻却故意,却不当地缩小了故意的成立范围。如在对象错误场合,行为人误把甲当作乙而予以杀害,是甲或是乙在法律上的区分并不重要,重要的是甲或乙的生命权在刑法的法益保护上是平等的。(2)抽象符合说:主张犯罪故意的成立,无须行为人主观预见的构成事实与客观发生的构成事实完全具体地一致,而只是抽象地相符合即可。按照抽象符合说,行为人主观预见的事实与客观发生的事实只要抽象地一致便成立故意,无论对象错误还是打击错误,对于客观发生的事实均不阻却故意,却不当地扩大了故意犯罪的成立范围。(3)法定符合说:主张犯罪故意的成立,只需是行为人主观预见的构成事实与客观发生的构成事实法定性质一致,即在构成要件范围内一致即可。法定符合说以构成要件论为基础,强调主观认识与客观事实只要在构成要件的实质评价上相一致,对于实际发生的犯罪事实便成立故意,合理地界定了故意的成立范围。

第八章　正当化事由

第一节　正当化事由概述

一、正当化事由概念

正当化事由是不构成犯罪的情形，是犯罪论的不可或缺的内容，正当化事由之所以在刑法中加以研究，是因为它与犯罪存在形式上的相似性，需要在定罪的过程中予以排除。正当化事由在各国刑法理论中称谓不一，正当化是相对于犯罪化而言的，因而是犯罪化的反面，就此而言，正当化就是非犯罪化。正当化事由是指外表上似乎具备某种犯罪的构成条件，然而实质上不具有社会危害性，是对社会有益的行为。

我国刑法规定的犯罪概念已经充分说明，行为具有一定的社会危害性，是犯罪最本质、最基本的特征。凡是没有社会危害性的行为，就不能被认为犯罪。在判断某一行为是否犯罪的时候，不能形式主义地从外表上看问题，而必须从实质上是否具有社会危害性来认定。在实际社会生活中，在一定的情况下会遇到某些行为从其外表上看，具有社会危害性、具有某种犯罪构成要件，然而因为它是在某种特殊情况下所实施的，这就使得该行为实质上不仅不具有社会危害性，而且是对国家和社会有益的行为，在刑法理论上把这种行为统称为正当化事由。

二、正当化事由的根据

在关于正当化事由的讨论中，正当化事由的根据是一个最为重要的问题。为解决这个问题，各国刑法学者为正当化事由的存在根据提供了理论上的论证。

【观点论争】

1. 法益权衡说。法益权衡说着眼于利益权衡，认为正当防卫与紧急避险等正当化事由都是法益冲突的结果，在法益冲突的情况下，应当进行法益比较，保全重要法益而牺牲次要法益。因此，法益权衡说，亦称为优越利益说。法益权衡说受到以下两点批评：一是过于注重法益侵害结果；二是难以说明正当范围的合法性。在上述两点批评中，第一点无关紧要，第二点则是直指要害。确实，正当防卫与紧急避险是有所不同的。法益权衡说对于解决紧急避险的正当化根据是十分圆满的，对于正当防卫的正当化根据的论述则颇为牵强。这里提出了一个是否存在统一的正当化事由的根据问题，传统的观点是强调正当防卫的特殊性，否认具有统一的正当化根据。现在出现正当化根据统一的倾向，但是否统一于法益权衡，是值得研究的问题。法益权衡使正当化根据实证化，具有可考量性，这是其优越之处，但并非所有正当化事由都可通过法益比较而正当化，因而法益权衡说存在局限性。

2. 目的说。此说是在批判法益权衡说的基础上提出来的，它不是着眼于结果的价值，而是考虑行为的价值。这种行为的价值又是通过一定的目的得以证明的。这里的目的是指国家所承认的人类共同生活的目的。因此，根据目的说，为达到国家所承认的共同生活的目的而采取的适当手段，就成为正当化事由的根据。目的说招致的批评也有两点：一是国家主义立场；二是标准本身的不明确性。国家主义立场，指的是目的说过于强调法秩序，忽视个人法益的保护，这当然有其片面性，但还不是最主要的，目的说的主要缺陷在于其认定标准的模糊性，在实际适用上会带来一定的困难。

3. 社会相当性说。由于法益权衡说与目的说各有缺陷，因而一种综合上述两说的正当化事由的根据理论应运而生，这就是社会相当性说。社会相当性的观念是基于一种动态的、相对的立场，对正当化事由的根据加以把握。社会生活是不断变动的而非静态的，在社会生活中只有对行动自由加以限制才能形成社会共同生活。但如果法律对所有法益侵害的行为都认为客观的违法而加以禁止，则社会生活就会停滞。因此，应当在历史所形成的国民共同秩序内，将具有机能作用的行为排除于不法概念之外，并将此种不脱逸社会生活上的常见行为，称为社会相当行为。换言之，行为若符合历史所形成的社会伦理秩序，其行为就具有社会相当性。社会相当性概念的提出，就把法益侵害行为分为两种：一是不具有社会相当性的实质上的违法行为；二是具有社会相当性的行为。具有社会相当性的行为，即使存在法益侵害，也不在法律禁止之列。应该说，社会相当性理论较之法益权衡说和目的说具有更大的包容性，因而可以成为正当化事由的根据。

那么，对社会相当性应如何判断呢？一般认为，对社会相当性应当从以下几个方面加以判断。

(1)目的的正当性。在社会生活中，存在各种利益冲突。行为人基于本人立场，追求本人的目的，只要这种目的符合社会生活的一般伦理秩序，即应视为正当。例如，在正当防卫中，出于防卫的意图，就是一种正当的目的。因此，目的的正当性应从行为人的动机、行为人对正当价值的认识等主观的层面予以把握。

(2)手段的正当性。这里的手段，是指实现正当目的的方法。目的正当，是成立正当化事由的前提，但并非唯一标准。换言之，不能以目的的正当性证明手段的正当性；否则，将允许行为人不惜采取一切手段实现其正当目的，从而有悖于社会伦理观念。因此，手段的正当性具有独立于目的正当性的判断价值。如果目的虽然正当，但采取不正当的手段，仍然为社会观念所不允许，因而欠缺社会相当性。

(3)法益的均衡性。在判断社会相当性的时候，法益具有重要意义。因此，社会相当性并不排斥法益衡量。在判断社会相当性的时候，应当对保护之法益与损害之法益进行综合判断。通过上述内容，使社会相当性的判断标准具体化，从而避免社会相当性理论的

模糊性与暧昧性。

应当指出，在正当化事由的根据问题上，还存在一元与多元论之争。一元论试图将所有正当化事由统一于一定的根据，即正当化事由具有本质上的相同性，应在统一的原理下予以理解。尽管法益权衡说、目的说与社会相当性说在正当化根据的论证上各不相同，但在试图统一正当化根据的努力上是相同的，此谓一元论。多元论则认为各种正当化事由在性质上是有差别的，因而正当化根据应予个别明确，难以用一个原理加以概括。

上述一元论与多元论并非不能相容，一元论强调各种正当化事由的共性，而多元论则强调各种正当化事由的个性。其实正当化事由的共性与个性是可以统一的。因此，在揭示正当化事由的统一根据的基础上，仍然可以对各种正当化事由的特殊原理加以说明，从这个意义上讲，我们同意一元论的内容。因此，作为正当化事由的统一根据，必然要求具有相当的概括性。社会相当性具有这种概括性，可以成为正当化事由的统一根据。

三、正当化事由的分类

在一个法治社会里，正当化事由是基于法秩序的统一性而加以确立的。社会相当性作为正当化事由的一般根据，只是提供了一个基本原理，还要以社会相当性为指导，将各种正当化事由类型化。

根据法律对正当化事由是否有规定，可以把正当化事由分为法定的正当化事由和超法规的正当化事由。

1. 法定的正当化事由是指刑法有明文规定的正当化事由，正当防卫与紧急避险等涉及重大法益的正当化事由在各国刑法中通常有明文规定。

2. 超法规的正当化事由是指刑法无明文规定、从法秩序的精神引申出来的正当化事由。对于法定的正当化事由，由于其正当化根据在于法律的明文规定，因而易于理解。而超法规的正当化事由，既然法无明文规定何以能够成为正当化事由，需要从理论上加以解释。一般认为，超法规的正当化事由与法秩序的统一原则有关。在大陆法系刑法理论中，正当化事由是一种阻却违法的情形。而违法又有形式违法与实质违法之分。法定的正当化事由阻却的是形式违法，因为正当防卫与紧急避险行为，刑法明文规定为不负刑事责任，因而形式的违法性也不构成。而超法规的正当化事由，由于刑法上并无明文规定，因而阻却的是实质违法。

正当化事由的形式是多种多样的。如正当防卫；紧急避险；依照法律、法令的行为；执行命令的行为；执行职务、业务的行为等等。我国刑法只对容易与犯罪行为相混淆的正当防卫和紧急避险这两种行为作了专门的规定。

第二节 正当防卫

一、正当防卫的概念

根据《刑法》第 20 条第 1 款规定，正当防卫是为了使国家、公共利益、本人或者他人的人身、财产和其他权利，免受正在进行的不法侵害，对不法侵害人实施必要的防卫行为。

从上述概念可以看出，正当防卫具有两个鲜明的特点：一是在客观方面它是抵制或阻止不法侵害的行为，这种行为本身不具有社会危害性，是对国家、社会和人民有益的、正义的、合法的行为。二是在主观方面行为人不具有引起危害结果发生的故意或过失的心理态度。实施这种行为的动机是由于行为人面临着不法侵害所引起的，其目的是为了保护国家、社会和公民的利益。

我国刑法中的正当防卫，是主观上的防卫意图和客观上的防卫行为的统一。这说明正当防卫行为不仅本身没有社会危害性，不具备犯罪构成，而且是同违法犯罪行为作斗争的正义行为，这就是我国刑法规定的正当防卫行为不负刑事责任的根据。例如为了保卫本人或者他人的生命而与持刀行凶的杀人犯搏斗，在搏斗中杀死了杀人犯；为了抵抗抢劫犯的侵害而打伤抢劫犯等等。这些行为从形式上看，是造成了他人死亡或伤害，似乎与杀人和伤害的犯罪行为没有什么区别。但是，从实质上看，它们不仅不是危害社会的犯罪行为，恰恰是为了防止不法侵害的实现，为保卫国家、社会和公民利益而采取的必要措施。因此，不但不应该被认为是犯罪，而且应当受到支持和鼓励。

我国刑法设立正当防卫制度，规定了公民对正在进行的不法侵害有权采取正当防卫，以及正当防卫行为不负刑事责任，具有重大的现实意义：首先，能够及时有效地保障合法权益免受不法侵害。正当防卫能帮助制止有意违法犯罪的人实现违法犯罪意图，使其不能得逞，避免违法犯罪结果的发生，从而能及时有效地保障国家和公民的利益，这正是我国刑法设立正当防卫制度的根本目的。其次，有利于威慑违法犯罪分子，制止和预防犯罪。实行正当防卫，对有意违法犯罪的人有一种威慑力，可以使其惧怕法律，惧怕好人，不敢轻举妄动，从而起到制止和预防犯罪的作用。同时也有利于鼓舞和支持公民同违法犯罪行为作斗争。正当防卫的立法规定，为公民同正在进行的不法侵害行为作斗争提供了法律保障，这就可以使公民敢于更积极主动地同违法犯罪行为作斗争。

正当防卫是公民在一定的条件下同违法犯罪活动作斗争的一种特殊形式，是公民及时、有效地制止不法侵害、维护社会治安秩序的正义行为，是排除社会危害性、有益于社会的合法行为。刑法把正当防卫以授权性法律规范的形式规定出来，旨在支持和鼓励公民挺身而出、见义勇为，有利于威慑违法犯罪分子、预防和减少犯罪活动。

应当指出，正当防卫既是公民依法享有的一项权利，也是公民应尽的道义上的义务。对有实行正当防卫条件而不实行的人，如果致使合法权益受到不法侵害，那么他就应当受到道义上的谴责；情节严重的，还应当给予行政处分。对负有同违法犯罪行为作斗争的特定职责的人员,由于贪生怕死,致使国家利益、公共利益和公民的合法权益受到严重损害,情节严重构成犯罪的,应当依法追究其刑事责任。例如人民警察在必须实行正当防卫行为时,应毫不犹豫地制止违法和犯罪行为,如果放弃职守,致使公共财产、国家和人民利益遭受严重损失的,应依法根据情况追究刑事责任或给予行政处分。

二、正当防卫的条件

正当防卫是法律赋予公民的一种权利,是公民同违法犯罪作斗争的重要手段,受到法律的支持和保护。正当防卫是以直接损害不法侵害人的权益,用以暴制暴的方式制止不法侵害,保护合法权益的。如果不正确依法实行,就会侵犯不法侵害人的合法权益,从而危害社会,转变为有害于社会的行为,应当负刑事责任。

根据《刑法》第 20 条的规定,实行正当防卫必须具备以下条件:

(一)起因条件:客观上必须发生了不法侵害,即客观上必须有危害社会的不法侵害行为的发生

所谓"不法侵害"是指侵害了法律所保护的国家利益、公共利益和公民的合法权益,危害社会的行为。是指对法律所保护的公共、本人、他人的合法权益的侵害,或者说这种侵害行为为法律所不允许。

【观点论争】

怎样理解正当防卫中的不法侵害?由于刑法对此未作明确的具体规定,理论上和实践中都存在着不同的认识。有的认为,正当防卫中的不法侵害行为,"既包括犯罪行为,也包括其他违法的侵害行为"。也有的认为,"正当防卫所适用的不法行为应是违反我国刑法规范,侵害刑法所保护的对象之行为"。还有的认为,"正当防卫中的不法侵害,主要是指那些性质严重、侵害程度强烈、危险恶性较大的具有积极进攻性的行为"。

我们认为,上述第一种观点,在实质上把正当防卫中的不法侵害界定为一切违法侵害行为,其外延太大,主张对所有的违法行为都可以实行正当防卫,失之过宽。第二种观点,把正当防卫中的不法侵害仅界定为犯罪行为,主张只能对犯罪行为实行正当防卫,又失之过窄。第三种观点,根据正当防卫的立法精神,结合司法实践,把正当防卫中的不法侵害界定为性质严重、侵害强烈、危险较大的违法侵害行为,这是比较妥当的。主要理由是:第一,违法侵害是个内容相当广泛的概念,不仅形式各种各样,而且对合法利益的侵袭程度也千差万别。如果不加区别地一律运用正当防卫的方式,对其予以反击,这是不现实的,也不利于有些矛盾的解决。比如对某些轻微的、不会给合法权益造成严重损害的非法行为,就不宜提倡实行正当防卫。第二,将不法侵害解释为仅是犯罪行为,对尚未达到犯罪程度的不法侵害不能实行正当防卫的观点,也是与法相悖的,不利于切实保护合法权益。因为,刑法只规定对不法侵害实行正当防卫,并没有限定不法侵害就是犯罪行为。有些不法侵害虽未达到犯罪的程度,但对合法权益的侵害比较严重,也应允许对其实行正当防卫。比如,一个人毁坏了他人财

物,尽管其行为尚未达到故意毁坏财物罪的严重程度,却使被侵害人的合法权益受到了比较严重的侵害,也可以对之实行正当防卫。否则,公民的财产权利就没有保障,这也不符合正当防卫的立法意图。第三,正当防卫是一种带有积极进攻性、暴力性的反侵害的行为,且是以给不法侵害者造成损害的方式进行的,因此应主要适用于那些采用暴力、具有积极进攻性、破坏性比较大的不法侵害行为,并非对所有的犯罪行为和一般违法侵害行为都能适用正当防卫。因为有些不法侵害行为,既不能形成防卫的紧迫感,亦不能用正当防卫的方式使合法权益免受这些不法侵害行为的侵害。基于上述理由,我们主张,对于不法侵害行为,既不能界定得过宽,也不能限定得过窄,应是那些性质严重、危害较大、侵害剧烈的犯罪行为和其他违法侵害行为。

对于下列与不法侵害有关的问题,应予以明确:

1. 动物的自然侵袭,因谈不上不法与合法,该抵御的就要抵御,不发生正当防卫的问题。不法侵害是就人的行为而言,不包括动物的自然侵袭。但是,对于由人故意驱使动物去侵袭别人,则可以实行正当防卫,因为这时的动物实质上是行为人实行不法侵害的工具,防卫人可以将动物作为不法侵害的工具处置而不负故意毁坏他人财物的责任。如果该动物已经对受害人造成损失,根据案件具体情况,依法制裁动物唆使人。

2. 对于精神病人或者无刑事责任能力的未成年人的侵害行为,应当与不法侵害加以区别。对于一般的不法侵害行为,任何人都有实行正当防卫的权利,即使能躲避,也可直接进行正当防卫。但是,对于精神病人或者无刑事责任能力的未成年人的侵害行为,当知道他是精神病人或者无刑事责任能力的未成年人时,则不允许实行正当防卫,可以实行紧急避险。如果不知道,而采取了伤害他的办法来保护合法权益,应视为正当防卫。

3. 防卫过当是应负刑事责任的行为,对其能否实行正当防卫?有的认为可以实行正当防卫。我们认为,认定防卫行为是否过当,只能在防卫行为实行完成以后,因为在防卫过程中,防卫者和不法侵害者的地位是不断变化的,在损害结果未发生以前,很难认定防卫行为就超过了必要限度。因此,在防卫过程中不能允许不法侵害者借口防卫者的行为是防卫过当,而对防卫者实行所谓的正当防卫。在防卫行为结束以后,即使是防卫过当,也是依法处理的问题,仍不能实行正当防卫,否则就是故意犯罪。

不法侵害通常是指某些犯罪行为的侵害,但也包括一些严重违法行为的侵害。因为,一是由于有些侵害行为,在其实行终了或产生危害结果之前,往往难于确定其是否构成犯罪。如果要求公民在紧迫情况下,先分清是犯罪行为才能实行正当防卫,是极不利于保护合法权益的。二是由于违法行为与犯罪行为之间没有不可逾越的界限,更何况不法侵害正在进行的过程中,如不允许实行正当防卫予以制止,无异于鼓励不法侵害人进一步造成更大的损害。当然,对违法犯罪行为可以实行正当防卫,也不是完全不分不法侵害行为的性质和情节轻重,都允许实行防卫。一般来说,在群众之间发生的轻微的不法侵害,如口角、吵骂等,不能实行正当防卫,而要用说服教育、互谅互让等其他办法解决;过失犯罪等则无法防卫。

不法侵害是成立正当防卫的前提条件,因此,正当防卫只能适用于不法侵害行为,不能对合法行为实行所谓的正当防卫。对于合法行为,不能实行正当防卫。

1. 对于公民依法扭送正在实施犯罪的人犯，被扭送者或者第三人不得借口自己或者他人的权益受到侵害而实行正当防卫。

2. 对于执法人员依法拘捕人犯和搜查、扣押、查封财产、强制执行等，人犯和被搜查、被扣押、被查封、被强制执行的当事人或者第三者，不得以人身或财产权益受到侵害，而实行正当防卫。

3. 对于正当防卫和紧急避险，不得实行正当防卫。

所谓"客观发生"是指客观上确实发生了不法侵害，它以客观实际为标准，而不论防卫人的主观认识如何。如果实际上没有发生不法侵害，行为人认识上出现了错误，主观臆想发生了不法侵害进而实行所谓的防卫以至于危害他人的，这在刑法理论上叫作"假想防卫"。假想防卫之所以发生，一般是因为行为人有过这方面的教训，或者当时具有造成假想防卫的客观条件，行为人由假想而引起高度精神紧张或神经过敏而实施了所谓的正当防卫，因而造成行为人所不愿发生的危害结果。所以在假想防卫的情况下，不存在故意的罪过形式。对于假想防卫，应当依照对事实认识错误的原则处理。假想防卫由于不存在正当防卫的前提，所以不属于正当防卫范畴。假想防卫造成损害后果的，应当根据具体事实情况，或认定为过失犯罪，或认定为意外事件。

（二）时机条件：不法侵害必须正在进行

根据《刑法》第 20 条的规定，实行正当防卫的时机，应当选择在不法侵害正在进行中。所谓"正在进行"是指不法侵害行为已经开始而且尚未结束，也就是说，不法侵害处于实行阶段，这是成立正当防卫的时间条件。在司法实践中，由于各种不法侵害表现形式不尽相同，侵害行为的开始和结束的时间也不能一概而论。应当从实际出发，深入研究合法权益所处的危险状态，正确界定"已经开始"和"尚未结束"。

1. 不法侵害的开始

【观点论争】

如何认定不法侵害已经开始，在刑法理论上争论较大。第一种观点是"着手说"。以侵害是否着手为标准，认为不法行为的开始就是行为的着手。正当防卫是在犯罪行为着手时进行的。第二种观点是"进入现场说"。认为只要不法侵害者进入现场，实行侵害的危险性就已经存在，被侵害者直接面临威胁，即为不法侵害的开始，防卫者可以实行防卫。第三种观点是"直接面临危险说"。认为不法侵害的开始应该指合法权益已经直接面临不法侵害的侵害危险。包括不法侵害已经着手和不法侵害迫在眉睫两种情况。第四种观点是"综合说"。认为一般以不法侵害着手实施为不法侵害的开始，但对于不法侵害的现实威胁已十分明显，不实行正当防卫就会立即发生危害结果时，也认为不法侵害已经开始。

考虑到不法侵害在实践中的复杂性，综合说应当是可取的。在不法侵害尚未开始之前，不允许实行正当防卫。为了使合法权益免受不法侵害，可以向有关部门检举揭发，对其进行处理，防止不法侵害的发生。同时，还可以作好防范准备，以及时制止不法侵害行为。但是，不法侵害开始前的防范措施，必须以不危害公共安全和不违反治安管理法规为限。比如为了防盗,私设电网或者给食品上投毒等行为,都是法律所不允许的,因为这类行为既不能有效制止盗窃犯罪的发生,又给公共安全造成很大的威胁,会使不特定多数人的生命安全和财产遭受损害。

“已经开始”是指不法侵害人已经着手直接实行侵害行为,使法律所保护的权益处于其直接威胁下。就犯罪行为而言,即已经着手实行我国刑法分则所规定的实行行为。就其他违法行为而言,也可以比照上述原则加以界定。例如杀人犯正在举刀要杀人,就是不法侵害已经开始,应当实行正当防卫。在某些情况下,对于某些不法侵害行为,虽然尚未完全开始,但它对于法律所保护的权益的严重威胁已处于相当逼近的时刻,如果等待完全开始才进行防卫,为时已晚。这就是一般所指合法权益面临直接威胁的情况下,也可以允许正当防卫。例如防卫人发现杀人犯身藏手枪,在杀人犯刚伸手要从身上掏枪的时候,就进行防卫,这也属正当防卫。确定是否已经着手实行,应当从主观和客观的统一出发,根据各种违法犯罪行为各自不同的表现形式,按照刑法分则和有关法律的规定,具体案件具体分析。

2.不法侵害的结束

与不法侵害的开始一样,在理论上如何判断不法侵害行为的结束,也观点各异。

【观点论争】

有以侵害行为实施完毕后,行为已经结束,侵害即属过去的“行为完毕说”,有以行为人离开现场为标志的“离开现场说”,有以不法侵害状态是否排除为标准的“排除危险说”,还有以不法侵害被制止的时间为标准的“危害制止说”等等。通说认为,不法侵害的结束是指这样两个时刻:不法侵害行为已经停止或不法侵害造成的结果已经出现,即使实施正当防卫行为,也不能阻止危害结果的发生或即时即地挽回损失;即使不实行正当防卫,也不会发生危害结果或危害结果不致进一步扩大。这一时刻即为不法侵害结束的时刻。它包括:第一,侵害人行为已经实施完毕,危害结果已经发生,无法挽回。第二,由于不法侵害者的自动中止,而使不法侵害中途归于消失。第三,不法侵害人被防卫人所制服,失去了继续进行侵害的能力。第四,由于不法侵害人意志以外的其他原因,使其不法侵害不能继续进行。

“尚未结束”是指不法侵害形成的危险状态并未消失,威胁并未解除。它包括不法侵害并未实行终了、不法侵害行为并未自动中止和不法侵害并未被迫停止三种情况。在这些情况下,应当允许实行正当防卫。

总而言之,尚未开始和已经结束的不法侵害,由于其不存在实际侵害的现实威胁,就不能视为正在进行中。对尚未开始或已经结束不法侵害的侵害人实施所谓的防卫,就失去了正当防卫的时机条件。对于尚未开始的侵害和已经结束的侵害行为,不得实行正当防卫,如果实行了所谓的防卫,在刑法理论上叫作“防卫不适时”。因为,正当防卫的目的是为了抵制和阻止正在进行的不法侵害,侵害尚未开始或者已经结束,说明不存在侵害威胁,自然无防卫可言。防卫不适时,不属于正当防卫,应根据其不同的实际情况,分别论处。

防卫不适时有以下两种情况：

1.事前防卫。它是指对只流露出侵害意图或者对为以后实施侵害准备工具、创造条件、尚未开始直接实施侵害行为的人预先进行防卫的行为。例如王某扬言要报复于某并为此买了一把尖刀，于某得知后，趁王某不备把其杀死。王某只实施了为日后侵害准备工具的预备行为，还没有对合法权益造成直接威胁。就于某而言，没有实际发生正在进行的不法侵害，这种事前防卫就失去了合法性。事先防卫不属于正当防卫，构成犯罪的应当以故意犯罪追究刑事责任。

2.事后防卫。事后防卫是指对不法侵害行为已经结束、合法权益受到的威胁已经消除的不法侵害人进行的所谓的防卫行为。例如甲为报仇把乙砍成轻伤害，劝架的人已把二人分离开并控制住了甲，乙发现自己血流不止，想到有人劝架自己不至于吃亏，便掏出水果刀冲过去把甲也刺成了轻伤害。乙用刀刺甲时，甲的不法侵害已经结束，乙的人身权利受到的威胁也已经消除，此时乙又刺伤甲就属于出于报复的事后防卫。事后防卫不属于正当防卫。事后防卫构成犯罪的，应当以故意犯罪追究行为人刑事责任。在司法实践中，根据有关规定，遇有下列情形之一时，应当停止防卫行为：第一，不法行为已经结束；第二，不法侵害行为确已自动中止；第三，不法侵害人已经被制服，或者已经丧失侵害能力。事后防卫可能出于报复侵害，也可能出于防卫人对事实发生了错误认识，将不法侵害已经过去误认为依然存在，而对其实行防卫。对于认识错误的事后防卫，应视其实际情况分别处理。如果防卫人主观上存在过失的，以过失犯罪论。不存在过失的，是意外事件，不负刑事责任。

（三）主观条件：防卫行为必须是为了制止不法侵害，保护合法权益而实施

防卫目的的正义性，是成立正当防卫的首要条件，也是正当防卫不负刑事责任的重要根据。可见，防卫人主观上的防卫意图，对于正当防卫的成立具有十分重要的意义。保护国家利益、公共利益和公民的合法权益免受不法侵害，是正当防卫的立法宗旨和根本目的。这样的主观目的，决定了正当防卫的正义性和合法性，是正当防卫成立的重要条件，也是正当防卫不负刑事责任的主要原因。在正当防卫的主观条件中，防卫动机是基于合法权益受到或即将受到不法侵害而引发的，防卫目的是希望自己的防卫行为对不法侵害人造成一定的损害而使之丧失侵害能力，停止侵害。

在司法实践中，某些行为，从形式上看似乎符合正当防卫的客观条件，但行为人主观上不具备防卫意图，因此，其行为不得视为正当防卫。下列三种情况，因为不符合正当防卫的主观条件而不属于正当防卫：

1.保护非法利益而实行的防卫。行为人并不是为了法律所保护的合法权益免受侵害，而是为了实现自己非法图利的目的，因而不具有正义性，不视为正当防卫。例如盗窃犯为了保护所窃得的财物而将抢劫其赃物的罪犯打伤或者打死；赌博犯为了保护赌资而将另一行抢的赌徒打伤或者打死；走私犯为了保护走私的赃货而将盗窃其赃货的小偷打伤或者打死等等，都不能视为正当防卫，构成犯罪的，应当追究其刑事责任。

2.挑拨防卫。挑拨防卫又叫防卫挑拨，是指行为人故意激起他人的不法侵害意图，在

对方实施侵害行为时,借实行正当防卫之名,蓄意加害对方的行为。它是行为人为了达到某种目的,故意挑逗对方进行不法侵害,而后借口防卫加害对方的行为。在挑拨防卫中,挑拨者实施的所谓防卫行为,形式上好像符合正当防卫的客观条件,但由于对方的不法侵害是由挑拨者通过挑逗故意诱发的,挑拨者主观上不具有正当防卫意图,客观上实施了不法侵害行为。因此,挑拨防卫具有社会危害性,而且是有预谋的不法侵害,如果构成犯罪,应当追究其刑事责任。

3.斗殴防卫。斗殴防卫是指双方都有侵害对方的意图而互相侵害,貌似正当防卫的行为。例如聚众斗殴或者结伙斗殴的双方互伤对方的行为,因为双方都有加害对方的故意,不符合正当防卫制止不法侵害的主观目的,不能认定为正当防卫。互相斗殴双方都有非法侵犯对方的意图而发生的互相侵害的行为,斗殴的双方主观上都不具有正当防卫的意图,双方都属于不法侵害行为,构成犯罪的,应当追究刑事责任。

(四)对象条件:防卫行为只能针对不法侵害人实施

正当防卫的目的是制止不法侵害,保护合法权益。因此,防卫行为所造成的损害只能加给不法侵害者本人,而不能加给第三者,否则就收不到制止不法侵害的效果,达不到保护合法权益的目的,也就不能成立正当防卫。正当防卫是由于不法侵害人侵害合法权益而引起的,所以只有对不法侵害者本人进行防卫反击并使其受到一定的损害,才能实现制止不法侵害、保护合法权益的目的。正因为正当防卫往往会给防卫对象造成一定的损害后果,才不能对没有实施不法侵害行为的无辜第三人实行防卫,这也是正当防卫的正义性所要求的。因此不法侵害人既是正当防卫防卫行为的承受者,又是正当防卫防卫结果的承担者。在特殊情况下,例如不法侵害人驱使本人所有的动物侵害合法权益,防卫人打死动物的反击行为,尽管只损害了不法侵害人的财产权,也应当认为防卫反击是对不法侵害人所实施的。

如果对第三人造成损害,又不具备紧急避险的条件,则应根据其有无犯罪的故意或者过失来确定应否负刑事责任。对于以共同犯罪的形式实施的不法侵害,对其中任何一个共同犯罪人进行防卫反击,都应当认为符合正当防卫的对象条件。

应当指出,正当防卫所针对的不法侵害人仅局限于自然人,对犯罪的单位,不得实行正当防卫。

(五)限度条件

正当防卫是法律赋予公民的一项权利,它是以防卫反击即以暴制暴的方式,对不法侵害人造成一定程度的损害,实现保护合法权益的目的。正当防卫是为了制止不法侵害的合法行为,因此,防卫行为也应当在一定的合法界限内实行。如果明显超过为制止不法侵害所必要的限度并且造成了重大损害,那也自然背离防卫目的,这种行为的性质就已经不再是合法的正当防卫,而变成具有社会危害性的行为了。

在司法实践中,由于各种不法侵害行为的社会危害性不同,对之进行制止所允许的手段、强度和造成的损害也不相同。依据不法侵害行为的性质和危害程度,刑法对正当防卫的限度条件做了如下两种限制：

1. 根据《刑法》第 20 条第 2 款的规定，对一般不法侵害行为进行防卫，不能明显超过必要限度，造成重大损害。

【观点论争】

如何正确理解和掌握正当防卫的限度条件？由于原刑法对此规定得过于笼统而意见颇为分歧。有“相适应说”“基本相适应说”“必需说”和“有效制止说”等。多数人主张“有效制止说”，即认为正当防卫的必要限度应是有效制止正在进行的不法侵害所必需的限度。具体内容是：第一，防卫人的防卫行为足以有效制止正在进行的不法侵害行为，而且防卫行为的强度同不法侵害行为的强度基本上相适应。第二，防卫人的防卫行为给不法侵害者所造成的损害是为有效制止不法侵害行为所必需的，而且这一损害结果同不法侵害行为可能造成或者正在造成的危害结果基本上相适应。不可否认，该说对正当防卫必要限度的界定，对认定正当防卫是否超过必要限度造成不应有的损害，起了很大的积极作用。但是，它对正当防卫必要限度的界定仍是一个大致可循的标准，不可避免地存在着随意性和难以操作的缺陷。

现在，刑法对此作了明确规定：“正当防卫明显超过必要限度造成重大损害的，应当负刑事责任。”这一规定说明，在界定防卫是否过当时，应当将防卫行为是否明显超过制止不法侵害行为所必要的限度和造成不必要的重大损害结合起来考察。因为对不法侵害人造成重大损害不一定就明显超过必要限度，反之明显超过必要限度也不一定就对不法侵害人造成重大损害。值得一提的是，法律允许防卫行为超过制止不法侵害行为的必要限度，只是不得明显超过，法律也允许对不法侵害人造成损害，但不能造成不必要的重大损害。只有防卫行为明显超过制止不法侵害行为的必要限度并给不法侵害人造成不必要的重大损害，才能认为是防卫过当。

所谓“明显超过必要限度”，是指客观事实已清楚地表明防卫行为显著地越过制止不法侵害行为所需要的界限范围。例如，为保护较微小的合法权益，采取过大损害的防卫行为；制止强度较轻的不法侵害行为，采取过重强度的防卫行为；对于较缓和的不法侵害行为，采取激烈的防卫行为等等。这里所说的造成重大损害，我们认为它不是一个绝对的、独立的量的概念，而是相对的量比较。即指防卫行为对不法侵害人造成损害较为悬殊的大于制止不法侵害行为应造成的损害和不法侵害行为将造成或者正在造成的损害。概言之，要正确地界定防卫行为是否过当，要对不同的案件作具体分析。根据不法侵害行为所侵害的权益性质，不法侵害的强度，不法侵害的缓急，以及防卫人的防卫能力和客观条件等情况，进行综合分析认定。在对防卫限度问题上，我国刑法理论的通说认为，防卫行为只要为制止不法侵害所必需，防卫行为的性质、手段、强度及造成的损害又不是明显超过不法侵害的性质、手段、强度或造成的损害明显超过不法侵害，但实际造成的损害并不算重大的，均属于正当防卫的范围，而不能认为防卫过当。只要防卫人的防卫行为没有明确显著越过制止不法侵害行为所需的界限造成过于悬殊的不必要损害，都属于正当防卫。只有防卫人的防卫行为明确显著地越过制止不法侵害行为所需的界限，造成较为悬殊的不必要损害，才属于防卫过当。

一般来说，这个限度所包括的内容有三种情况：第一，保护较微小的合法权益，不允许防卫行为造成重大的损害。对于没有直接危及人身的不法侵害，一般不宜采用重伤甚至杀害的手段去防卫。第二，制止强度较轻的不法侵害，一般不允许防卫行为采取过重的强度。有时，如果非较重的强度不足以制止不法侵害，则可采取较重的防卫强度。第三，采取较缓和的防卫手段足以制止不法侵害的，一般就不允许采取激烈的防卫手段。有时，如果非激烈的防卫手段不足以制止不法侵害，则可以采取激烈的防卫手段。

正当防卫必要限度的基本原则，是指考察必要限度的出发点。正当防卫的必要限度是足以有效地制止不法侵害确必需的限度，因此，在考察必要限度的时候，应当坚持以下几点。

(1)从有利于鼓励和支持公民同不法侵害行为作斗争出发，不能约束或限制公民同不法侵害作斗争的手脚。

(2)从主、客观相统一出发，既应以防卫行为在客观上是否为制止不法侵害所必需为标准，又不能完全不考虑防卫人在紧迫情况下的主观心理状态。因为不法侵害往往是突然袭击，防卫人在一瞬间很难准确地判断侵害行为的性质和危害程度等，更难恰如其分地选择适当的手段和强度。所以，对正当防卫的限度不宜过于苛求。有学者进一步指出，在判断防卫是否过当的问题上，应充分考虑实施正当防卫的客观环境。因为不法侵害都具有紧迫性，防卫人面临正在进行的不法侵害时，往往没有充足的时间去准确认识不法侵害的方式、程度、强度和可能造成的损害结果的大小等，特别是在较为弱小的被害人本人突然面临不法侵害，被害人在猝不及防的情况下实施防卫行为时，更是如此。同时充分考虑到刑法确定正当防卫制度的目的和 1997 年刑法对正当防卫修改的立法本意，以确定防卫是否符合限度条件，做到既鼓励公民实施正当防卫，又对防卫人加以必要的约束。

(3)从实际出发，对案件的时间、地点、环境和双方的体力与智力状况，以及手段、强度、后果等因素，进行全面的、实事求是的具体分析。

对于正当防卫是否超过必要限度，应该在上述基本原则的指导下，主要从以下几方面进行考察：第一，从正当防卫保护的权益的性质考察正当防卫的必要限度。正当防卫保护的权益的性质，决定着不法侵害的性质，在一定程度上也决定着不法侵害的强度和缓急。为防卫重大的权益而将不法侵害人杀死，可以认为是制止不法侵害所必需，因此没有超过必要限度。如果为了保护轻微的权益，即使非此不能保护，造成了不法侵害人重大伤亡，由于其所保护的权益性质决定了不是为制止不法侵害所必需，因此应认为是超过了必要限度。例如对盗窃、抢夺个人少量钱财的不法侵害人造成重伤、死亡的。第二，从不法侵害的强度考察正当防卫的必要限度。不法侵害的强度是对客体造成的损害以及造成损害的手段、工具的性质等因素的综合指数。在防卫强度等于不法侵害强度的情况下，一般来说不存在超过必要限度的问题。在防卫强度大于侵害强度的情况下，要根据具体案件具体认定。如果大于侵害强度的防卫强度是为制止不法侵害所必需，就没有超过必要限度。例如身单力薄的某甲，在遭到身高力大的某乙徒手侵犯时，某甲弱不敌强，顺手抓起木棒向某乙腿部猛击一棒，某乙当即被打倒在地，某甲逃跑，某甲的行为就并未超过必要限度。如果超过侵害强度的防卫强度不是制止不法侵害所必需，那就超过了必要限度。第三，从不法侵害的缓急考察正当防卫的必要限度。所谓不法侵害的缓急，是指不法侵害的紧迫性，它形成对公共利益、本人或者他人的人身和其他权利侵害的危险程度。不法侵害的缓急不同，不能不影响到正当防卫的必要限度。上述三方面是互相联系，互相渗透，融为一体的，只有把它们结合起来全面分析，才能得出正当防卫是否超过必要限度的正确结论。

所谓"造成重大损害"，一般是指在给不法侵害人造成较小损害就可以制止不法侵害的情况下，却给不法侵害人造成重伤、死亡等严重危害后果的情形。在个别情况下，防卫人为了保护微小的利益，以制止不法侵害所必要为借口，给不法侵害人造成重大损害后果的也在此列。

应当指出，刑法对正当防卫的限度条件所做的"不能明显超过必要限度，造成重大损害"的规定，是一个统一的、不可分割的整体。如果明显超过必要限度并未造成重大损害或者虽然造成了重大损害却并没有明显超过必要限度，都属于符合正当防卫的限度条件。

总之，在司法实践中，界定某一防卫行为是否明显超过必要限度造成重大损害，要从既有利于保护公民实行正当防卫的积极性，又要维护法律尊严、保证正当防卫依法实施为出发点，结合案件发生的时间、地点、环境和防卫人当时的主观心理态度，综合考察不法侵害的强度、紧迫性和所保护的权益性质，全面分析制止不法侵害的客观需要，对防卫行为是否达到了"明显"和"重大"的界线，作出准确的认定。

2. 我国《刑法》第 20 条第 3 款规定："对正在进行行凶、杀人、抢劫、强奸、绑架以及其他严重危及人身安全的暴力犯罪，采取防卫行为，造成不法侵害人伤亡的，不属于防卫过当，不负刑事责任。"这便是我国刑法中的特殊防卫的规定。

所谓特殊防卫，又称特别防卫、无限度防卫、无过当防卫等，是指防卫人在某些特殊情况下，针对某些侵害人身安全的暴力侵害而实施的没有防卫限度限制的反击。这一规定既是对正确界定正当防卫的具体阐明，又是对特殊条件下、对特定不法侵害行为所作的实行特别防卫行为的规定。即法律明确指出，对那些正在进行的严重危及人身安全的暴力犯罪，任何公民都有实行无限防卫的权利，无论对不法侵害人造成何种严重的损害，都不存在防卫过当的问题。从而充分调动和鼓励人民群众同违法犯罪作斗争的积极性，确保国家、公共利益、本人或者他人的人身、财产和其他权利免受正在进行的不法侵害，切实维护社会治安秩序。

特定不法侵害是指严重危及人身安全的暴力犯罪。具体包括杀人、抢劫、强奸、绑架等。如果不法侵害人在放任的心理的支配下，实施危及人身安全的行凶行为，因为正当防卫避免了不法侵害后果的发生而使该行凶行为往往缺少某种犯罪的构成要件，但其严重的社会危害性和社会危险性是显而易见的，所以也包括在特定不法侵害之内。

与普通的正当防卫相比，特殊防卫有以下特征：第一是保护法益的局限性。即特殊防卫保护的对象只限于人身安全，不包括财产权及其他权利。第二是防卫对象的法定性。即特殊防卫对象仅限于《刑法》第 20 条第 3 款规定的对"正在进行行凶、杀人、抢劫、强奸、绑架以及其他严重危及人身安全的暴力犯罪"。对一般的违法行为和其他犯罪行为，不能适用特殊防卫。第三是防卫行为的权利性。即这种权利是法律赋予公民保护自己和他人人身安全的权利。第四是防卫行为的无限性。即行为人采取的防卫行为，法律上并无限制，并不要求与侵害行为相适应。第五是行为后果的免责性。即无限防卫的行为人不对其行为的后果承担法律责任，即使造成不法侵害人伤亡，也不负刑事责任。由于特殊防卫属于正当防卫，所以正当防卫成立的条件，比如防卫意图、时间条件、对象条件等，特殊防卫也必须具备。但在认定时，应该充分注意其特殊性。

(1)对“行凶”的理解。有学者认为，行凶是指故意实施的危及他人生命、健康的暴力犯罪行为。它作为犯罪手段，可以包括多种危及人身安全的暴力犯罪，如故意杀人、故意伤害、聚众斗殴等暴力犯罪行为；同时这些犯罪手段也触犯了相应的不同暴力犯罪罪名。应该说，从字义上对行凶做这样解释是可行的。但在刑法条文中，使用行凶一词恐非妥当。首先，严格说来，行凶并不是一个法律术语，更不是一个独立的罪名，将其与杀人、抢劫、强奸、绑架并列，不符合逻辑要求。其次，行凶在这里究竟指的是何种行为，并不明确。最后，刑法已经规定了对“其他严重危及人身安全的暴力犯罪”可以实行特殊防卫，行凶完全可以包括在其他严重危及人身安全的暴力犯罪中，没有必要单独规定，故行凶二字未免多余。

(2)对“杀人、抢劫、强奸、绑架”的理解。这四者究竟是四个罪名，还是指的四种形式的犯罪行为？我们认为，这四者应当是指具体的犯罪行为，既包括这四种罪名，同时也包括以这四种手段实施的触犯其他罪名的犯罪行为。比如《刑法》第 240 条第 5 项“以出卖为目的，使用暴力、胁迫或者麻醉的方法绑架妇女、儿童”的行为，在认定罪名上，应当定拐卖妇女、儿童罪。但从犯罪的手段看，这是以绑架手段实施的犯罪，应当符合这里“杀人、抢劫、强奸、绑架”中的绑架，应当可以对此实施特殊防卫。又比如，这里的“抢劫”不仅指的是侵犯财产罪中抢劫罪的抢劫，也应当包括抢劫枪支、弹药、爆炸物罪中的抢劫。

(3)对“其他严重危及人身安全的暴力犯罪”的理解。理论上认为应当从两个方面来确定其他严重危及人身安全的暴力犯罪。一是从暴力犯罪的范围看，现行刑法分则规定中，以暴力手段实施的犯罪范围十分广泛。具体有两种：一种是明示的方式，将暴力手段规定为构成要件的犯罪，例如《刑法》第 123 条规定的暴力危及飞行安全罪。另一种是以隐含的形式规定的以暴力手段作为构成要件的犯罪，例如《刑法》第 240 条规定的拐卖妇女、儿童罪等。二是从暴力范围的程度看，尽管现行刑法分则中暴力犯罪的范围十分广泛，但并非所有的暴力犯罪都是特殊防卫适用的对象。对于暴力犯罪的程度，可以从以下三个方面来确定：首先，从具体罪名上确定暴力程度。有些犯罪，只要从罪名上即可确定其暴力犯罪达到了严重危及人身安全的程度，因而对于这些犯罪，应当允许进行正当防卫。例如《刑法》第 121 条规定的劫持航空器罪。其次，根据具体案件中是否存在严重危及人身安全的威胁来确定暴力犯罪的程度。有些犯罪，其暴力程度可能相对比较悬殊，轻的可能致人轻微伤或轻伤，重的则可能致人重伤或者死亡，对于这些犯罪的暴力程度，应当根据具体案件具体分析，从而确定是否可以实施特殊防卫。最后，从法定刑幅度上看。在刑法中，虽然有些犯罪是以暴力为手段的，但这些暴力犯罪都属于较轻的暴力犯罪，在任何时候都不能对其进行特殊防卫，比如侮辱罪等。

综上所述，实行正当防卫必须同时符合以上五个条件。对特定不法侵害实行正当防卫时，除了必须符合正当防卫的起因、时机、主观目的、对象四个条件之外，还必须符合限度条件对特定不法侵害范围的限制，以防止这项防卫权被滥用。

三、防卫过当及其刑事责任

（一）防卫过当的概念

根据《刑法》第 20 条第 2 款的规定，防卫过当是指明显超过制止不法侵害的必要限度，给侵害人造成重大损害，具有一定社会危害性的防卫行为。防卫过当以同时具备“明显超过必要限度”和“造成重大损害”为构成条件。明显超过必要限度造成重大损害是不可分割的统一整体，是成立防卫过当不可缺少的条件。

防卫过当通常表现为防卫人使用的防卫强度以及造成的损害结果明显超过了侵害人的侵害强度以及可能造成的损害结果。比如本来用较缓和的手段就能够制止住不法侵害而采用了激烈的、较重的手段；伤害侵害者就足以制止住不法侵害而将侵害者杀死；保护较小的权益而给侵害者造成严重危害结果等等，都属于明显超过必要限度。由此可见在防卫的手段、强度小于或者相当于不法侵害的手段、强度时，不存在防卫过当的情况。只有防卫的手段、强度明显超过了制止不法侵害所必需的程度，同时又给侵害人造成了重大的损害后果时，才能认定为防卫过当。

防卫过当是以正当防卫为前提的，它与正当防卫既有联系又有区别。二者的联系在于：在行为的初起状态，防卫过当与正当防卫一样，都是一种合法的反击行为。防卫过当的前提也是进行了合法防卫。二者的区别在于：正当防卫没有明显超过必要限度，造成重大损害，不具有社会危害性。而防卫过当明显超过必要限度且造成了重大损害并具有了社会危害性。

（二）防卫过当刑事责任

《刑法》第 20 条第 2 款规定：防卫过当的，应当减轻或者免除处罚。这一规定表明，防卫过当已经构成犯罪，对于这种犯罪应当减轻或者免除处罚。可见，防卫过当是一种特殊形式的犯罪，不能与一般犯罪同等看待。

防卫过当之所以应负刑事责任，是由于它已具备了犯罪的特征和构成条件。从主观方面看，防卫过当人具有犯罪的过失或故意（间接故意），即具有罪过。一般来说防卫人对防卫过当的危害后果的发生，主观上应当预见而没有预见或者已经预见但轻信能够避免，有时还可能持放任发生的心理状态。也就是说，防卫人主观具有罪过，这就具备了负刑事责任的主观基础。从客观方面看，防卫过当明显超过了正当防卫的必要限度造成重大损害，具有相当严重的社会危害性。防卫过当是由不法侵害行为侵犯合法权益而引起的，但是由于它明显超过了法律所允许的限度，并且给不法侵害人造成了重大损害，因而也就具有了社会危害性，这就具备了负刑事责任的客观基础。因此刑法规定防卫过当的，应当负刑事责任。

由于刑法没有专条规定防卫过当的罪名和具体适用的法定刑，在司法实践中一直对防卫过当案件的定罪量刑也不一致，很有必要研究而予以统一。

【观点论争】

关于防卫人在防卫过当情况下的罪过形式问题,存在着四种不同意见:一是故意说。认为防卫过当都是故意犯罪,因为防卫人是故意造成损害的。二是过失说。认为防卫过当都是过失犯罪,因为防卫人都是出于正当防卫的意图,并没有危害社会的故意。三是故意与过失并存说。认为防卫过当既有故意犯罪,又有过失犯罪,要根据案件的个体情况分别而定。四是间接故意与过失并存说。认为防卫过当一般是过失犯罪,但也可能有间接故意犯罪,而不可能有直接故意。

我们认为,在防卫过当的场合,防卫人的行为还是属于防卫的范畴,其主观上出于正当防卫的意图,对正在进行的不法侵害实行防卫反击,只是防卫行为明显超过必要限度造成重大损害。因此,虽然防卫行为是故意实施的,但防卫人并没有危害社会的犯罪目的。防卫人对自己防卫过当所造成的重大损害结果通常并非故意,而是由于他在同不法侵害紧张搏斗时的疏忽或者判断失误才铸成的。因此一般来说,把防卫过当定为过失犯罪是适当的。不过,也不能排除在少数情况下,防卫人明知自己的防卫行为可能明显超过必要限度造成重大损害,而在防卫中却抱着放任这种结果发生的态度。如果这种损害结果真的发生了,就应当按间接故意犯罪处理。但是,由于直接故意犯罪是具有犯罪目的的,而防卫过当的防卫性决定了防卫人只能有正当防卫的目的,二者不可能共处于实施一个行为的同一个人的头脑之中。同时,绝不能把防卫人为制止不法侵害而有目的地对侵害者故意实行防卫,同刑法上的故意犯罪相混淆,这是两个不同的概念。因为故意进行防卫的心理状态中,并不包含防卫人对自己行为的社会危害性及刑事违法性的认识。因而其希望自己的行为造成不法侵害人一定损害结果的心理态度,也就不具有主观恶性,因而防卫过当不可能构成直接故意犯罪。

追究防卫过当的刑事责任,首先要确定防卫过当的罪过形式,即行为人对防卫过当结果的主观心态。关于防卫过当的主观心态,一直存在以下不同的观点。

一是全面过失说,认为防卫过当的罪过形式只能是过失,包括疏忽大意的过失和过于自信的过失。二是疏忽大意过失说,认为防卫过当的罪过形式只能是疏忽大意的过失。三是排除直接故意说,认为防卫过当的罪过形式只能是间接故意和过失,不可能是直接故意。四是排除过失说,认为防卫过当的罪过形式都只能是故意,而不可能是过失。五是故意与过失说,认为防卫过当的罪过形式既可以是故意(包括直接故意和间接故意),也可以是过失(包括疏忽大意的过失和过于自信的过失)。

防卫过当的罪过形式,在大多数情况下是疏忽大意的过失。就是防卫人在实行正当防卫的过程中,应当预见自己的防卫行为可能明显超过必要限度造成重大损害,因为疏忽大意而没有预见,以致发生了重大损害结果。这是因为在通常情况下,防卫人处于与不法侵害人紧张对峙、激烈搏斗之际,由于对采取什么防卫方式,造成多大损害才能制止住不法侵害,难以迅速作出判断,往往也不是由防卫人任意选择的。所以,由此而产生主观方面的疏忽大意,导致不应有的危害结果发生。在少数情况下,防卫过当的罪过形式，可能是过于自信的过失，就是在正当防卫过程中，防卫人已经预见到自己防卫行为可能明显超过必要限度造成重大损害，因为轻信能够避免而导致不应有的危害结果发生。此外，在个别情况下，防卫人在实行正当防卫的过程中，明知自己的防卫行为会明显超过必要限度造成重大损害，而放任不应有的危害结果发生。这种情况的防卫过当所造成不应有的危害，就不是过失所致，而是间接故意实施的，因此属于故意犯罪行为。

"防卫过当"不是刑法分则中的具体罪名，它只是一种特殊的犯罪形式。在司法实践中，因防卫过当而构成犯罪的，应当结合防卫过当的实际情况，依据刑法分则的具体规定，确定恰当的具体罪名。对于防卫过当应当定什么罪名，我国刑法没有具体规定。但是必须明确，防卫过当本身不是罪名。因为这样不能表明过当情况下犯罪的具体内容，也就不能正确地适用刑罚。特别是我国刑法分则没有防卫过当的罪状和罪名，定"防卫过当罪"没有法律根据。因此，只能根据防卫过当的具体案件中防卫人过当的犯罪事实，在认定防卫过当的罪过形式的基础上，依照刑法分则有关条款，正确地对防卫过当分别定为"过失重伤"，"过失致人死亡"或者"故意伤害"(包括致人重伤、死亡)、"故意杀人"等罪名。处理防卫过当的案件，在援引我国刑法分则的有关条款定罪时，同时都必须援引我国《刑法》第 20 条第 2 款的规定，以表明防卫过当的性质，并作为对其减轻或者免除处罚的法律依据。

防卫过当之所以应当减轻或者免除处罚，是因为从主观上看，防卫人是出于合法防卫的动机，虽然对于过当行为所造成的不应有的危害具有罪过，但和一般犯罪相比，其主观恶性要小得多。从客观上看，由于防卫过当存在合法防卫的前提，所以，在其全部损害结果中，实际上有一部分是应有的损害，防卫过当只对其不应有的重大损害结果部分承担刑事责任，其社会危害性比一般犯罪要小得多。以上就是我国刑法明文规定防卫过当应当减轻或者免除刑罚的主、客观根据。这一规定充分体现了我国刑法的罪刑相适应原则。

在运用刑法对防卫过当量刑时，应当酌情考虑以下情节：第一是过当程度。即当时造成不应有的危害结果的轻重大小。一般说，过当程度严重，则罪行重，处罚亦重；过当程度轻则罪轻，处罚亦轻。第二是防卫起因。为保护国家、集体、他人的权益见义勇为而过当的，与因琐事争吵一方侵害导致另一方防卫过当的，在量刑轻重上应有所区别。即对前者处罚应更轻。第三是权益性质。为保护公共利益或他人权益同保护个人权益有所不同；保护重大权益和较小权益应有所区别。为保护公共利益、他人权益而防卫过当的处罚应更轻，保护重大权益而防卫过当的处罚也应更轻。第四是社会舆论。防卫过当容易得到社会舆论的同情和谅解，尤其是为保护公共利益或者他人的合法权益的情况下，更是如此。因此，在对防卫过当量刑时，既要维护社会主义法制的严肃性，又不要挫伤公民正当防卫的积极性。

防卫过当是一种应负刑事责任的行为。但是，这种犯罪同一般的刑事犯罪有着重大的区别，表现在防卫人是在实施正当防卫的特殊情况下对不法侵害人造成不必要的重大损害而构成的犯罪，有情有可原之处。同时，在防卫过当的场合，并不是说防卫人就不应该对不法侵害人造成损害,因而也不能让他对所造成的全部损害都负责任,只能追究其明显超过必要限度造成不必要的重大损害的刑事责任。因此,在对防卫过当的犯罪人量刑时,要根据案件的事实和情节,充分考虑防卫行为所保护的合法权益的性质,防卫过当的程度,给不法侵害人造成的重大损害的性质和程度,以及造成防卫过当的主客观原因等情况,依法应当减轻或者免除处罚。具体的操作办法是,对于构成故意伤害罪和故意杀人罪的,一般按照《刑法》第 232 条和第 234 条规定的相应量刑幅度应当减轻处罚。如果情节轻微,不需要判处刑罚,应当免除处罚。对于构成过失重伤害罪和过失致人死亡罪的,一般按照《刑法》第 233 条和第 235 条规定的相应量刑幅度应当减轻处罚。如果情节轻微,应当免除处罚。

应当指出,对于防卫行为在客观上虽然造成了不应有的重大损害,但客观事实已证明不是出于防卫人的故意或者过失,而是由于不能抗拒或者不能预见的原因引起的,则应按意外事件处理。

第三节　紧急避险

一、紧急避险的概念

根据《刑法》第 21 条第 1 款的规定,紧急避险是为了使国家、公共利益、本人或者他人的人身、财产和其他权利,免受正在发生的危险,不得已采取的损害另一较小的合法权益而保全较大的合法权益的行为。

从上述概念可以看出,紧急避险是在两种合法利益不能同时保全的紧急而又不得已的情况下,实施的保全更大合法利益的行为。其特点是:客观上,这种行为是在面临紧急危险而又不得已的情况下实施的,它虽然给国家和人民利益造成了一定的损害,却保护了国家和人民某种更大的利益,因而实际上是一种有益于社会的行为;主观上,行为人是为了保全更大合法利益而使另一合法权益可能遭受的损失减少到最低限度,没有罪过心理。因此,从总体上看,它不仅不具有社会危害性,而且是一种有益于社会的行为。这也正是我国刑法规定的紧急避险不负刑事责任的主、客观根据。

紧急避险的实质是在两种合法权益不能同时保全的紧急情况下,迫不得已而实行的保全较大权益、牺牲较小权益的行为。所以对于社会整体来说,实际上是减少了国家和公民所受的损失,因而是有益于社会的行为。这种有益性就决定了它的可行性和合法性。例如消防战士为控制火势把紧连火场尚未燃烧的房子扒掉,虽然毁坏了尚未燃烧的房子,使局部权益受损,但结果却保全了更大的合法权益。

刑法以授权性的法律规范的形式规定紧急避险,有利于公民发扬识大体、顾大局的集体主义精神,树立一方有难八方支援的道德风尚,鼓励公民在合法权益遇到危险的情况下,正确处理整体利益和局部利益的关系,把合法权益所遭受的损失减少到最低限度。紧急避险既是公民的一项合法权利,又是公民在道义上应尽的一项义务。法律规定紧急避险，其意义就在于鼓励和支持公民在法律所保护的权益遇到危险的情况下，要牺牲局部的、较小的合法利益来保护整体的、较大的合法利益，从而使合法权益可能遭受到的损失减少到最低限度。这对于增进群众之间的团结友爱，培养集体主义精神，发扬共产主义道德风尚，都有着积极的作用，对于保护公共利益和其他合法利益，更具有重要的意义。

二、紧急避险的条件

紧急避险虽然是有益于社会的行为，但毕竟使局部利益受到损害，所以必须在一定的法定条件下实行。紧急避险是采用损害一种合法利益的方法来保全另一种遭到危险的合法利益的行为。因此，它必须符合一定的法定条件，才能排除其社会危害性，真正成为对社会有益的、合法的行为。根据《刑法》第 21 条的规定，实行紧急避险必须具备以下七个条件。

（一）起因条件：客观上必须发生了危险

实行紧急避险是客观上发生了能够使合法权益受到损害的危险。概括地说，危险的来源主要有三个方面：一是自然界的力量，例如地震、台风、火灾等等。二是动物的侵袭，例如狂犬的追咬，马车的惊奔等等。三是人的不法侵害，例如劫机、爆炸、精神病人的追杀等等。

对于合法行为，不得实行紧急避险。例如，应当受到法律制裁的犯罪分子为了抗拒公安人员的追捕，而损坏他人房舍、侵入他人住房或毁损公私财物以隐蔽拒捕、逃脱的，就不是紧急避险。

对于实际上并不存在危险，而只是由于行为人对事实的认识错误，善意地误认为有危险存在的事实，因而实行了所谓的紧急避险，这在刑法理论上叫作“假想避险”。假想避险由于不存在危险的威胁，缺乏成立紧急避险的前提，所以不是紧急避险。对假想避险，应当按事实认识错误的原则处理。

（二）时机条件：危险必须正在发生

危险正在发生，是指能够使合法权益受到损害的危险状态已经发生、尚未消失。所谓的已经发生，是指直接威胁合法权益的危险，已经直接面临、迫在眉睫。所谓尚未消失，是指危险状态继续存在，合法权益受到的侵犯或者威胁还没有消除。

在危险尚未到来或者已经过去的时候，行为人实施的所谓的避险，这在刑法理论上称为避险不适时。前者称为事前避险，后者称为事后避险。避险不适时的，不属于紧急避险。造成损害后果的，根据实际情况，承担相应的责任。

（三）目的条件：避险必须是为使合法权益免受损害

实行紧急避险的行为人，主观上必须具有使国家、公共利益、本人或者他人的人身财产和其他权利免受损害的目的。这是紧急避险排除危害性的前提条件，也是紧急避险不负刑事责任的重要原因。如果为保护非法利益免受危险而实施的损害另一合法利益的行为,实际上是为了获取非法利益而采取的排除障碍的行为,也就失去了正义性和合法性,不能认定其为紧急避险。

(四)紧迫性要求条件:避险行为必须是在没有其他办法的情况下实施的

紧急避险的紧迫性要求条件,是指当危险发生之际,除了损害第三方的合法权益之外,没有其他办法可以免除合法权益受到危险的威胁。如果还有不损害第三方合法权益的其他办法,就不符合紧迫性要求条件。那么,在实践中如何认定"不得已"呢?理论上认为,应该根据危险发生的情况、危险的程度、危险的紧迫性以及行为人主观方面的情况等因素综合认定。认定避险行为是否出于不得已,应当注意对以下几方面的考察:第一,危险是否已经迫在眉睫。第二,迫在眉睫的危险是否马上就会对合法权益造成重大损害。第三,客观上是否存在着避免损害的其他合理方法,如逃避、请求保护等。第四,如果危险系由不法侵害行为引起的,根据双方的情况能否对其进行正当防卫。第五,如果客观上存在着其他合理方法,这些合理方法是否被行为人认识到,或者根据本人认识能力和当时的主客观方面的因素能否被其认识到等等。

(五)对象条件:避险行为只能针对第三方实行

紧急避险是在紧急情况下,将危险的威胁,从较大的合法权益转移到另一较小的合法权益上的减轻损失的行为。所以紧急避险行为所指向的对象,不是危险的来源方,而是无辜的第三方。

(六)限度条件:避险损害的权益必须小于所要保护的权益

如何判断紧急避险的必要限度,在理论上存在多种观点,比如均衡说、必要程度说、折中说、法益比较说、必要损害说等。紧急避险是以牺牲另一无辜的合法权益的方法保全较大的合法权益的,如果损害的权益大于或者等于要保护的权益,就失去了紧急避险的目的和意义,对社会整体来说,就具有了社会危害性,从而失去了有益性和合法性。

(七)主体限制条件:职务上、业务上负有特定责任的人员为避免本人危险,不得实行紧急避险

刑法规定紧急避险的目的,就是为了减少各种危险对国家、社会和公民所造成的损害。职务上、业务上负有特定责任的人员,负有同某种危险作斗争的义务,这就要求他们在国家、社会和公民的利益受到危险威胁时,挺身而出,减少或消除危险,不得以保护个人利益为借口而假借紧急避险之名放弃职责、临阵脱逃。所以《刑法》第 21 条第 3 款规定:紧急避险中关于避免本人危险的规定,不适用于职务上、业务上负有特定责任的人。例如消防队员面对火险,只能积极扑救不能为保护自己的人身权利而借紧急避险之名,放弃履行应尽的义务。

三、避险过当及其刑事责任

根据《刑法》第 21 条第 2 款的规定,避险过当是指实行紧急避险超过了必要限度造成

了不应有的损害，具有社会危害性的行为。避险过当，在主观上行为人是为了保全一定的利益而实施的。在客观上，避险行为超过了必要限度，并且造成了较大的损害后果，使无辜的合法权益受到损害，这就具备了负刑事责任的基础。但是由于行为人的主观动机是善意的，其罪过形式又只能是过失或间接故意的，主观恶性不深。而客观上是以合法的避险行为为前提的，应当负刑事责任的危害结果也相对较小，所以刑法规定：对避险过当的，应当负刑事责任，但是应当减轻或者免除处罚。

四、紧急避险与正当防卫的异同

（一）紧急避险与正当防卫的相同点

1.目的相同，二者都是为了保护国家利益、公共利益和公民的合法权益而实行的。

2.时机相同，二者实行的时机，都必须是合法权益正在受到侵害。

3.结果相同，二者都给某种权益造成一定的损害。

4.性质相同，二者都是对社会有益的行为，对所造成的损害结果都不需要负刑事责任。

（二）紧急避险与正当防卫的不同点

1.危害来源不同：紧急避险所针对的危险的来源是多方面的，而正当防卫所针对的危害只能是人的不法侵害。

2.对象不同：紧急避险只能针对第三方实行，正当防卫只能针对不法侵害人实行。

3.紧迫性要求不同：紧急避险要求必须在没有其他办法的情况下才允许实行，正当防卫即使有其他办法免受不法侵害的情况下，也可以实行。

4.限度不同：紧急避险所造成的损害，只能小于所要保护的权益可能受到的损害，正当防卫造成的损害可以大于或等于不法侵害可能造成的损害。

5.主体限制不同：紧急避险不适用于职务上、业务上负有特定责任的人为避免本人危险，正当防卫没有主体限制。

第四节　意外事件

《刑法》第16条规定："行为在客观上虽然造成了损害结果，但是不是出于故意或者过失，而是由于不能抗拒或者不能预见的原因所引起的，不是犯罪。"刑法理论和司法实践将刑法该条的规定称为"意外事件"，属于一种排除犯罪性的行为。意外事件的主要特征如下。

1. 行为在客观上造成了损害结果。客观上出现的损害结果是由行为人的行为引起的，行为人的行为与损害结果之间有因果关系。如果客观上出现的损害结果不是行为人的行为引起的，而是由自然现象、动物侵袭等原因造成的，则不能称为意外事件。

2. 行为人主观上没有故意或者过失。行为人对自己的行为及其所造成的损害结果不具有故意或者过失,而是一种无罪过的心理状态。

3. 损害结果是由于不能抗拒或者不能预见的原因引起的。即客观上出现的损害结果是由两种原因引起的:一是不能抗拒。所谓不能抗拒,是指行为人虽然认识到自己的行为会发生损害结果,但由于主客观条件的限制,行为人无力排除或者防止损害结果的发生。例如,行为人赶马车时,马意外受惊后往人行道奔跑。行为人虽然认识到对此不予制止将造成他人死伤的结果,但行为人没有能力制止马的奔跑,结果造成他人死伤,这就属于不可抗拒。二是不能预见。所谓不能预见,是指行为人没有预见到自己的行为会造成损害结果,而且根据其认识能力和当时的具体条件,他也根本不可能预见,不应当预见。例如,某农民一天到山坡下烧青沤粪,当时天气晴朗,其按照山林防火要求挖了防火道。但点燃柴禾后不长时间刮起一股龙卷风,将火种吹到山上,引起六百余亩山林被烧毁。农民在天气晴朗的情况下,按照防火要求烧青沤粪,没有意料到突然刮起龙卷风将火苗刮到山林而引起火灾,属于不能预见。

因不能预见所引起的意外事件与疏忽大意的过失有相同之处,表现在都没有预见自己行为的结果。但两者又有本质的不同,即前者是不能预见、不应当预见;后者则是能够预见、应当预见;只是疏忽大意才没有预见。在这个问题上,应当根据前述判断能否预见的标准,全面、客观地判断行为人能否预见,从而正确区分意外事件与疏忽大意的过失犯罪。

意外事件的发生,由于行为人在主观上不是出于故意或者过失,而是不能抗拒或者不能预见的无罪过心理状态,因而缺乏构成犯罪和负刑事责任的主观基础。根据我国刑法坚持的主客观相统一的定罪原则,不能认为是犯罪,否则就是客观归罪。

第五节　其他正当化事由

刑法上的正当化事由,除了正当防卫与紧急避险外,还包括依照法律的行为、履行职务的行为和经权利人同意的行为等。对这些行为的合法性条件,国外刑法都有一些规定。如日本《刑法典》第 35 条规定:“依照法令或者基于正当业务而实施的行为,不处罚。”我国刑法中对此没有作统一规定,仅是刑法学研究的对象。

一、依照法令的行为

依照法令的行为,是指根据现行法律、法令而实施的行为。依照法令的行为是公民依法所为,其目的是为了维护国家和人民的根本利益,它虽然有时在外观上与某些犯罪行为相似,但实际上不具有社会危害性,反而是对社会有益的行为。

依照法令的行为应当具备的条件如下。

(一)实施的行为必须是法令明文规定的当为或者可为的

这里所说的法令,范围相当广泛,既包括中央权力机关和行政机关制定的各种法律、

法令，也包括地方权力机关和行政机关制定的各种法规。所谓法令明文规定，就是说行为的内容只能是法律、法令赋予公民的权利或者义务。比如依照法令执行职务的行为，依照法令监护的行为，依照法令扭送人犯的行为等。

（二）行为人在主观上必须是出于依法行使权利或者履行义务的意图

即在行为时，行为人认识到自己所实施的是法律、法令赋予的权利行为或者义务行为，而且是为了保护国家、公共利益、本人或者他人的合法权益而为之。如果明知自己的行为是违法的，或者出于其他不正当的目的，造成了危害社会的结果，不能排除其行为的犯罪性。

（三）依照法令的行为必须是在法定限度以内实施

国家的法律、法令不仅规定了公民当为与不当为的行为，而且还规定了如何正确实施自己的权利行为和义务行为。行为人只有按照国家法律、法令规范个人的行为，才能达到保护国家和人民利益的目的。因此，依照法令的行为必须是在法定的限度以内实行，否则就会给社会造成不应有的损害。所谓法定限度，就是实施行为的方式、强度及其结果都是符合法律、法令规定的行使权利或者履行义务的要求，没有给社会造成不应有的损害。

从我国的实际情况看，法令行为主要分为职务行为和权利（义务）行为两类。所谓职务行为，即国家公务人员根据法律的规定，在法律权限内履行职务、职责的行为。职务行为包括：第一，在法律、法令、法规上有着直接的根据，而由国家公务人员实施的行为，例如根据《刑事诉讼法》的规定，人民警察对犯罪嫌疑人实施的拘留、逮捕、监视居住等强制措施，或者在侦查过程中实施的搜查、扣押书证、物证等收集证据的行为。第二，作为下级的国家公务人员基于上级的职务命令所实施的行为。职务行为的正当性是以有法律根据，在法律权限内履行作为基础的。因此不仅要求公务人员的职务行为在实体上要以法律作为依据，而且还要求在程序上不能违反法律，否则便失去其正当性。需要指出的是，基于上级的职务命令所实施的行为，前提必须是职务命令符合法律、法令、法规的规定，否则下级公务人员执行上级违法的命令的行为也不具有正当性。但是，下级公务人员在执行了上级违法的命令时是否应承担责任，是一个较为复杂的问题。一般认为，应当以其执行上级违法命令时，是否缺乏实施符合法律的行为的期待可能性来确定。也有的国外学者认为，对于下级行为而言，因为缺乏适法行为的期待可能性而阻却责任，但是不阻却违法性。所谓权利（义务）行为，即在法律规定上作为公民的权利（义务）的行为。例如，任何公民根据《刑事诉讼法》第63条的规定，将正在实行犯罪或者在犯罪后即时被发觉的人，或通缉在案的人，或正在被追捕的人扭送公安机关、人民检察院或者人民法院的行为，均属此类行为。

二、执行上级命令的行为

执行上级命令的行为，是指按照上级国家工作人员的命令而实施的行为。执行上级命令的行为不是直接依照国家的法令所为，而是启动于上级国家工作人员的命令。下级服从上级、部属受命于首长，完成管理国家的各项使命，这既是每个国家工作人员应尽的职责，也是实现国家职能和保卫社会的需要。因此，虽然这类行为有时形同犯罪，却实系有益于国家和人民的正当行为。例如，公安武警受命执行枪决死刑罪犯，在外观上似乎有故意杀人罪的犯罪构成，而实质上是保护国家和人民利益所必需的合法行为，不具有犯罪性。

执行上级命令的行为必须具备以下的条件。

（一）执行的命令必须是所属上级国家工作人员发布的

这里所说的命令，是指上级对下级有指示或者下达的指示。所谓上级国家工作人员包括直属的同级首长，也包括直属的上一级首长。由于国家工作人员只负有执行自己所属上级国家工作人员命令的义务，而没有执行与自己无直属上下级关系的国家工作人员命令的义务，因此，国家工作人员因执行非自己所属上级国家工作人员的命令，给社会造成危害的，不能排除其行为的犯罪性。

（二）上级国家工作人员所发布的命令必须是其职权以内的事项

所谓职权以内的事项，是指上级国家工作人员业务管辖范围以内的事务。国家工作人员对所属上级国家工作人员业务管辖范围内的命令有服从的义务，但对上级国家工作人员超越职权的命令无须执行。如果明知是超越职权的命令而予以执行，造成严重危害后果，应当承担刑事责任。

（三）命令的形式必须符合法律的规定

上级国家工作人员对下级国家工作人员下达命令，应当符合法定的签发程序，下级国家工作人员才有服从执行的义务。如果受命者明知命令者发布命令的形式是违法的，而予以执行，造成危害社会结果的，就不能排除执行行为的违法性。

（四）发布的命令内容必须没有明显的犯罪性

正确的命令和执行是保卫社会的需要，违法的命令和执行必然给社会造成危害。因而下级国家工作人员若发现上级国家工作人员所发布的命令是违法犯罪的，就应当拒绝执行，否则执行者就是命令者的共同犯罪人。当然，对于受命者在执行时尚未发现命令的犯罪性，而且根据当时的具体情况也不可能预见，则不能认为执行者的行为是犯罪。

（五）执行命令的行为不能超过必要限度

国家工作人员执行上级命令时，必须遵照上级命令的内容从事，不得超过命令的事务范围。因此对于受命者执行命令过限，造成不应有危害的，构成什么罪就应按什么罪追究刑事责任。

三、正当业务行为

正当业务行为，是指行为人根据本身所从事的某种正当业务的需要而实施的行为。

正当业务行为是法律允许的保全某种合法权益或者发展某项社会事业所需要的行为，虽然有时从客观上看好像具有某种犯罪构成要件，但在实际上是对国家和人民有益的行为。例如，医生为了医疗疾病的需要，切除患者带有病灶的人体器官或者肢体；运动员在拳击、摔跌、柔道等体育竞赛中，击伤或者摔伤了对方的身体。这些业务行为，在形式上似乎具有故意伤害罪的犯罪构成，然而却是法律所允许的正当行为，对社会有益而无害。正当业务行为在现实生活中到处可见，但要排除其犯罪性，应当具备以下的条件。

（一）从事的业务必须是正当的

业务的正当性，包括两方面的内容：一是从业者本身具有从事某种特定业务的实际能力。二是所从事的业务经过了有关主管部门的许可或者事实上已被社会公众认可。只有符合上述条件，才能认为是正当业务，否则既不能认为其业务行为是正当的，亦不排除其行为的犯罪性。

（二）实施的行为必须在其业务的范围以内

任何一种业务都有其自身的特点和专业知识要求，从业者只有在所许可或者认可的特定职业范围以内从事业务活动，才有益于社会。如果其行为超出了所从业的许可界限，由此而产生严重危害结果的，应当负法律责任。

（三）从业人在主观上必须是出于从事正当业务的意图

即从业人在实施某种行为时，认识到自己的行为是在履行所担负的社会职责，并通过自己的行为达到保全某种合法的权益或者发展某项社会事业的目的。如果从业人不是基于上述的意图，而是出于其他不正当的个人意图，其行为构成什么罪就按什么罪处罚。

（四）从事业务的行为不能超过必要限度

正当业务行为都是社会所需要的有益行为，因而每个从业人就必须根据其所从事业务的实际需要严格从事。如果其行为违反了操作规程和有关制度的规定，或者行为结果超过了保全某种合法权益或者发展某项社会事业的所需界限，给社会造成了不应有的损害，就应当依法追究其刑事责任。

四、自救行为

所谓自救行为，又称自力救济行为、自助行为，是指合法权益已经受到侵害的人，在事实上按照法律程序依靠国家机关就不可能对权益进行恢复或者显著难以恢复时，依靠自己的力量恢复权益的行为。例如，盗窃、抢夺、抢劫案件的受害人，在其财物已经被行为人非法占有的场合，于紧急状态下（如行为人将毁损财物或携财物逃往外地）以强力损害行为人的方式夺回被非法占有的财物，即属较为典型的自救行为。虽然在此种场合下，自救行为造成了法益的损害，但不具有犯罪的社会危害性，法律承认其正当性。它对保护公民个人的合法权益和挽回不法侵害行为所造成的损害，具有重要的意义。但是，为了维护社会主义法制的尊严和社会秩序的稳定,避免引起不必要的纠纷和混乱,实行自救行为必须符合以下的条件。

(一)自救行为只适用于保护自己的合法权益

自救即自我救助,因而救助的对象只限于保护自己被侵害的合法权益。对于保护他人合法权益所实行的救助行为,不能视为自救行为。

(二)自救行为必须是在情况紧急时实施

所谓情况紧急,是指行为人的合法权益被侵害而又来不及告请国家机关救助,而且不实行自救其合法权益就会丧失或者显然难以保全的危急情况。由此可见,自救属于一种救急行为,如果能及时得到国家机关的救助,或者不实行自救也不会导致被侵害权益的丧失或难以保全的情况,不能实行自救行为。

(三)实行自救行为必须要有不法侵害的状态存在

自救行为的实施是以不法侵害状态的存在为前提的,对于合法行为或者其他正当行为不能实行自救行为。同时,自救行为只能是在不法侵害行为已经结束而不法状态尚存的过程中实施,如果不法侵害行为即将开始或者正在进行,则是进行正当防卫或者实行紧急避险的问题,而非自救行为。

(四)自救行为的方法和强度必须适当

自救行为是在不法侵害已经结束以后实行的,因而其行为的方法和强度应当同不法状态存在的情况相适应,不能给不法侵害者造成不应有的损害。一般地说,自救行为的方法只适宜采用限制不法侵害者的人身自由,或者扣押其财物的形式,而不允许采用暴力伤害或者毁坏财产的方法进行。当然,在遭到不法侵害者反抗的情况下,应视其具体情况,区别对待。

自救行为同正当防卫行为有相似之处,但又有原则的区别,主要表现在:

1.前者只限于为了保全自己的合法权益,不包括为了保全公共和他人的权益而实施的行为;而后者既可以是保护自己的权益,也可以是为了使国家、公共利益或者他人的权益免受损害。

2.前者是在不法侵害行为结束之后实施的,是对不法侵害的事后救助;而后者是在不法侵害行为正在进行中实施的,属于对不法侵害已经开始而尚未结束的事中救助。

3.前者的行为方法,一般限于对于不法侵害者限制人身自由或者扣押其财物,不允许采用暴力伤害或者毁坏财物的方式;而后者只要防卫行为没有明显超过必要限度造成重大损害,无论采用何种方式方法,均是正当合法的。

由此可见,自救行为和正当防卫是两种不同的排除犯罪性的行为。二者之间不存在相容的关系。

五、经权利人同意的行为

权利人同意的行为，是指经过有处分某种权益的人的同意而实施的损害其权益的行为。这种行为是否属于排除犯罪性的行为，应当根据损害的权益性质、方法及其后果具体论定，不能一概而言。国外刑法理论上有“法律行为说”“利益放弃说”“利益衡量说”等观点。我国有学者认为，权利人同意的承诺表明作为利益主体的被害人一方面放弃了自己的利益，另一方面也放弃了法律的保护，在这种情况下，刑法仍然进行干涉，就违反了刑法的目的。

根据刑法的规定和司法实践，经权利人同意的行为，只有符合以下条件，才能认为是排除犯罪性的行为：

（一）权利人对同意损害的权益必须具有处分权

一个人可以同意他人损害自己的某种权益，如个人的名誉、财产等，却无权让他人损害有关社会的公共权益和其他公民的权益。因此，经权利人同意的行为要排除犯罪性，只限于损害同意人有权利处理的个人利益。一个人是否有权同意他人剥夺自己的生命，这在理论上有着肯定与否定两种不同的观点。我们认为，根据我国法律的规定，个人属于国家、社会的一员，其生命是个人权益，又是国家和社会的公共权益，因而经他人同意而剥夺其生命权利的行为，不能排除其行为的犯罪性。

（二）权利人的同意必须是真实的

1.同意人必须具有辨认和控制自己行为的能力，认识到自己同意行为的性质、意义及其后果，并能独立地进行意思表示。对于经精神病人和未成年人同意而实行的损害其权益的行为，不排除损害行为的犯罪性。

2.同意行为是出于权利人的自愿和诚意，不违背其意志。如果同意人是在受到强制、威胁、利诱或者开玩笑等情况下所为，则不能认为是真实的同意，亦不属于经权利人同意的行为。

（三）权利人的同意必须出于有益于社会的意图

即权利人之所以同意他人损害自己的合法权益，只能出于良好的动机和追求正当的目的。例如，同意损害自己的身体健康为了救助他人，同意毁坏自己的财产以资科学实验等。如果同意行为是出于损害国家、公共或者他人的权益，则应依法追究刑事责任。

（四）经权利人同意所实施的损害行为必须符合社会公德和国家法律的规定

经权利人同意所实施的损害行为必须不违反法律与公序良俗。经权利人同意的行为要排除犯罪性，其行为的方法和结果不得有悖于社会的道德观念和法律规定，不能损害社会的公共权益和给同意人造成不应有的损害。例如，毁损同意人的财产不得危害公共安全，给病人输血不能伤残献血人的身体等等，否则构成何罪，就按何罪处罚。

关于安乐死是否能排除犯罪性，大多数国家刑法持否定态度，在刑法理论上亦有肯定与否定两种主张。我们认为，安乐死有别于一般的同意他人剥夺其生命的行为，它可以在不损害公益的情况下，使同意人免受病魔的折磨而得以人道主义的关怀。但是，我国刑法没有对安乐死作出肯定的规定，是不能排除其犯罪性的，应当认为是犯罪。当然在处罚时应当酌情予以从轻、减轻或者免除处罚。

六、义务冲突

一般意义上的义务冲突，指的是一个人被迫同时履行数个互不相容的义务，因而进退两难的情形。法律上的义务冲突是指存在两个以上不相容的法律上的义务，为了履行其中的某种义务而不得已不履行其他义务的情况。由于法律规定的复杂、多样和庞大，往往难以避免各规定之间发生抵触；而人类生活本身极其丰富，导致了人会同时负有多种义务；但是，单个人甚至人类的能力是有限的，人们在不同时候履行不同义务虽然可能，却难以在同一时间履行互不相容之义务，这就产生了义务冲突的可能性。譬如父亲见两名幼子同时溺水，在情况危急之下，其仅能救出其中之一，该父亲对于其二子负有同时救助之义务，但其履行其中之一时，势必无法同时履行另一义务，即为适例。

可以看出义务冲突是现实生活中的一种两难状态。由于义务冲突中的义务性质的不同，因违背其中一方的义务所要遭受谴责的程度就有差异。并非所有的义务冲突都能被摄入刑法视野。国内外学者通常认为，刑法的义务冲突成立要件必须包括以下几个方面：一是同时存在着数个互不相容的义务；二是被履行的义务应当是法律义务；三是冲突状况的发生不能归责于行为人；即冲突状况的发生不能是由于行为人的故意或者过失所造成的，否则，就排除其行为的合法性。四是为了履行一方的义务不得不侵害他方的义务，因为不能找到其他可以替代的办法来履行数项义务。

七、推定的承诺

基于推定的承诺的行为，现实上没有被害人的承诺，但如果被害人知道事实真相后，当然会承诺，在这种情况下，推定被害人的意志所实施的，保护被害人合法权益的行为，就是基于推定的承诺的行为。如发生火灾之际，为了避免烧毁被害人的贵重财产，闯入屋内搬出贵重物品的行为，就是基于推定的承诺的行为。

基于推定的承诺的行为，必须具备以下条件：

1.被害人没有现实的承诺。

2.推定被害人知识真相将承诺，这种推定以合理的一般人意志为标准，而不是以被害人的实际意志为标准。

3.必须是为了被害人的一部分权益牺牲其另一部分权益，但所牺牲的权益不得大于所保护的权益。

4.必然针对被害人有处分权限的个人权益实施行为。

5.必须不违反法律。

第九章　故意犯罪的停止形态

第一节　故意犯罪停止形态概述

一、故意犯罪停止形态的概念

故意犯罪停止形态，是指故意犯罪在其产生、发展和完成犯罪的过程及阶段中，因主客观原因而停止下来的各种犯罪状态。按其停止下来时犯罪是否已经完成为标准，可分为两种基本类型：一是犯罪未完成形态，即犯罪在其发展过程中中途停止下来，犯罪未进行到终点，行为人未完成犯罪；二是犯罪的完成形态，即犯罪既遂形态，是指故意犯罪在其发展过程中没有在中途停止下来而得以进行到终点，行为人完成了犯罪的情形。根据犯罪停止的原因或停止时与犯罪完成的距离等情况的不同，犯罪未完成形态可再分为犯罪预备形态、未遂形态和中止形态。

应当区分故意犯罪停止形态和故意犯罪的过程、故意犯罪的阶段。故意犯罪停止形态与故意犯罪的过程、故意犯罪的阶段有联系也有区别。故意犯罪的过程，是指故意犯罪发生、发展和完成所经过的程序、阶段的总和与整体，是故意犯罪运动、发展、变化的连续性在时空上的表现。故意犯罪的阶段，是指故意犯罪发展过程中因主客观具体内容的不同而划分的段落。故意犯罪的过程和阶段，以行为人开始实施犯罪的预备行为为起点，以行为人完成犯罪为终点，进而分为两个阶段：一是犯罪预备阶段，二是犯罪实行阶段。故意犯罪停止形态与故意犯罪的过程和阶段的联系主要在于：故意犯罪的停止形态是在故意犯罪过程和阶段中产生的，各种犯罪形态的产生及其界定，依赖犯罪过程和阶段的存在及其不同的发展程度。二者的区别是：故意犯罪的停止形态是故意犯罪已经停止下来的各种不同结局和形态，属于相对静止范畴的概念；故意犯罪的过程和阶段是故意犯罪发生、发展和完成的进程及进程中划分的段落，是相继运动发展的概念。

二、犯罪停止形态存在的范围

（一）过失犯罪不存在犯罪停止形态

过失犯罪的行为人在主观上是过失，客观上我国刑法又限定只有发生危害结果且刑法分则条文明文规定的才构成犯罪，因而过失犯罪不可能存在犯罪的预备、未遂和中止形态。由于犯罪完成形态是与未完成形态相对而言的，因而过失犯罪也无犯罪完成形态即犯罪既遂存在的余地和意义。

(二)间接故意犯罪不存在犯罪停止形态

间接故意犯罪由其主客观特征决定,不可能存在犯罪未完成形态。从主观方面分析,犯罪人对自己的行为所可能造成的一定危害结果发生与否持放任的态度,即发生与否都为行为人放任的心理所包含,谈不上对完成特定犯罪的追求。从客观方面考察,间接故意犯罪受主观放任心理的支配,客观上不可能存在未完成特定犯罪的状态,因为客观上出现的此种状态或彼种结局都是符合其放任心理的。对这种案件应以行为的实际结局决定定罪问题,无犯罪未完成形态存在的余地,也基于此,失去了与之相对应的完成形态即犯罪既遂存在的意义和可能。

(三)直接故意犯罪并非都存在犯罪停止形态

并非一切直接故意犯罪的罪种与具体案件都存在犯罪的停止形态。从罪种上分析,有几类直接故意犯罪不存在某种或某几种犯罪未完成形态:一是依法一着手实行即告完成犯罪的举动犯(如刑法中的煽动分裂国家罪、传授犯罪方法罪等),不存在犯罪未遂;二是我国刑法中把"情节严重""情节恶劣"规定为犯罪限制性要件的情节犯,不存在犯罪未遂;三是结果加重犯和情节加重犯,由其构成特征决定了不存在犯罪既遂与未遂之分,而只有是否成立加重构成之分。从具体案件上看,突发性的直接故意犯罪案件由于一般不存在犯罪的预备阶段而直接着手实施犯罪的实行行为,因而往往不存在犯罪的预备形态以及犯罪预备阶段的中止形态,而只有犯罪未遂、犯罪实行阶段的犯罪中止及犯罪既遂形态的存在。

三、犯罪未完成形态负刑事责任的根据

根据我国刑法理论,行为人负刑事责任的根据在于其具备主客观相统一的犯罪构成。犯罪未完成形态负刑事责任的根据也在于行为人的行为符合犯罪构成。我们知道,以犯罪构成的形态为标准,可以把犯罪构成分为基本的犯罪构成和修正的犯罪构成。基本的犯罪构成,是指刑法条文就某一犯罪的单独犯的既遂状态规定的犯罪构成。修正的犯罪构成,是指以基本的的犯罪构成为前提,适应犯罪行为的各种不同的犯罪形态,而对基本犯罪构成加以某些修改变更的犯罪构成。修正的犯罪构成包括两类:一是适应故意犯罪的不同停止形态而出现的预备犯、未遂犯、中止犯之犯罪未完成形态的犯罪构成;二是适应数人实施以单独规定的犯罪构成的犯罪形态而规定的共犯的犯罪构成,即教唆犯、组织犯、帮助犯等非实行犯的构成。需要指出的是犯罪构成要件是否齐备,是某一行为齐备基本的犯罪构成或者齐备修正的犯罪构成,而不全是以基本的犯罪构成为判断的依据,行为齐备修正的犯罪构成,也是犯罪构成的齐备。需要指出的是,犯罪未完成形态要构成犯罪也必须齐备犯罪构成,只不过其齐备的是修正的犯罪构成。修正的犯罪构成也是要件齐备的犯罪构成,只是与基本犯罪构成在具体构成要件的具体内容上有所不同而已。

第二节 犯罪既遂形态

一、犯罪既遂形态的概念和特征

犯罪既遂，是故意犯罪的完成形态或者说完备形态，是指行为人所故意实施的行为已经具备了某种犯罪构成的全部要件。确认犯罪既遂与否，应以行为人所实施的行为是否具备了刑法分则所规定的某一犯罪的基本犯罪构成的全部构成要件为标准，而不能以犯罪目的达到或者以犯罪结果发生作为犯罪既遂的标准。

犯罪既遂具有以下特征：

1.行为人主观方面必须是直接故意。不应将过失犯罪、间接故意犯罪的成立也称之为犯罪既遂。我们将犯罪既遂视为与犯罪未完成形态相对应的概念而使用。过失犯罪、间接故意犯罪不存在犯罪未完成形态，也就不应使用犯罪既遂这一概念，只可使用犯罪成立的概念。

2.行为人必须已经着手实行犯罪。这是犯罪既遂成立的时间条件。如果行为人尚未着手实行犯罪，而只是实施了为实施犯罪准备工具，创造条件的行为，就只是犯罪预备，而不能成立犯罪既遂。

3.行为人的行为齐备了某种犯罪的基本构成的全部要件。这是构成犯罪既遂的实质要件。这里说的构成要件的齐备，是指刑法分则规定的某一犯罪基本犯罪构成要件的齐备。

【观点论争】

对犯罪既遂的定义有不同的观点：一是目的达到说，认为犯罪既遂是指行为人所实施的犯罪行为达到了其所预期的犯罪目的。主张既遂与未遂的区分就在于行为人是否达到了其犯罪目的。二是结果发生说，认为犯罪既遂是指行为人所实施的犯罪行为造成了一定的危害结果或者说法律规定的犯罪结果，主张既遂与未遂的区分就在于是否发生了犯罪结果。

二、犯罪既遂形态的类型

由于法律规定的构成要件因罪而异，所以犯罪既遂形态也表现为不同的类型，主要存在以下四种类型：

1. 结果犯。是指不仅要实施具体犯罪构成客观要件的行为，而且必须发生法定的犯罪结果才构成既遂的犯罪。可见，结果犯以特定危害结果的方式作为犯罪既遂的标志；特定结果未发生则为犯罪的未完成形态。特定的危害结果是与危害行为性质相一致的有形的、可以计量的结果。以故意杀人罪为例，行为人对被害人着手实施杀害行为后，只有导致被害人死亡的，才能构成犯罪既遂。

2. 行为犯。是指以法定的犯罪行为的完成作为犯罪既遂标准的犯罪，即不要求造成物质性的和有形的犯罪结果，而是以行为的完成为标志，但这些行为并非一着手即告完成，而是有一个实行的过程，要达到一定程度。在行为犯中，行为人着手实施该具体犯罪构成要件客观方面的行为后，只有达到一定的程度才能构成犯罪既遂，如果由于其意志以外的原因而未达到这种程度的，不构成犯罪既遂。如脱逃罪以行为人达到脱离监禁羁押的状态和程度为犯罪既遂的标志，偷越国(边)境罪以行为人达到越过边境线的程度为犯罪既遂的标志。

3. 危险犯。是指以行为人实施的危害行为造成法定的发生某种危害结果的危险状态为既遂标志的犯罪。由于危害行为的实施并不必然伴之以危险状态的发生，因而对危险犯而言，行为人着手实施该具体犯罪构成要件客观方面的行为后，只有导致了该罪构成要件客观方面的法定危险状态，并且危险状态与危害行为的性质相一致才能构成犯罪既遂，如果由于其意志以外的原因未导致该法定的危险状态的，不构成犯罪既遂。如破坏交通工具罪就以造成足以使火车、汽车、电车、船只、航空器发生倾覆危险为既遂的标志，如果行为着手破坏交通工具行为之后，由于其意志以外的原因而未造成足以造成交通工具倾覆毁坏危险的，则不能成立犯罪既遂。

4. 举动犯。也称为即时犯，是指按照法律规定，行为人一着手犯罪实行行为即告完成和完全符合构成要件，从而构成犯罪既遂的犯罪。举动犯不存在犯罪未遂问题，但存在既遂形态与预备形态及预备阶段的中止形态之别。我国刑法中的举动犯一般都是原本属于非实行行为而被刑法分则实行行为化的犯罪行为，具体包括两类：一类是原本为预备性质的犯罪构成。如参加恐怖活动组织罪之参加行为。二是教唆性质的犯罪构成。如煽动分裂国家罪之煽动行为。

三、既遂犯的处罚原则

刑法分则条文的法定刑是为犯罪基本构成设置的，对既遂犯刑法未专门规定既遂犯的特殊处罚原则。实践中，应当在考虑刑法总则一般量刑原则的指导与约束的基础上，直接按照刑法分则具体犯罪条文规定的法定刑幅度处罚。同时应注意对同种罪而危害不同的既遂犯的区别对待；在既遂犯同时具备其他宽严处罚的情节尤其是法定的处罚情节时，要注意同时引用相关的条款。

【案例分析】

被告人王某，男，33岁，无业，赌博成性，为还赌债经常小偷小摸，某日深夜在朋友家参与赌博又欠下赌债，在回家的路上心中盘算着如何想办法弄点赌资。行至一制衣厂门口，见一人正在锁门，腋下夹着一小提包。王某心中猜想："这应该是这个厂的老板，包里多少应该有点东西。"又见周围没有别人，且灯光昏暗，遂从后面冲上去，抓住小提包拔腿就跑。刚跑出十几米远，就听后面那人喊道："赌仔鬼，你抢我的包做什么？"王某一听声音才知该人是其同宗的一个远房叔叔，遂返身回去，交还提包说："叔啊，深更半夜的您一个人在这里做什么？我是想吓唬吓唬您。走，我们正好做个伴。"当时，包里有现金5000元、手机等物品，总价值一万余元。后王某被扭送公安机关，交代了犯罪事实。在本案的审理过程中存在着以下三种不同的观点。

第一种观点认为王某的行为构成抢夺罪的未遂。理由是:王某已经实施抢夺行为,在抢夺过程中由于被害人是其同宗叔叔,认出了王某,使其被迫放弃犯罪,无法进一步占有该提包,这是王某意志以外的原因。依据《刑法》第23条的规定,王某的行为构成犯罪未遂。

第二种观点认为王某的行为构成抢夺罪的中止。理由是:王某在实施抢夺犯罪的过程中,发现被害人是自己的熟人,虽然被认出,但是这并不足以阻止王某占有该财物,王某返回交还提包的行为完全是基于自己内心的意愿,主动放弃犯罪。依据《刑法》第24条的规定,王某的行为应认定为犯罪中止。

第三种观点认为王某的行为构成抢夺罪的既遂。理由是:王某趁被害人不备,将提包抢到手,且准备逃跑,此时其已完成了抢夺犯罪行为,已经具备了抢夺罪的全部构成要件,根据我国刑法理论,已经构成犯罪既遂。至于其被认出后交还提包的行为,是属于犯罪以后返还原物的行为,不影响犯罪既遂的成立。

第三节 犯罪预备形态

一、犯罪预备形态的概念和特征

我国《刑法》第22条第1款规定:“为了犯罪,准备工具,制造条件的,是犯罪预备。”我国刑法学界认为这只是对犯罪预备行为的描述,并非犯罪预备的概念。根据这一规定及有关刑法理论,犯罪预备形态,是指行为人为实施犯罪而开始创造条件的行为,由于行为人意志以外的原因而未能着手实行犯罪行为的犯罪停止形态。

【观点论争】

对于犯罪预备的概念有不同的观点:一种观点认为,犯罪预备就是指犯罪的“预备阶段”,把犯罪预备界定为在着手实行犯罪前实施的一种犯罪的准备行为,突出了犯罪预备这种“行为的阶段”的特征;另外一种观点认为,犯罪预备就是犯罪的预备行为,指的是着手实行犯罪以前的准备实行犯罪的活动,相对于犯意表示和犯罪实行而言,是处于二者之间的具有一定社会危害性的活动。

犯罪预备形态具有以下特征:

犯罪预备形态的客观特征。犯罪预备形态的客观特征包括两个方面。

1.行为人已经开始实施犯罪的预备行为,即为犯罪的实行和完成创造便利条件的行为。犯罪预备不同于犯意表示。犯意表示是指以口头、文字或其他方式将犯罪意图单纯表露。二者的区别在于:犯罪预备行为具有社会危害性,已具备特定的犯罪构成,我国刑法规定原则上要作为犯罪处理;而犯意表示,还不是行为,无论是从行为人的主观意图还是客观表现上看,都不是在为犯罪实施创造条件,不具有社会危害性,对犯意表示不能处罚。不过需要注意的是,有的行为人的犯罪意图也可能在准备实行犯罪过程中以口头或书面等方式表现出来,以下两种类似于犯意表示的行为不能认定为犯意表示而应以犯罪论处:一是某些具体犯罪的构成中所包含的口头或书面语言形式的实行行为,如侮辱罪、诽谤罪、煽动分裂国家罪以及教唆犯罪里所包含的言语行为。这些特定的语言在特定的犯罪构成中属于犯罪的实行行为,具备这些语言不但构成犯罪,而且不是犯罪预备,而是已经实行犯罪的其他犯罪形态。二是在犯罪中邀约共同犯罪人、商议犯罪计划的口头语言或者书面语言。这些语言都已经超出犯意表示的范畴,而是在为实施犯罪创造条件的犯罪预备行为,足以构成犯罪的,应当以犯罪论处。

2. 行为人尚未着手犯罪的实行行为,即犯罪活动在具体犯罪实行行为着手前停止下来。

以上两个特征说明了犯罪预备形态可能发生的时空范围,即开始实施犯罪的预备行为起直至犯罪实行行为着手之前。

犯罪预备形态的主观特征。犯罪预备形态的主观特征也包括两个方面:

1. 行为人进行犯罪预备活动的意图和目的,是为了顺利着手实施和完成犯罪。可见,预备犯的主观方面既有进行犯罪预备活动的意图,又具有进而着手实行和完成犯罪的意图。但是后者尚未实际展开而只是在犯罪预备活动中间接地得到反映;而前者,即为了顺利地着手实施和完成犯罪而进行犯罪预备活动的意图与目的,才是预备犯主观方面主要的内容和特征所在。犯罪预备行为的发动、进行与完成,都是受此种目的的支配的。

2. 犯罪在实行行为尚未着手时停止下来,是由于行为人意志以外的原因所致,即是被迫而非自愿在着手实行行为前停止犯罪。这是犯罪预备与犯罪预备阶段中止的关键区别所在。所谓意志以外的原因,是指足以阻碍行为人着手实行和完成犯罪的因素,如果该因素不足以阻碍行为人继续着手实行犯罪的,行为人也认识到这一点的(排除行为人存在认识错误而构成犯罪预备的情形),应认定为犯罪预备阶段中止。

只有上述主客观特征相统一,才能构成犯罪预备。在实践中,大多数故意犯罪是有预备行为的,否则就不能完成犯罪。

二、犯罪预备行为的类型

根据我国《刑法》第 22 条第 1 款的规定,犯罪预备行为,是指为了犯罪准备工具或者制造条件的行为。根据这一规定,犯罪预备行为可以分为两大类:

1. 为实施犯罪准备犯罪工具的行为。所谓犯罪工具,是指专门为了实施犯罪而利用的各种物品。犯罪工具可以说专供犯罪使用的工具,也可以是日常生活用品。总之,一切能够供犯罪人实施犯罪所利用的物品都可以成为犯罪工具。从某种意义上讲,准备工具也是创造犯罪条件。

2. 制造条件的行为。是指上述准备犯罪工具意外的为了保证实施犯罪而进行的其他准备活动。在司法实践中,制造犯罪条件主要有以下表现形式:(1)为实施犯罪事先调查犯罪场所、时机和被害人行踪。(2)练习犯罪技能。(3)排除实施犯罪的障碍。(4)追踪被害人、守候被害人的到来或者进行其他接近被害人、接近犯罪对象物品的行为。(5)筹集犯罪资金。(6)邀约共同犯罪人,进行犯罪预谋。(7)拟订实施犯罪计划,等等。

三、预备犯的处罚原则

根据《刑法》第 22 条第 2 款的规定，对于预备犯，可以比照既遂犯从轻、减轻处罚或者免除处罚。

在司法实践中，确定预备犯的刑事责任时应当综合考虑预备犯罪的性质、预备的程度以及是否牵连其他犯罪等。如果预备行为本身独立构成另外的犯罪，则成立牵连犯，在这种情况下，应按照从一重处的原则定罪判刑。

【案例分析】

被告人赵某、李某在福建省福州打工，在春节前欲回家却无钱而共谋抢劫。某晚 11 时许，二人携带事先购买的匕首、绳索等作案工具搭乘孙某驾驶的出租车，谎称有紧急业务需要到长乐市(福州市下辖)。在车上，赵某用方言对李某说："等一会儿连车一起搞了，开回老家去。"李某说："这是个好主意。"司机孙某虽然没有听明白二人的谈话，但是觉得二人的形迹不像是跑业务的，遂产生怀疑。后车行至福州市郊某检查站，适逢公安部门在此设点检查春运车辆，孙某即将车辆迅速靠近检查点求援，经盘查，两犯罪嫌疑人交代了犯罪事实。在本案件审理过程中，对二被告人的行为构成抢劫罪并属于抢劫罪的未完成形态均无异议，但是具体为哪种形态存在不同意见：

一种意见认为本案应定性为抢劫罪的未遂。理由是：二被告人因无钱回家而共谋抢劫后，准备了匕首、绳索等工具，并选定了抢劫对象孙某，并假意租乘，上了被害人的出租车，直接面对犯罪对象，已经构成了对犯罪客体的现实的直接的威胁，也就是说二被告人已经"着手"实行抢劫行为，但是由于意志以外的原因即司机孙某的机警和警察的盘查而被抓获，致使其犯罪未得逞即抢劫孙某及出租车的目的未能实现。依据《刑法》第 23 条的规定："已经着手实行犯罪，由于犯罪分子意志以外的原因而未得逞的，是犯罪未遂。"二被告人的行为应定性为抢劫未遂。

另一种意见认为本案应定性为抢劫罪的预备。理由是：二被告人虽然准备了作案工具，并已乘坐被害人的出租车，直接面对犯罪对象，但是尚未对被害人的人身和财产形成实质性的侵害(抢劫)，只是非常接近实质性的侵害，其行为在本质上仍然是在为下一步实质性侵害(抢劫)创造条件，亦即尚未着手实行犯罪。依据《刑法》第 22 条的规定："为了犯罪，准备工具、制造条件的，是犯罪预备。"

第四节　犯罪未遂形态

一、犯罪未遂形态的概念和特征

我国《刑法》第 23 条第 1 款规定："已经着手实行犯罪，但由于意志以外的原因而未得逞的，是犯罪未遂。"根据这一规定，所谓犯罪未遂，是指行为人已经着手实行具体犯罪构成的实行行为，由于其意志以外的原因而未能完成犯罪的一种犯罪停止形态。

根据这一概念,犯罪未遂形态具有三个特征:

1.行为人已经着手实行犯罪

行为人着手实行犯罪是成立犯罪的前提条件。所谓"着手",是指行为人开始实施刑法分则规定的某一具体犯罪构成要件客观方面的行为。它标志着行为人已经从犯罪预备行为状态进入了犯罪实行行为状态。行为人是否已经着手实行犯罪,是区分犯罪预备与犯罪未遂的主要标志。因此,认定着手实行犯罪与否,关键在于将犯罪预备行为与实行行为加以区别。前者的本质与作用是为分则犯罪构成行为的实行与完成创造条件,为其创造现实可能性;后者的本质与作用是直接完成犯罪,变预备阶段实现、完成犯罪的现实可能性为现实性。

【观点论争】

如何认定是否已经着手在立法和司法上具有重要意义,但在刑法理论上,对着手的理解存在各种观点的争论。第一种观点认为,犯罪行为着手的客观特征是开始实行刑法规定的犯罪构成要件的行为。着手是实行行为的起点。第二种观点认为,作为实行行为起点的着手,是指开始实施可以导致危害结果发生的行为。第三种观点认为,犯罪是实行行为的着手就是开始直接实施刑法分则规定的具体犯罪构成客观方面的行为。

我们认为,犯罪实行行为的着手具备主观和客观两个基本特征:在主观上,行为人是实行具体犯罪的意志已经直接支配客观实行行为并通过后者开始充分表现出来;客观上行为人已经开始直接实行具体犯罪构成客观方面的行为,使刑法保护的具体权益初步受到危害或者面临实际存在的威胁,已经不再属于为犯罪的实行创造便利条件的犯罪预备性质。

2.犯罪未得逞

所谓犯罪未得逞,是指犯罪行为没有完全具备刑法分则规定的某一犯罪构成的全部构成要件。犯罪未得逞是区分犯罪未遂与犯罪既遂的主要标志。

【观点论争】

我国刑法学界对于未得逞的理解存在不同的看法,主要观点有:一是"犯罪目的说",认为犯罪未得逞就是指犯罪目的没有达到;二是"犯罪结果说",认为犯罪未得逞就是行为人所追求的为法律所规制的结果没有发生或者说犯罪行为没有产生法律规定的犯罪结果;三是"犯罪构成要件说",认为犯罪未得逞就是指犯罪行为没有齐备具体犯罪构成的全部要件。第一种与第二种观点很显然对我国刑法中规定的危险犯与行为犯的问题就不能解决,第三种观点克服了前面二者的缺陷,现在为大多数学者所接受。

犯罪未得逞在不同形式的犯罪中有不同的具体含义和表现:一是结果犯,以法定的犯罪结果没有发生作为犯罪未得逞的标志;二是行为犯,以法定的犯罪行为未能完成作为犯罪未得逞的标志;三是危险犯,以法定的危险状态尚未具备作为犯罪未得逞的标志。

3. 犯罪未得逞是由于犯罪分子意志以外的原因

犯罪分子着手实行犯罪以后，未能完成犯罪而停止下来原因是多方面的，由于意志以外的原因而没有得逞，是犯罪未遂与犯罪中止的根本区别。所谓犯罪分子意志以外的原因，是指违背犯罪分子本意的一切原因。这里所说的意志以外的原因应具有两方面的特征：一是该原因是阻碍犯罪分子完成犯罪的原因，即与犯罪分子本意相违背；二是该原因是足以阻碍犯罪分子完成犯罪的原因。如果不足以阻碍犯罪分子完成犯罪，而行为人自动放弃的，不能认定为意志以外的原因而视为犯罪未遂，应认定为犯罪中止。当然，行为人对这些因素是否足以阻碍其完成犯罪存在错误认识的另当别论。

犯罪分子意志以外的原因是多种多样的，归纳起来主要有两个方面：一是客观方面的原因，如自然力的阻碍、物质障碍、意外情况的发生、犯罪分子自身能力的不足、犯罪客观环境的不利、被害人的发现、逃避和反抗、他人的制止等等；二是主观方面的原因，如犯罪分子对犯罪工具的性能、犯罪对象、犯罪方法或者犯罪客观环境等发生错误的认识，从而致使犯罪未能按照犯罪分子本意完成。

【观点论争】

在我国刑法学界，对于意志以外的原因的理解不尽相同。有的人认为犯罪分子意志以外的原因就是客观原因，即阻止或者影响行为人完成犯罪的一切客观情况；有的人认为意志以外的原因就是客观障碍，即直接防止行为人完成犯罪的客观情况；有的人认为意志以外的原因既包括客观原因，也包括犯罪分子本人方面的原因。我们认为，一切足以阻止犯罪意志的原因都是意志以外的原因。

二、犯罪未遂形态的类型

在刑法理论中，从不同的角度根据不同的分类标准，可以将犯罪未遂分为实行终了的未遂与未实行终了的未遂、能犯未遂与不能犯未遂。

1. 以犯罪实行行为是否已经实行终了为标准，犯罪未遂可分为实行终了的未遂与未实行终了的未遂。

实行终了未遂，是指行为人自认为已经将具体犯罪客观方面的实行行为实施完毕，但由于其意志以外的原因以致犯罪没有得逞。如乙为了杀害丙，用木棍猛击丙的头部致其昏迷，误以为丙已经死亡而逃离现场。

未实行终了的未遂，是指行为人已经着手实施具体犯罪客观方面的实行行为，在犯罪实行行为实施终了之前，由于其意志以外的原因而使犯罪没有得逞。如甲潜入仓库盗窃，在刚刚打开保险柜，尚未来得及往外取财物时，即被抓获。

2. 以行为实际能否构成犯罪既遂为标准，可以将犯罪未遂分为能犯未遂与不能犯未遂。

能犯未遂，是指行为人已经着手实行刑法分则规定的某一具体犯罪构成客观方面的实行行为，并且这一行为实际上有可能完成犯罪，但由于其意志以外的原因，使犯罪未能完成的犯罪未遂形态。如甲用枪向乙射击，意欲打死乙，但由于其枪法不准，未能击中乙，乙见状得以逃脱。

不能犯未遂，是指行为人已经着手实行刑法分则规定的某一具体犯罪构成客观方面的实行行为，但由于其对事实认识错误，致使其行为不可能完成犯罪，即不可能达到犯罪既遂，因而使犯罪未能完成的犯罪未遂形态。不能犯未遂的实质就在于行为人所实施的危害行为不具有完成犯罪的现实可能性。在不能犯未遂中，行为人对其行为的性质存在错误认识，即实际上不能完成犯罪而行为人却认为可以完成犯罪。

不能犯未遂又可以分为工具不能犯未遂和对象不能犯未遂。所谓工具不能犯未遂，就是指因行为人使用了按其客观性不能完成犯罪、不可能实现其犯罪意图的工具以致未能完成犯罪的未遂。如将白糖当作砒霜放入他人食物中意图毒死他人。所谓对象不能犯未遂，是指行为人行为所指向的犯罪对象不存在或者因犯罪对象固有的属性而不能达到犯罪既遂，以致未能完成犯罪而形成的犯罪未遂。如盗窃保险柜而保险柜里空无一物、误以兽为人而加以杀害或者误将男子当成妇女强奸等。在实践中要注意把迷信犯与不能犯区别开来，前者不具有现实危险性和危害可能性，而后者则具有现实危险或者危害的可能性。

三、犯罪未遂的处罚原则

根据《刑法》第 23 条第 2 款的规定，对于未遂犯，可以比照既遂犯从轻或者减轻处罚。

对于未遂犯的刑事责任，应当注意以下几点：

1. 在定罪上，与被比照的既遂犯一样，按其犯罪行为所触犯的刑法分则条款确定罪名，同时又要反映未遂的状态，如故意杀人罪(未遂)。

2. 在量刑上，对未遂犯采取得减主义。对未遂犯“可以”比照既遂犯从轻或者减轻处罚，而不是“应当”从轻或者减轻处罚。到底是否予以从宽处罚，要根据犯罪性质、情节、实行程度、实际危害后果、未得逞的原因以及犯罪分子个人情况等综合考虑。

【案例分析】

被告人高某，某商场的家电安装工人，某日，到一住宅小区为客户安装空调。安装完毕，时值中午，高某欲回公司，走至楼下，发现有一部摩托车电门上插着钥匙(事后查明系车主胡某忘记取下)，高某环身看看周围没有人，遂起偷盗之意。骑至小区大门，因不能出示摩托车小区出入卡，被保安人员盘查扣押，扭送至公安机关。在本案的审理过程中，对被告人高某的行为构成盗窃罪并无异议，但是，究竟属于盗窃罪的何种形态却有两种不同的看法：

第一种观点认为，被告人高某的行为构成盗窃罪既遂。持这种观点的同志认为，高某已经完成了全部盗窃行为，盗窃行为已经使被害人丧失了对摩托车的控制，而为高某所控制和占有，已经具备盗窃罪的全部构成要件，应认定为已经构成盗窃罪的既遂。

第二种观点认为，被告人高某的行为构成盗窃罪未遂。持这种观点的同志认为，高某虽然已经完成窃取摩托车这一具体行为动作，但是因所窃的摩托车仍然处在被害人的财产管理区域范围内，被害人尚未丧失对摩托车的实际控制，亦即高某也未取得对摩托车的实际控制和占有，可以说，高某的盗窃行为尚未完成，仍处于犯罪过程中，由于意志以外的原因，犯罪没有得逞，所以高某的行为构成犯罪未遂。

第五节 犯罪中止形态

一、犯罪中止形态的概念和特征

我国《刑法》第 24 条第 1 款规定："在犯罪过程中，自动放弃犯罪或者自动有效地防止犯罪结果的发生的，是犯罪中止。"根据刑法的这一规定和我国的刑法理论，犯罪中止，是指在犯罪过程中，行为人自动放弃犯罪或者自动有效地防止犯罪结果发生，而未完成犯罪的一种犯罪停止形态。根据这一概念，我国刑法上的犯罪中止可以分为两种情况：一是在犯罪过程中，自动放弃犯罪，在刑法理论上称为消极中止或者自动中止。二是在犯罪过程中自动有效地防止犯罪结果发生，在刑法理论上称为积极中止或者有效中止。

犯罪中止具有以下特征：

1. 时间性。犯罪中止的时间性是指犯罪中止必须发生在犯罪过程中，即发生在犯罪的预备或者实行阶段，也即必须是在犯罪处于运动中而尚未形成任何其他犯罪停止形态的情况下。这是犯罪中止成立的客观前提条件。在实践中要注意不能把犯罪既遂以后返还原物或者赔偿损失的行为认作是犯罪中止，也不能把犯罪未遂后的悔罪行为认定为犯罪中止。

2. 自动性。即行为人必须是自动放弃犯罪。自动性是犯罪中止的本质特征，是犯罪中止与犯罪未遂形态和犯罪预备形态的根本区别所在。犯罪中止的自动性是指行为人出于自己的意志而放弃了自认为当时本可以继续实施和完成的犯罪。自动性有两层含义：第一，行为人自认为当时可以继续实施和完成犯罪，这是成立自动性的先决条件。这是一个主观标准，应以行为人当时主观上的认识为准，即使在他人看来不可能继续进行和完成犯罪，或者犯罪虽然在客观上实际不可能继续进行和完成，但行为人并不了解这种客观情况，有不影响行为人放弃犯罪之"自动性"的成立。反之，虽然犯罪客观上尚可继续实施与完成，但行为人却误认为不可能进行，这种情况下行为人是基于认识错误而被迫停止犯罪，不成立停止犯罪的自动性，这种情况应属于犯罪未遂。第二，行为人出于本人意志而停止犯罪。这是认定自动性的关键条件。至于引起行为人自动放弃犯罪着手实行或者完成的动机和情况，则可以是多种多样的，既有真诚悔悟，也有对被害人的怜悯和同情，接受他人的劝告教育，害怕将来罪行暴露受到法律制裁，以及在受到其他不足以阻止犯罪的轻微不利因素影响下而自动放弃犯罪的着手和完成等。这些不同的动机只反映了行为人的悔悟程度而体现其主观恶性程度的差异，对于放弃犯罪之自动性的认定没有影响。

【资料检索】

在国外刑法理论中，对自动性的含义存在不同的主张：一是"非物质障碍说"，认为自动性是行为人在客观上没有任何物质障碍的情况下停止和放弃犯罪；二是"衷心悔悟说"，认为自动性必须是行为人基于真诚悔悟而停止和放弃犯罪；三是"任意中止说”。认为自动性是行为人在心理上非因外部障碍的情况下而停止和放弃了犯罪。我们认为,犯罪中止的自动性,是指行为人基于自己的意志而放弃了自认为当时可以继续实施或者完成的犯罪。

3. 彻底性。所谓彻底性,是指行为人彻底放弃了犯罪。具体来说,就是行为人在主观上彻底打消了原来的犯罪意图,在客观上彻底放弃了自认为本可继续实施的犯罪行为,而且从主客观的统一上行为人也不打算以后再继续实施该项犯罪。彻底性表明了行为人放弃犯罪的真诚性及其决心,说明行为人自动放弃犯罪是坚决的、完全的,而不是暂时的中断。如果行为人只是暂时地停止犯罪,而等待时机、条件的成熟时再继续实施犯罪的,由于不具备放弃犯罪之彻底性,不能认定为犯罪中止。同时需要指出的是,彻底放弃犯罪也是相对而言的,并不是绝对的,是指行为人必须彻底放弃正在进行的某个具体的犯罪,而非行为人在以后任何时候都不再犯同种罪,更不能理解为行为人在以后的任何时候都不再犯任何罪。

4. 有效性。所谓有效性,是指有效地防止犯罪结果的发生。这是犯罪中止的另一客观特征。在有效性特征的认定中,应当具备下几点:

(1)行为人在客观上采取了防止结果发生的积极措施。

(2)行为人意图犯罪的危害结果没有发生。如果行为人采取了积极的防止措施,仍然发生了犯罪结果,那么就不应当认定为犯罪中止。当然,这里所说的犯罪结果是指的是意图犯罪的犯罪结果,如故意杀人犯罪对他人生命的剥夺。应当注意的是,犯罪结果没有发生并不是说没有任何的危害后果,比如在故意杀人过程中自动放弃剥夺他人生命而形成了伤害的后果。

(3)行为人所采取的防止措施和犯罪结果未发生之间具有因果关系。如果行为人所采取的防止犯罪结果发生的措施和犯罪结果未发生之间不具有因果关系,即使事实上犯罪结果未发生,也不能将行为人认定为犯罪中止。但需要指出的是,如果行为人出于真心真意地尽力采取防止犯罪结果发生的措施,但是其一人的力量难以达到目的,协助他人避免了犯罪结果的发生,也应认定其采取的防止犯罪结果发生的措施和犯罪结果未发生之间因果关系的存在。

【案例分析】

三被告人在某小区打工期间发现居住在A栋101室的方女士经常是一人在家,而且看起来比较富裕。三人遂密谋对方女士进行抢劫,在准备了作案工具后,于某日上午10时许,以检查水电为名进入101室。不料,当日方女士不在家中,家中只有其在外地工作休假回家的丈夫陈某,三人见此情况,感到害怕,不敢实施抢劫,于是装模作样草草地检查了一下水表、电表,说:“没有问题。”然后迅速离开。陈某对三人的行为产生了怀疑,遂与小区保安部联系。了解情况后,与保安人员一起将三人扭送至公安局,三人交代了欲行抢劫的犯罪事实。在本案的审理过程中,法院审判人员对于此案有以下几种不同意见:

第一种观点认为三被告人行为构成入户抢劫的既遂。抢劫罪分为基本构成的抢劫罪和八种法定加重情形的抢劫罪。对于法定加重情形构成的抢劫罪,只要具有了八种加重情形，就已经构成了既遂。三被告人侵入他人的生活住所，符合八种法定情形之一的“入户”的条件，因此，三被告人的行为应认定为抢劫罪既遂。

第二种观点认为三被告人的行为构成抢劫罪的预备。三被告人尚未实施刑法分则规定的强行劫取公私财物的抢劫实行行为，仍然处于犯罪的预备阶段，由于预谋抢劫的对象方某不在家这一意志以外的因素致使犯罪不能进一步实施，因此，三被告人的行为应认定为抢劫罪的预备。

第三种观点认为三被告人的行为应认定为抢劫罪的未遂。三被告人经过密谋，准备作案工具后决定实施入室抢劫，然后冒充工作人员进入被害人的住所，从“入户”时起，犯罪的预备阶段即告结束，就是已经开始着手实施犯罪的实行行为了，只是由于预谋对象方某不在家这一意志以外的因素致使犯罪不能得逞，因此，三被告人的行为构成抢劫罪的未遂。

第四种观点认为三被告人的行为应认定为抢劫预备过程中的犯罪中止。持这种观点的同志同意第二种观点关于三被告人的行为仍然处于预备阶段的看法，但是，他们认为三被告人没有进一步实施劫取财物的抢劫行为不是由于意志以外的原因，而是主动放弃。因此，三被告人的行为构成抢劫预备过程中的中止。

第五种观点认为三被告人的行为应认定为抢劫实行过程中的犯罪中止。持这种观点的同志同意第三种观点关于被告人的已经着手实行行为的看法和第四种观点关于被告人主动放弃犯罪的看法。

二、自动放弃重复侵害行为的性质认定

所谓自动放弃重复侵害行为，是指行为人实施了足以造成既遂危害结果的侵害行为，由于意志以外的原因而未发生既遂的危害结果，在有可能继续重复实施侵害行为并完成犯罪的情况下，行为人自动放弃了实施重复侵害的行为，因而既遂的危害结果没有发生，从而使犯罪停顿下来的情况。例如：甲开枪杀乙，第一枪未能射中，当时有条件再射击情况下，甲自动放弃了继续射击。对于自动放弃重复侵害行为的定性，在刑法理论界存在犯罪未遂和犯罪中止两种观点。如对前述案件，一种主张认为，某甲杀害某乙第一枪未中，是违背某甲的意志的，那么，某乙的死亡结果没有发生是由于意志以外的原因造成的，即使某甲不开第二枪，犯罪未遂也已经成立，无犯罪中止可言。另外一种主张认为，某甲在能够继续开第二枪以达到杀死乙的可能情况下不再开第二枪而放弃了杀人行为，表现了犯罪中止的自动性，从主客观相统一并结合实行行为的要求看，应当视为犯罪中止。

我们认为犯罪中止说是合理的。具体来说，首先，从刑法理论上讲，自动放弃重复侵害行为符合犯罪中止的条件；其次，从立法上看，将自动放弃重复侵害行为认定为犯罪中止，符合刑法规定犯罪中止的立法精神，即鼓励犯罪分子在犯罪结果发生之前，自动放弃犯罪，有效防止犯罪结果的发生。

三、犯罪中止的类型

根据不同的标准，从不同的角度可以对犯罪中止进行不同的分类，主要有以下三种分

类法。

(一)预备行为的中止与实行行为的中止

根据中止行为所处的阶段来划分犯罪中止可分为预备行为的中止与实行行为的中止。所谓预备行为的中止,简称预备中止,是指发生在犯罪预备阶段的犯罪中止,其存在的时空范围是始于犯罪预备活动的实施,终止于犯罪实行行为着手之前。而实行行为的中止,是指行为人已经着手实行犯罪,在实行犯罪过程中的中止。

(二)消极中止和积极中止

根据对犯罪中止成立是否要求行为人做出一定积极的行为,可以将犯罪中止分为消极中止和积极中止。消极中止,是指只需行为人消极停止犯罪行为的继续实施便可以成立的犯罪中止。其行为方式仅需要不作为形式,预备中止都是消极中止。积极中止,是指不仅需要行为人停止犯罪行为的继续实施,而且还要行为人积极有效地实施一定行为去防止犯罪结果的发生才能成立的犯罪中止。

(三)实行终了的中止和未实行终了的中止

根据中止行为发生的时空范围不同,可将犯罪中止分为实行终了中止和未实行终了的中止。实行终了中止,是指中止行为发生在行为人的实行行为已经终了但特定的犯罪构成要件结果尚未发生之前的犯罪中止。具体来讲,是指行为人在实行行为终了以后,在作为构成要件的犯罪结果发生之前,自动放弃犯罪并有效地防止该犯罪结果发生而成立的犯罪停止形态。未实行终了的中止,是指行为人在犯罪的实行行为尚未实施完毕之前,自动停止了犯罪实行行为的继续实施,并防止了犯罪结果发生的犯罪中止。

四、中止犯的处罚原则

按照《刑法》第 24 条第 2 款的规定,对于中止犯,没有造成损害的,应当免除处罚;造成损害的,应当减轻处罚。

第十章　共同犯罪

第一节　共同犯罪的概念和构成要件

一、共同犯罪的概念

根据《刑法》第 25 条第 1 款的规定，共同犯罪是指二人以上共同故意犯罪。

根据刑法的规定，共同犯罪的成立，要求同时具备以下三个方面的要件。

二、共同犯罪的构成要件

（一）共同犯罪的主体要件

共同犯罪的主体，必须是两个以上达到刑事责任年龄、具有刑事责任能力的人。具体来讲，包括以下几点：

1. 共同犯罪的主体必须是两个以上的人。二人以上是共同犯罪区别于单个人犯罪的主体特征，一个人不存在“共同”犯罪问题。

2. 必须是两个以上达到了刑事责任年龄、具有刑事责任能力的人。即使有两个以上的人，但是其中有不具有刑事责任能力的人，不能构成共同犯罪。不具有刑事责任能力包括两种情况：一是未达到刑事责任年龄的人；二是不具有刑事责任能力的人。

3. 不具有特殊身份的人往往不能单独构成特殊主体犯罪，但是可以与具有特殊身份的人一起成为特殊主体犯罪的共同犯罪主体。

需要指出的是，刑法已经明确规定单位可以成为某些犯罪的犯罪主体，因此“二人以上”的人也包括单位。据此，共同犯罪的主体结构包括三种结合形势：一是两个以上的自然人的结合；二是两个以上单位的结合；三是自然人和单位的结合。

（二）共同犯罪的客观要件

共同犯罪的客观要件，是指各共同犯罪人必须具有共同犯罪行为。所谓共同犯罪行为，是指各犯罪人的行为彼此联系、互相配合，都指向同一犯罪，追求同一犯罪目的，它们与犯罪结果之间都存在着因果关系，成为一个有机统一的整体。共同犯罪行为不是说同一行为，根据行为的性质和作用的不同，各共同犯罪人的行为可以表现为实行行为、组织行为、教唆行为和帮助行为。实行行为是指刑法分则规定的具体犯罪构成要件客观方面的行为;组织行为是对整个犯罪活动予以组织、策划、指挥和领导的行为;教唆行为是指唆使他人产生犯罪意图的行为;帮助行为是指对犯罪的实施与完成提供物质或者精神上的帮助的行为。共同犯罪行为有三种结合表现形式:一是共同的作为;二是共同的不作为;三是作为与不作为的结合。需要指出的是,与单个人犯罪的因果关系有所不同,共同犯罪的因果关系只要求共同犯罪行为的有机整体与犯罪结果之间存在因果关系,并不要求每一个共同犯罪人所具体实施的行为直接地导致犯罪结果的发生。只要共同犯罪人中的一个人的实行行为导致了犯罪结果的发生,全体共同犯罪人都应对该犯罪结果承担刑事责任。

(三)共同犯罪的主观要件

共同犯罪的主观要件,是指两个以上的行为人具有共同犯罪故意。所谓共同犯罪故意,是指各行为人通过犯意联络,明知自己与他人共同实施犯罪会造成某种危害结果,并且希望或者放任这种危害结果发生的心理态度。共同故意具有两个因素:一是认识因素。即认识到不是自己一个人单独实施犯罪,而是与他人共同实施犯罪,而且都认识到共同犯罪行为会发生某种危害社会的结果。二是意志因素。即不仅希望或者放任自己的行为可能会导致的某种危害结果,而且对其他共同犯罪人的共同犯罪行为可能导致该种危害结果持希望或者放任态度。正是这种共同的犯罪故意,使每个共同犯罪人的个人意志联结成为一个共同的犯罪意志,使他们在行为上相互配合,构成目标一致的共同犯罪活动。根据犯罪故意内容的不同,共同犯罪故意可以分为实行故意、组织故意、教唆故意和帮助故意。根据共同犯罪人故意意志的不同,共同犯罪故意可以形成两种具体的组合形式:一是共同直接故意。即所有共同犯罪人,且都希望这种危害结果发生。二是直接故意和间接故意的组合。也有的学者认为,共同间接故意也可以成为共同故意。

2.不构成共同犯罪的几种情况:

根据对共同犯罪构成特征的分析,下列情况不构成共同犯罪:

(1)二人以上的共同过失行为造成一个危害结果的。

(2)二人以上共同实施危害行为造成某种危害结果,但有的是出于故意,有的是出于过失或者无犯意。

(3)过失引起或者帮助他人实施故意犯罪的。

(4)故意教唆或者故意帮助他人过失犯罪的。

(5)二人以上同时或者先后在同一场所或者针对同一个目标实施同一故意犯罪,但主观上缺乏共同实施犯罪的意思联络,行为上也无联系的。

(6)二人以上同时实施犯罪但故意内容不同的。

(7)超出共同故意之外的犯罪。

【观点论争】

对于片面共同犯罪,刑法理论界存在比较大的争议,所谓片面共犯是指共同行为人的一方有与他人共同实施犯罪的意图,并加功于他人犯罪行为,而他人并不知其加功的情况。对于这种情况能否成立共同犯罪,一直存在两种观点:一种观点是否认片面共同犯罪的存在;持这种观点的学者认为共同犯罪中共同故意应该是全面和相互的,而片面共同犯罪之中的共同故意是片面和单向的,故片面共同犯罪不能成立。另一种观点则是肯定片面共同犯罪的存在。持这种观点的学者认为,其中一方具有共同的故意和共同的犯罪行为,除共同故意不能完全满足条件之外,其他构成要件都符合,因此,片面共犯应当成立。

【案例分析】

1.某甲和某丙均与某乙有仇,一日,甲在自家楼房的阳台上看见丙正持刀追杀乙,乙慌不择路,逃入一条只有一个出口的小巷,甲见状后拿了一把锁跑出去将该巷唯一出口处的铁门锁上。后乙因无处藏身被丙追上用刀刺死。在该案中,对丙的行为以故意杀人罪来定罪量刑是毫无争议的,但对甲的行为,如果不承认片面共犯,而以单独犯罪来定罪,也只能定故意杀人罪。除此以外,无他罪可定。而如果定故意杀人罪,甲的行为又不符合故意杀人罪的客观构成要件。

2.张某与李某系高中同学,二人辍学后均不务正业。2007 年 10 月 12 日,两人偶遇,均打算搞点钱用用,于是决定共同实施抢劫。随后几天,二人一同制订了抢劫计划并购置相应的工具,约好 10 月 20 日晚在肯德基外集合,然后共同去实施抢劫。当晚,李某越想越怕,决定不去了,就以身体不适为由电话回绝张某,张某未置可否。10 月 20 日晚,张某按照两人事先制订的计划,独自一人去实施抢劫,在抢劫过程中由于遭到被害人反抗,将被害人打成重伤。对于本案中李某的定罪量刑问题有三种不同意见。第一种意见认为,李某没有参与抢劫行为的实施,不构成共同犯罪。第二种意见认为,李某与张某具有抢劫的共同故意,李某实施了抢劫的预备行为,尽管李某最终并未参与具体的抢劫行为,但依据共谋共同正犯理论,李某仍然应当构成抢劫罪。依据《刑法》第 236 条之规定,抢劫致人重伤、死亡的,对李某应当在 10 年以上有期徒刑的幅度内进行处罚。第三种意见认为,李某应当对抢劫罪承担刑事责任,但对于共谋共同正犯理论的适用,应当仅限于成立共同犯罪,而对于共同犯罪过程中的加重结果不应承担责任。因此,李某虽然成立抢劫罪,但只能在 3～10 年有期徒刑的幅度内进行处罚。

第二节 共同犯罪的形式

共同犯罪的形式是指二人以上共同犯罪的、结构或者共同犯罪人之间结合的方式。共同犯罪的形式不同,其性质和对社会的危害程度也不同。刑法理论从不同的角度,用不同的标准,对共同犯罪的形式有不同的分类。主要有以下几种分类。

一、任意的共同犯罪和必要的共同犯罪

根据共同犯罪能否任意构成,可以将共同犯罪分为任意的共同犯罪和必要的共同犯罪。任意的共同犯罪,是指刑法分则规定的一个人能单独实施的犯罪,由二人以上共同实

施而形成的共同犯罪。这类犯罪既可以由一个人实施,也可以由二人以上共同实施,如盗窃罪、抢劫罪、故意杀人罪等。必要的共同犯罪,是指刑法分则规定必须由二人以上共同实施才能构成的犯罪。必要的共同犯罪的犯罪主体必须是二人以上,一个人不可能单独构成犯罪。根据我国刑法分则的规定,必要共同犯罪有以下几种情况:一是聚合性共同犯罪,又称聚合犯,即以不特定的多数人的聚合行为为犯罪构成要件的犯罪,如武装叛乱、暴乱罪、聚众劫狱序罪等。需要指出的是,聚众性犯罪不完全属于共同犯罪,只有既处罚首要分子,也处罚其他积极参加者或者一般参加者的聚众性犯罪才属于共同犯罪,只处罚首要分子的聚众性犯罪不属于共同犯罪,如《刑法》第 291 条第 1 款规定的聚众扰乱公共场所秩序、交通秩序罪。二是对行性共同犯罪,又称对向性共同犯罪,即指以双方的对向行为为构成要件的犯罪,如行贿罪与受贿罪。三是集团性共同犯罪,即以组织、领导或者参加犯罪集团为构成要件的犯罪,如组织、领导、参加恐怖活动组织罪等。

二、事先通谋的共同犯罪和事先无通谋的共同犯罪

根据共同犯罪故意形成的时间,可以将共同犯罪分为事前通谋的共同犯罪和事前无通谋的共同犯罪。

事先通谋的共同犯罪,是指共同犯罪人在着手实行犯罪前已经形成共同犯罪故意的共同犯罪。事先无通谋的共同犯罪,是指共同犯罪人在着手实行犯罪的过程中形成共同犯罪故意的共同犯罪。

三、简单共同犯罪和复杂共同犯罪

根据共同犯罪人之间是否存在实行行为与非实行行为的分工,可以将共同犯罪划分为简单共同犯罪和复杂共同犯罪。

简单共同犯罪,又称共同正犯,也可称为共同实行犯,是指所有共同犯罪人都是实行犯,即各共同犯罪人都直接实行刑法分则规定的某一具体犯罪客观方面行为的共同犯罪。

复杂共同犯罪,简称复杂共犯,指各共同犯罪人之间存在着实行行为与非实行行为分工的共同犯罪。具体可以表现为实行行为与帮助行为、组织行为与教唆行为之间的不同分工。共同犯罪人的分工不同,其在共同犯罪中的地位和作用以及对社会的危害性程度也不同。

四、一般共同犯罪和特殊共同犯罪

根据有无组织形式,可以将共同犯罪分为一般共同犯罪和特殊共同犯罪。

一般共同犯罪,简称一般共犯,又称非集团性共犯,指没有特殊组织形式的共同犯罪。对这种形式的共同犯罪而言,共同犯罪人一般是为实施某种特定的犯罪而临时纠集在一起,一旦完成特定的犯罪后就不复存在。一般共同犯罪,既可以是事前通谋的共同犯罪,也可以是事前无通谋的共同犯罪;既可以是简单共同犯罪,也可以是复杂共同犯罪。

特殊共同犯罪,也称有组织的共同犯罪,通称犯罪集团。根据《刑法》第 26 条第 2 款的规定,犯罪集团,是指 3 人以上为共同实施犯罪而组成的较为固定的犯罪组织。犯罪集

团与一般共同犯罪相比，具有以下特征：(1)人数较多，至少是3人以上。这是犯罪集团区别于一般共同犯罪的首要特征。(2)具有一定的组织性和严格的纪律性。所谓组织性，主要是指成员比较固定，且内部存在着领导与被领导的关系。有明显的首要分子，有比较固定的基本成员，有比较明确的组织分工，有的还有组织名称、纲领、计划等。(3)具有明确的犯罪目的性，即共同犯罪人是为了实施犯罪而结合在一起的。(4)具有相对的稳定性，即各共同犯罪人是为了在较长时间内多次实施犯罪活动而结合在一起。(5)严重的社会危害性。

第三节 共同犯罪人的种类及其刑事责任

共同犯罪人的分类，是共同犯罪中一个十分重要的问题。在共同犯罪中，各共同犯罪人所处的地位、所起的作用和对社会的危害性都各不相同，其刑事责任也有所不同。对于共同犯罪人的分类，从各国刑事立法和司法实践来看，按照不同的标准，对共同犯罪人也有不同的分类方法，主要有以下两种：一种是根据共同犯罪人在共同犯罪中的分工不同，把共同犯罪人分为三类或者四类，即分为实行犯(又称正犯)、教唆犯和帮助犯与实行犯(又称正犯)、组织犯、教唆犯和帮助犯；另一种是根据共同犯罪人在共同犯罪中所起的作用不同，把共同犯罪人分为两类或者三类，即主犯和从犯或者主犯、从犯和教唆犯。我国刑法兼采了上述两种方法之长，以共同犯罪人在共同犯罪中的所处的地位和所起的作用为主，以行为分工为辅，将共同犯罪人分为主犯、从犯、胁从犯和教唆犯四类。

一、主犯的概念和刑事责任

(一)主犯的概念和种类

《刑法》第26条第1款规定："组织、领导犯罪集团进行犯罪活动或者在共同犯罪中起主要作用的，是主犯。"刑法第97条规定："本法所称的首要分子，是指在犯罪集团或者聚众犯罪中起组织、策划、指挥作用的犯罪分子。"

根据这两条规定，可以看出我国刑法中规定的主犯有三种：一是在犯罪集团中起组织、策划、指挥作用的首要分子；二是在聚众犯罪中起组织、策划、指挥作用的首要分子；三是在共同犯罪中起主要作用的犯罪分子。这类主犯是指除犯罪集团首要分子以外的在共同犯罪中起主要作用的犯罪分子。在司法实践中正确认定共同犯罪中的主犯，对定罪量刑具有重要的意义。认定共同犯罪人是否是主犯，即是否起了主要作用，主要应当根据其在参加共同犯罪活动中所处的地位、实际参加的程度、具体罪行的大小、对危害结果的作用等方面进行分析判断。应当注意的是，共同犯罪中的主犯可能只有一人，也可能有多个；主犯与主犯之间也有罪恶的大小。

(二)主犯的刑事责任

我国刑法对主犯规定了以下处罚原则：(1)根据《刑法》第26条第3款的规定，对组织、领导犯罪集团的首要分子,按照集团所犯的全部罪行处罚。(2)根据《刑法》第26条第4款的规定,对其他主犯,应当按照其所参与的或者组织、指挥的全部犯罪处罚。

二、从犯的概念和刑事责任

(一)从犯的概念

《刑法》第27条第1款规定:"在共同犯罪中起次要或者辅助作用的,是从犯。"根据这一规定,从犯可以分为两种:一是在共同犯罪中起次要作用的犯罪分子;二是在共同犯罪中起辅助作用的犯罪分子。

1.在共同犯罪中起次要作用的犯罪分子,即次要的实行犯。所谓次要作用是指虽然直接实行具体犯罪构成客观方面的犯罪行为,但在整个犯罪活动中其作用居于次要地位的实行犯。

2.在共同犯罪中起辅助作用的犯罪分子,通常也称帮助犯。是指未直接实行具体犯罪构成客观方面的犯罪行为,而是为共同犯罪的实施创造条件或者帮助实行犯罪的人。

认定从犯与认定主犯的原则相同,应当全面分析,要注意把起次要作用的实行犯同主犯严格区别开来,同时,不能把事前无通谋的事后帮助犯认定为从犯。

(二)从犯的刑事责任

由于从犯在共同犯罪中不起主要作用,其罪行和人身危险性比主犯要小,担负的刑事责任也应相对较轻,所以《刑法》第27条第2款规定,对于从犯,应当从轻、减轻或者免除处罚。

我国刑法分则对某些共同犯罪中的从犯特别规定了与主犯不同的具体的法定刑的,应当直接按照分则的规定处罚。

【案例分析】

甲乙因事争执互殴,甲用铁条抽打乙,乙遂抽刀相向,乙妻恐事情闹大,奋力夺下乙手中之刀,又恐丈夫吃亏,拾起一木板递给其夫,乙持木板与甲相抗,不料,木板前端有颗铁钉,打中甲的太阳穴,致甲死亡。对于本案有几种观点:第一种观点认为乙夫妻不构成共同犯罪。认为乙构成故意伤害罪,乙妻构成过失致人死亡罪。第二种观点也认为不构成共同犯罪,认为乙构成故意伤害罪,乙妻的行为不构成犯罪,是意外事件。第三种观点认为,乙夫妻构成共同犯罪,成立故意伤害罪,乙是主犯,乙妻是从犯。

三、胁从犯的概念和刑事责任

(一)胁从犯的概念

根据《刑法》第28条的规定,胁从犯,是指被胁迫参加犯罪的人。

胁从犯的本质是在于被胁迫参加犯罪,从客观方面看,胁从犯是在被胁迫的情况下参与实施了犯罪行为；从主观方面看，胁从犯明知自己实施的行为是犯罪行为，有一定的意志自由，但不是自愿或者完全自愿的。

在认定胁从犯的时候应当注意以下几点：一是要把胁从犯与身体上完全受强制，失去意志自由的人区别开来，后者不具有主观罪过；二是要把胁从犯与被诱骗参加共同犯罪的人区别开来，后者主观上缺少犯罪认识；三是要把胁从犯与从犯区别开来，后者具有完全的意志自由；四是要把胁从犯与被胁迫参加犯罪过程中产生了意志转化的主犯或者从犯区别开来，后者从不愿意或者不完全愿意参加犯罪转化为积极主动参加犯罪，对这种共同犯罪人应认定为主犯或者从犯。

（二）胁从犯的刑事责任

根据《刑法》第28条的规定，对于胁从犯，应当按照他的犯罪情节减轻或者免除处罚。

四、教唆犯的概念和刑事责任

（一）教唆犯的概念

根据《刑法》第29条第1款的规定，教唆犯是指故意唆使他人犯罪的人。

教唆犯的本质在于本人并不直接实施犯罪，而是故意唆使他人产生犯罪意图进而实行犯罪，教唆犯的犯罪意图是通过被教唆人的犯罪行为来实现的。

成立教唆犯必须具备下列条件：

1. 客观方面必须有教唆他人犯罪的教唆行为，即有引起他人产生某种犯罪意图的行为，并且教唆行为与被教唆人的实施犯罪行为之间具有因果关系。教唆行为的认定应当注意以几点：(1)教唆行为的内容必须是教唆他人犯罪。教唆行为必须是具体、明确的，即教唆一定的人去实行一定的罪。(2)教唆行为的形式必须是积极的作为。(3)教唆行为必须是引起和决定被教唆人实施犯罪行为的原因。(4)教唆行为的成立不要求被教唆人实行了被教唆的犯罪，只要能引起被教唆人犯罪决意即可。

2. 在主观方面必须有教唆他人实施犯罪的故意。具体包括以下几点：(1)从具体的罪过形式上来讲，教唆犯一般是直接故意，但也不排除间接故意的可能性。(2)从认识因素上讲，行为人认识到自己的行为会使一定的人产生某种犯罪的意图，并进而实施该种犯罪。如果行为人主观上没有这种认识，不构成教唆犯。(3)从意志因素上讲，行为人对他人实施犯罪以及危害结果的发生，持希望或者放任的态度。

在认定教唆犯时应当注意以下三种情况不能成立教唆犯：一是教唆他人实施违法违纪行为，而被教唆人实施了犯罪行为。二是被教唆人没有达到刑事责任年龄或者不具有刑事责任能力(此种情况在刑法理论上称教唆者为间接正犯)。三是被教唆人已经有犯被教唆之罪决意的。如果行为人明知他人已有实施某种犯罪的意图，而促使坚定其犯罪意图，实施犯罪，不能认定为教唆犯，而应认定为帮助犯。

（二）教唆犯的刑事责任

根据《刑法》第29条的规定，对于教唆犯的处罚可以分为以下几种情况：

1. 被教唆人犯了被教唆的罪，对于教唆犯，应当按照他在共同犯罪中所起的作用处罚。即如果教唆犯在共同犯罪中起主要作用的，应按主犯的处罚原则处罚；如果在共同犯罪中起次要作用的，按从犯处罚原则处罚。

2. 教唆不满 18 周岁的人犯罪的，应当从重处罚。

3. 如果被教唆的人没有犯被教唆的罪，对于教唆犯，可以从轻或者减轻处罚。

【观点论争】

关于教唆犯的性质与教唆未遂问题，学界有不同的观点：一是共犯从属性说。该学说以客观主义为基础，认为教唆犯本身不具有独立的犯罪性和可罚性，其成立犯罪和负刑事责任的根据，都从属于实行犯即正犯，以实行犯的有罪性和可罚性为前提。教唆犯的未遂须以被教唆者的行为构成犯罪为前提，如果实行犯没有犯被教唆的罪，教唆犯不成立。二是共犯独立性说。该学说则以主观主义为基础，认为教唆犯的犯罪性和可罚性，以其自身固有的主观恶性为转移。只要教唆犯基于主观恶性，实施了教唆行为，即使被教唆者没有犯被教唆的罪，教唆犯也构成犯罪。三是二重性说。二重性说是目前我国刑法学界的通说观点，主张我国刑法中的教唆犯是独立性与从属性的有机统一。依据该学说认为教唆犯的未遂包括四种情形：其一，教唆行为实行完毕后遭被教唆人拒绝；其二，被教唆人接受教唆产生犯意后，又自动放弃犯意，也未进行犯罪预备；其三，被教唆人产生犯意并进行犯罪预备，在预备阶段又自动中止犯罪，或被制止构成犯罪预备；其四，被教唆人在着手实行犯罪后犯罪未遂或自动中止犯罪。

第十一章 罪数形态

罪数是指一个人所犯之罪的数量，罪数形态是研究行为人的行为是成立一罪还是数罪的理论，因此，罪数形态也叫一罪与数罪形态，就是指表现为一罪或者数罪的各种类型化的犯罪形态。

第一节 罪数判断标准

一、罪数判断标准概念

罪数判断标准，是指判断一罪还是数罪的依据。我国刑法理论通行的观点采用了犯罪构成标准说。根据此说主张，区分一罪与数罪的标准是犯罪构成的个数。即行为人的犯罪事实充分满足一个犯罪构成的为一罪，行为充分满足数个犯罪构成的为数罪，行为数次符合同一犯罪构成的也是数罪(同种数罪)。

换言之，凡是基于一个确定或概括的犯罪故意(或过失)，实施一个危害行为，符合一个犯罪构成的为一罪；基于数个犯罪故意(或过失)，实施数个危害行为，符合数个犯罪构成的为数罪。

【观点论争】

关于罪数的判断标准，即区分一罪与数罪的标准，中外刑法理论还存在各种不同的学说。

一是行为标准说。该说认为，犯罪的本质是行为，没有行为就没有犯罪，所以，判断行为是一罪还是数罪，应当以行为的个数为标准。行为人实施了一个行为就是一罪，实施了数个行为的为数罪。基于对行为所持观念的不同，该学说又存在自然行为说和法律行为说。自然行为说认为，行为的个数应当以自然的行为个数为标准，即人的一个动作或者举动就是一个行为；法律行为说则认为，行为的个数应当依据法律上的观念来认定，依此，数个举动可能只是法律上的一个行为。

二是法益标准说。该说认为，犯罪的本质是对法益的侵害或者威胁，不侵害法益的行为就不可能构成犯罪，因此，判断罪数是一罪还是数罪应当以侵害法益的个数为标准，侵害或者威胁一个法益的就是一罪，而侵害或者威胁数个法益的则是数罪。

三是犯意标准说。也称意思标准说，持此说者认为，犯罪是行为人主观犯罪以上的外部表现，行为只是行为人犯罪以上或主观恶性的表征，所以，判断罪数是一罪还是数罪应当以犯罪意思的个数为标准。行为人基于一个犯罪意思实施犯罪的就是一罪;行为人基于数个犯罪意思实施犯罪的就是数罪。

此外,关于判断罪数标准的学说还有结果标准说,即以行为造成的危害结果的数量作为判断一罪与数罪的标准;目的标准说,即以行为目的来区分一罪与数罪;因果关系标准说,即以行为与结果之间的因果关系个数来区分一罪与数罪;法规标准说,即以行为触犯法规个数的多少来判断一罪还是数罪;个别化标准说(折中标准说),即根据犯罪的不同情况和刑法的具体规定,分别采取不同的学说。

二、罪数的类型

世界各国的刑事立法和刑法理论基本都将罪数的类型划分为一罪和数罪两个类型。但对何为一罪何为数罪各国的刑法规定各不相同,即使在同一国家的同一刑事立法中的规定也可能不完全一致,学术见解也不一样。根据我国的刑事立法情况,结合刑法理论,从不同的角度对一罪与数罪的类型进行了划分。

一般认为,一罪可以分为以下三种类型:一是实质的一罪,是指犯罪行为在形式上符合数个犯罪构成或者具有数罪特征,但实质上是一罪,主要指的一行为的情况。包括想象竞合犯、结果加重犯和继续犯。二是法定的一罪,是指数个独立的犯罪行为符合数个犯罪构成,但因其某种特定理由,法律上将其规定为一罪的情况。它包括结合犯和惯犯。三是处断的一罪,又称裁判的一罪,是指数个独立的犯罪行为符合数个不同的犯罪构成,即实质上属于数罪,法律规定上也为数罪,但基于行为之间的特定关系,在司法处理时作为一罪的情况。它包括连续犯、牵连犯和吸收犯。

至于数罪的类型,理论界的不同认识,学者从不同的角度把数罪划分为不同的类型,常见的有以下四种:(1)实质数罪与想象数罪;(2)异种数罪与同种数罪;(3)并罚数罪与非并罚数罪;(4)判决宣告前数罪与刑罚执行期间的数罪。

第二节 一罪的类型

一、实质的一罪

(一)想象竞合犯

想象竞合犯,也称想象数罪或观念的竞合,是指出于一个犯罪故意或者过失,实施了一个犯罪行为,同时触犯数个不同罪名的情况。想象竞合犯的主要特征是:

1.行为人只实施了一个犯罪行为。这是成立想象竞合犯的前提条件。所谓一个行为,可以是故意行为,也可以是过失行为,还可以是出自一个犯罪故意的行为,同时又因过失造成了另一个犯罪结果。

2.一个行为同时触犯数个罪名。所谓数个罪名,是指一行为在外观上或形式上同时符合刑法分则规定的数个犯罪构成,触犯了数个不同的罪名。

【观点论争】

至于想象竞合犯触犯的数个罪名是否必须为异种罪名，在我国刑法理论上尚有歧议。一般认为，必须触犯数个不同的罪名，才成立想象竞合犯。但也有的学者承认有同种数罪的想象竞合犯的存在。

想象竞合犯与法规竞合具有相同之处，必须加以区别。所谓法规竞合，又称法条竞合，是指行为人实施一个犯罪行为同时触犯数个在犯罪构成上具有包容关系或者交叉关系的刑法规范，只适用其中一个刑法规范的情况。而想象竞合犯触犯的数个犯罪构成之间不具有包容或者交叉关系。法规竞合是出于一个罪过，实施了一个行为，且只有一个犯罪结果，而想象竞合犯往往是数个罪过和数个结果。法规竞合适用法律的原则是：(1)在包容关系的竞合时，特别法优于普通法；(2)在交叉关系的竞合时，重法优于轻法。

想象竞合犯虽然在形式上是数罪，但毕竟行为人只实施了一个犯罪行为，因而实质上为一罪。因此，我国通行的刑法理论认为，应当按一行为所触犯的数个罪名中较重之罪处罚。

【案例分析】

某甲意图杀害某乙，晚上趁乙在文娱室和其他人围看电视之机，向乙扔去一颗炸弹，结果不但炸死了乙，而且还重伤了某丙、某丁，炸坏了彩色电视机一台。在本案审理过程中，对某甲应如何定罪处罚有三种不同的意见：

第一种意见认为，某甲的行为造成了多个危害结果，触犯了数个罪名，即爆炸罪、故意杀人罪、故意伤害罪、故意毁坏财物罪，应实行数罪并罚。

第二种意见认为，某甲的犯罪行为虽然发生了几个结果，触犯了几个罪名，但由于其仅仅只是基于一个犯罪故意，实施了一个危害行为，属于想象竞合犯，因此不能以数罪论，只能作为一罪处理，应按其中较重的罪名即故意杀人罪定罪处罚。

第三种意见同意某甲的行为属于想象竞合犯的意见，但认为其中较重的罪名是爆炸罪，而不是故意杀人罪，应按爆炸罪定罪处罚。

（二）结果加重犯

结果加重犯，亦称加重结果犯，是指实施基本犯罪构成要件的行为，发生了法律规定的基本犯罪构成要件结果以外的加重结果，刑法对其规定了加重法定刑的犯罪形态。其构成特征是：

1. 行为人实施了基本犯罪行为。基本犯罪行为是结果加重犯存在的基础。

【观点论争】

至于基本犯是否必须为结果犯，在我国刑法理论上存在争论。有学者认为，只有基本犯是结果犯，才能成立结果加重犯；有学者则认为，在基本犯为危险犯的场合，也可以成立结果加重犯。

2. 发生了基本犯罪构成要件以外的加重结果。所谓加重结果，是指超出了法律规定的基本犯罪的范围的结果，而且，此加重结果必须是基本犯罪行为所引起，即基本犯罪行为与加重结果之间具有因果关系。

【观点论争】

对于加重结果犯的罪过形式，理论界有不同的看法：首先，关于基本犯罪行为的罪过形式，多数学者认为只能是故意犯；有的则认为，也可以是过失犯。从立法上看，我国刑法典中的结果加重犯，其基本犯罪既可以是故意犯，也可以是过失犯。其次，关于行为人对加重结果所持的罪过心理，在我国刑法理论界亦有不同主张：有的认为，只能出于过失；有的则认为，既可以基于过失，也可以基于故意。我国刑法理论通行认为，根据我国刑法典的规定，结果加重犯可以划分为三种类型：一是基本犯为故意，对加重的结果也是故意，如《刑法》第263条第5项规定的抢劫致人死亡。二是基本犯是故意的，对加重的结果则出于过失，如《刑法》第236条第3款第5项规定的强奸致人死亡。三是基本犯是过失，对加重的结果也是出于过失，如《刑法》第136条规定的违反危险品管理规定肇事罪。

3.刑法就加重结果规定了较基本犯加重的法定刑。

由于结果加重犯仅有一个行为，因而从犯罪构成角度分析，结果加重犯仍然属于一罪，依照刑法对结果加重犯的规定处罚即可。

（三）继续犯

继续犯，也称持续犯，是指作用于同一对象的一个犯罪行为自着手实行之时直至行为实行终了，该犯罪行为与其所引发的不法状态同时处于持续状态的犯罪形态，如非法拘禁罪、重婚罪。继续犯具有以下主要特征：

1.行为人只实施了一个犯罪行为。所谓一个犯罪行为，是指主观上出于一个犯罪故意（无论是单一的犯罪故意，还是概括的犯罪故意），为了完成同一犯罪意图所实施的一个犯罪行为。如果行为人并非实施一个危害行为，而是实施了数个危害行为，则不构成继续犯。应当注意的是，我国刑法典所规定的多数继续犯通常由作为形式构成，少数继续犯（如遗弃罪）只能由不作为形式构成。

2.行为在持续期间只作用于同一对象，同时，行为持续地侵犯同一客体或相同客体。如果行为作用的对象是多个对象，那就不能成立持续犯。

3.犯罪行为与其所引发的不法状态同时处于持续过程中。这是构成继续犯的重要条件。继续犯的这一最为显著的特征，是它与即成犯、状态犯、连续犯等相似犯罪形态相区别的主要标志所在。对于继续犯的这一特征，可从以下几方面加以认识：首先，继续犯的犯罪行为必须具有持续性。其次，继续犯的犯罪行为及其所引起的不法状态必须同时处于持续状态。最后，继续犯的犯罪行为及其所引起的不法状态必须同时处于持续过程之中。

4.犯罪行为和不法状态必须在时间上处于持续状态。

在认定持续犯时，应当注意与状态犯、即成犯和接续犯区别开来。所谓状态犯，是指犯罪既遂后，其实行行为所造成的不法状态处于持续之中的犯罪形态。即成犯是指犯罪行为实行终了，犯罪即告完成的犯罪形态。接续犯，又称徐行犯，是指行为人基于一个犯罪故意，连续实施数个在刑法上无独立意义的相同性质的举动或者危害行为从而构成在刑法上具有独立意义的一个犯罪行为，触犯一个罪名的犯罪形态。

对于继续犯，应当按照刑法分则规定的法定刑处罚，不实行数罪并罚。

二、法定的一罪

（一）结合犯

结合犯，是指数个各自独立的犯罪，根据刑法的规定，结合成为另一个独立的新罪的犯罪类型。我国刑法中没有典型的结合犯。结合犯的主要特征是：

1.结合犯所结合的数罪，必须是刑法明文规定的具有独立构成要件且性质各异的数罪，也即现行刑法明文规定的独立犯罪的整体，是构成结合犯的基本要素。

2.结合犯将数个独立的犯罪结合成为另一个独立的新罪。

3.数个独立的犯罪结合成为一个独立的新罪，是根据刑法的明文规定。

对于结合犯，应当按照刑法对结合犯的规定以一罪（即结合之罪）处罚，不得数罪并罚。

（二）惯犯

惯犯，是指以某种犯罪为常业，或者以犯罪所得为主要生活来源或挥霍来源，或者犯罪已成习性，在较长时间内反复实施同一种犯罪行为，刑法明文规定对其以一罪论处的犯罪形态。惯犯可以分为常业惯犯和常习惯犯。常业惯犯就是以犯罪为业的惯犯，而常习惯犯是指养成了犯罪恶习的惯犯。我国刑法典中的惯犯只有一种即常业性惯犯，如赌博罪的常业犯。惯犯的成立需具备以下条件：

1.必须以现行行为已构成犯罪为前提，也即行为人的现实行为已构成犯罪。

2.必须是反复多次地侵犯同一或相同直接客体。

3.必须在主观上具有反复多次实施犯罪的同一故意。

4.必须在较长时间内反复多次实施同种犯罪行为。即犯罪在客观方面表现出时间的长期性、行为的多次性和行为的同一性。

5.必须是刑法明文规定以一罪论处。

惯犯是本来的数罪，刑法上将其规定为一罪，直接按刑法分则规定的相应的量刑幅度处罚，不实行数罪并罚。

（三）法定吸收犯

法定吸收犯，是指行为人实施了数个行为，分别触犯不同的罪名，刑法明确规定将其中的某些犯罪行为作为另一犯罪的加重情节，从而成立一罪的犯罪形态。如《刑法》第240条第3项、第4项。成立法定吸收犯必须具备以下条件：

1.行为人实施了数个独立的犯罪行为。这是成立的前提条件。

2.数个独立的犯罪行为触犯不同的罪名。即数个行为分别触犯刑法分则不同的条款,能够独立成罪。

3.刑法明确规定将某些犯罪行为作为其中某一犯罪的加重情节,规定了更重的法定刑。

对于法定吸收犯,按照刑法规定以一罪定罪量刑,不实行数罪并罚。

三、处断的一罪

(一)连续犯

连续犯,是指行为人基于同一或者概括的犯罪故意,连续实施数个性质相同的犯罪行为,触犯同一罪名的犯罪形态。连续犯的成立必须具备以下条件:

1.数个行为必须基于同一或者概括的犯罪故意。所谓同一的犯罪故意,是指行为人预计实施数次同一犯罪的故意,每次实施的具体犯罪都明确包含在行为人的故意内容之中;所谓概括故意,指的是行为人概括地具有实施同一犯罪的故意,每次实施的具体犯罪并非都是明确包含在行为人的故意内容之中。

2.必须实施数个足以单独构成犯罪的危害行为。也就是说,行为人实施的数个危害行为必须能够构成数个相对独立的犯罪。如果数个危害行为在刑法上不能构成独立的犯罪,就不能成立连续犯。

3.所构成的数个犯罪之间必须具有连续性。关于判断犯罪之间是否存在连续性的标准,刑法理论上存在着不同的观点。一是主观说,认为行为人主观方面有连续犯罪的决意或者同一犯罪故意即可;二是客观说,认为行为人的行为表现相同或者相类似且时间具有连续性即可;三是折中说,认为应以行为人的主客观条件相统一为标准。该观点为刑法学界多数学者所认同。

4.数个犯罪行为必须触犯同一罪名。

【观点论争】

对于什么是同一罪名,刑法学界有不同的观点:有的认为,同一罪名是指犯罪性质相类似的犯罪;有的认为,同一罪名是指犯罪性质完全相同的犯罪;有的认为,同一罪名是指行为侵害的法益性质相同的犯罪;有的认为,同一罪名是同一法条规定的罪名;有的认为,同一罪名是指行为人的行为符合同一基本犯罪构成。我国刑法学界多数学者持该观点。

【案例分析】

春节前的一天下午,某甲进入一栋居民楼,先潜入四楼住户家中行窃,盗得现金4000余元;随后,骗得三楼一老太太金项链一条,价值3000余元;紧接着,闯入二楼住户家中抢劫,劫得现金和财物,价值5000余元。在审理过程中,对某甲的行为该如何定罪产生了不同的意见:

一种意见认为,对某甲应当以盗窃罪、诈骗罪和抢劫罪实行数罪并罚。持此意见的同志认为,某甲实施了三个行为,分别符合三个不同的犯罪构成,触犯不同的罪名,各自独立成罪,且行为间不存在牵连或者吸收关系,因此,对甲应当数罪并罚。

另外一种意见认为，对某甲应当以抢劫罪一罪从重处罚。持此意见的同志认为，某甲基于非法占有的故意而实施的盗窃、诈骗和抢劫行为具有同一性质（即非法占有财物）的侵财内容，且行为具有空间的同一性和时间的连续性，因此，某甲的行为实质上具有连续犯的内涵，因此对某甲不应数罪并罚，而应按其触犯的最重的犯罪（即抢劫罪）一罪从重处罚。

对于连续犯，应当根据不同情况依照刑法规定按一罪从重或者加重处罚，不实行数罪并罚。

（二）牵连犯

牵连犯，是指行为人为了实施某种犯罪，而方法行为或结果行为又触犯其他罪名的犯罪形态。牵连犯具有以下特征：

1.牵连犯必须是以实施一个犯罪为目的。就是说，行为人是为了达到某一犯罪目的而实施犯罪行为（目的行为），在实施该犯罪行为的过程中，其所采取的方法行为或结果行为又构成另一个独立的犯罪；正是在这一犯罪目的的支配下才形成了与目的行为、方法行为、结果行为相对应的数个犯罪故意，而在具体内容不同的数个犯罪故意支配下的目的行为、方法行为、结果行为，都是围绕着这一犯罪目的实施的。

2.牵连犯必须具有两个以上的、相对独立的危害行为。这是牵连犯与想象竞合犯的重要区别。由于牵连犯在实质上是数个犯罪行为，因而行为人若只实施了一个危害社会行为，就无从谈起行为之间的牵连关系问题，从而也就不会有牵连犯的存在。

3.牵连犯所包含的数个危害行为之间必须具有牵连关系。牵连犯牵连的形式表现为三种：一是目的行为与方法行为的牵连。二是目的行为与结果行为的牵连。三是复杂的牵连。即同时存在方法行为与目的行为的牵连和目的行为与结果行为的牵连。

【观点论争】

关于如何判断数行为之间有无牵连关系，在我国刑法理论界，有三种不同主张：一是主观说，主张以行为人的主观意思为标准加以判断。二是客观说，主张以客观存在的事实为标准加以判断。其具体主张又有不同，有的认为只有触犯其他罪名的方法行为或者结果行为属于其犯罪构成一部分，才能认为有牵连关系；有的认为触犯其他罪名的方法行为或者结果行为同所实施的犯罪具有不可分离的关系，就是有牵连关系。三是折中说，其中，有的学者认为，对于牵连关系的认定，应当同时兼顾犯罪人的犯意和客观事实。有的学者则认为，对于目的行为与方法行为的牵连，则应当以犯罪人的牵连意思为准；对于目的行为与结果行为的牵连，则应当以客观上的通常情况为准。目前刑法理论界比较多的学者认为，认定牵连关系应当坚持主客观相统一的原则。只有当犯罪人对数个犯罪行为之间的关系有认识，在这种认识支配下实施了事实上具有目的与方法或结果行为之牵连关系的行为，才能认为具有牵连关系。

4.牵连犯的数个行为必须触犯不同的罪名。如果行为人实行的危害行为只触犯一个罪名，就不能构成牵连犯。

对牵连犯如何定罪处罚，我国刑法并没有原则性规定。我国刑法理论通行的观点主张,对于牵连犯,应按法定刑最重的一罪从重处罚,而不实行数罪并罚。但是,在我国刑法中,也有对牵连犯实行并罚的立法规定。例如,根据《刑法》第157条第2款的规定,以暴力、威胁方法抗拒缉私的,应以走私罪和阻碍国家机关工作人员依法执行职务数罪并罚。

【案例分析】

被告人王某、张某、李某、宋某四人,黑龙江鸡西鹤岗某煤矿工人。四人多次到偏远山区,利用农民想找工作挣钱的心理,以能到矿上打工为名,先后骗取了四个农民的信任。以四人亲戚的名义,介绍四农民到其所在煤矿打工,但这些农民在矿上打工时间不长,就因井下发生事故而死亡。然后,他们以其亲戚的名义向矿上索赔,矿上为了息事宁人,每人都赔偿了两三万元。后来查明,这些农民在井下死亡,是被四被告人杀死的。在审理过程中对被告人的行为应如何定罪处罚有两种不同意见:第一种意见认为四人的行为实施了杀人行为与诈骗行为两个独立的犯罪行为,分别符合故意杀人罪与诈骗罪的犯罪构成,应按故意杀人罪和诈骗罪实行数罪并罚。第二种意见认为四人的行为虽然分别触犯了故意杀人罪和诈骗罪,但在本案中,诈骗行为是目的行为,而故意杀人行为是为了实施诈骗的方法行为,杀人行为与诈骗行为之间具有牵连关系,属于牵连犯,应按其中较重的犯罪即故意杀人罪一罪定罪处罚。

(三)吸收犯

吸收犯,是指行为人实施数个犯罪行为,其中一个犯罪行为吸收其他犯罪行为,仅成立吸收的犯罪行为一个罪名的犯罪形态。成立吸收犯必须具备以下几个条件:

1.行为人必须有数个犯罪行为。这是吸收犯成立的前提。如果只有一个危害行为,就谈不上一个行为吸收另外一个行为,也就无所谓吸收犯了。同时,吸收犯的数个行为必须每个行为都符合刑法规定的不同的犯罪构成,独立成罪。这是吸收犯与想象竞合犯区别之所在。

2.吸收犯的数个犯罪行为触犯了不同的罪名。

3.行为人实施的数个犯罪行为必须具有吸收关系。所谓吸收,就是一个行为包容其他行为,只处理一个行为构成的犯罪。一个犯罪行为之所以能够吸收其他犯罪行为,是因为这些犯罪通常属于实施某种犯罪的同一过程,彼此之间存在密切的联系。一般来说,这种联系表现为前一犯罪行为是后一犯罪行为发展的所经阶段或者是必经程序;或者是后一犯罪行为是前一犯罪行为发展的自然结果。至于吸收形式,刑法理论界有不同的观点,多数学者认为吸收主要表现为三种形式:一是重行为吸收轻行为;二是主行为吸收从行为;三是实行行为吸收非实行行为。

对于吸收犯,刑法理论一般认为,应按吸收行为所构成的犯罪定罪处罚,不实行数罪并罚。

【案例分析】

某甲先伪造了公章,并用伪造的公章伪造了有价证券,然后用伪造的有价证券进行诈骗。在审理中,对某甲的行为应如何定罪处罚产生了分歧:

第一种意见认为,对某甲应以伪造公章罪、伪造有价证券罪和有价证券诈骗罪实行数罪并罚。

第二种意见认为，对某甲应以伪造公章罪和有价证券诈骗罪实行数罪并罚。持此意见的同志认为，伪造有价证券行为与利用伪造的有价证券进行诈骗行为之间具有牵连关系。

第三种意见认为，对某甲应以伪造有价证券罪和有价证券诈骗罪实行数罪并罚，持此意见的同志认为，伪造公章的行为与伪造有价证券的行为之间具有吸收关系。

第四种意见认为，对某甲应以有价证券诈骗罪一罪定罪处罚。持此意见同志认为，伪造公章的行为与伪造有价证券的行为之间具有吸收关系，而伪造有价证券的行为与利用伪造的有价证券进行诈骗的行为之间具有牵连关系，因而应按其中最重的犯罪定罪，即按有价证券诈骗罪定罪处罚。

第三节　数罪的类型

一、实质数罪与想象数罪

实质数罪与想象数罪，是以行为人符合犯罪构成的行为个数为标准进行的分类。所谓实质数罪，是指行为人实施了数个行为，符合数个犯罪构成，构成数个独立的犯罪。想象数罪，是指行为人实施了一个行为，符合数个犯罪构成，触犯数个罪名。想象数罪因为仅有一个行为，所以其就是实质的一罪。

二、异种数罪与同种数罪

异种数罪和同种数罪，是以行为人的数个行为符合的数个犯罪构成的性质是否相同为标准，对数罪所进行的分类。异种数罪，是指行为人实施的数个行为是出于数个不同的犯意，符合数个不同性质的基本犯罪构成，触犯数个不同的罪名的情况。同种数罪，是指行为人实施的数个行为是出于数个相同的犯意，符合数个性质相同的基本犯罪构成，触犯同一罪名的情况。简言之，数个犯罪行为触犯数个不同罪名，就是异种数罪；数个犯罪行为触犯相同罪名，就是同种数罪。无论是异种数罪，还是同种数罪，均可被分为并罚的数罪和非并罚的数罪。

三、并罚的数罪与非并罚的数罪

并罚的数罪和非并罚的数罪，是以对行为人的犯罪事实已构成的实质数罪是否实行数罪并罚为标准，对数罪所进行的分类。并罚的数罪，是指行为人基于数个罪过，实施数个行为，构成数个独立的犯罪，依照法律规定应当予以并罚的实质数罪。非并罚的数罪，是指行为人实施了数个行为，符合数个犯罪构成，触犯数个罪名，但由于特定的事由或者法律的规定不实行并罚，只按一罪处罚的实质数罪。

四、判决宣告以前的数罪与刑罚执行期间的数罪

判决宣告以前的数罪和刑罚执行期间的数罪，是以实质数罪发生的时间为标准，对数罪所进行的分类。判决宣告以前的数罪，是指行为人在判决宣告以前实施并被发现的数罪。刑罚执行期间的数罪，是指在刑罚执行期间发现漏罪或再犯新罪而构成的数罪。

第十二章 刑事责任

第一节 刑事责任概述

一、刑事责任的概念

刑事责任问题既是刑法理论中的一个十分重要的问题，又是与犯罪、刑罚相并列的刑法的基本范畴。刑事责任作为犯罪行为的法律后果，它是与犯罪、刑罚和刑法相伴而生的。刑法典中有关犯罪和刑罚的规定，都是围绕是否追究刑事责任和如何追究刑事责任而展开。从一定的意义上讲，刑事立法、司法以及刑法理论中的诸多问题都是围绕刑事责任而展开的。刑事责任既是联系犯罪与刑罚的桥梁，也有自身独立存在的价值，所以必须明确什么是刑事责任。

中国理论界对于刑事责任的界定，观点不一，主要有以下几种意见。

1. 法律责任说。认为刑事责任是犯罪主体实施刑事法律禁止的行为，强制犯罪人负担的法律责任。

2. 法律后果说。认为刑事责任是依照刑事法律规定，行为人实施刑事法律禁止的行为所必须承担的法律后果。

3. 否定评价说。认为刑事责任是指犯罪人因实施犯罪行为而应当承担的国家司法机关依照刑事法律对其犯罪行为及本人所作的否定评价和谴责。

4. 刑事义务说。主张刑事责任是犯罪人因其犯罪行为而负有的承受国家依法给予的刑事处罚的特殊义务。

5. 刑事负担说。认为刑事责任是刑事法律规定的，因实施犯罪行为而产生的，由司法机关强制犯罪人承受的刑事处罚或单纯否定性法律评价的负担。[①]

上述几种观点从不同角度揭示了刑事责任的内涵和本质特征，不是相互排斥和相互矛盾，而是相互协调、相互统一的，对我们正确认识刑事责任有重要价值。法律责任说揭示了刑事责任是一种法律责任，这一点值得肯定，因为刑事责任就是一种法律责任，但并未触及责任的具体内容，略显空洞；法律后果说揭示了犯罪与刑事责任间的因果关系，值得肯定，但该说未将刑事责任与刑罚区分开来，容易使人误认为刑事责任就是刑罚，而刑

---

① 参见赵秉志主编：《刑法争议问题研究》，河南人民出版社 1996 年版，第 539～542 页。

罚仅仅是实现刑事责任的方式之一;否定评价说揭示了刑事责任的具体内容,刑事责任就是对犯罪人的一种否定评价和谴责,但刑事责任的具体内容不等于刑事责任的本质,不等于刑事责任的全部;刑事义务说强调了刑事责任来源于犯罪行为和刑事法律,或者说犯罪行为和刑事法律对于刑事责任的决定意义,但将刑事责任简单归结为刑事义务,这明显与刑事理论和刑事司法实践不符,如当司法机关追究犯罪人的刑事责任而又免除处罚和非刑罚方法实现刑事责任的情形;刑事负担说较好地阐明了刑事责任的本质,揭示了刑事责任与国家间的关系,但负担一词略显笼统,表达不够专业。

我们认为,对刑事责任的概念,应从多方面去理解,其中应注意以下几点:

1.刑事责任是一种法律责任。

法律责任是指因为违反了法定义务或契约义务,或不当行使法律权利、权力所产生的由行为人承担的不利后果。根据违法行为所违反的法律的性质,可以把法律责任分为民事责任、行政责任、刑事责任。可见,法律责任是刑事责任的上位概念,范围比刑事责任要大。既然刑事责任是一种法律责任,我们界定什么是刑事责任时,一定要明确刑事责任是一种法律责任。

2.刑事责任是由于犯罪人实施了犯罪行为而引起的。

无犯罪无刑事责任,刑事责任自犯罪行为实施是产生。刑事责任是与实施刑法所禁止的行为密切相关的。我国刑法规定了两类犯罪:故意犯罪和过失犯罪,同时规定构成犯罪就应当承担刑事责任。《刑法》第 14 条规定:"明知自己的行为会发生危害社会的结果,并且希望或者放任这种结果发生,因而构成犯罪的,是故意犯罪。故意犯罪,应当负刑事责任。"《刑法》第 15 条规定:"应当预见自己的行为可能发生危害社会的结果,因为疏忽大意而没有预见,或者已经预见而轻信能够避免,以致发生这种结果的,是过失犯罪。过失犯罪,法律有规定的才负刑事责任。"从刑法的上述规定看,行为人实施了刑法所禁止的犯罪行为才产生刑事责任。犯罪行为是指行为人基于其意志自由而实施的具有法益侵害性的身体动静。一个没有意志自由的人实施行为不是犯罪行为,如精神病人在精神状况不正常时从而丧失辨认能力和控制能力的情况下实施行为就不是犯罪行为;没有法益侵害性的行为不是犯罪行为,如正当防卫。犯罪行为必然引起刑事责任,刑事责任一定因犯罪行为而产生。

3.刑事责任体现了否定评价和谴责的社会政治内容。

刑事责任不是一般的责任,不仅仅是道德上的否定评价,更是一种法律上的否定评价和谴责,甚至包含了刑罚处罚。实现刑事责任的方式可以是刑罚处罚和有罪而免予刑罚处罚。所谓免予刑罚处罚指人民法院判决确定犯罪人有罪,不予刑罚处罚的情形。免予刑罚处罚是以有罪为前提,这将是行为人一生的污点,本身就是一种否定评价和谴责。所谓刑罚处罚,是掌握国家政权的统治阶级为了惩罚犯罪而规定在刑法中的,由司法机关适用和执行的最为严厉的强制方法。包括人身罚和财产罚,其中以人身罚为主,这尤其体现了刑罚的严厉性。刑事责任体现了否定评价和谴责的社会政治内容,这体现了刑事责任的本质特征,也是刑事责任区别于其他法律责任的关键。

4. 刑事责任应由司法机关依法定程序而实现。

任何人非经司法机关依照法定程序确定有罪，不得被追究刑事责任，不得被处以刑罚。根据刑事法律的规定，犯罪人的刑事责任，必须依照刑事诉讼法规定的诉讼程序才可能实际承担；不依照刑事诉讼法进行一定的诉讼程序，犯罪人的刑事责任就不可能实现。一般说来，刑事责任必须由特定的国家机关——公安、法院、检察机关、监狱等——依照特定的程序予以追究。刑事责任由法院确定后，通过法定机关强制犯罪人承担，犯罪人必须承担。这些均体现了刑事责任具有较严厉的强制性和严格的程序性。这也是刑事责任与其他法律责任在严厉程度上和严格的程序方面与其他法律责任的区别。

5. 刑事责任是犯罪人对国家承担的刑事法律后果。

犯罪人实施犯罪后，一方面要对国家承担一定的法律责任，一方面要对被害人承担赔偿责任。而刑事责任专指犯罪人对国家承担的刑事法律后果。从司法实践看，我国犯罪人对国家的刑事责任的实现较好，但对被害人承担赔偿责任的实现较差。

基于上述分析，我们认为，刑事责任是刑法规定的犯罪人因其犯罪行为应当对国家承担的、由司法机关代表国家依法追究的以否定评价和谴责为内容的法律责任。

二、刑事责任的特征

根据上述定义，刑事责任具有不同于其他法律责任的如下特征：

1. 强制性

刑事责任是司法机关代表国家强制犯罪人承担的法律责任。刑事责任是犯罪人向国家所负的责任，它表现了犯罪人与国家之间的关系，司法机关代表国家强制犯罪人承担刑事责任。犯罪人是否承担刑事责任，承担多轻多重的刑事责任，均由司法机关依据法律确定。这就是刑事责任的强制性。

2. 专属性

刑事责任只能对实施了犯罪行为的本人和犯罪单位适用，具有专属性，不能转移，不能替代。我国刑法实行罪责自负、不株连无辜的原则，所以刑事责任只能由实施了犯罪行为的犯罪人承担；没有参与实施犯罪，如犯罪人的朋友、亲属，也不承担刑事责任。这里的犯罪人，既包括犯罪的自然人，也包括犯罪的单位。由于历史的原因，我国1979年的刑法只规定自然人犯罪的刑事责任，但随着改革开放，我国社会主义市场经济的发展，单位有其自身利益了，随之而来的是产生了单位犯罪，并日趋严重化。因而我国的单行刑事法律中陆续规定了一些单位犯罪的刑事责任，1997年修订的刑法典，吸收了这些立法成果，并在刑法总则中规定："公司、企业、事业单位、机关、团体实施的危害社会的行为，法律规定为单位犯罪的，应当负刑事责任。"所以依照我国现行刑法典，承担刑事责任的，就不仅是犯罪的自然人，而且有犯罪单位。刑事责任只能由犯罪的个人和单位承担，既不能株连非犯罪人，也不能由非犯罪人代为承担，这表现了刑事责任的专属性，这一点也使刑事责任与其他法律责任相区别，如民事责任不禁止他人代为承担。

3. 严厉性

刑事责任不仅具有强制性，更具有严厉性，或者说其强制性更为严厉。在所有法律责任中，刑事责任的性质最严厉，否定评价最强烈，制裁后果最严厉。任何违法行为都要承担相应的法律责任，如民事违法行为，要承担民事责任；行政违法行为要承担行政责任。所有这些强制性的法律责任，均不及刑事责任的严厉性。因为实现刑事责任的主要方法——刑罚，不仅可以剥夺犯罪人的人身自由，甚至可以剥夺其生命。这种极端的严厉性是刑事责任仅有的，更是其他法律责任不能比拟的。这当然也是同严重危害社会的犯罪行为作斗争所必需的。

4.准据性

刑事责任是犯罪的必然后果，刑事责任为刑罚的确定提供标准和根据。刑事责任一经确定，犯罪人和被害人均不能自行变更，更不允许“私了”。犯罪分子是否承担刑事责任，承担多轻多重的刑事责任，均由司法机关按法定程序依法确定。现实中很多人认识上有一个误区，罪犯与受害人私下达成赔偿协议，受害人也声称不“起诉”，罪犯也认为事情了结了；但事与愿违，司法机关往往“多管闲事”，将罪犯“关起来 ”，继续追究其刑事责任。很多人不理解，认为是司法机关没事找事，故意为难人，其实这种理解不正确。是否追究犯罪分子的刑事责任，应由司法机关依法确定，不取决于受害人是否“起诉”。

三、刑事责任与犯罪、刑罚的关系

刑事责任在我国 20 世纪 80 年代编写的刑法教材和理论研究中，很少提到，在刑法理论中没有什么地位。80 年代后期，特别是进入 90 年代后，刑事责任问题逐渐引起重视。1997 年修订的《刑法》第 5 条规定：“刑罚的轻重，应当与犯罪分子所犯罪行和承担的刑事责任相适应。”这是我国刑法首次将刑事责任与犯罪、刑罚相提并论，刑事责任在刑法中的地位随之越来越引起理论研究的重视。这里所说刑事责任在刑法中的地位，实质就是刑事责任与犯罪、刑罚之间的关系问题。

传统刑法理论认为刑法的体系就是犯罪——刑罚的体系，但实际情况是这样的：犯罪是刑事责任的前提，刑事责任是犯罪的法律后果，刑罚虽然是实现刑事责任的基本方式，但不是唯一的实现方式，非刑罚处理方法也是实现刑事责任的方式之一。所以刑罚与非刑罚处理方法，同是刑事责任的实现方式。所以，我们认为，刑法的体系应当是犯罪—刑事责任—刑罚的体系。犯罪、刑事责任、刑罚是各自独立又互相联系的三个概念，刑事责任则是介于犯罪与刑罚之间联结犯罪与刑罚的纽带。刑事责任与犯罪的关系是：犯罪是刑事责任的前提；刑事责任是犯罪的法律后果。刑事责任与刑罚的关系是：刑事责任是刑罚的前提，刑罚是实现刑事责任的基本方式，但不是唯一方式。下面具体说明这两种关系。

1. 刑事责任与犯罪的关系。如果行为人选择实施了犯罪行为，就必然面临被追究刑事责任。如果犯罪行为不被追究刑事责任，就无公平与正义可言，社会也将处于无序中，后果将非常严重。并且，任何人犯罪都应承担刑事责任，犯重罪承担较重的刑事责任，犯轻罪承担较轻的刑事责任，不犯罪的不承担刑事责任。可见，犯罪是刑事责任产生的事实前提，没有犯罪就不可能有刑事责任；刑事责任是犯罪的必然后果，只要实施了犯罪，就不能不产生刑事责任。这体现了犯罪与刑事责任在质和量上的直接关联性，二者密不可分。

2. 刑事责任与刑罚的关系。刑事责任与刑罚是两个既有区别又有联系的概念。两者的主要区别在于：第一，刑事责任是一种法律责任，刑罚则是一种最严厉的处罚方法。第二，刑事责任随实施犯罪而产生，应注意刑事责任的产生和刑事责任的实现是不一样的，刑罚则以法院有罪判决确定的刑罚为前提，不能说一产生犯罪就产生刑罚。二者又密切联系，它表现在：第一，刑事责任的存在是决定适用刑罚的前提。没有刑事责任，绝不可能适用刑罚；只有存在刑事责任，才能适用刑罚。是否适用刑罚，关键看有无刑事责任。第二，刑事责任的大小决定刑罚的轻重。《刑法》第 5 条规定："刑罚的轻重，应当与犯罪分子所犯罪行和承担的刑事责任相适应。"刑事责任大的，刑罚就重；刑事责任小的，刑罚就轻，刑罚的轻重根据刑事责任的大小来确定。第三，刑事责任主要通过刑罚而实现。非刑罚处理方法等虽然也是刑事责任的实现形式，但那是次要的，在司法实践中也是为数很少的，而刑罚则是实现刑事责任的主要形式，并且在司法实践中是大量的，因而非刑罚处理方法与刑罚不宜处于并列的地位。①

第二节　刑事责任的根据

一、刑事责任根据的含义

刑事责任的根据，指国家追究刑事责任的根据，它回答国家基于何种理由追究犯罪人的刑事责任，或者说它回答犯罪人为什么承担刑事责任。国家是刑事责任的追究者，犯罪人是刑事责任的承担者，它们从不同的侧面看待刑事责任，但就刑事责任的根据而言，则两者完全一致。

这里探讨刑事责任的根据，主要从哲学和法学的角度出发。

二、刑事责任的哲学根据

辩证唯物主义认为，存在决定意识，意识总是反映存在的，这是整个唯物主义的一般原理。详言之，社会物质生活条件决定人们的意识，人们的意识总是社会物质生活条件的反映。不承认这一点，就不是唯物主义。在意识与存在的关系上，马克思主义首先是决定论。马克思主义虽然承认存在决定意识，但是否认绝对的意志自由，不是机械的决定论，并不完全否认意志自由。人同时具有主观能动性，具有意志自由。康德认为人是有理性的，人的意志是自由的。人具有认识能力，一旦认识了客观事物的发展规律，就可以凭借这种认识去支配自己的行为，利用客观规律为自己服务，给客观世界以积极的影响。这就是意志自由的能动性。由于人具有相对的意志自由，即自由选择的能力，因而人对自己选择实施的行为应当承担责任。

① 参见高铭暄、马克昌主编：《刑法学》，北京大学出版社，高等教育出版社 2011 版，第 204 页。

人不仅具有能动性,而且具有社会性。即人不仅是自然的存在物,更是社会的存在物。人作为社会的存在物,要求每一个人实施任何一个行为均应符合社会的规范,均应有利于国家和人民,同时要求每一个人实施任何一个行为均不得违反社会规范,均不得做出危害国家和人民利益的行为。在作为社会规范之一的刑法领域,国家立法机关为了维护正常的社会秩序,保护国家和人民的利益,对严重危害国家和人民利益的行为,特在法律中规定为犯罪。在这里国家要求行为人选择有利于国家和人民利益的行为,行为人却选择了危害国家和人民利益的犯罪行为,或者要求选择能够避免对国家和人民利益造成危害的行为,却没有作这样的选择,以至于对国家和人民利益造成危害,因而国家认定这种行为构成犯罪,追究犯罪人的刑事责任。所以,对犯罪人追究刑事责任的根据,从哲学上讲,就在于行为人具有相对的意志自由,或者说自由选择能力,即行为人能选择非犯罪行为却选择了犯罪行为,因而才追究其刑事责任。①

三、刑事责任的法学根据

我们认为,刑事责任的根据,不仅是多层次的,而且是多方面的。刑事责任不仅涉及有无的问题,而且涉及轻重的问题。故刑事责任的根据,既要回答为什么要承担刑事责任,又要回答为什么刑事责任有轻有重。

行为人为什么要承担刑事责任?如前所述,犯罪是刑事责任产生的事实前提,没有犯罪就不可能有刑事责任;刑事责任是犯罪的必然后果,只要实施了犯罪,就不能不产生刑事责任。故回答为什么承担刑事责任实质是回答行为人的行为为什么构成犯罪。从刑法的规定看,行为本身的社会危害性及行为符合犯罪的构成条件,是行为成为犯罪的条件。故刑事责任的法学根据是行为的社会危害性及行为符合犯罪构成。

我国《刑法》第 13 条规定:"凡危害社会的行为,依照法律应受刑罚处罚的,就是犯罪;但是情节显著轻微危害不大的,不认为是犯罪."可见,社会危害性是犯罪的本质特征,没有社会危害性的行为肯定不是犯罪,但不能说凡有社会危害性的行为就是犯罪。这里应特别说明,社会危害性是随着时代的变化而变化,现在有社会危害性的行为,今后不一定有社会危害性;反之,现在没有社会危害性的行为,今后可能有社会危害性。刑法确定的犯罪圈应随之变化,刑事责任也会相应变化。

犯罪行为应有社会危害性,但有社会危害性的行为不一定是犯罪。从罪刑法定原则的角度,行为即使具有一定的社会危害性,哪怕具有严重的社会危害性,如果刑法未规定为犯罪,该行为不是犯罪行为,仍然不可能追究刑事责任;只有具有严重社会危害性的行为同时符合刑法规定的犯罪构成,该行为才是犯罪行为,才可能追究刑事责任。从司法实践的角度,行为人的行为构成犯罪,行为人对其行为承担刑事责任的唯一根据就是行为人的行为符合刑法规定的犯罪构成条件。所谓犯罪构成是刑法规定的说明行为的社会危害性及其程度,从而该行为构成犯罪所必需的一系列主客观要件的有机统一体。某种行为

① 参见高铭暄、马克昌主编:《刑法学》,北京大学出版社、高等教育出版社 2011 版,第 207 页。

事实，经过犯罪构成判断，与犯罪构成不符合的，就不成为犯罪构成事实即不构成犯罪，也就不可能追究刑事责任；与犯罪构成相符合的，就成为犯罪构成事实即构成犯罪，刑法对此规定了相应的法律后果，这是刑事责任实现的主要形式，在这种情况下，才能追究行为人的刑事责任。由此可见，抛开犯罪构成这个标准或规格，就无法认定行为是否构成犯罪，是否需要对行为人的行为追究刑事责任。

承担刑事责任的根据与刑事责任轻重程度的根据有区别。承担刑事责任的根据是行为符合犯罪构成，主要考察行为实施过程中的各种情节。而刑事责任轻重程度的根据既要考察行为之中，也要考察行为之前、行为之后。表现在犯罪之前的因素，如一贯遵纪守法，或者有前科、多次受过行政拘留、甚至受过严厉刑罚处罚，是否累犯等。表现在犯罪之中的因素，如未成年人、又聋又哑的人、防卫过当、预备犯、未遂犯、中止犯、胁从犯等。表现在犯罪以后的因素，如真诚悔改、积极退赃、自首、立功畏罪潜逃、订立攻守同盟等。所有这些因素都影响刑事责任的程度。

第三节 刑事责任的过程

刑事责任作为一种法律责任，是因为犯罪人实施了犯罪行为而产生的责任。但这仅仅是一种应当承担的法律责任，我们需要通过法定程序将这种应当承担的法律责任转化为现实的法律责任。所谓刑事责任的过程就是将这种应当承担的法律责任转化为现实的法律责任的过程，这个过程包括三个阶段：刑事责任的产生阶段、刑事责任的确认阶段和刑事责任的实现阶段。

一、刑事责任的产生阶段

刑事责任随犯罪而产生，有犯罪必有刑事责任，无犯罪则无刑事责任。犯罪行为实施之后，不论是否发现这种犯罪，行为人的刑事责任即同时产生，并客观地存在着，只是司法机关还没有开始追究刑事责任。司法机关追究刑事责任，只是使这种客观存在的刑事责任现实化的过程，并不是刑事责任产生的过程。刑法典中多处规定“应当负刑事责任”就是以刑事责任的存在为前提。如我国《刑法》第 17 条第 1 款规定：“已满 16 周岁的人犯罪，应当负刑事责任。”应当负刑事责任，以存在刑事责任为前提，表明实施了犯罪，客观上即产生了刑事责任。又如我国刑法关于追诉时效的规定，也应当认为刑事责任开始于实施犯罪行为之时。追诉时效，是指对犯罪人追究刑事责任的有效期间。刑法规定，犯罪经过一定的期限不再追诉。所谓不再追诉，即不再追究刑事责任，说明实施犯罪后刑事责任即产生了；否则，就不发生不再追诉的问题。

刑事责任从犯罪行为实施时起，到司法机关、公安机关立案时止。所谓犯罪行为实施时起，不同的犯罪形态，起始的情况也有所不同：对于故意犯罪来说，实施犯罪预备时，刑事责任即行产生；如果犯罪预备不受处罚，着手实行犯罪时，刑事责任便产生；对于过失犯罪来说，犯罪结果发生时，刑事责任才产生。在这一阶段，行为人的刑事责任虽然已经客观地存在着,但司法机关还没有进行追究刑事责任的活动。这可能是因为犯罪没有被发现;或者自诉案件被害人没有告诉。如果在法定的追诉期限内没有追诉,刑事责任就可能消灭,从而就不存在刑事责任的确认与实现了。这要求司法机关尽快发现犯罪,提高破案率。

二、刑事责任的确认阶段

这一阶段从公安机关、司法机关立案时起,到人民法院作出确定的有罪判决时止。在这一阶段,要确认行为人是否实施了犯罪行为,应否负刑事责任,应负怎样的刑事责任以及如何实现刑事责任。为了保证这一阶段的工作顺利进行,国家在刑事诉讼法中规定了严格的程序,包括立案、侦查、起诉和审判等各个阶段。在刑事责任的确认阶段,司法机关应当严格按照法定程序,确认行为人是否构成了犯罪、构成何罪,是否承担刑事责任、承担何种刑事责任,是否需要判处刑罚、判处何种刑罚,若不需要判处刑罚,应采用何种非刑罚处罚方法。公安机关、司法机关必须严格依法办事,正确确认行为人的刑事责任。所谓从公安机关、司法机关立案时起,是指由公安机关管辖范围的案件,从公安机关立案侦查时起,由检察机关管辖范围的案件,从检察机关立案侦查时起,人民法院依法直接受理的案件,从人民法院受理时起。对侦查终结的案件,需要提起公诉的,由检察机关向法院起诉。我国《刑事诉讼法》第 137 条规定:"人民检察院审查案件的时候,必须查明:(一)犯罪事实、情节是否清楚,证据是否确实、充分,犯罪性质和罪名的认定是否正确;(二)有无遗漏罪行和其他应当追究刑事责任的人;(三)是否属于不应当追究刑事责任的;(四)有无附带民事诉讼;(五)侦查活动是否合法。"法院对提起公诉的案件进行审判,最终确认犯罪人的刑事责任。

三、刑事责任的实现阶段

刑事责任的实现阶段从人民法院作出的判决生效时起,到所决定的刑事制裁措施执行完毕或非刑罚处罚方法执行完毕,或罪犯在服刑期间赦免时止。刑法规定刑事责任,最终都是为了实现刑事责任,达到对罪犯惩罚、从而预防犯罪的目的。所以,刑事责任的实现是刑事责任的最后阶段,也是刑事责任的核心所在。这一阶段完结,就是的刑事责任终结。归纳起来,包括如下情形:(1)判处刑罚的,无论是主刑、附加刑,均应执行完毕,刑事责任终结;(2)被宣告缓刑或假释的,在缓刑或假释考验期内没有犯新罪、没有漏罪、没有违反管理规定,考验期满,刑事责任终结;(3)只给予非刑罚的制裁措施,该制裁措施执行完毕,刑事责任终结;(4)仅作有罪宣告,该判决发生效力时,刑事责任终结。

在刑事责任的实现阶段,可能出现刑事责任变更的情况。这主要是:(1)死刑缓期执行二年期满的减刑;(2)管制、拘役、有期徒刑、无期徒刑的减刑;(3)特赦;(4)由于遭遇不能抗拒的灾祸缴纳确实有困难时罚金的减免。刑事责任的变更不是改变原来确定的刑事责任,而是基于行为人人身危险性的变化而对其承担的刑事责任的依法调整。

刑事责任的终结和刑事责任的消灭应严格区别。刑事责任的消灭指行为人的行为原本构成犯罪,但在追究、实现刑事责任之前,由于某种法定原因,使刑事责任不复存在,司法机关不能再追究刑事责任。根据我国刑法的规定,引起刑事责任消灭的原因有以下几种:(1)犯罪已过追诉时效期限;(2)刑法规定告诉才处理的犯罪,没有告诉或撤回告诉;(3)尚未追究刑事责任,犯罪嫌疑人、被告人死亡;(4)其他情形。可见,两者的性质和效果完全不同。刑事责任的终结是依法追究了刑事责任,完全实现了刑事责任的内容;刑事责任的消灭是不可能或不允许追究行为人的刑事责任,实际上没有追究其刑事责任。当然,刑事责任的消灭也是终结刑事责任的方式之一。

四、刑事责任的实现方式

学者们采用"刑事责任的实现方式(方法)"一语来表述,并对刑事责任有哪些实现方式提出许多不同见解。[①] 我们认为,刑事责任的实现方式,就是追究刑事责任的具体方法,国家通过哪些方法实现刑事责任。刑法规定犯罪、刑事责任就是要让实施了犯罪行为的人付出代价、感到痛苦,从而实现惩罚犯罪、预防犯罪的目的,故刑事责任的实现方式只能是限制、剥夺罪犯的权益和对罪犯的生活、名誉产生不利影响的方法。从刑法的规定看,具体包括以下方法。

1.通过给予定罪处刑实现刑事责任

通过给予定罪处刑实现刑事责任,是刑事责任实现最基本、主要的方式。定罪处刑方式,即法院对犯罪人认定有罪作出有罪判决的同时宣告适用相应的刑罚。定罪,指认定被告人的行为构成什么性质犯罪的活动。认定构成什么性质的犯罪,必须以犯罪事实为根据,以刑法规定的犯罪构成为准绳。我国刑法规定的刑罚包括主刑和附加刑,主刑包括管制、拘役、有期徒刑、无期徒刑、死刑,附加刑包括罚金、剥夺政治权利、没收财产及驱逐出境。适用刑罚必须贯彻罪责刑相适应原则。在决定刑罚时,应当根据犯罪的事实、犯罪的性质、情节和对社会的危害程度、罪犯的人身危险性,依照刑法的规定判处。

2.通过定罪适用非刑罚方法实现刑事责任

作出定罪判决免除刑罚,但给予非刑罚处理方法的处理。这种方法不是基本的方法,但犯罪有轻有重,同时现代刑法理念已不是报应论了,而是预防犯罪,故刑罚不应是实现刑事责任的唯一方法,各种非刑罚方法也应是刑事责任实现的应有选项。如我国《刑法》第 37 条规定:"对于犯罪情节轻微不需要判处刑罚的,可以免予刑事处罚,但是可以根据案件的不同情况,予以训诫或者责令具结悔过、赔礼道歉、赔偿损失,或者由主管部门予以行政处罚或者行政处分。"第 383 条关于贪污罪规定"个人贪污数额在 5000 元以上不满 1 万元,犯罪后有悔改表现、积极退赃的,可以减轻处罚或者免予刑事处罚,由其所在单位或者上级主管机关给予行政处分"。非刑罚处理方法没有否定行为人的刑事责任的存在。它们都是以有罪宣告为前提,而宣告有罪,就意味着存在刑事责任。这种方式是解决刑事责任的辅助方式,但也是必不可少的,是刑罚方式的有益补充。

① 参见赵秉志主编:《刑法争议问题研究》(上),河南人民出版社 1996 年版,第 589～593 页。

3. 对外国人的刑事责任的特殊处理方式

我国《刑法》第 11 条规定："享有外交特权和豁免权的外国人的刑事责任，通过外交途径解决。"这是我国对外国人的刑事责任的特殊处理方式的法律依据。享有外交特权和豁免权的外国人刑事责任的这种解决方式，是根据国际惯例和国家之间的平等原则而采用的，是一种极为特殊的解决方式。

第十三章 刑罚概说

第一节 刑罚的概念

一、刑罚的概念和特征

刑罚是国家为了防止犯罪行为对国家利益、社会利益与公民合法权益的侵犯，由国家审判机关依法对犯罪人适用的限制或剥夺其某种权益的最严厉的强制方法。我国刑法明文规定了刑罚的种类，将刑罚分为主刑和附加刑。主刑有管制、拘役、有期徒刑、无期徒刑、死刑五种；附加刑有罚金、剥夺政治权利、没收财产和对犯罪的外国人驱逐出境四种。限制或剥夺犯罪人的某种权益，使犯罪人遭受一定的损失和痛苦，是刑罚的本质属性。

我国刑罚具有以下主要特征：

1. 刑罚的属性。刑罚的内容为对受刑者一定权益的限制和剥夺。使犯罪人承受一定的痛苦，是刑罚的惩罚性质，也是刑罚的本质属性。我国一贯遵行惩罚与教育相结合的方针，不采取那些残酷、野蛮的刑罚方法来摧残、折磨犯罪人。但不可否认，刑罚作为国家对犯罪行为的否定评价与对犯罪人的谴责的一种最严厉的形式，当然地要给犯罪人带来身体的、精神的或财产的剥夺性痛苦。这种痛苦相对于其他法律制裁措施而言，无疑是最强烈的。它不仅可以剥夺犯罪人的政治权利、财产权利，而且可以限制或剥夺犯罪人的人身自由，甚至可以剥夺犯罪人的生命。而对犯罪人一定权益的限制和剥夺也正是刑罚的内容。在我国，将刑罚作为摧残人、折磨人的报复手段，当然是错误的，但如果超越我国社会主义初级阶段的国情、社会的平均价值观念，以及人道主义所允许的限度，将刑罚视为仁慈的东西，甚至把服刑人的生活待遇提高到超过国民的一般水平，也是背离刑罚的基本属性的。

2. 刑罚的对象只能是犯罪人。刑罚是对犯罪人的犯罪行为所作出的否定评价，是对犯罪人的道义谴责，它是因犯罪所产生的当然的法律后果。与之相适应，刑罚处罚的对象只能是实施了犯罪行为的犯罪人，包括自然人或者单位。因此，犯罪人既是犯罪行为的实施者，也是刑罚的物质承担者。刑罚既不能适用于动植物和其他非人的对象，也不能适用于与犯罪无关的无辜者。

3. 刑罚适用的主体只能是国家审判机关。国家审判机关是适用刑罚专门的机关，在我国，刑罚适用的主体则只能是人民法院。

4. 刑罚的种类及适用标准必须以刑法的明文规定为依据。我国现行《刑法》第 3 条明确规定了罪刑法定原则，即“法无明文规定不为罪，法无明文规定不处罚”。可见，罪刑法定原则应包括两个方面的内容：一是罪的法定，二是刑的规定。换句话说，不仅犯罪需要由成文刑法事先作出明文规定，而且刑罚也必须由刑法载于法条。这意味着，对于刑法没有明文规定的制裁方法，就不是刑罚的表现形式，就不能以刑罚之名适用于犯罪人。例如，我国《刑法》第 64 条规定的没收违法所得，就不是我国刑罚明文列举的刑罚种类，因而就不是刑罚。

5. 刑罚适用必须依照刑事诉讼程序。审判机关有权对犯罪人适用刑罚，但并不是可以随心所欲的。审判机关适用刑罚必须符合法律的规定，主要是刑法和刑事诉讼法的规定。换句话而言，人民法院适用刑罚必须以刑法的规定为依据，并遵循刑事诉讼法规定的诉讼程序进行。不经过应有的诉讼程序，是不能适用刑罚的。

6. 刑罚的执行机关是特定的。刑罚的执行机关不仅限于人民法院，也包括公安机关、监狱、社区矫正机构等。

综上所述，刑罚是国家用以惩罚犯罪人的，由人民法院依法判处并由特定机关执行的最严厉的强制方法。与刑罚密切联系的是刑罚权的概念。

所谓刑罚权，是指基于犯罪行为对犯罪人实行刑罚惩罚的国家权力。是国家主权的组成部分，表现为国家对犯罪人实行刑罚惩罚。刑罚权的内容包括制刑权、求刑权、量刑权和行刑权。刑罚权是国家统治权的一个重要组织部分。国家制裁犯罪人的这种特定权力的根据，归根到底是一定的物质生产方式所产生的利益和需要；随着社会生产方式的变革，刑罚权的内容也会发生相应的变化。①

二、刑罚与其他法律制裁方法的关系

一个国家的法律制裁体系，通常是由多种制裁措施构成的，除了刑罚外，还包括民事制裁、行政制裁、经济制裁措施，等等。刑罚，作为刑事制裁措施，与其他法律制裁措施有一定的联系，属于整个法律制裁体系的组织部分；无论哪一种制裁措施都会对被制裁人产生不利影响，但刑罚与其他法律制裁措施主要具有以下区别：

1. 适用机关不同。刑罚只能由国家审判机关适用，具体说是各级人民法院的刑事审判庭适用。而民事制裁只能由人民法院的民事审判庭适用，行政处罚则由国家各级行政机关适用。

2. 适用根据不同。对犯罪人适用刑罚的根据是刑法、刑事诉讼法，而对民事违法者适用民事处罚的法律根据则是民法、民事诉讼法，对行政违法者适用行政处罚的法律根据是行政法、行政诉讼法，等等。

3. 严厉程度不同。刑罚处罚涉及人的生命、自由、财产和资格等重大权益，剥夺自由可以是终身的，尤其是可以剥夺罪犯的生命，其严厉性是不言而喻的。而其他法律制裁则排除对生命的剥夺，一般也不涉及剥夺自由的问题，即使剥夺自由期限也较短。而其他制

① 参见马克昌主编：《刑罚通论》，武汉大学出版社 1999 年版，第 15～20 页。

裁方法，例如，民事制裁方法仅限于停止侵害、排除妨碍、消除危险、返还财产、恢复原状、赔偿损失、恢复名誉、赔礼道歉等；行政制裁方法仅限于警告、记过、降级、撤职、留用察看、罚款、行政拘留等，其严厉程度都远远轻于刑罚。

4. 适用对象不同。刑罚只适用于触犯刑法构成犯罪的人，对其他人绝对禁止适用刑罚。而其他法律制裁方法则分别适用于民事、行政违法者，属于一般违法行为人。

5. 确立机关不同。刑罚只能由全国人民代表大会及其常务委员会确立，包括确定刑罚的种类、刑罚的幅度，及每一个罪的刑罚的种类和幅度；而行政制裁方法既可以由行政法规设立，也可以由地方性法规设立。

6. 法律后果不同。受过刑罚处罚的人，在法律上和事实上被视为有前科的人。据有关行政法的规定，受过刑罚处罚的人，有的将在一定期限内甚至终身被剥夺从事某种职业的资格。当其重新犯罪时，可能要受到比初犯者更为严厉的处罚。而仅仅受过民事、行政、经济处罚的人，在法律评价和法律后果上，将不会产生上述不利的影响。

第二节 刑罚的功能

刑罚的功能，是国家创制、适用和执行刑罚所可能产生的积极的社会作用。通常认为，惩罚与教育是刑罚的内在属性，它们从静态角度揭示了刑罚的本质特征，而刑罚的功能则是刑罚的内在属性在其运动过程中的外在表现，是刑罚内在属性的外化，它是从动态的角度来考察刑罚制度。[①]

根据刑罚的功效、作用和对象范围的不同，刑罚具有以下六个方面的功能。

（一）剥夺功能

所谓刑罚的剥夺功能，是指通过适用刑罚来剥夺犯罪分子的某种权益，从而使罪犯感到痛苦，达到惩罚犯罪的效果。剥夺犯罪分子的某种权益，是刑罚属性最直观的表现，是刑罚首要功能。剥夺功能体现了刑罚惩恶扬善、伸张正义、制止犯罪的作用。犯罪分子在犯罪之前都享有一定的权益，通常是利用某种权益来危害社会从而获取某种非法利益，以满足自身的非分需要。刑罚作为一种社会防卫的手段，其内容则直接表现为限制或剥夺犯罪分子所享有的权益和非法获得的利益。因此，剥夺功能是对犯罪分子适用刑罚的首要功能。当然剥夺功能不是以牙还牙、以眼还眼的绝对报应。

（二）威慑功能

刑罚的威慑功能，包括一般威慑与个别威慑。刑罚的个别威慑功能它是指刑罚对犯罪人所产生的威吓遏制作用。通常可分为行刑前的威慑和行刑后的威慑。行刑前的威

---

① 参见高铭暄主编：《刑法学原理》（第三卷），中国人民大学出版社 1994 年版，第 32 页。

慑，是指犯罪人在受到刑罚惩罚之前，基于对刑罚的畏惧，而放弃犯罪或者争取宽大处理。行刑后的威慑，是指犯罪人在受到刑罚惩罚后，通过亲身体验受刑的痛苦，使他们感受到犯罪必须付出代价，从而畏罪悔罪，重新做人，不敢再犯罪。刑罚的一般威慑功能，则是指刑罚对潜在犯罪人所具有的震慑作用。它可以分为立法威慑与司法威慑。立法威慑，是指国家以立法的形式将罪刑关系确定下来，通过刑法规定犯罪是应受刑罚处罚的行为，并具体列举各种犯罪所应当受到的刑罚处罚，从而为社会给出"罪刑价目表"，使知法想犯罪的人望而止步，不敢犯罪。所谓司法威慑，是指国家司法机关对犯罪分子具体适用和执行刑罚，使意图实施犯罪的人因目击他人的受刑之苦而从中得到警戒和感悟。立法威慑和司法威慑是相互联系，不可分割的。

（三）改造功能

刑罚的改造功能，是指刑罚所具有的改变犯罪人的价值观念和行为方式，使其成为对社会有用的新人的作用。刑罚的剥夺功能历史悠久，而改造功能是近代提出的。刑罚的改造功能发生在执行刑罚的过程中，它是通过执行刑罚而逐步实现的。按照马克思的观点，对犯罪人的改造不仅是必要的，而且是可能的。人的思想是受现实影响的结果，不是先天的，故改造是可能的。

（四）安抚功能

刑罚的安抚功能，是指通过对犯罪人适用和执行刑罚，对被害人所产生的安抚作用。刑罚的安抚功能也是其重要功能之一。通过对犯罪人执行刑罚，可以平息民愤，满足社会公正的复仇要求。从刑罚产生和发展的历史来看，从同态复仇到国家统一行使刑罚权，经历了漫长的历史时期。在这相当长的时期内，刑罚始终没有消除其原始的报复属性。而报应刑的存在，很大程度上正是为了满足被害人复仇的愿望。于是，安抚被害人就成为刑罚所不可缺少的一大功能。

（五）鼓励功能

刑罚的鼓励功能，是指通过对犯罪人适用和执行刑罚，对广大公民所产生的鼓舞和激励作用。刑罚虽然只适用于犯罪人，但对潜在的罪犯是一种威慑，对守法公民是一种鼓励，从而强化公民的守法意识。

第三节　刑罚的目的

一、刑罚目的概说

刑罚目的是国家制定、适用、执行刑罚的目的，也即国家的刑事立法采用刑罚作为对付犯罪现象的强制措施及其具体适用和执行所预期实现的效果。这种效果不是立法、审判、行刑三环节中某一环节单独可以实现的,需要三环节协同一致,才能实现预期的效果。

刑罚的目的是很重要的问题,它从根本上制约着刑罚的性质、作用、根据、主体、体系和种类,左右着刑罚的裁量、执行及其功效。因此,刑罚目的问题历来为各国统治阶级及其学者所重视。

早在前资本主义时期,西方国家就有人对刑罚的目的问题提出过威吓主义、报应主义和教化主义等观点。进入资本主义后,又先后提出了报应主义、预防主义、教育主义和综合主义等刑罚目的理论。特别是综合主义在当代西方刑法学者中被公认为刑罚构思最佳方案。这种刑罚目的构想,主张用报应主义限制纯粹的目的主义或功利主义,在罪刑均衡的基础上谋求刑罚的功利或目的;在目的主义、功利主义的前提下容纳报应主义,在刑罚的轻重取向上强调报应观念,在刑罚的效应上则强调功利观念。

二、我国刑罚的目的

在我国,刑法学界对刑罚目的的认识存在争议,观点不一致。我们认为,我国刑罚目的在于预防犯罪,具体包括特殊预防与一般预防两个方面。

(一)特殊预防

所谓特殊预防,是指通过对犯罪分子适用和执行刑罚,惩罚改造犯罪分子,预防其重新犯罪。显然,特殊预防的对象是已经实施了犯罪行为的人。特殊预防的一个重要内容是通过对犯罪分子适用刑罚,剥夺或限制犯罪分子的自由和权利,实质就是剥夺或限制犯罪分子再犯的能力,使其不能继续危害社会。死刑以剥夺犯罪分子的生命为特征,执行死刑,从而使犯罪人彻底丧失了再犯罪的可能性。这种方式简单、有效,但负面性太大,应尽量减少适用。无期徒刑、有期徒刑、拘役等自由刑永久或在一定期限内剥夺罪犯的人身自由,使犯罪人在被关押期间丧失了再犯罪的可能性。管制刑虽然并未剥夺罪犯的自由,但限制了罪犯的自由,罪犯要受到一定管束,其再犯罪的可能性大大下降。罚金和没收财产等财产刑通过剥夺罪犯的财产权,从而剥夺罪犯再犯罪的物质基础。剥夺政治权利等资格刑通过剥夺罪犯的某种资格,使罪犯失去了再犯罪的社会资格。从中国司法实践和国外的经验看,我国资格刑适用应更广泛一点。

对犯罪分子适用刑罚,意味着剥夺或限制罪犯的人身自由和权利,表现了对罪犯惩罚和否定评价。教育改造的方法,限制或剥夺犯罪分子的再犯罪能力,使其认罪服法,悔过自新,重新做人。对犯罪分子适用刑罚,意味着犯罪人在法律面前必将付出代价,使本来享有的权益受到一定的限制和剥夺。通常地说,犯罪代价越小,获利越多,犯罪欲望就越强;犯罪代价越大、获利越少,犯罪意念就越弱;而当犯罪的代价大于获利时,犯罪意念就可能被抑制。因此,如果不剥夺犯罪分子再犯罪的能力和条件,不对其施加与其犯罪危害程度相当的惩罚,就不足以防止他们再次犯罪。如果刑罚使犯罪分子遭受的损失和痛苦小于犯罪得逞所带来的快乐和利益,就会强化其犯罪动机,巩固其犯罪心理。因此,为了遏制犯罪,刑法对犯罪行为的否定评价、道义谴责、社会非难和权益剥夺程度,就应相当于或稍大于犯罪之所得,使惩罚成为真正的犯罪后果,让犯罪分子在生理上和精神上产生强烈的痛苦体验和畏惧心理，充分认识到犯罪不仅得不到任何好处，反而招致剥夺和惩罚，带来痛苦和耻辱，从而抑制或消除再次犯罪的意念，痛改前非。从这个意义说，惩罚是刑罚的自然属性，否则，刑罚就不成为刑罚。

但惩罚不是特殊预防的主要内容。在惩罚的前提下，通过教育、改造，把罪犯改造为守法公民，使其不再危害社会，这才是刑罚的主要内容。对犯罪分子适用刑罚如果只有惩罚威慑而没有教育改造，只能使罪犯在权衡利害之后，消极地、被动地、暂时地抑制或者放弃犯罪念头，而不能彻底消除其犯罪心理。因此，一味地惩罚，将使罪犯产生消极抵触情结和对抗性行为。所以，应当在惩罚威慑从而造成犯罪分子痛苦体验和畏惧心理的同时，对其进行耐心的思想教育和必要的矫正措施，才能使他们从被迫接受改造转向自觉进行改造。只有既从功利上遏制犯罪意念，又从思想根源上彻底消除犯罪意识，才能矫正其反社会的个性品质，树立起新的世界观和人生观，真正改恶从善，重新做人。

实现特殊预防目的的关键在于妥善处理惩罚与教育二者的辩证关系，既要反对不要惩罚的教育万能论，也要反对忽视教育的单纯惩办主义，必须寓教育改造于惩罚之中，把惩罚和教育改造有机结合起来。在改革开放的新形势下，针对我国刑事犯罪增多，青少年犯罪比例上升的新情况，党和国家在强调依法从重从快打击严重刑事犯罪的同时，又适时地制定了对青少年进行"教育、感化、挽救"的方针，提出把行刑场所"真正办成改造犯罪思想的政治熔炉，学习文化技术的职业学校"的奋斗目标。这标志着我国刑罚特殊预防目的在惩罚改造、防止再犯罪的传统内容基础上，又增添了新的内容。这就是说，我们不仅要把罪犯改造成遵纪守法、自信自食其力的公民，而且要将他们培养成为社会主义的有用之材。在适用和执行刑罚的过程中，坚持刑法规定的罪责刑相适应原则和贯彻执行党和国家的上述行刑政策，是实现刑罚特殊预防目的的根本保障。

(二)一般预防

一般预防，是指国家通过对犯罪分子制定、适用和执行刑罚，威慑、警戒潜在的犯罪人，防止他们走上犯罪的道路。我国刑罚一般预防的对象不是犯罪人，而是犯罪人以外的社会成员，主要包括危险分子、不稳定分子、刑事被害人。这些人都是有犯罪危险、容易犯罪的人，在适当的条件下，他们内在的犯罪意念就会转化为外在的犯罪行为。国家通过制定刑罚，使这些人能够预测其可能的犯罪行为产生的严重法律后果，从而达到不敢犯罪的目的。国家通过对现实的犯罪分子适用和执行刑罚，对有犯罪危险、容易犯罪的人起到一种现实的警戒作用，从而更真实感受到刑罚的威力，产生对刑罚的敬畏，使他们不敢犯罪，消除犯罪的意念。这就防止了犯罪的发生，达到一般预防的目的。

可见，由于预防对象的不同，决定了实现一般预防与实现特殊预防在方式上的差异。由于刑罚是直接施加于犯罪人的，所以，特殊预防的方式侧重于刑罚的物理性强制和由此而产生的心理强制；而一般预防的对象不是犯罪分子，因此，只能是通过刑法对各种犯罪配置轻重不同的法定刑和对具体犯罪人依法适用刑罚的方式，来对意图实施犯罪的人产生心理影响。

刑罚的一般预防目的是可以实现的，但是实现一般预防比起实现特殊预防要复杂得多。从刑罚学的角度讲，要达到一般预防的目的，必须注意刑罚的适当性、公开性和及时性。

1.刑罚的适当性

刑罚的适当性是指刑罚的轻重应当与罪行的轻重及刑事责任的大小相适应。这既蕴含在刑事立法中，也反映在刑事司法上。关于刑罚的轻重与一般预防的关系，在理论上和实践上存在着两种片面的倾向，一是把重刑化作为实现一般预防的手段，认为处刑越重越好，其威慑效果越强，越有利于达到一般预防的目的。另一种是将轻刑化作为实现一般预防的手段，认为重刑只会造成相反的效果，只有轻刑才能达到一般预防的目的。我们认为，前一种认识是错误的，后一种倾向虽然反映了其他一些国家刑法改革的潮流，但在现阶段不一定适合中国的国情。因为如果刑罚过重，必定在公民中产生刑罚过于严酷、不人道的感觉，使人们的同情转向犯罪人；如果刑罚过轻，则很难产生应有的威慑和教育作用。所以，只有坚决贯彻执行《刑法》第 5 条规定的"罪责刑相适应的原则"，使罪责重者遭受重刑、罪责轻者受到轻罚，才能收到一般预防的效果。

2.刑罚的公开性

刑罚的公开性，是指国家应将刑罚公之于众，使全体社会成员均能知晓。刑罚的公开性是由立法上的刑罚公开和审判上的刑罚公开两个方面组成的。只有刑罚公开，才能使人们感受到刑罚的威力，也才能使人们不敢轻易触犯刑法。其理由是：首先，在刑事立法上明文规定各种犯罪的具体法律后果，可以促使人们约束自己的行为，从而不致走上犯罪的道路；其次，在刑事审判中公开判决结果，可以使人们受到生动形象的法制教育，而这种教育的作用正是一般预防所必需的。

3.刑罚的及时性

刑罚的及时性，是指犯罪案件发生后，司法机关应当在尽可能短的时间内，将犯罪人缉拿归案，交付审判，执行刑罚。刑罚及时性包括及时判决和及时执行刑罚，显然这要以及时侦查、起诉为前提。应该指出的是，刑罚的及时与否，所产生的效果有很大的差距。如果犯罪发生后，司法机关及时破案，及时起诉，及时审判，就会使被害人及其家属的心理得到抚慰，使广大公民的义愤得以平息，同时，还可以使人们在对罪案记忆犹新时，受到教育与震动。相反，如果案件久拖不决，或者使犯罪人长期逍遥法外，则会使人们失去对司法机关乃至法律的信任。即使犯罪人最终也受到了刑罚处罚，但因处罚不及时，其威慑和教育作用将大大降低。在某些场合下，不及时的刑罚甚至对人们毫无积极效果。因此，为了实现一般预防，对犯罪必须及时侦查、起诉、判决和执行刑罚。①

(三)特殊预防与一般预防的关系

特殊预防和一般预防是刑罚目的的两个方面，它们之间是一种对立统一的关系。

两个预防的对立在于预防对象的差异性所决定的。特殊预防的对象是犯罪人，它要

① 参见高铭暄、马克昌主编：《刑法学》，北京大学出版社，高等教育出版社 2011 版，第 225 页。

求根据对犯罪人改造的难易程度来判处和执行刑罚。犯罪人如果易于改造，就不宜判处重刑，也不宜执行长期刑期；犯罪人如果难于改造，就不宜判处轻刑，也不宜执行短期刑期。而一般预防的对象则主要是不稳定分子，它要求根据社会治安状况的好坏判处和执行刑罚。如果社会治安稳定，可以相对从轻判处，或者从宽执行刑罚；如果社会治安状况不好，就可以相对从重处罚，或者从严执行刑罚。所以，对于一个犯罪人来说，从特殊预防的角度看，应判处轻刑或从宽执行刑罚；但从一般预防的角度来看，就有可能需要相对从重判刑或从严执行刑罚。

特殊预防和一般预防之间也具有统一性，它们的目的是完全一致的，即都是为了预防犯罪；它们的方式和实现途径也是基本相同的，即都有赖于刑罚各种功能的充分发挥。因此，制定、适用和执行刑罚，既要考虑特殊预防，也要考虑一般预防，二者不可偏废。如果舍弃了其中的任何一个方面，都将使刑罚的目的难以实现。

当然，在刑罚制定、适用和执行三个不同的环节，对于特殊预防与一般预防是可以根据具体情况的不同而对其中一个方面予以侧重的。一般认为，在刑罚制定阶段，以一般预防为主，兼顾特殊预防；在刑罚适用阶段，特殊预防和一般预防并重；在刑罚执行阶段，以特殊预防为主，兼顾一般预防。

第十四章 刑罚的体系和种类

第一节 刑罚的体系

一、刑罚体系的概念

刑罚体系，是指刑法规定的按照一定顺序排列的各种刑罚方法的有机整体。

人类社会的刑罚体系，经历了以死刑、肉刑为中心到以自由刑为中心的历史转变。现代刑罚，形成了以限制死刑或废除死刑的世界性潮流，以自由刑和财产刑为主的刑罚体系改革方向。

我国刑法体系是按照有利于发挥刑罚的积极功能、实现刑罚的目的为指导原则，将各种刑种进行有序排列。我国的刑种是立法者在总结长期以来我国各种刑事立法规定的刑罚种类及实践经验的基础上选择确定的。根据刑法的规定，我国刑法中的刑罚分为主刑和附加刑。主刑包括管制、拘役、有期徒刑、无期徒刑和死刑；附加刑包括罚金、剥夺政治权利、没收财产和驱逐出境。

刑罚体系是由刑法明文规定的。罪刑法定原则是我国刑法的一项基本原则，它决定了刑罚体系必须由刑法明确规定。因此，不是刑法明文规定的刑罚方法，就不能作为刑种。而且，各个刑种是依照一定的标准排列的。刑罚体系不是主刑和附加刑的简单拼凑，而是立法者按照一定的标准进行排列的，我国刑法中的刑罚体系主刑和附加刑都是按照各自的严厉程度由轻到重依次排列的。

二、我国刑罚体系的特点

（一）适应了同犯罪作斗争的需要

犯罪是一种复杂的社会现象，各种具体犯罪的社会危害程度也不一样，各种具体犯罪的情节也不一样。犯罪现象的复杂性，决定了刑罚方法不可能单一化，必须保持多样性。我国刑罚体系中的构成要素中既有开放型的不剥夺犯罪人人身自由的刑种即管制，也有短期剥夺犯罪人人身自由且就近执行的刑种拘役；既有剥夺犯罪人一定期限人身自由的有期徒刑和剥夺犯罪人人身自由终身的无期徒刑，也有剥夺犯罪人生命的死刑；既有强制向国家缴纳一定数额金钱的罚金刑，也有剥夺犯罪人一定权利和资格的剥夺政治权利；既有没收财产刑，也有专门适用于犯罪的外国人的驱逐出境。上述不同的刑种，有轻有重，可以适用社会危害程度轻重不一的各种犯罪行为。

我国刑罚体系的结构合理。首先,主刑与附加刑结构合理,主刑在先,附加刑在后,体现了主刑是对犯罪主要适用的刑罚方法,附加刑是对主刑补充适用的刑罚方法的特点,主次关系分明。其次,各个刑种的结构合理。主刑根据各自的严厉程度从轻到重依次排列,即管制、拘役、有期徒刑、无期徒刑和死刑。附加刑也是根据各自的严厉程度由轻到重依次排列。这种刑罚体系适应同复杂的犯罪作斗争的需要。

(二)体现了惩罚与教育相结合的方针

我国刑罚惩罚犯罪不是目的,改造罪犯使其回归社会才是目的。我们对罪犯适用刑罚,不单纯是为了惩罚,而是惩罚与教育相结合,尽可能使更多的罪犯回归社会、成为有益于社会的人。我国刑法关于死刑的适用体现了这一方针。在我国刑罚体系中,尽管有人主张废除死刑,但我们还是保留了这一最严厉的刑罚方法,以惩罚那些非杀不可的犯罪分子,但对死刑的适用特别慎重。我们规定了死缓制度,即对于那些需要判处死刑但又不是必须立即执行的罪犯,可以判处死刑同时宣告缓期两年执行。对于被判处自由刑的罪犯,应当教育改造,在具体执行时,可以减刑、假释,鼓励犯罪分子积极改造,早日回归社会。这也体现了惩罚与教育相结合的方针。

构成我国刑罚体系的刑种,无论是主刑还是附加刑,都是有轻有重,如主刑既有轻刑管制和拘役,也有较重的有期徒刑,亦有重刑无期徒刑,更有最重的死刑。附加刑的各个刑种也是轻重有别。这表明,我国刑罚体系具有宽严相济的特点。

构成我国刑罚体系的要素不仅有轻有重、宽严相济,而且轻重衔接。如拘役的最长期限是6个月,与有期徒刑的最短期限6个月相互衔接;有期徒刑的最长期限是25年,这与无期徒刑的衔接也是紧凑的。

(三)内容合理、方法人道

我国刑罚体系内容合理。立足于我国的实际情况,反映了我国长期以来同犯罪作斗争的成功经验。我国刑罚体系以自由刑为中心,同时包括我国所独有的开放性刑种管制和越来越广泛适用的罚金刑,符合世界各国刑罚发展的历史趋势,这是其合理性。我国刑罚体系衔接紧凑。如拘役的最长期限是6个月,与有期徒刑的最短期限6个月相互衔接;有期徒刑的最长期限是25年,这与无期徒刑的衔接也是紧凑的。

我国刑罚方法具有人道性。对于犯罪的时候不满18周岁的人和审判时怀孕的妇女,不适用死刑;死刑采用枪决或注射的方式;不得打骂虐待罪犯;等,这均体现了我国刑罚的人道性。

第二节　主刑

主刑,又称基本刑,是指只能独立适用的主要刑罚方法。主刑的特点是:只能独立适用，不能附加适用。对一个罪只能适用一种主刑，不能适用两种以上的主刑。主刑是一类刑罚方法，具体包括管制、拘役、有期徒刑、无期徒刑和死刑五种。

一、管制

（一）管制的概念

管制，是指对犯罪人依法实行社区矫正的一种刑罚方法，是我国刑法中的一种主刑，对犯罪人不予关押，但限制其一定自由的刑罚方法。管制是我国刑罚的五种主刑中唯一不剥夺犯罪分子自由的开放性刑种。管制是我国独创的一种刑罚方法。管制刑的存在，使我国刑罚体系更加完善，因为它作为一种限制自由的刑罚方法，起到了连接剥夺自由刑和非自由刑的纽带作用，使各种刑罚的结构更加紧凑自然。

（二）管制的特点

管制是最轻的一种主刑，它的主要特点是：

1. 对犯罪分子不予关押，即不剥夺犯罪人的人身自由。即不是将犯罪分子羁押在特定的场所或者设施内，从而剥夺其人身自由，而是实行社区矫正。这是管制与拘役、有期徒刑等剥夺自由刑的重要区别。这种实行社区矫正的刑罚方法，可以避免剥夺自由刑交叉感染的副作用，有利于罪犯的改造和社会稳定。

2. 限制犯罪分子一定的自由，管制不同于免予刑罚处罚。管制虽然不剥夺犯罪分子的自由，但是作为一种刑罚方法，当然应具有惩罚的属性。管制的惩罚性表现在对犯罪分子自由的限制。根据《刑法》第 39 条的规定，限制自由的具体内容是：遵守法律、行政法规，服从监督；未经执行机关批准，不得行使言论、出版、集会、结社、游行、示威自由的权利；按照执行机关规定报告自己的活动情况；遵守执行机关关于会客的规定；离开所居住的市、县或者迁居，应当报经执行机关批准。但对于被判处管制的犯罪分子，在劳动中应当同工同酬。

3. 对犯罪分子自由的限制具有一定的期限，即不得对犯罪人进行无限期的管制。根据《刑法》第 38 条第 2 款的规定，判处管制，可以根据犯罪情况，同时禁止犯罪分子在执行期间从事特定活动，进入特定区域、场所，接触特定的人。根据《刑法》第 38 条第 3 款的规定，对被判处管制的犯罪分子，依法实行社区矫正，从而明确了管制的执行方式。根据《刑法》第 38 条第 4 款的规定，违反第 2 款规定的禁止令的，由公安机关依照《中华人民共和国治安管理处罚法》的规定处罚。另外根据《刑法》第 69 条的规定，数罪并罚时，管制的期限不得超过 3 年。根据《刑法》第 41 条的规定，管制的期限，从判决执行之日起计算，判决执行以前先行羁押的，羁押 1 日折抵刑期 2 日。根据《刑法》第 40 条的规定，被判处管制的犯罪分子，管制期满，执行机关应即向本人和其所在单位或者居住地的群众宣布解除管制。

4. 对被判处管制刑的犯罪分子依法实行社区矫正。社区矫正是一项综合性很强的工作，需要各有关部门分工配合，并充分动员社会各方面力量，共同做好工作。《刑法修正案(八)》将刑法原来规定的“由公安机关执行”修改为“依法实行社区矫正”。

根据2011年4月28日最高人民法院、最高人民检察院、公安部、司法部《关于对判处管制、宣告缓刑的犯罪分子适用禁止令有关问题的规定(试行)》第1条的规定,对判处管制的犯罪分子,人民法院根据犯罪情况,认为从促进犯罪分子教育矫正、有效维护社会秩序的需要出发,确有必要禁止其在管制执行期间内从事特定活动,进入特定区域、场所,接触特定人的,可以根据《刑法》第38条第2款、第72条第2款的规定,同时宣告禁止令。根据该规定第2条的规定,人民法院宣告禁止令,应当根据犯罪分子的犯罪原因、犯罪性质、犯罪手段、犯罪后悔罪表现、个人一贯表现等情况,充分考虑与犯罪分子所犯罪行的关联程度,有针对性地决定禁止其在管制执行期间“从事特定活动,进入特定区域、场所,接触特定的人”的一项或者几项内容。根据该规定第3条的规定,人民法院可以根据犯罪情况,禁止判处管制的犯罪分子在管制执行期限内从事以下一项或者几项活动:

(1)个人为进行违法犯罪活动而设立公司、企业、事业单位或者在设立公司、企业、事业单位后以实施犯罪为主要活动的,禁止设立公司、企业、事业单位;

(2)实施证券犯罪、贷款犯罪、票据犯罪、信用卡犯罪等金融犯罪的,禁止从事证券交易、申领贷款、使用票据或者申领、使用信用卡等金融活动;

(3)利用从事特定生产经营活动实施犯罪的,禁止从事生产经营活动;

(4)附带民事赔偿义务未履行完毕,违法所得未追缴、退赔到位,或者罚金尚未足额缴纳的,禁止从事高消费活动;

(5)有其他确有必要禁止从事的活动。

根据该规定第4条的规定,人民法院可以根据犯罪情况,禁止管制的犯罪分子在管制执行期限内进入以下一类或者几类区域、场所:

(1)禁止进入夜总会、酒吧、迪厅、网吧等娱乐场所;

(2)未经执行机关批准,禁止进入举办大型群众性活动的场所;

(3)禁止进入中小学校区、幼儿园园区及周边地区,确因本人就学、居住等原因,经执行机关批准的除外;

(4)其他确有必要禁止进入的区域、场所。

根据该规定第5条的规定,人民法院可以根据犯罪情况,禁止判处管制的犯罪分子在管制执行期间接触以下一类或者几类人员:

(1)未经对方同意,禁止接触被害人及其法定代理人、近亲属;

(2)未经对方同意,禁止接触证人及其法定代理人、近亲属;

(3)未经对方同意,禁止接触控告人、批评人、举报人及其法定代理人、近亲属;

(4)禁止接触同案犯;

(5)禁止接触其他可能遭受其侵害、滋扰的人或者可能诱发其再次危害社会的人。

根据该规定第6条第1款的规定,禁止令的期限,既可以与管制执行期限相同,也可以短于管制执行的期限,但判处管制的,禁止令的期限不得少于3个月。根据该条第2款的规定,判处管制的犯罪分子在判决执行羁押以致管制执行的期限少于3个月的,禁止令的期限不受前款规定的最短期限的限制。根据该条第3款的规定,禁止令的执行期限,从管制执行之日起计算。

根据该规定第7条第1款的规定，人民检察院在提起公诉时，对可能判处管制的被告人可以提出宣告禁止令的建议。当事人、辩护人、诉讼代理人可以就应否对实行人宣告禁止令提出意见，并说明理由。根据该规定第7条第2款的规定，公安机关在移送审查起诉时，可以根据犯罪嫌疑人涉嫌犯罪的情况，就应不应该宣告禁止令及宣告何种禁止令，向人民检察院提出意见。

根据该规定第8条的规定，人民法院对判处管制的被告人宣告禁止令的，应当在裁判文书主文部分单独作为一项予以宣告。

根据该规定第9条的规定，禁止令由司法行政机关指导管理的社会矫正机构负责执行。

根据该规定第10条的规定，人民检察院对社区矫正机构执行禁止令的活动实行监督。发现有违反法律规定的情况，应当通知社会矫正机构纠正。

二、拘役

（一）拘役的概念

拘役是短期剥夺犯罪分子的自由，就近执行并实行劳动改造的刑罚方法。拘役是一种短期自由刑，是主刑中介于管制与有期徒刑之间的一种轻刑。

拘役与刑事拘留，民事拘留、行政拘留都是短期剥夺自由的强制方法，但它们之间存在明显的区别，其区别表现在：(1)性质不同。拘役是刑罚方法，而刑事拘留是刑事诉讼中的一种强制措施；民事拘留属于司法行政性质的处罚；行政拘留属于治安行政处罚。(2)适用的对象不同。拘役适用于犯罪分子；刑事拘留适用于《刑事诉讼法》第61条规定的七种情形之一的现行犯或者重大嫌疑分子；民事拘留适用于《民事诉讼法》第10条规定的六种行为之一，但又不构成犯罪的民事诉讼参与人或其他人；行政拘留适用于违反治安管理法规，尚未达到犯罪程度的行为人。(3)适用的机关不同。拘役和民事拘留均由人民法院适用，但拘役由人民法院的刑事审判部门适用，民事拘留由人民法院的民事审判部门适用；刑事拘留、行政拘留由公安机关适用。(4)适用的法律依据不同。拘役依照刑法的规定适用；刑事拘留依照刑事诉讼法的规定适用；民事拘留依据民事诉讼法的规定适用；行政拘留依据治安管理处罚法的规定适用。(5)期限不同。拘役的期限为1个月以上6个月以下；刑事拘留一般最多延长到30日；民事拘留的期限为1日以上15日以下；行政拘留的期限为15日以下。

（二）拘役的特点

根据《刑法》第42条至第44条的规定，拘役具有以下特点：

(1)拘役是剥夺自由的刑罚方法。即将犯罪分子关押于特定的场所，使其丧失人身自由，所以与管制有明显区别。

(2)拘役是短期剥夺自由的刑罚方法。根据《刑法》第42条的规定，拘役的期限为1

个月以上6个月以下。根据《刑法》第69条的规定，数罪并罚时，拘役刑期最长不能超过1年。根据《刑法》第44条的规定，拘役的刑期从判决执行之日起计算，判决执行以前先行羁押的，羁押1日折抵刑期1日。

(3)拘役是由公安机关就近执行的刑罚方法。《刑法》第43条第1款规定，被判处拘役的犯罪分子，由公安机关就近执行。就近执行，是指将犯罪分子放在所在地的县、市或市辖区的公安机关设置的拘役所执行，没有建立拘役所的，放在离犯罪分子所在地较近的监狱执行，如果犯罪分子所在地附近没有监狱，可将犯罪分子放在看守所执行。

(4)享受一定的待遇。根据《刑法》第43条的规定，在执行期间，被判处拘役的犯罪分子每月可以回家一至两天；参加劳动的，可以酌量发给报酬。

三、有期徒刑

(一)有期徒刑的概念

有期徒刑是剥夺犯罪分子一定期限的人身自由，强迫其劳动并接受教育和改造的刑罚方法。有期徒刑是我国适用最广泛的刑罚方法。有期徒刑是一种有期限地剥夺犯罪分子自由的刑罚方法，在这点上与拘役是相同的。但两者作为不同的刑罚方法仍然存在着区别，其区别具体表现在：(1)执行的场所不同。拘役是在犯罪分子所在地就近的场所执行，一般在拘役所、看守所执行，而有期徒刑主要在监狱中执行。(2)执行机关不同。拘役的执行机关是公安机关，而有期徒刑的执行机关是监狱。(3)期限不同。有期徒刑的期限长、起点高、幅度大；拘役的期限短、起点低、幅度小。(4)执行期间的待遇不同。被判处拘役的犯罪分子，每月可以回家一天至两天，参加劳动的，可以酌量发给报酬，而被判处有期徒刑的犯罪分子，凡有劳动能力的一律实行无偿的强制劳动，也没有每月可以回家一天至两天的待遇。(5)适用对象不同。有期徒刑既适用于罪行较重的罪犯，也适用于罪行较轻的罪犯；拘役只适用于罪行较轻的罪犯。(6)法律后果不同。被判处有期徒刑的犯罪分子，在刑罚执行完毕或者赦免以后5年之内再犯应当被判处有期徒刑以上刑罚之罪的，构成累犯，而被判处拘役的犯罪分子，刑罚执行完毕或者赦免以后再犯罪的，不能构成累犯。

(二)有期徒刑的特点

有期徒刑具有以下特点：

1. 剥夺犯罪分子的自由。即将犯罪分子关押于监狱或其他执行场所，使其丧失人身自由，这是有期徒刑区别于生命刑、财产刑、资格刑及管制刑的基本特征。

2. 有期徒刑具有一定期限。根据修订后的《刑法》第69条的规定，判决宣告之前一人犯数罪的，除判处死刑和无期徒刑的以外，应当在总和刑期以下、数刑中最高刑以上，酌情决定执行的刑期，但是管制最高不超过3年，拘役最高不能超过1年，有期徒刑总和刑期不满35年的，最高不能超过20年，总和刑期在35年以上的，最高不能超过25年。数罪中有判处附加刑的，附加刑仍须执行，其中附加刑种类相同的，合并执行，种类不同的，分别执行。根据修改后的《刑法》第50条的规定，判处死刑缓期执行的，在死刑缓期执行期间，如果没有故意犯罪，两年期满以后，减为无期徒刑；如果确有重大立功表现，两年期满以后，减为25年有期徒刑；如果故意犯罪，查证属实的，由最高人民法院核准，执行死刑。对被判处死刑缓期执行的累犯以及因故意杀人、强奸、抢劫、绑架、放火、爆炸、投放危险物质或者有组织的暴力性犯罪被判处死刑缓刑执行的犯罪分子，人民法院根据犯罪情节等情况可以同时决定对其限制减刑。根据《刑法》第47条的规定，有期徒刑的刑期，从判决执行之日起计算，判决执行以前先行羁押的，羁押一日折抵刑期一日。

3. 有期徒刑的基本内容是对罪犯实行劳动改造。根据《刑法》第46条的规定，被判处有期徒刑的犯罪分子，无论在何种场所执行，凡有劳动能力的，都应当参加劳动，接受教育和改造。这表明，我国对于被判处有期徒刑的犯罪分子，不是消极地实行关押和监禁，也不是将执行机关当作单纯从事生产的企业，而是通过劳动的方式，使犯罪分子接受教育和改造，以此达到特殊预防的刑罚目的。

四、无期徒刑

无期徒刑是剥夺犯罪分子的终身自由，强制其参加劳动并接受教育和改造的刑罚方法。

无期徒刑是剥夺自由刑中最严厉的刑罚方法，在所有的刑罚方法中，其严厉程度仅次于死刑。由于无期徒刑的严厉性，因而它的适用对象是罪行严重，但不必判处死刑而又需要与社会永久隔离的犯罪分子。

无期徒刑的基本内容也是对犯罪人实行劳动改造。

被判处无期徒刑的犯罪分子，必须附加剥夺政治权利终身。根据《刑法》第57条的规定，被判处无期徒刑的犯罪分子，必须附加剥夺政治权利终身。

五、死刑

（一）死刑的概念

死刑是剥夺犯罪分子生命的刑罚方法，包括死刑立即执行和死刑缓期两年执行两种情况。因为死刑以剥夺犯罪分子的生命为内容，所以，又称之为生命刑。又由于生命不同于人身自由，人身自由具有可恢复性，生命一旦被剥夺则不可恢复，所以，死刑是所有刑罚方法中最严厉的刑罚，故又称为极刑。

自从启蒙运动思想家提出废除死刑的主张以来，死刑的存废之争一直不断。“主存论”与“主废论”围绕着人的生命价值、死刑是否具有威慑力、死刑是否违宪、是否有利于贯彻罪刑法定主义、是否符合刑罚的目的、是否符合历史发展的趋势等问题展开了针锋相对的争论，最后各自得出不同的结论。

保留死刑是我国目前的基本态度，而坚持少杀，反对多杀、错杀是我国的长期死刑政策。我国之所以长期坚持少杀政策，是因为：其一，大量适用死刑不符合我国的社会主义性质。其二，死刑的威慑力来源于死刑适用的必要性和谨慎性。只有在必要的时候谨慎地适用死刑，才能保持死刑的威慑力，滥施死刑必将使其丧失威慑力和预防犯罪的作用。

其三,生命的丧失具有不可恢复性,死刑的错误适用必将导致不可挽回的损失。大量地适用死刑难免造成错杀,而坚持少杀有利于防止错杀。其四,限制死刑是当今世界发展的趋势,坚持少杀为顺应这一趋势所必需。我国贯彻了少杀、慎杀的刑事政策,在我国刑事立法上得到了充分的体现。

(二)适用死刑的限制性规定

1.从死刑适用范围的限制

《刑法》第48条第1款前半段规定:"死刑只适用于罪行极其严重的犯罪分子。"这表明,适用死刑的范围是犯罪分子所犯的罪行极其严重。所谓罪行极其严重,必须坚持主客观相一致的原则,即主观上恶性较大,客观上有严重的社会危害性。

2.从适用死刑的犯罪主体上进行限制

《刑法》第49条规定:"犯罪的时候不满18周岁的人和审判的时候怀孕的妇女,不适用死刑。"这里所说的"不适用死刑",是指既不适用死刑立即执行,也不适用死刑缓期两年执行。这一规定充分体现了我国刑法对未成年犯罪人重在教育的政策和社会主义的人道主义精神,同时,符合世界各国刑事立法的通行做法。需要指出的是,对这里所说的"审判的时候怀孕",不能仅仅理解为人民法院审理案件的时候被告人正在怀孕。根据有关司法解释,"审判的时候怀孕"既包括人民法院审理案件的时候被告人正在怀孕,也包括案件起诉到人民法院之前被告人怀孕但做了人工流产的情况。除了上述犯罪的时候不满18周岁的人和审判的时候怀孕的妇女不适用死刑外,《刑法修正案(八)》在《刑法》第49条增加1款作为第2款:审判的时候已满75周岁的人,不适用死刑,但以特别残忍手段致人死亡的除外。

3.从死刑适用犯罪的性质上进行限制

《刑法修正案(八)》取消了近年来很少适用过的13个经济性非暴力犯罪的死刑。这些犯罪是:走私文物罪,走私贵重金属罪,走私珍贵动物、珍贵动物制品罪,走私普通货物、物品罪,票据诈骗罪,金融凭证诈骗罪,信用证诈骗罪,虚开增值税专用发票、用于骗取出口退税,抵扣税款发票罪,伪造、出售伪造的增值税专用发票罪,盗窃罪,传授犯罪方法罪,盗掘古文化遗址、古墓葬罪,盗掘古人类化石、古脊椎动物化石罪。以上取消的13个死刑罪名,占我国现有死刑罪名总数的近百分之二十,表明我国废止死刑的进程又向前迈进了一大步,为我国最终废除死刑奠定了良好的基础。

4.从死刑的适用程序上进行限制

首先,从案件的管辖上进行限制。根据《刑事诉讼法》第20条的规定,死刑案件只能由中级以上人民法院进行一审,基层人民法院无权审理死刑案件,当然也就无权适用死刑。其次,从死刑的核准程序上进行限制。《刑法》第48条第2款规定:"死刑除依法由最高人民法院判决的以外,都应当报请最高人民法院核准。"这是从死刑核准程序上控制死刑适用的规定,但为了适应同严重刑事犯罪作斗争的需要,全国人大常委会曾将部分死刑核准权下放到高级人民法院,即《关于死刑案件核准问题的决定》规定,因杀人、抢劫、强奸、爆炸、放火等罪行被判处死刑的案件,可由省、自治区、直辖市高级人民法院核准,不必报请最高人民法院核准。在1983年9月2日修订后的《人民法院组织法》第13条规定："杀人、强奸、抢劫、爆炸以及其他严重危害公共安全和社会治安判处死刑的案件的核准权，最高人民法院在必要的时候，得授权省、自治区、直辖市的高级人民法院行使。"最高人民法院根据上述规定，于1983年9月7日发出《关于授权高级人民法院核准部分判处死刑的案件的通知》将杀人、强奸、抢劫、爆炸以及其他严重危害公共安全和社会治安判处死刑的案件的核准权，依法授予各省、自治区、直辖市高级人民法院和解放军军事法院行使。1993年8月18日、1996年3月19日和1997年6月23日，最高人民法院分别发出通知，决定除最高人民法院判决的和涉外、涉港、澳、台的毒品犯罪的死刑案件外，依法授权云南省、广东省、广西壮族自治区、四川省、贵州省的高级人民法院行使毒品案件的死刑核准权。在统一死刑核准权的基础上，对上述几种严重刑事案件的死刑复核权的变通，有利于及时严惩严重的刑事犯罪，维护社会治安。在现行刑法典颁行后，实践中仍维持了将部分死刑案件的核准权下放到各高级人民法院行使的做法。但为了统一死刑的适用标准，严格控制死刑的适用，确保死刑的公正适用，全国人大常委会于2006年10月31日通过了《关于修改〈中华人民共和国人民法院组织法〉的决定》，将《人民法院组织法》第13条"死刑案件除由最高人民法院判决的以外，应当报请最高人民法院核准。杀人、强奸、抢劫、爆炸以及其他严重危害公共安全和社会治安判处死刑案件的核准权，最高人民法院在必要的时候，得授权省、自治区、直辖市的高级人民法院行使"的规定，修改为"死刑案件除由最高人民法院判决的以外，应当报请最高人民法院核准"。该《决定》于2007年1月1日起施行。因此，自2007年1月1日起，各高级人民法院不再行使死刑案件的核准权，全部的死刑案件都必须由最高人民法院核准，从而更加严格了死刑的适用程序，在制度上为死刑正确、公正的适用提供了有力的保障。

此外，《刑事诉讼法》第200条至第202条规定，中级人民法院判处死刑的第一审案件，被告人不上诉的，应当由高级人民法院复核后，报请最高人民法院核准；高级人民法院判处死刑的第一审案件被告人不上诉的，以及判处死刑的第二审案件，都应当报请最高人民法院核准。死刑缓期执行的，可以由高级人民法院判决或者核准。上述法律规定，从审理、复核、核准程序上作了严格的限制，具有保证死刑最大限度地得到正确适用的作用。

5. 从死刑执行制度上进行限制

《刑法》第48条第1款的后半段规定："对于应当判处死刑的犯罪分子，如果不是必须立即执行的，可以判处死刑同时宣告缓期二年执行。"这就是死刑缓期执行制度，简称死缓。死缓不是独立的刑种，而是死刑的一种执行制度，死缓是我国的独创。根据上述刑法的规定，死缓的适用需要具备以下条件：

(1)适用的对象必须是应当判处死刑的犯罪分子。这是适用死缓的前提。所谓应当判处死刑，是指根据犯罪分子所犯罪行的严重程度和刑法的规定，对其应当判处死刑。换句话讲，就是犯罪分子所犯罪行极其严重。对于不是应当判处死刑的犯罪分子，当然不存在适用死缓的问题。

(2)不是必须立即执行。所谓不是必须立即执行，是指根据犯罪分子所犯罪行，虽然对其应当适用死刑但不是非立即执行不可的。刑法对哪些犯罪分子属于"不是必须立即执行"死刑的没有明确规定,根据刑事审判经验,应当判处死刑但具有下列情形之一的,可以视为"不是必须立即执行的"犯罪分子:犯罪后自首、立功或者有其他法定从轻情节的;在共同犯罪中罪行不是最严重的或者其他在同一或同类犯罪案件中罪行不是最严重的;被害人的过错导致犯罪人激愤犯罪的;犯罪人有令人怜悯之情形的;有其他应当留有余地情况的等等。

由于死缓不是独立的刑种,而是暂缓执行死刑的一种制度,因此,被适用死刑的犯罪分子因其在缓期两年执行期间的表现不同而有以下四种不同的结果:

(1)在死刑缓期执行期间,如果没有故意犯罪,两年期满后,减为无期徒刑;如果确有重大立功表现,两年期满以后,减为25年有期徒刑;至于哪些属于重大立功表现,应根据《刑法》第78条予以确定。

(2)对被判处死刑缓期执行的累犯以及因故意杀人、强奸、抢劫、绑架、放火、爆炸、投放危险物质或者有组织的暴力性犯罪被判处死刑缓期执行的犯罪分子,人民法院根据犯罪情节等情况可以同时决定对其限制减刑。

(3)在死刑缓期执行期间,如果故意犯罪,情节恶劣的,由最高人民法院核准,执行死刑。

(4)对于故意犯罪未执行死刑的,死刑缓期执行的期间重新计算,并报最高人民法院备案。

这表明,死缓核准执行死刑的条件是犯罪分子在缓期执行的两年期间实施了故意犯罪。刑法对故意犯罪的范围没有限制,这意味着只要犯罪分子在两年期间内实施了故意犯罪,不管其实施的是何种故意犯罪,也不论其实施的故意犯罪是属于既遂状态,还是属于未完成形态的预备、未遂或中止状态,都不影响死刑的核准执行。

另外,《刑事诉讼法》第212条第2款规定:死刑采用枪决或注射等方法执行。

刑法第48条及刑诉法第200条至第202条规定:死刑除依法由最高人民法院判决的以外,都应当报请最高人民法院核准。

第三节　附加刑

附加刑,又称从刑,是补充主刑适用的刑罚方法。附加刑的特点是既可以附加主刑适用,也可以独立适用。在附加适用时,可以同时适用两个以上的附加刑。附加刑是相对于主刑的另一类刑罚方法,具体包括罚金、剥夺政治权利和没收财产三种。此外,驱逐出境也是一种特殊的附加刑。

一、罚金

(一)罚金的概念

罚金是人民法院判处犯罪分子或犯罪的单位向国家缴纳一定数额金钱的刑罚方法。

罚金是财产刑的一种,不同于行政罚款。两者的区别表现在:(1)性质不同。罚金是刑罚方法,罚款是行政处罚。(2)适用对象不同。罚金适用于犯罪分子,罚款适用于一般违法分子。(3)适用机关不同。适用罚金的机关是人民法院,适用罚款的机关则是公安、海关、税务、工商等行政机关。(4)适用的法律根据不同。适用罚金的法律根据是刑法,适用罚款的法律根据是治安管理、海关、税务、工商等行政法律、法规。

罚金主要适用于贪图财利或者与财产有关的犯罪,同时也适用于少数妨害社会管理秩序的犯罪。旧刑法典只有20个条文规定了罚金,新刑法明显扩大了罚金的适用范围,适用对象主要是破坏社会主义市场秩序罪、侵犯财产罪、妨害社会管理秩序罪、贪污贿赂罪。根据刑法分则的规定,罚金的适用方式有以下几种:

(1)选处罚金。即罚金作为一种与有关主刑并列的刑种,由人民法院根据犯罪的具体情况选择适用。此种情况下的罚金只能独立适用,而不能附加适用。如《刑法》第275条规定,故意毁坏公私财物,数额较大或者有其他严重情节的,处3年以下有期徒刑、拘役或者罚金。

(2)单处罚金。即对犯罪分子只能判处罚金,而不能判处其他刑罚。单处罚金只对犯罪的单位适用。

(3)并处罚金。即在对犯罪分子判处主刑的同时附加适用罚金,并且是必须附加适用。

(4)并处或者单处罚金。即罚金既可以附加主刑适用,也可以作为一种与有关主刑并列的刑种供选择适用。例如,《刑法》第140条规定,生产者、销售者在产品中掺杂、掺假,以假充真,以次充好或者以不合格产品冒充合格产品,销售金额5万元以上不满20万元的,处2年以下有期徒刑或者拘役,并处或者单处销售金额50%以上2倍以下罚金。这里的罚金既可以附加有期徒刑或者拘役适用,也可以与有期徒刑、拘役并列供选择适用。

(二)罚金的数额

《刑法》第52条规定:"判处罚金,应当根据犯罪情节决定罚金数额。"这表明,决定罚金的数额必须以犯罪情节为根据。犯罪情节是表明犯罪行为的社会危害性和犯罪人人身危险性的各种事实,根据犯罪情节决定罚金的数额是罪责刑相适应原则的必然要求。犯罪情节包括犯罪手段、犯罪对象、犯罪的后果、犯罪时间、地点等方面的情况。在决定罚金数额时必须全面考察犯罪情节。此外,还应酌情考虑犯罪人的经济状况。因为罚金是判处犯罪人向国家缴纳一定数额的金钱,在决定罚金数额时必须考虑到所判处的罚金能否执行的问题,而被判处的罚金是否能得到执行,则取决于犯罪人的经济状况。再者,决定罚金的数额时还要考虑罚金能否起到惩罚与教育改造犯罪人的作用。这就决定了对犯罪人决定罚金数额时,应在以犯罪情节为根据的基础上,酌情考虑犯罪人的经济状况。经济状况较好的,可以适当判处较多的罚金,反之,可以适当判处较少的罚金。如果决定罚金数额时一味地强调犯罪情节而不顾犯罪人的经济状况,那么,就会使判决的执行和罚金的适用效果都受到影响。

决定罚金数额,除了遵循《刑法》第52条规定的规定,还应遵循刑法分则的规定。刑法分则对罚金数额的规定包括三种情况：一是以犯罪数额为基准，以一定的比例和倍数确定罚金。例如，《刑法》第159条规定，对犯虚假出资罪或者抽逃出资罪的，并处或者单处虚假出资或者抽逃出资金额2%以上10%以下的罚金；《刑法》第153条规定，犯走私普通货物、物品罪的，处偷逃应缴税额1倍以上5倍以下罚金。二是规定了相对确定的罚金。例如，《刑法》第173条规定，变造货币，数额较大的，处3年以下有期徒刑或者拘役，并处或者单处1万元以上10万元以下罚金；数额巨大的，处3年以上10年以下有期徒刑，并处2万元以上20万元以下罚金。三是没有规定具体数额。在这种情况下，罚金的最低数额不能少于1000元。此外，对未成年人判处罚金，可适当减免，但不得少于500元人民币。

(三)罚金的缴纳

根据《刑法》第53条的规定，罚金的缴纳方式有以下四种：

(1)一次或者分期缴纳。即犯罪分子按照判决确定的数额和指定的期限，一次缴纳完毕或分几次缴纳完毕。一般情况下，罚金数额不多或者虽然较多但缴纳不困难的，应限期一次缴纳；罚金数额较多，一次缴纳有困难的，限定时间分几次缴纳。

(2)强制缴纳。即在判决指定的期限届满后，犯罪分子有缴纳能力而不缴纳，法院采取查封、拍卖财产、冻结存款、扣留收入等措施，强制其缴纳。

(3)随时缴纳。即对于不能全部缴纳罚金的，法院在任何时候发现被执行人有可以执行的财产，随时都可以追缴。不能全部缴纳罚金，是指通过分期缴纳或强制缴纳的方式，在缴纳期满后，仍无法使被执行人缴纳全部罚金。不能全部缴纳的原因，往往是由于被执行人转移、隐匿财产，造成不能全部缴纳的表象，使得人民法院无法对其采取强制缴纳的执行方式。所谓"追缴"，是指人民法院对被执行人可以执行的财产追回上缴国库。

(4)延期缴纳、减少或者免除缴纳。即由于遭遇不能抗拒的灾祸等原因缴纳确实有困难的，经人民法院裁定，可以延期缴纳、酌情减少或者免除。

二、剥夺政治权利

(一)剥夺政治权利的概念和内容

剥夺政治权利是剥夺犯罪分子参加国家管理和政治活动权利的刑罚方法。

剥夺政治权利的内容，根据《刑法》第54条的规定，是剥夺犯罪分子以下权利：

(1)选举权和被选举权；(2)言论、出版、集会、结社、游行、示威自由的权利；(3)担任国家机关职务的权利；(4)担任国有公司、企业，事业单位和人民团体领导职务的权利。剥夺政治权利不止剥夺上述权利的一部分，而是同时剥夺上述四项权利。

(二)剥夺政治权利的适用对象

剥夺政治权利适用的对象比较广泛，既可以适用于严重的犯罪，也可以适用于较轻的犯罪，既可以适用于危害国家安全的犯罪，也可以适用于普通刑事犯罪。在适用方式上，既可以附加适用,也可以独立适用。

1.剥夺政治权利附加适用于严重犯罪的,由刑法总则规定。具体包括:

(1)应当附加适用。即人民法院没有裁量选择的余地,只能严格依法在适用主刑的同时附加适用剥夺政治权利。根据《刑法》第56条、第57条的规定,应当附加适用剥夺政治权利的情况有以下两种:第一种是对危害国家安全的犯罪分子应当附加剥夺政治权利。此种情况下,应当附加适用剥夺政治权利的根据是犯罪分子的犯罪性质,即只要犯罪分子实施了危害国家安全的犯罪,不管对其适用的主刑是何种刑罚,都应当附加适用剥夺政治权利,但依照分则规定独立适用剥夺政治权利的除外。对犯有危害国家安全罪的犯罪分子,之所以除依照分则规定独立适用剥夺政治权利的以外,都应当附加剥夺政治权利,是因为犯罪分子实施危害国家安全的犯罪往往利用了其享有的政治权利,对其附加剥夺政治权利既是对其滥用政治权利的惩罚,也可以防止其再次利用政治权利实施犯罪。第二种是对被判处死刑、无期徒刑的犯罪分子应当附加剥夺政治权利终身。此种情况下,应当附加剥夺政治权利的根据是对犯罪分子适用的主刑刑种,至于犯罪分子是因为实施何种犯罪而被判处死刑或者无期徒刑则在所不问。刑法规定对被判处死刑或者无期徒刑的犯罪分子应当附加剥夺政治权利终身,一是为了对其予以政治上的否定评价。既然犯罪分子被判处死刑、无期徒刑,当然也要受到相应的政治上的否定评价,对其附加剥夺政治权利终身,就是政治上否定评价的体现。二是为了防止犯罪分子被赦免或者假释后再次利用政治权利实施犯罪。三是有利于处理与罪犯有关的某些民事法律关系。

(2)可以附加适用。即人民法院可以根据案件的具体情况确定是否适用附加剥夺政治权利。根据《刑法》第56条的规定,对于故意杀人、强奸、放火、爆炸、投毒[根据《刑法修正案(三)》,这里的投毒应理解为“投放危险物质”]、抢劫等严重破坏社会秩序的犯罪分子可以附加剥夺政治权利。此外,根据1998年1月13日最高人民法院《关于对故意伤害、盗窃等严重破坏社会秩序的犯罪分子能否附加剥夺政治权利问题的批复》,对故意伤害、盗窃等其他严重破坏社会秩序的犯罪,犯罪分子主观恶性较深、犯罪情节恶劣、罪行严重的,也可以附加剥夺政治权利。

2.剥夺政治权利独立适用于较轻的犯罪或罪质严重但情节较轻的犯罪。这种情况由刑法分则规定。

(三)剥夺政治权利的期限

剥夺政治权利的期限分为以下四种情况:(1)被判处死刑、无期徒刑的犯罪分子,应当剥夺政治权利终身。(2)在死刑缓期执行减为有期徒刑或者无期徒刑减为有期徒刑的时候,应当将附加剥夺政治权利的期限改为3年以上10年以下。(3)独立适用或者判处有期徒刑、拘役附加剥夺政治权利的期限为1年以上5年以下。(4)判处管制附加剥夺政治权利的期限与管制的期限相同。

根据《刑法》第55条和第58条的规定与判决执行的一般规则,剥夺政治权利期限的起算与执行,也有以下四种情况:(1)判处管制附加剥夺政治权利的,剥夺政治权利的期限与管制的期限同时起算,同时执行。(2)被判处有期徒刑、拘役附加剥夺政治权利的,剥夺政治权利的期限,从主刑执行完毕之日或者假释之日起计算。剥夺政治权利的效力当然及于主刑执行期间。(3)死刑缓期执行减为有期徒刑或者无期徒刑减为有期徒刑,附加剥夺政治权利的期限改为3年以上10年以下,其刑期应当从减刑后的有期徒刑执行完毕之日或者假释之日起计算。犯罪分子在执行有期徒刑期间,当然也不享有政治权利。(4)独立适用剥夺政治权利的期限的起算,应从判决执行之日起计算。

剥夺政治权利由公安机关执行。根据《刑法》第58条第2款的规定,被剥夺政治权利的犯罪分子,在执行期间,应当遵守法律、行政法规和国务院公安部门有关监督管理的规定,服从监督;不得行使《刑法》第54条规定的各项权利。剥夺政治权利执行期满,应当由执行机关通知本人,并向有关群众公开宣布恢复政治权利。罪犯在恢复政治权利之后,便享有法律赋予的政治权利。但有的政治权利因为法律的特别规定却不可能再享有。例如,根据我国《人民法院组织法》的规定,被剥夺过政治权利的人,无论是否再犯罪,无论经过多长时间,也不能被选举为人民法院的院长、人民陪审员,不能被任命为副院长、庭长、副庭长、审判员和助理审判员等职务。再如,根据我国《检察官法》的规定,曾因犯罪受过刑事处罚的人不得担任检察官,这就意味着被剥夺过政治权利的人,是不能担任检察官的。

三、没收财产

没收财产是将犯罪分子个人所有财产的一部或者全部强制无偿地收归国有的刑罚方法。

没收财产与追缴犯罪所得的财物、没收违禁品和供犯罪使用的物品不同。《刑法》第64条规定:"犯罪分子违法所得的一切财物,应当予以追缴或者责令退赔;对被害人的合法财产,应当及时返还;违禁品和供犯罪所用的本人财物,应当予以没收。"犯罪分子犯罪所得财物,本来属于国家或者他人所有,理应予以追缴或者责令退赔,这是使受损失的公私财物恢复原状。犯罪所涉及的违禁品,是国家法律禁止个人非法所有的物品,当然应予没收,这是一种行政性强制措施。供犯罪使用的财物,具有诉讼证据的作用,没收这些财物是刑事诉讼的需要。

没收财产与罚金虽然同属于财产刑,但两者的性质不同,具体来讲,两者具有以下区别:(1)适用对象不同。没收财产主要适用于危害国家安全罪和破坏社会主义市场经济秩序罪、侵犯财产罪、妨害社会管理秩序罪、贪污贿赂罪中情节较重的犯罪;而罚金适用于情节较轻的贪利性犯罪。(2)内容不同。没收财产是剥夺犯罪分子个人现实所有财产的一部或者全部,既可以是没收金钱,也可以是没收其他财物;而罚金则是剥夺犯罪分子一定数额的金钱,这些金钱不一定是现实所有的。(3)执行方式不同。没收财产只能是一次性没收,不存在着分期执行或减免的问题;而罚金可以分期缴纳,如果缴纳确有困难,还可以减免。

《刑法》第59条规定:"没收财产是没收犯罪分子个人所有财产的一部或者全部。没收全部财产的,应当对犯罪分子个人及其扶养的家属保留必需的生活费用。""在判处没收财产的时候,不得没收属于犯罪分子家属所有或者应有的财产。"

《刑法》第 60 条规定:"没收财产以前犯罪分子所负的正当债务,需要以没收的财产偿还的,经债权人请求,应当偿还。"

没收财产由人民法院执行,在必要的时候可以会同公安机关执行。在执行没收财产中,如果发现有被犯罪分子非法占有的公民个人的财产,经原所有人请求返还,查证属实后,应当归还原所有人。

四、驱逐出境

驱逐出境是强迫犯罪的外国人离开中国国(边)境的刑罚方法。

《刑法》第 35 条规定:"对于犯罪的外国人,可以独立适用或者附加适用驱逐出境。"据此,驱逐出境既可以独立适用,也可以附加适用,显然具有附加刑的特点,因此,是附加刑的一种。但由于驱逐出境仅适用犯罪的外国人(包括具有外国国籍的人和无国籍的人),不具有普遍适用的性质,因而刑法没有将其列为一般附加刑的种类之中,而是以专条加以规定,所以说驱逐出境是一种特殊的附加刑。

作为附加刑的驱逐出境,与我国《外国人入境出境管理法》第 30 条规定的驱逐出境,虽然都是将外国人从我国境内强制驱走,但两者有着本质的区别:(1)处罚的性质和适用的对象不同。作为附加刑的驱逐出境是刑罚方法,其适用的对象是在我国境内犯罪的外国人;而《外国人入境出境管理法》中的驱逐出境是行政处罚方法,其适用的对象是违反该法规定且情节严重的在我国境内的外国人。(2)适用的机关和法律依据不同。作为附加刑的驱逐出境,由人民法院依照刑法和刑事诉讼法的规定判处;而作为行政处罚的驱逐出境,则是由地方公安机关依照《外国人入境出境管理法》和其他相关规定,报告公安部,由公安部作出决定。(3)执行的时间不同。人民法院判决的驱逐出境,独立适用时,从判决发生法律效力之日起执行,附加适用时,从主刑执行完毕之日起执行。公安机关决定的驱逐出境,在公安部作出决定后立即执行。

第十五章 量刑

第一节 量刑概述

一、量刑的概念和特征

量刑,又称刑罚裁量,是指人民法院在查明犯罪事实、认定犯罪性质的基础上,对被指控犯罪的被告人依照刑法的规定裁量和决定刑罚的刑事审判活动。量刑对应于犯罪,是审判活动的两个环节之一。具有以下几个基本特征:

第一,量刑的主体是人民法院。量刑权是国家刑罚权的重要内容之一,是刑事审判权的重要组成部分。根据《宪法》和其他法律规定,刑事审判权专属于人民法院,故量刑的主体只能是人民法院,其他任何机关、团体和个人都不能行使量刑权。公诉机关、辩护人、自诉人等虽然也对量刑有权提出意见,但是这些机关和个人都不是法定的量刑主体。

第二,量刑的前提和基础是查明犯罪事实并定罪。定罪和量刑是刑事审判活动的两个基本环节。查明犯罪事实并定罪是量刑的前提和基础。只有对犯罪行为定性以后,才能进入量刑环节,没有定罪就没有量刑。量刑是对定罪活动的进一步延伸,是在查明犯罪事实和确定具体的罪名之后,在具体的法定刑幅度内裁量决定刑罚的刑事裁判活动。值得注意的是,量刑的事实根据并不完全等同于定罪的事实根据,有些犯罪事实不一定影响定罪,但是可以影响量刑,这些影响量刑的事实根据就是量刑情节。

第三,量刑的内容是裁量刑罚。裁量刑罚包括裁量适用刑罚和裁量不适用刑罚两种情形。裁量适用刑罚具体而言包括确定是否适用刑罚、适用何种刑罚、多重刑罚,以及刑罚是否立即执行等问题,是量刑活动的主要内容。非刑罚的裁量,有免于刑罚处罚或者单纯宣告有罪的处罚,也属于量刑裁量的内容。

第四,量刑的性质是刑事审判活动。人民法院的审判活动分为刑事审判活动、民事审判活动和行政审判活动等。量刑的对象只能犯罪人,犯罪人是经审判确认为有罪的人,未经审判确定有罪的任何人,都不能成为量刑的对象,而且量刑本身就是对犯罪人裁量刑罚的活动,所以量刑当然属于刑事审判活动。在这里需要说明的是,尽管在量刑时,可能也判处犯罪人对被害人赔偿经济损失等,但这并不意味着量刑性质的改变,因为赔偿经济损失等是附属于对犯罪人定罪量刑的基础之上的。

二、量刑的指导原则

量刑的原则，是指人民法院在量刑时普遍遵守的基本准则。根据最高人民法院 2014 年 1 月 1 日实施的《人民法院量刑指导意见》，量刑指导原则包括以事实为根据，以法律为准绳原则，贯彻宽严相济的刑事政策的原则。

（一）罪责刑相适应原则

根据我国《刑法》第 5 条的规定，罪责刑相适应原则是指刑罚的轻重，应当与犯罪分子所犯罪行和承担的刑事责任相适应。这是刑法明文规定的三大基本原则，本来就贯彻刑法的始终，只是因为量刑是决定刑罚的重要环节之一，因此特别予以强调。即在量刑时既要考虑被告人所犯罪行的轻重，又要考虑被告人应负刑事责任的大小，做到罪责刑相适应，实现惩罚和预防犯罪的目的。

（二）以犯罪事实为根据，以刑事法律为准绳

我国《刑法》第 61 条的规定也明确该量刑原则。《刑法》第 61 条规定："对于犯罪分子决定刑罚的时候，应当根据犯罪的事实、犯罪的性质、情节和对于社会的危害程度，依照本法的有关规定判处。"这是量刑时必须遵循的基本准则。

1. 以犯罪事实为根据

犯罪事实是量刑的客观基础，没有犯罪事实就无法定罪，量刑也就无从谈起。犯罪事实有广义和狭义之分。广义的犯罪事实，是指客观存在的与犯罪有关的所有事实的总和，既包括犯罪构成的基本事实，也包括犯罪性质、情节和对于社会的危害程度。而狭义的犯罪事实，则是指犯罪构成要件的基本事实情况。作为量刑根据的犯罪事实，是广义的犯罪事实。具体包括以下几个方面。

(1)犯罪的事实

这里的犯罪事实，是符合犯罪构成要件的主客观事实。具体而言，就是指犯罪的客体、客观方面、主体、主观方面的各种情况。在刑法分则中，某些具体的罪以"情节严重"为犯罪的构成要件。对于这些罪而言，犯罪的事实还包括犯罪的情节，这种情节是定罪情节。犯罪事实是量刑的首要依据，也是犯罪性质、情节和社会危害程度等的认定和衡量的前提。

(2)犯罪的性质

犯罪的性质，是指具体犯罪行为的罪质，即某一危害行为属于刑法规定且经人民法院确认的犯罪属性，具体而言就是行为人的行为构成什么罪，应定什么罪名。具体的犯罪罪质决定了具体的罪名，进而决定了具体的法定刑。我国刑法分则对每一个具体的犯罪都规定了不同的法定刑，因此，只有定性准确才能量刑适当。这就要求在量刑前，应当在查清犯罪事实的基础上运用犯罪构成理论及刑法分则的规定，正确认定犯罪的性质。

(3)情节(量刑情节)

在刑法中，情节包括定罪情节和量刑情节两种情况。前者是指影响犯罪性质的情节，

是犯罪构成的必备要素。后者是指除了犯罪构成基本事实以外的其他影响犯罪的社会危害性和犯罪人的人身危险性的各种具体事实情况。包括犯罪动机、手段、环境、条件,以及犯罪分子的一贯表现、犯罪后的态度等等。这些事实虽然不影响犯罪的性质,但在一定程度上决定着量刑。刑法根据不同的量刑情节对同一犯罪规定了不同的幅度刑罚,犯罪的社会危害程度轻重和犯罪人的人身危险性大小,是其划分刑罚幅度的根据。因此,在定罪之后,必须全面掌握犯罪情节,根据不同的犯罪情节,决定在哪个刑罚幅度内裁量刑罚。

(4)对于社会的危害程度

对于社会的危害程度,是指行为对社会已经造成或者可能造成的损害结果的程度,这是一个需要综合考量、全面评价的范畴。社会危害性是犯罪的最本质特征,是区分罪与非罪、罪轻与罪重,进而决定着对犯罪分子是否适用刑罚、适用何种刑罚的根据。因此,正确判断犯罪行为对社会的危害程度,必须将犯罪的各种因素即从犯罪事实、犯罪的性质、情节以及行为人的主观恶性等方面全面、综合地加以考虑,确定适当的刑罚。

2.以刑事法律为准则

量刑必须以刑事法律为准绳,是指人民法院在定罪的基础上,依照刑法的有关规定对犯罪分子是否适用刑罚、判处何种刑罚,判处刑罚的轻重以及如何执行刑罚作出判处。具体包括以下内容:

(1)必须依照刑法总则的明确规定量刑

在刑法总则中规定了刑法的基本原则、量刑制度与规则的具体内容,对量刑活动无疑具有重要的指导意义,需要全面遵守。这些量刑规定包括“从重处罚”“从轻处罚”“减轻处罚”“免除处罚”数罪并罚、累犯、自首、坦白、立功等处罚制度,以及“社区矫正”“禁止令”“不适用缓刑”“不得假释”等处罚规定。

(2)必须依照刑法分则关于具体犯罪的法定刑和量刑幅度的规定量刑

对于具体犯罪的量刑,必须根据《刑法》分则的具体条文所规定的法定刑来选择刑种和刑度。刑法分则对每一个具体的罪都规定了法定刑,除极少数犯罪只有一个法定刑幅度外,绝大多数犯罪都有两个或两个以上的刑罚幅度。在量刑时,要根据具体的犯罪情节确定一个适当的刑罚幅度,在法定刑罚幅度内,选择刑种和刑期。除有法定减轻情节或者根据《刑法》第63条规定酌定减轻处罚以外,不得突破法定的刑罚幅度。

(三)贯彻宽严相济的刑事政策原则

宽严相济的刑事政策是我国的基本刑事政策,贯穿于刑事立法、刑事司法和刑罚执行的全过程,是惩办与宽大相结合政策在新时期的继承、发展和完善,是司法机关惩罚犯罪,预防犯罪,保护人民,保障人权,正确实施国家法律的指南。量刑时,理应贯彻宽严相济的刑事政策,以达到法律效果和社会效果的有机统一。

第一,贯彻宽严相济的刑事政策就要根据犯罪的具体情况,实行区别对待,做到该宽则宽,当严则严,宽严相济。这就要求处理好宽与严的关系,既要注意克服重刑主义思想影响,防止片面从严,也要避免受轻刑化思想影响,一味从宽。

第二,贯彻宽严相济刑事政策,必须严格依法进行,维护法律的统一和权威。对于同一地区同一时期、案情相似的案件，所判处的刑罚应当基本均衡，确保良好的法律效果。

第三，贯彻宽严相济刑事政策，要全面、客观地把握不同时期不同地区的经济、社会状况和社会治安形势，要根据经济、社会的发展和治安形势的变化，尤其要根据犯罪情况的变化，在法律规定的范围内，适时调整从宽和从严的对象、范围和力度。同时，还充分考虑人民群众的安全感以及惩治犯罪的实际需要，注重从严打击严重危害国家安全、社会治安和人民群众利益的犯罪。对于犯罪性质尚不严重、情节较轻和社会危害性较小的犯罪，以及被告人认罪、悔罪，从宽处罚更有利于社会和谐稳定的，依法可以从宽处理。这样既有利于罪犯的教育改造和回归社会，又能化解矛盾，实现更好的社会效果。

三、量刑的意义

作为刑事审判活动的一部分，量刑具有重要的意义。

1. 量刑是检验刑事审判质量的重要标准之一。刑事审判工作包括定罪和量刑，衡量刑事审判的质量，首先要看定罪是否准确。但定罪准确只是刑事审判质量的一个方面，不能仅根据定罪准确就得出刑事审判质量高的结论。只有定罪准确、量刑适当，才能真正保证刑事审判的质量。

2. 量刑直接关系到刑罚目的的实现。从量刑活动的功能来看，量刑使法定的罪刑关系变成实在的罪刑关系，而实在的罪刑关系既影响到刑罚特殊预防目的的实现，也影响一般预防目的的实行。量刑适当，就可以有效地实现预防犯罪的目的，反之，量刑失当，不仅不会实现刑罚的目的，反而会导致犯罪的增加。

第二节 量刑情节

一、量刑情节的概念与特征

量刑情节又称刑罚裁量情节，是指在犯罪构成要件事实以外，我国法律规定或者认可的、体现犯罪的社会程度和犯罪人的人身危险性大小，进而决定是否适用刑罚以及刑罚轻重时必须予以考虑的各种具体事实情况。量刑情节具有以下特征：

第一，量刑情节是犯罪构成事实之外的事实情况。犯罪事实包括定罪情节和量刑情节。定罪情节是犯罪构成要件的事实，是认定犯罪的基础。量刑情节是定罪情节以外的，影响刑罚裁量的事实。量刑情节主要包括犯罪实施过程中体现社会危害程度的主、客观事实，也包括反映犯罪人人身危险性大小的事实。

第二，量刑情节对犯罪的社会危害程度和犯罪人的人身危险性具有影响力。在具体犯罪中，与案件相关的事实情况有很多，但不是所有与案件相关的事实情况都是量刑情节，只有体现犯罪的社会危害性程度和犯罪人的人身危险性大小的事实情况，才是量刑情节。

第三，量刑情节是法律规定或者认可的。量刑情节的法定情节是刑法明确规定的，而酌定情节则反映了刑法的基本精神,从某种程度上说,量刑情节具有法定性。因为犯罪情况具有复杂性,立法者不可能把所有的犯罪情节都列举出来,并据此规定相应的法定刑,但是也不能把所有的量刑事由全部交给法官自由裁量,因而采用具体规定量刑情节和认可量刑情节两种方式,从而使刑罚确定既能适应复杂的犯罪情况,又能遵守一定的规则,避免罪刑擅断。

第四,量刑情节是选择法定刑与决定宣告刑的依据。刑法分则对每个罪名都规定了法定刑,但是仅对少数犯罪规定了单一刑种与一个法定刑幅度,在多数情况下,刑法规定了两个或两个以上的刑种或者两个或两个以上的法定刑幅度,因此,在对被告人定罪之后,就需要根据量刑情节选择与之相适应的法定刑幅度,并以此为基础宣告被告人的刑罚处罚,这就是宣告刑。宣告刑以法定刑为基准选择具体的刑种与刑度,在选择时同样依据量刑情节。而且宣告刑也可以根据刑法总则的规定突破法定刑,例如具有减轻处罚或者免除处罚情节时,可以突破法定刑,在法定刑以下判处刑罚或者免除处罚,故量刑情节也是突破法定刑的根据,当然也是审判人员行使自由裁量权的事实根据。

二、量刑情节的分类

量刑情节是一个数量庞大、层次复杂的体系,可以从不同的角度、根据不同的标准进行分类。根据立法的表现形式、拘束力的程度、影响刑罚宽严等方面进行区分。

(一)法定情节和酌定情节

根据法律有无明文规定为标准,可以将量刑情节分为法定情节和酌定情节。

1.法定情节,又称法定量刑情节,是指法律明文规定量刑时必须予以考虑的量刑情节。包括刑法总则规定对各种犯罪共同适用的情节,也包括刑法分则规定的对特定犯罪适用的情节。例如,《刑法》第19条规定:"又聋又哑的人或者盲人犯罪,可以从轻、减轻或者免除处罚。"再如,《刑法》第253条规定:"邮政工作人员私自开拆或者隐匿、毁弃邮件、电报的,处二年以下有期徒刑或者拘役。犯前款罪而窃取财物的,依照本法第二百六十四条的规定定罪从重处罚。"再如,2013年最高人民法院、最高人民检察院《关于办理盗窃刑事案件适用法律若干问题的解释》第11条第2项规定:"采用破坏性手段盗窃公私财物,造成其他财物损毁的,以盗窃罪从重处罚;同时构成盗窃罪和其他犯罪的,择一重罪从重处罚。"

2.酌定情节,又称酌定量刑情节,是指我国刑法认可的,根据立法精神从审判实践经验中总结出来的,反映犯罪的社会危害性程度和犯罪人的人身危险性大小,在量刑时酌情适用的情节。酌定情节虽然不是刑法明文规定的,但是我国刑法是认可的。例如《刑法》第63条第2款规定:"犯罪分子虽然不具有本法规定的减轻处罚情节,但是根据案件的特殊情况,经最高人民法院核准,也可以在法定刑以下判处刑罚。"

根据我国司法实践的经验,酌定量刑情节有以下几种:(1)犯罪动机。犯罪动机反映犯罪分子的主观恶性,其动机不同,犯罪分子的主观恶性往往不同。一般说来,犯罪动机卑鄙恶劣的,其主观恶性大,对社会的危害性程度也大,对其改造的难度也会加大。(2)犯罪的时间、地点等当时的环境和条件。犯罪发生的时间、地点等环境和条件不同,所造成的社会危害程度也不同。比如,在幼儿园、小学杀人,其社会危害程度往往比一般地方杀人要严重得多。(3)犯罪的对象。犯罪对象在不是犯罪构成的要件时,侵害对象的不同,能反映犯罪分子的主观恶性和行为的社会危害程度,因此在量刑时也是需要考虑的酌定情节。(4)犯罪的手段。在犯罪手段不是犯罪构成的要件时,犯罪手段的不同,直接体现着行为的社会危害程度,也反映着犯罪分子的犯罪经验以及对社会的态度,因此在量刑时也需要考虑。(5)犯罪造成的危害后果。这里的危害后果是指除了作为犯罪构成要件的危害结果之外的危害结果,包括直接结果和间接结果。这种危害后果虽然对定罪没有影响,但是其能够直接表明行为对社会所造成的危害,因而是重要的酌定情节。例如,同样是盗窃他人数额较大的财物,有的盗窃财物后顺利逃跑,有的则在逃跑时导致被害人被车撞死,结果不同,其刑罚处罚也理应不同,唯其如此,才能符合罪刑相适应的刑法原则。(6)犯罪人犯罪后的态度。犯罪人犯罪后的态度,能反映犯罪人主观恶性的大小,表明其人身危险性的大小以及改造程度的难易。一般说来,行为人在犯罪后是否采取施救以防止损害结果的发生、是否主动赔偿损失等都表明其悔罪的态度,体现出其人身危险性的大小,在量刑时应当加以考虑。(7)犯罪人的个人情况和一贯表现。量刑主要是依据犯罪的事实、性质、情节和对社会的危害程度,但是也要考虑犯罪人的个人情况和一贯表现。这是因为这些情况和表现代表着犯罪人的思想、行为等,从侧面反映出犯罪人人身危险性的大小和改造的难易程度,从有利于刑罚目的实现的角度出发,在量刑时也需要予以考虑。(8)犯罪前科。犯罪前科是指依法受过刑罚处罚的事实。当犯罪人有前科又构成犯罪但不构成累犯时,犯罪的前科就是一个酌定的量刑情节。当犯罪人有犯罪前科,又实施犯罪行为,就说明其人身危险性大,难以改造,对其也应当从重处罚,这也决定了犯罪前科是一个从重处罚的酌定情节。

(二)从宽情节和从严情节

这是以情节对量刑结果产生的轻重为标准,可以将量刑情节分为从宽情节和从严情节。

从宽情节,又称从宽量刑情节,是指在量刑时对被告人产生从宽或有利影响的各种事实情况。从宽情节包括三种情形:从轻处罚、减轻处罚和免除处罚。例如《刑法》第 22 条规定:“为了犯罪,准备工具、制造条件的,是犯罪预备。对于预备犯,可以比照既遂犯从轻、减轻处罚或者免除处罚。”

从严情节,又称从严量刑情节,是指在量刑时对被告人产生从严或者不利影响的各种事实情况。从严情节,只有从重处罚一种情形。例如《刑法》第 65 条规定:“被判处有期徒刑以上刑罚的犯罪分子,刑罚执行完毕或者赦免以后,在五年以内再犯应当判处有期徒刑以上刑罚之罪的,是累犯,应当从重处罚,但是过失犯罪和不满十八周岁的人犯罪的除外。”

(三)应当型情节和可以型情节

这种分类是从情节的功能出发的,以刑法是否作出绝对性规定为标准,分为应当型情节和可以型情节。

应当型情节，是指刑法明文规定的、在量刑时必须考虑的从宽或者从严的情节。这种情节都是法定情节。例如《刑法》第 17 条第 3 款规定："已满十四周岁不满十八周岁的人犯罪，应当从轻或者减轻处罚。"

可以型情节，是指刑法没有作出绝对性规定，在量刑时予以考虑的从宽或者从严的情节。在法定情节中，刑法没有规定对量刑可能产生从严影响的情节，指规定了从宽影响的情节。例如，《刑法》第 19 条 规定："又聋又哑的人或者盲人犯罪，可以从轻、减轻或者免除处罚。"

（四）罪中情节、罪前情节和罪后情节

以量刑情节与犯罪行为在时间上的关系为标准，分为罪中情节、罪前情节和罪后情节。

罪中情节，是指在犯罪过程中产生的对量刑有影响的各种事实情况，例如犯罪对象、犯罪结果、犯罪手段、犯罪的时间、地点等环境和条件。

罪前情节，是指在犯罪行为没有实施之前就存在、对量刑有影响的各种事实情况，例如犯罪人的人身情况、犯罪人的一贯表现、犯罪人的前科等。

罪后情节，是指在犯罪实施完毕后出现的对量刑有影响的各种事实情况，例如犯罪人的悔罪态度、自首、赔偿损失等情况。

（五）功能确定性情节和功能选择性情节

以量刑情节对量刑的轻重所起的作用是确定的还是具有选择余地为标准划分为功能确定性情节和功能选择性情节。

功能确定性情节，是指对量刑的轻重所起的作用是确定的、单一的各种事实情况。例如《刑法》第 29 条规定："教唆他人犯罪的，应当按照他在共同犯罪中所起的作用处罚。教唆不满十八周岁的人犯罪的，应当从重处罚。"从重处罚的情节都是功能确定性情节。

功能选择性情节，是指对量刑的轻重所起的作用不是确定的，单一的，而是具有两种以上作用的各种事实情况。这种量刑情节需要审判人员根据案件的具体情况对被告人选择其中之一进行处罚，例如，《刑法》第 27 条规定："在共同犯罪中起次要或者辅助作用的，是从犯。对于从犯，应当从轻、减轻处罚或者免除处罚。"法定从宽情节大多属于功能选择性情节。

三、量刑情节的适用

对被告人定罪之后，依法公正对其量刑是刑事法治的基本要求，也是依法维护被告人合法权益和司法公正的基本要求。而量刑是否适当，很大程度上取决于对各种量刑情节的适用是否得当，在适用量刑情节时，应当注意以下问题。

（一）正确理解从重处罚、从轻处罚、减轻处罚和免除处罚

我国刑法关于法定刑的规定有两种不同的情形，一是一罪的法定刑只有一个量刑幅

度，二是一罪的法定刑有两个或两个以上的量刑幅度。在第一种情况下，比较容易适用从重处罚、从轻处罚、减轻处罚等情节。在后一种情况下，在对被告人定罪之后，首先需要根据案件的具体情况（犯罪事实）选择相适应的量刑幅度，然后在此幅度内考虑从重、从轻、减轻处罚等情节的适用，当然这些情节的适用，都要在罪责刑相适应原则下进行。

1. 从重、从轻处罚

从重处罚与从轻处罚都是刑法所规定的量刑制度，即在法定刑的限度内调整刑罚的轻重以得出宣告刑。

《刑法》第 62 条规定："犯罪分子具有本法规定的从重处罚、从轻处罚情节的，应当在法定刑的限度以内判处刑罚。"

根据此规定，从重处罚，是指在量刑限度内选择比没有这个情节的类似犯罪相对较重的刑种和较长的刑期。在一罪的法定刑只有一个量刑幅度的情况下，从重处罚就是在该量刑幅度内选择较重的刑种和较长的刑期。在一罪具有两个或两个以上的量刑幅度的情况下，从重处罚则是在与具体犯罪情况相对应的法量刑幅度内，选择较重的刑种和较长的刑期。

根据《刑法》第 62 条的规定，从轻处罚，是指在法定刑限度内选择比没有这个情节的类似犯罪相对较轻的刑种和较短的刑期。在一罪的法定刑只有一个量刑幅度的情况下，从轻处罚就是在量刑幅度内选择较轻的刑种和较短的刑期。在一罪具有两个或者两个以上的法定刑幅度的情况下，从轻处罚是在与具体犯罪情况相对应的量刑刑幅度内，选择较轻的刑种和较短的刑期。

2. 减轻处罚

《刑法》第 63 条规定："犯罪分子具有本法规定的减轻处罚情节的，应当在法定刑以下判处刑罚；本法规定有数个量刑幅度的，应当在法定量刑幅度的下一个量刑幅度内判处刑罚。犯罪分子虽然不具有本法规定的减轻处罚情节，但是根据案件的特殊情况，经最高人民法院核准，也可以在法定刑以下判处刑罚。"

根据上述规定，减轻处罚，是指被告人因具有某种特殊的情节而使法定刑降格的刑罚处罚。减轻处罚有法定减轻与特殊减轻两种情形。

在一罪的法定刑只有一个量刑幅度的情况下，减轻处罚就是在该法定量刑幅度最低刑以下判处刑罚，即判处所犯之罪的法定最低刑的刑罚。

在一罪的法定刑有两个或两个以上的量刑幅度的情况下，减轻处罚是指在与该犯罪的具体犯罪情况相适应的量刑幅度的最低刑以下判处刑罚，而不是低于整个罪的法定最低刑。例如根据《刑法》第 236 条的规定，以暴力、胁迫或者其他手段强奸妇女的，处 3 年以上 10 年以下有期徒刑。如果减轻处罚，则应判处低于 3 年有期徒刑的刑罚。如果强奸妇女、奸淫幼女情节恶劣的，处 10 年以上有期徒刑、无期徒刑或者死刑。如果减轻处罚，则应判处低于 10 年有期徒刑的刑罚。由此可以看出，在这种情况下的减轻处罚是以与行为人的犯罪事实情况相对应的法定量刑幅度的最低刑作为法定最低刑的。当然，根据《刑法》第 63 条的规定，减轻处罚不是无限制的减轻，本法规定有数个量刑幅度的，应当在法定量刑幅度的下一个量刑幅度内判处刑罚。这表明减轻处罚有"刑格"的限制，不能跨越

"刑格"而减轻处罚。[1] 例如《刑法》第264条规定:"盗窃公私财物,数额较大的,或者多次盗窃、入户盗窃、携带凶器盗窃、扒窃的,处三年以下有期徒刑、拘役或者管制,并处或者单处罚金;数额巨大或者有其他严重情节的,处三年以上十年以下有期徒刑,并处罚金;数额特别巨大或者有其他特别严重情节的,处十年以上有期徒刑或者无期徒刑,并处罚金或者没收财产。"如果根据犯罪情节,对被告人应在"十年以上有期徒刑或者无期徒刑,并处罚金或者没收财产"。这一法定量刑幅度内决定刑罚,但被告人具有减轻处罚情节的,在减轻处罚时,应在下一个量刑幅度内即"三年以上十年以下有期徒刑,并处罚金"决定刑罚,而不是在更低的"三年以下有期徒刑、拘役或者管制,并处或者单处罚金"这一量刑幅度内决定刑罚。

根据《刑法》第63条第2款的规定,特殊减轻,是指根据案件的特殊情况,经最高人民法院核准,决定减轻处罚。这里的"案件的特殊情况"就是一种酌定情节,主要是指案件的特殊性,如涉及政治、外交等情况。[2] 在司法实践中会出现一些无法律明文规定或者确认的特殊减轻情况,这种特殊减轻就可以使得审判人员根据案件的特殊情况作出更加适当的判决。但是由于这种特殊减轻在程序上必须经最高人民法院核准,且这种特殊减轻也没有相对标准来衡量,使得该规定在司法实践中很少适用。

3.免除处罚

免除处罚,是指在行为人的行为构成犯罪的情况,仅对犯罪人作有罪宣告,而不予以刑罚处罚。例如,《刑法》第24条第2款规定:"对于中止犯,没有造成损害的,应当免除处罚;造成损害的,应当减轻处罚。"第37条规定:"对于犯罪情节轻微不需要判处刑罚的,可以免予刑事处罚,但是可以根据案件的不同情况,予以训诫或者责令具结悔过、赔礼道歉、赔偿损失,或者由主管部门予以行政处罚或者行政处分。"根据上述规定看出,免除处罚有两种情形,一是犯罪情节轻微不需要判处处罚;二是有法定的免除处罚情节。当然,对于免除处罚的犯罪分子,可以根据的案件的不同情况,分别予以训诫或者责令具结悔过、赔礼道歉、赔偿损失,或者由主管部门予以行政处罚或者行政处分。

(二)全面审查、综合平衡量刑情节

在具体的刑事案件中,具有单个量刑情节的,根据量刑情节的调节比例直接调节基准刑。但是,在具体的个案中往往具有多个量刑情节,这就需要全面审查、综合平衡各个量刑情节,以符合罪责刑相适应的刑法原则。

全面审查,是指对案件中所涉及犯罪事实及每一个具体的量刑情节都要审查,不得遗漏任何。这是综合平衡量刑情节的前提和基础。在量刑情节中,有法定情节和酌定情节、从宽情节和从严情节、应当型情节和可以型情节、功能确定性情节和功能选择性情节等多种类型的情节,审判人员在量刑时需要全面查清每一个具体的量刑情节,以做到"事实清

① 周光权:《刑法总论》,中国人民大学出版社2011年版,第298页。

② 陈兴良:《刑法适用总论(上册)》,法律出版社1999年版,第309页。

楚”,从而为“量刑适当”打下坚实的基础。在具体的刑事案件中,往往存在多个类型的量刑情节。一般情况下,法定情节相对于酌定情节、应当型情节相对于可以型情节更具有刚性,其对量刑的影响也会更大。当然也不是必然绝对的,还要受一定刑事政策的影响。即在特殊情况下,可以对酌定情节、可以型情节等作出特别的考量,以更有效地达到刑罚效果。当然,一个犯罪人可能具有数个从宽情节或者数个从严情节。在这种情况下,也不能改变量刑情节的功能。例如行为人具备多个减轻处罚的情节,只能进行较大幅度的减轻处罚,而不能免除处罚。①

在一个犯罪人同时具备从宽和从严情节的情况下,称之为量刑情节的冲突。不能采取简单的折抵法,而应考虑不同的情节地位及所具有的功能,综合平衡量刑情节。综合平衡,是指在全面查清量刑情节的基础上,根据案件的全部犯罪事实以及量刑情节的不同情形,依法确定量刑情节的适用及其调节比例。这种综合平衡的方式在《人民法院量刑指导意见》第二部分第 2 条中有明确的规定。具体而言:

(1)具有多个量刑情节的,一般根据各个量刑情节的调节比例,采用同向相加、逆向相减的方法调节基准刑;具有未成年人犯罪、老年人犯罪、限制行为能力的精神病人犯罪、又聋又哑的人或者盲人犯罪,防卫过当、避险过当、犯罪预备、犯罪未遂、犯罪中止,从犯、胁从犯和教唆犯等量刑情节的,先适用该量刑情节对基准刑进行调节,在此基础上,再适用其他量刑情节进行调节。(2)被告人犯数罪,同时具有适用于各个罪的立功、累犯等量刑情节的,先适用该量刑情节调节个罪的基准刑,确定个罪所应判处的刑罚,再依法实行数罪并罚,决定执行的刑罚。(3)对严重暴力犯罪、毒品犯罪等严重危害社会治安犯罪,在确定从宽的幅度时,应当从严掌握;对犯罪情节较轻的犯罪,应当充分体现从宽。具体确定各个量刑情节的调节比例时,应当综合平衡调节幅度与实际增减刑罚量的关系,确保罪责刑相适应。

(三)充分考虑各种法定和酌定量刑情节

法定情节,是刑法明文规定的从宽或者从严情节。在量刑时,必须充分考虑适用法定情节,这是罪刑法定原则的体现,也是罪责刑相适应的要求,审判人必须严格适用法定情节,不能掺杂个人喜好,也不能随心所欲地取舍,而要不折不扣地严格适用。其中,在刑法中规定的“可以型”的量刑情节,是指在一般情况下,都要适用,只有在特殊情况下,才不予以适用。例如,《刑法》第 23 条规定:“已经着手实行犯罪,由于犯罪分子意志以外的原因而未得逞的,是犯罪未遂。对于未遂犯,可以比照既遂犯从轻或者减轻处罚。”根据这一规定,对于未遂犯一般情况下,都要给予从轻或者减轻处罚,只有在罪行极其严重等情况下,才不予以从轻或者减轻处罚。审判人员在适用法定可以型的情节时,必须从立法的倾向性出发,严格适用法定情节。

酌定情节,虽然不是刑法明文规定的,但是也属于刑法确认的情节,在量刑时,必须充

---

① 张明楷:《刑法学》(上),法律出版社 2011 年第 4 版,第 454 页。

分予以充分考虑，这同样是罪责刑相适应原则的要求。酌定情节是基于立法精神，充分考虑了犯罪行为的各个方面以及犯罪人本身的人身危险性等要素，从而为被告人确定适当的刑罚处罚，以实现犯罪的惩罚与预防目的。例如，“前科”，虽然不是法定情节，而是酌定情节，但是在司法实践中，对于有犯罪前科的罪犯的处罚，往往会处罚重些。

(四)正确适用功能选择性情节

我国刑法中规定的从宽情节中，有的法定情节既可以作为从轻情节适用，又可以作为减轻情节适用，甚至还可以作为免除处罚情节适用；有的情节即可以作为从轻情节适用，也可以作为减轻情节适用。这是一种情节具有多种功能的情况，需要从多种功能中选择一种功能适用于具体案件的量刑中。那么如何进行选择呢？

首先，要考虑案件本身的情况。被告人罪行的轻重往往决定着量刑情节的功能选择。例如犯罪危害程度轻微的，应选择较大的从宽处罚；反之则要选择较小的从宽处罚。再如犯罪动机“情有可原”的，应选择较大的从宽处罚，反之则要选择较小的从宽处罚。即便是同一个量刑情节，亦可以进行区分。例如，同样是未遂犯，对于不能犯的未遂的处罚往往要比能犯未遂的处罚要轻。

其次考虑刑法规定的排序。在刑法规定中，有的规定了“减轻或者免除处罚”，例如，《刑法》第 20 条第 2 款规定，“正当防卫明显超过必要限度造成重大损害的，应当负刑事责任，但是应当减轻或者免除处罚。”有的规定了“从轻或者减轻处罚”，例如《刑法》第 18 条第 3 款规定：“尚未完全丧失辨认或者控制自己行为能力的精神病人犯罪的，应当负刑事责任，但是可以从轻或者减轻处罚。”这些排列顺序的不同，反映了立法倾向性的不同，即要一般情况下首先考虑排列在前面的功能，以此类推。

(五)防止重复评价情节

在具体的刑事案件中，一种情节在量刑时只能被评价一次，而不能进行重复性评价，否则就会造成量刑不当。在具体的犯罪中，情节有定罪情节(犯罪构成要件的情节)和量刑情节，当作为犯罪构成要件的情节，在定罪时已经发挥了应有的功能后，就不应再在量刑时予以评价。

第十六章 刑罚裁量制度

第一节 累犯

一、累犯的概念

累犯,是指受过一定刑罚处罚,在刑罚执行完毕或者赦免以后,在法定期限内又犯一定之罪的罪犯。作为量刑情节,累犯是一种特定的再次犯罪的客观事实,是我国刑法明确规定的应当从重处罚的情节之一;作为量刑对象,累犯又是特殊的犯罪人类型。①

当今世界各国对累犯都采用了从重处罚的做法,主要是因为相对于初犯或者其他犯罪分子,累犯的人身危险性较大。犯罪分子刑罚执行完毕的一定时间内,又实施了一定的犯罪,表明其人身危险性确实很大,且其实施的犯罪行为也因此具有更大的社会危害性,根据罪责刑相适应的原则,对不同的犯罪,应处不同的刑罚,所以,对累犯应当从严处罚,这样才能实施有效的惩罚和改造,当然也有利于刑罚目的的实现。根据我国《刑法》第65条、第66条的规定,累犯可以分为普通累犯和特殊累犯两种类型。

二、累犯的成立条件

(一)普通累犯的成立条件

我国《刑法》第65条第1款规定:"被判处有期徒刑以上刑罚的犯罪分子,刑罚执行完毕或者赦免以后,在五年以内再犯应当判处有期徒刑以上刑罚之罪的,是累犯,应当从重处罚,但是过失犯罪和不满十八周岁的人犯罪的除外。"据此,普通累犯,又称一般累犯,是指因故意犯罪被判处有期徒刑以上刑罚且已满18周岁的犯罪分子,在刑罚执行完毕或者赦免以后,在5年内故意再犯应当判处有期徒刑以上刑罚之罪的罪犯。

普通累犯的构成条件包括以下几个方面:

1. 主观条件,前罪与后罪必须都是故意犯罪。如果前后两罪都是过失犯罪,或者其中一罪是过失犯罪,都不构成累犯。刑法把过失犯罪排除在累犯之外,是对累犯的主观罪过条件进行限制或者说是对累犯的犯罪罪质进行限制。其理由是主要基于故意犯罪的犯罪

① 张明楷:《刑法学》(上),法律出版社2011年第4版,第448页。

分子比过失犯罪的犯罪分子的人身危险较为严重,主观恶性较大,且过失犯罪分子再犯罪的可能性也比较小。

2. 主体条件,前罪与后罪的刑事责任年龄必须是已满18周岁的人。如果第一次犯罪时,犯罪分子未满18周岁的,即便第二次犯罪已满18周岁的,也不成立累犯。

3. 刑度条件,前罪被判处有期徒刑以上刑罚,后罪应被判处有期徒刑以上刑罚。即构成累犯的前罪被判处的刑罚和后罪应被判处的刑罚都是有期徒刑以上的刑罚。如果前罪被判处的刑罚和后罪应被判处的刑罚都低于有期徒刑,或者其中之一低于有期徒刑的,均不构成累犯。"前罪被判处有期徒刑以上刑罚",是指法院的宣告刑;"后罪应被判处有期徒刑以上刑罚",是指根据该犯罪的各项事实和刑法规定,应当要宣告的刑罚。所谓"有期徒刑以上刑罚",包括有期徒刑、无期徒刑、死刑缓期执行。

4. 时间条件,后罪发生在前罪的刑罚执行完毕或者赦免以后的5年以内。所谓"刑罚执行完毕",法律没有明文规定,一般是指主刑执行完毕,附加刑是否执行完毕不影响累犯的成立。如果后罪发生在前罪刑罚执行期间,不构成累犯,应当数罪并罚;如果后罪发生在前罪刑罚执行完毕或者赦免后5年以后,也不构成累犯。

(二)特别累犯成立的条件

《刑法》第66条规定:"危害国家安全犯罪、恐怖活动犯罪、黑社会性质的组织犯罪的犯罪分子,在刑罚执行完毕或者赦免以后,在任何时候再犯上述任一类罪的,都以累犯论处。"根据此规定,特殊累犯,是指因危害国家安全犯罪、恐怖活动犯罪、黑社会性质的组织犯罪受过刑罚处罚,在刑罚执行完毕或者赦免以后,任何时候再犯上述任何一类犯罪的犯罪分子。

特殊累犯的成立条件包括以下几个方面:

1. 罪质条件,前罪与后罪都是危害国家安全犯罪、恐怖活动犯罪、黑社会性质的组织犯罪中的任意一种。即前罪可以是三类犯罪中的一种,后罪也可以是三类犯罪中的一种,前、后罪种类不要求保持一致。如果前、后罪中有一罪是其他类犯罪的,不构成特殊累犯;如果符合普通累犯的构成条件的,可以构成普通累犯。这里"危害国家安全犯罪"是指刑法分则第一章"危害国家安全罪"的全部罪名。这里的"恐怖活动犯罪",不仅仅包括《刑法》第120条规定的组织、领导、参加恐怖组织罪和第120条之一的资助恐怖活动罪两个罪,还包括与恐怖活动犯罪相关的所有犯罪。这里的"黑社会性质的组织犯罪",不仅仅包括《刑法》第294条规定的组织、领导、参加黑社会性质组织罪、入境发展黑社会组织罪和包庇、纵容黑社会性质组织罪3个罪名,还包括与黑社会性质组织罪相关的所有犯罪。

2. 刑度条件,前罪被判处的刑罚和后罪应被判处的刑罚的种类和轻重不受限制。即使前后两罪或者其中一罪被判处管制、拘役甚至单处附加刑,都不影响特殊累犯的成立。

3. 时间条件,后罪发生在前罪刑罚执行完毕或者赦免以后的任何时候,不受前后两罪间隔时间长短的限制。

三、累犯的其他问题

1.累犯与假释犯

关于假释犯是否构成累犯的问题,应当区别情况来看:被假释的犯罪分子,如果在假释考验期内又犯新罪的,不构成累犯,应当撤销假释,适用数罪并罚。因为假释考验期未满,不能视为原判刑罚已经执行完毕,不符合累犯的成立条件。被假释的犯罪分子,如果在假释考验期满 5 年以内又犯新罪的,则构成累犯。根据我国《刑法》第 65 条第 2 款的规定,5 年的时间期限,从假释期满之日起计算。因为假释考验期满,就认为是原判刑罚执行完毕。如果被假释的犯罪分子,在假释考验期满 5 年以后再犯罪的,不构成累犯。

2.累犯与缓刑犯

对判处有期徒刑宣告缓刑的犯罪分子是否构成累犯的问题上,也要区别情况:对于在缓刑考验期间又犯新罪的,根据《刑法》第 77 条的规定,应当撤销缓刑,对新犯的罪作出判决,把前罪和后罪所判处的刑罚,按照《刑法》第 69 条关于数罪并罚的规定,决定执行的刑罚。在这种情况下,根本谈不上是否成立累犯的问题。

对于在缓刑考验期满后 5 年内又故意犯罪应判处有期徒刑以上刑罚之罪的,也不构成累犯。因为缓刑是附条件的不执行所宣告的刑罚,考验期满,原判刑罚就不再执行了,不是"刑罚执行已经完毕",不符合累犯的构成条件,也不构成累犯。

3.累犯与再犯

再犯,一般是指再次犯罪的人,或者两次或者两次以上实施犯罪的人。《刑法》第 356 条规定:"因走私、贩卖、运输、制造、非法持有毒品罪被判过刑,又犯本节规定之罪的,从重处罚。"这里的"本节规定之罪",是指刑法分则第六章第七节走私、贩卖、运输、制造毒品罪的所有犯罪。这是我国刑法中关于再犯的规定。

从形式上看,再犯与累犯都是实施两次或者两次以上犯罪行为,都导致了从重处罚的法律后果,但是再犯对前、后罪发生的时间、刑度都没有要求。但是再犯在前、后罪的罪质上有特殊要求:前罪必须是走私、贩卖、运输、制造、非法持有毒品罪,而后罪的范围则是刑法分则第六章第七节的所有毒品犯罪。

对于同时构成累犯与毒品再犯的犯罪分子应当如何处罚的问题上,最高人民法院 2000 年 4 月 4 日在《全国法院审理毒品犯罪案件工作座谈会纪要》中明确规定:"关于同时构成再犯和累犯的被告人适用法律和量刑的问题。对依法同时构成再犯和累犯的被告人,今后一律适用刑法第三百五十六条规定的再犯条款从重处罚,不再援引刑法关于累犯的条款。"此规定遵循了"特别规定优于一般规定"的原则,符合立法的精神。但是,对此不能绝对化,因为《刑法》第 74 条规定,对于累犯,不适用缓刑;第 81 条第 2 款规定了,对于累犯不得假释。如果完全适用再犯的规定,就可以对同时符合累犯条件的毒品再犯适用缓刑和假释,这明显违背了罪责刑相适应的原则。因此,对同时符合累犯和毒品再犯条件的犯罪分子,原则上遵循再犯的特别规定,优先适用《刑法》第 356 条关于再犯从重处罚的规定,但是,仍然受《刑法》第 74 条、第 81 条第 2 款的限制,对他们不适用缓刑和假释,以贯彻罪责刑相适应的原则。

四、累犯的法律效果

根据我国《刑法》第 65 条第 1 款的规定，对累犯应当从重处罚，即采取从重处罚的原则。

(1)对于累犯必须从重处罚，即无论是普通累犯还是特殊累犯，都必须对其相对应的法定刑限度内，判处相对较重的刑罚，或者说是适用较重的刑种和较长的刑期。

(2)对累犯从重处罚，是相对于不构成累犯的情况而言的。即对累犯的从重处罚，是参照在不构成累犯时应承担的刑事责任。也就说，累犯的参照也要根据其所实施的犯罪行为的性质、情节和社会危害程度，确定应判处的刑罚，在此基础上选择较重的刑种和较长的刑期。

(3)根据《刑法》第 74 条的规定，对于累犯，不适用缓刑。根据《刑法》第 81 条第 2 款的规定，对于累犯，不得假释。如果累犯在执行期间，认真遵守监规，接受教育改造，确有悔改表现的，或者有立功表现的，可以减刑。

第二节　自首与立功

一、自首

(一)自首的概念

《刑法》第 67 条第 1 款、第 2 款规定："犯罪以后自动投案，如实供述自己的罪行的，是自首。对于自首的犯罪分子，可以从轻或者减轻处罚。其中，犯罪较轻的，可以免除处罚。被采取强制措施的犯罪嫌疑人、被告人和正在服刑的罪犯，如实供述司法机关还未掌握的本人其他罪行的，以自首论。"

据此规定，自首，是指犯罪以后自动投案，如实供述自己罪行的行为，或者被采取强制措施的犯罪嫌疑人、被告人和正在服刑的罪犯，如实供述司法机关还未掌握的本人其他罪行的行为。

(二)自首的种类和成立条件

根据《刑法》第 67 条的规定，自首分为一般自首和特别自首两种情形。

一般自首，也称普通自首，是指犯罪分子犯罪以后自动投案，如实供述自己罪行的行为。

特别自首，又称"准自首"或者"余罪自首"，是指被采取强制措施的犯罪嫌疑人、被告和正在服刑的罪犯，如实供述司法机关还未掌握的本人其他罪行的行为。

1. 一般自首的成立条件

根据《刑法》第 67 条第 1 款的规定，成立一般自首需要具备以下条件：

(1)自动投案

自动投案，是一般自首成立的前提条件。根据最高人民法院 1998 年 4 月 6 日通过的《关于处理自首和立功具体应用法律若干问题的解释》(以下简称《解释》)第 1 条第 1 项的规定，自动投案，是指犯罪事实或者犯罪嫌疑人未被司法机关发觉，或者虽被发觉，但犯罪嫌疑人尚未受到讯问、未被采取强制措施时，主动、直接向公安机关、人民检察院或者人民法院投案的行为。对此，应从以下几个方面把握：

第一，投案的时间，必须是在犯罪人尚未归案之前。这是对自动投案的时间限制。根据《解释》的规定，投案行为通常发生在犯罪以后，犯罪事实未被司法机关发觉；或者犯罪事实已经司法机关发现，但犯罪嫌疑人未被司法机关发觉；或者犯罪事实和犯罪嫌疑人都被司法机关发觉，但犯罪嫌疑人尚未受到讯问、未被采取强制措施以前。此外，罪行尚未被司法机关发觉，仅因形迹可疑，被有关组织或者司法机关盘问、教育后，主动交代自己的罪行的；犯罪后逃跑，在被通缉、追捕过程中，主动投案的；经查实确已准备去投案，或者正在投案途中，被公安机关捕获的，也应当视为自动投案。

根据 2010 年 12 月 22 日最高人民法院《关于处理自首和立功若干问题的意见》(以下简称《意见》)的规定，下列情况也应视为自动投案：①犯罪后主动报案，虽未表明自己是作案人，但没有逃离现场，在司法机关询问时交代自己罪行的；②明知他人报案而在现场等待，抓捕时无拒捕行为，供认犯罪事实的；③在司法机关未确定犯罪嫌疑人，尚在一般性排查询问时主动交代自己罪行的；④因特定违法行为被采取劳动教养、行政拘留、司法拘留、强制隔离戒毒等行政、司法强制措施期间，主动向执行机关交代尚未被掌握的犯罪行为的；⑤其他符合立法本意，应当视为自动投案的情形。

当然，犯罪分子犯罪后被群众扭送归案的；或者被公安机关捉获归案的；或者在追捕过程中走投无路当场被抓捕的；或者经公安司法机关传讯、采用强制措施后归案的，都不能认定为自动投案。值得注意的是，罪行未被有关部门、司法机关发觉，仅因形迹可疑被盘问、教育后，主动交代了犯罪事实的，但有关部门、司法机关在其身上、随身携带的物品、驾乘的交通工具等处发现与犯罪有关的物品的，不能认定为自动投案。

第二，投案的对象，必须是有关机关与有关个人。“有关机关”，通常是司法机关，但也包括非司法机关，例如，《解释》中就明确规定，犯罪嫌疑人向其所在单位、城乡基层组织投案的；罪行尚未被司法机关发觉，仅因形迹可疑，被有关组织盘问、教育后，主动交代自己的罪行的，应当视为自动投案。因为这些非司法机关最终必将移送到司法机关。“有关个人”，法律及相关的司法解释中都没有进行限制。例如，犯罪嫌疑人向其所在单位、城乡基层组织的有关负责人员投案的；犯罪嫌疑人因病、伤或者为了减轻犯罪后果，委托他人先代为投案，应当视为自动投案。

第三，投案的方式，法律没有进行限制，所以无论采取哪种方式投案，都应视为是自首。一般说来，投案的方式有：①自己自首，大部分的自首都是犯罪分子在犯罪后自己向有关机关和个人投案自首，包括信电等投案。②代为自首，是指犯罪人在犯罪以后，因病、伤或者为了减轻犯罪后果等，委托他人先代为投案的。③陪同自首，是指犯罪人在犯罪以后，在他人的陪同下投案自首。④被送去自首，《解释》规定，并非出于犯罪嫌疑人主动，而是经亲友规劝、陪同投案的；公安机关通知犯罪嫌疑人的亲友，或者亲友主动报案后，将犯罪嫌疑人送去投案的，也应当视为自动投案。其实这种情况下的自首，虽然是被亲友等送去投案的，但是也不是毫无投案意愿，被强制送去投案的。司法实践中也有犯罪后主动报案，虽未表明自己是作案人，但没有逃离现场，在司法机关询问时交代自己罪行的；或者明知他人报案而在现场等待，抓捕时无拒捕行为，供认犯罪事实的，这些也是投案自首。

第四，投案意愿，是出于犯罪分子的意志，或者说是犯罪分子的归案，并不违背其意志。一方面，犯罪分子的投案具有自动性，是指向有关机关或有关个人投案，不明显抗拒控制处理，都视为自动投案。因此，被送去自首应当视为自首。但是当犯罪嫌疑人被亲友采用捆绑等手段送到司法机关，或者在亲友带领侦查人员前来抓捕时无拒捕行为，即便如实供认犯罪事实的，也不能认定为自动投案。当然，犯罪分子的投案动机可以多种多样的，不管是出于真诚悔罪，还是慑于法律的威严等，一般不影响投案的自动性。另一方面，投案后必须自愿置于司法机关的控制之下，因此，犯罪嫌疑人自动投案后又逃跑的，不能认定为自首。

自动投案是否以“接受审查和裁判”为条件？有学者认为犯罪分子自动投案、如实交代自己的犯罪事实后，必须听候、接受司法机关的侦查、起诉和审判，不能逃避司法追究，才能最终成立自首。[①] 1984 年 4 月 16 日最高人民法院、最高人民检察院、公安部联合发布的《关于当前处理自首和有关问题具体应用法律的解答》中曾规定：“在司法实践中，对于犯罪分子作案后，同时具备自动投案、如实交代自己的罪行、并接受审查和审判这三个条件的，都认为是自首。”但是，该规定中的“接受审查和审判”比较模糊、抽象，也没有具体操作的标准，会把犯罪分子自动投案并如实交代罪行后，为自己进行辩护，或者提起上诉，或者补充、更正某些事实等，视为不接受司法机关的控制。这显然是不符合法律规定的，因为这些是法律赋予被告人正当行使的权利，司法机关应当予以保障，而不能以任何理由剥夺这一权利。2004 年 4 月 1 日最高人民法院《关于被告人对行为性质的辩解是否影响自首成立问题的批复》中规定：“根据刑法第六十七条第一款和最高人民法院《关于处理自首和立功具体应用法律若干问题的解释》第一条的规定，犯罪以后自动投案，如实供述自己的罪行的，是自首。被告人对行为性质的辩解不影响自首的成立。”这样的规定，不是认为犯罪分子可以不接受“审查和裁判”，而是说自动投案、如实供述自己的罪行本身已经表明犯罪分子对司法机关追究其犯罪的活动持配合的态度，没有必要再把接受“审查和裁判”作为一个条件来进行规定。

(2)如实供述自己的罪行

如实供述自己的罪行，是指犯罪分子如实交代自己的主要犯罪事实，是一般自首成立的根本性条件。因为犯罪分子自动投案后，只有如实供述自己的罪行，才能表明其有自首的诚意，也才能证明其真正悔罪，为司法机关追究犯罪活动提供客观依据，正是基于此，才对自首从宽处理。

---

① 周光权：《刑法总论》，中国人民大学出版社 2011 年版，第 310 页。

《意见》认为："如实供述自己的罪行，除供述自己的主要犯罪事实外，还应包括姓名、年龄、职业、住址、前科等情况。犯罪嫌疑人供述的身份等情况与真实情况虽有差别，但不影响定罪量刑的，应认定为如实供述自己的罪行。犯罪嫌疑人自动投案后隐瞒自己的真实身份等情况，影响对其定罪量刑的，不能认定为如实供述自己的罪行。"因此，犯罪分子交代的必须是"自己"的犯罪事实，而不是与其无关的其他人的犯罪事实。犯罪分子在交代犯罪事实时，必须交代自己的主要犯罪事实，即对认定犯罪行为性质或者量刑具有有决定意义或者重大影响的犯罪事实、情节。如果在交代的过程中，有意或无意地遗漏了某些犯罪细节，不对定罪量刑有重大影响的，依然成立自首。同时，犯罪分子应当"如实"交代自己的犯罪事实，且交代的犯罪事实应当与实际发生的情况基本一致。"犯罪嫌疑人多次实施同种罪行的，应当综合考虑已交代的犯罪事实与未交代的犯罪事实的危害程度，决定是否认定为如实供述主要犯罪事实。虽然投案后没有交代全部犯罪事实，但如实交代的犯罪情节重于未交代的犯罪情节，或者如实交代的犯罪数额多于未交代的犯罪数额，一般应认定为如实供述自己的主要犯罪事实。无法区分已交代的与未交代的犯罪情节的严重程度，或者已交代的犯罪数额与未交代的犯罪数额相当，一般不认定为如实供述自己的主要犯罪事实。犯罪嫌疑人自动投案时虽然没有交代自己的主要犯罪事实，但在司法机关掌握其主要犯罪事实之前主动交代的，应认定为如实供述自己的罪行。"

此外，需要正确处理犯罪分子在如实供述自己的主要犯罪事实后又翻供的问题。根据《解释》的规定："犯罪嫌疑人自动投案并如实供述自己的罪行后又翻供的，不能认定为自首；但在一审判决前又能如实供述的，应当认定为自首。"据此，犯罪分子自动投案并如实供述自己的罪行后又翻供的，不能认为自首。因为，翻供使得犯罪分子先前的供述丧失效力，司法机关必须再次进行查证，造成司法资源的浪费。但是犯罪分子在一审判决前又能如实供述的，应当认定为自首。在这里需要区分翻供与辩解：翻供是把先前的供述推翻，即对先前的供认的犯罪事实进行否定；而辩解是指行为人在如实陈述的基础上，对自己的行为、行为的性质以及承担刑事责任的轻重上进行不同的理解和申辩。行为人基于自己的立场、知识等对自己的行为性质等有不同的理解，是行为人对法律的认识错误，属于定罪量刑的范畴，不影响犯罪分子供述犯罪事实的客观真实性，因此，不影响自首的成立。

2.特别自首

根据《刑法》第 67 条第 2 款的规定，特别自首成立的条件如下：

(1)特别自首的主体是被采取强制措施的犯罪嫌疑人、被告人和正在服刑的罪犯。这里的强制措施，是指根据我国《刑事诉讼法》的规定，被采取拘传、取保候审、监视居住、拘留和逮捕措施的犯罪嫌疑人、被告人。这里正在服刑的罪犯，是指已经被人民法院判决、正在被执行刑罚的罪犯。只有上述三种人才是构成特别自首的主体。

(2)必须是如实供述司法机关还未掌握的本人其他罪行。这是成立特别自首的实质性条件。在此需要注意：一是所供述的罪行必须是本人实施、司法机关还未掌握的犯罪事实。二必须是司法机关还未掌握的罪行。《意见》规定："犯罪嫌疑人、被告人在被采取强制措施期间，向司法机关主动如实供述本人的其他罪行，该罪行能否认定为司法机关已掌握,应根据不同情形区别对待。如果该罪行已被通缉,一般应以该司法机关是否在通缉令发布范围内作出判断,不在通缉令发布范围内的,应认定为还未掌握,在通缉令发布范围内的,应视为已掌握;如果该罪行已录入全国公安信息网络在逃人员信息数据库,应视为已掌握。如果该罪行未被通缉、也未录入全国公安信息网络在逃人员信息数据库,应以该司法机关是否已实际掌握该罪行为标准。”三是被采取强制措施的犯罪嫌疑人、被告人和正在服刑的罪犯所供述的罪行与司法机关已经掌握的不同,是其他罪行。所谓“其他罪行”,《意见》认为:“犯罪嫌疑人、被告人在被采取强制措施期间如实供述本人其他罪行,该罪行与司法机关已掌握的罪行属同种罪行还是不同种罪行,一般应以罪名区分。虽然如实供述的其他罪行的罪名与司法机关已掌握犯罪的罪名不同,但如实供述的其他犯罪与司法机关已掌握的犯罪属选择性罪名或者在法律、事实上密切关联,如因受贿被采取强制措施后,又交代因受贿为他人谋取利益行为,构成滥用职权罪的,应认定为同种罪行。”

(三)自首认定中的问题

1.一人犯数罪自首的认定

根据《解释》的规定,犯有数罪的犯罪嫌疑人仅如实供述所犯数罪中部分犯罪的,只对如实供述部分犯罪的行为,认定为自首。据此规定,犯数罪案件的犯罪分子的认定应区分以下几种情况:

第一,犯罪嫌疑人自动投案后,如实供述自己所犯的全部罪行的,应认定为全案成立自首。第二,犯罪嫌疑人多次实施同种罪行的,应当综合考虑已交代的犯罪事实与未交代的犯罪事实的危害程度,决定是否认定为如实供述主要犯罪事实。虽然投案后没有交代全部犯罪事实,但如实交代的犯罪情节重于未交代的犯罪情节,或者如实交代的犯罪数额多于未交代的犯罪数额,一般应认定为如实供述自己的主要犯罪事实。无法区分已交代的与未交代的犯罪情节的严重程度,或者已交代的犯罪数额与未交代的犯罪数额相当,一般不认定为如实供述自己的主要犯罪事实。第三,犯罪嫌疑人多次实施不同种数罪的,其所供述的犯罪成立自首,没有交代的犯罪不成立自首。如果确实由于主客观方面的原因,只供述了所犯数罪中的主要或者基本犯罪事实的,也可以认定为全案成立自首。

在特别自首中也存在一人犯数罪的问题,首先要区分犯罪嫌疑人、被告人在被采取强制措施期间如实供述本人其他罪行与司法机关已掌握的罪行属同种罪行还是不同种罪行,一般应以罪名区分。虽然如实供述的其他罪行的罪名与司法机关已掌握犯罪的罪名不同,但如实供述的其他犯罪与司法机关已掌握的犯罪属选择性罪名或者在法律、事实上密切关联,应认定为同种罪行。(1)在不同种罪行的情况下,以自首论。《解释》第2条规定:“根据刑法第六十七条第二款的规定,被采取强制措施的犯罪嫌疑人、被告人和已宣判的罪犯,如实供述司法机关尚未掌握的罪行,与司法机关已掌握的或者判决确定的罪行属不同种罪行的,以自首论。”(2)在同种罪行的情况下,不认定为自首。《解释》第4条规定:“被采取强制措施的犯罪嫌疑人、被告人和已宣判的罪犯,如实供述司法机关尚未掌握的罪行,与司法机关已掌握的或者判决确定的罪行属同种罪行的,可以酌情从轻处罚;如实供述的同种罪行较重的,一般应当从轻处罚。”

2. 共同犯罪自首的认定

对共同犯罪自首的认定，一般来说，对自首的，按照自首处理；对于没有自首的，不能按自首处理。但是，由于共同犯罪的特性以及各共同犯罪人在共同犯罪中的分工和作用不同，成立自首的内容也有所不同。最高人民法院的《解释》规定："共同犯罪案件中的犯罪嫌疑人，除如实供述自己的罪行，还应当供述所知的同案犯，主犯则应当供述所知其他同案犯的共同犯罪事实，才能认定为自首。"按照上述规定，对共同犯罪中的犯罪分子认定自首时应注意区分不同的犯罪人。

(1)主犯应供述的罪行范围。主犯分为首要分子和其他主犯。由于主犯在共同犯罪中的地位决定了其他共同犯罪人的行为往往是在他的组织领导、指挥之下，使得他们的行为具有从属性。因此，主犯要想构成自首，不仅要如实供述其本人单独实施的或者参与实施的犯罪事实，还要揭发其他共同犯罪人的犯罪行为。首要分子必须供述的罪行，包括其组织、策划、指挥的以及受其支配的全部罪行。其他主犯必须供述的罪行，包括其在首要分子组织、策划、指挥下，单独实施的全部共同犯罪行为，以及与其他共同犯罪人共同实施的犯罪行为。

(2)从犯应供述的罪行范围。从犯分为次要的实行犯和帮助犯。次要的实行犯成立自首不仅要供述自己实施的犯罪，还要供述与自己共同实施犯罪的主犯、胁从犯的犯罪行为。帮助犯要成立自首，不仅要供述自己实施的犯罪帮助行为，还要供述自己所帮助的实行犯的犯罪行为。

(3)胁从犯应供述的罪行范围。胁从犯要构成自首，需要供述自己在胁迫情况下实施的犯罪，以及所知道的胁迫他参加犯罪的胁迫人的犯罪行为。

(4)教唆犯应供述的罪行范围。教唆犯构成自首，需要供述自己的教唆行为，还要供述他所了解的被教唆人所实施的犯罪情况。

综上，在共同犯罪中，共同犯罪人成立自首时，所应供述的罪行，不仅是自己实施的犯罪行为，还包括其所知的、与自己罪行紧密联系的其他共同犯罪人的罪行。

3. 过失犯罪的自首

根据我国《刑法》第 67 条关于自首的规定，对哪些犯罪成立自首，并没有作出限制。因此，不论是故意犯罪，还是过失犯罪，其实施犯罪行为的犯罪分子都可以成为自首的主体。因此，过失犯罪只要符合了自首的成立条件就可以构成自首。

我国《道路交通安全法》第 70 条规定："在道路上发生交通事故，车辆驾驶人应当立即停车，保护现场；造成人身伤亡的，车辆驾驶人应当立即抢救受伤人员，并迅速报告执勤的交通警察或者公安机关交通管理部门。因抢救受伤人员变动现场的，应当标明位置。乘车人、过往车辆驾驶人、过往行人应当予以协助。"对这种法律明文规定有"报告义务"的人而言，在事件后实施的"报告行为"能否成立自首？有不同的意见。有观点认为，这种根据事后的报告行为属于行为人的法定义务，不能成立自首。然而，《意见》规定："交通肇事后保护现场、抢救伤者，并向公安机关报告的，应认定为自动投案，构成自首的，因上述行为同时系犯罪嫌疑人的法定义务，对其是否从宽、从宽幅度要适当从严掌握。交通肇事逃逸后自动投案，如实供述自己罪行的，应认定为自首，但应依法以较重法定刑为基准，视情决定对其是否从宽处罚以及从宽处罚的幅度。”

4.单位犯罪的自首

关于单位自首的问题,尽管理论上有争议,但是司法机关对此是持肯定态度的。2009年最高人民法院、最高人民检察院《关于办理职务犯罪案件认定自首、立功等量刑情节若干问题的意见》第1条第5款中明确规定:“单位犯罪案件中,单位集体决定或者单位负责人决定而自动投案,如实交代单位犯罪事实的,或者单位直接负责的主管人员自动投案,如实交代单位犯罪事实的,应当认定为单位自首。单位自首的,直接负责的主管人员和直接责任人员未自动投案,但如实交代自己知道的犯罪事实的,可以视为自首;拒不交代自己知道的犯罪事实或者逃避法律追究的,不应当认定为自首。单位没有自首,直接责任人员自动投案并如实交代自己知道的犯罪事实的,对该直接责任人员应当认定为自首。”其实这种肯定的态度早在2002年7月8日最高人民法院、最高人民检察院、海关总署联合发布的《关于办理走私刑事案件适用法律若干问题的意见》中就予以了承认。其第21条规定:“在办理单位走私犯罪案件中,对单位集体决定自首的,或者单位直接负责的主管人员自首的,应当认定单位自首。认定单位自首后,如实交代主要犯罪事实的单位负责的其他主管人员和其他直接责任人员,可视为自首,但对拒不交代主要犯罪事实或逃避法律追究的人员,不以自首论。”

综上,目前单位的自首只存在于走私犯罪和职务犯罪中。针对单位集体决定自首的,或者单位直接负责的主管人员自首的,或者单位直接负责的主管人员自动投案,如实供述单位犯罪的犯罪行为的,认定为单位自首。这种对单位自首的认定,我们认为应当可以适用于刑法所规定的所有单位犯罪后对自首的认定。

5.职务犯罪的自首

根据最高人民法院、最高人民检察院《关于办理职务犯罪案件认定自首、立功等量刑情节若干问题的意见》,职务犯罪的自首需要注意以下几个方面。

(1)自首的情形包括:①犯罪事实或者犯罪分子未被办案机关掌握,或者虽被掌握,但犯罪分子尚未受到调查谈话、讯问,或者未被宣布采取调查措施或者强制措施时,向办案机关投案的,是自动投案。在此期间如实交代自己的主要犯罪事实的,应当认定为自首。②犯罪分子向所在单位等办案机关以外的单位、组织或者有关负责人员投案的,应当视为自动投案。在此期间如实交代自己的主要犯罪事实的,应当认定为自首。

(2)没有自动投案,但具有以下情形之一的,以自首论:犯罪分子如实交代办案机关未掌握的罪行,与办案机关已掌握的罪行属不同种罪行的;办案机关所掌握线索针对的犯罪事实不成立,在此范围外犯罪分子交代同种罪行的。

(3)没有自动投案,在办案机关调查谈话、讯问、采取调查措施或者强制措施期间,犯罪分子如实交代办案机关掌握的线索所针对的事实的,不能认定为自首。犯罪分子依法不成立自首,但如实交代犯罪事实,有下列情形之一的,可以酌情从轻处罚:①办案机关掌握部分犯罪事实,犯罪分子交代了同种其他犯罪事实的;②办案机关掌握的证据不充分,犯罪分子如实交代有助于收集定案证据的。犯罪分子如实交代犯罪事实,有下列情形之一的,一般应当从轻处罚:①办案机关仅掌握小部分犯罪事实,犯罪分子交代了大部分未被掌握的同种犯罪事实的;②如实交代对于定案证据的收集有重要作用的。

6. 自首与坦白

我国《刑法》第67条第3款规定了坦白。坦白,是指犯罪分子被动归案后,如实供述自己罪行的行为。广义上的坦白,包括自首。狭义上的坦白,与自首是并列关系,我们书中所说的坦白,通常是指这个意义上的坦白。

对于坦白的认定,需要注意的是:(1)坦白必须是如实供述自己的罪行。(2)被动归案。被动归案主要有三种情况:一是被司法机关采取强制措施而归案;二是被司法机关传唤到案;三是被群众扭送到案。对犯罪嫌疑人的坦白,虽不具有前两款规定的自首情节,但是如实供述自己罪行的,可以从轻处罚;因其如实供述自己罪行,避免特别严重后果发生的,可以减轻处罚。

自首和坦白都是犯罪分子在犯罪后对自己实施的犯罪行为的态度的行为。自首与坦白的相同之处是两者都是以犯罪行为为前提,且都在归案后如实交代了自己的犯罪,都是从宽处罚的情节。一般自首与坦白的区别就是主动投案还是被动归案。特别自首与坦白的区别是,特别自首是如实供述司法机关尚未掌握的本人其他罪行,而坦白则如实供述司法机关已经掌握的本人的罪行。

(四)自首的法律后果

根据我国《刑法》第67条第1款的规定:"对于自首的犯罪分子,可以从轻或者减轻处罚。其中,犯罪较轻的,可以免除处罚。"最高人民法院《解释》第3条规定:"根据刑法第六十七条第一款的规定,对于自首的犯罪分子,可以从轻或者减轻处罚;对于犯罪较轻的,可以免除处罚。具体确定从轻、减轻还是免除处罚,应当根据犯罪轻重,并考虑自首的具体情节。"

(1)对于自首的犯罪分子,可以从轻,或者减轻处罚。"可以"从宽处罚表明我国刑法对自首采取的是相对从宽处罚原则。犯罪后可以从轻或者减轻处罚,并非对每一个自首的犯罪分子都一律从轻或者减轻。根据最高人民法院《意见》的规定,对具有自首情节的被告人是否从宽处罚、从宽处罚的幅度,应当考虑其犯罪事实、犯罪性质、犯罪情节、危害后果、社会影响、被告人的主观恶性和人身危险性等。自首的,还应考虑投案的主动性、供述的及时性和稳定性等。

(2)犯罪情节较轻的,可以免除处罚。犯罪分子所犯之罪属于较轻犯罪的,根据具体案件,以及自首等情况,可以免除处罚。

(3)虽然具有自首情节,但犯罪情节特别恶劣、犯罪后果特别严重、被告人主观恶性深、人身危险性大,或者在犯罪前即为规避法律、逃避处罚而准备自首,可以不从宽处罚。

(4)对于被告人具有自首,同时又有累犯、毒品再犯等法定从重处罚情节的,既要考虑自首,又要考虑被告人的主观恶性、人身危险性等因素,综合分析判断,确定从宽或者从严处罚。累犯的前罪为非暴力犯罪的,一般可以从宽处罚,前罪为暴力犯罪或者前、后罪为同类犯罪的,可以不从宽处罚。

(5)在共同犯罪案件中,对具有自首的被告人的处罚,应注意共同犯罪人以及首要分子、主犯、从犯之间的量刑平衡。

二、立功

(一)立功的概念及成立条件

我国《刑法》第68条规定:"犯罪分子有揭发他人犯罪行为,查证属实的,或者提供重要线索,从而得以侦破其他案件等立功表现的,可以从轻或者减轻处罚;有重大立功表现的,可以减轻或者免除处罚。"根据本规定,立功,是指犯罪分子揭发他人的犯罪行为,查证属实的,或者提供重要线索,从而侦破其他案件的行为。在刑法中,立功分为两种,一是作为减刑情节的立功,二是作为量刑情节的立功。这里所说的立功,是指作为量刑情节的立功,与自首、累犯等处于并列关系,共同组成了我国的刑罚裁量制度,是一种法定的从宽情节。

成立立功必须具备以下四个条件:

(1)立功的主体是犯罪分子。犯罪分子是指实施了危害行为,依法应承担刑事责任的人。作为量刑情节的立功,其主体可以是犯罪嫌疑人、被告人,但不包括正在服刑的罪犯。

(2)立功有时间条件的限制。因为立功是行为人犯罪后的表现,且对行为人的刑罚裁量后果产生影响,因此,作为量刑情节的立功必须在犯罪完成之后、刑事判决或者裁定确定之前实施。

(3)立功必须有具体的行为表现。犯罪分子的立功行为,具体包括:其一是犯罪分子到案后有检举、揭发他人犯罪行为,包括共同犯罪案件中的犯罪分子揭发同案犯共同犯罪以外的其他犯罪,经查证属实。其二是提供侦破其他案件的重要线索,经查证属实。已经归案的犯罪嫌疑人、被告人,如果向司法机关提供了某些案件的重要线索,查证属实或者司法机关据此侦破案件的,也属于立功。但是,下列三种情况不能认定为立功:①犯罪分子通过贿买、暴力、胁迫等非法手段,或者被羁押后与律师、亲友会见过程中违反监管规定,获取他人犯罪线索并"检举揭发"的;②犯罪分子亲友为使犯罪分子"立功",向司法机关提供他人犯罪线索、协助抓捕犯罪嫌疑人的;③犯罪分子将本人以往查办犯罪职务活动中掌握的,或者从负有查办犯罪、监管职责的国家工作人员处获取的他人犯罪线索予以检举揭发的。其三,阻止他人犯罪活动。犯罪分子通过语言、行动等方式,亲自阻止或者借助其他单位或者个人的力量阻止他人的犯罪活动。其四,协助司法机关抓捕其他犯罪嫌疑人(包括同案犯)。已经到案的犯罪嫌疑人、被告人协助司法机关抓捕其他犯罪嫌疑人等,可以节省司法机关一定的人力或者物力。根据最高人民法院《意见》的规定,犯罪分子具有下列行为之一,使司法机关抓获其他犯罪嫌疑人的,属于最高人民法院《解释》第5条规定的"协助司法机关抓捕其他犯罪嫌疑人":①按照司法机关的安排,以打电话、发信息等方式将其他犯罪嫌疑人(包括同案犯)约至指定地点的;②按照司法机关的安排,当场指认、辨认其他犯罪嫌疑人(包括同案犯)的;③带领侦查人员抓获其他犯罪嫌疑人(包括同案犯)的;④提供司法机关尚未掌握的其他案件犯罪嫌疑人的联络方式、藏匿地址的,等等。值得注意的是,犯罪分子提供同案犯姓名、住址、体貌特征等基本情况,或者提供犯罪前、犯罪中掌握、使用的同案犯联络方式、藏匿地址，司法机关据此抓捕同案犯的，不能认定为协助司法机关抓捕同案犯。其五，具有其他有利于国家和社会的突出表现等。例如，犯罪分子有发明创造或者重大技术革新，对提高生产，促进建设有利的；在自然灾害或者排除重大事故中有突出表现的。

(4)犯罪分子检举、揭发或者提供的线索等真实有效，且能查证属实。“真实有效”，是指据以立功的他人罪行材料应当指明具体犯罪事实；据以立功的线索或者协助行为对于侦破案件或者抓捕犯罪嫌疑人要有实际作用。犯罪分子揭发他人犯罪行为时没有指明具体犯罪事实的；揭发的犯罪事实与查实的犯罪事实不具有关联性的；提供的线索或者协助行为对于其他案件的侦破或者其他犯罪嫌疑人的抓捕不具有实际作用的，不能认定为立功表现。同样，其他立功表现也应当是客观有效的。如何认定“查证属实”呢？根据最高人民法院《意见》的规定，被告人检举揭发破获的他人犯罪案件，如果已有审判结果，应当依据判决确认的事实认定是否查证属实；如果被检举揭发的他人犯罪案件尚未进入审判程序，可以依据侦查机关提供的书面查证情况认定是否查证属实。检举揭发的线索经查确有犯罪发生，或者确定了犯罪嫌疑人，可能构成重大立功，只是未能将犯罪嫌疑人抓获归案的，对可能判处死刑的被告人一般要留有余地，对其他被告人原则上应酌情从轻处罚。

(二)立功的种类

作为量刑情节的立功，根据我国《刑法》第 68 条的规定，又分为一般立功和重大立功。

一般立功，根据最高人民法院《解释》的规定，是指犯罪分子到案后有检举、揭发他人犯罪行为，包括共同犯罪案件中的犯罪分子揭发同案犯共同犯罪以外的其他犯罪，经查证属实；提供侦破其他案件的重要线索，经查证属实；阻止他人犯罪活动；协助司法机关抓捕其他犯罪嫌疑人(包括同案犯)；具有其他有利于国家和社会的突出表现；等等。

重大立功，根据最高人民法院《解释》第 7 条的规定，犯罪分子有检举、揭发他人重大犯罪行为，经查证属实；提供侦破其他重大案件的重要线索，经查证属实；阻止他人重大犯罪活动；协助司法机关抓捕其他重大犯罪嫌疑人(包括同案犯)；对国家和社会有其他重大贡献等表现的。

由此可见，立功是否重大与检举、揭发他人的犯罪行为、提供的线索以及协助侦破的案件等是否重大有直接的关系。根据最高人民法院的《解释》，“重大犯罪”“重大案件”“重大犯罪嫌疑人”的标准，一般是指犯罪嫌疑人、被告人可能被判处无期徒刑以上刑罚或者案件在本省、自治区、直辖市或者全国范围内有较大影响等情形。根据最高人民法院、最高人民检察院《关于办理职务犯罪案件认定自首、立功等量刑情节若干问题的意见》的规定，其中，可能被判处无期徒刑以上刑罚，是指根据犯罪行为的事实、情节可能判处无期徒刑以上刑罚。案件已经判决的，以实际判处的刑罚为准。但是，根据犯罪行为的事实、情节应当判处无期徒刑以上刑罚，因被判刑人有法定情节经依法从轻、减轻处罚后判处有期徒刑的，应当认定为重大立功。最高人民法院《意见》中也认为：“被告人检举揭发或者协助抓获的人的行为构成犯罪，但因法定事由不追究刑事责任、不起诉、终止审理的，不影响对被告人立功表现的认定；被告人检举揭发或者协助抓获的人的行为应判处无期徒刑以上刑罚，但因具有法定、酌定从宽情节，宣告刑为有期徒刑或者更轻刑罚的，不影响对被告人重大立功表现的认定。”

（三）职务犯罪的立功

职务犯罪是犯罪的一种，当然适用刑法总则关于立功的规定，但是由于其自身的特性，职务犯罪的立功也具有特殊性。2009 年最高人民法院、最高人民检察院在《关于办理职务犯罪案件认定自首、立功等量刑情节若干问题的意见》中就立功等问题作出了专门规定。

1. 职务犯罪的立功要求必须是犯罪分子本人实施的行为。因此，为使犯罪分子得到从轻处理，犯罪分子的亲友直接向有关机关揭发他人犯罪行为，提供侦破其他案件的重要线索，或者协助司法机关抓捕其他犯罪嫌疑人的，不应当认定为犯罪分子的立功表现。

2. 据以立功的线索、材料来源不合法，不能认定为立功，具体包括：(1)本人通过非法手段或者非法途径获取的；(2)本人因原担任的查禁犯罪等职务获取的；(3)他人违反监管规定向犯罪分子提供的；(4)负有查禁犯罪活动职责的国家机关工作人员或者其他国家工作人员利用职务便利提供的。

3. 职务犯罪认定立功的程序要求包括：犯罪分子揭发他人犯罪行为，提供侦破其他案件重要线索的，必须经查证属实，才能认定为立功。审查是否构成立功，不仅要审查办案机关的说明材料，还要审查有关事实和证据以及与案件定性处罚相关的法律文书，如立案决定书、逮捕决定书、侦查终结报告、起诉意见书、起诉书或者判决书等。

（四）毒品案件的立功问题

毒品犯罪只是犯罪中的一个种类，适用刑法总则关于立功的所有规定，但因其具有强烈的特殊性，使得毒品犯罪的立功又有不同于其他犯罪的地方，尤其是在共同犯罪中。

1. 共同犯罪的立功：共同犯罪中同案犯的基本情况，包括同案犯姓名、住址、体貌特征、联络方式等信息，属于被告人应当供述的范围。公安机关根据被告人供述抓获同案犯的，不应认定其有立功表现。被告人在公安机关抓获同案犯过程中确实起到协助作用的，例如，经被告人现场指认、辨认抓获了同案犯；被告人带领公安人员抓获了同案犯；被告人提供了不为有关机关掌握或者有关机关按照正常工作程序无法掌握的同案犯藏匿的线索，有关机关据此抓获了同案犯；被告人交代了与同案犯的联系方式，又按要求与对方联络，积极协助公安机关抓获了同案犯等，属于协助司法机关抓获同案犯，应认定为立功。

2. 共同犯罪立功的从宽处罚，应以是否足以抵罪为标准。因为在毒品共同犯罪案件中，毒枭、毒品犯罪集团首要分子、共同犯罪的主犯、职业毒犯、毒品惯犯等，由于掌握同案犯、从犯、马仔的犯罪情况和个人信息，被抓获后往往能协助抓捕同案犯，获得立功或者重大立功。对其是否从宽处罚以及从宽幅度的大小，应当主要看功是否足以抵罪，即应结合被告人罪行的严重程度、立功大小综合考虑。

要充分注意毒品共同犯罪人以及上、下家之间的量刑平衡。对于毒枭等严重毒品犯罪分子立功的，从轻或者减轻处罚应当从严掌握。如果其罪行极其严重，只有一般立功表现，功不足以抵罪的，可不予从轻处罚；如果其检举、揭发的是其他犯罪案件中罪行同样严重的犯罪分子，或者协助抓获的是同案中的其他首要分子、主犯，功足以抵罪的，原则上可以从轻或者减轻处罚；如果协助抓获的只是同案中的从犯或者马仔，功不足以抵罪，或者从轻处罚后全案处刑明显失衡的，不予从轻处罚。相反，对于从犯、马仔立功，特别是协助抓获毒枭、首要分子、主犯的，应当从轻处罚，直至依法减轻或者免除处罚。

(五)立功的法律效果

根据《刑法》第 68 条的规定，犯罪分子有立功表现的，可以从轻或者减轻处罚；有重大立功表现的，可以减轻或者免除处罚。对具有立功情节的被告人是否从宽处罚以及从宽处罚的幅度，应当考虑其犯罪事实、犯罪性质、犯罪情节、危害后果、社会影响、被告人的主观恶性和人身危险性等，还应考虑检举揭发罪行的轻重、被检举揭发的人可能或者已经被判处的刑罚、提供的线索对侦破案件或者协助抓捕其他犯罪嫌疑人所起作用的大小等。

具有立功情节的，一般应依法从轻、减轻处罚；犯罪情节较轻的，可以免除处罚。当然，虽然具有立功情节，但犯罪情节特别恶劣、犯罪后果特别严重、被告人主观恶性深、人身危险性大，或者在犯罪前即为规避法律、逃避处罚而准备立功的，可以不从宽处罚。

对于被告人具有立功情节，同时又有累犯、毒品再犯等法定从重处罚情节的，既要考虑自首、立功的具体情节，又要考虑被告人的主观恶性、人身危险性等因素，综合分析判断，确定从宽或者从严处罚。累犯的前罪为非暴力犯罪的，一般可以从宽处罚，前罪为暴力犯罪或者前、后罪为同类犯罪的，可以不从宽处罚。

在共同犯罪案件中，对具有立功情节的被告人的处罚，应注意共同犯罪人以及首要分子、主犯、从犯之间的量刑平衡。犯罪集团的首要分子、共同犯罪的主犯检举揭发或者协助司法机关抓捕同案地位、作用较次的犯罪分子的，从宽处罚与否应当从严掌握，如果从轻处罚可能导致全案量刑失衡的，一般不从轻处罚；如果检举揭发或者协助司法机关抓捕的是其他案件中罪行同样严重的犯罪分子，一般应依法从宽处罚。对于犯罪集团的一般成员、共同犯罪的从犯立功的，特别是协助抓捕首要分子、主犯的，应当充分体现政策，依法从宽处罚。

第三节　数罪并罚

一、数罪并罚的概念与特征

(一)数罪并罚的概念

数罪并罚，是对一人犯数罪合并处罚的制度。根据我国《刑法》第 69 条、第 70 条、第 71 条的规定，数罪并罚，是指人民法院对判决宣告前一人犯数罪，或者判决宣告以后，刑罚执行完毕以前,发现漏罪或者又犯新罪的,在分别定罪量刑后,按照法定的并罚原则和刑期计算方法,决定对其应执行刑罚的制度。

(二)数罪并罚的特征

数罪并罚具有以下特征:

1. 必须犯有数罪

这是适用数罪的前提,如果没有数罪,就没有了并罚的基础,也就谈不上合并执行。数罪,是指数个独立的罪,包括独立的一罪、实质一罪、法定一罪和处断的一罪。这些数罪,既可以是故意犯罪,也可以是过失犯罪;从形式上而言,数罪可以是单个的自然人犯罪,也可以是共同犯罪;既可以表现为犯罪的完成形态,也可以表现为犯罪未完成形态。

2. 数罪发生在法定的期限内

按照我国刑法的规定,一人犯数罪必须发生在判决宣告以前,或者判决宣告以后、刑罚执行完毕以前。具体而言包括:一是判决宣告以前,一人犯数罪的;二是判决宣告以后,刑罚执行完毕以前,发现被判决的犯罪人还有其他罪没有判决,且依法应当追诉的;三是判决宣告以后,刑罚执行完毕以前,发现被判决的犯罪人又犯罪的;四是被宣告缓刑或者假释的犯罪分子在缓刑或者假释考验期内又犯罪或者发现漏罪的。

3. 对数罪分别定罪量刑

数罪并罚,要求必须对犯罪分子所犯数罪,依法逐一分别确定罪名,并裁量、宣告其刑罚。这是数罪并罚的首要步骤。

4. 依照一定的并罚方法,决定应执行的刑罚

在数罪分别定罪量刑的基础上,要根据不同情况的并罚原则以及不同条件下的刑期计算方法,将各数罪被判处的刑罚合并,确定应当执行的刑罚的种类和期限等。

二、数罪并罚的原则

(一)数罪并罚原则的概述

数罪并罚原则,是指在对一人犯数罪合并处罚时所依据的准则,是数罪并罚制度的核心。通观世界各国的刑事立法,数罪并罚原则并不完全相同。总体来讲,包括吸收原则、并科原则、限制加重原则和综合原则。

1. 吸收原则

吸收原则,是指对一人所犯数罪判处的数个刑罚中,用重刑吸收轻刑,只执行较重的刑罚,其余轻刑被吸收而不再执行的合并处罚原则。简言之,就是由最重的宣告刑吸收其他较轻的宣告刑。吸收原则在适用于生命刑和无期徒刑时比较合适,但如果所有的并罚都适用吸收原则,将会产生很多问题:一是违背罪责刑相适应的原则。轻刑被重刑吸收之后,合并执行的刑罚中就体现不出来犯罪人因轻罪被判处的刑罚,导致刑罚偏轻,罚不当罪。二是导致刑罚威慑功能大大降低,不利于刑罚的特殊预防和一般预防。在犯数罪和犯一罪承担的刑事责任相同的情况下,无疑会鼓励犯罪人去实施更多的犯罪。

2.并科原则

并科原则,又称相加原则,是将一人所犯的数罪分别宣告的数个刑罚绝对相加,合并或若同时执行。该原则是报应刑思想的产物,源于“一罪一罚”“每罪必罚”。并科原则适用于不同刑种的并科,例如对自由刑和资格刑并科。表面上看,并科原则客观公正,但是其适用范围受到限制,比如死刑、无期徒刑等刑种就无法并科,而且数个有期徒刑的并科,可能导致并科执行的时间远远超出人的生命极限,与无期徒刑的结果是一样的。

3.限制加重原则

限制加重原则,又称限制并科原则,是指在对一人所犯数罪的数个刑罚中,以最重的刑罚为基础,再在一定限度内对其加重,作为执行刑罚的合并处罚原则。限制加重的方法,主要有两种:一是以数罪中最重犯罪的法定刑为基础,在最重法定刑的基础上,按照一定比例加重处罚,同时规定加重的刑法不能超过的刑罚限度,在这个幅度内决定应予以执行的刑罚。二是在对数罪分别宣告刑罚的基础上,以数罪中被宣告的数刑中最高刑以上,数个宣告刑的总和刑期以下,决定应执行的刑罚,同时规定应予执行的刑罚不得超过最高限度。

限制加重原则,能够在一定程度上客服吸收原则、并科原则的弊端,使得数罪并罚贯彻有罪必罚和罚当其罪的原则。然而,限制加重原则,无法适用于死刑、无期徒刑。

4.综合原则

综合原则,又称折中原则,混合原则,是指根据不同的刑种和刑罚结构,综合采用吸收原则、并科原则和限制加重原则。如前所述,吸收原则、并科原则和限制加重原则,都有各自的适用范围,但也存在着自身难以克服的弊端。因此,世界大多数国家都是采用综合原则,以避免适用单一原则的弊端,使之互相补充,适用于不同的情况,使得数罪并罚更具合理性。

(二)我国刑法中数罪并罚原则的适用

我国《刑法》第69条规定:“判决宣告以前一人犯数罪的,除判处死刑和无期徒刑的以外,应当在总和刑期以下、数刑中最高刑期以上,酌情决定执行的刑期,但是管制最高不能超过三年,拘役最高不能超过一年,有期徒刑总和刑期不满三十五年的,最高不能超过二十年,总和刑期在三十五年以上的,最高不能超过二十五年。数罪中有判处附加刑的,附加刑仍须执行,其中附加刑种类相同的,合并执行,种类不同的,分别执行。”根据本规定,我国数罪并罚所采用的原则是以限制加重原则为主,以吸收原则和并科原则为补充的综合原则。具体来说,我国刑法中数罪并罚原则适用如下:

(1)判决宣告数个死刑或者最高刑为死刑(含死刑缓期执行),采用吸收原则,应决定执行一个死刑,低于死刑的其他主刑不再执行。

(2)判决宣告数个无期徒刑或者最高刑为无期徒刑的,采用吸收原则,应决定执行一个无期徒刑,低于无期徒刑的其他主刑不再执行,也不能将两个以上的无期徒刑合并升格为死刑。

(3)判决宣告数个主刑为有其自由刑,即有期徒刑、拘役、管制的,采用限制加重原则。

根据《刑法》第 69 条的规定,具体表现为:一是判决宣告数个主刑为有期徒刑的,应当在总和刑期以下、数刑中最高刑期以上,酌情决定执行的刑期。当有期徒刑总和刑期不满 35 年的,最高不能超过 20 年;总和刑期在 35 年以上的,最高不能超过 25 年。二是判决宣告数个主刑为拘役的,应当在总和刑期以下、数刑中最高刑期以上,酌情决定执行的刑期,但是决定执行的拘役最高不能超过 1 年。三是判决宣告数个主刑为管制的,应当在总和刑期以下、数刑中最高刑期以上,酌情决定执行的刑期,但是决定执行的管制最高不能超过 3 年。注意:不得将各种有期自由刑合并升格为另一种或更重的有期自由刑。

(4)数罪中有判处附加刑的,根据附加刑的种类不同,分别采用并科、合并和分别执行原则。并科原则,是指主刑与附加刑并科。即在数罪中除了被判处主刑外,还判处有附加刑的,附加刑仍须执行。合并原则,是指数罪中被判处的附加刑(并处或者单处)有多个的,且附加刑种类相同的,合并执行。分别执行原则是指,指数罪中被判处的附加刑(并处或者单处)有多个的,且附加刑种类不同的,分别执行。

然而在司法实践中,判决数罪时往往涵盖数个主刑和数个附加刑,在这种情况下,原则上认为“在一人犯数罪或者数人犯数罪的情况下,对其中的一个人只能宣告一个主刑”。然而,这种观点受到质疑,因为管制刑毕竟不同于有期徒刑等限制自由刑,其是在没有羁押的情况下,对犯罪分子的人身进行一定的监督,但这种限制类似于社区矫正。所以在《刑法修正案九(草案)》第 4 条中对《刑法》第 69 条中增加一款作为第 2 款:“数罪中有判处有期徒刑和拘役的,执行有期徒刑。数罪中有判处有期徒刑和管制,或者拘役和管制的,有期徒刑、拘役执行完毕后,管制仍须执行。”

三、数罪并罚的适用

(一)判决宣告以前一人犯数罪的合并处罚

根据《刑法》第 69 条的规定,判决宣告以前一人犯数罪的,除判处死刑和无期徒刑的以外,应当在总和刑期以下、数刑中最高刑期以上,酌情决定执行的刑期,但是管制最高不能超过 3 年,拘役最高不能超过 1 年,有期徒刑总和刑期不满 35 年的,最高不能超过 20 年,总和刑期在 35 年以上的,最高不能超过 25 年。数罪中有判处附加刑的,附加刑仍须执行,其中附加刑种类相同的,合并执行,种类不同的,分别执行。这表明,我国的数罪并罚原则以及由此决定的并罚方法,是以判决宣告以前一人犯数罪的情形为标准确立的。这里有两个问题需要注意,一是判决宣告以前,是指判决尚未发生法律效力以前。二是关于对总和刑期为 35 年时,适用哪种情形?《刑法》第 99 条规定,本法所称以上、以下、以内,包括本数。所以总和刑期为 35 年时,要适用“总和刑期在 35 年以上的,最高不能超过 25 年”的规定。

对于判决宣告以前一人犯数罪,应当适用数罪并罚的数罪的性质,我国刑法作出没有明确的规定。在数罪为异种数罪的情况下,适用我国《刑法》第 69 条的规定,没有异议。但是当犯罪分子所犯数罪为同种数罪的情况下,刑法理论和司法实践中存在着分歧。大致有三种观点,一是主张对同种数罪无须并罚,只需将同种数罪作为一罪的从重或加重构成情节进行处罚。二是主张对同种数罪进行并罚,适用我国《刑法》第69条的规定。三是折中说,主张对同种数罪是否并罚要根据案件的具体情况来看,以是否达到罪责刑相适应为标准,决定对同种数罪是否适用刑罚。如果能够达到罪责刑相适应的标准的,同种数罪无须并罚;如果没有达到罪责刑相适应的标准的,则应当实行数罪并罚。在折中说中又存在两种不同的主张:是以刑法的规定为标准还是以刑罚的适用效果为标准决定是否适用并罚。

我们认为,对判决宣告以前实施的同一性质的数罪,原则上不要并罚。只要实际的刑罚适用效果符合罪责刑相适应原则,就在该犯罪的法定刑幅度内作为一罪从重处罚。但是,当该种犯罪的法定刑过轻、不能反映社会危害程度和人身危险性,且实际的刑罚效果难以符合罪责刑相适应原则时,可以对同种数罪适用并罚。

(二)判决宣告以后,刑罚执行完毕以前,发现漏罪的并罚

《刑法》第70条规定:"判决宣告以后,刑罚执行完毕以前,发现被判刑的犯罪分子在判决宣告以前还有其他罪没有判决的,应当对新发现的罪作出判决,把前后两个判决所判处的刑罚,依照本法第六十九条的规定,决定执行的刑罚。已经执行的刑期,应当计算在新判决决定的刑期以内。"这里"新发现的罪",是指在原判决宣告之前并生效之前实施的,未经判决或者裁定,且应当进行追诉的犯罪,理论上称之为"漏罪"。

1.漏罪并罚的条件

发现漏罪时,应当对漏罪作出判决,把前后两个判决所判处的刑罚,依照《刑法》第69条的规定,决定执行的刑罚。已经执行的刑期,应当计算在新判决决定的刑期以内。根据上述规定,这种漏罪的并罚必须具备以下条件:

(1)必须是在判决宣告以后,刑罚执行完毕以前,发现漏罪。判决宣告以后,是指判决已经宣告并发生法律效力以后。如果发现漏罪的时间,不是在判决宣告以后,刑罚执行完毕以前,而是在刑罚执行完毕以后,则不适用《刑法》第70条的规定进行数罪并罚。

(2)对发现的漏罪,无论其犯罪性质与被判决宣告的犯罪是否是同种性质,都要单独定罪量刑。

(3)把前后两个判决所判处的刑罚,即前罪判处的刑罚,与漏罪所判处的刑罚,根据对应的数罪并罚原则,决定执行的刑罚。在这里特别要注意的是,漏罪所判处的刑罚,是与已经生效的前一判决的刑罚进行并罚。

(4)已经执行的刑期,应当计算在新判决决定的刑期以内,这是说在计算刑期时,除了决定执行死刑或者无期徒刑的以外,应当在两个判决合并执行的刑期中,减去已经执行的刑期,剩余的刑期作为应当执行的刑期,因此,该方法被简称为"先并后减"。

2.缓刑、假释考验期内发现漏罪的处理

对漏罪进行数罪并罚,尤其要注意缓刑、假释考验期内发现漏罪的情况。(1)在缓刑考验期内发现漏罪的并罚,根据《刑法》第77条的规定,被宣告缓刑的犯罪分子,在缓刑考验期限内发现判决宣告以前还有其他罪没有判决的,应当撤销缓刑,对新发现的罪作出判决,把前罪和后罪所判处的刑罚,依照《刑法》第69条的规定,决定执行的刑罚。已经执行

的缓刑考验期,不能折抵刑期,但是判决执行以前先行羁押的日期应当折抵刑期。如果数罪并罚后,仍然决定适用缓刑的,则已经执行的缓刑考验期应当计算在并罚后决定的考验期内。(2)在假释考验期内发现漏罪的并罚,根据《刑法》第86条第2款的规定,在假释考验期限内,发现被假释的犯罪分子在判决宣告以前还有其他罪没有判决的,应当撤销假释,依照《刑法》第70条的规定实行数罪并罚。犯罪分子在假释之前已经执行的刑期,应当计算在并罚后的刑期之内。但是已经经过的假释考验期间,不能折抵刑期。

(三)判决宣告以后,刑罚执行完毕以前,被判刑的犯罪分子又犯罪的并罚

《刑法》第71条规定:"判决宣告以后,刑罚执行完毕以前,被判刑的犯罪分子又犯罪的,应当对新犯的罪作出判决,把前罪没有执行的刑罚和后罪所判处的刑罚,依照本法第六十九条的规定,决定执行的刑罚。""又犯罪"称之为"新罪",是指在刑罚执行期间新发生的罪。被判刑的犯罪分子又犯新罪的,应当对新犯的罪作出判决,把前罪没有执行的刑罚和后罪所判处的刑罚,依照《刑法》第69条的规定,决定执行的刑罚。

1. 新罪并罚的条件

(1)必须是在判决宣告以后,刑罚执行完毕以前,又犯新罪。判决宣告以后,是指判决已经宣告并发生法律效力以后。如果犯新罪的时间,不是在判决宣告以后,刑罚执行完毕以前,而是在刑罚执行完毕以后,则不适用《刑法》第71条的规定进行数罪并罚。

(2)对新罪,无论其犯罪性质与被判决宣告的犯罪是否是同种性质,都要单独定罪量刑。

(3)刑期的计算,除了决定执行死刑或者无期徒刑的以外,将前罪没有执行完毕的刑期,与新罪被判处的刑罚进行并罚,决定执行的刑期。根据《刑法》第71条的规定,这种刑期计算方式称之为"先减后并"。

2. 缓刑、假释考验期内发现漏罪的处理

对漏罪进行数罪并罚,尤其要注意缓刑、假释考验期内又犯新罪的情况。(1)在缓刑考验期内又犯罪的并罚,根据《刑法》第77条的规定,被宣告缓刑的犯罪分子,在缓刑考验期限内犯新罪的,应当撤销缓刑,对新发现的罪作出判决,把前罪和后罪所判处的刑罚,依照《刑法》第69条的规定,决定执行的刑罚。已经执行的缓刑考验期,不能折抵刑期,但是判决执行以前先行羁押的日期应当折抵刑期。(2)在假释考验期内又犯新罪的并罚,根据《刑法》第86条第1款的规定,被假释的犯罪分子,在假释考验期限内犯新罪,应当撤销假释,依照《刑法》第71条的规定实行数罪并罚。犯罪分子在假释之前已经执行的刑期,应当计算在并罚后的刑期之内。但是已经经过的假释考验期间,不能折抵刑期。

(四)数罪并罚中的其他问题

1. 刑满释放后又犯新罪,同时发现在原判决宣告以前还有其他犯罪行为未经处理,且依法应当追诉的情形

刑满释放后又犯新罪,同时发现在原判决宣告以前还有其他犯罪行为未经处理,且依法应当追诉的,1983年最高人民法院《关于人民法院审判严重刑事犯罪案件中具体应用

法律的若干问题的答复(三)》第 34 条规定:"在处理被告人刑满释放后又犯罪的案件时,发现他在前罪判决宣告以前,或者在前罪判处的刑罚执行期间,犯有其他罪行,未经过处理,并且依照刑法的规定应当追诉的,如果漏罪与新罪分属于不同种的罪,即应对漏罪与刑满释放后又犯的新罪分别定罪量刑,并依照刑法第六十四条的规定,实行数罪并罚;如果漏罪与新罪属于同一种罪,可以判处一罪从重处罚,不必实行数罪并罚。"

2. 判决宣告以后,尚未交付执行时,发现罪犯还有其他罪没有处理的情形

判决宣告以后,尚未交付执行时,发现罪犯还有其他罪没有处理的应当依照《刑法》第 70 条的规定实行并罚。如果判决宣告以后尚未发生法律效力时,发现犯罪分子还有其他罪没有判决或者裁定的,且被告人提出上诉或者检察院提出抗诉的,第二审人民法院应当裁定撤销原判,发回原审人民法院重新审理。

3. 判决宣告以后,刑罚执行完毕以前,被判刑的犯罪分子又犯罪,同时发现犯罪分子有漏罪的情形

判决宣告以后,刑罚执行完毕以前,被判刑的犯罪分子又犯罪,同时发现犯罪分子有漏罪的并罚问题,涉及"先并后减"和"先减后并"两种数罪并罚的方法。目前有两种观点:第一种观点主张,首先对漏罪和新罪分别定罪量刑,然后与前一判决或者前罪未执行完毕的刑罚进行并罚,即采用我国《刑法》第 71 条的"先减后并"的方法并罚。第二种观点认为,首先应当对漏罪和新罪分别判处刑罚,然后按照《刑法》第 70 条规定的"先并后减"的方法,将漏罪所判刑罚与原判刑罚进行并罚,确定执行的刑期。最后依照我国《刑法》第 71 条规定的"先减后并"的方法,将对新罪所判刑罚与原判之罪和漏罪并罚后决定执行的刑罚进行并罚,决定最后应当执行的刑罚。我们认为第二种观点比较符合我国刑法的规定。

第四节 缓刑

一、缓刑的概念

(一)缓刑的概念

缓刑通常适用于判处短期剥夺自由的犯罪。最初采用缓刑的是 1870 年北美波士顿的缓刑法。该法规定只适用于少年犯罪,后为马萨诸塞州采用,扩大适用于一般犯人。1889 年布鲁塞尔国际刑法会议通过决议,将缓刑作为适用于一切犯罪的制度,各国相继采用。目前缓刑主要有三种,分别是刑罚暂缓宣告、刑罚暂缓执行和缓予起诉。我国刑法中规定的缓刑是暂缓执行刑罚。

缓刑是指对已构成犯罪、应受刑罚处罚的犯罪分子,先行宣告判处刑罚,同时宣告暂不执行所判处的刑罚,由特定的考察机构在一定的考验期限内对罪犯进行考察,并根据罪犯在考验期间内的表现,依法决定是否适用具体刑罚的一种制度。具体来说,我国的缓刑

包括两大类：一般缓刑和战时缓刑。

(二)缓刑与其他制度的区别

1.缓刑与监外执行

根据《刑事诉讼法》第214条的规定，监外执行是指被判处有期徒刑或者拘役的罪犯，由于患有严重疾病需要保外就医，或者妇女怀孕或者正在哺乳自己的婴儿，不适宜在监狱或其他劳动改造场所执行刑罚，可暂由罪犯原居住地的公安派出所执行，并由罪犯原属的基层组织或者所在单位协助监督的一种特殊刑罚执行方法。缓刑与监外执行的主要区别如下：

(1)二者性质不同。缓刑是刑法规定的有条件的不执行所判处刑罚的一种刑罚制度；监外执行则是刑事诉讼法规定的改变执行场所的一种刑罚执行方法。

(2)二者适用对象不同。缓刑只适用于被判处拘役或者3年以下有期徒刑的犯罪分子；监外执行则适用于被判处有期徒刑或者拘役的犯罪分子。此处对判处有期徒刑没有刑期的限制，因而监外执行的对象范围大于缓刑。

(3)二者适用的条件不同。适用缓刑是根据犯罪分子的犯罪情节、悔罪表现，认为适用缓刑，没有再犯罪的危险，且对所居住社区没有重大不良影响；适用监外执行则必须属于法定的几种情形之一。

2.缓刑与免于刑事处罚

免于刑事处罚，是指对已经构成犯罪的犯罪分子作出有罪判决，但根据案件的具体情况，认为不需要判处刑罚，因而宣告免于刑事处罚，即只定罪不判刑。缓刑虽也可以看作是有条件地免除犯罪分子的刑罚，但它与免予刑事处罚存在以下不同之处：

(1)免予刑事处罚是依法只对被告人定罪，但不判处刑；而缓刑是对被告人既要定罪，又要判处刑罚，只是所判刑罚暂不执行。

(2)免予刑事处罚的适用根据是犯罪分子的犯罪情节轻微，不需要判处刑罚；而适用缓刑主要是根据犯罪分子的犯罪情节、悔罪表现，认为适用缓刑，没有再犯罪的危险，且对所居住社区没有重大不良影响。

(3)被宣告免予刑事处罚的罪犯，不存在曾经被判过刑的问题，也不存在就被免予刑事处罚的犯罪再执行刑罚的可能性。而缓刑犯确实是被判处过一定刑罚的，虽然宣告暂缓执行，却保留着执行的可能性，即是否执行原判刑罚取决于罪犯在缓刑考验期内是否又犯新罪、发现漏罪或者严重违反有关监督管理规定。即使是缓刑考验期满而事实上未执行原判刑罚，也不能改变其曾经被判过刑的事实。

(4)免予刑事处罚的犯罪分子，即使再犯新罪或者发现漏罪，也不存在适用数罪并罚的问题，因为前罪本来就未判刑；而缓刑犯在考验期内如果再犯新罪或者发现漏罪，则应撤销缓刑，把原判决确定的刑期与新犯罪或者发现的漏罪的刑期，进行并罚。

3.缓刑与死刑缓期执行

死刑缓期执行，是死刑的一种执行方法。缓刑与死刑缓期执行都是刑罚适用的具体指导，但二者存在根本不同。

(1)适用前提不同。缓刑的适用是以犯罪分子被判处拘役、3 年以下有期徒刑为前提;死缓的适用,是以犯罪分子被判处死刑为条件。

(2)执法方法不同。被宣告缓刑的犯罪分子不予关押,实行社区矫正;而宣告死缓的罪犯必须予以关押,并实行劳动改造。

(3)考验期限不同。缓刑的考验期必须依所判刑种和刑期而确定。所判刑种和刑期的差别决定了其具有不同的法定考验期;死刑缓期执行法定期限为 2 年。

(4)法律后果不同。缓刑的法律后果,依犯罪分子在考验期内是否发生法定情形而分别为:原判的刑罚不再执行,或者撤销缓刑,把前罪与后罪所判处的刑罚按照数罪并罚的原则处理,或收监执行原判刑罚;死刑缓期执行的后果为:在死缓期限届满时,根据犯罪人的表现,或予以减刑,或执行死刑,在死缓执行期间也可因犯罪人违反法定条件而执行死刑。

二、一般缓刑

《刑法》第 72 条第 1 款规定:"于被判处拘役、三年以下有期徒刑的犯罪分子,同时符合下列条件的,可以宣告缓刑,对其中不满十八周岁的人、怀孕的妇女和已满七十五周岁的人,应当宣告缓刑:(一)犯罪情节较轻;(二)有悔罪表现;(三)没有再犯罪的危险;(四)宣告缓刑对所居住社区没有重大不良影响。"

根据上述规定,一般缓刑,是指人民法院对于被判处拘役、3 年以下有期徒刑的犯罪分子,因犯罪情节较轻,有悔罪表现,没有再犯罪危险,认为暂缓刑罚的执行对所居住社区没有重大不良影响,对其规定一定的考验期,在考验期内没有发生法定撤销缓刑的情形,原判刑罚就不再执行的一种刑罚制度。

(一)一般缓刑的适用条件

根据《刑法》第 72 条、第 74 条、第 76 条的规定,构成一般缓刑的条件是:

1. 犯罪分子必须是被判处拘役或者 3 年以下有期徒刑的刑罚,管制和单处附加刑的,不适用缓刑。因为管制或者单处附加刑不存在剥夺人身自由的问题。所谓"3 年以下有期徒刑"是指判决确定的宣告刑,而不是指法定刑。缓刑是附条件不执行原判刑罚,决定了缓刑的适用对象只能是罪行较轻的犯罪分子。而罪行的轻重是与犯罪分子被判处的刑罚轻重相适应的。我国刑法之所以将缓刑的适用对象规定为被判处拘役或 3 年以下有期徒刑的犯罪分子,就是因为这些犯罪分子的罪行较轻,社会危害性较小。相反,被判处 3 年以上有期徒刑的犯罪分子,因其罪行较重,社会危害性较大,而未被列为适用缓刑的对象。

2. 犯罪分子必须是犯罪情节较轻,有悔罪表现,没有再犯危险,认为暂不执行原判刑罚对其所居住的社区没有重大不良影响的人。这是适用缓刑的根本条件。

"犯罪情节较轻",是指在犯罪过程中的各种主客观事实等具有较轻的危害性,包括犯罪的动机、目的、手段等。犯罪情节较轻属于已经客观存在的范畴,主要表明犯罪的社会危害性较小,应当综合主观恶性与客观危害两个方面加以综合评判。"悔罪表现",是指犯罪分子在犯罪后的对所实施的犯罪的悔恨表现，如积极退赃，积极赔偿被害人损失等等。犯罪人悔罪表现较好，主要表明犯罪人的再犯可能性较小，应当根据犯罪人的罪后各种表现，并适当考虑犯罪人的一贯表现作出评判。"没有再犯危险"，这是一个综合性的判断，是指在犯罪情节和悔罪表现的基础上，犯罪分子人身危险性较小，放置在社会上，再次犯罪的可能性较小。"对其所居住的社区没有重大不良影响"，是对犯罪分子适用缓刑不会对其所居住的社区安全、秩序等带来重大不良影响，由于犯罪人尚未适用缓刑，只能是审判人员的一种推测或预先判断，这种推测或判断的根据，依据只能是犯罪情节较轻、犯罪人悔罪表现较好。这也是一个综合判断的问题，是针对犯罪分子的人身危险性大小的一个推测或者预先判断。

3. 犯罪分子不是累犯和犯罪集团的首要分子。这是对犯罪分子的一个禁止性限制。因为累犯和犯罪集团的首要分子，主观恶性严重，人身危险性大，对其适用缓刑，他们再犯的可能性较大，这与没有再犯危险等条件是背离的，因此，对累犯和犯罪集团的首要分子即使被判处拘役或 3 年以下有期徒刑，也不能适用缓刑。

适用缓刑，必须具备上述法定条件，缺少其中任何一个条件都不能适用。

(二)一般缓刑的宣告

根据《刑法》第 72 条的规定，缓刑的宣告有两种形式：可以型宣告和应当型宣告。这两种宣告都要求是被判处拘役或者 3 年以下有期徒刑的犯罪分子，且都要符合犯罪情节较轻，有悔罪表现，没有再犯危险，认为暂不执行原判刑罚对其所居住的社区没有重大不良影响的要求。

(1)可以型宣告，这是缓刑宣告的一般适用。被判处拘役、3 年以下有期徒刑的犯罪分子，只要具备犯罪情节较轻，有悔罪表现，没有再犯罪危险，认为暂缓刑罚的执行对所居住社区没有重大不良影响的四个条件，就可以对其规定一定的考验期，宣告缓刑。

(2)应当型宣告，这是对缓刑的特别适用。根据《刑法》第 72 条第 1 款的规定，对具有特别身份的人，在其被判处拘役或者 3 年以下有期徒刑的情况，符合犯罪情节较轻，有悔罪表现，没有再犯危险，暂不执行原判刑罚对其所居住的社区没有重大不良影响的要求，应当对其适用缓刑。特别身份的人包括三种人，即不满 18 周岁的人、怀孕的妇女和年满 75 周岁的人。"不满 18 周岁"是指在判决宣告时不满 18 周岁，不是指犯罪时。怀孕的妇女，是指在判决宣告时怀孕的妇女，不是指犯罪时怀孕的人。年满 75 周岁的人，是指判决宣告前已满 75 周岁。上述三种人群，只要符合了缓刑的构成要件，则必须对其适用缓刑。

(三)一般缓刑宣告的内容

《刑法》第 72 条第 2 款规定："宣告缓刑，可以根据犯罪情况，同时禁止犯罪分子在缓刑考验期限内从事特定活动，进入特定区域、场所，接触特定的人。"这是缓刑的禁止令。

(四)一般缓刑的考验期

缓刑考验期，是指对被宣告缓刑的犯罪分子规定的一定时间的考察期间。设立缓刑考验期限的目的为了考察犯罪分子是否接受改造，弃恶从善，因此，在宣告缓刑的同时，应当确定缓刑的考验期。对缓刑考验期的确定，需要根据犯罪的情节和犯罪分子的具体情况，在法律规定的范围内确定适当的考验期限。《刑法》第 73 条规定："拘役的缓刑考验期限为原判刑期以上一年以下，但是不能少于二个月。有期徒刑的缓刑考验期限为原判刑期以上五年以下，但是不能少于一年。缓刑考验期限，从判决确定之日起计算。"

"从判决确定之日"，是指判决发生法律效力之日。具体而言，一审判决或者裁定后，被告人没有上诉、检察院没有抗诉的，从判决之日起经过 10 日生效，即是"判决确定之日"。一审判决之后，提出上诉或者抗诉的案件，二审判决或者裁定之日为"判决确定之日"。判决前先行羁押的期限，不能折抵缓刑考验期限。

(五)一般缓刑考验期内的考察

根据《刑法》第 75 条、第 76 条的规定，缓刑考验期内的考察主要是对犯罪分子的行为进行考察。

(1)被宣告缓刑的人应当遵守的规定。根据《刑法》第 75 条、第 77 条的规定，被宣告缓刑的犯罪分子，应当遵守下列规定：①遵守法律、行政法规，服从监督；②按照考察机关的规定报告自己的活动情况；③遵守考察机关关于会客的规定；④离开所居住的市、县或者迁居，应当报经考察机关批准。⑤在缓刑考验期限内，依法实行社区矫正。同时还要遵守《刑法》第 72 条第 2 款禁止令的规定。即犯罪分子在缓刑考验期限内禁止从事特定活动，禁止进入特定区域、场所，禁止接触特定的人。

(2)缓刑的监督执行机构。根据我国《刑法》第 76 条的规定，对宣告缓刑的犯罪分子，在缓刑考验期限内，依法实行社区矫正。据此，缓刑的监督执行机关，或者说是考察机构是被宣告缓刑的犯罪分子所居住的社区矫正机构和组织。根据 2012 年最高人民法院、最高人民检察院、公安部、司法部联合制定的《社区矫正实施办法》的规定，司法所承担社区矫正日常工作，司法行政机关负责指导管理、组织实施社区矫正工作，社会工作者和志愿者在社区矫正机构的组织指导下参与社区矫正工作，有关部门、村(居)民委员会、社区矫正人员所在单位、就读学校、家庭成员或者监护人、保证人等协助社区矫正机构进行社区矫正。

(3)缓刑执行种监督考察的内容。根据《刑法》第 77 条的规定，被宣告缓刑的犯罪分子，在缓刑考验期限内是否犯新罪，是否发现判决宣告以前还有其他罪没有判决的，是否违反法律、行政法规或者国务院有关部门关于缓刑的监督管理规定，或者违反人民法院判决中的禁止令，情节严重的行为。

(六)一般缓刑的法律后果

根据我国《刑法》第 76 条、第 77 条的规定，一般缓刑的法律后果有：

(1)对宣告缓刑的犯罪分子，在缓刑考验期限内，没有《刑法》第 77 条规定的情形，缓刑考验期满，原判的刑罚就不再执行，并公开予以宣告。

(2)被宣告缓刑的犯罪分子，在缓刑考验期限内犯新罪或者发现判决宣告以前还有其他罪没有判决的,应当撤销缓刑,对新犯的罪或者新发现的罪作出判决,把前罪和后罪所判处的刑罚,依照《刑法》第 69 条的规定,决定执行的刑罚。

(3)被宣告缓刑的犯罪分子,在缓刑考验期限内,违反法律、行政法规或者国务院有关部门关于缓刑的监督管理规定,或者违反人民法院判决中的禁止令,情节严重的,应当撤销缓刑,执行原判刑罚。

三、战时缓刑

战时缓刑,又称特别缓刑,根据我国《刑法》第 499 条的规定,是指在战时,对被判处 3 年以下有期徒刑但没有现实危险的犯罪军人,暂缓其原判刑罚的执行,允许其戴罪立功,确有立功表现时,可以撤销原判刑罚,不以犯罪论处的制度。

(一)战时缓刑的适用条件

(1)适用的时间必须是在战时。所谓战时,依据《刑法》第 451 条的规定,是指国家宣布进入战争状态、部队受领作战任务或者遭敌突然袭击时;部队执行戒严任务或者处置突发性暴力事件时,以战时论。因此,在和平时期或非战时条件下,不能适用此种特殊缓刑。

(2)适用的对象只能是被判处 3 年以下有期徒刑的犯罪军人。不是犯罪的军人,或者虽是犯罪的军人,但被判处的刑罚为 3 年以上有期徒刑,均不能适用战时缓刑。至于构成累犯的犯罪军人能否适用战时缓刑,根据《刑法》第 74 条的规定,对于累犯,不适用的缓刑规定应当同样适用于战时缓刑。

(3)在战争条件下宣告缓刑没有现实危险。这是战时缓刑最重要的适用条件。是否有“现实危险”,应根据犯罪军人所犯罪行的性质、情节、危害程度,以及犯罪军人的悔罪表现和一贯表现等作出综合评判。被判处 3 年以下有期徒刑的犯罪军人,如果被判断为适用缓刑具有现实危险,不能宣告缓刑。因为,战时缓刑的适用,是将犯罪的军人继续留在部队,并在战时状态下执行军事任务,若宣告缓刑具有现实的危险,则会在战时状态下危害国家的军事利益,其后果不堪设想。

(二)一般缓刑与战时缓刑的区别

一般缓刑与战时缓刑是缓刑的两种形式,主要根据犯罪主体的身份不同而有了区别。

(1)适用的对象不同:一般缓刑适用于被判处拘役或 3 年以下有期徒刑的犯罪人;而战时缓刑则适用于被判处 3 年以下有期徒刑并宣告缓刑的犯罪军人。

(2)适用的时间不同:一般缓刑对适用时间没有特殊规定;而战时缓刑适用的时间必须是在战时。

(3)考验期限不同:一般缓刑依所判处的刑种与刑期的不同有不同的法定考验期限;刑法没有明确战时缓刑是否有考验期。

(4)法律后果不同:一般缓刑的法律后果要么是原判刑罚不再执行,要么是执行原判刑罚甚至数罪并罚,但是都肯定是构成犯罪的;战时缓刑是犯罪军人若在战时确有立功表现的,可以撤销原判刑罚,对以前所犯的罪不以犯罪论处,即罪与刑全都消失了。

第十七章 刑罚执行与消灭制度

第一节 刑罚执行与刑罚消灭制度概述

一、刑罚执行

(一)刑罚执行的概念与特征

刑罚执行,是指有刑罚执行权的司法机关,根据人民法院已经发生法律效力的判决所确定的刑罚,将刑罚内容付诸实施的刑事司法活动。刑罚执行是国家刑事司法活动的重要组成部分,其具有如下特征:

1.刑罚执行的主体是有行刑权的司法机关

根据我国法律的规定,人民法院、公安机关和监狱是我国有权执行刑罚的机关。人民法院负责死刑、罚金刑和没收财产刑的执行;公安机关负责管制、剥夺政治权利和缓刑的执行;监狱负责拘役、有期徒刑、无期徒刑、死刑缓期二年的执行。但是,对于死刑缓期二年执行的罪犯,需要执行死刑的,死刑的执行仍由人民法院负责。对于没收财产,人民法院在必要时也可以会同公安机关执行。死刑的执行,人民法院在没有条件执行时,也可以交由公安机关执行。除前述专门机构之外的任何机构、组织和个人都无权执行刑罚。

2.刑罚执行的对象是被定罪判刑的罪犯

刑罚执行是定罪、量刑之后的刑事司法活动,行刑机关在任何情况下都不能在定罪量刑之前对任何人执行刑罚。行为人的行为虽然已构成犯罪,但如果人民法院判决免予刑事处罚的,由于没有给予实际的刑罚处罚,因此也谈不上刑罚执行问题。

3.刑罚执行的内容是依照人民法院的判决、裁定对犯罪人执行刑罚

这是刑罚执行不同于刑罚制定和量刑活动的主要特征。刑罚执行作为国家刑事活动的一部分,具有刑事活动的共性,但又是相对独立的阶段。刑事审判阶段的主要内容是解决定罪与量刑的问题,而作为刑事审判结果的宣告刑,其法律效力还有待于通过刑罚执行活动得以实现。所以刑罚执行的内容是使人民法院的刑事判决所确定的刑罚付诸实施。

4.刑罚执行的依据是人民法院已经生效的判决、裁定

刑罚执行的内容虽然是以人民法院的判决、裁定为前提,但是,并不是说人民法院作出判决、裁定以后,就立即执行刑罚。根据《刑事诉讼法》第208条的规定,判决和裁定在发生法律效力后执行。该条同时规定,发生法律效力的判决和裁定是指已过法定期限没

有上诉、抗诉的判决和裁定、终审的判决和裁定以及最高人民法院(以及被授权的高级人民法院)核准的死刑判决和高级人民法院核准的死刑缓期二年执行的判决。只有上述判决和裁定所确定的刑罚才能执行。

综合上述特征,可以看出,刑罚执行是刑事司法活动不可缺少的重要组成部分。只有通过刑罚的执行,使判决所确定的刑罚转化为对犯罪分子的实际惩罚,才能实现国家的刑罚权,体现国家法律的公正和威严,从而警戒社会上的少数不稳定分子不敢以身试法,起到刑罚对犯罪的一般预防的作用。也只有通过刑罚的执行,剥夺和限制犯罪分子的某些权利,并坚持惩罚与改造、教育相结合的原则,才能促使他们认罪伏法,弃恶从善,不再危害社会,达到刑罚特殊预防的目的。

(二)刑罚执行的原则

刑罚执行的原则,是指在刑罚执行过程中必须遵循的基本准则。它是从刑罚的功能和目的中派生出来的,并受国家刑事立法与司法等基本政策的制约。我国《监狱法》第3条明确规定:"监狱对罪犯实行惩罚和改造相结合、教育和劳动相结合的原则,将罪犯改造成为守法公民。"据此,刑罚执行包括以下几个原则:

1.教育性原则

刑罚执行的教育性原则,是指从教育改造罪犯的目的出发,采用潜移默化或者善意劝导的方式,而不是单纯以强制压服的方法,使犯罪人的思想和行为逐渐良性化。刑罚执行的内容是将刑罚付诸实施,把惩罚落实在罪犯身上,使之感受到由于犯罪所得到的否定的法律评价。但是惩罚本身不是目的而是为了教育。为了将罪犯改造成新人,在行刑中,教育与劳动是改造罪犯的两个基本手段,二者互为补充,相辅相成,但是应以教育为主,劳动为辅。因此,"改造第一,生产第二"是劳动改造罪犯活动的基本方针。当然,刑罚执行中实行的教育改造,也不能脱离惩罚而存在,而是在强制下的教育改造。

2.个别化原则

刑罚执行的个别化原则,是指在刑罚执行过程中,应当根据犯罪人的人身危险性、再犯可能性的大小,以及个人生活的需要等情况,给予不同的处遇和采取不同的教育改造方式的制度。因为刑罚的执行,必须依犯罪人的年龄、性别、性格特点、生理特点、犯罪性质、罪行严重程度、人身危险性等情况,因人施教,给予不同处置和采用不同的改造方法,才能取得教育改造的效果。

刑罚执行的个别化,是刑罚处罚个别化在行刑司法领域中的体现,它一直贯穿于我国的刑罚执行实践中,是我国对罪犯进行教育改造的基本原则之一。

3.人道性原则

刑罚执行的人道性原则作为刑罚执行原则之一,是伴随着资产阶级人道主义思想的兴起而出现的。所谓人道性原则,是指在刑罚执行过程中,要把罪犯当作人看待,尊重罪犯人格尊严,不体罚虐待罪犯,应保证罪犯所享有的各种法定权利,切实关心罪犯的生活并给予相应的物质保证。罪犯虽然是刑罚执行的对象,但也是人,因而享有人的基本权利。刑罚执行机构应当尊重罪犯的人格,着重教育、感化罪犯,促使其重新做人,禁止使用残酷的、不人道的刑罚方法。

4. 社会化原则

刑罚执行的社会化原则，是指在刑罚执行的过程中，要调动监狱外的一切社会积极因素，合力救助、教育改造犯罪分子并保证和巩固刑罚执行的效果，确保行刑目的的实现。

在刑罚执行中应当认真贯彻"三个延伸"的刑事政策，以保证行刑社会化原则的实现。即在改造工作的时间上，以服刑期间为中心向前延伸，在揭露、证实违法犯罪的过程中，动员社会各方力量对罪犯进行教育和帮助；在改造工作的空间上，以执行场所为中心向外延伸，改变封闭的教育改造方式，缩小受刑人与社会的隔绝，实行开放、半开放的执行方式；在刑罚执行完毕后，还应以此为中心向后延伸，搞好受刑人出狱后的安置和继续帮教工作。

在我国，目前刑罚执行的社会化实践可以分为两个方面：一是监狱内执行的社会化；二是监狱外执行的社会化。其中，监狱内执行刑罚的社会化实践，主要是通过建立监狱内部与社会各方面之间的联系来达到改造罪犯成为新人的目的。而监狱外执行刑罚则是指在一定条件下将罪犯放到监狱之外执行刑罚的制度。一般来说，监狱外执行刑罚是刑罚执行的社会化原则最明显和最集中的体现。

由于刑罚的执行方法已在刑罚的体系和种类一章中加以阐述，本章仅就我国刑法典规定的刑罚执行制度，即减刑、假释两种具体的刑罚执行制度予以阐述。

二、刑罚消灭

（一）刑罚消灭的概念

刑罚消灭，是指由于某种法定原因或者事实原因，致使国家对犯罪人的刑罚权的某项内容归于消灭。就国家而言，刑罚消灭意味着追诉权、量刑权或者行刑权的消灭；就犯罪分子而言，刑罚消灭预示着刑事责任的终结。我国刑法所规定的刑罚消灭制度内容较为分散，其中，因刑罚执行完毕而导致的刑罚消灭，主要属于监狱学研究的问题；犯罪人死亡而导致的刑罚消灭，一般属于刑事诉讼法研究的范围；至于因缓刑和假释考验期满而导致的刑罚消灭，尽管属于刑法学研究的范围，但因为分别与缓刑制度和假释制度联系紧密，故而通常为缓刑制度和假释制度所包容。所以，本章刑罚消灭所涉及的内容，只是我国刑罚消灭制度中的一部分，即时效和赦免制度。

（二）刑罚消灭的特征

刑罚消灭具有如下特征：

其一，刑罚消灭以行为人的行为构成犯罪为前提。无犯罪即无刑罚，无刑罚也就不存在刑罚的消灭。

其二，刑罚消灭的实质是国家对犯罪人行使刑罚权的某一项内容之消灭。如前所述，刑罚权是国家对犯罪人适用刑罚，借以惩罚犯罪人的权力，它包括制刑权、求刑权、量刑权与行刑权四个方面。刑罚消灭，是指求刑权、量刑权和行刑权的消灭，至于刑罚权中的制刑权，作为立法权的组成部分，对特定的犯罪人而言，是在任何情况下都不可能消灭的。

其三，刑罚消灭的前提是出现某种法定原因或事实原因。具体而言，我国刑罚消灭的事由主要来自于以下方面：(1)法律的规定，如《刑法》第 87 条关于追诉时效之规定；(2)犯罪分子本人的有关情况，如犯罪分子在服刑期间死亡；(3)判决所设定之情况的出现；(4)获得被害人宽恕的亲告犯；(5)国家及其行刑机关根据犯罪分子在服刑期间的悔罪表现，或者出于政治、外交等因素的考虑，作出的对犯罪分子免予追究刑事责任或终止执行刑罚的决定。

第二节　刑罚执行制度

一、减刑

(一)减刑的概念

所谓减刑，根据《刑法》第 78 条的规定，是指对被判处管制、拘役、有期徒刑或无期徒刑的犯罪人，在刑罚执行期间，认真遵守监规，接受教育改造，确有悔改表现的，或者有立功、重大立功表现的，可将原判刑罚予以适当减轻的一种刑罚执行制度。简言之，减刑就是将原判刑罚予以适当减轻。包括把原判较重的刑种减轻为较轻的刑种，如无期徒刑减为有期徒刑；也可把原判较长的刑期减为较短的刑期，如有期徒刑的 10 年减为 9 年。

减刑不同于减轻处罚。减轻处罚是在判决确定之前，对具有减轻情节的，在法定最低刑以下判处刑罚的量刑方法，其适用对象是未决犯。而减刑则是在判决生效后，刑罚执行中，依照犯罪人的表现，对原判刑罚予以减轻，其适用对象是已决犯。

减刑也不同于改判。所谓改判，是在原判决认定事实或适用法律错误的情况下，依照二审程序或者审判监督程序撤销原判决，重新判决，是对错判的纠正。减刑则是在肯定原判决的基础上，依照减刑条件和程序，将原判刑罚予以减轻，是对原判决的适当修正。

减刑和被判处死缓两年期满后的减刑也不同。后者是一种特殊的减刑制度。其特殊性主要表现在，仅仅适用于被判处死刑缓期两年执行的犯罪人，而且减刑的时间和幅度，刑法都作出了明确的规定。

(二)减刑的适用条件

根据我国《刑法》第 78 条的规定，适用减刑必须符合以下条件：

1.适用对象。减刑适用的对象是被判处管制、拘役、有期徒刑或无期徒刑的犯罪人，这是前提条件。除了被判处死刑的犯罪人无法减刑而外，对其他犯罪人都可以适用减刑。根据最高人民法院的有关批复，被判处拘役或者 3 年以下有期徒刑，宣告缓刑的犯罪人，如果在缓刑考验期间确有突出的悔改表现或立功表现，可以参照刑法的有关规定，对原判刑罚予以减刑，同时相应地缩减其缓刑考验期限。

2.适用条件。犯罪人确有悔改或立功表现,这是适用减刑的实质要件。悔改和立功表现都是适用减刑的条件,只要具备其一即可减刑。但二者在减刑的幅度上应有所区别,一般来说,立功者比仅有悔过表现者减刑幅度要大。

根据1997年10月28日最高人民法院《关于办理减刑、假释案件具体应用法律若干问题的规定》第1条的规定:确有悔改表现是指同时具备认罪伏法;遵守监规,接受教育改造;积极参加政治、文化、技术学习;积极参加劳动,完成生产任务四个方面。立功表现是指检举揭发犯罪活动,或提供破案线索经查证属实的;阻止他人犯罪活动的;在生产科研中进行技术革新,成绩突出的;在抢险救灾或排除重大事故中表现积极的;以及其他有利于国家和社会的突出事迹的情形。

(三)减刑的程序和减刑后的刑期计算

1.减刑的程序

由刑罚执行机关向中级以上法院提出减刑建议书,法院组成合议庭进行审理并作出裁定。

2.减刑后的刑期计算

减刑应当有一定限度。减刑太少,不利于鼓励罪犯改造;但减得过多,又会妨碍原判决的严肃性,难以做到罪刑相适应。

根据《刑法》第78条第2款的规定和1997年10月28日最高人民法院的司法解释:

(1)判处管制、拘役、有期徒刑的,减刑后实际执行的刑期,不能少于原判刑期的1/2。减刑后的刑期从原判执行之日起算,原判刑期已执行的部分,计算在减刑后的刑期以内。如甲原判有期徒刑10年,执行2年后减为9年,已执行的2年应计入9年内,该犯需再执行7年。对于原判是管制、拘役、有期徒刑,判决交付执行以前曾受羁押的,被羁押的时间不包括在实际服刑时间内。

(2)判处无期徒刑的,不能少于10年。对无期徒刑的刑期,应从减刑之日计算。减刑前执行的日数,不计入减刑后的刑期之内。如某罪犯原判无期徒刑,服刑5年后,减为有期徒刑12年。已执行的5年,不计入减刑后的12年内,犯罪人从裁定减刑之日起,需再服刑12年才为服刑期满。无期徒刑减为有期徒刑之后,再次减刑的,其刑期的计算,应当从前次裁定减为有期徒刑之日算起。

同一犯罪人在服刑期间,减刑次数不限。但是,无论是减刑一次或数次,无论是刑种的变更还是刑期的变更,犯罪人最后实际执行的刑期,判处无期徒刑的不能少于10年;判处管制、拘役、有期徒刑的,不能少于原判刑期的1/2。

二、假释

(一)假释的概念

所谓假释,指被判处有期徒刑、无期徒刑的犯罪人,在执行定刑期以后,确有悔改表现,不致再危害社会,而附条件地予以提前释放的行刑制度。附条件,不是无条件地真正释放，而是有条件地释放，只要出现撤销假释的法定事由，就可收监执行。

假释不同于释放，虽然两者都在形式上解除监禁，恢复犯罪人的人身自由，但在性质上是有区别的。假释是有条件地提前释放，还存在着收监执行残刑的可能。而释放无论是宣告无罪释放、刑罚执行完毕释放，还是赦免释放，都是无条件释放，不存在再执行的问题。

(二)假释的适用条件

根据《刑法》第 81 条的规定，假释应当具备下列条件：

1. 假释的适用对象。假释的对象是判处有期徒刑和无期徒刑的犯罪人，这是由假释的性质决定的。假释的本质在于解除对犯罪人的关押。这就决定了适用假释必须以犯罪人已被关押为条件。被判处管制的犯罪人，缺乏适用假释的前提条件；拘役虽然也剥夺犯罪人的人身自由并予关押，但刑期较短，一般最高刑为 6 个月，数罪并罚时也不能超过 1 年。如果犯罪人在刑罚执行期间悔改或者有立功的表现，可以适用减刑，没有必要适用假释；死缓并非独立刑种，而是一种过渡性的死刑执行方法。判处死缓的犯罪人，只有在 2 年期满被减为有期徒刑或无期徒刑以后，才有可能适用假释。

并非对所有被判处有期徒刑和无期徒刑的犯罪人，都可以适用假释。《刑法》第 81 条第 2 款规定，“对累犯以及因杀人、爆炸、抢劫、强奸、绑架等暴力性犯罪被判处 10 年以上有期徒刑、无期徒刑的犯罪分子不得假释。”刑法之所以规定上述适用假释的例外情况，是因为累犯其人身危险性大，难以改造，需要在监所内强制进行改造；杀人等暴力性犯罪被判处 10 年以上有期徒刑或无期徒刑的，其社会危害性极大，应当予以从严惩罚。

2. 假释的适用条件。

(1)必须执行一定刑期的原判刑罚。被判处有期徒刑的犯罪分子执行原判刑期 1/2 以上，被判处无期徒刑的犯罪人，实际执行 10 年以上，才可以适用假释。这是因为犯罪人经劳动改造，其思想转变要有一个过程。检验、考察犯罪人是否悔改并不致再危害社会，也需要一定期限。也只有服够一定刑期，才能保持判决的严肃性和稳定性。

刑法还规定，如果有特殊情视，经最高人民法院核准，可以不受上述执行刑期的限制。何为特殊情况，刑法未予明确规定，有关司法解释曾指出，特殊情况一般是指原工作单位因重要生产、重大科研的特殊需要，请求假释的；或者有其他特殊情况，如一些重大立功表现，包括在劳改生产中有重大发明创造，解决了生产中的重大问题；揭发重大刑事案件，制止严重危害国家和人民利益的破坏活动，立下大功；英勇抢险救灾，抢救了多人生命或大量国家财产等等。这是刑法所规定的执行刑期限度的例外情况，必须从严掌握，而且必须经最高人民法院核准。

(2)适用假释的犯罪人必须是认真遵守监规，接受教育改造确有悔改表现，假释后不致再危害社会的。这是适用假释的关键性条件。悔改表现是指认罪伏法，一贯遵守罪犯改造行为规范；积极参加政治文化、技术学习；积极参加劳动，爱护公物，完成劳动任务等。所谓不致再危害社会是指犯罪人在劳改期间一贯表现好，确有悔改表现已不致重新犯罪的，或者老弱病残并丧失作案能力的。犯罪人回到社会后是否还会危害社会，关键是看其

在服刑期间是否确有悔改表现。如确有悔改表现,表明其认罪伏法,并具有了重新做人的决心。如果无悔改表现,则表明其对自己的罪行尚无正确认识,甚至还有抵触情绪,回到社会后,很有可能会重新犯罪,对这种人就不能适用假释。

(三)假释的程序、考验和撤销

1. 考验期限

《刑法》第 83 条规定:"有期徒刑的假释考验期限,为没有执行完毕的刑期;无期徒刑的假释考验期限为 10 年。"据此规定,如果由无期徒刑减为有期徒刑,几年后又由有期徒刑假释的,其考验期限应当是未执行完的残刑。但是,在假释前实际关押的期限,必须不少于 10 年。比如甲被判处无期徒刑,执行 8 年后减为 15 年有期徒刑,又在执行 4 年后被假释,罪犯实际上已关押了 12 年,符合假释条件。不过,残余刑期尽管还有 11 年,但假释考验期限只能为 10 年。

在假释考验期内,犯罪人应当遵守下列规定:(1) 遵守法律、行政法规,服从监督。(2) 按照监督机关的规定报告自己的活动情况。(3) 遵守监督机关关于会客的规定。(4) 离开所居住的市、县或者迁居,应当报经监督机关批准。

假释的考验期限,从假释之日起计算。

2. 监督

《刑法》第 85 条规定,被假释的犯罪人,在假释考验期限内,由公安机关予以监督。被假释的犯罪人脱离长期的严格的监狱生活,恢复自由重返社会,有一个适应过渡阶段,对其给予一定的监督管束,巩固其改造成果是完全必要的。

根据刑法的规定,被假释的犯罪人在假释考验期限内,如果没有再犯新罪,也没有发现漏罪以及没有违反法律、行政法规或者公安部门有关假释的监督管理规定的行为,就认为原判刑罚已经执行完结,并公开予以宣告。

3. 假释的撤销

犯罪人在假释考验期间,发生下列三种法定事由之一的,应当撤销假释,分别情况实行数罪并罚或者收监执行未执行完毕的刑罚。

(1)如果在假释考验期限内犯新罪,无论新罪是故意犯罪还是过失犯罪,都要撤销假释,把新罪所判处的刑罚和前罪没有执行完的刑罚,按照《刑法》第 71 条规定的数罪并罚原则,合并决定执行的刑罚。

(2)如果在假释考验期限内,又发现犯罪人在原判决前还有漏罪,而且漏罪没有超过追诉时效的,也应撤销假释,对漏罪作出判决,按照《刑法》第 70 条的规定实行数罪并罚。

(3)在考验期内,有违反法律、行政法规或者国务院公安部门有关假释的监督管理规定的行为,尚未构成新的犯罪的,依照法定程序撤销假释,收监执行未执行完毕的刑罚。

适用假释的犯罪人原判有附加刑的,附加刑仍需执行,附加刑不属假释范围。剥夺政治权利的,自假释之日起执行。

第三节　刑罚消灭制度

一、时效

(一)时效的概念

时效是指经过一定时间后,对刑事犯罪不得追诉或者对所判刑罚不得执行的一项法律制度。它包括追诉时效和行刑时效,所谓追诉时效是指刑法规定的司法机关对犯罪分子追究刑事责任的有效期限。超过期限,不得追究刑事责任。所谓行刑时效是指刑法规定的对被判处刑罚的犯罪分子执行刑罚的有效期限。有效期限内没有执行,刑罚就不再执行。在我国刑法中只规定了追诉时效而未规定行刑时效。我国刑法上的时效,即追诉时效。所谓追诉时效,是指司法机关追究犯罪人刑事责任的有效期限。

我国规定追诉时效,具有重要意义:

1.有利于我国刑罚目的的实现。我国适用刑罚的目的在于预防犯罪,如果犯罪人犯罪后,在相当长时期内没有受到追诉,并且犯罪人也没有再犯罪,这就表明其已改恶从善。从特殊预防的观点看,刑罚预防犯罪的目的已经实现,再追究刑事责任则无实际意义。

2.有利于司法机关集中精力打击现行犯罪。刑罚打击的主要锋芒是现行犯罪,而犯罪经过相当长的时期后再追究,司法机关查案就相当困难,如证据可能散失。要想查清案件事实,势必会牵涉司法机关大量的人力物力和财力。追诉时效的规定,使司法机关避免了陈案的拖累,能够集中精力打击现行犯罪。

3.有利于社会的安定团结。大量的案件还都属于人民内部矛盾性质。随着时间的流逝,犯罪造成的社会混乱已经平息,被害人与犯罪人过去的对立关系,已为新的正常关系所取代。时隔多年后再提出诉讼,就会使已经稳定的关系重新紧张,这不利于社会的安定团结。

(二)追诉时效的期限

追诉时效期限的长短,与犯罪的社会危害性的大小相适应。这样既可以防止那些犯有严重罪行的人轻易逃脱应有的惩罚,同时也避免了那些犯有较轻罪行的人在过长的时间里不必要地处于刑罚威胁之下。

我国《刑法》第 87 条按照追诉时效期限与犯罪的社会危害性相一致的原则,以犯罪的法定最高刑为标准,作了如下规定:

1.法定最高刑为不满 5 年有期徒刑的,经过 5 年;

2.法定最高刑为 5 年以上不满 10 年有期徒刑的,经过 10 年;

3.法定最高刑为 10 年以上有期徒刑的,经过 15 年;

4.法定最高刑为无期徒刑、死刑的,经过 20 年。如果 20 年以后认为必须追诉的,须报请最高人民检察院核准。

可以看出追诉时效的期限分别为5年、10年、15年、20年。罪行轻重不同，期限长短不同。这里如何理解"法定最高刑"，1985年8月21日最高人民法院在《关于人民法院审判严重刑事犯罪案件中具体应用法律的若干问题的答复》中对此作了明确的解释："刑法第76条（现行《刑法》第87条）按照罪刑相适应的原则，将追诉期限分别规定长短不同的四档，因此，根据所犯罪行的轻重，应当分别适用刑法规定的不同条款或相应的量刑幅度，按其法定最高刑来计算追诉期限。如果所犯罪行的刑罚分别规定有几条几款时，即按其罪行应当适用的条或款的法定最高刑计算；如果是同一条文中有几个量刑幅度时，即按其罪行应当适用的量刑幅度的法定最高刑计算；如果只有单一的量刑幅度时，即按此条的法定最高刑计算。"

如何理解法定最高刑？法定最高刑是指刑法对某种罪名所规定的最高刑，还是指与具体案件的罪行轻重相适应的某一量刑幅度的最高刑？刑法对此并未作出明确规定。理论上和实践中一般认为，应当以刑法分则各条款所规定的最高刑为标准。即如果刑法规定的某罪的法定刑是单一的，则以本罪的最高法定刑为标准来确定追诉时效的期限；如果刑法规定某罪的法定刑是一个量刑幅度，但包含两个以上主刑，则以最重主刑为标准来确定追诉时效的期限；如果刑法对某罪规定的法定刑有几个量刑幅度，则以与具体案件之罪行轻重相适应的量刑幅度的最高刑为标准来确定其追诉时效的期限。1985年8月21日最高人民法院在《关于人民法院审判严重刑事犯罪案件中具体应用法律的若干问题的答复》中曾对此作了明确解释。

（三）追诉时效的计算

1. 我国《刑法》第89条规定：追诉期限从犯罪之日起计算。所谓犯罪之日，是指犯罪行为停止之日。

2. 犯罪行为有连续或者继续状态的，从犯罪行为终了之日起计算。所谓犯罪行为有连续或者继续状态的，是指连续犯罪或者持续犯罪行为，这些犯罪行为在时间上都有一定跨度，其追诉期限的计算应从整个连续犯罪行为或持续犯罪行为全部终了之日起算。

3. 在追诉期限内又犯罪的，前罪追诉的期限从犯后罪之日起计算。《刑法》第89条第2款规定了时效中断，所谓时效中断，是指在追诉期限以内又犯罪的，前罪追诉的期限从犯后罪之日起计算，已经经过的追诉时效期间归于无效。对于所犯之罪的性质、所处刑罚的性质都在所不问。所谓犯后罪之日，就是后罪成立之日。

时效延长不受追诉期限限制。所谓时效延长，是指在追诉期限内，因发生法律规定的事由，而使对犯罪人刑事责任的追究，不受追诉期限限制的制度。根据刑法规定，下列两种情况不受追诉期限限制。

（1）在人民检察院、公安机关、国家安全机关立案侦查或者在人民法院受理案件以后，逃避侦查或审判的，不受追诉期限的限制。（《刑法》第88条第1款）

（2）被害人在追诉期限内提出控告，人民法院、人民检察院、公安机关应当立案而不予立案的，不受追诉期限的限制。（《刑法》第88条第2款）

刑法关于追诉时效的规定基本是科学合理的。但由于刑法关于追诉时效的规定建立在犯罪主体是自然人的陈旧观念之上，导致在刑法已经专门规定了单位犯罪的背景下，却没有规定对单位犯罪如何计算追诉时效期限。由于追诉时效期限是以法定刑期长短为标准而确立的，对单位犯罪的追诉时效期限应参照适用其直接责任人员的追诉时效期限。

二、赦免

（一）赦免的概念

赦免，是指国家元首或者国家最高权力机关免除或者减轻犯罪人的罪责或刑罚的一种法律制度。

广义的赦免包括大赦、特赦、免除刑罚之执行、减刑、复权等内容；狭义的赦免则指大赦和特赦。狭义的赦免，是刑法理论中经常使用的概念。

所谓大赦，通常是指国家元首或者国家最高权力机关，对某一时期内犯有一定罪行的不特定犯罪人，一概予以赦免的制度。大赦的主要特征为：(1)适用主体通常是国家元首或者国家最高权力机关。(2)适用的对象最广泛。凡在某一时期内犯一定罪的，都可以适用，而不以特定的人为限。至于具体赦免范围则由大赦令确定。(3)赦免的效力最大。大赦不只是免除刑罚的执行，而且使罪和刑都归于消灭。(4)适用的依据通常在于宪法的规定。

所谓特赦，是指国家元首或者国家最高权力机关对已受罪行宣告的特定犯罪人，免除其全部或者部分刑罚的制度。依照我国现行《宪法》第 67 条和第 80 条之规定，特赦令由中华人民共和国主席根据全国人大常委会的决定颁布实施。从司法实践来看，一般是由中共中央或国务院提出特赦建议，经全国人大常委会审议决定，中华人民共和国主席颁布，最后责成最高人民法院及其所属高级人民法院具体执行。我国新旧刑法典所指的赦免，都是指特赦减免。

一般而言，大赦与特赦的主要区别是：(1)大赦是赦免一定种类或不特定种类的犯罪，其对象是不特定的犯罪人；特赦是赦免特定的犯罪人。(2)大赦既可实行于法院判决之后，也可实行于法院判决之前；特赦只能实行于法院判决之后。(3)大赦既可赦其罪，又可赦其刑；特赦只能赦其刑。(4)大赦后再犯罪不构成累犯；特赦后再犯罪的，如果符合累犯条件，则构成累犯。

大赦、特赦通常由国家元首或最高权力机关以命令的形式宣布。这种命令称为大赦令、特赦令。大赦、特赦完毕，命令便自然失效。

（二）我国的特赦制度

我国 1954 年宪法曾同时规定大赦和特赦，但在实践中并未使用过大赦。1978 年宪法和 1982 年宪法则都只规定特赦，而不再规定大赦。因此，《刑法》第 65 条、第 66 条所说的赦免，都是指特赦减免。根据现行《宪法》第 67 条、第 80 条的规定，特赦由全国人民代表大会常务委员会决定，由国家主席发布特赦令。

从司法实践来看，自1959年至1975年，我国先后实行了7次特赦。对这7次特赦的特点可以概括如下：

第一，特赦的对象具有特定性。它通常是以一类或几类犯罪分子为对象，而并不适用于个别的犯罪分子。除1959年第一次特赦适用的对象包括战争罪犯、反革命罪犯和普通刑事罪犯外，其余6次都是对战争罪犯实行的。

第二，特赦的适用有其前提条件，即犯罪分子在服刑过程中确有已改恶从善的表现。一方面，犯罪分子必须已经被执行一定的刑期，对于尚未宣告刑罚或者尚未开始执行刑罚的犯罪分子，不适用特赦；另一方面，犯罪分子必须有改恶从善的悔罪表现。

第三，特赦应根据犯罪分子的罪行轻重和悔改表现而予以区别对待。对于决定特赦的犯罪分子，应根据其罪行轻重和悔改表现，或者免除其刑罚尚未执行的部分，予以释放，或者减轻其原判的刑罚，而不是免除其全部刑罚。

第四，特赦的适用应遵循特定的程序。它是由全国人大常委会决定，由中华人民共和国主席发布特赦令，再由最高人民法院和高级人民法院予以执行，而不是由犯罪分子本人及其家属或者其他公民提出申请而实行。

下　编
刑法各论

◎第十八章　刑法各论概述
◎第十九章　危害国家安全罪
◎第二十章　危害公共安全罪
◎第二十一章　破坏社会主义市场经济秩序罪
◎第二十二章　侵犯公民人身权利、民主权利罪
◎第二十三章　侵犯财产罪
◎第二十四章　妨害社会管理秩序罪
◎第二十五章　危害国防利益罪
◎第二十六章　贪污贿赂罪
◎第二十七章　渎职罪
◎第二十八章　军人违反职责罪

第十八章　刑法各论概述

第一节　刑法各论与刑法总论的关系

一、刑法各论与刑法总论的关系

我国《刑法》的体系由三部分组成，总则、分则、附则，其中总则和分则各为一编，是刑法的主要部分，而附则只有一个法条(第 452 条)，规定刑法施行的日期、修订后的刑法与以往单行刑法的关系、宣布在修订刑法生效后某些单行刑法的废止以及某些单行刑法中有关刑事责任内容的失效。因此刑法体系主要是由总则和分则两大部分组成。刑法总则对犯罪、刑事责任和刑罚作出一般规定；刑法分则对各类、各种犯罪的罪、刑作出具体规定。与刑法总则和刑法分则相适应，刑法学体系由刑法总论与刑法分论(又称刑法各论)两大部分构成。

在实践中，存在着各种各样的具体犯罪，为了规范这些犯罪，刑法总论是把这些具体的犯罪以及相关的刑事责任和刑罚的一般原理、原则进行科学的抽象、概括，提炼出其中的一般原理、原则和共性，以此来指导刑法各论，是刑法的共性。因此，在司法实践中，刑法总论对定罪量刑具有非常重要的作用。但是，如果仅有一般原理、原则显然是不够的。刑法分则即是在对犯罪进行分类的基础上，具体地规定具体犯罪的罪状、罪名和应当判处的刑罚种类和量刑幅度，刑法总则规定的一般原理、原则的具体化，其体现的是刑法及刑法所规定的犯罪与刑罚的个性。因此，刑法分则是刑法总则的具体化、个性化和进一步深化，准确地掌握刑法分则，才能具体地解决罪与非罪、此罪与彼罪的界限，以及具体地解决犯罪人的刑事责任问题。而且，在刑法各论对具体犯罪有关问题的探讨中，也往往会发现刑法总论原理、原则的不足，从而有助于刑法总论的发展与完善。概言之，刑法总则与刑法分则是一般与具体、共性与个性、适用与被适用的关系。

二、刑法各论的研究对象

刑法各论，也称刑法分论、罪刑分论、罪刑各论，其研究对象是刑法分则规定的内容，具体包括：犯罪分类的依据；每一类犯罪的概念、基本特征；各种具体犯罪的概念、构成要件及其刑事责任等。与刑法可以分为广义和狭义相适应，刑法分则也可以从广义和狭义两个层面来理解。在广义上，刑法分则的法律规范有四类：刑法分则、单行刑法、附属刑法和刑法解释。在狭义上，刑法分则仅就刑法分则规定的各种具体犯罪以及相关刑事责任和刑罚为研究对象。

刑法分则，即《刑法》的第二编，它较为集中、系统地规定了各种具体犯罪及其刑事责任和刑罚。在此需要说明的是，《刑法修正案》的内容亦属于刑法分则的内容。《刑法》第101条规定："本法总则适用于其他有刑罚规定的法律，但是其他法律有特别规定的除外。"因此，刑法分则必须遵循总则的有关规定来理解、确定、补充，除非刑法分则本身有明文规定，否则就不能与刑法总则的规定相冲突。

单行刑法，是指全国人大常委会对刑法规定进行部分补充、修改或废除部分刑法规定的单行规范性法律文件。1979年旧刑法实施之后、1997年刑法实施之前，共颁布过24个单行刑法。1997年刑法实施之后，全国人大常委会又通过了一个单行刑法。目前，针对司法实践中出现的新情况和新问题，我国的立法机关已经采用"刑法修正案"，作为现行刑法的必要补充。单行刑法目前已不多见，只有1998年12月29日颁布的《关于惩治骗购外汇、逃汇和非法买卖外汇犯罪的决定》这一个单行刑法。单行刑法一般只是规定具体犯罪及其刑事责任，较少有总则性规定。可以认为，单行刑法与刑法分则基本上处于平行并列地位，单行刑法原则上要以刑法总则为指导和补充。但是，单行刑法是特别法，刑法属普通法，根据特别法优于普通法的原则，行为同时触犯单行刑法与刑法分则时，或者单行刑法有总则性的特别规定时，应适用单行刑法。

附属刑法，是指规定在民法、经济法、行政法等非刑事法律中的有关犯罪的刑罚的法律规范的总称。附属刑法也都是关于具体犯罪及其刑事责任的规定，具体适用也应以刑法总则为指导和补充。附属刑法也属于特别刑法，当它修改、补充了刑法分则时，同样适用特别法优于普通法的原则。

刑法解释，主要是指最高人民法院、最高人民检察院对刑法分则条文所作的司法解释。① 本书之所以把刑法解释也作为刑法各论的研究对象，是因为在司法实践中，认定具体的犯罪时，除了遵循刑法总则、分则的规定，通常也会直接适用刑法的相关司法解释，且这些解释更明确地解决某一个具体的问题。如果不把这些司法解释纳入刑法各论的研究对象中来，就不能更好地适用刑法各论，也不能更好地完善这些司法解释。

综上，刑法各论研究的内容主要是对现行刑法分则条文规定的适用，包括对具体犯罪的犯罪构成的认定和罚当其罪的量刑等；其次它还研究刑事立法和司法实践中提出的各种理论与实践新问题。犯罪跟随时代的发展而发展，因此，对刑法的理论和实践都提出了新的挑战，所以，刑法分则还必须研究这些新问题，以期能找到这些新问题、新现象背后的规律，最终影响着刑法总论的发展。需要说明的是，刑法各论主要是研究各种具体犯罪及相关刑事责任和刑罚，所以，刑法各论更加注重其在司法过程的适用问题，即重在司法实践，这是刑法各论的吸引力和生命力之所在。

---

① 需要说明的是，在很多教科书中，并不把刑法解释作为刑法各论的研究对象，例如周广权著《刑法各论》等。

三、刑法分论的研究意义

刑法由总则和分则构成,研究刑法各论,对于刑事立法、刑事司法和刑法理论的发展都具有重要的意义。

(一)有利于对各种犯罪正确定罪与量刑

司法实践中,研究刑法各论,可以根据各具体犯罪的构成要件,首先分清罪与非罪。区分罪与非罪界限的标准,尽管在刑法总则中有一些原则的规定,例如,《刑法》第 13 条规定:“情节显著轻微危害不大的,不认为是犯罪。”第 16 条规定:“行为在客观上虽然造成了损害结果,但是不是出于故意或者过失,而是由于不能抗拒或者不能预见的原因所引起的,不是犯罪。”但这些原则性的区分还不能完全解决罪与非罪的问题,每一个犯罪都是具体的,刑法分则即规定这些各犯罪的具体犯罪特征,只有根据这些具体的规定,才能把握某一行为是否构成犯罪。但是,区分上述界限的更具体的标准,则是规定在刑法分则的许多条文之中。例如,根据《刑法》第 235 条的规定,过失致人重伤的,构成犯罪;过失致人轻伤的,就不构成犯罪。由此可见,研究刑法各论,才能了解每一种具体犯罪的主客观要件,从而掌握区分罪与非罪界限一系列具体标准,做到正确定罪。

其次,研究刑法各论,可以区分此罪与彼罪。刑法分则规定了四百多种犯罪,每种犯罪都有自己的构成要件,各种犯罪之间的区别,就在于它们的这一方面或那一方面的构成要件不同。从分则的规定上看,有的是侵犯的客体不同,如放火罪与故意毁坏财物罪;有的是犯罪对象不同,如生产、销售假药罪与制造、贩卖毒品罪;有的是犯罪方法不同,如盗窃罪与诈骗罪;有的是主观要件不同,如故意杀人罪与过失致人死亡罪,如此等等。由此可见,不通过学习和研究刑法各论,不掌握每种犯罪的构成要件,就不可能依法分清各种犯罪之间的界限,就会造成定罪错误。

最后,研究刑法各论,才能做到按罪量刑,罚当其罪。犯罪是判刑的基础。刑法分则对不同的犯罪规定不同的刑罚。因此,只有正确定罪,才能够依法判处与该犯罪相适应的刑罚。我国刑法分则大多数条文都是根据犯罪的情节和危害程度,规定有 2 个或 3 个量刑幅度。也只有通过研究刑法分则的各条款的规定领会立法的精神,才依法判处与被告人罪行轻重相适应的刑罚。

(二)有利于刑法总论的理解和发展

刑法总论与刑法各论是一般与具体、普遍性与特殊性的关系。刑法总则从宏观角度来规定犯罪、刑事责任和刑罚,如果不与具体的犯罪相结合,也只能是一些抽象的概念、原理,不能使其内容具体化、生动化,也不能进一步阐释自身所蕴含的内容,更不能解决具体的问题。而刑法各论是在刑法总论所阐述的一般原理、原则的指导下,通过对各类、各种具体犯罪及其刑事责任的研究,正确地划清罪与非罪、此罪与彼罪的界限,准确地认定各种犯罪的刑事责任;同时,从理论上总结出定罪与量刑的具体问题,用以指导司法实践,促进刑法总论的发展。

(三)有利于完善刑事立法

刑法各论虽然主要以刑法分则条文为研究对象,但是其不仅仅停留在刑法条文的含义解释上,还要对相关的立法背景和根据进行研究,发现刑事立法中关于具体犯罪规定中的缺陷和不足,并提出修改和完善建议。当然,刑法各论也必然跟随犯罪发展的脚步,关注、探讨刑事立法和司法实践中提出的各种新理论与新问题,并为完善刑事立法提供个案依据。

第二节　刑法各论的体系

一、刑法各论体系的概念

刑法分则体系,是指刑法分则的组成和结构,即刑法分则对犯罪的分类及排列次序。刑法各论的体系与刑法分则体系一致。

刑法分则是规定具体犯罪及其刑事责任和刑罚的。然而,在实践中,具体犯罪的种类非常多,这就需要按照一定标准或原则将具体犯罪进行分类,称之为"类罪";再以一定标准或者原则对类罪进行合理排列;同时对各类罪中的具体犯罪进行排列,从而形成刑法分则的整个体系。由此可见,刑法分则的体系实际上是一个对犯罪进行分类的问题。犯罪之所以分类,源于罪刑法定主义的要求。罪刑法定主义要求以成文刑法明确规定罪的构成要件与刑事责任;只有对社会生活中发生的各种犯罪进行合理分类,进而规定各种犯罪的构成要件,才能实现罪刑法定主义的要求。对犯罪的分类、划分及其在刑法分则中的排列顺序,体现了刑法的价值取向。

西方国家刑法一般以犯罪侵犯的法益为标准采取二分法或三分法。二分法即将犯罪分为侵犯公法益的犯罪与侵犯私法益的犯罪;三分法即将犯罪分为侵犯国家法益的犯罪、侵犯社会法益的犯罪与侵犯个人法益的犯罪。在上述每一大类的犯罪中,又可以分为若干小类的犯罪。第二次世界大战前,西方国家刑法将侵犯国家法益的犯罪放在首位,侵犯个人法益的犯罪放在最后。但第二次世界大战后很多国家将侵犯个人法益的犯罪放在首位,将侵犯国家法益的犯罪放在最后,例如,瑞士刑法、俄罗斯刑法,个人法益被置于优先地位,放在刑法分则的第一章中,这就反映了刑法趋向于重视个人利益保护的价值取向。即便立法中依然将侵犯国家利益放在首位,侵犯社会利益和个人利益放在后面,但是在刑法理论的学习中,也一般是按照侵犯个人法益、侵害社会法益、侵害国家法益的顺序进行排列。

当今世界各国刑法典对于刑法分则所规定的具体犯罪的分类,做法不尽相同。有的国家分类比较简单,如俄罗斯刑法典分则,将犯罪分为12类。有的国家分类繁复,如德国刑法典分则将犯罪分为29类;日本现行刑法将犯罪分为40类;韩国刑法典分则将犯罪分为42类。对客观事物进行分类,是科学地认识事物所经常采用的基本方法。对犯罪进行分类，是为了更好地认识各类犯罪的特殊的本质，为正确处理犯罪案件创造条件。

二、我国刑法分则体系的特点

我国刑法分则将各种具体犯罪依据犯罪的同类客体分为10大类，每一章规定一类犯罪，其排列顺序依次为：危害国家安全罪，危害公共安全罪，破坏社会主义市场经济秩序罪，侵犯公民人身权利、民主权利罪，侵犯财产罪，妨害社会管理秩序罪，危害国防利益罪，贪污贿赂罪，渎职罪，军人违反职责罪。在我国刑法典分则第三章破坏社会主义市场经济秩序罪和第六章妨害社会管理秩序罪这两章类犯罪之下，再根据次同类的同类客体进行划分，每一节规定一小同类客体的犯罪，即通常所说的节罪名。然后各个类罪、各种犯罪再依据社会危害程度进行排列，整个刑法分则体系由此建立起来。其特点如下。

（一）以犯罪行为侵犯的同类客体为标准进行分类

犯罪的同类客体是指某一类犯罪行为所共同侵犯的客体，即我国刑法所保护的社会主义社会关系的某一领域或者某一方面。犯罪同类客体的划分，是根据犯罪行为所危害的刑法所保护的社会关系的不同方面进行的分类。作为同一类客体的社会关系，往往具有相同或相近的性质，例如生命权、健康权以及人格权、名誉权等，都与人身有不可分割的直接联系，属于人身权利的范畴，当这些权利受到杀人、伤害、强奸、侮辱、诽谤等犯罪危害时，人身权利就成了这些犯罪所危害的同类客体。我国刑法分则就是根据这一同类客体的原理，将具有同种类属性的犯罪划分为10大类，为构建科学的刑法分则体系奠定了良好的基础。依据同类客体，把多种多样的犯罪，从性质和危害程度上互相区别开来，便于我们对犯罪进行了解、研究，掌握各类犯罪的基本特点。

（二）以犯罪的危害程度为标准对各类犯罪进行排列

在对犯罪进行分类的基础上，恰当地排列各类以及各种犯罪的次序，才能建立起科学的刑法分则体系。我国现行刑法体系主要是根据犯罪的社会危害程度的大小，对各类、各种犯罪采取由重到轻的排列顺序。

我国刑法分则根据类罪的排列是以社会危害程度的大小进行排列的。刑法分则共包括10类犯罪，这10类犯罪就是根据各类犯罪的社会危害性的大小，由重到轻依次排列的。危害国家安全罪侵犯的是国家安全，而国家安全是我国的根本利益，是最重要的社会关系，因此，这类犯罪的社会危害性最为严重，所以，将其排在各章之首。危害公共安全罪侵犯的是社会的公共安全，其社会危害程度仅次于危害国家安全罪，因此，这类犯罪紧随危害国家安全罪之后。刑法分则第3章至第7章的排列，其原理与上相同。然而，危害国防利益罪、贪污贿赂罪、渎职罪和军人违反职责罪，由于其主体和客体具有明显的不同，其被放置于刑法分则的后面部分，只是出于立法技术和编排的便利考量，其社会危害程度并不轻于前面的类罪。另外，类罪的先后排列顺序所表明的社会危害程度的大小，是从总体上而言的，并不意味着排在前面的类罪中的每一种具体犯罪的社会危害性都大于排在后面的类罪中的所有具体罪的社会危害性。

（三）各种具体犯罪也大体上是根据社会危害程度的大小进行排列的

刑法分则中的每一类犯罪都包括数量繁多的各种具体犯罪，各类犯罪中的具体犯罪的排列，大致上也是按照其各自的社会危害性大小，由重到轻依次排列的。例如，在危害公共安全这一类犯罪中，放火、决水、爆炸等犯罪，均属于故意以危险方法危害公共安全的犯罪，其社会危害性最为严重，因此，将它们排在该类犯罪的前面。而教育设施重大责任事故罪、消防责任事故罪等犯罪，属于过失危害公共安全的犯罪，社会危害性相对较轻，因而将它们排在该类犯罪的后面。当然，刑法分则中各类犯罪中每一种具体犯罪，并非绝对按照社会危害性的大小由重到轻进行排列的，有些犯罪的排列顺序，还要顾及其犯罪性质和相互间的逻辑联系。例如，故意杀人罪排在侵犯公民人身权利、民主权利罪之首，紧接其后的是过失致人死亡罪，而社会危害性显然大于过失致人死亡罪的强奸妇女罪、奸淫幼女罪却排在后面，这种排列是因为故意杀人罪和过失致人死亡罪都是侵犯公民生命权利的犯罪，因此将它们排在一起，这样既照顾到犯罪的性质，也符合逻辑。

三、犯罪分类排列的意义

刑法分则按照一定的标准对犯罪进行分类排列，无论在刑法立法和司法实践，还是从刑法理论研究上讲，都具有重要的意义。

1. 在立法方面，通过犯罪的分类排列，建立科学的刑法分则体系，表明立法者对各种犯罪性质的认识和刑法保护的价值取向，体现刑法打击犯罪的重点所在。

2. 在司法方面，犯罪的分类排列，有助于司法工作者较为准确地认定各类犯罪的基本特征，把握各类各种犯罪的危害程度，区分类罪之间及具体犯罪之间的界限，正确地适用刑法。

3. 在刑法理论研究方面，对犯罪进行合理的分类，有利于从理论上阐释和探讨各类各种犯罪的立法意图、构成特征和社会危害程度，从而正确地解决各类各种犯罪的定罪量刑问题，同时也有利于对类罪和个罪进行深入研究，为司法实践正确地定罪量刑提供理论上的指导。

第三节　刑法分则条文的构成

刑法分则主要是由规定具体犯罪的条文组成，而具体犯罪条文一般由罪状和法定刑两部分组成，而罪名又与罪状密切相关。因此，对罪状、罪名以及法定刑的研究，是刑法各论的重要内容。

一、罪状

罪状，是指刑法分则条文对各种具体犯罪的基本构成特征的描述，是认定犯罪的标准。

（一）叙明罪状、简单罪状、引证罪状和空白罪状

根据刑法条文对犯罪构成要件描述形式的不同，将罪状分可以分为叙明罪状、简单罪状、引证罪状和空白罪状四种；

1.叙明罪状

叙明罪状是刑法条文对具体犯罪的基本构成特征作了详细的描述。例如，《刑法》第196条第2款规定："上市公司的董事、监事、高级管理人员违背对公司的忠实义务，利用职务便利，操纵上市公司从事下列行为之一，致使上市公司利益遭受重大损失的，处三年以下有期徒刑或者拘役，并处或者单处罚金；致使上市公司利益遭受特别重大损失的，处三年以上七年以下有期徒刑，并处罚金：(一)无偿向其他单位或者个人提供资金、商品、服务或者其他资产的；(二)以明显不公平的条件，提供或者接受资金、商品、服务或者其他资产的；(三)向明显不具有清偿能力的单位或者个人提供资金、商品、服务或者其他资产的；(四)为明显不具有清偿能力的单位或者个人提供担保，或者无正当理由为其他单位或者个人提供担保的；(五)无正当理由放弃债权、承担债务的；(六)采用其他方式损害上市公司利益的。"

在我国刑法中，叙明罪状占多数，这是因为叙明罪状对犯罪的特征有详细的描述，有助于对犯罪的认定和统一适用法律。

2.简单罪状

简单罪状是指刑法条文只简单地规定罪名或者简单描述具体犯罪的基本构成特征。比如《刑法》第232条规定："故意杀人的，处死刑、无期徒刑或者十年以上有期徒刑；情节较轻的，处三年以上十年以下有期徒刑。"这里就只描述了故意杀人罪的主观方面和客观方面特征，因而该罪状是简单罪状。在我国刑法中，简单罪状的数量不是很多。刑法中之所以采取简单罪状的方式，是因为这些犯罪的特征易比较明显，且为人广知，因而无须在法律上作具体的描述。简单罪状虽然缺乏对犯罪构成特征的具体描述，但是刑法条文简练概括，避免了烦琐。

3.引证罪状

引证罪状是指引用同一法律中的其他条款来说明和确定某一犯罪构成的特征。例如，《刑法》第253条第2款规定："犯前款罪而窃取财物的，依照本法第二百六十四条的规定定罪从重处罚。"在这里，前款罪是指第253条第1款规定的"邮政工作人员私自开拆或者隐匿、毁弃邮件、电报的，处二年以下有期徒刑或者拘役"，即邮政工作人员私自开拆、隐匿、毁弃邮件、电报罪，犯前款罪而窃取财物时，构成第264条规定的盗窃罪并从重处罚。但是，在第253条第2款中并未叙明盗窃罪的特征，它需要引用第264条的罪状来说明。采用引证罪状方式，是为了避免条款间文字上的重复。

4.空白罪状

空白罪状是指刑法条文没有直接地具体说明某一犯罪构成的特征，而只是指出该犯罪行为所违反的其他法律、法规。例如《刑法》第337条规定："违反有关动植物防疫、检疫的国家规定，引起重大动植物疫情的，或者有引起重大动植物疫情危险，情节严重的，处三

年以下有期徒刑或者拘役,并处或者单处罚金。单位犯前款罪的,对单位判处罚金,并对其直接负责的主管人员和其他直接责任人员,依照前款的规定处罚。”这里仅指明在认定妨害动植物防疫、检疫罪时必须参照动植物防疫、检疫法的有关规定,没有直接地具体描述该罪的特征,因而是空白罪状。采用空白罪状的方式,是因为有关法律、法规的规定内容往往较多,如果都写在刑法条文中,会使刑法条文过于烦琐。所以空白罪状形式,对简化刑法分则条文,沟通刑法与有关法律、法规的关系,有促进作用。

(二)单一罪状和混合罪状

根据罪刑式条文对罪状描述方式的多寡,可以将罪状分为单一罪状和混合罪状两种。

1.单一罪状

单一罪状是指刑法条文仅采用叙明、简单、引证或者空白罪状中的一种方式对某一犯罪的基本构成特征进行描述。我国刑法分则条文中的绝大多数罪状,属于简单罪状。

2.混合罪状

即某一罪刑式条文同时采用叙明、简单、引证或者空白罪状中的两种或者两种以上方式对某一犯罪的基本构成特征进行描述。例如,《刑法》第340条规定:“违反保护水产资源法规,在禁渔区、禁渔期或者使用禁用的工具、方法捕捞水产品,情节严重的,处三年以下有期徒刑、拘役、管制或者罚金。”在法条中先是指出了认定非法捕捞水产品罪的犯罪构成需要参照的法规,属于空白性的描述方式;而其后面又详细地描述了非法捕捞水产品罪的犯罪地点、时间、工具、方法、对象以及情节方面的特征,属于叙明性的描述方式。由此可见,第340条使用了两种方式来描述非法捕捞水产品罪的罪状,是混合罪状。采用混合罪状方式,是由某些犯罪的特殊性决定的。在刑法分则条文中,混合罪状式的刑法条文数量不大。

二、罪名

罪名,是指犯罪的名称,有广义和狭义之分。广义的罪名包括类罪名、类罪中的节罪名和具体罪名。狭义的罪名仅指刑法分则规定的某种具体犯罪的名称。在我国刑法中,类罪名是指刑法分则以章、节标题规定的罪名,下辖若干个罪名;个罪名是指刑法分则性条文规定的具体犯罪的名称,称为具体罪名。在此处主要是指刑法分则中具体犯罪条文的构成,因而是狭义上的罪名。

(一)罪名的功能

因罪名反映了某种具体犯罪的本质或者主要特征,是对相应刑法分则条文规定的该罪罪状的高度概括,所以罪名不仅仅是对某种具体犯罪的称谓,而且在认定犯罪时也具有重要的意义。具体来说,罪名具有以下功能。

1.概括功能。犯罪是一种现象,纷繁复杂,各种各样,刑法分则条文具体规定这些犯罪的罪状,罪名就是对具体罪状的高度浓缩,将具体犯罪的本质属性直接呈现出来,是该种犯罪与其他犯罪相区别的主要特征。罪名的概括功能还表现在对刑法分则的罪刑式条文所描述的具体犯罪的构成特征概括成一个简单的名称,以便于人们记忆。

2.区分功能。由于罪名是对具体犯罪本质的高度概括,又因具体犯罪主客观方面的表现不尽相同或社会危害程度有差别,不同的罪名所反映的犯罪行为的性质和特征不同,这就使得罪名具有了区分功能。也就是说,通过罪名,可以大致地区分罪与非罪、此罪与彼罪的界限。

3.评价功能。罪名因揭示犯罪的本质属性,也由此就代表了一种评价,即对这种危害社会行为所给予的否定评价,以及对实施某种罪名的犯罪主体的谴责。

4.威慑功能。由罪名的评价功能引申出罪名的威慑功能。因为罪名体现了对犯罪的否定评价和对行为人的谴责,表明任何实施犯罪罪名的行为都要受到否定的评价,要受到国家刑罚的惩罚,从而使人们了解行为的界限,为行为提供了一个标准,因而具有了威慑和预防犯罪的功能。

(二)罪名的确定

正确确定罪名,对刑事司法工作具有十分重要的意义。正确确定罪名,有利于贯彻罪刑法定原则,严格区分罪与非罪、此罪与彼罪的界限,有利于贯彻罪刑相适应原则,恰当量刑。在1997年6月召开的第四次全国刑事审判工作会议上,最高人民法院强调:"依法准确认定犯罪性质,是审判刑事案件的基本要求。只有严格依法认定犯罪,正确区分罪与非罪的界限,才能准确打击犯罪,切实保护公民的合法权利,不枉不纵。只有准确确定罪名,正确区分此罪与彼罪的界限,才能使犯罪分子受到应有的制裁。"除了立法罪名外,其他罪名都有一个如何确定的问题。

在各国的立法模式和司法实践中,通常通过两种方式来确定具体的犯罪罪名。一是明示方式,即立法者在刑法分则中明确规定具体的犯罪罪名。例如日本刑法典就采用这种模式;二是由司法机关或者刑法理论根据刑法分则的具体罪状确定。我国刑法中的罪名就是通过这种方式来确定的。

在刑法分则没有明确规定罪名的情况下,确定具体的罪名必须以刑法分则规定的该种犯罪的罪状为基础,必须能准确反映对应犯罪的本质特征,必须具有简明概括的特点。

"以刑法分则规定的该种犯罪的罪状为基础",是指确定罪名时必须是严格根据刑法分则规定具体犯罪的条文所描述的罪状进行,既不得超出罪状的内容,也不得片面地反映罪状的内容。因此,确定罪名时只能按照刑法分则规定的罪状,由此抽象概括出该具体罪状的罪名。

"能准确反映对应犯罪的本质特征"是指罪名必须反映具体犯罪的性质与本质特征,反映出此罪与彼罪的区别。这就需要分析具体犯罪的构成要件,找出其本质特征,科学概括其罪名。例如,《刑法》第194条至第198条分别规定了进行票据诈骗活动、金融凭证诈骗活动、信用证诈骗活动、信用卡诈骗活动与保险诈骗活动的犯罪,将其分别概括为:票据诈骗罪、金融凭证诈骗罪、信用证诈骗罪、信用卡诈骗罪与保险诈骗罪,既反映出这些犯罪的基本特征,也有利于明确它们之间及其与《刑法》第266条规定的诈骗罪的区别。

所谓"简明概括",是指罪名必须是对具体犯罪罪状的高度概括,罪名的表述应力求简单明了,避免冗长烦琐。首先要求罪名的用语要含义明确,不能模糊。其次要求罪名用语要精练。例如,《刑法》第266条规定的"诈骗公私财物"的行为,就只需要将其概括为诈骗罪即可。

(三)罪名的分类

根据不同的标准,可以将罪名划分不同的种类。

1.立法罪名、司法罪名和学理罪名

根据罪名的效力分为立法罪名、司法罪名和学理罪名。立法罪名,是指立法机关在刑法分则条文中明确规定的罪名。如贪污罪、受贿罪、挪用公款罪、行贿罪等都是由刑法分则有关条文明确规定的罪名。立法罪名具有最高的法律效力,在司法实践中,不能对有关犯罪使用与立法罪名不同的罪名,即便是司法解释确定的罪名也不能更改立法已经确定的罪名。司法罪名,是指最高司法机关通过司法解释所确定的罪名。例如,最高人民法院于1997年12月16日发布的《关于执行〈中华人民共和国刑法〉确定罪名的规定》,对我国现行刑法分则所规定的各种罪名进行确定。司法罪名对司法机关办理刑事案件具有法律约束力,对于统一认定罪名起着很好的作用。立法罪名和司法罪名都具有法律效力。学理罪名,是指理论上根据刑法分则的有关规定对具体犯罪所概括出的罪名。学理罪名没有法律效力,但对司法实践确定罪名具有指导和参考作用。

2.单一罪名、选择罪名、并列罪名和概括罪名

根据罪名在同一刑法分则条款中的存在形式,可以将罪名分为单一罪名、选择罪名和并列罪名。

单一罪名,是指刑法分则只规定了一种具体犯罪的罪状,所以犯罪构成的具体内容单一,只能反映一个犯罪行为,不能分解拆开使用的罪名。例如,故意杀人罪、故意伤害罪等,它们所表示的是具体犯罪行为,不可能对它们进行分解。行为触犯一个单一罪名的,便构成一罪。

选择罪名,是指同一刑法分则条文规定的具体罪状中包含了行为方式、行为对象等多种内容,其犯罪构成的具体内容复杂,反映出多种犯罪行为,可以概括使用,也可以分解使用的罪名。在这种罪状中,任何一种或者多种行为方式与一种或者多种行为对象的结合都可以是一个单独的罪名。选择罪名大致分以下三种情况:第一是行为选择。第二是对象选择。第三是行为与对象同时选择。例如,拐卖妇女、儿童罪,它是一个罪名,但它包括了拐卖妇女的行为与拐卖儿童的行为,即可分两个罪名。在当行为人只拐卖妇女时,定拐卖妇女罪;当行为人拐卖儿童时,定拐卖儿童罪。当行为人既拐卖妇女又拐卖儿童时,定拐卖妇女、儿童罪,不实行数罪并罚。选择罪名既可以包括许多具体犯罪,又避免具体罪名繁杂。在选择罪名中,尤其要注意的是,即便是犯罪分子同时实施了多种行为方式与对象结合、一种行为方式与多种对象相结合、多种行为方式与多种对象相结合的情况,也都认定为一罪,而不是数罪并罚。

并列罪名,不同于选择性罪名,是指在同一刑法分则条文中规定了两种以上相对独立的具体犯罪的罪状。两种以上行为虽然规定在同一条款,但一般认为是两个以上的独立

罪名。例如《刑法》第 246 条第 1 款规定:“以暴力或者其他方法公然侮辱他人或者捏造事实诽谤他人,情节严重的,处三年以下有期徒刑、拘役、管制或者剥夺政治权利。”虽然在处刑规范上相同,但是侮辱罪与诽谤罪是两个具有不同行为方式的独立罪名。对于这种类型的罪名,如果行为人既有侮辱行为,又有诽谤行为的,应定侮辱、诽谤罪一罪,还是实行数罪并罚,这仍然是个值得探讨的问题。

概括罪名是指在刑法分则规定的某一具体犯罪的罪状中包含了多个可以独立构成犯罪的行为,但是因这些行为具有一定的内在联系又不能分解为独立犯罪而只能共同适用同一罪名情况。这种犯罪的构成,具体内容复杂,反映出多种犯罪行为,但只能概括使用,不能分解拆开使用罪名。如信用卡诈骗罪包括了使用伪造的信用卡、使用作废的信用卡、冒用他人信用卡、恶意透支四种行为,不管实施了其中某种或者某几种犯罪行为,通说一般认为定信用卡诈骗罪一罪。

三、法定刑

(一)法定刑的概念

所谓法定刑,是指刑法分则及其他刑事法律规范中对各种具体犯罪所规定的刑种与刑罚的幅度(量刑幅度)。

犯罪是刑法所禁止的行为,刑法是通过法定的刑种与刑度来禁止犯罪行为的。所以法定刑本身就能反映出对犯罪行为的否定评价和对犯罪人的谴责态度。我国《刑法》第 32 条至第 35 条,规定了管制、拘役、有期徒刑、无期徒刑、死刑五种主刑和罚金、剥夺政治权利、没收财产、驱逐出境四种附加刑,这是刑法总则对法定刑的规定。而刑法分则及其他刑事法律规范中的法定刑,是依照刑法总则的规定、根据具体犯罪的社会危害性而确定的刑种与刑度。因此,在刑法中确定的法定刑,还反映出对犯罪的社会危害程度的评价。因为具体犯罪法定刑的确定,是以通常情况下该犯罪的社会危害性可能达到的最高程度和最低程度为依据的。某种犯罪的社会危害程度较大,就会规定较重的法定刑;反之,就会规定较轻的法定刑。

在刑法中确定适当的法定刑,是罪刑法定原则的要求,也是罪责刑相适应原则的要求。罪责刑相适应原则要求要罚当其罪,即一方面,法定刑要与犯罪的社会危害程度和情节相适应。如果法定刑与犯罪不相适应,刑事司法上就不可能做到罪责刑相适应。另一方面,法定刑又是人民法院量刑的法律依据,即在通常情况下,人民法院只能在法定刑的范围内选择与犯罪相适应的刑种与刑度。在法律有减轻的特别规定时,人民法院的量刑可以低于法定刑,但这种减轻仍应以法定刑为依据,而不是离开法定刑进行任意减轻。

(二)法定刑的种类

对于法定可以从不同角度进行分类。根据我国立法实践与刑法理论,以法定刑的刑种、刑度是否确定以及确定的程度为标准,可以将法定刑分为绝对确定的法定刑、绝对不确定的法定刑、相对确定的法定刑。

1.绝对确定的法定刑

绝对确定的法定刑，是指在刑法分则条文中针对某种犯罪或者具备某种情节，只规定单一的刑种与固定的刑度的法定刑表现形式。这种法定刑缺乏灵活性，法官没有自由裁量权，不能根据具体情况判处轻重适当的刑罚。因此，现代各国刑法一般不采用这种法定刑。我国1979年颁布的刑法没有规定这种法定刑，在1997年刑法规定了少量的绝对确定的法定刑，且只是针对某种具备某种特殊情节时，才适用这种绝对确定的法定刑。例如，《刑法》第121条规定："劫持航空器，致人重伤、死亡或者使航空器遭受严重破坏的，处死刑。"第239条第2款规定："犯前款罪，致使被绑架人死亡或者杀害被绑架人的，处死刑，并处没收财产。"

需要说明的是，在我国刑法分则中也出现了针对某些犯罪具有"情节特别严重"的情况，规定了"无期徒刑"或者"死刑"这样的法定刑。例如，《刑法》第240条规定，拐卖妇女、儿童，情节特别严重的，处死刑。类似的规定还有一些，但它只是针对某种犯罪的"情节特别严重"的情况而言，而"情节特别严重"认定就需要考虑犯罪人的人身危险性、犯罪的动机、犯罪的目的以及犯罪所造成的危害后果等，这无疑是要求跟具体案件的具体情况确定是否选择这种法定刑，因此，这种类型的法定刑，不能算严格意义上的绝对确定的法定刑。

2.绝对不确定的法定刑

绝对不确定的法定刑，是指在刑法分则条文中不规定刑种与刑度，只笼统规定对某种犯罪应予惩处，如对具体犯罪只规定"依法制裁""依法严惩""依法追究刑事责任"等，至于如何具体处刑，完全由审判机关决定。这种法定刑没有统一的量刑幅度，实际上没有提供处刑标准，不利于贯彻罪刑相适应的原则，也不利于法制的统一，所以，我国刑法没有规定这种法定刑。

3.相对确定的法定刑

相对确定的法定刑，是指在刑法分则条文中根据不同的犯罪性质和社会危害性，分别规定一定的刑种与刑度，并明确规定最高刑与最低刑的法定刑。"确定"是指针对符合某一具体罪状的犯罪，规定了最高刑和最低刑。"相对"是指对符合特定罪状的犯罪量刑时，司法机关可以根据案件的不同情况，在法定最高刑和最低刑的范围内，决定最适当的刑罚。这种类型的法定刑，有利于罪刑法定原则和罪责刑相适应原则的有机结合，有利于刑法的相对稳定。我国刑法分则通常规定的是相对确定的法定刑，其主要可以分为以下几种情况：

(1)明确规定法定最高刑量和法定最低的刑种。即刑法分则条文针对某种犯罪在规定了法定最低的刑种的同时，针对另一种刑种也规定了刑罚的最高限度，但刑罚的最低限度则没有规定，需要根据刑法总则的规定来确定。例如，《刑法》第253条规定："邮政工作人员私自开拆或者隐匿、毁弃邮件、电报的，处二年以下有期徒刑或者拘役。"在本条规定中，有两个刑种，分别是拘役和有期徒刑。最低刑种是拘役，而有期徒刑最高刑量为2年以下有期徒刑，依据《刑法》第45条的规定，有期徒刑的最低期限为6个月。因此，人民法院应在6个月以上2年以下的幅度内裁量刑罚。根据《刑法》第99条的规定，"以上""以下"包括本数。

(2)明确规定法定的最低刑量和法定最高刑的刑种。即分则规范只规定刑罚的最低限度,刑罚的最高限度根据总则规定确定。例如,《刑法》第 133 条第 1 款规定:“违反交通运输管理法规,因而发生重大事故,致人重伤、死亡或者使公私财产遭受重大损失的,处三年以下有期徒刑或者拘役;交通运输肇事后逃逸或者有其他特别恶劣情节的,处三年以上七年以下有期徒刑;因逃逸致人死亡的,处七年以上有期徒刑。”在本款规定中,有规定最低的刑量,但是在因逃逸致人死亡这个情节上,只规定了法定最高刑的刑种。依据《刑法》总则第 45 条的规定,有期徒刑的最高刑期为 15 年,所以,人民法院应在 7 年以上 15 年以下的幅度内裁定刑期。

(3)明确规定法定最高刑量与法定最低限度的刑量。即刑法分则条文同时规定了刑罚的最高刑期与最低刑期,无须再根据刑法总则的规定确定最高刑期与最低刑期。例如,《刑法》第 236 条第 1 款规定:“以暴力、胁迫或者其他手段强奸妇女的,处三年以上十年以下有期徒刑。”显然,人民法院应在此幅度内决定刑期。

以上三种相对确定的法定刑主要是就刑种为有期徒刑而言,因为死刑与无期徒刑没有刑度问题,拘役、管制以及剥夺政治权利的期限幅度较小,无须在分则条文中详细规定,直接根据刑法总则规定的进行裁量即可。

(4)浮动法定刑,也称浮动刑、机动刑,是指法定刑的具体期限或具体数量并非确定,而是根据一定的标准升降,处于一种相对不确定的游移状态。如《刑法》第 227 条第 2 款规定:“倒卖车票、船票,情节严重的,处三年以下有期徒刑、拘役或者管制,并处或者单处票证价额一倍以上五倍以下罚金。”在本款规定中,“票证价额一倍以上五倍以下罚金”即为浮动法定刑,其仅限于罚金刑的适用,一般情况下适用于经济犯罪、财产犯罪,对其他犯罪难以甚至不可能规定浮动法定刑。这是因为罚金刑的数额要根据刑法规定的某种事实标准予以确定。

浮动法定刑与相对确定法定刑的区别是:在刑法分则规定相对确定的法定刑,不管案件发生与否,人们可以事先得知刑罚的具体幅度;而刑法分则规定浮动法定刑时,只有查清了刑法所规定的特定事实,才能确定刑罚的具体幅度。所以,浮动法定刑不同于相对确定的法定刑。

将罚金刑规定为浮动刑,具有以下优点:首先,有利于体现罪刑相适应的原则。决定罚金数额时,应以犯罪情节为根据,而犯罪数额是经济犯罪、财产犯罪的一个重大情节。根据犯罪数额确定罚金的幅度,在此幅度内再考虑其他情节,就能做到罪刑相适应。其次,有利于考虑犯罪人的经济状况。罚金刑的缺陷之一在于其效果因贫富之差而完全不同,这就决定了确定罚金数额时,必须考虑犯罪人的经济状况以实现罚金刑的实质公平性。浮动的罚金刑则有利于人民法院考虑犯罪人的经济状况。最后,有利于刑法的稳定。刑法的相对稳定性要求法条能够适应社会形势变化后的各种情况。各国立法者都对罚金数额的规定感到棘手,即使好不容易规定了相对确定的罚金数额,但出现通货膨胀后,原来规定的罚金数额必然显得过低,不得不修改刑法。浮动的罚金刑不存在上述问题,因而有利于刑法的稳定。

（三）法定刑与宣告刑、执行刑的区别

宣告刑是人民法院根据犯罪的事实、犯罪性质、情节和社会的危害程度，对具体犯罪宣告应当执行的刑罚。法定刑不同于宣告刑。法定刑是立法机关在制定刑法时确定的，宣告刑是司法机关在处理具体案件时确定的；法定刑有可供选择的刑种与刑度，宣告刑只能是特定的刑种与刑度，但宣告刑必须以法定刑为依据，即使从轻、从重、减轻处罚时，也要以法定刑为依据。可见，法定刑是立法上的规定，宣告刑是执法中的适用。

执行刑是犯罪分子实际执行的刑罚。宣告刑所宣告的是犯罪分子应当执行的刑罚，故宣告刑是执行刑的前提和基础。在一般情况下，宣告刑和执行刑是相等的，但在犯罪分子具有减刑、假释、赦免等某些特殊情况下，执行刑要低于宣告刑。

执行刑与法定刑有明显区别：法定刑是刑法规定的刑种与刑度，执行刑是犯罪分子实际执行的刑罚。执行刑以宣告刑为前提，宣告刑必须以法定刑为基础，宣告刑因具有减轻处罚等情节而低于法定刑，因此，执行刑也有可能低于法定刑。

第十九章　危害国家安全罪

第一节　危害国家安全罪概述

一、危害国家安全罪的概念和种类

（一）危害国家安全罪的概念

所谓危害国家安全罪，是指故意实施危害中华人民共和国国家安全的行为。

危害国家安全罪是我国刑法中性质最严重、最危险、危害性最大的一类犯罪。世界各国刑法中均将此类犯罪列为处罚的重点。

（二）危害国家安全罪的种类

我国刑法分则第1章规定了12种危害国家安全罪的罪名，可以分为以下三类：

1.危害政权、分裂国家的犯罪：（1）背叛国家罪；（2）分裂国家罪；（3）煽动分裂国家罪；（4）武装叛乱、暴乱罪；（5）颠覆国家政权罪；（6）煽动颠覆国家政权罪；（7）资助危害国家安全罪。

2.叛变、叛逃的犯罪：（1）投敌叛变罪；（2）叛逃罪。

3.间谍、资敌的犯罪：（1）间谍罪；（2）窃取、刺探、收买、非法提供国家秘密、情报罪；（3）资敌罪。

二、危害国家安全罪的构成综述

1.犯罪客体是中华人民共和国的国家安全。这是本类犯罪与普通刑事犯罪的本质区别。国家安全是指一个国家的主权独立，领土完整与民族团结，国家制度与社会利益等方面的综合。具体是指国家的政治制度和社会制度不受颠覆；国家的独立、主权和领土完整不受侵犯；国家的统一和民族团结不受侵犯；国家的经济发展、科技进步、文化繁荣不受侵害；对外平等互利的政治经济文化交往不受干涉；国家的秘密不被窃取；国家机构不被渗透；国家工作人员不被策反等等。国家安全是每个国家生存、发展和富强的根本保障，世界各国都将维护国家安全放在首位。

保卫我国的国家安全，是我国公民最神圣的法定义务。我国刑法分则第1章国家安全罪，揭示了危害国家安全犯罪的本质特征。

2. 犯罪客观方面实施了危害中华人民共和国国家安全的犯罪行为。这是本类犯罪与普通刑事犯罪在客观上的原则区别。

依照《中华人民共和国国家安全法》的规定，危害国家安全的行为是指境外机构、组织、个人实施或指使、资助他人实施的，或者境内组织、个人与境外机构、组织、个人相勾结实施的下列危害国家安全的行为：

(1)阴谋颠覆政府、分裂国家、推翻社会主义制度。

(2)参加间谍组织或者接受间谍组织及其代理人的任务。

(3)窃取、刺探、收买、非法提供国家秘密。

(4)策动、勾引、收买国家工作人员叛变。

(5)进行危害国家安全的其他活动等。

刑法第 102 条至第 112 条对此做了明确的规定。

3. 犯罪主体既有一般主体，也有特殊主体。通常情况下凡是达到刑事责任年龄，具有刑事责任能力的自然人均可构成本类犯罪。犯罪人身份可以是中国公民，也可以是外国人或无国籍人。既可由个人实施，也可以由机构、组织实施，或者二者相勾结共同实施。但是刑法条款中有些特定的犯罪，尽管是境内外勾结，犯罪主体也只能是中国公民，如投敌叛变罪、叛逃罪等。

4. 犯罪主观方面表现为故意。犯罪人必须故意实施危害中华人民共和国国家安全的行为，即犯罪人明知自己的行为危害国家安全，仍然希望或放任这种行为结果的发生。如果犯罪人没有预见或无法预见到自己的行为是危害国家安全的，则不构成本类犯罪。这是本类犯罪与普通刑事犯罪在主观上的重要区别。犯罪人具体动机如何，并不影响本类犯罪的认定。

只有上述犯罪构成四要件齐备的，危害国家安全罪才能成立。

三、认定危害国家安全罪应注意的问题

在认定本类犯罪时，应注意以下几个问题：

1. 思想犯不构成犯罪。构成本类犯罪必须以实施了危害国家安全的行为为前提，如果行为人并没有具体行为，仅只有危害国家安全的一些思想活动，则不构成本类犯罪。要注意语言一般只是单纯的思想流露，是不构成犯罪的。但在某些场合下语言却可能表现为行为方式，而构成犯罪，如煽动颠覆政府、分裂国家的犯罪。

2. 某些危害国家安全的犯罪属于行为犯。因此不一定要求有危害结果的发生，只要犯罪人实施了危害国家的行为，即构成既遂。如果在实施行为过程中，由于犯罪行为人意志以外的原因未得逞、未将行为实施完毕的，或自动中止的，可以构成未遂或中止。

第二节　危害国家安全罪分述

一、背叛国家罪

(一)背叛国家罪的概念

所谓背叛国家罪,简称为叛国罪,是指中国公民勾结外国,危害中华人民共和国的主权、领土完整和安全的行为。

(二)背叛国家罪的特征

1.犯罪客体是中华人民共和国国家安全。国家安全是一个国家得以存在和发展的最为必要的因素。国家主权、领土完整和安全是国家安全的最重要保证,背叛国家罪就是性质最严重、最危险,而最应当重点打击的一种危害国家安全的犯罪。

2.犯罪客观方面,表现为勾结外国或境外机构、组织及个人,危害中华人民共和国主权、领土完整和安全的行为。认识此种行为应该把握以下两个方面:

(1)必须有勾结外国或境外机构、组织及个人的行为。勾结外国,包括外国的机构、组织和个人。其中外国机构是指外国的官方机构,如政府、军队以及其他国家机关设置的机构,也包括外国驻我国使领馆及办事处等。外国组织是指外国的政党、社团及其他企事业单位。所谓勾结是指与国外机构、组织及个人主动挂勾联系、投靠,接受其资助、指使,寻求支持、帮助,也包括外国机构、组织及个人与我国国内组织或个人联络挂勾,提供各种资助、帮助。所谓境外,是指中华人民共和国领域以外和领域以内中华人民共和国政府尚未实施行政管辖的地域。

(2)危害中华人民共和国国家安全。

以上两者在认识客观行为时是紧密联系不可分割的,前者表现为手段行为,后者往往表现为目的行为。

3.犯罪主体只能是具有中华人民共和国国籍的公民。在通常情况下,实施本罪行为的,主要是那些窃据党和国家、军队要害部门,掌握国家重要权力或者有重大社会影响的知名人士。但在特殊情况下,普通公民也可以成为本罪的主体。如果是外国机构、组织、个人与我国公民勾结、资助,共同进行上述行为,则可能构成资助危害国家安全犯罪活动罪。

4.犯罪主观方面表现为故意,并且具有危害中华人民共和国主权、领土完整和安全的目的。

(三)认定背叛国家罪应注意的问题

在认定背叛国家罪时应注意犯罪的预备、未遂和既遂的界限。

首先,本罪属行为犯,即只要实施了勾结外国或勾结境外组织、机构及个人,危害中华人民共和国国家安全的行为,无论是否发生危害后果,均构成犯罪既遂。如果为了进行勾结而寻求联系,由于行为人意志以外的原因没有得逞的,属犯罪未遂。

(四)背叛国家罪的法定刑

《刑法》第102条规定,勾结外国危害中华人民共和国的主权、领土完整和安全的,处无期徒刑或者10年以上有期徒刑。与境外机构、组织、个人相勾结,危害中华人民共和国主权、领土完整和安全的,按照上述规定定罪处罚。

《刑法》第113条规定,犯本罪的,对国家和人民危害特别严重、情节特别恶劣的,可以判处死刑,还可以并处没收财产。

二、分裂国家罪

(一)分裂国家罪的概念

所谓分裂国家罪,是指组织、策划、实施分裂国家,破坏中华人民共和国国家统一的行为。

(二)分裂国家罪的特征

1.犯罪客体是国家的安全和统一。国家的统一是国家领土完整的最基本的体现,是每个国家所追求的政治目标。我国的统一大业还未完成,在今后一段时期内,促进、保护国家统一,完成统一事业,仍是全体国民的一项重要使命。因此,刑法对分裂和破坏国家统一的行为进行严惩有着尤为深刻的现实意义。

2.犯罪客观方面表现为组织、策划、实施分裂国家、破坏国家统一的行为。组织是指使分散的人具有一定的整体性,其既包括预备过程中的组织,也包括实施行为过程中的组织。策划是指暗中密谋、筹划。需要指出的是尽管组织、策划属于事实上的预备行为,但依法律规定,其属于客观构成要件的一部分,实施上述行为的,即构成分裂国家罪的客观构成要件。实施是指已经着手,正式开始实行分裂国家、破坏统一的活动,如另立非法政权、实行地方割据、挑起民族矛盾等。煽动分裂国家罪在客观方面表现为煽动分裂国家、破坏国家统一的行为。煽动的方式可以多种多样,主要是以捏造、歪曲事实,发表言论,以文字、创作、传播音像制品等方式进行散布。除此之外,本罪与分裂国家罪的区别还在于行为人并非本人实施分裂国家行为,而是煽动他人实施。

本罪属于行为犯,只有实施了组织、策划、实施国家分裂的行为,无论是否造成严重后果,均不影响犯罪的构成。

3.犯罪主体是一般主体。既可以是外国人犯罪,也可以是境外人员。

4.犯罪主观方面表现为故意。

(三)分裂国家罪的法定刑

《刑法》第103条规定,组织、策划、实施分裂国家、破坏国家统一的,对首要分子或者罪行重大的，处无期徒刑或者10年以上有期徒刑；对积极参加的，处3年以上10年以下有期徒刑；对其他参加的，处3年以下有期徒刑、拘役、管制或者剥夺政治权利。

《刑法》第106条规定，与境外相勾结犯以上两罪的，从重处罚。《刑法》第113条规定，犯分裂国家罪，对国家和人民危害特别严重、情节特别恶劣的，可以判死刑，可以并处没收财产。

三、煽动分裂国家罪

（一）煽动分裂国家罪的概念

所谓煽动分裂国家罪，是指煽动分裂国家，破坏国家统一，危害中华人民共和国国家安全的行为。

（二）煽动分裂国家罪的特征

1. 犯罪客体是国家的安全和统一。

2. 犯罪客观方面，表现为煽动他人进行分裂国家，破坏国家统一的行为。煽动的方式既可以是口头的，也可以是书面等形式。只要犯罪人以分裂国家，破坏国家统一为目的而实施了煽动行为，即构成犯罪既遂。

3. 犯罪主体是一般主体。

4. 犯罪主观方面出于故意，并且具有分裂国家，破坏国家统一的目的。

（三）煽动分裂国家罪的法定刑

《刑法》第103条第2款、第106条规定，犯本罪的，处5年以下有期徒刑、拘役、管制或者剥夺政治权利；首要分子或者罪行重大的，处5年以上有期徒刑。与境外机构、组织、个人相勾结实施本罪的，从重处罚。

根据《刑法》第56条、第113条第2款规定，犯本罪的，应当附加剥夺政治权利，可以并处没收财产。

四、武装叛乱、暴乱罪

（一）武装叛乱、暴乱罪的概念

所谓武装叛乱、暴乱罪，是指组织、策划、实施武装叛乱或武装暴乱的行为。

（二）武装叛乱、暴乱罪的特征

1. 犯罪客体是国家安全和社会政治稳定。

2. 犯罪客观方面，表现为组织、策划、实施武装叛乱或武装暴乱的行为。其行为具有以下特征：

(1)必须有进行武装叛乱或者武装暴乱的目的。所谓武装叛乱和武装暴乱，都是指多数人持有枪支、炮、炸药等武器和刀、斧、棍棒等器械,公开反抗中央政府和各级政权的叛乱或暴乱行为。但是从概念及行为特征进行分析,二者毕竟是存在一定区别的。武装叛乱往往包含有投靠或意图投靠境外组织或敌对势力的行为或目的,而武装暴乱多表现为破坏社会秩序,与国家对抗的行为。

(2)必须有组织、策划、实施叛乱或暴乱的行为。即行为人或作为组织者、指挥者,纠集多人,建立一定的组织机构,或积极参加密谋、筹划,制定具体的纲领。目标、行动步骤或具体实施,包括煽动不明真相的人员公开进行武装叛乱或武装暴乱。

刑法规定,对于有策动、胁迫、勾引、收买国家机关工作人员、武装部队人员、人民警察、民兵进行武装叛乱或武装暴乱行为的,从重处罚。策动,是指策划、鼓动他人进行武装暴乱或武装叛乱;胁迫,是指威胁、强迫或者控制他人参与犯罪活动;勾引,是指勾结、引诱;收买,是指用钱财或其他好处笼络人,以受其利用。

3.犯罪主体是一般主体。既可以是中国公民,也可以是境外人员。在犯罪中,是指首要分子或罪行重大的、积极参加的、其他参加的人员。首要分子即组织者、策划者。罪行重大的主要指虽不是首要分子,但参与密谋、决策或者直接造成严重后果的犯罪人。积极参加是指主动参加的犯罪人。其他参加者是指被胁迫、利诱而参加的人员。其他参加者并不是所有参加者都应包括在内,如果行为人缺乏主观罪过或者属情节显著轻微、危害不大的,则不能构成本罪的主体。

4.犯罪主观方面表现为故意。

(三)武装叛乱、暴乱罪的法定刑

《刑法》第 104 条规定,组织、策划、实施武装叛乱或者武装暴乱的,对首要分子或者罪行重大的,处无期徒刑或者 10 年以上有期徒刑;对积极参加的,处 3 年以上 10 年以下有期徒刑;对其他参加的,处 3 年以下有期徒刑、拘役、管制或者剥夺政治权利。策动、勾引、收买国家工作人员,武装部队人员、人民警察、民兵进行武装叛乱或武装暴乱的,从重处罚。

《刑法》第 106 条规定,与境外机构、组织、个人勾结犯本罪的,从重处罚。《刑法》第 113 条规定,犯本罪,对国家和人民危害特别严重、情节特别恶劣的,可以判处死刑,可并处没收财产。

五、颠覆国家政权罪

(一)颠覆国家政权罪的概念

所谓颠覆国家政权罪,是指组织、策划、实施颠覆中华人民共和国的国家政权和社会制度的行为。

(二)颠覆国家政权罪的特征

1.犯罪客体是国家政权和社会政治制度。国家政权和社会制度是国家安全的核心,国家政权的稳固与否,是国家安全能否得到保障的前提,社会制度是国家的根本制度,对国家政权和社会制度的侵犯直接严重危及国家安全。

2.犯罪客观方面,表现为行为人颠覆国家政权和社会制度的行为。所谓颠覆国家政权已是指以非法手段从内部推翻国家的合法政权,其颠覆手段可以是多样的,既可以是公开的,也可以是秘密的;既可以采取暴力手段,也可以采取非暴力手段改变国家政权的性质,犯罪行为方式是指组织、策划、实施颠覆的行为,犯罪对象为国家政权和社会制度。国家政权包含有两个方面的内容,一是我国的各级权力机关、司法机关、军事机构等在内的整个政权;二是包括中央人民政府和地方人民政府。社会制度是指人民民主专政的政权和以公有制为主体的社会主义市场经济制度。

本罪属行为犯,即只要有组织、策划、实施或者煽动行为,无论是否有实害性结果,均符合本罪的客观要件。

3.犯罪主体为一般主体。可以是中国人,也可以是境外人员。因为属于有组织犯罪,依据行为所起作用不同,可分为首要分子和罪行重大的、积极参加的和其他参加的,其刑事责任是不同的。

4.犯罪主观方面表现为故意,并且具有直接颠覆国家和政权的意图。

(三)认定颠覆国家政权罪应注意的问题

在认定本罪时,应注意以下一些问题:

1.以暴力手段颠覆国家政权时,应注意与武装暴乱罪的区别。应当看到两者在行为性质和行为特征上是有区别的。后者多表现为以武装形式杀人放火、抢劫国家设施、物资、破坏社会秩序,与政府对抗。前者则具有强烈的颠覆国家政权的目的,其政治意图明显。一般暴力形式与武装暴乱也有所不同。

2.应注意煽动行为与语言过激或轻信、误传某些言论的区别。后者因不具有煽动他人颠覆国家政权和社会主义制度的目的或者情节显著轻微,不认为是犯罪。

(四)对颠覆国家政权的法定刑

《刑法》第 105 条规定,组织、策划、实施颠覆国家政权和社会主义制度的,对首要分子或罪行重大的、处无期徒刑或者 10 年以上有期徒刑;对积极参加的,处 3 年以上 10 年以下有期徒刑,对其他参加的,处 3 年以下有期徒刑、拘役、管制或者剥夺政治权利。

《刑法》第 106 条规定,与境外机构组织勾结、个人相勾结,实施上述罪行的,从重处罚。《刑法》第 113 条规定,对本犯罪可并处没收财产。

六、煽动颠覆国家政权罪

(一)煽动颠覆国家政权罪的概念

所谓煽动颠覆国家政权罪,是指以造谣、诽谤或其他方式鼓动他人颠覆中华人民共和国的国家政权和社会制度的行为。

(二)煽动颠覆国家政权罪的特征

1.犯罪客体是国家政权与社会制度。

2.犯罪客观方面,表现为以宣传、鼓动、教唆、造谣、诽谤或其他方式引发他人颠覆国家政权,推翻社会制度的行为。犯罪人无中生有地制造、散布敌视国家政权和社会制度的谣言;或者混淆视听;捏造、传播虚假事实,诋毁国家政权和社会制度;或者以邮寄,传发、张贴宣传品,发表演讲,呐喊口号等其他方式进行煽动。

3.犯罪主体是一般主体。不论犯罪人有无国籍,或具有哪国国籍,均可构成。

4.犯罪主观方面是故意。

(三)煽动颠覆国家政权罪的法定刑

《刑法》第105条第2款、第106条规定,犯本罪的,处5年以下有期徒刑、拘役、管制或者剥夺政治权利;首要分子或者罪行重大的,处5年以上有期徒刑。与境外机构、组织、个人相勾结实施本罪的,从重处罚。《刑法》第56条、第113条第2款规定,犯本罪的,应当附加剥夺政治权利,可以并处没收财产。

七、资助危害国家安全犯罪活动罪

(一)资助危害国家安全犯罪活动罪的概念

所谓资助危害国家安全犯罪活动罪,是指境内外机构、组织或者个人资助境内组织和个人实施危害中华人民共和国国家安全的行为。

(二)资助危害国家安全犯罪活动罪的特征

1.犯罪客体是国家安全和利益。具体是指中华人民共和国的独立与领土完整、国家政权、社会制度和国家统一。近年以来,境内外敌对势力和敌对分子利用我国改革开放之机,企图通过政治、思想、文化各个领域的渗透,勾结、联系、培植境内组织和个人、资助境内组织和个人,达到其危害我国国家安全目的,实现和平演变。我国刑法规定此种犯罪,就有助于保护国家安全,有助于严厉打击此类犯罪行为。

2.犯罪客体方面,表现为资助境内组织或个人实施《刑法》第102条至第105条规定的犯罪行为。其行为特征主要表现在以下几个方面:

(1)必须有资助行为。这里的资助,是指经济上的帮助行为。其包括两种情形:其一,向有危害国家安全行为的境内组织、个人提供经费、物资、场所的。其二,向境内组织、个人提供用于危害国家安全活动的经费、物资和场所的。

(2)资助对象是境内组织、个人。境内指我国的国境以内。境内组织既包括我国各级国家权力机关、行政机关、司法机关、军事机关,也包括各级政党组织、社会团体、企事业单位等。

(3)资助的必须是危害国家安全的行为。具体来说是指《刑法》第102条至第105条的背叛国家、分裂国家、煽动分裂国家、武装叛乱、武装暴乱、颠覆国家政权、煽动颠覆国家政权的行为。

3. 犯罪主体是一般主体。既可以由境外机构、组织或个人构成,也可以由境内机构或组织、个人构成。

4. 犯罪主观方面表现为故意。并且显然具有帮助被资助者危害国家安全的目的。

(三)资助危害国家安全犯罪活动罪的法定刑

《刑法》第 107 条规定,犯资助危害国家安全罪的,对直接责任人员,处 5 年以下有期徒刑、拘役、管制或者剥夺政治权利;情节严重的,处 5 年以上有期徒刑。《刑法》第 113 条规定,犯本罪可以并处没收财产。

八、投敌叛变罪

(一)投敌叛变罪的概念

所谓投敌叛变罪,是指中国公民背叛国家,投奔敌人,或者在被捕、被俘后投降敌人,危害中华人民共和国国家安全的行为。

(二)投敌叛变罪的特征

1. 犯罪客体是国家的安全和利益。

2. 犯罪客观方面表现为投奔敌人,或者在被捕、被俘后投降敌人的行为。其行为可以包括以下情形:(1)变节投奔到敌对国家或敌对控制区。(2)投奔国内的敌对方面。(3)通过与敌人联络,按敌人意旨潜伏在我内部伺机进行活动。(4)被敌人捕俘后变节投降,出卖危害国家安全和利益的情报,或者协助敌人进行危害国家安全的行为。(5)其他背叛祖国的行为。如一般公民背离、叛变国家的行为。(6)带领武装部队人员、人民警察、民兵投敌叛变的,是加重处罚的行为要件。

3. 犯罪主体只能是中国公民。

4. 犯罪主观方面表现为故意。即行为人明知对方是我国的敌对者而仍然投奔、投降。此外还表现为对自身行为危害国家安全的明知。如果为了投亲靠友、求学经商等原因投奔敌控区域,因缺乏主观罪过,而不能构成本罪。

(三)投敌叛变罪的法定刑

《刑法》第 108 条规定,投敌叛变的,处 3 年以上 10 年以下有期徒刑;情节严重或者带领武装部队人员、人民警察、民兵投敌叛变的,处 10 年以上有期徒刑或者无期徒刑。《刑法》第 113 条规定,犯本罪对国家和人民危害特别严重,情节特别恶劣的,可以判处死刑,并可以并处没收财产。

九、叛逃罪

(一)叛逃罪的概念

所谓叛逃罪,是指国家工作人员在履行公务期间,擅离岗位,叛逃境外或者在境外叛逃,危害中华人民共和国国家安全的行为。

(二)叛逃罪的特征

近年来,随着对外开放的进一步扩大,各类出国人员日益增多,在对外交往活动中也出现了值得注意的问题。其中国家工作人员叛逃的,对我国的国家安全、荣誉和利益带来巨大损害。刑法设立叛逃罪,就是要保证国家工作人员忠于职守,忠于国家,维护国家安全、荣誉和利益。

2.犯罪客观方面表现为行为人实施了叛逃行为。其叛逃行为有以下几个特征:

(1)必须是在公务期间。公务就是公共事务,是国家工作人员依其职责履行的职务,其职务不论常任或临时,不论是否在编,也不论有否报酬等条件,只要依授权委派执行公务即可;公务期间是指国家工作人员依照有关规定,代表国家,办理职责范围内的事务过程或在职期间,如我国驻外领使馆的外交人员,国家机关出访的代表团成员,以及国家派外进行公务或执行某项工作的人员等。若不是在履行公务期间的,则不构成本罪客观行为要件。

(2)必须直接表现为叛逃行为。叛逃是指擅离岗位、叛逃境外,或者在境外执行公务期间,擅离岗位,进行叛逃。擅离岗位指未经批准私自离开工作岗位;叛逃指背叛国家逃奔国外或境外,表示背离自己的国家和政府。

(3)必须对国家安全、荣誉和利益构成威胁。掌握国家秘密或者叛逃后泄露国家秘密的国家工作人员固然对国家安全造成难以估量的损害,叛逃后一时尚未实施危害国家安全行为的国家工作人员的叛选行为本身也同样直接危害了国家安全、荣誉和利益。

3.犯罪主体是特殊主体,即必须由国家机关工作人员或掌握秘密的国家工作人员构成,其他国家工作人员不能构成本罪主体。国家机关工作人员,是指国家权力机关、行政机关、司法机关及军事机关中依照法律从事公务或者其他经授权从事公务的人员。掌握国家秘密的国家工作人员是指掌握国家秘密的党政机关、企业、事业单位、人民团体、国有公司中从事公务的人员和国家机关、企业、事业单位、人民团体和国有公司委派到非国有公司、企业、事业单位、社会团体中从事公务活动的掌握国家秘密的人员,以及其他依照法律从事公务的并掌握国家秘密的人员。

4.犯罪主观方面须具有危害国家安全、进行叛逃的故意。

(三)认定叛逃罪应注意的问题

在认定叛逃罪时,应注意正确区分本罪与投敌叛变罪的界限。

两罪的相同之处在于侵犯客体及行为方式上有一致性。两罪的不同之处在于:

(1)主体不同。叛逃罪的主体只能是国家机关工作人员或掌握国家秘密的国家工作人员。而投敌叛变罪的犯罪主体则无此限制，只要具有中国国籍的达到刑事责任年龄并具有刑事责任能力的人均可构成。

(2)投敌叛变罪投奔敌人，一般是发生在敌我对比十分明显的情况下。而叛逃罪则可能不是投奔敌人，而是投奔除我国外的任何一国。

(3)投敌叛变罪可以是投降、投奔敌国、敌占区或者潜伏在我国内部。而叛逃罪则要求有叛逃境外的目的。

(4)最高法定刑不同。依《刑法》第113条的规定，犯投敌叛变罪，对国家和人民危害特别严重，情节特别恶劣的，可以判处死刑。叛逃罪则不适用这一规定，且最高刑只能判处5年以上10年以下有期徒刑。

(四)叛逃罪的法定刑

《刑法》第109条规定，国家机关工作人员在履行公务期间，擅自离开岗位，叛逃境外或者在境外叛逃，危害我国国家安全的，处5年以下有期徒刑、拘役、管制或者剥夺政治权利；情节严重的，处5年以上10年以下有期徒刑；掌握国家秘密的国家工作人员犯本罪的，从重处罚。依《刑法》第113条的规定，本罪可以并处没收财产。

十、间谍罪

(一)间谍罪的概念

所谓间谍罪，是指参加境外的间谍组织，或者接受间谍组织及其代理人的任务，或者为敌人指示轰击目标的，危害中华人民共和国国家安全的行为。

(二)间谍罪的特征

1.犯罪客体是国家安全。

2.犯罪客观方面表现为参加间谍组织，或者接受间谍组织及其代理人的任务，或者为敌人轰击目标的行为。客观行为可以表现为三种情形：

(1)参加间谍组织。所谓间谍组织，是指外国政府或者地区政治集团以及境外敌对势力设立的专门搜集我国情报，从事颠覆破坏活动，危害我国国家安全和利益的组织。参加间谍组织，是指履行一定的手续加入间谍组织成为间谍组织成员。虽未经一定程序加入，但实际上已经作为其组织成员进行活动的，视同为加入间谍组织。

(2)接受间谍组织及其代理人的任务。依照《国家安全法实施细则》第4条的规定，代理人是指受间谍组织或者其成员的指使、委托、资助，进行或者授意、指使他人进行危害国家安全的人(包括自然人和法人)。接受间谍组织及其代理人的任务的人，即使没有参加间谍组织，没有直接从间谍组织处接受任务，仍然可以构成本罪的客观行为特征。

(3)为敌人指示轰炸目标。是指为武力进犯的敌对方提供我方重要目标，这种行为一般是发生在战时，主要是以文字、图画、信号、标记等方式向敌方明示所攻击轰炸的目标。

本罪属于行为犯，即只要实施上述行为之一的，即构成本罪的客观要件。至于参加间谍组织的人是否接受任务，接受间谍组织及其代理人任务的人是否实施了任务的内容，为敌人明示轰击目标的行为是否实现了行为人追求的结果，均不影响本罪的构成。

3. 犯罪主体是一般主体。即不管是中国公民，还是外国人或无国籍人，不管是个人，还是机构、组织均可以成为本罪的主体。

4. 犯罪主观方面表现为故意。即行为人明知是间谍组织而参加，明知是间谍组织代理人而接受任务，有意为敌人指示轰炸目标。

（三）间谍罪的认定

认定间谍罪时，应注意间谍与特务的关系问题。过去通常认为间谍是指国与国之间的活动，特务则既可以是国与国之间的活动，也可以是境外与境内之间的活动或者国内不同政治集团之间的活动。我国习惯上将外国间谍组织成员或者接受其任务的成员称为间谍，将台湾针对大陆从事间谍工作人员称为特务；此外，还认为二者寓意不同，特务的任务除间谍工作之外，还包括暗杀、纵火等破坏活动。实际上，间谍与特务并无本质区别，我国原刑法对其处罚力度也基本相同。所以新刑法将间谍（组织）、特务（组织）统称为间谍（组织），将特务罪的某些行为（如暗杀）等划归其他有关的罪名，特务不再作为一个刑法概念而存在。

（四）间谍罪的法定刑。

《刑法》第 110 条规定，犯间谍罪的，处 10 年以上有期徒刑或者无期徒刑；情节较轻的，处 3 年以上 10 年以下有期徒刑。《刑法》第 113 条规定，本罪对国家和人民危害特别严重、情节特别恶劣的，可以判处死刑，并可以没收财产。

十一、为境外窃取、刺探、收买、非法提供国家秘密、情报罪

（一）为境外窃取、刺探、收买、非法提供国家秘密、情报罪的概念

所谓为境外窃取、刺探、收买、非法提供国家秘密、情报罪，是指为境外的机构、组织、个人窃取、刺探、收买、非法提供国家秘密、情报，危害中华人民共和国国家安全的行为。

（二）为境外窃取、刺探、收买、非法提供国家秘密、情报罪的特征

1. 犯罪客体是国家安全和国家保密制度。保守国家秘密是每个公民的宪法义务。《国家安全法》也规定每个公民和组织都应当保守所知悉的国家安全工作的国家秘密，任何个人和组织不得非法持有属于国家秘密的文件、资料和其他物品，这是刑法对此类行为追究刑事责任的法律渊源。

本罪犯罪对象是国家秘密或情报：(1)国家秘密是指关系国家安全和利益，限于特定范围内的人员知悉的事项。主要有国家事务重大决策中的秘密事项；国防建设和军事活动中的秘密事项；外交活动及对外承担保密义务的事项；国民经济和社会发展中的秘密事

项;科学技术中的秘密事项;维护国家安全和查案中的秘密事项;其他经国家保密机关确定的秘密事项;政党中符合《保守国家秘密法》第2条规定的事项。国家秘密分绝密、机密、秘密三级。(2)国家情报是指国家秘密以外可供境外机构、组织或人员利用来危害我国国家安全的各种情况、消息、材料和报告等尚未公开或暂不宜公开的内部情况。

2.犯罪客观方面表现为行为人为境外机构、组织、人员窃取、刺探、收买、非法提供国家秘密或者情报的行为。窃取是指以盗窃等非法秘密手段获取国家秘密或者情报。刺探是指通过各种非法手段,侦察探知国家秘密或者情报。收买是指非法使用财色或其他利益为交换,获得国家秘密或者情报。非法提供是指国家秘密或者情报的知悉者、持有者,非法交付、出卖、告知其他不应知悉该项秘密或者情报的人。

3.犯罪主体是一般主体。既包括中国公民,也包括境外人员。既包括一般公民,也包括国家秘密的持有者和知悉者。

4.犯罪主观方面表现为故意。

(三)为境外窃取、刺探、收买、非法提供国家秘密、情报罪的认定

在认定本罪时,应注意本罪与间谍罪的区别。二者的主要区别在于二者的客观行为表现不同。前者表现为窃取、刺探、收买、非法提供国家秘密、情报,后者表现为参加间谍组织或接受间谍组织及其代理人任务,或者为敌人指示轰击目标;另外行为人行为服务对象也是不同的。前者不仅包括间谍组织及其代理人,还包括其他一切境外机构、组织、人员,而后者只能是间谍组织及其代理人。如果行为人参加间谍组织或接受间谍组织及其代理人的任务,又实施了本罪规定的窃取、刺探、收买、非法提供国家秘密、情报等行为的,应认定为间谍罪。

(四)为境外窃取、刺探、收买、非法提供国家秘密、情报罪的法定刑

《刑法》第111条规定,为境外的机构、组织、个人窃取、刺探、收买、非法提供国家秘密或者情报的,处5年以上10年以下有期徒刑;情节特别严重的,处10年以上有期徒刑或无期徒刑;情节较轻的,处5年以下有期徒刑、拘役、管制或者剥夺政治权利。《刑法》第113条规定,犯本罪对国家、人民危害特别严重、情节特别恶劣的,可以判处死刑;可以并处没收财产。

十二、资敌罪

(一)资敌罪的概念

所谓资敌罪,是指在发生战斗或战争时,给敌方提供武器装备或者其他军用物资,危害中华人民共和国国家安全的行为。

(二)资敌罪的特征

1.犯罪客体是国家安全。

2.犯罪客观方面表现为战时实施了供给敌人武器装备或者其他军用物资的行为。其行为具有以下几个方面的特征：

(1)行为必须是发生在战时。战时是指国家宣布进入战备状态、部队受领作战任务或者突遇敌人袭击时。如果国家处于紧急状态或者处置突发性暴力事件时，也以战时论。

(2)必须是供给资助武器装备、军用物资。供给包括各种无偿或有偿的提供。武器装备是指各类武器弹药、坦克车、装甲车、飞机、舰艇、军用通讯设备及各种军用车辆。军用物资是指除武器装备外的其他军用物品、装备器材，如军粮、军用被服、燃料、经费等。

(3)被提供人是敌人，即敌视我国的敌对营垒、敌对势力或其他敌对武装力量，不包括个别敌对分子。

3.犯罪主体只能是中国公民。因为本罪资助对象是敌方，所以只能由我国公民构成，外国人只能构成本罪的共犯。

4.犯罪主观方面表现为故意。即具有明知对方是我国的敌对方，也明知自己属于资敌行为而有意实施的心理状度。

(三)资敌罪的法定刑

《刑法》第112条规定，战时供给敌人武器装备、军用物资的，处10年以上有期徒刑或者无期徒刑；情节较轻的，处3年以上10年以下有期徒刑。

《刑法》第113条规定，犯本罪对国家和人民危害特别严重、情节特别恶劣的，可以判处死刑，可以并处没收财产。

第二十章　危害公共安全罪

第一节　危害公共安全罪概述

一、危害公共安全罪的概念和构成

危害公共安全罪是一个概括性的罪名，在国外被称为“公共危险罪”，是指故意或者过失地实施危害不特定或者特定多数人的生命、健康或者重大公私财产安全的行为。危害公共安全罪侵犯的客体是公共安全，决定了它同侵犯人身权利的杀人罪、伤害罪以及侵犯财产的贪污罪、盗窃罪等有显著的不同，危害公共安全罪包含着造成不特定的多数人伤亡或者使公私财产遭受重大损失的危险，其伤亡、损失的范围和程度往往是难以预料的。因此它是《刑法》中普通刑事犯罪中危害性比较大的一类犯罪。危害公共安全罪具有以下构成要件：

(1)这类犯罪侵害的客体是公共安全。关于“危害公共安全”的范围，国内外有四种不同的理解：①认为是不特定人的生命、健康或重大财产的危险；②是对多数人的生命、健康或重大财产的危险；③是对不特定人并且多数人的生命、健康或重大财产的危险；④是对不特定人或多数人的生命、健康或重大财产的危险。德国、日本等国的通说是第四种观点。因为刑法规定危害公共安全罪的目的，是将生命、健康、财产等个人的合法权益抽象为社会利益作为保护对象的，故应重视其社会性，即应当重视量的“多数”。换言之“多数”是公共安全这一概念的核心，“少数”的场合应当排斥在外。但是，如果是“不特定的”，则意味着随时有向“多数”发展的现实可能性，会使社会一般成员感到危险。我国目前的通说也认为是对不特定人或多数人的生命、健康或重大财产的危险，即公共安全是指不特定或者特定多数人的生命、健康和重大公私财产安全。本书亦采用此观点。

其本质特征表现为不特定性。危害公共安全罪，侵害的对象往往具有不特定性或者虽然对象特定，但是被害实际多数的特点，“不特定”是对于其他罪危害的“特定”人和物而言的；“多数”是相对于其他罪一般只危害少数人和物而言的。造成的损害，不是限定于特定的个人或财产，而且大多数犯罪在行为前无法确定犯罪对象的范围，也无法预料和控制可能造成的危害后果和程度。因此，对于“不特定”或“特定多数”要从以下三个方面把握。首先，是指危害行为可能侵害的对象和可能造成的结果实际无法确定，行为人对此既无法具体预料也难以实际控制，行为的危险或行为造成的危害结果可能随时扩大或增加；其次，行为人的行为如明确指向特定的人身或财产，而事实上危及了不特定人或财产的安全，亦属危害公共安全；最后，如果行为人采用危险方法实施犯罪，其可能造成的破坏被有意识的限制在不危害公共安全的范围内，客观上也没有发生危害公共安全的结果，则不属于危害公共安全。

(2)客观方面表现为实施了危害不特定或者多数人的生命、健康或者财产的行为。这类行为的表现形式上看有：以危险方法危害公共安全；破坏公用工具、设施危害公共安全；实施恐怖、危险活动危害公共安全；违反枪支、弹药管理规定危害公共安全；造成重大责任事故危害公共安全。不管是何种行为，都必须具有危害公共安全的性质，即必须具有使不特定或者多数人的生命、健康或者财产受到侵害的可能性，不具有这种可能性的行为，不属于本章的危害公共安全的行为。本类犯罪在客观方面表现为实施了各种危害公共安全的行为，既可以表现为有作为，也可以表现为不作为。由于危害公共安全行为的严重社会危害性，危害公共安全罪的行为既包括已经造成损害后果的行为，也包括虽未造成严重后果，却足以危害不特定的多数人的生命、健康和重大公私财产安全及公共生活安全的行为。因此，只要行为人的犯罪行为足以危害公共安全就构成犯罪。但是过失实施危害公共安全的行为，必须造成严重危害后果才构成犯罪。所以在本类犯罪中包含有危险犯、实害犯、结果犯、行为犯等。

(3)主体多为一般主体，但少数犯罪要求特殊主体。例如，非法出租、出借枪支罪的主体必须是依法配备公务用枪的人员。此外，该类犯罪中有的犯罪可以由单位构成，有的犯罪只能由单位构成。

(4)主观方面既有故意犯罪，也有过失犯罪。故意犯罪既可能是直接故意，也可能是间接故意，过失犯罪既可能是疏忽大意的过失，也可能是过于自信的过失。

二、危害公共安全罪的类型和具体罪名

根据《刑法》分则第二章以及《刑法修正案(三)》《刑法修正案(六)》《刑法修正案(八)》的规定，危害公共安全罪共涉及 30 个法条，有 52 个罪名。

(一)以危险方法危害公共安全的犯罪(10 个)

包括放火罪；决水罪；爆炸罪；投放危险物质罪；以危险方法危害公共安全罪；失火罪；过失决水罪；过失爆炸罪；过失投放危险物质罪；过失以危险方法危害公共安全罪。

(二)破坏特定设施、设备的犯罪(10 个)

包括破坏交通工具罪；破坏交通设施罪；破坏电力设备罪；破坏易燃易爆设备罪；破坏广播电视设施、公用电信设施罪；过失损坏交通工具罪；过失损坏交通设施罪；过失损坏电力设备罪；过失损坏易燃易爆设备罪；过失损坏广播电视设施、公用电信设施罪。

(三)实施暴力、恐怖活动的犯罪(10 个)

包括组织、领导、参加恐怖活动组织罪；帮助恐怖活动罪；准备实施恐怖活动罪；宣扬恐怖主义、极端主义、煽动实施恐怖活动罪；利用极端主义破坏法律实施罪；强制穿戴宣扬

恐怖主义、极端主义服饰、标志罪；非法持有宣扬恐怖主义、极端主义物品罪；劫持航空器罪；劫持船只、汽车罪；暴力危及飞行安全罪。

（四）以枪支、弹药、爆炸物、危险物质为对象的犯罪（9个）

包括非法制造、买卖、运输、邮寄、储存枪支、弹药、爆炸物罪；非法制造、买卖、运输、储存危险物质罪；违规制造、销售枪支罪；盗窃、抢夺枪支、弹药、爆炸物、危险物质罪；抢劫枪支、弹药、爆炸物、危险物质罪；非法持有、私藏枪支、弹药罪；非法出租、出借枪支罪；丢失枪支不报罪；非法携带枪支、弹药、管制刀具、危险物品危及公共安全罪。

（五）重大责任事故的犯罪（13个）

包括重大飞行事故罪；铁路运营安全事故罪；交通肇事罪；危险驾驶罪；重大责任事故罪；强令违章冒险作业罪；重大劳动安全事故罪；大型群众性活动重大安全事故罪；危险物品肇事罪；工程重大安全事故罪；教育设施重大安全事故罪；消防责任事故罪；不报、谎报安全事故罪。

第二节　危害公共安全罪的分述

一、放火罪

（一）放火罪的概念和特征

放火罪，是指故意放火焚烧公私财物，危害公共安全的行为。放火罪是危害公共安全罪的具体罪名之一，其构成要件如下：

1.本罪侵犯的客体是公共安全。即不特定多数人的生命、健康或重大公私财产的安全。也就是说，放火行为一经实施，就可能造成不特定多数人的伤亡或者使不特定的公私财产遭受难以预料的重大损失。

本罪侵犯的对象，主要是能体现公共安全的公私财物。如果行为人放火烧毁自己或家庭所有的房屋或其他财物，足以引起火灾，危害公共安全的，也应以放火罪论处。但是，如果行为人放火焚毁自己的房屋或其他财物，确实不足以危害公共安全的，则不构成放火罪。

2.本罪的客观方面实施了故意放火焚烧公私财物，危害公共安全的行为。“放火”，就是故意引起公私财物燃烧的行为。放火的方法既可以是作为，也可以是不作为；既可以直接使对象燃烧，也可以是通过媒介物使对象燃烧，还可以通过既存的火力引起对象燃烧。在以不作为方式构成放火罪时，要求行为人必须负有防止火灾发生的特定义务为前提。放火的行为必须危害公共安全，一般包括三种情况：一是危及不特定的多数人的生命、健康的安全；二是危及重大公私财产的安全；三是既危及不特定的多数人的生命、健康安全，同时又危及重大公私财产的安全。

3.本罪的犯罪主体是一般主体，根据《刑法》第 17 条第 2 款的规定，是已满 14 周岁、具有辨认和控制自己行为能力的自然人。

4.主观方面只能是故意，即明知自己引起对象燃烧的行为会发生危害公共安全的结果，并且希望或者放任这种结果的发生。放火的动机可能多种多样，但它们只影响量刑，而不影响定罪。

(二)认定放火罪应注意的问题

1.放火罪的既遂与未遂

在刑法理论界，关于放火罪的既遂与未遂有各种学说，我们通说采用独立燃烧说。"独立燃烧说"认为，当放火行为把目的物点燃后，已经达到离开引燃媒介物也能够独立燃烧时，即使没有造成实际的损害结果，也应认定为放火罪的既遂。反之，如果没有能够引起独立燃烧，则为未遂。可以是放火行为没有实施完毕，也可以是虽然已经点燃，但过后熄灭等情况。

2.放火罪与以放火方法实施的其他犯罪的界限

行为人为达到犯罪的目的，也可以采用放火的方法实施其他犯罪时，需要区分是放火罪还是其他犯罪。区分的关键是放火行为是否足以危害公共安全。放火造成的严重后果往往是难以预料的，甚至是行为人自己也难以控制的。这也是放火罪同以放火方法实施的故意杀人、故意毁坏公私财物等其他犯罪的本质区别。可以说，并非所有的用放火方法实施的犯罪行为都构成放火罪，关键是要看放火行为是否足以危害公共安全。如果行为人实施放火行为，没有危害也不足以危害不特定多数人的生命、健康和重大公私财产的安全，就不构成放火罪，而应根据案件具体情节，定故意毁坏公私财物罪或故意杀人罪、故意伤害罪等。

3.放火罪与失火罪的界限

放火罪与失火罪在客观上都表现为与火灾有关的危害公共安全的行为，都侵害了公共安全，但两者有明显的区别。

(1)在客观方面，失火罪必须造成致人重伤、死亡或者使公私财产遭受重大损失的严重后果，才能构成。放火罪并不以发生上述严重后果作为法定要件，只要实施足以危害公共安全的放火行为，放火罪即能成立。(2)放火罪有既遂、未遂之分。失火罪是过失犯罪，以发生严重后果作为法定要件，不存在犯罪未遂问题。(3)主体要件处罚年龄不同，放火罪年满 14 周岁不满 16 周岁的人即可构成；失火罪年满 16 周岁的人才负刑事责任。(4)主观罪过形式不同：放火罪由故意构成，失火罪则出于过失，这是两种犯罪性质的根本区别所在。

4.一罪与数罪的问题

行为人在实施杀人、强奸等犯罪后用放火的方法焚毁罪迹的，应区分不同情况处理。如果行为人消灭罪迹的放火行为不足以危及公共安全的，按所犯的罪从重处罚，不另以放火罪实行数罪并罚；如果行为人消灭罪迹的放火行为是足以危及公共安全的，则应另以放火罪与前行为构成的犯罪实行数罪并罚。

（三）放火罪的刑事责任

根据《刑法》第 114 条的规定，犯放火罪的，尚未造成严重后果的，处 3 年以上 10 年以下有期徒刑。"尚未造成严重后果"包括两种情况：一是放火行为没有造成任何实际损害后果；二是放火行为造成了一定的实际损害后果，但并不严重。根据《刑法》第 115 条第 1 款的规定，致人重伤、死亡或使公私财产遭受重大损失的，处 10 年以上有期徒刑、无期徒刑或死刑。损害极端严重的，处死刑或无期徒刑。"重大损失"的标准，一般为损失 5 万元以上。

二、决水罪

决水罪，是指利用水的破坏作用，制造水患，危害公共安全的行为。

本罪客观方面表现为实施了危害公共安全的决水行为。"决水"是指使受到控制的水的自然力解放出来，造成水的泛滥。决水的手段没有限制，既可以是作为，也可以是不作为；所决水的水既可以是河流中的水，也可以是贮存的水。本罪主观方面表现为故意，行为人明知自己的行为会造成水患，并且希望或者放任水患的发生。根据《刑法》第 114 条、第 115 条第 1 款的规定，犯决水罪尚未造成严重后果的，处 3 年以上 10 年以下有期徒刑；致人重伤、死亡或者使公私财产遭受重大损失的，处 10 年以上有期徒刑、无期徒刑或者死刑。

三、爆炸罪

（一）爆炸罪的概念和特征

爆炸罪，是指故意用爆炸的方法，杀死杀伤不特定多人、毁坏重大公私财物，危害公共安全的行为。其构成要件如下：

1. 本罪侵犯的客体是公共安全，即不特定多数人的生命、健康或者重大公私财产的安全。本罪的犯罪对象既可以是人，也可以是物，或者两者兼而有之，既可以是工厂、矿场、港口、仓库、住宅、农场、牧场、公共建筑物等其他公私财产，也可以是不特定的人、畜。本罪的犯罪对象是不特定多人的生命、健康和重大公私财物。行为人主观上是指向特定的人或者物，但发生在人群密集或者财物集中的公共场所，客观上危害了不特定多人的生命、健康或者重大公私财产的安全，也可以爆炸罪论处。如果行为实施的爆炸行为是指向特定的人或者特定的公私财物，并且有意识地把破坏的范围限制在不危害公共安全的范围，客观上也未发生危害公共安全的结果，则不应定爆炸罪，而应根据实际情况，构成什么罪就定什么罪。

2. 本罪在客观方面故意用爆炸的方法，杀死杀伤不特定多人、毁坏重大公私财物，危害公共安全的行为。爆炸物品，包括炸弹、手榴弹、地雷、炸药（包括黄色炸药、黑色炸药和化学炸药）、雷管、导火索、雷汞、雷银等起爆器材和自种自制的爆炸装置（如炸药包、炸药瓶、炸药罐等)。爆炸行为有作为和不作为两种基本方式。如直接点燃爆炸引发爆炸,就是积极的作为方式,而行为人负有防止爆炸发生特定义务,并且有能力履行这种特定的义务而不履行,以致发生爆炸,就构成不作为爆炸犯罪。爆炸犯罪在客观方面的本质特点在于爆炸行为足以危害不特定多数人的生命、健康或重大公私财产的安全。爆炸罪的成立并不要发生危害公共安全的实际后果。

需要说明的是如果用爆炸的方法炸坍江、河、湖泊、水库的堤坝,造成水流失控,泛滥成灾,危害公共安全,则应定决水罪。因为刑法已对决水罪作了专门规定,而且爆炸只是决水的一种手段。用爆炸的方法破坏交通工具、交通设施、电力设备、煤气设备、易燃易爆设备和广播电视设施、公用电信设施,应分别定破坏交通工具罪、破坏交通设施罪、破坏电力设备罪、破坏易燃易爆设备罪和破坏广播电视设施、公用电信设施罪。

3.本罪的主体为一般主体,根据《刑法》第17条第2款的规定,已满14周岁不满16周岁的人犯爆炸罪,应当负刑事责任。

4.本罪在主观方面表现为故意,包括直接故意和间接故意。即行为人明知其行为会引起爆炸,危害不特定多数人的生命、健康或重大公私财产的安全,并且希望或者放任这种危害结果的发生。犯本罪的动机多种多样,如出于报复、嫉妒、怨恨、诬陷等。犯罪动机如何不影响本罪的成立。

(二)爆炸罪的刑事责任

根据我国《刑法》第114条的规定,犯故意爆炸罪,尚未造成严重后果的,处3年以上10年以下有期徒刑;根据第115条第1款的规定,犯故意爆炸罪,致人重伤、死亡或者使公私财产遭受重大损失的,处10年以上有期徒刑、无期徒刑或者死刑。

四、投放危险物质罪

(一)投放危险物质罪的概念与特征

投放危险物质罪,是指故意投放毒害性、腐蚀性、放射性、传染病病原体等物质,危害公共安全的行为。本罪的主要特征是:

1.投放危险物质罪所侵犯的客体是公共安全。即不特定或者特定多数人的生命、健康或重大公私财产的安全。这是投放危险物质罪同使用投毒方法实施的故意杀人罪、故意毁坏财物罪的根本区别之所在。

2.在客观方面,行为人投放毒害性、腐蚀性、放射性、传染病病原体等物质,危害公共安全的行为。即必须具备以下条件:首先,行为人投放的必须是毒害性、放射性、传染病病原体等危害人的生命、健康或牲畜、禽类、水产养殖物安全的危险物质。其中,毒害性物质,是指含有毒质甚至腐蚀性的有机物或者无机物,如氰化钾、西梅脱、硝酸、硫酸、1059剧毒农药等;放射性物质,是指通过原子核裂变时放出的射线发生伤害作用的物质,如镭、铀、钴等放射性化学元素;传染病病原体,是能够引起疾病的微生物和寄生虫的统称,如炭疽、霍乱等传染病病菌、病毒。值得注意的是,鸦片、大麻、吗啡等虽然也是毒物,但不包括在投放危险物质罪的毒物之中。其次,投放行为的主要方式:一是将危险物质投放于供不特定人饮食的食品或饮料中;二是将毒物投放于供人、畜等使用的河流、池塘、水井等中;三是在一些公共场所释放放射性、传染病病原体。最后,投放行为必须危害公共安全。即该行为已经对不特定或者特定多人的生命、健康或者牲畜和其他财产造成严重威胁或严重损害后果,或者已威胁到不特定多人的人身和财产的安全。本罪是危险犯,其成立并不需要出现不特定多数人的中毒或重大公私财产遭受毁损的实际结果,只要行为人的行为足以危害公共安全,即有危害公共安全的危险存在即可。

3.本罪的主体为一般主体,根据《刑法》第17条第2款的规定,已满14周岁不满16周岁的人犯爆炸罪,应当负刑事责任。

4.在主观方面,行为人只能故意。至于投放危险物质的动机则可能是多种多样,有的是为了个人报复,有的是为了嫁祸于人,等等。如果是由于过失投放危险物质,致人重伤、死亡或者使公私财产遭受重大损失的,则构成过失投放危险物质罪。

(二)投放危险物质罪的认定

1.与危险物品肇事罪的界限。

投放危险物质罪是故意犯罪,可能发生在任何场合,不受范围和地点的限制;危险物品肇事罪是过失犯罪,通常是指生产、储存、运输、使用中发生的重大事故,受特定范围的限制。因此,虽然上述两种行为都可能造成人身伤亡的严重后果,但在犯罪的性质上有着根本的区别。

2.与污染环境罪的界限

污染环境罪,是指违反国家规定,排放、倾倒或者处置有放射性的废物、含传染病病原体的废物、有毒物质或者其他有害物质,严重污染环境的行为。违反《中华人民共和国环境保护法》的规定,排放、倾倒或者处置有放射性的废物、含传染病病原体的废物、有毒物质或者其他有害物质等超过国家规定的标准,严重污染环境,危及公民的生命、健康和公私财产的安全,其危害后果与投放危险物质罪的危害后果相同。从构成特征上来说,两罪的区别是:(1)投放危险物质罪一般是将毒害性、放射性、传染病病原体等物质,投放于供不特定或者多数人饮食的食品或者饮料中,供人、畜等使用的河流、池塘、水井中,或者不特定人、多数人通行的场所,而且要只要足以危害公共安全,就构成犯罪的既遂。污染环境罪是违反国家规定,排放、倾倒或者处置有放射性的废物、含传染病病原体的废物、有毒物质或者其他有害物质,严重污染环境的行为。必须有严重污染环境的结果发生,否则不构成犯罪。(2)主体范围不同,投放危险物质罪的主体是已经满14周岁的自然人,而污染环境罪的主体则是一般主体,包括自然人和单位。(3)污染环境罪的行为人主观上出于过失,不具有危害公共安全的故意;投放危险物质罪的行为人具有危害公共安全的故意。

(三)投放危险物质罪的刑事责任

根据《刑法》第114条的规定,犯投放危险物质罪的,尚未造成危害后果的,处3年以上10年以下有期徒刑;致人重伤、死亡或者使公私财产遭受重大损失的,依照《刑法》第

115 条第 1 款的规定，处 10 年以上有期徒刑、无期徒刑或者死刑。

五、以危险方法危害公共安全罪

(一)以危险方法危害公共安全罪的概念和特征

以危险方法危害公共安全罪，是指故意以放火、决水、爆炸以及投放危险物质以外的并与之相当的危险方法，足以危害公共安全的行为。

以危险方法危害公共安全的犯罪，是一个独立的罪名，犯罪是一种复杂的社会现象，同是以危险方法危害公共安全的犯罪，其具体的犯罪方式也多种多样。随着社会政治、经济、文化的不断发展，犯罪的新形式也会增加。法律不可能、也没有必要把所有危害公共安全罪的危险方法一一列举出来。法律在明确列举放火、决水、爆炸以及投放危险物质等四种常见的危险方法的同时，对其他不常见的危险方法作一概括性的定义，这样有利于法律的适用，保障公共安全。其犯罪特征是：

1. 这种行为侵犯的客体，是不特定多人的生命、健康或者公私财产的安全。如果行为人用危险方法侵害了特定的对象，对不特定的多数人的生命、健康或重大公私财产的安全并无危害，即不危害公共安全，就不构成该罪。

2. 本罪在客观方面表现为以其他危险方法危害公共安全的行为。所谓其他危险方法是指放火、决水、爆炸以及投放危险物质以外的，但与上述危险方法相当的危害公共安全的犯罪方法。该罪的其他危险方法包括两层含义：一是指放火、决水、爆炸以及投放危险物质以外的危险方法；二是与放火、决水、爆炸以及投放危险物质的危险性相当且足以危害公共安全的方法。司法实践中，以下以危险方法实施犯罪行为，可以认定为危害公共安全的犯罪。(1)以私设电网的危险方法危害公共安全。(2)以驾车撞人的危险方法危害公共安全。此外，刑法中规定醉酒驾驶并造成人员重伤或者死亡的行为属于以危险方法危害公共安全行为。(3)以制、输坏血、病毒血的危害方法危害公共安全。(4)以开枪的危险方法危害公共安全。总之，以危险方法危害公共安全罪，必须与放火、决水、爆炸、投放危险物资的社会危害性相当，凡危险性不相当的，不足以危害公共安全的行为，都不属于刑法规定的“危险方法”。

3. 该罪的主体为一般主体。必须是达到法定刑事责任年龄、具有刑事责任能力的自然人。

4. 在主观方面，一般是故意，即明知自己的行为会发生危害公共安全的严重结果，并且希望或者放任这种结果的发生。至于犯罪的动机，则和放火罪、决水罪、爆炸罪、投毒罪一样，情况比较复杂。多数当事人是为了泄愤报复，发泄不满情绪，也有的是为了牟取非法利润或者其他非法利益，还有的是出于防盗的动机等等。但动机不影响本罪的成立，只是在量刑时应予考虑的一个情节。

(二)以危险方法危害公共安全罪的刑事责任

根据我国《刑法》第 114 条的规定，以危险方法危害公共安全，尚未造成严重后果的，处3年以上10年以下有期徒刑;依照《刑法》第115条第1款的规定,以危险方法危害公共安全,致人重伤、死亡或者使公私财产遭受重大损失的,处10年以上有期徒刑、无期徒刑或者死刑。

六、失火罪

(一)失火罪的概念和特征

失火罪是指过失引起火灾,致人重伤、死亡或者使公私财产遭受重大损失的行为。

失火罪在客观上要求引起了火灾,造成了他人重伤、死亡或者使公私财物遭受了重大损失,危害了公共安全。如果失火行为没有造成严重后果的,不能认定失火罪;或者失火行为虽然造成了严重后果,但没有危害不特定或者多数人的生命、健康或财产安全的,也不能认定为失火罪。失火罪在主观上只能是过失,即应当预见自己的行为可能引起火灾,可能造成危害公共安全的危害结果,因为疏忽大意没有预见或者已经预见而轻信能够避免,以致发生这种结果。至于行为人对引起火灾的行为本身,则可能是明知故犯,如在严禁放烟火的易燃、易爆仓库附近放烟火等。

(二)失火罪的认定

1.要注意划清罪与非罪的界限

失火罪与自然火灾的界限:自然火灾,是由于地震、火山爆发、雷击、天旱等引起火灾,不是人为原因造成的,当然不构成犯罪。

在行为人有过失的情况下,是否构成失火罪,还要看失火行为是否造成严重后果。因此,在认定失火罪时,首先要注意行为人的过失与火灾的发生之间是否有刑法上的因果联系。其次,要查明损失的大小。火灾的发生虽与行为人的过失行为之间有因果关系,但由于及时扑灭而没有产生危害后果,或者造成的损失轻微的,也不构成失火罪,可由公安机关按照《治安管理处罚法》的规定处罚,或者由有关单位给予批评教育或者行政处分。

2.失火罪与重大责任事故罪、玩忽职守罪的界限

这三种犯罪虽然都属过失犯罪,但侵害的直接客体不同,客观方面的行为特征不同,因而是三种性质不同的犯罪。凡是由于在日常工作、生活中不慎而引起火灾的,是失火罪;凡是由于自己或者强令他人违章作业而发生火灾的,是重大责任事故罪;凡是由对工作不负责任或者擅离职守而发生火灾的,是玩忽职守罪。

失火罪的刑事责任依照《刑法》第115条第2款的规定,犯失火罪的,处3年以上7年以下有期徒刑;情节较轻的,处3年以下有期徒刑或拘役。

七、过失决水罪

过失决水罪,是指过失损坏水利设施,引起水灾,致人重伤、死亡或者使公私财产遭受重大损失的行为。客观方面表现为引起水灾,致人重伤、死亡或者使公私财产遭受重大损失的危害公共安全的行为。本罪的主体为年满16周岁具有刑事责任能力的自然人。主

观方面为过失,包括疏忽大意的过失与过于自信的过失。根据《刑法》第 115 条第 2 款的规定,犯过失决水罪的,处 3 年以上 7 年以下有期徒刑;情节较轻的,处 3 年以下有期徒刑或者拘役。

八、过失爆炸罪

过失爆炸罪,是指过失引起爆炸,致人重伤、死亡或者使公私财产遭受重大损失的行为。与爆炸罪所不同的是,过失爆炸罪有这两个特征:客观上有过失引起爆炸,致人重伤、死亡或者使公私财产遭受重大损失的危害公共安全的行为。发生严重后果是构成此罪的法定要件。主观上属于过失。本罪的主体为年满 16 周岁具有刑事责任能力的自然人。根据《刑法》第 115 条第 2 款的规定,犯过失爆炸罪的,处 3 年以上 7 年以下有期徒刑;情节较轻的,处 3 年以下有期徒刑或者拘役。

九、过失投放危险物质罪

过失投放危险物质罪是指过失投放危险物质,致人重伤、死亡或者使公私财产遭受重大损失的行为。本罪的客观方面表现为,已经引起中毒,已经致人重伤、死亡或者使公私财产遭受重大损失,已经造成危害公共安全的严重后果。行为虽然引起一定后果,但没有造成严重后果的,不构成犯罪。本罪的主体为年满 16 周岁具有刑事责任能力的自然人。本罪在主观上必须出于过失。根据《刑法》第 115 条第 2 款的规定,犯过失投放危险物质罪的,处 3 年以上 7 年以下有期徒刑;情节较轻的,处 3 年以下有期徒刑或者拘役。

十、过失以危险方法危害公共安全罪

过失以危险方法危害公共安全罪,是指行为人过失地以失火、决水、爆炸、投放危险物质等危害性相当的其他危险方法,致人重伤、死亡或者使公私财产遭受重大损失,严重危害公共安全的行为。它的主要特征是:客观方面表现为实施了放火、决水、爆炸、投放危险物质等危害性相当的其他危害公共安全的行为。本罪的主体为年满 16 周岁具有刑事责任能力的自然人。主观方面只能是过失。根据《刑法》第 115 条的规定,过失以危险方法危害公共安全的,处 3 年以上 7 年以下有期徒刑;情节较轻的,处 3 年以下有期徒刑或者拘役。

十一、破坏交通工具罪

破坏交通工具罪,是指故意破坏火车、汽车、电车、船只、航空器,足以使其发生倾覆、毁坏危险或者造成严重后果的行为。本罪的基本特征是:

本罪侵犯的客体是交通运输安全。本罪的犯罪对象,火车、汽车、电车、船只、航空器等。对汽车应作广义解释,包括用于交通运输的拖拉机在内的,但是包括不能自行车、人力三轮车、马车等非机动交通工具。如果破坏耕种用的拖拉机,不危及交通运输安全,构成犯罪的,应以故意毁坏财物罪论处。本罪在客观方面表现为实施破坏火车、汽车、电车、船只、航空器,并且足以使其发生倾覆、毁坏危险或者造成严重后果的行为。倾覆,是指车辆倾倒、颠覆、船只翻沉、航空器坠落等。毁坏，是指使交通工具完全报废，或受到严重破坏，以致不能行驶或不能安全行驶。倾覆、毁坏危险则指破坏行为虽未实际造成交通工具倾覆、破坏，但具有使之倾覆、毁坏的实际可能性和危险性。一般而言，判断行为人的行为是否足以造成交通工具倾覆或者毁坏的危险，应从以下两个方面来判断：(1)要看被破坏的交通工具是否正在使用期间。所谓正在使用的交通工具，不仅包括正在行驶或者飞行中的交通工具，也包括经过验收，在交付使用期间，停机待用的交通工具。(2)要看破坏的方法和部位。破坏交通工具只要达到足以使之发生倾覆、毁坏危险，无论是否造成严重后果，均构成本罪的既遂。破坏行为必须足以使火车、汽车、电车、船只或者航空器发生倾覆、毁坏危险。实际上的倾覆与毁坏只是本罪法定刑升格的条件，而不是本罪的构成要件；行为人窃取交通工具的部件且数额较大或者多次窃取，但不可能发生上述危险的，只能认定为盗窃罪。本罪的主体为一般主体，即凡年满 16 周岁、具有刑事责任能力的自然人均可构成。本罪在主观方面表现为故意，即行为人明知其破坏行为足以造成交通工具倾覆、毁坏的危险，并希望或者放任这种危险的发生。本罪的动机多种多样，不影响本罪的成立。

根据《刑法》第 116 条和第 119 条第 1 款的规定，犯破坏交通工具罪，尚未造成严重后果的，处 3 年以上 10 年以下有期徒刑；造成严重后果的，处 10 年以上有期徒刑、无期徒刑或者死刑。

十二、破坏交通设施罪

破坏交通设施罪，是指故意破坏轨道、桥梁、隧道、公路、机场、航道、灯塔、标志或者进行其他破坏活动，足以使火车、汽车、电车、船只、航空器发生倾覆、毁坏危险，足以危害公共安全的行为。本罪的基本特征如下：

本罪侵犯的客体是交通运输安全，破坏的对象是正在使用中的直接关系交通运输安全的交通设备。正在使用中的交通设施，是指交通设施已经交付使用或者处于正在使用之中，而不是正在建设或正在修理且未交付使用的交通设施或已废弃不用的交通设施。如果破坏的是正在建设、修理而未交付使用的或废弃不用的交通设施，则不构成本罪。所谓直接关系交通运输安全，是指直接关系到火车、汽车、电车、船只、航空器的行车、行船、飞行安全。交通设施的对象范围可以具体分为以下五种：一是正在使用的铁路干线、支线、地方铁路、专用铁路线路、地下铁路和随时可能投入使用的备用线以及线路上的隧道、桥梁和用于指示车辆行驶的信号标志等；二是用于公路运输的公路干线及支线，包括高速公路、国道、省道、地方公路以及线路上的隧道、桥梁、信号和重要标志等；三是用于飞机起落的军用机场、民用机场的跑道、停机坪以及用于指挥飞机起落的指挥系统，用于导航的灯塔、标志等；四是用于船只航行的内河、内湖航道，我国领海内的海运航道、导航标志和灯塔等；五是用于运输、旅游、森林采伐的空中索道及设施等。

本罪在客观方面表现为使用各种方法破坏轨道、桥梁、隧道、公路、机场、航道、灯塔、标志，或者进行其他破坏活动，足以使火车、汽车、电车、船只、航空器发生倾覆、毁坏危险的行为。所谓破坏，包括对交通设备的毁坏和使交通设备丧失正常功能。交通设备必须是正在使用的，因为只有破坏正在使用的交通设备才可能危害交通运输安全。这里其他破坏活动是指诸如在铁轨上放置石块、涂抹机油等虽未直接破坏上述交通设备，但其行为本身同样可以造成交通工具倾覆、毁坏危险的破坏活动。行为人的破坏行为必须足以使火车、汽车、电车、船只、航空器发生倾覆、毁坏危险。司法实践中，我们通常从以下两个方面考察某种行为是否足以使交通工具发生倾覆、毁坏危险：一是从破坏的方法看。行为人是否使用了极其危险的破坏方法。二是从破坏的部位看。破坏交通设施的重要部位就会直接危及交通工具的运输安全。不论采取何种方法，只要足以使交通工具发生倾覆、毁坏危险，就构成破坏交通设施罪既遂。如果破坏行为不可能使交通工具发生倾覆或毁坏，不危及交通运输安全，不能按本罪处理。破坏交通设施罪有既遂、未遂之分。本罪属于危险犯，其犯罪既遂并不要求必须造成交通工具倾覆、毁坏的实际结果，而是以具备法定的客观危险状态为标志，构成本罪既遂。如果行为人已经着手破坏交通设备，刚刚接触破坏对象，破坏行为尚未实行终了，由于犯罪分子意志以外的原因（如被抓获、制止），没有造成交通工具倾覆、毁坏的危险状态，应视为本罪的未遂。

本罪主体为一般主体，即可以是任何达到刑事责任年龄、具有刑事责任能力的人。

本罪在主观上出于故意，犯罪动机不影响本罪的成立。

根据《刑法》第117条和第119条第1款的规定，犯破坏交通设施罪，尚未造成严重后果的，处3年以上10年以下有期徒刑；造成严重后果的，处10年以上有期徒刑、无期徒刑或者死刑。

十三、破坏电力设备罪

破坏电力设备罪，是指故意破坏电力设备，已经造成或者足以造成严重后果的行为。

本罪的主要特征是：本罪所侵犯的客体属于公共安全。犯罪对象是正在使用中的电力设备。电力设备，是指用于发电、供电、输电、变电的各种设备，包括火力发电厂的热力设备。客观方面表现为具有破坏电力设备，造成严重后果或足以造成严重后果的行为。本罪的主体是一般主体，即达到法定刑事责任年龄、具有刑事责任能力的人均可构成。本罪主观方面表现为故意。

根据《刑法》第118条、第119条第1款的规定，犯破坏电力设备罪的，尚未造成严重后果的，处3年以上10年以下有期徒刑；造成严重后果的，处10年以上有期徒刑、无期徒刑或者死刑。

十四、破坏易燃易爆设备罪

破坏易燃易爆设备罪，是指故意破坏燃气或者其他易燃易爆设备，危害公共安全的行为。

本罪所侵犯的客体是公共安全。犯罪对象是正在使用中的燃气或其他易燃易爆设备。所谓燃气设备，是指生产、储存、输送诸如煤气、液化气、石油气、天然气等燃气的各种机器或设施，包括制造系统的燃气发生装置，如煤气发生炉，净化系统的燃气净化装等。所谓其他易燃易爆设备，则是指除电力、燃气设备以外的其他用于生产、贮存和输送易燃易爆物质的设备。本罪在客观方面具有以下特征:本罪侵犯的对象是正在使用中的易燃易爆设备。所谓正在使用中,是指易燃易爆设备一旦经过验收,正式交付或投入使用后,因此,对那些库存的、废置不用的、正在制造安装的或正在修理中的易燃易爆设备,则不能认定为正在使用中的设备,破坏这些非使用中的易燃易爆设备,构成犯罪的应根据破坏的方法等以他罪论处。还应注意的是,本罪行为的对象在于生产、贮存、运送易燃易爆物品的机器设备,而不是易燃易爆物品本身。如果行为人在生产、贮存、运输、使用易燃易爆物品的过程中,违反危险物品的管理规定,造成爆炸、火灾后果的,则应以危险物品肇事罪定罪。本罪必须足以危害公共安全或者已经造成危害公共安全的严重后果。本罪的主体是一般主体,即达到法定刑事责任年龄、具有刑事责任能力的人均可构成。本罪在主观方面表现为故意。即行为人明知其破坏易燃易爆设备的行为会发生危害公共安全的结果,并且希望或者放任这种结果的发生。

根据《刑法》第 118 条和第 119 条的规定,犯破坏易燃易爆设备罪,尚未造成严重后果的,处 3 年以上 10 年以下有期徒刑;造成严重后果的,处 10 年以上有期徒刑、无期徒刑或者死刑。

十五、过失损坏交通工具罪

过失损坏交通工具罪,是指过失而引起火车、汽车、电车、船只、航空器遭受严重破坏,造成严重后果的行为。这是一种以交通工具为特定破坏对象的过失危害公共安全的犯罪。本罪侵犯的客体是交通运输安全。侵害的对象是正在使用的火车、汽车、电车、船只、航空器等大型现代化交通工具。本罪在客观方面表现为实施使火车、汽车、电车、船只、航空器遭受破坏,并造成严重后果的行为。如果是交通运输人员在驾驶交通工具中违反规章制度,过失引起交通工具倾覆或毁坏,造成重大事故,虽危害了交通运输安全,也不构成本罪,应以交通肇事罪论处。造成严重后果是构成本罪重要的法定要件之一。所谓严重后果是指致人重伤、死亡或者使公私财产遭受重大损失。本罪主体为一般主体,凡达到法定刑事责任、具有刑事责任能力的人均可成为本罪的主体。本罪在主观方面表现为过失。即行为人对其破坏交通工具的行为可能引起的严重后果应当预见,因为疏忽大意而未预见;或者虽然已经预见,而轻信能够避免,以致发生了严重后果。

根据《刑法》第 119 条第 2 款的规定,犯过失损坏交通工具罪的,处 3 年以上 7 年以下有期徒刑;情节较轻的,处 3 年以下有期徒刑或者拘役。

十六、过失损坏交通设施罪

过失损坏交通设施罪,是指过失损坏轨道、桥梁、隧道、公路、机场、航道、灯塔、标志等交通设备,危害公共安全,致使火车、汽车、电车、船只、航空器等倾覆或毁坏,造成严重后果的行为。

本罪侵犯的客体是交通运输安全。本罪在客观方面表现为实施损坏上述交通设备,危害公共安全,致使火车等交通工具倾覆或毁坏,造成严重后果的过失行为。这是本罪同过失破坏交通工具罪的区别所在。(1)行为人必须实施破坏交通设备的行为。这种行为通常发生在日常生活和工作中，由于行为人缺乏谨慎所致。如果直接管理交通设备的人员，在操作中违反规章制度，以致过失破坏交通设备，发生重大责任事故，引起严重后果的，应以重大责任事故罪论处。(2)破坏交通设备的过失行为必须造成危害交通运输安全的严重后果，即造成火车、汽车等交通工具倾覆或毁坏，致人重伤、死亡或者便公私财产遭受重大损失。如果未造成后果或者后果不严重，不构成本罪。本罪的主体为一般主体。满 16 周岁、具备刑事责任能力的自然人均可成为本罪的主体。本罪在主观方面表现为过失，即行为人对其行为可能造成的危害交通运输安全的严重后果已经预见，但轻信能够避免；或者应当预见，因为疏忽大意而未预见，以致发生这种严重结果。

根据《刑法》第 119 条第 2 款的规定，犯过失损坏交通设施罪的，处 3 年以上 7 年以下有期徒刑；情节较轻的，处 3 年以下有期徒刑或者拘役。

十七、过失损坏电力设备罪

过失损坏电力设备罪，是指由于过失而引起电力设备遭受损坏，危害公共安全，造成严重后果的行为。该罪侵犯的客体是公共安全，不同于破坏电力设施罪，该罪在主观上是由过失造成，而不是出于故意破坏。行为人造成的严重后果是使正在使用的电力设备失去良好的使用性能和安全性能，造成人、财、物严重损失的结果。构成该罪主体的是年满 16 周岁的具有刑事责任能力的自然人，专业技术人员和直接操作人员也能构成该罪。根据《刑法》第 119 条第 2 款的规定，犯过失损坏电力设备罪的，处 3 年以上 7 年以下有期徒刑；情节较轻的，处 3 年以下有期徒刑或者拘役。

十八、过失损坏易燃易爆设备罪

过失损坏易燃易爆设备罪，是指过失破坏煤气或者其他易燃易爆设备，危害公共安全，造成严重后果的行为。本罪是一种以易燃易爆设备为特定破坏对象的过失危害公共安全罪。

本罪在客观方面表现为实施使燃气或者其他易燃易爆设备遭受毁坏，危害公共安全，造成严重后果的行为。破坏易燃易爆设备的行为必须造成严重后果才构成本罪。这里造成严重后果，是指致人重伤、死亡，使公私财产遭受重大损失，或者使公共生产、生活秩序受到严重破坏。如果是直接管理、操作易燃易爆设备的人员，在生产作业中违反规章制度，过失地发生重大事故，造成上述设备破坏，致人重伤、死亡或者使公私财产遭受重大损失的，应定重大责任事故罪。本罪主体为一般主体，即一切达到法定刑事责任年龄、具有刑事责任能力的人均可构成。本罪的主观方面是应当预见自己破坏上述设备的行为可能发生危害公共安全的结果，因为疏忽大意而没有预见或者已经预见而轻信能够避免，以致发生这种结果。

根据《刑法》第 119 条第 2 款的规定，犯过失损坏易燃易爆设备罪的，处 3 年以上 7 年以下有期徒刑；情节较轻的，处 3 年以下有期徒刑或者拘役。

十九、组织、领导、参加恐怖组织罪

(一)组织、领导、参加恐怖组织罪的概念和特征

组织、领导、参加恐怖组织罪,是指组织、领导或者参加恐怖活动组织的行为。

本罪侵犯的客体为公共安全,即不特定多数人的生命、健康和财产安全。行为对象可以是本国公民,也可以是外国人。对象为恐怖活动组织,是指三人以上为了长期、有计划地实施恐怖活动而建立起来的犯罪组织,具有严密的组织性和稳定性,是犯罪集团的一种。恐怖活动组织,是以实施恐怖活动为目的而建立起来的、危害极为严重的犯罪组织,包括国际恐怖活动组织与国内恐怖活动组织。

本罪的客观要件是,行为人实施了组织、领导或者参加恐怖活动组织的行为。恐怖活动,通常是指为了达到一定目的特别是政治目的,而对他人的生命、身体、自由、财产等使用暴力、胁迫等强迫手段以造成社会恐惧的犯罪行为的总称。恐怖活动分为国际恐怖活动与国内恐怖活动。恐怖活动的性质,决定了本罪属于危害公共安全的犯罪。"组织",主要是指组建恐怖活动组织;"领导",主要是指策划、指挥恐怖活动组织的具体活动;"参加",是指加入恐怖活动组织,使自己成为该组织成员。本罪是一个选择性罪名。行为人只要实施了组织、领导、积极参加或者参加恐怖组织行为之一者,便成立本罪。行为人实施两个或两个以上的行为,比如既组织又领导恐怖组织的,也只成立本罪一罪,不实行数罪并罚。但是行为人如果组织、领导、参加恐怖组织后又实施了杀人、爆炸、绑架等恐怖活动犯罪的,则应将组织、领导、参加恐怖组织罪与其他相关的犯罪实行数罪并罚。

本罪的主观要件是,明知恐怖活动危害公共安全,但以实施恐怖活动为目的组织、领导或者参加恐怖活动组织。国际恐怖活动组织常常具有一定的政治目的;国内恐怖活动组织则不一定具有某种政治目的。

(二)与组织、领导、参加黑社会性质组织罪的界限

组织、领导、参加黑社会性质组织罪,是指组织、领导、参加以暴力、胁迫或者其他手段,有组织地进行违法犯罪活动,称霸一方,为非作恶,欺压、残害群众,严重破坏经济、社会生活秩序的黑社会性质的组织的行为。两罪在客观方面的行为方式非常相近,恐怖组织与黑社会性质组织都是犯罪组织,并且在人员构成、犯罪方式、活动形式等方面也非常相似,但两者有着显著区别:

(1)类罪名不同。组织、领导、参加恐怖组织罪是危害公共安全的犯罪;而组织、领导、参加黑社会性质组织罪是破坏社会管理秩序的犯罪。

(2)组织、领导、参加的犯罪组织不同。恐怖组织一般政治色彩较浓,具有一定的政治目的;黑社会性质组织更多是为了追求非法的经济利益,主要构成对经济、社会生活秩序的严重破坏。

(三)组织、领导、参加恐怖组织罪的刑事责任

根据《刑法》第 120 条的规定,组织、领导或者积极参加恐怖活动组织的,处 3 年以上

10年以下有期徒刑;其他参加的,处3年以下有期徒刑、拘役或者管制。行为人犯本罪并实施杀人、爆炸、绑架等犯罪的,依照数罪并罚的规定处罚。

二十、帮助恐怖活动罪

帮助恐怖活动罪,是指行为人资助恐怖活动组织、实施恐怖活动的个人、恐怖活动培训,或者是为恐怖活动组织、实施恐怖活动或者恐怖活动培训招募、运送人员的行为。本罪的构成要件如下:

本罪侵犯的客体是公共安全。即不特定或多数人的生命、健康和财产安全及公共生活秩序。本罪在客观方面表现为资助恐怖活动组织、实施恐怖活动的个人、恐怖活动培训,或者为恐怖活动组织、实施恐怖活动或者恐怖活动的培训招募、运送人员的行为。"资助"就是提供帮助,在本罪中有两种形式,一是指为恐怖活动组织或者实施恐怖活动的个人筹集、提供经费、物资或者提供场所以及其他物质便利的行为。二是提供人力帮助,为恐怖活动组织、实施恐怖活动或者恐怖活动培训招募、运送人员。资助的方式可以是物质的,也可以是人力的,但提供单纯的精神鼓励不能构成本罪。本罪是资助型的犯罪,实质上属于组织、领导、参加恐怖组织罪的帮助犯,但是由于刑法明确单独定罪的情况下,对资助恐怖组织提供资助或者为其招募、运送人员的行为适用本罪。因此,在本罪中,资助必须仅限于提供帮助,而不能参与恐怖组织的实行行为,否则就超越了本罪的范畴而构成相应的其他犯罪的共犯。

本罪的主体既包括自然人,也包括单位。

本罪在主观方面是故意,即明知是恐怖组织、实施恐怖活动或者恐怖活动培训而予以物质上的资助或者为其提供招募、运送人员。

根据《刑法》第120条之一的规定,资助恐怖活动组织、实施恐怖活动的个人的,或者资助恐怖活动培训的,处5年以下有期徒刑、拘役、管制或者剥夺政治权利,并处罚金;情节严重的,处5年以上有期徒刑,并处罚金或者没收财产。为恐怖活动组织、实施恐怖活动或者恐怖活动培训招募、运送人员的,依照前款的规定处罚。单位犯前两款罪的,对单位判处罚金,并对其直接负责的主管人员和其他直接责任人员,依照第一款的规定处罚。

二十一、准备实施恐怖活动罪

准备实施恐怖活动罪,是指行为人为实施恐怖活动准备凶器、危险物品或者其他工具,组织恐怖活动培训或者积极参加恐怖活动培训,为实施恐怖活动与境外恐怖活动组织或者人员联系,为实施恐怖活动进行策划或者其他准备的行为。

本罪侵犯的客体是公共安全,即不特定或多数人的生命、健康和财产安全及公共生活秩序。

本罪在客观方面表现为,为实施恐怖活动准备凶器、危险物品或者其他工具,组织恐怖活动培训或者积极参见恐怖活动培训,为实施恐怖活动与境外恐怖活动组织或者人员联系,为实施恐怖活动进行策划或者其他准备的行为。具体来说,主要包括以下几类行为:①为实施恐怖活动准备凶器、危险物品或者其他工具的行为。即为实施恐怖活动进行的事前准备，例如准备购买枪支、弹药、爆炸物等作案工具等；②组织恐怖活动培训或者积极参加恐怖活动培训的行为。即为恐怖活动进行培训类的犯罪，是指由恐怖活动组织或个人进行思想误导和教化的行为，使人们能恐怖主义的信仰，成为恐怖分子，并传授实施恐怖活动所需要的方法和技能；③为实施恐怖活动与境外恐怖活动组织或者人员联络的行为。目前，在世界范围内，恐怖主义泛滥，国际恐怖主义与国内的恐怖组织联系更加频繁，国际恐怖主义不断对我国进行渗透，国内的恐怖组织也会派遣恐怖分子去国外受训，二者一旦联系紧密，势必对我国的稳定造成巨大的冲击；④为实施恐怖活动进行策划或者其他准备的。上述这些行为相对于恐怖活动的实行行为而言，属于预备行为，但是刑法将其明确为独立的罪名，则这些行为就不再属于恐怖活动犯罪的预备犯，而是单独成为犯罪。如果行为人既实施了恐怖活动的预备行为，也实施了恐怖活动的实行行为，如果既构成本罪，又构成了其他恐怖活动犯罪，则属于想象竞合犯，应当择一重罪论处。

本罪的主体既包括自然人，一般主体。

本罪在主观方面是故意，即行为人明知是恐怖活动而进行相应的准备。

根据《刑法》第 120 条之二的规定，犯本罪的，处 5 年以下有期徒刑、拘役、管制或者剥夺政治权利，并处罚金；情节严重的，处 5 年以上有期徒刑，并处罚金或者没收财产。有前款行为，同时构成其他犯罪的，依照处罚较重的规定定罪处罚。

二十二、宣扬恐怖主义、极端主义、煽动实施恐怖活动罪

宣扬恐怖主义、极端主义、煽动实施恐怖活动罪是指行为人以制作、散发宣扬恐怖主义、极端主义的图书、音频、视频资料或者其他物品，或者通过讲授、发布信息等方式宣扬恐怖主义、极端主义，或者煽动实施暴力恐怖活动的行为。本罪的构成要件如下：

本罪侵犯的客体是公共安全，即不特定或多数人的生命、健康和财产安全及公共生活秩序。

本罪在客观方面表现为，以制作、散发宣扬恐怖主义、极端主义的图书、音频、视频资料或者其他物品，或者通过讲授、发布信息等方式宣扬恐怖主义、极端主义，或者煽动实施暴力恐怖活动的行为。恐怖主义是指，通过暴力、破坏、恐吓等手段，制造社会恐慌、危害公共安全、侵犯人身财产，或者胁迫国家机关、国际组织，以实现其政治、意识形态等目的的主张和行为，具有以下几个特征：一是明确的动机性，恐怖主义主要是基于政治性或社会性的不法动机，力图分裂国家、颠覆政权等；二是恐怖性，恐怖主义通过使用暴力、威胁等制造恐怖气氛，给社会造成心理压力，使其产生恐惧、害怕和不安全感，以及对政府信任感的降低；三是暴力性，恐怖主义的实施方式主要是暴力或者以暴力相威胁。极端主义，是与宗教有关的极为偏激的主张要求，或者以偏激手段实现其主张要求的行为。极端主义虽然披着宗教的外衣，但却与宗教信仰有着本质区别。主要表现在以下几个方面，一是在主张上不同，宗教主张信仰的“中道”性，而极端主义则是把“信仰”绝对化、极端化，片面狂热，经常排斥其他宗教；二是追求目标不同，宗教是精神方面的信仰与追求，而极端主义则是打着宗教的旗帜，在政治上追求建立新的宗教王国；三是在行为表现方式上，宗教信仰活动多具有互助友爱、乐善好施的特点，而极端主义则具有攻击性强、好斗暴虐的特点。

在本罪中有三种行为表现方式：一是制作、散发恐怖主义，极端主义物品。物品的主要表现形式是图书、画册、传单、视频等资料；二是宣扬恐怖主义、极端主义，主要是讲授、发布信息等方式宣传恐怖主义、极端主义；三是煽动实施恐怖活动，煽动是指通过语言、文字、图画等对他人进行怂恿、鼓动，意图使其实施恐怖活动。实际上，制作、散发恐怖主义物品和煽动实施恐怖活动都是宣扬恐怖主义、极端主义的方式。宣扬，从广义上讲，就是指通过一定一定的媒介广泛宣布、传扬，让不特定或者多数人知晓恐怖主义、极端主义的行为。本罪为行为犯，只要实施了宣扬恐怖主义、极端主义的行为，不论他人是否看到、是否接受，是否实际上实施了暴力活动，即构成本罪的既遂。

本罪的主体既包括自然人，一般主体，可以是中国公民、也可以外国公民或者无国籍人。

本罪在主观方面是故意，即行为人明知是恐怖主义、极端主义，而为其制作、散发图书、视频等物品，明知是恐怖主义、极端主义而讲授、发布等，或者直接煽动实施恐怖活动。

根据《刑法》第 120 条之三的规定，犯本罪的，处 5 年以下有期徒刑、拘役、管制或者剥夺政治权利，并处罚金；情节严重的，处 5 年以上有期徒刑，并处罚金或者没收财产。

二十三、利用极端主义破坏法律实施罪

利用极端主义破坏法律实施罪，是指利用极端主义煽动、胁迫群众破坏国家法律确认的婚姻、司法、教育、社会管理等制度的实施行为。本罪的构成要件如下：

本罪侵犯的客体是公共安全，是国家法律确立的婚姻、司法、教育、社会管理等各项制度下的社会秩序。

本罪在客观方面表现为利用极端主义煽动、胁迫群众破坏国家法律确立的婚姻、司法、教育、社会管理等各项制度实施的行为。煽动是指通过语言、文字、图画等对他人进行怂恿、鼓动，意图使其实施破会国家法律确立的婚姻、司法、教育、社会管理等制度的行为。胁迫，是指，以语言或举动，显示加害的意思，以加害的意思告知群众，使其产生畏惧，不得已实施破坏国家法律的行为。胁迫的内容可以是侵害财产、人身、驱使他人离开所居住社区等物理损害，也可以是阻止他人参加宗教活动等精神方面的损害。如果行为人在胁迫群众的过程中，故意造成被胁迫的群众重伤、死亡的，应当以本罪与故意伤害、故意杀人等罪实行数罪并罚。本罪的对象为国家法律确认的婚姻、司法、教育、社会管理等制度的实施。本罪为行为犯，即只要行为人实施了煽动、胁迫群众破坏法律实施的行为，不论群众是否接受了煽动、胁迫，也不论该行为是否得逞，都构成本罪的既遂。如果行为人实施本罪，又实施了煽动群众实行恐怖活动的，则应当认定为两个犯罪行为，应以本罪与煽动恐怖活动罪数罪并罚。情节严重，是指多次煽动、胁迫群众实施破坏法律的实施；造成被胁迫者财产受到较大损失、人身安全受到严重威胁或者精神受到严重伤害；煽动、胁迫行为在社会上造成恶劣社会影响；因煽动、胁迫造成法律实施明显受阻，社会秩序出现混乱等后果。情节特别严重，是指长时间或者密集煽动、胁迫破坏法律的实施，使法律所确立的制度实施在一定时期、区域严重受到阻碍，严重损害社会调节功能；社会秩序严重混乱或者人们的生活受到特别严重的影响；等等。

本罪的主体既包括自然人，一般主体，可以是中国公民、也可以外国公民或者无国籍人。

本罪在主观方面是故意，而且只能是直接故意，即行为人明知自己的煽动、胁迫行为会产生危害公共安全的后果，而希望这种结果的发生。

根据《刑法》第 120 条之四的规定，犯本罪的，处 3 年以下有期徒刑，并处罚金；情节严重的，处 3 年以上 7 年以下有期徒刑，并处罚金；情节特别严重的，处 7 年以上有期徒刑，并处罚金或者没收财产。

二十四、强制穿戴宣扬恐怖主义、极端主义服饰、标志罪

强制穿戴宣扬恐怖主义、极端主义服饰、标志罪，是指行为人以暴力、胁迫等方式强制他人在公共场所穿着、佩戴宣扬恐怖主义、极端主义服饰、标志的行为。本罪的构成要件如下：

本罪侵犯的客体是公共安全，即不即定或多数人的生命、健康、重大公私财产安全及公共社会生活秩序。

本罪在客观方面表现为以暴力、胁迫等方式强制他人在公共场所穿着、佩戴宣扬恐怖主义、极端主义服饰、标志的行为。恐怖主义、极端主义服饰，是根据恐怖主义、极端主义理念与思想设计的，与普通服饰有明显区别的、具有象征意义的服饰。例如，写有恐怖组织名称的头巾、印有恐怖主义、极端主义图像的衣服。恐怖主义、极端主义标志，是指以显著、易识别的物象、图形或文字符号等表明恐怖主义、极端主义特征的记号。这些标志，是一种直观的语言，表达了恐怖主义、极端主义的意义、情感，甚至具有指令行动的作用。公共场所，是指具有公共性、开放性，能满足不特定多数人的某些需求的场所。具有公共性、开放性和社会活动性三个特点。恐怖分子、极端分子，通过强制他人在公共场所穿着这些特殊的服饰，佩戴这些特殊的标志，其目的是为了表明身份，制造与他人和社会的对立，扩大自己的社会影响力。本罪的行为方式是以暴力、胁迫等强制他人穿着、佩戴恐怖主义、极端主义的服饰、标志，因此，本罪的行为方式带有暴力性质，如果行为人在强迫他人过程中，造成他人重伤、死亡的，应当以本罪和故意伤害罪、故意杀人罪实行数罪并罚。另，本罪是结果犯，即要求被强制的人穿着恐怖主义、极端主义服饰或者佩戴宣扬恐怖主义、极端主义的标志出现在公共场所。

本罪的主体既包括自然人，一般主体，可以是中国公民、也可以外国公民或者无国籍人。

本罪在主观方面是故意，即行为人明知自己的以暴力、胁迫等方式强制他人在公共场所穿着、佩戴宣扬恐怖主义、极端主义服饰、标志会产生危害公共安全的结果，而希望或放任这种结果的发生。

根据《刑法》第 120 条之五的规定，犯本罪的，处 3 年以下有期徒刑、拘役或者管制，并处罚金。

二十五、非法持有宣扬恐怖主义、极端主义物品罪

非法持有宣扬恐怖主义、极端主义物品罪，是指持有宣扬恐怖主义、极端主义的物品、

图书、音频、视频等资料，情节严重的行为。本罪的构成要件如下：

本罪侵犯的客体是公共安全。

本罪在客观方面表现为持有宣扬恐怖主义、极端主义的物品、图书、音频、视频等资料，情节严重的行为。本罪属于持有型犯罪，只要持有人认知到持有物的性状而仍然故意予以持有，即使确实不知道这些物品的来源或者去向，或者确实无法证明这些持有的来源或者去向，都应认定为符合本罪的构成要件。本罪为情节犯，要求行为人持有宣扬恐怖主义、极端主义的物品、图书、音频、视频等资料，达到情节严重的程度。情节严重，一般是指因持有宣扬恐怖主义、极端主义的物品、图书、音频视频等资料，经过批评教育后仍然持有的；或者持有的宣扬恐怖主义、极端主义的物品、图书、音频视频等资料数量较多的；等等。

本罪与制作、散发恐怖主义、极端主义物品、宣扬恐怖主义、极端主义、煽动恐怖活动犯罪属于对向犯。由于两类行为的社会危害性都比较严重，因此，刑法把两种行为都纳入了规范的范畴，即两类行为属于"异罪异罚"。如果行为人是为了宣扬恐怖主义、极端主义而持有恐怖主义、极端主义的物品、图书、音频视频等资料的，应当定制作、散发恐怖主义、极端主义物品、宣扬恐怖主义、极端主义、煽动恐怖活动罪。如果行为人持有这些物品时，并没有宣扬恐怖主义、极端主义的主观故意，后又将这些资料通过媒介予以宣扬的，则应以本罪与制作、散发恐怖主义、极端主义物品、宣扬恐怖主义、极端主义、煽动恐怖活动罪数罪并罚。

本罪的主体既包括自然人，一般主体，可以是中国公民、也可以外国公民或者无国籍人。

本罪在主观方面是故意，即行为人明知持有宣扬恐怖主义、极端主义物品、图书、音频视频等资料会产生危害公共安全的结果，而希望或放任这种结果的发生。本罪要求行为人对图书、音频视频等资料的性质有所认识，即明知是宣扬恐怖主义、极端主义而仍然非法持有的。

根据《刑法》第 120 条之六的规定，犯本罪的，处 3 年以下有期徒刑、拘役或者管制，并处或者单处罚金。

二十六、劫持航空器罪

（一）劫持航空器罪的概念和特征

劫持航空器罪，是指以暴力、胁迫或者其他方法劫持航空器的行为。本罪的主要特征有：

本罪的客体是旅客的人身、财产及航空器的安全。在联合国及国际民航组织和世界各国的共同努力下，先后制定了三个关于反对空中劫持的国际公约，即 1963 年 9 月 14 日在东京签订的《关于航空器内的犯罪和其他某些行为的公约》（简称《东京公约》）、1970 年 12 月 16 日在海牙通过的《关于制止非法劫持航空器的公约》（简称《海牙公约》）、1971 年 9 月 23 日在蒙特利尔通过的《关于制止危害民用航空安全非法行为的公约》（简称《蒙特利尔公约》)。我国于1978年加入了《东京公约》,而后又于1980年加入了《海牙公约》和《蒙特利尔公约》。1992年12月28日全国人大常委会专门通过了《关于惩治劫持航空器犯罪分子的决定》,这些国际公约和国内法为我国关于劫持航空器的行为提供法律依据。

本罪客观要件是,以暴力、胁迫或者其他方法劫持航空器。首先,行为对象是正在使用中或者飞行中的航空器。刑法虽然没有明文限定为使用中或者飞行中的航空器,但从劫持的含义及有关国际公约来看,应当作出这种限定。关于航空器的范围,通说认为可以是供军事、海关、警察使用的。其次,行为内容是以暴力、胁迫或者其他方法劫持航空器。这些方法的共同点是使航空器内的机组人员或其他人员不能反抗、不敢反抗或者不知反抗。"劫持"主要表现为两种情况:一是劫夺航空器,二是强行控制航空器的航行。至于行为人实际上是否劫夺了航空器、实际上是否控制了航空器的航行,则不影响本罪的成立。

本罪的主体为一般主体。已满16周岁具有辨认控制能力的自然人,无论是中国人,还是外国人或无国籍人,都符合本罪的主体要件。

本罪的主观上只能是故意,即明知劫持航空器的行为会发生危害航空安全的严重后果,并且希望或者放任这种结果的发生。从实践上看,劫持者总是为了达到特定目的,但犯罪目的与动机的内容不影响本罪的成立。

(二)劫持航空器罪的认定

1.与破坏交通工具罪的界限

劫持航空器罪和破坏交通工具罪在主观方面都是故意,侵犯的客体都是交通运输安全。但是,劫持航空器的目的一般是为了控制航空器,使航空器改变原定航向或者飞往劫持者指定的国家和地区,而破坏交通工具罪的目的是使航空器发生毁坏、倾覆的结果。另外,劫持航空器是公然使用暴力、胁迫或者其他方法,劫持正在飞行或正在使用中的航空器,而破坏交通工具罪,一般是采用秘密的方式,破坏航空器或其他交通工具。

2.劫持航空器罪和暴力危及飞行安全罪的界限

这两种犯罪都发生在飞行中的航空器内,危害的也都是航空器的飞行安全。但是,劫持航空器罪的目的,是劫持和控制航空器,而暴力危及飞行安全罪不具有此种目的;另外,劫持航空器的侵害对象是航空器和航空器上的人员,而暴力危及飞行安全罪的侵害对象仅限于航空器内的人员。

(三)劫持航空器罪的刑事责任

根据《刑法》第121条的规定,以暴力、胁迫或者其他方法劫持航空器的,处10年以上有期徒刑或者无期徒刑;致人重伤、死亡或者使航空器遭受严重破坏的,处死刑。

二十七、劫持船只、汽车罪

劫持船只、汽车罪,是指使用暴力、胁迫或者其他方法劫持船只、汽车的行为。

本罪侵犯的客体是公共安全,主要是指船只、汽车的交通运输安全和不特定多数旅客的生命、健康及财产安全。本罪客观方面表现为以暴力、胁迫或者其他方法,劫持正在使用中的船只、汽车。劫持火车、电车的行为不成立本罪，应以破坏交通工具罪论处。劫持船只、汽车罪是行为犯，不是结果犯。只要行为人实施了以暴力、胁迫或者其他方法劫持船只、汽车的行为，即构成本罪既遂，而不论其犯罪目的是否实现。本罪的主体为一般主体，凡达到刑事责任年龄具备刑事责任能力的自然人均可构成。既可以由中国人构成，也可以由外国人或无国籍人构成。本罪主观方面是故意。犯罪目的与动机的内容通常不影响本罪的成立。

根据《刑法》第 122 条的规定，犯劫持船只、汽车罪的，处 5 年以上 10 年以下有期徒刑；造成严重后果的，处 10 年以上有期徒刑。

二十八、暴力危及飞行安全罪

暴力危及飞行安全罪，是指对飞行中的航空器上的人员使用暴力，危及飞行安全的行为。

本罪侵犯的客体是公共安全，即不特定多数人的生命、健康和重大公私财物安全。本罪侵犯的对象必须是使用中的航空器。《东京公约》《海牙公约》中规定的都是在飞行中的航空器。所谓在飞行中是指：航空器在装载结束，机舱外部各门均已关闭时起，直到打开任一机门以便卸载时为止的任何时间；而如果飞机是强迫降落的，则在主管当局接管该航空器及其所载人员和财产以前。本罪客观方面表现为对飞行中的航空器上的人员使用暴力，危及飞行安全的行为。首先，必须使用了暴力，即不法对人行使有形力的一切行为。但从相关规定来看，这里的暴力不包括故意重伤与故意杀人。其次，必须是对航空器上的人员使用暴力，其中的人员既包括机组人员，也包括乘客等航空器上的所有人员。最后，行为在客观上必须危及飞行安全，即对飞行安全构成了威胁。如果使用暴力的行为并不危及飞行安全，就不成立本罪。另一方面，成立本罪也不要求暴力行为造成严重后果。但是，行为人采取传送虚假情报等非暴力方式危及飞行安全的，不成立本罪。本罪的主体为一般主体，凡达到刑事责任年龄、具备刑事责任能力的自然人均可成为本罪主体。既可以由中国人构成，也可以由外国人或无国籍人构成。本罪主观方面表现为故意，即明知自己对飞行中的航空器上的人员使用暴力，会危及飞行安全，并且希望或者放任这种结果的发生。

根据《刑法》第 123 条的规定，犯对航空器上的人员使用暴力罪的，处 5 年以下有期徒刑或者拘役；造成严重后果的，处 5 年以上有期徒刑。

二十九、破坏广播电视设施、公用电信设施罪

破坏广播电视设施、公用电信设施罪，是指故意破坏正在使用中的广播电视设施、公用电信设施，危害公共安全的行为。这是一种以广播电视设施、公用电信设施为特定破坏对象的危害公共安全的行为。

本罪所侵犯的客体是通讯方面的公共安全。犯罪对象是正在使用中的广播、电视、公用电信等通信设施，如行为人破坏的是广播、电视、电信部门的非直接用于通讯的设施如行政办公设施、日常生活设施或者虽属广播、电视、电信设施，仅属于一般性的服务设施，

如宾馆、单位内部的闭路电视网络，都不属于本罪对象。对之进行破坏的，不能构成本罪，构成犯罪的，应以他罪如故意毁坏财物罪等论处。此外，必须是正在使用中的通信设施才能成为本罪对象。倘若不是正在使用，如正在制造或虽已制造完毕但未安装交付使用的，对之进行破坏，亦不构成本罪。特别需要指出的是，本罪对象不包括国防用的通信设备，因为刑法已增设了危害国防利益罪及相关分罪名，用于惩处相关的犯罪行为。

本罪在客观方面表现为破坏正在使用中的广播电视设施、公用电信设施，足以危害公共安全的行为。破坏方法多种多样，如拆卸或毁坏广播电视设施、公用电信设施重要机件。如果用放火、爆炸等危险方法破坏广播电视设施、公用电信设施，危害公共安全，则同时触犯本罪和放火罪（或爆炸罪）等罪名，属于想象竞合犯。根据对想象竞合犯"从一重处断"的处理原则，应以放火罪或爆炸罪论处。破坏行为必须危害通讯公共安全，但严重后果不是本罪的构成要件。这里危害公共安全，一般是指通信设备因遭受破坏丧失原有功能，以致造成公共广播、电视、通讯不能正常进行，使不特定多数的单位和个人无法正常收听、收看广播、电视，或者进行其他通讯联络活动，并且由此可能引起其他严重后果。如果行为人破坏通讯设备并不影响正常通讯的部件，或者仅将一户的电话机盗走，并不危害通讯方面的公共安全，不能以本罪认定，视情节可作故意毁坏财物罪或盗窃罪处理。

本罪主体是一般主体。既可以是普通公民，也可以是从事广播、电视通讯业务的人员。凡达到法定刑事责任年龄、具有刑事责任能力的人均可构成。

本罪在主观方面表现为故意。即行为人明知其破坏广播电视、电信设施的行为会危害通讯的公共安全，并且希望或者放任这种危害结果的发生。实施犯罪的动机可以多种多样，如出于报复泄愤、嫉妒陷害、贪财图利等。动机如何不影响本罪的成立。

（二）破坏广播电视设施、公用电信设施罪的认定

1.本罪与盗窃罪的界限

本罪与盗窃罪的竞合发生，在以非法占有为目的，盗窃通信器材的案件（如偷割电话线、通讯电缆等）案件中。如果窃取的是库存的或者正在生产、维修中的通信器材，只能侵害财产所有权，并不危害通讯方面的公共安全，因此应以盗窃罪论处。如果窃取的是正在使用中的通信设备，如偷割正在使用中的电话线、电缆线，偷砍电线杆等，势必会使不特定多数单位或个人的广播、电视通讯受阻。这种行为不仅侵害财产所有权，而且危害通讯，这样就触犯了破坏广播电视、公用电信设施罪和盗窃的罪名。对此类案件应当如何定性，最高人民法院在《关于审理盗窃案件具体应用法律问题的解释》第 12 条第 1 项中规定："盗窃广播、电视设施、公用电信设施价值数额不大，但是构成危害公共安全犯罪的，依照刑法第 124 条的规定定罪处刑；盗窃广播电视设施、公用电信设施同时构成盗窃罪和破坏广播电视设施、公用电信设施罪的，择一重罪处罚。"

2.关于"伪基站"的认定问题

"伪基站"即假基站。设备是一种高科技仪器，一般由主机和笔记本电脑组成，通过短信群发器、短信发信机等相关设备能够搜取以其为中心、一定半径范围内的手机卡信息，通过伪装成运营商的基站，任意冒用他人手机号码强行向用户手机发送诈骗、广告推销等

短信息。在司法实践中,关于“伪基站”的认定存在着罪与非罪、是构成何种犯罪的探讨。依据 2014 年 4 月 3 日最高人民法院、最高人民检察院、公安部、国家安全部《关于依法办理非法生产销售使用“伪基站”设备案件的意见》第 1 条第(2)点,非法使用“伪基站”设备干扰公用电信网络信号,危害公共安全的,依照《刑法》第 124 条第 1 款的规定,以破坏公用电信设施罪追究刑事责任;同时构成虚假广告罪、非法获取公民个人信息罪、破坏计算机信息系统罪、扰乱无线电通讯管理秩序罪的,依照处罚较重的规定追究刑事责任。除法律、司法解释另有规定外,利用“伪基站”设备实施诈骗等其他犯罪行为,同时构成破坏公用电信设施罪的,依照处罚较重的规定追究刑事责任。

(三)破坏广播电视设施、公用电信设施罪的刑事责任

根据《刑法》第 124 条第 1 款的规定,犯破坏广播电视设施、公用电信设施罪的,处 3 年以上 7 年以下有期徒刑;造成严重后果的,处 7 年以上有期徒刑。

三十、过失损坏广播电视设施、公用电信设施罪

过失损坏广播电视设施、公用电信设施罪,是指过失损坏广播电视设施、公用电信设施,造成严重后果,危害公共安全的行为。

本罪侵犯的客体是与通讯相联系的公共安全。其破坏的对象是广播电视设施、公用电信设施,即广播电台、电视、电报、电话或其他通信设备。本罪的客观要件是实施了损坏广播电视设施、公用电信设施,造成严重后果,危害公共安全的行为。本罪是结果犯,行为必须是造成广播电视设施、公用电信设施遭受毁坏,危害公共安全的结果,否则不构成本罪。本罪的主观要件是过失,即应当预见自已破坏广播电视、公用电信设施的行为可能发生危害通信安全的结果,因为疏忽大意而没有预见或者已经预见而轻信能够避免,以至发生这种结果。

根据《刑法》第 124 条第 2 款的规定,犯过失损坏广播电视、公用电信设施罪的,处 3 年以上 7 年以下有期徒刑;情节较轻的,处 3 年以下有期徒刑或者拘役。

三十一、非法制造、买卖、运输、邮寄、储存枪支、弹药、爆炸物罪

(一)非法制造、买卖、运输、邮寄、储存枪支、弹药、爆炸物罪的概念和特征

非法制造、买卖、运输、邮寄、储存枪支、弹药、爆炸物罪,是指行为人违反国家有关枪支、弹药、爆炸物管理的法规,非法制造、买卖、运输、邮寄、储存枪支、弹药、爆炸物,危害公共安全的行为。本罪具有以下特征:

本罪侵犯的客体是国家对枪支、弹药、爆炸物的管理制度和公共安全。侵犯的对象是枪支、弹药和爆炸物。枪支,《枪支管理办法》中规定:以火药或者压缩气体等为动力,利用管状器具发射金属弹丸或者其他物质,足以致人伤亡或者丧失知觉的各种枪支,如军用手枪、步枪、冲锋枪、机枪;体育竞技用的各种枪支;狩猎用的有膛线的猎枪等。所谓弹药,是指能为上述各种枪支使用的子弹、金属弹丸、催泪弹或其他物质。所谓爆炸物,是指具有

爆破性，一旦爆炸即对人身财产能造成较大杀伤力或破坏力的物品，包括军用的地雷、手雷、炸弹、爆破筒以及民用各类炸药。如果行为人非法制造、买卖、运输、邮寄、储存的不是上述枪支、弹药或爆炸物，而是其他诸如游艺运动气枪、制作影视戏剧用的道具枪以及烟花爆竹等娱乐性物品，则不宜以本罪论处。

本罪客观方面表现为违反国家有关枪支、弹药、爆炸物管理法规，非法制造、买卖、运输、邮寄、储存枪支、弹药、爆炸物的行为。首先，行为对象是枪支、弹药与爆炸物。对私自制作土枪出售，或者将体育运动用枪改装成火药枪的，应根据具体情况，区别对待：构成犯罪的，以非法制造、买卖枪支罪予以处罚；如果情节显著轻微危害不大的，则不以犯罪论处。钢球枪能发射金属弹丸，也属于本罪对象。其次，必须有非法制造、买卖、运输、邮寄、储存枪支、弹药、爆炸物的行为。所谓非法，是指违反有关法律规定，未经有关部门批准私自进行的有关行为。如果经过有关部门许可，但是由于行为人采用欺骗、贿赂等非法手段而得以批准的，此时尽管形式合法，其实质仍属非法，一经查获，亦应当以本罪的非法论处。非法制造，是指违反国家有关法规，未经有关部门批准，私自制造枪支、弹药、爆炸物的行为。非法买卖，是指违反法律规定，未经有关部门批准许可，私自购买或者出售枪支、弹药、爆炸物的行为。买卖，既包括以金钱货币作价的各种非法经营的交易行为，亦包括以物换取枪支、弹药、爆炸物的以物易物的交换行为，以及赊购等行为方式。非法运输，是指违反法律规定，未经批准许可，私自在国境内从一个地方运到另一个地方的行为。其既可以通过陆运、水运或空运，亦可以是随身携带。非法邮寄，是指违反法律规定，私自通过邮局邮寄枪支、弹药、爆炸物的行为。既可以成批邮寄，亦可以夹在其他邮寄的仿品中邮寄。非法储存，是指违反国家有关规定，未经有关部门批准，私自收藏或存积枪支、弹药、爆炸物的行为。既可以藏在家中，又可以存在他处，如山洞中、他人家里等。本罪属于选择性罪名。行为人只要实施非法制造、买卖、运输、邮寄、储存枪支、弹药、爆炸物行为之一的，即可构成犯罪，如果非法制造枪支、弹药、爆炸物以后，又自己运输和贩卖的，只构成非法制造、运输、买卖枪支、弹药、爆炸物罪一罪，不实行数罪并罚。

本罪的主体既可以是已满16周岁、具有辨认控制能力的自然人，也可以是单位（即公司、企业、事业单位、机关、团体）。

本罪主观上必须是故意，即明知是枪支、弹药、爆炸物，而故意非法制造、买卖、运输、邮寄或者储存。不明知是枪支、弹药、爆炸物而实施上述行为的，不成立本罪。

（二）本罪的刑事责任

根据《刑法》第125条第1款与第3款的规定，犯非法制造、买卖、运输、邮寄、储存枪支、弹药、爆炸物罪的，处3年以上10年以下有期徒刑；情节严重的，处10年以上有期徒刑、无期徒刑或者死刑。单位犯本罪的，对单位判处罚金，并对其直接负责的主管人员和其他直接责任人员，依照上述法定刑处罚。

三十二、非法制造、买卖、运输、邮寄、储存危险物质罪

非法制造、买卖、运输、邮寄、储存危险物质罪，是指违反法律规定，未经国家有关部门

批准，非法制造、买卖、运输、邮寄、储存毒害性、放射性、传染病病原体等危险物质的行为。

侵犯的客体是公共安全，即不特定多数人的生命、健康和重大公私财产的安全。同时还侵犯国家的毒害性、放射性、传染病病原体物质管理制度。犯罪对象包括毒害性、放射性、传染病病原体物质这些危险物质。本罪客观要件是违反法律规定，未经国家有关部门批准，非法制造、买卖、运输、邮寄、储存毒害性、放射性、传染病病原体等危险物质的行为。本罪是选择性罪名，行为人只要实施了上述行为之一的，即构成本罪。如果行为人同时实施了上述两种行为，也只构成一罪，而不实行数罪并罚。本罪主体既可以是自然人，也可以是单位。本罪主观要件是故意，即明知是危险物质，而非法买卖、运输、邮寄、储存；不明知是危险物质而买卖、运输等的，不成立本罪。

根据《刑法》第 125 条第 2 款与第 3 款的规定，犯非法制造、买卖、运输、储存危险物质罪的，处 3 年以上 10 年以下有期徒刑；情节严重的，处 10 年以上有期徒刑、无期徒刑或者死刑。单位犯本罪的，对单位判处罚金，并对其直接负责的主管人员和其他直接责任人员，依照上述法定刑处罚。

三十三、违规制造、销售枪支罪

违规制造、销售枪支罪，是指依法被指定、确定的枪支制造企业、销售企业，违反枪支管理规定，以非法制造、销售枪支的行为。本罪的特征有：

本罪所侵犯的客体是国家对枪支的管理制度。犯罪对象是枪支，包括公务用枪、民用用枪等。本罪客观要件是，行为人实施了违反枪支管理规定制造、销售枪支的行为。包括三种行为方式：一是超过限额或者不按规定的品种制造、配售枪支；二是制造无号、重号、假号的枪支；三是非法销售枪支或者在境内销售为出口制造的枪支。本罪主体是依法被指定、确定的枪支制造企业、销售企业；其他企业及个人非法制造、销售枪支的构成刑法第条的非法制造、买卖枪支罪。本罪主观要件为故意，其中，非法制造、配售枪支的行为必须以非法销售为目的；非法销售枪支的行为不要求具有特定目的。本罪的主体为特殊主体，即依法被指定、确定的枪支制造企业、销售企业。本罪在主观方面表现为故意，且必须有以非法销售的目的，如果行为人不具有此目的，则不构成本罪。

根据《刑法》第 126 条的规定，犯本罪的，对单位判处罚金，并对其直接负责的主管人员和直接责任人员，处 5 年以下有期徒刑；情节严重的，处 5 年以上 10 年以下有期徒刑；情节特别严重的，处 10 年以上有期徒刑或者无期徒刑。

三十四、盗窃、抢夺枪支、弹药、爆炸物、危险物质罪

盗窃、抢夺枪支、弹药、爆炸物、危险物质罪，是指以非法占有为目的，秘密窃取或者乘人不备，公然夺取枪支、弹药、爆炸物、危险物质，危害公共安全的行为。本罪的特征有：

本罪侵犯的客体是公共安全，即不特定多数人的生命、健康和财产安全。本罪的犯罪对象为枪支、弹药、爆炸物和危险物质。客观方面表现为盗窃或者抢夺枪支、弹药、爆炸物、危险物质，危害公共安全的行为。盗窃，一般是指采用使枪支、弹药、爆炸物的所有人、占有人、使用人等不会发觉的方法秘密窃取；抢夺，一般是指乘人不备，公然夺取。本罪主

体是已满16周岁、具有辨认控制能力的自然人。本罪主观方面只能是故意,即明知是枪支、弹药、爆炸物、危险物质,而故意盗窃或抢夺。实践中有时出现行为人为了窃取一般财物而实际上窃取了枪支、弹药等的案件,由于行为人不明知是枪支、弹药,不能认定为本罪,只能认定为盗窃罪;如果盗窃后非法持有、私藏的,则另构成非法持有、私藏枪支、弹药罪。

根据《刑法》第127条第1款的规定,犯本罪的,处3年以上10年以下有期徒刑;情节严重的,处10年以上有期徒刑、无期徒刑或者死刑。根据《刑法》第127条第2款的规定,盗窃、抢夺国家机关、军警人员、民兵的枪支、弹药、爆炸物的,处10年以上有期徒刑、无期徒刑或者死刑。

三十五、抢劫枪支、弹药、爆炸物、危险物质罪

抢劫枪支、弹药、爆炸物、危险物质罪,是指以暴力、胁迫或者其他方法抢劫枪支、弹药、爆炸物、危险物质,危害公共安全的行为。本罪的特征有:

本罪侵犯的客体是复杂客体,即公共安全和公民的人身权利。本罪的犯罪对象是枪支、弹药、爆炸物、危险物质。本罪的"危险物质"是指毒害性、放射性、传染病病原体等物质。在客观方面表现为使用暴力、胁迫或者其他使人不能反抗、不敢反抗、不知反抗的强制方法,劫走枪支、弹药、爆炸物、危险物质。危害公共安全的行为;只要抢劫的是枪支、弹药、爆炸物、危险物质,不问其所有者、占有者与使用者是谁,均成立本罪。本罪主体必须是已满16周岁具有辨认控制能力的自然人。本罪主观方面只能是故意,即明知是枪支、弹药、爆炸物、危险物质,而故意使用暴力、胁迫或者其他方法进行抢劫。为了抢劫一般财物而实际上抢劫了枪支、弹药等的,由于行为人不明知是枪支、弹药,不能认定为本罪。

根据《刑法》第127条第2款的规定,犯本罪的,处10年以上有期徒刑、无期徒刑或者死刑。

三十六、非法持有、私藏枪支、弹药罪

非法持有、私藏枪支、弹药罪,是指违反枪支、弹药管理规定,私自携带或者隐藏枪支、弹药的行为。本罪的特征主要有:

本罪侵犯的客体是公共安全和国家对枪支、弹药的管理制度。1996年颁行的《中华人民共和国枪支管理法》明确规定,任何单位或个人非法持有、私藏枪支,都是违法犯罪行为。本罪的客观方面是,行为人实施了非法持有、私藏枪支、弹药,且拒不交出的行为。"非法持有",是指不符合配备、配置枪支、弹药条件的人员,违反枪支管理法律、法规的规定,擅自持有枪支、弹药的行为。"私藏",是指依法配备、配置枪支、弹药的人员,在配备、配置枪支、弹药的条件消除后,违反枪支管理法律、法规的规定,私自藏匿所配备、配置的枪支、弹药且拒不交出的行为。所谓拒不交出,既包括私藏枪支、弹药已被发觉,限令其交出仍抗拒交出;也包括私藏者未被发觉,但其明知应当交出而仍藏匿不交出。但是,如果非法持有、藏匿的枪支、弹药是自己非法制造、买卖或者盗窃、抢夺的,应以非法制造、买卖枪支、弹药罪或者盗窃、抢夺枪支、弹药罪论处,不再另定私藏枪支、弹药罪。本罪属于选

择性罪名，即具备持有、私藏行为之一，即构成犯罪。本罪的主体为一般主体。主观上，非法持有、私藏以故意为前提，即以行为人认识到持有、私藏的是枪支、弹药为前提。

根据《刑法》第128条第1款的规定，犯非法持有、私藏枪支、弹药罪的，处3年以下有期徒刑、拘役或者管制；情节严重的，处3年以上7年以下有期徒刑。

三十七、非法出租、出借枪支罪

非法出租、出借枪支罪，是指依法配备公务用枪的人员和单位，违反枪支管理的规定，私自出租、出借枪支，危害公共安全的行为，或者依法配置枪支的人员违反枪支管理的规定出租、出借枪支，造成严重后果的行为。本罪的主要特征是：

本罪侵犯的是公共安全和国家对枪支管理的相关规定，行为人客观上有出租或者出借自己合法配有的枪支或者单位合法配有的枪支，犯罪对象是枪支。本罪在客观方面表现为行为人违反枪支管理的规定，非法出租、出借枪支的行为。依法配备公务用枪的人员，只要实施了非法出租、出借枪支的行为，就构成本罪；而依法配置枪支的人员，只是实施了非法出租、出借枪支的行为，尚不构成犯罪，只有因此造成了严重后果才构成本罪。依法配备公务用枪的人员，非法将枪支用作借债质押物的，以非法出租、出借枪支论。本罪主观方面只能是故意，即明知是公务用枪或者依法配置的枪支，却故意非法出租、出借给他人使用。如果行为人在出租、出借枪支时，明知租用人、借用人将使用租用、借用的枪支进行犯罪活动而仍出租出借的，对行为人则以租用人、借用人使用租用、借用的枪支所实施的犯罪的共犯追究刑事责任，而不能以非法出租、出借枪支罪处罚。

根据《刑法》第128条的规定，依法配备公务用枪的人员、依法配置枪支的人员犯本罪的，处3年以下有期徒刑、拘役或者管制；情节严重的，处3年以上7年以下有期徒刑。单位犯本罪的，对单位判处罚金，并对其直接负责的主管人员和其他直接责任人员，依照上述法定刑处罚。

三十八、丢失枪支不报罪

丢失枪支不报罪，是指依法配备公务用枪的人员，丢失枪支不及时报告，造成严重后果的行为。本罪的主要特征是：

本罪侵犯的客体是公共安全和国家对枪支的管理制度。在客观方面行为人必须是有违反枪支管理的规定，丢失枪支不及时报告，造成严重后果的行为。不及时报告是一种不作为。根据《枪支管理法》，行为人丢失枪支后有立即报告的义务，但行为人没有履行这种义务。不及时报告包括两种情况：一是丢失枪支后根本不报告；二是丢失枪支后拖延一段时间才报告，并没有及时报告。所谓及时报告，是指行为人发现丢失枪支后立即报告。不及时报告以丢失枪支为前提，丢失枪支，即遗失枪支，包括枪支被盗、被抢等情况。丢失枪支既可能是作为，也可能是不作为。因此，本罪的行为既可以是单纯的不作为，也可能是作为与不作为的结合。丢失枪支不及时报告，只有造成严重结果的，才成立本主观犯罪。本罪主体为特殊主体，即依法配备公务用枪的人员。本罪在主观方面表现为故意，即明知枪支丢失但不及时报告，如果不知道枪支丢失而没有报告的，不构成本罪。行为人对于枪支的丢失，可能是出于过失，但不及时报告，却是出于故意。

根据《刑法》第129条的规定，犯本罪的，处3年以下有期徒刑或者拘役。

三十九、非法携带枪支、弹药、管制刀具、危险物品危及公共安全罪

非法携带枪支、弹药、管制刀具、危险物品危及公共安全罪，是指违反有关规定，非法携带枪支、弹药、管制刀具或者爆炸性、易燃性、放射性、毒害性、腐蚀性物品，进入公共场所或者公共交通工具，情节严重的行为。本罪的主要特征：

本罪危害的是不特定人和物，侵害的客体是公共安全和枪支、弹药、管制刀具、危险物品的管理办法。本罪在客观方面表现为非法携带枪支、弹药、管制刀具及危险物品进入公共场所或者公共交通工具，危及公共安全，情节严重的行为。本罪属行为犯，只要行为人非法携带枪支、弹药、管制刀具、危险物品进入了公共场所或公共交通工具，一达到情节严重，即可构成本罪，其并不以造成实际危害后果为构成必要。倘若发生其他后果，如爆炸、火灾等，则应依其主观的内容以他罪如爆炸罪、过失爆炸罪、放火罪、失火罪、破坏交通工具罪等论处，非法携带的行为则不再单独构成其罪。本罪的主体是一般主体，即年满16周岁的、具有刑事责任能力的自然人，本罪的行为人在主观上是故意，即行为人明知自己所携带的枪支、弹药、管制刀具、危险物品进入公共场所或者公共交通工具，会危害公共安全，造成不特定人或物的损害而携带并不听劝告按规定处理。

根据《刑法》第130条的规定，犯本罪的，处3年以下有期徒刑、拘役或者管制。

四十、重大飞行事故罪

重大飞行事故罪，是指航空人员违反规章制度，因而发生重大飞行事故，危及公共安全，造成严重后果的行为。本罪的主要特征有：

本罪侵犯的客体，是空中运输的正常秩序和空中运输的安全。这些交通运输活动一旦发生重大事故，就会危及公共安全，使人民生命财产遭受重大损失。本罪在客观方面表现为在空中运输活动中违反规章制度，因而发生重大事故，致人重伤、死亡或者使公私财产遭受重大损失的行为。违反航空规章制度的行为，是指违反《航空法》及其他相关制度的行为；这种行为导致发生重大飞行事故，造成严重后果时，才可能成立本罪。本罪主体必须是航空人员，包括空勤人员与地面人员。空勤人员，包括驾驶员、领航员、飞行机构员、飞行通信员与乘务员；地面人员，包括航空器维修人员、空中交通管制员、飞地签派员与航空电台通信员；航空人员以外的人不能成为本罪主体。本罪主观方面只能是过失，即应当预见自己违反规章制度的行为可能发生重大飞行事故、造成严重后果，因为疏忽大意而没有预见或者已经预见而轻信能够避免；故意不可能构成本罪。

根据《刑法》第131条的规定，犯重大飞行事故罪的，处3年以下有期徒刑或者拘役；造成飞机坠毁或者人员死亡的，处3年以上7年以下有期徒刑。其中的“人员”既包航空人员，也包括此外的人员。

四十一、铁路运营安全事故罪

铁路运营安全事故罪，是指铁路职工违反规章制度，致使发生铁路运营安全事故，造

成严重后果的行为。本罪的主要特征有：

本罪侵犯的客体是铁路运输的正常秩序和铁路运输的安全。本罪在客观方面表现为，行为人实施了违反铁路规章制度的行为，并致使发生铁路运输、营业安全事故，造成了严重后果。行为必须违反同保障铁路运输安全有直接关系的各种规章制度。"违反规章制度"，是构成本罪的前提，同时，由于这种违反规章制度的行为，导致了铁路运营事故的发生。必须造成发生重大事故，致人重伤、死亡或者便公私财产遭受重大事故，致人重伤、死亡或者使公私财产遭受重大损失的严重后果。本条所称"严重后果"，一般是指造成了人员重伤、公，私财产的重大损失；经常违反规章制度，屡教不改，以致酿成运营事故；明知列车关键部件有失灵危险，仍继续驾驶，以致造成运营事故，等等。"特别严重后果"，一般是指造成人员死亡或多人重伤，公私财产遭受巨大损失等。本罪的犯罪主体必须是铁路职工，包括国家铁路、地方铁路、专用铁路以及铁路专用线的职工。本罪的主观方面只能是过失，即应当预见自己违反规章制度的行为可能发生铁路运营安全事故、造成严重后果，因为疏忽大意而没有预见或者已经预见而轻信能够避免。

根据《刑法》第 132 条的规定，犯铁路运营安全事故罪的，处 3 年以下有期徒刑或者拘役；造成特别严重后果的，处 3 年以上 7 年以下有期徒刑。

四十二、交通肇事罪

(一)交通肇事罪的概念和构成

交通肇事罪，是指违反交通运输管理法规，造成重大事故，致人重伤、死亡或者使公私财产遭受重大损失的行为。构成交通肇事罪需要具备以下要件：

1. 客体要件

交通肇事罪侵犯的客体是交通运输的正常秩序和交通运输的安全。交通运输，是指与一定的交通工具与交通设备相联系的铁路、公路、水上及空中交通运输，这类交通运输的特点是与广大人民群众的生命财产安全紧相连，一旦发生事故，就会危害到不特定多数人的生命安全，造成公私财产的广泛破坏，所以，其行为本质上是危害公共安全犯罪。

关于公共交通运输的范围，虽然无定论，但要比《道路交通安全法》规定的范围要广。因为其不仅包括陆上交通，还包括水上交通等。2000 年最高人民法院《关于审理交通肇事刑事案件具体应用法律若干问题的解释》(以下简称《解释》)第 8 条规定，在实行公共交通管理的范围内发生重大交通事故的，依照《刑法》第 133 条(即交通肇事罪)和《解释》的有关规定办理，在公共交通管理的范围外，驾驶机动车辆或者使用其他交通工具致人伤亡或者致使公共财产或者他人财产遭受重大损失，构成犯罪的，分别依照《刑法》第 134 条(重大责任事故罪)、第 135 条(重大劳动安全事故罪)、第 233 条(过失致人死亡罪)等的规定定罪处罚。

2. 客观方面要件

交通肇事罪在客观方面，行为人必须违反交通运输管理法规，造成重大事故，致人重伤、死亡或者使公私财产遭受重大损失的行为。首先，必须有违反交通运输法规的行为。

所谓交通运输管理法规，是指保证交通运输正常进行和交通运输安全的规章制度，包括水上、海上、空中、公路、铁路等各个交通运输系统的安全规则、章程以及从事交通运输工作必须遵守的纪律、制度等。如《城市交通规则》《机动车管理办法》《内河避碰规则》《航海避碰规则》《渡口守则》《海上交通安全法》等。违反上述规则就可能造成重大交通事故。在实践中，违反交通运输管理法规行为主要表现为违反劳动纪律或操作规程，玩忽职守或擅离职守、违章指挥、违章作业，或者违章行驶等。违反规章制度行为多种多样，作为与不作为两种基本形式，不论哪种形式，只要是违章，就具备构成本罪的条件。其次，违反交通运输法规的行为，还造成重大事故，致人重伤、死亡或者使公私财产遭受重大损失。根据《解释》第 2 条第 1 款规定，“重大事故”是指具有以下情形之一的：(1)死亡 1 人或者重伤 3 人以上，负事故全部或者主要责任的；(2)死亡 3 人以上，负事故同等责任的；(3)造成公共财产或者他人财产直接损失，负事故全部或者主要责任，无能力赔偿数额在 30 万元以交通肇事罪上的。根据《解释》第 2 条第 2 款的规定，交通肇事致 1 人以上重伤，负事故全部或者主要责任，并具有下列情形之一的，以交通肇事罪定罪处罚：(1)酒后、吸食毒品后驾驶机动车辆的；(2)无驾驶资格驾驶机动车辆的；(3)明知是安全装置不全或者安全机件失灵的机动车辆而驾驶的；(4)明知是无牌证或者已报废的机动车辆而驾驶的；(5)严重超载驾驶的；(6)为逃避法律追究逃离事故现场的。

3. 主体要件

交通肇事罪的主体是一般主体，即凡年满 16 周岁、具有刑事责任能力的自然人均可构成。非交通运输人员违反规章制度，在交通运输中发生重大事故，造成严重后果的，也构成本罪的主体。最高人民法院、最高人民检察院《关于办理盗窃案件具体应用法律的若干问题的解释》中指出，“在偷开汽车中因过失撞死、撞伤他人或者撞坏了车辆，又构成其他罪的，应按交通肇事罪与他罪并罚”这一解释说明，非交通运输人员构成交通肇事罪。

根据《解释》第 5 条第 2 款的规定，交通肇事后，单位主管人员、机动车辆所有人、承包人或者乘车人指使肇事人逃逸，致使被害人因得不到救助而死亡的，以交通肇事罪的共犯论处。《解释》第 7 条规定，单位主管人员、机动车辆所有人或者机动车辆承包人指使、强令他人违章驾驶造成重大交通事故，具有《解释》第 2 条规定(交通肇事罪的构成的规定)情形之一的，以交通肇事罪定罪处罚。

4. 主观要件

交通肇事罪在主观方面只能是过失。这种过失既可以表现为疏忽大意的过失，也可以表现为过于自信的过失。尽管过失的表现形式不同，但对造成危害后果的心理状态却是一致的，即行为人在主观上都不希望发生危害社会的严重后果。至于违反规章制度，行为人则可能是故意的。

(二)交通肇事罪的认定

1. 本罪与重大飞行事故罪、铁路运营安全事故罪的界限

本罪与重大飞行事故罪、铁路运营安全事故罪同属重大交通肇事的犯罪。客体均为交通运输安全，主观上也都出于过失，客观上也是都是以违反保障交通运输安全管理的规

章制度并造成严重后果为要件。其区别主要是:(1)主体不同。本罪的主体为一般主体;而后二罪,主体为特殊主体,即分别为航空人员与铁路职工,其他自然人一般主体不能构成这两种罪。(2)发生的场合不同。本罪主要发生在公路、水路交通运输过程中(不排除一般主体在交通运输领域外可以构成交通肇事罪);而后二罪,分别发生在航空运输与铁路运输活动中。(3)违反的具体注意义务不同。根据运输领域不同(公路、水上),本罪行为人违反的可以是特定的注意义务,也可以使一般的注意义务;而后二罪违反的,只限于特定的注意义务。

2. 交通肇事罪与故意杀人罪、以其他危险方法危害公共安全罪的界限

区别主要在于:(1)客观行为:如果行为人利用汽车等交通工具杀害特定的人,是故意杀人罪;如果行为人利用汽车等交通工具在街道上横冲直撞,造成不特定多人的人身伤亡或财产损失,则构成以其他危险方法危害公共安全罪。(2)主观方面:交通肇事罪的主观方面是过失,而且常见的是疏忽大意的过失,而后二罪主观上都是故意。

(三)交通肇事罪的刑事责任

根据《刑法》第 133 条的规定,对本罪规定了三个不同的量刑幅度。

1. 犯交通肇事罪的,处 3 年以下有期徒刑或者拘役,根据《解释》起刑标准所规定的情节认定。

2. 交通肇事后逃逸或者有其他特别恶劣情节的,处 3 年以上 7 年以下有期徒刑。根据《解释》第 3 条的规定,"交通运输肇事后逃逸",是指行为人具有《解释》第 2 条第 1 款规定和第 2 款第(1)项至第(5)项规定的情形之一,在发生交通事故后,为逃避法律追究而逃跑的行为。根据《解释》第 4 条的规定,交通肇事具有下列情形之一的,属于"有其他特别恶劣情节"。具体而言:(1)死亡 2 人以上或者重伤 5 人以上,负事故全部或者主要责任的;(2)死亡 6 人以上,负事故同等责任的;(3)造成公共财产或者他人财产直接损失,负事故全部或者主要责任,无能力赔偿数额在 60 万元以上的。

3. 因逃逸致人死亡的,处 7 年以上有期徒刑。根据《解释》第 5 条的规定,"因逃逸致人死亡",是指行为人在交通肇事后为逃避法律追究而逃跑,致使被害人因得不到救助而死亡的情形。

根据《解释》第 6 条的规定,行为人在交通肇事后为逃避法律追究,将被害人带离事故现场后隐藏或者遗弃,致使被害人无法得到救助而死亡或者严重残疾的,应当分别依照《刑法》第 232 条、第 234 条第 2 款的规定,以故意杀人罪或者故意伤害罪定罪处罚。

四十三、危险驾驶罪

(一)危险驾驶罪的概念与构成

危险驾驶罪是指在道路上驾驶机动车追逐竞驶,情节恶劣的,或者在道路上醉酒驾驶机动车的,或者从事校车业务或者旅客运输,严重超过额定乘员载客,或者严重超过规定时速行驶的;或者违反危险化学品安全管理规定运输危险化学品,危及公共安全的行为。

本罪的构成要件是：

1. 本罪侵犯的客体是公共道路交通安全，即道路上不特定或者多数人的生命、健康和财产安全。

2. 本罪的客观方面是行为人在道路上驾驶机动车追逐竞驶，情节恶劣的，或者在道路上醉酒驾驶机动车的，从事校车业务或者旅客运输，严重超过额定乘员载客，或者严重超过规定时速行驶的；违反危险化学品安全管理规定运输危险化学品，危及公共安全的行为。2013 年 12 月最高人民法院、最高人民检察院、公安部《关于办理醉酒驾驶机动车刑事案件适用法律若干问题的意见》第 1 条规定，"道路""机动车"，适用《道路交通安全法》的有关规定。道路，根据《道路交通安全法》第 119 条的规定，是指公路、城市道路和虽在单位管辖范围但允许社会机动车通行的地方，包括广场、公共停车场等用于公众通行的场所，即主要是公共交通运输范围内。而本书认为，危险驾驶时，其所在的道路的范围，可以更广一些，包括一些小区、大型学校校区、景区、大型厂矿区等虽然不允许社会机动车通行的道路，但是因这些区域的车辆行驶与特定多数人紧密联系在一起，其危险驾驶的社会危险性也属于公共安全的范畴，所以，就危险驾驶而言，其道路可以超越《道路交通安全法》第 119 条规定的范围，而更广一些。机动车，根据《道路交通安全法》，是指以动力装置驱动或者牵引，上道路行驶的供人员乘用或者用于运送物品以及进行工程专项作业的轮式车辆，因此，虽有动力装置驱动但设计最高时速、空车质量、外形尺寸符合有关国家标准的残疾人机动轮椅车、电动自行车等交通工具，不属于机动车范畴。

本罪在客观方面有以下四种表现形式：

一是追逐竞驶，一般来说，是指行为人在道路上高速、超速行驶，随意追逐、超越其他车辆，频繁、突然并线，近距离驶入其他车辆之前的危险驾驶行为。追逐竞驶，俗称"飙车"，属于危害公共安全的危险犯，但刑法没有将本罪规定为具体的公共危险犯，而是以情节恶劣限制处罚范围。换言之，只要追逐竞驶行为具有类型化的抽象危险，并且情节恶劣，就构成犯罪。第一，本罪行为不要求发生在公共道路(公路)上，只需要发生在道路上。在校园内、大型厂矿内等道路上，以及在人行道上追逐竞驶的，因为对不特定或者多数人的生命、身体产生危险，依然可能成立本罪。第二，追逐竞驶以具有一定危险性的高速、超速驾驶为前提，低速驾驶的行为不可能成立本罪。但是，单纯的高速驾驶或者超速驾驶，并不直接成立本罪。换言之，不能将本罪等同于国外的超速驾驶罪。第三，追逐竞驶要求以产生交通危险的方式驾驶，行为的基本方式是随意追逐、超载其他车辆，频繁并线、突然并线，或者近距离驶入其他车辆之前。第四，追逐竞驶既可能是二人以上基于意思联络而实施，也可能是单个人实施。第五，成立本罪要求情节恶劣。情节恶劣的基本判断标准，是追逐竞驶行为的公共危险性。对此，应以道路上车辆与行人的多少、驾驶的路段与时间、驾驶的速度与方式、驾驶的次数等进行综合判断。在没有其他车辆与行人的荒野道路上追逐竞驶的行为，不应认定为情节恶劣。追逐竞驶的罪过形式为故意，不要求行为人以赌博竞技或者追求刺激为目的。因为基于任何目的与动机的故意追逐竞驶行为，只要产生了抽象的公共危险且情节恶劣，就值得科处刑罚。

二是醉酒驾驶，俗称"醉驾"，是指在醉酒状态下在道路上驾驶机动车的行为。对于

“醉驾”的标准,《关于办理醉酒驾驶机动车刑事案件适用法律若干问题的意见》第1条作出了明确的规定。即道路上驾驶机动车,血液酒精含量达到80毫克/100毫升以上的,属于醉酒驾驶机动车。故意在醉酒状态下驾驶机动车,即符合本罪的犯罪构成。本罪是抽象的危险犯,不需要司法人员具体判断醉酒行为是否具有公共危险。因此,一方面,抽象的危险犯实际上是类型化的危险犯,司法人员只需要进行类型化的判断即可。另一方面,完全没有危险的行为,不可能成立本罪。例如,在没有车辆与行人的荒野道路上醉酒驾驶机动车的,因为不具有抽象的危险,不应以本罪论处。醉酒驾驶属于故意犯罪,行为人必须认识到自己是在醉酒状态下驾驶机动车。

三是在公路上从事客运业务,严重超过额定乘员载客,或者严重超过规定时速行驶的行为。这里的“车”主要是指驾驶的校车或者营运的客车,包括公路营运客车及中小学和幼儿园儿童接送车辆,但一般不包括城市公交车。超员是指超过客车载明的额定乘员的数量运载乘客。超速,是指客车超过特定所行驶路段规定的最高时速行驶。超员、超速必须达到严重的程度才能构成本罪。根据《道路交通安全法》、国务院2012年《关于加强道路交通安全工作的意见》等法律法规,严重超员、超速是指超员20%以上、超速50%(高速公路超速20%)以上,或者12个月内有3次以上超速违法记录等行为。

四是违反危险化学品安全管理规定运输危险化学品的行为。违反危险化学品安全管理规定,是指违反国务院《危险化学品安全管理条例》等相关法律规定。例如,危险化学品、其包装物、容器、运输车辆等不符合相关规定。危险化学品是指具有毒害、腐蚀、爆炸、燃烧、助燃等性质,对人体、设施、环境等具有危害的剧毒化学品和其他化学品。本行为要到达危及公共安全的程度才予以处罚。危及公共安全是指行为对交通道路上的其他车辆、行人、公司财产或者周围的环境随时可能产生重大的危险。例如爆炸、有毒气体泄漏等。

本罪为抽象危险犯,只要行为人在道路上驾驶机动车追逐竞驶,或者在道路上醉酒驾驶机动车或者严重超员、超速或者违规运输危险化学品即构成本罪,只是为了缩小范围,才加了“情节恶劣”、“严重”等限制情节。

有前款行为,同时构成其他犯罪的,依照处罚较重的规定定罪处罚。即增加了危险驾驶罪应当负刑事责任的情形。

3.本罪的主体是一般主体,是自然人。

4.本罪的主观方面为故意,即行为人认识到自己的危险驾驶行为可能会危及公共安全,而希望或者放任这种危害结果的发生,至于是何种动机则不影响定罪。

(二)危险驾驶罪与交通肇事罪和以危险方法危害公共安全罪的界定

危险驾驶罪与交通肇事罪和以危险方法危害公共安全罪的共同之处:三个罪名既然都规定在危害公共安全罪一章中,最主要的共同之处就是侵犯的客体为公共安全。危险驾驶罪与交通肇事罪和以危险方法危害公共安全罪的三者之间的区别表现为以下几个方面:

首先,主观方面不同。危险驾驶罪在主观上是故意。而交通肇事罪是典型意义上的过失犯罪,主观上只能是过失。以危险方法危害公共安全罪要求主观上是故意,而过失以危险方法危害公共安全罪要求主观上为过失。

其次,在行为方式上不同。危险驾驶罪只包括醉驾和追逐竞驶两种行为,交通肇事罪包括一些违反交通安全管理法律法规的行为,而以危险方法危害公共安全罪是指要求实施与“放火、决水、爆炸、投放危险物质”以外但犯危险性相当的危险行为。不应包括醉驾和追逐竞驶的行为。

再次,在是否要求出现危害结果上不同。危险驾驶罪是抽象危险犯,只要有醉驾或追逐竞驶的行为且情节恶劣即可,不要求造成实际的危害结果;交通肇事罪为结果犯,以危险方法危害公共安全罪为危险犯。

最后,量刑上不同。比着交通肇事罪、以危险方法危害公共安全罪,危险驾驶罪是一种较轻的犯罪,因为毕竟没有发生危害后果,而交通肇事罪、以危险方法危害公共安全罪(《刑法》第 115 条)都要求造成严重的后果,由此带来量刑上的差别。本罪为抽象危险犯,只要行为人在道路上驾驶机动车追逐竞驶,或者在道路上醉酒驾驶机动车,即构成本罪。

(三)危险驾驶罪的刑事责任

根据《刑法》第 133 条之一的规定,犯本罪的,处拘役,并处罚金。危险驾驶行为同时构成交通肇事罪或者以危险方法危害公共安全罪等犯罪的,依照处罚较重的规定定罪处罚,不实行数罪并罚。

四十四、重大责任事故罪

(一)重大责任事故罪的概念和特征

重大责任事故罪是指在生产、作业中违反有关安全管理的规定,因而发生重大伤亡事故或者造成其他严重后果的行为。本罪的主要特征是:

本罪侵犯的客体是生产、作业安全,即从事生产、作业的不特定或者特定多数人的生命、健康的安全和重大公私财产的安全。重大责任事故罪的对象是人身和财产。

本罪在客观上是在生产、作业中违反有关安全管理规定,因而发生重大伤亡事故或者造成其他严重后果的行为。违反有关安全管理规定,是指违反有关生产安全的法律、法规、规章制度。因此,这种有关安全生产规定包括以下三种情形:(1)国家颁布的各种有关安全生产的法律、法规等规范性文件。(2)企业、事业单位及其上级管理机关制定的反映安全生产客观规律的各种规章制度,包括工艺技术、生产操作、技术监督、劳动保护、安全管理等方面的规程、规则、章程、条例、办法和制度。(3)虽无明文规定,但反映生产、科研、设计、施工的安全操作客观规律和要求,在实践中为职工所公认的行之有效的操作习惯和惯例等。重大责任事故罪的结果是发生重大伤亡事故或者造成其他严重后果。根据 2007 年 2 月最高人民法院、最高人民检察院《关于办理危害矿山生产安全刑事案件具体应用法律若干问题的解释》(以下简称《矿山案件的解释》)第 4 条的规定,发生矿山生产安全事故,具有下列情形之一的,应当认定为《刑法》第 134 条、第 135 条规定的“重大伤亡事故或者其他严重后果”:(1)造成死亡1人以上,或者重伤3人以上的;(2)造成直接经济损失100万元以上的;(3)造成其他严重后果的情形。

本罪的主体是一般主体,主要是从事生产、作业的人员。就矿山企业而言,根据《关于办理危害矿山生产安全刑事案件具体应用法律若干问题的解释》第1条的规定,包括对矿山生产、作业负有组织、指挥或者管理职责的负责人、管理人员、实际控制人、投资人等人员,以及直接从事矿山生产、作业的人员。

本罪的罪过形式是过失。这里的过失,是指应当预见到自己的行为可能发生重大伤亡事故或者造成其他严重后果,因为疏忽大意而没有预见或者已经预见而轻信能够避免,以致发生这种结果的主观心理状态。

(二)认定本罪需要与自然事故、技术事故进行区分

自然事故是指自然原因而引起的事故,这种自然原因不以人们的意志为转移,非人力所能控制,因而行为人对于由于自然原因所造成的损害结果,客观上没有因果关系,主观上没有罪过,不应对其承担刑事责任。自然事故有两种情形:一是意外事件引起的自然事故,行为人对于危害结果没有预见,在当时情况下也不可能预见。二是不可抗力引起的自然事故,行为人对于危害结果已经预见,在当时情况下不可避免。我认为,在区分重大责任事故与自然事故的时候,应当从以下两个方面考察:(1)是否存在违章行为,自然事故的引起往往与违章行为无关。在没有违章行为的情况下可以排除重大责任事故。(2)是否存在着主观过失,自然事故的引起是超出人们的主观意志的,属于意外事件与不可抗力。在司法实践上,造成了重大损害结果,并非都属于重大责任事故,只有在排除自然事故的情况下,根据行为人的主观与客观情况,才能认定其行为是否构成重大责任事故罪。

技术事故是指由于科学技术水平的限制和设备条件的限制而造成的事故。技术事故由于是技术设备条件造成的,因而具有不可避免性,并非所有由于设备原因引起的事故都是技术事故。因为设备是由人操作规程的,同样也是由人护理的。如果设备出现障碍,操作者或者护理者应当发现而未能发现,造成重大事故的,仍然应以重大责任事故罪论处。只有在事故是由设备原因引起并且是在人所不能预见或者不能避免的情况下发生,才能定为技术事故。

(三)重大责任事故罪的刑事责任

根据我国《刑法》第134条的规定,犯重大责任事故罪的,处3年以下有期徒刑或者拘役;情节特别恶劣的,处3年以上7年以下有期徒刑。这里,所谓“情节特别恶劣”,根据《矿山案件的解释》第4条的规定,包括:(1)造成死亡3人以上,或者重伤10人以上的;(2)造成直接经济损失300万元以上的;(3)其他特别恶劣的情节。根据2011年12月最高人民法院《进一步加强危害生产安全刑事审判工作的意见》第14条的规定,造成《关于办理危害矿山生产安全刑事案件具体应用法律若干问题的解释》第4条规定的“重大伤亡事故或者其他严重后果”,同时具有下列情形之一的,也可以认定为《刑法》第134条、第135条规定的“情节特别恶劣”:(1)非法、违法生产的;(2)无基本劳动安全设施或未向生

产、作业人员提供必要的劳动防护用品，生产、作业人员劳动安全无保障的；(3)曾因安全生产设施或者安全生产条件不符合国家规定，被监督管理部门处罚或责令改正，一年内再次违规生产致使发生重大生产安全事故的；(4)关闭、故意破坏必要安全警示设备的；(5)已发现事故隐患，未采取有效措施，导致发生重大事故的；(6)事故发生后不积极抢救人员，或者毁灭、伪造、隐藏影响事故调查的证据，或者转移财产逃避责任的；(7)其他特别恶劣的情节。

四十五、强令违章冒险作业罪

强令违章冒险作业罪，是指强令他人违章冒险作业，因而发生重大伤亡事故或者造成其他严重后果的行为。本罪的基本特征是：

本罪侵犯的客体是生产、作业安全，即从事生产、作业的不特定或者特定多数人的生命、健康的安全和重大公私财产的安全。本罪在客观方面表现为强令他人违章冒险作业，因而发生重大伤亡事故或者造成其他严重后果的行为。具备包括两个要素，一是行为人实施了强令他人违章冒险作业的行为。这里所说的强令是指明知没有安全保证，甚至已发现事故苗头，仍然不听劝阻、一意孤行，拒不采纳工人和技术人员的意见，用恶劣手段强令工人违章冒险作业等。二是因强令他人违章冒险作业而发生了发生重大伤亡事故或者造成其他严重后果。本罪的犯罪主体是一般主体，包括具有强令资格的人，通常情况下是作业的领导者、指挥者、调度者。本罪在主观方面是过失。“过失”，是指行为人对所发生的后果而言是不确定的，而对于既违章又冒险则是明知的。

根据《刑法》第 134 条第 2 款的规定，犯强令他人违章冒险作业罪的，处 5 年以下有期徒刑或者拘役；情节特别恶劣的，处 5 年以上有期徒刑。

四十六、重大劳动安全事故罪

重大劳动安全事故罪，是指安全生产设施或者安全生产条件不符合国家规定，因而发生重大伤亡事故或者造成其他严重后果的行为。本罪的主要特征有：

本罪的客体是生产、作业场所的人身与财产安全。本罪的客观方面表现为安全生产设施或者安全生产条件不符合国家规定，因而发生重大伤亡事故或者造成其他严重后果的行为。包含两个要素，一是安全生产设施或者安全生产条件不符合国家规定，二是，因安全生产设施或者安全生产条件不符合国家规定，因而发生重大伤亡事故或者造成其他严重后果。本罪主体是一般主体，主要是直接负责的主管人员或者其他直接责任人员。本罪主观方面只能是过失，即对发生重大伤亡事故或者造成其他严重后果应当预见，因为疏忽大意而没有预见，或者已经预见而轻信能够避免的心理态度。

根据《刑法》第 135 条的规定，犯重大劳动安全事故罪的，对直接责任人员处 3 年以下有期徒刑或者拘役；情节特别恶劣的，处 3 年以上 7 年以下有期徒刑。

四十七、大型群众性活动重大安全事故罪

大型群众性活动重大安全事故罪是指举办大型群众性活动违反安全管理规定，因而

发生重大伤亡事故或者造成其他严重后果的行为。本罪的基本特征是：

本罪侵犯的客体是公众活动场所的公共安全，即公园、娱乐场，运动场、展览馆或者其他供社会公众活动场所中不特定或多数人的生命、健康或重大公私财产的安全。本罪在客观方面表现为在举办大型的群众性活动中，违反在公共场所的群体性活动中相关的安全管理规定，没有履行相应的注意义务，造成了重大的伤亡事故或其他严重后果。本罪的行为形式是不作为，即依照法律、法规、规章以及其他保障公共场所安全的惯例，行为人负有义务采取行动排除在公众活动场所发生的法益侵害或法益的侵害危险性，且有能力履行该义务，而拒不履行。义务的来源主要是对大型群众性活动的安全保卫工作作出具体规定的各种规范性文件，《关于加强公园、风景区游览安全管理的通知》(公安部、建设部1993年6月30日发布)、《建设部关于加强建筑系统安全生产工作的紧急通知》(2002年9月25日发布)、《中华人民共和国消防法》《中华人民共和国道路交通安全法》以及《中华人民共和国内河交通安全管理条例》等。本罪的主体是特殊主体，即大型群众性活动的举办者或者举办单位直接负责的主管人员，以及对该活动的安全保卫工作负有直接责任的人员。需要注意的是；直接负责的主管人员和其他直接责任人员，既可以是非国家机关工作人员，也可以是国家机关工作人员。本罪的主观方面为过失，即行为人应该预见到自己在大型群众性活动中违反安全管理规定的行为，可能会造成重大伤亡事故或者其他严重后果，因疏忽大意而没有预见，或虽然已经预见，但轻信能够避免，从而造成危害结果发生。

根据《刑法》第135条之一的规定，犯大型群众性活动重大安全事故罪的，对直接负责的主管人员和其他直接责任人员，处3年以下有期徒刑或者拘役；情节特别恶劣的，处3年以上7年以下有期徒刑。

四十八、危险物品肇事罪

危险物品肇事罪，是指违反爆炸性、易燃性、放射性、毒害性、腐蚀性物品的管理规定，在生产、储存、运输、使用中发生重大事故，造成严重后果的行为。本罪的主要特征有：

本罪侵犯的客体是公共安全，即不特定多数人的生命、健康和重大公私财产的安全。在客观方面必须具有违反爆炸性、易燃性、放射性、毒害性、腐蚀性物品的管理规定的行为；行为必须发生在生产、储存、运输、使用上述危险物品的过程中，这是本罪与过失投毒罪、过失爆炸罪的关键区别；行为必须导致重大事故，造成严重后果。本罪主体是一般主体，从刑法的规定来看，主要是从事生产、运输、储存、使用危险物品的人。主观方面既可以是疏忽大意的过失，也可以是过于自信的过失。

根据《刑法》第136条的规定，犯危险物品肇事罪的，处3年以下有期徒刑或者拘役；后果特别严重的，处3年以上7年以下有期徒刑。

四十九、工程重大安全事故罪

工程重大安全事故罪，是指建设单位、设计单位、施工单位、工程监理单位违反国家规定，降低工程质量标准，造成重大安全事故的行为。本罪的主要特征有：

本罪侵犯的客体是公众的生命、健康、财产安全以及国家的建筑管理制度。在客观方面表现为违反国家规定，降低工程质量标准，造成重大安全事故的行为。“违反国家规定”，是指国家有关建筑工程质量监督管理方面的法律、法规。建设单位的违规行为主要有两种情况：一是要求建筑设计单位或者施工企业压缩工程造价或增加建房的层数，从而降低工程质量；二是提供不合格的建筑材料、构配件和设备，强迫施工单位使用，从而造成工程质量下降。建筑设计单位的违规行为主要是不按质量标准进行设计。建筑施工单位的违规行为主要有三种情况：一是在施工中偷工减料，故意使用不合格的建筑材料、构配件和设备；二是不按设计图纸施工；三是不按施工技术标准施工。上述违规行为，是造成建筑工程重大安全事故的根本原因。构成本罪还要引起重大安全事故，造成严重后果，危害公共安全的行为，才构成犯罪。所谓重大安全事故是指因工程质量下降导致建筑工程坍塌，致人重伤、死亡或重大经济损失的情况。本罪的主体必须是建设单位、设计单位、施工单位与工程监理单位，但刑法只处罚直接责任人员。主观上只能是过失，即应当预见违反国家规定、降低工程质量标准的行为，可能发生重大安全事故，因为疏忽大意而没有预见，或者已经预见而轻信能够避免。

本罪与重大责任事故罪有相似之处，关键区别在于：本罪表现为违反国家规定，降低工程质量标准，造成重大安全事故；后罪是不服管理、违反规章制度，或者强令工人违章冒险作为，因而发生重大伤亡事故或者造成其他严重后果。

根据《刑法》第 137 条的规定，犯工程重大安全事故罪的，对直接责任人员，处 5 年以下有期徒刑或者拘役，并处罚金；后果特别严重的，处 5 年以上 10 年以下有期徒刑，并处罚金。

五十、教育设施重大安全事故罪

教育设施重大安全事故罪，是指明知校舍或者教育教学设施有危险，而不采取措施或者不及时报告，致使发生重大伤亡事故的行为。本罪的主要特征有：

本罪侵犯的客体是学校及其他教育机构的正常活动和师生员工的人身安全。在客观方面表现为，在校舍或其他教育教学设施存在危险的情况下，不采取措施消除、避免危险或者不及时向有关部门报告，以致发生重大伤亡事故的行为。可见，本罪行为表现为不作为，因此如果行为人采取了一定措施或者及时向有关部门报告情况，即使造成了重大伤亡事故，也不成立本罪。本罪的主体为特殊主体，即对校舍或者教育教学设施负有维护义务的直接人员，主要是学校领导、负责学校后勤维修工作的职工。本罪在主观方面表现为过失，可以是疏忽大意的过失，也可以是过于自信的过失。这里所说的过失，是指行为人对其所造成的危害结果的心理状态而言。但是，对行为人不采取措施或者不及时报告的行为来说，有时却是明知故犯的。行为人明知校舍或者教育教学设施有危险，却未想到会因此立即产生严重后果，或者轻信能够避免，以致发生了严重后果。

本罪与工程重大安全事故罪既有联系又有区别。建设单位、设计单位、施工单位、工程监理单位违反国家规定，降低校舍质量标准，有关人员明知校舍有危险，而不采取措施或者不及时报告，致使发生重大伤亡事故的，前者成立工程重大安全事故罪，后者成立教育设施重大安全事故罪。

根据《刑法》第138条的规定，犯本罪的，对直接责任人员，处3年以下有期徒刑或者拘役；后果特别严重的，处3年以上7年以下有期徒刑。

五十一、消防责任事故罪

消防责任事故罪，是指违反消防管理法规，经消防监督机构通知采取改正措施而拒绝执行，造成严重后果的行为。本罪的主要特征是：

本罪侵犯的客体是国家的消防监督制度和公共安全。本罪在客观方面表现为违反消防管理法规且经消防监督机构通知采取改正措施而拒绝执行，造成严重后果的行为。行为人"违反消防管理法规"，是指违反了我国《消防法》《仓库防火安全管理规则》《高层建筑消防管理规则》等，经消防监督管理机构通知采取改正措施而拒绝执行。犯罪主体是特殊主体，即对消防责任事故负有直接责任的人员。主观方面是过失。本罪与劳动安全设施责任事故罪有相似之处，主要区别在于：本罪是拒绝执行消防监督机构通知采取的改正措施，后者是不采取措施消除劳动安全设施事故隐患。如果说消防安全设施也是劳动安全设施之一，则规定这两个罪的法条具有特别法条与普通法条的关系。

根据《刑法》第139条的规定，犯消防责任事故罪的，对直接责任人员，处3年以下有期徒刑或者拘役；后果特别严重的，处3年以上7年以下有期徒刑。"后果特别严重"，是指发生重大火灾，造成多人重伤、死亡或者公私财产的巨大损失。

五十二、不报、谎报安全事故罪

不报、谎报安全事故罪，是指在安全事故发生后，负有报告职责的人员不报或者谎报事故情况，贻误事故抢救，情节严重的行为。本罪的基本特征是：

本罪的客体是安全事故的报告制度和公民的人身、财产安全。

本罪的客观方面表现为在安全事故发生后，负有报告职责的人员不报或者谎报事故情况，贻误事故抢救，情节严重的行为。首先要求行为人在事故发生后，不报或者谎报事故情况。不报事故情况，是指没有依据有关规定向相关机关或者部门报告事故的情况，包括向有关机关或者部门隐瞒有关事故情况。谎报事故情况，是指虽然向有关机关或者部门报告了事故的情况，但是作了不真实的报告。其次，行为人不报、谎报事故情况，贻误事故抢救，情节严重的行为。根据最高人民法院、最高人民检察院《矿山案件的解释》第7条的规定，在矿山生产安全事故发生后，负有报告职责的人员不报或者谎报事故情况，贻误事故抢救，具有下列情形之一的，应当认定为《刑法》第139条之一规定的"情节严重"：(1)导致事故后果扩大，增加死亡一人以上，或者增加重伤三人以上，或者增加直接经济损失一百万元以上的。(2)实施下列行为之一，致使不能及时有效开展事故抢救的：决定不报、谎报事故情况或者指使、串通有关人员不报、谎报事故情况的；在事故抢救期间擅离职守或者逃匿的；伪造、破坏事故现场，或者转移、藏匿、毁灭遇难人员尸体，或者转移、藏匿受伤人员的；毁灭、伪造、隐匿与事故有关的图纸、记录、计算机数据等资料以及其他证据的。(3)其他严重的情节。

犯罪主体为对安全事故“负报告职责的人员”。根据《中华人民共和国安全生产法》第91条之规定，生产经营单位主要负责人、有关地方人民政府、负有安全生产监督管理职责部门的直接负责的主管人员和其他直接责任人员。“安全事故”不仅限于生产经营单位发生的安全生产事故、大型群众性活动中发生的重大伤亡事故，还包括刑法分则第二章规定的所有安全事故有关的犯罪，但第133条、第138条除外，因为这两条已经把不报告作为构成犯罪的条件之一。另外，2007年2月26日《最高人民法院、最高人民检察院关于办理危害矿山生产安全刑事案件具体应用法律若干问题的解释》第5条，《刑法》第139条之一规定的“负有报告职责的人员”，是指矿山生产经营单位的负责人、实际控制人、负责生产经营管理的投资人以及其他负有报告职责的人员。主观方面由故意构成。

安全事故发生后，负有报告职责的国家工作人员不报或者谎报事故情况，贻误事故抢救，情节严重，构成不报、谎报安全事故罪，同时构成职务犯罪或其他危害生产安全犯罪的，依照数罪并罚的规定处罚。

依照《刑法》第139条之一的规定，犯本罪的，处3年以下有期徒刑或者拘役；情节特别严重的，处3年以上7年以下有期徒刑。

第二十一章　破坏社会主义市场经济秩序罪

第一节　破坏社会主义市场经济秩序罪概述

一、破坏社会主义市场经济秩序罪的概念和构成

破坏社会主义市场经济秩序罪，是指违反国家经济管理法规，在市场经济运行或经济管理活动中进行非法经济活动。严重破坏社会主义市场经济秩序的行为。

破坏社会主义经济秩序罪有如下构成要件：

1. 本类犯罪的客体是我国社会主义市场经济秩序。社会主义市场经济，是社会主义条件下的市场经济，是以公有制经济为主体，多种所有制经济共同发展，由社会主义国家的法律、政策、必要的计划实行调节和管理的市场经济。社会主义市场形成的正常、有序的状态。

2. 本类犯罪的客观方面表现为违反国家经济管理法规，在市场经济运行或经济管理活动中进行非法经济活动，严重破坏社会主义市场经济秩序的行为。具体言之包括如下三个方面：一是违反国家经济管理法规。二是在市场经济运行或经济管理活动中进行非法经济活动。三是严重破坏社会主义市场经济秩序。这是划分破坏社会主义市场经济秩序的违法行为和犯罪的标准。

3. 本类犯罪的主体，可以分为自然人和单位两大类。

4. 本类犯罪的主观方面，对于绝大多数具体犯罪来说是出于故意，即认识自己的行为违反国家经济管理法规，破坏社会主义市场经济秩序而仍然实施，希望或放任一定的危害社会的结果发生。一部分犯罪还具有牟利的目的、非法占有的目的或其他目的。个别犯罪则只能由过失构成。

二、破坏社会主义市场经济秩序罪的种类

1997 年刑法分则第三章破坏社会主义市场经济秩序罪，分为八节，有 92 个条文，规定了 94 个具体罪名。此后，1998 年 12 月 29 日关于惩治骗购外汇的单行刑法增加一个罪名。而 1999 年 12 月 25 日至 2011 年 2 月 25 日全国人大常委会先后通过的八个《中华人民共和国刑法修正案》又增加了 12 个罪名，修改补充了 34 种具体犯罪的罪状，现分述如下：

1. 生产、销售伪劣商品罪。包括 9 种具体犯罪，即生产、销售伪劣产品罪，生产、销售

假药罪，生产、销售劣药罪，生产、销售不符合安全标准的食品罪，生产、销售有毒、有害的食品罪，生产、销售不符合标准的医用器材罪，生产、销售不符合标准的产品罪，生产、销售伪劣农药、兽药、化肥、种子罪，生产、销售不符合卫生标准的化妆品罪。

2. 走私罪。包括10种具体犯罪，即走私武器、弹药罪，走私核材料罪，走私假币罪，走私文物罪，走私贵金属罪，走私珍贵动物、珍贵动物制品罪，走私国家禁止进出口的货物、物品罪，走私淫秽物品罪，走私废物罪，走私普通货物、物品罪。

3. 妨害对公司、企业的管理秩序罪。包括17种具体犯罪，即虚报注册资本罪，虚假出资抽逃出资罪，欺诈发行股票、债券罪，违规披露、不披露重要信息罪，妨害清算罪，对非国家工作人员行贿罪，对外国公职人员、国际公共组织官员行贿罪，非法经营同类营业罪，为亲友非法牟利罪，签订、履行合同失职被骗罪，国有公司、企业、事业单位人员失职罪，国有公司、企业、事业单位人员滥用职权罪，徇私舞弊低价折股、出售国有资产罪，背信损害上市公司利益罪。

4. 破坏金融管理秩序罪。包括30种具体犯罪，即伪造货币罪，出售、购买、运输假货币罪，金融机构工作人员购买假币、以假币换取货币罪，持有、使用假币罪，变造货币罪，擅自设立金融机构罪，伪造、变造、转让金融机构经营许可证、批准文件罪，高利转贷罪，骗取贷款、票据承兑、金融票证罪，非法吸收公众存款罪，伪造、变造金融票证罪，妨害信用卡管理罪，窃取、收买、非法提供信用卡信息罪，伪造、变造国家有价证券罪，伪造、变造股票、公司、企业债券罪，擅自发行股票、公司、企业债券罪，内幕交易、泄露内幕信息罪，利用未公开信息交易罪，编造并传播证券、期货交易虚假信息罪，诱骗投资者买卖证券、期货合约罪，操纵证券、期货市场罪，背信运用受托财产罪，违规出具金融票据罪，对违法票据承兑、付款、保证罪，逃汇罪，骗购外汇罪，洗钱罪。

5. 金融诈骗罪。包括8种具体犯罪，即集资诈骗罪，贷款诈骗罪，票据诈骗罪，金融凭证诈骗罪，信用证诈骗罪，信用卡诈骗罪，有价证券诈骗罪，保险诈骗罪。

6. 危害税收征管罪。包括14种具体犯罪，抗拒罪，逃避追缴欠税罪，骗取出口退税罪，虚开增值税专用发票、用于骗取出口退税、抵扣税款发票罪，虚开发票罪，伪造、出售伪造的增值税专用发票罪，非法出售增值税专用发票罪，非法购买增值税专用发票、购买伪造的增值税专用发票罪，非法制造、出售非法制造的用于骗取出口退税、抵扣税款发票罪，非法制造、出售非法制造的发票罪，非法出售用于骗取出口退税、抵扣税款发票罪，非法出售发票罪，持有伪造的发票罪。

7. 侵犯知识产权罪。包括7种具体犯罪，即假冒注册商标罪，销售假冒注册商标的商品罪，非法制造、销售非法制造的商品标识罪，假冒专利罪，侵犯著作权罪，销售侵权复制品罪，侵犯商业秘密罪。

8. 扰乱市场秩序罪。包括13种具体犯罪，即损害商业信誉、商业声誉罪，虚假广告罪，串通投标罪，合同诈骗罪，组织、领导传销活动罪，非法经营罪，强迫交易罪，伪造、倒卖伪造的有价票证罪，倒卖车票、船票罪，非法转让、倒卖土地使用权罪，提供虚假证明文件罪，出具证明文件重大失实罪，逃避商检罪。

第二节 生产、销售伪劣商品罪

一、生产、销售伪劣产品罪

(一)生产、销售伪劣产品罪的概念

生产、销售伪劣产品罪,是指生产者、销售者在产品中掺杂、掺假,以假充真,以次充好或者以不合格产品冒充合格产品,销售金额5万元以上的行为。

(二)生产、销售伪劣产品罪构成要件

1.本罪的客体是复杂客体,即国家对产品质量的监督管理制度、市场管理制度和广大用户、消费者的合法权益。本罪中生产、销售的对象是劣质产品。伪劣产品,是指以假充真的产品和在产品中掺杂、掺假、以次充好或不合格产品冒充合格的产品。

2.本罪的客观方面表现为生产、销售伪劣产品,销售金额5万元以上的行为。生产、销售伪劣产品的行为,主要有四种表现形式:一是在产品中掺杂、掺假,指"在产品中掺入杂质或者异物,致使产品质量不符合国家法律、法规或者产品明示质量标准规定的质量要求,降低、失去应有使用性能的行为。二是以假充真,指"以不具有某种性能的产品冒充具有该种使用性能产品的行为"。三是以次充好,指"以低等级、低档次产品冒充高等级、高档次产品或者新产品的行为"。四是以不合格产品冒充合格产品,指以不符合产品质量标准的产品冒充符合产品质量标准的产品。同时伪劣产品的销售金额在5万元以上,也是本罪构成客观方面的要件。如果销售金额没有达到5万元的,则不构成本罪。

3.本罪的主体是从事生产、销售伪劣产品的生产者、销售者,属于一般主体,即凡是达到法定年龄、具有责任能力的自然人,都可能成为本罪的主体,单位也可能成为本罪的主体。

4.本罪的主体是从事生产、销售劣质产品的生产者、销售者,明知是伪劣产品而仍然予以生产或者销售。主观上出于过失,而不构成本罪。

(三)生产、销售伪劣产品罪的认定

1.本罪与非罪的界限。主要应从以下两个方面考察:第一,生产、销售劣质产品的销售金额是否达到5万元以上。第二,生产、销售劣质产品的行为人主观上是否出于故意。

2.本罪与销售假冒注册商标的商品罪的界限。划分二者的界限,主要在于:第一,犯罪行为侵犯客体不同。第二,犯罪对象的性质不同。如果行为人生产、销售劣质产品并假冒他人注册商标时,属于牵连犯,应从一重罪从重处罚,即按生产、销售伪劣产品罪定罪并从重处罚。

3.本罪与本节规定的生产、销售特定种类的伪劣产品的犯罪界限。《刑法》第141条

至第148条规定了生产、销售假药、劣药，不符合安全标准的食品等多种特定种类的伪劣产品的犯罪。生产、销售伪劣产品罪与这类犯罪的区别，主要在于：第一，犯罪对象是否特定。第二，认定构成犯罪的要件不同。前者以“销售金额5万元以上”为构成犯罪的要件，后者以“对人体健康造成严重危害”或“足以严重危害人体健康”等构成犯罪要件。生产、销售特别种类的伪劣产品的犯罪，也触犯《刑法》第140条规定的伪劣产品罪。这在刑法理论上属于普通法和特别法的法规竞合（也称法条竞合），通常应以特别法即依规定生产、销售特别种类的劣质产品的犯罪的法条论处，但《刑法》第149条第2款规定：“依照处罚较重的规定定罪处罚”，即依重法优于轻法的原则处理这类问题。如果生产、销售《刑法》第141条至148条所列产品，不构成各该条规定的犯罪，但是销售金额在5万元以上的，依照第140条关于生产、销售劣质产品罪的规定定罪处罚。

（四）生产、销售伪劣产品罪的刑事责任

根据《刑法》140条和第150条的规定，犯本罪的，处两年以下有期徒刑或者拘役，并处或者单处销售金额50%以上2倍以下罚金；销售金额20万以上不满50万元的，处2年以上7年以下有期徒刑，并处销售金额50%以上2倍以下罚金；销售金额50万以上不满200万的，处7年以上有期徒刑，并处销售金额50%以上2倍以下罚金；销售金额200万以上，处15年有期徒刑或者无期徒刑，并处销售金额50%以上2倍以下罚金或者没收财产。单位犯本罪的，对单位判处罚金，并对其直接负责的主管人员和其他直接责任人员，依照上述规定处罚。

二、生产、销售假药罪

（一）生产、销售假药罪的概念和构成

生产、销售假药罪，是指违法国家药品管理法规，生产、销售假药的行为。

本罪的构成要件是：

1.本罪客体是复杂客体，即国家对药品的管理制度和不特定多数人的身体健康、生命安全。

本罪的对象限于假药。所谓假药，是依照《中华人民共和国药品管理法》的规定属于假药或按假药处理的药品、非药品。根据该法第33条的规定，假药是指：药品所含成分的名称与国家药品标准或者省、自治区、直辖市药品规定不符合的；以非药品冒充药品或者以他种药品冒充此种药品的。按假药处理的药品指：国务院卫生行政部门规定禁止使用的；未取得批准文号的；变质不能药用的；被污染不能药用的。

2.本罪的客观方面表现为违反国家药品管理法规，生产、销售假药的行为。具体内容包括以下两个方面：第一，违反国家药品管理法规。第二，实施生产、销售假药的行为。

3.本罪主体是一般主体。自然人和单位都可以成为本罪的主体。

4.本罪的主观方面只能是故意，即行为人明知自己生产、销售的是假药，而仍然生产、销售。如果系出于过失，则不构成犯罪。

(二)生产、销售假药罪的认定

1.本罪与非罪的界限。生产、销售假药是否构成犯罪,主要可以从以下两个方面加以区别:第一,是否情节显著轻微,危害不大。第二,在主观方面是否出于故意。

2.本罪与以危险方法危害公共安全罪的界限。行为人生产、销售假药,如果出于故意,但对严重危害人体健康持有放任或过失的心理态度,是生产、销售假药罪;如果对严重危害人体健康出于直接故意,则构成以危险方法危害公共安全罪;如果生产、销售假药和对严重危害人体健康均出于过失,并且对人体健康实际造成了严重危害,则构成过失以危险方法危害公共安全罪。

(三)生产、销售假药罪的刑事责任

根据《刑法》第 141 条和第 150 条的规定,犯本罪的,处 3 年以下有期徒刑或者拘役,并处罚金;对人体健康造成严重危害或者其他严重情节的,处 3 年以上 10 年以下有期徒刑,并处罚金;致人死亡或者有其他特别严重情节的,处 10 年以上有期徒刑、无期徒刑或者死刑,并处罚金或者没收财产。单位犯本罪的,对单位判处罚金,并对其负责的主管人员和其他直接责任人员,依照上述规定处罚。

三、生产、销售劣药罪

生产、销售劣药罪,是违反国家药品管理规定,生产、销售劣药,对人体健康造成严重危害的行为。所谓劣药,是指依照我国《药品管理法》的规定,属于劣药的药品。根据《药品管理法》第 34 条的规定,劣药包括:(1)药品成分的含量与国家药品标准或者省、自治区、直辖市药品规定不符合的;(2)超过有效期的;(3)其他不符合药品标准规定的。本罪是实害罪,行为人除实施生产、销售劣药的行为之一,还必须对人体健康造成严重危害,才构成本罪。根据《刑法》第 142 条第 1 款和第 150 条的规定,犯本罪的,处 3 年以上 10 年以下有期徒刑,并处销售金额 50%以上 2 倍以下罚金;后果特别严重的,处 10 年以上有期徒刑或者无期徒刑,并处销售金额 50%以上 2 倍以下罚金或者没收财产。单位犯本罪的,对单位判处罚金,并对其直接负责的主管人员和其他直接责任人员,依照上述规定处罚。

四、生产、销售不符合安全标准的食品罪

生产、销售不符合安全标准的食品罪,是指违反国家食品安全管理法规,生产、销售不符合安全标准的食品,足以造成严重食物中毒事故或者其他严重食源性疾病的行为。

根据《刑法》第 143 条、第 150 条的规定,犯本罪的,处 3 年以下有期徒刑或者拘役,并处罚金;对人体健康造成严重危害或者其他严重情节的,处 3 年以上 7 年以下有期徒刑,并处罚金;后果特别严重的,处 7 年以上有期徒刑或者无期徒刑,并处罚金或没收财产。单位犯本罪的,对单位判处罚金,并对其直接负责的主管人员和其他责任人员,依照上述规定处罚。

五、生产、销售有毒、有害食品罪

生产、销售有毒、有害食品罪，是指违反国家食品卫生管理法规，在生产、销售的食品中掺入有毒、有害的非食品原料的，或者销售明知掺有有毒、有害的非食品原料的食品行为。

根据《刑法》第 144 条和第 150 条的规定，犯本罪的，处 5 年以下有期徒刑，并处罚金；对人体健康造成严重危害或者其他严重情节的，依照本法第 141 条的规定处罚，即处 10 年以上有期徒刑、无期徒刑或者死刑，并处罚金或者没收财产。单位犯本罪的，对单位判处罚金，并对其负责的主管人员和其他直接责任人员，依照上述规定处罚。

六、生产、销售不符合标准的医用器材罪

生产、销售不符合标准的医用器材罪，是指生产不符合保障人体健康的国家标准、行业标准的医疗器械、医用卫生材料，或者销售明知是不符合保障人体健康的国家标准、行业标准的医疗器械、医用卫生材料，足以严重危害人体健康的行为。

根据《刑法》145 条、第 150 条的规定，犯本罪的，处 3 年以下有期徒刑，并处销售金额 50%以上 2 倍以下的罚金；对人体健康造成严重危害的，处 3 年以上 10 年以下有期徒刑，并处销售金额 50%以上 2 倍以下罚金；后果特别严重的，处 10 年以上有期徒刑或者无期徒刑，并处销售额 50%以上 2 倍以下罚金或者没收财产。单位犯本罪的，对单位判处罚金，并对其直接负责的主管人员或者其他直接责任人员，依照上述规定处罚。

七、生产、销售不符合安全标准的产品罪

生产、销售不符合安全标准的产品罪，是指生产不符合保障人身、财产安全的国家标准、行业标准的电器、压力容器、易燃易爆产品或者其他不符合保障人身、财产安全的国家标准、行业标准的产品，或者销售明知是以上不符合保障人身、财产安全的国家标准、行业标准的产品，造成严重后果的行为。

根据《刑法》第 146 条、第 150 条的规定，犯本罪的，处 5 年以下有期徒刑，并处销售金额 50%以上 2 倍以下罚金；后果特别严重的，处 5 年以上有期徒刑，并处销售金额 50%以上 2 倍以下罚金。单位犯本罪的，对单位判处罚金，并对其直接负责的主管人员和其他直接责任人员，依照上述规定处罚。

八、生产、销售伪劣农药、兽药、化肥、种子罪

生产、销售伪劣农药、兽药、化肥、种子罪，是指生产假农药、假兽药、假化肥，销售明知是假的或者失去使用效能的农药、兽药、化肥、种子，或者生产者、销售者以不合格的农药、兽药、化肥、种子冒充合格的农药、兽药、化肥、种子，使生产遭受重大损失的行为。使生产遭受较大损失，一般以 2 万元为起点。

根据《刑法》第 147 条、第 150 条的规定，犯本罪的，处 3 年以下有期徒刑或者拘役，并处或者单处销售金额的 50%以上 2 倍以下罚金；使生产遭受重大损失的，处 3 年以上 7

年以下有期徒刑，并处销售金额 50%以上 2 倍以下罚金；使生产遭受特别重大损失的，处 7 年以上有期徒刑或者无期徒刑，并处销售金额 50%以上 2 倍以下的罚金或者没收财产。单位犯本罪的，对单位判处罚金，并对其直接负责的主管人员和其他直接责任人员，依照上述规定处罚。

九、生产、销售不符合卫生标准的化妆品罪

生产、销售不符合卫生标准的化妆品罪，是指生产不符合卫生标准的化妆品，或者销售明知是不符合卫生标准的化妆品，造成严重后果的行为。

根据《刑法》第 148 条、第 150 条的规定，犯本罪的，处 3 年以下有期徒刑或者拘役，并处或者单处销售金额的 50%以上 2 倍以下罚金。单位犯本罪的，对单位判处罚金，并对其直接负责的主管人员，依照上述规定处罚。

【相关司法解释】

2001 年 4 月 9 日最高人民法院、最高人民检察院《关于办理生产、销售伪劣商品刑事案件具体应用法律若干问题的解释》

2008 年 6 月 25 日最高人民检察院、公安部《最高人民检察院、公安部关于公安机关管辖的刑事案件立案追诉标准的规定(一)》

2009 年 5 月 13 日最高人民法院、最高人民检察院《关于生产、销售假药、劣药刑事案件具体运用法律若干问题的解释》

第三节 走私罪

一、走私武器、弹药罪

走私武器、弹药罪，是指违反海关法规，逃避海关监管，运输、携带、邮寄武器、弹药进出国(边)境的行为。

根据《刑法》第 151 条第 1 款、第 4 款的规定，犯本罪的，处 7 年以上有期徒刑，并处罚金或者没收财产；情节特别严重的，处无期徒刑，并处没收财产；情节较轻的，处 3 年以上 7 年以下有期徒刑，并处罚金。单位犯本罪的，对单位判处罚金，并对其直接负责的主管人员和其他直接责任人员，依照上述规定处罚。

二、走私核材料罪

走私核材料罪，是指违反海关法规，逃避海关监管，运输、携带、邮寄核材料进出国(边)境的行为。

根据《刑法》第 151 条第 1 款、第 4 款的规定，犯本罪的，处 7 年以上有期徒刑，并处罚金或者没收财产；情节特别严重的，处无期徒刑或者死刑，并处没收财产；情节较轻的，处 3 年以上 7 年以下有期徒刑，并处罚金。单位犯本罪的，对单位判处罚金，并对其直接负

责的主管人员和其他直接责任人员,依照上述规定处罚。

三、走私假币罪

走私假币罪,是指违反海关法规,逃避海关监管,运输、携带、邮寄伪造的货币进出国(边)境的行为。伪造的货币,是指仿照货币的图案、形状、颜色、面值和质地等进行制造的假币。

根据《刑法》第 151 条第 1 款、第 4 款的规定,犯本罪的,处 7 年以上有期徒刑,并处罚金或者没收财产;情节特别严重的,处无期徒刑或者死刑,并处没收财产;情节较轻的,处 3 年以上 7 年以下有期徒刑,并处罚金。单位犯本罪的,对单位判处罚金,并对其直接负责的主管人员和其他直接责任人员,依照上述规定处罚。

四、走私文物罪

走私文物罪,是指违反海关法规,逃避海关监管,运输、携带、邮寄禁止出口的文物出国(边)境的行为。

根据《刑法》第 151 条第 2 款、第 4 款的规定,犯本罪的,处 5 年以上 10 年以下有期徒刑,并处罚金;情节特别严重的,处 10 年以上有期徒刑或者无期徒刑,并处没收财产;情节较轻的,处 5 年以下有期徒刑,并处罚金。单位犯本罪的,对单位判处罚金,并对其直接负责的主管人员和其他直接责任人员,依照上述规定处罚。

五、走私贵金属罪

走私贵金属罪,是指违反海关法规,逃避海关监管,运输、携带、邮寄黄金、白银或其他贵金属出国(边)境的行为。

根据《刑法》第 151 条第 2 款、第 4 款的规定,犯本罪的,处 5 年以上 10 年以下有期徒刑,并处罚金;情节特别严重的,处 10 年以上有期徒刑或者无期徒刑,并处没收财产;情节较轻的,处 5 年以下有期徒刑,并处罚金。单位犯本罪的,对单位判处罚金,并对其直接负责的主管人员和其他直接责任人员,依照上述规定处罚。

六、走私珍贵动物、珍贵动物制品罪

走私珍贵动物、珍贵动物制品罪,是指违反海关法规,逃避海关监管,运输、携带、邮寄珍贵动物及其制品进出国(边)境的行为。

根据《刑法》第 151 条第 2 款、第 4 款的规定,犯本罪的,处 5 年以上 10 年以下有期徒刑,并处罚金;情节特别严重的,处 10 年以上有期徒刑或者无期徒刑,并处没收财产;情节较轻的,处 5 年以下有期徒刑,并处罚金。单位犯本罪的,对单位判处罚金,并对其直接负责的主管人员和其他直接责任人员,依照上述规定处罚。

七、走私国家禁止进出口的货物、物品罪

走私国家禁止进出口的货物、物品罪,是指违反海关法规,逃避海关监管,运输、携带、

邮寄珍稀植物及其制品等国家禁止进出口的其他货物、物品进出国(边)境的行为。

根据《刑法》第151条第3款、第4款的规定,犯本罪的,处5年以下有期徒刑或者拘役,并处或者单处罚金;情节特别严重的,处5年以上有期徒刑,并处罚金;单位犯本罪的,对单位判处罚金,并对其直接负责的主管人员和其他直接责任人员,依照上述规定处罚。

八、走私淫秽物品罪

走私淫秽物品罪,是指以牟利或者传播为目的,违反海关法规,逃避海关监管,运输、携带、邮寄淫秽的影片、录像带、录音带、图片、书刊或者其他淫秽物品进出国(边)境的行为。"淫秽物品",是指具体描绘性行为或露骨宣扬色情的淫秽性的书刊、影片、录像带、录音带、图片及其他淫秽物品。有关人性生理、医学知识的科学著作不是淫秽物品。包括有色情内容的有艺术价值的文学、艺术作品不能视为淫秽物品。

根据《刑法》第152条第1款、第3款的规定,犯本罪的,处3年以上10年以下有期徒刑,并处罚金或者没收财产;情节较轻的,处3年以下有期徒刑,拘役或者管制,并处罚金;单位犯本罪的,对单位判处罚金,并对其直接负责的主管人员和其他直接责任人员,依照上述规定处罚。

九、走私废物罪

走私废物罪,是指违反海关法规,逃避海关监管,将境外固体废物、液态废物和气态废物运输进境,情节严重的行为。

根据《刑法》第152条第2款、第3款的规定,犯本罪的,处5年以下有期徒刑,并处或者单处罚金;情节特别严重的,处5年以上有期徒刑,并处罚金;单位犯本罪的,对单位判处罚金,并对其直接负责的主管人员和其他直接责任人员,依照上述规定处罚。

十、走私普通货物、物品罪

走私普通货物、物品罪,是指违反海关法规,逃避海关监管,运输、携带、邮寄普通货物、物品进出国(边)境,偷逃应缴税额较大或者一年内曾因走私被给予两次行政处罚后又走私的行为。"偷税应缴税额较大",是指走私货物、物品偷逃应缴税额应在5万元以上不满15万元。

根据《刑法》153条的规定,犯本罪的,根据情节较重,分别依照下列规定处罚:

1.走私货物、物品偷逃应缴税额较大或者一年内曾因走私被给予两次行政处罚后又走私的,处3年以下有期徒刑或者拘役,并处偷逃应缴纳额1倍以上5倍以下的罚金。

2.走私货物、物品偷逃应缴纳数额巨大或者有其他严重情节的,处3年以上10年以下有期徒刑或者无期徒刑,并处偷逃应缴税额1倍以上5倍以下罚金。

3.走私货物、物品偷逃应缴纳数额特别巨大或者有其他严重情节的,处10年以上有期徒刑或者无期徒刑,并处偷逃应缴税额1倍以上5倍以下罚金或者没收财产。

4.单位犯本罪的,对单位判处罚金,并对其直接负责的主管人员和其他直接责任人员,处3年以下有期徒刑或者拘役;情节严重的,处3年以上10年以下有期徒刑。

5. 对多次走私未经处理的，按照累计走私货物、物品的偷逃应缴税额处罚。"未经处理"，是指未经行政处罚处理。

十一、关于走私罪的若干问题

（一）间接走私

间接走私，或称准走私，是指《刑法》第 155 条第 1 项和第 2 项规定的两种行为，即"（一）直接向走私人非法收购国家禁止进口物品的，或者直接向走私人非法收购走私进口的其他货物、物品，数额较大的；（二）在内海、领海运输、收购、贩卖国家禁止进出口物品的，或者运输、收购、贩卖国家限制进出口货物、物品，数额较大，没有合法证明的。"

（二）武装走私

《刑法》第 157 条第 1 款规定："武装掩护走私的，依照本法第一百五十一条第一项的规定从重处罚。"

（三）抗拒缉私

《刑法》第 157 条第 2 款规定："以暴力、威胁方法抗拒缉私的，以走私罪和本法第二百七十七条规定的阻碍国家机关工作人员依法执行职务罪，依照数罪并罚的规定处罚。"

（四）走私罪共犯

《刑法》第 156 条规定："与走私罪犯通谋，为其提供贷款、资金、账号、发票、证明，或者为其提供运输、保管、邮寄或者其他方便的，以走私罪共犯论处。"

【相关司法解释】

2000 年 9 月 26 日最高人民法院《关于审理走私刑事案件具体应用法律若干问题的解释》

2008 年 6 月 25 日最高人民检察院、公安部《最高人民检察院、公安部关于公安机关管辖的刑事案件立案追诉标准的规定（一）》

第四节　妨害对公司、企业的管理秩序罪

一、虚报注册资本罪

虚报注册资本罪，是指申请公司登记使用虚假证明文件或者采取其他欺诈手段虚报注册资本，欺骗公司登记主管部门，取得公司登记，虚报注册资本数额巨大、后果严重或者有其他严重情节的行为。

根据《刑法》第 158 条的规定，犯本罪的，处 3 年以下有期徒刑或者拘役，并处或者单

处虚报注册资本金额1%以上5%以下的罚金。单位犯本罪的，对单位判处罚金，并对其直接负责的主管人员和其他直接责任人员，处3年以下有期徒刑或者拘役。

二、虚假出资、抽逃出资罪

虚假出资、抽逃出资罪，是指公司发起人、股东违反出资法的规定，未交付货币、实物，或者为转移财产权，虚假出资，或者在公司成立后又抽逃其出资，数额巨大、后果严重或者有其他严重情节的行为。

根据《刑法》第159条的规定，犯本罪的，处5年以下有期徒刑或者拘役，并处或者单处虚假出资金额或者抽逃出资金额2%以上10%以下的罚金。单位犯本罪的，对单位判处罚金，并对其直接负责的主管人员和其他直接责任人员，处5年以下有期徒刑或者拘役。

三、欺诈发行股票、债券罪

欺诈发行股票、债券罪，是指在招股说明书、认购书、公司、企业债券募集办法中隐瞒重要事实或者编造重大虚假内容，发行股票或者公司、企业债券，数额巨大、后果严重或者有其他严重情节的行为。

根据《刑法》第160条的规定，犯本罪的，处5年以下有期徒刑或者拘役，并处或者单处或单处非法募集资金金额1%以上5%以下罚金。单位犯本罪的，对单位判处罚金，并对其直接负责的主管人员和其他直接责任人员，处5年以下有期徒刑或者拘役。

四、违规披露、不披露重要信息罪

违规披露、不披露重要信息罪，是指依法负有信息披露义务的公司、企业向股东和社会公众提供虚假的或者隐瞒重要事实的财务会计报告，或者对依法应当披露的其他重要信息不按照规定披露，严重损害股东或者其他人的利益，或者有其他严重情节的行为。

根据《刑法》161条的规定，犯本罪的，对公司、企业直接负责的主管人员和其他责任人员，处3年以下有期徒刑或者拘役，并处或者单处2万元以上20万以下的罚金。

五、妨害清算罪

妨害清算罪，是指公司、企业在进行清算时，隐匿财产，对资产负债或者财产清单作虚伪记载或者在未清偿债务前分配公司、企业的财产，严重损害债权人或者其他人利益的行为。

根据《刑法》162条的规定，犯本罪的，对公司、企业的直接负责的主管人员和其他责任人员，处5年以下有期徒刑或者拘役，并处或者单处2万元以上20万以下的罚金。

六、隐匿、故意销毁会计凭证、会计账簿、财务会计报告罪

隐匿、故意销毁会计凭证、会计账簿、财务会计报告罪，是指隐匿或者故意销毁依法应当保存的会计凭证、会计账簿、财务会计报告，情节严重的行为。

根据《刑法》第 162 条之一的规定,犯本罪的,处 5 年以下有期徒刑或者拘役,并处或者单处 2 万元以上 20 万以下的罚金;单位犯本罪的,对单位判处罚金,并对其直接负责的主管人员和其他直接责任人员,依照上述规定处罚。

七、虚假破产罪

虚假破产罪,是指公司、企业通过隐匿财产、承担虚构的债务或者其他方法转移、处分财产,实施虚假破产,严重损害债权人或者其他人利益的行为。

根据《刑法》第 162 条之二的规定,犯本罪的,对直接负责的主管人员和其他直接责任人员,处 5 年以下有期徒刑或者拘役,并处或者单处 2 万元以上 20 万以下的罚金。

八、非国家工作人员受贿罪

非国家工作人员受贿罪,是指公司、企业或者其他单位的工作人员利用职务上的便利,索取他人财物或者非法收受他人财物,为他人谋取利益,数额较大的行为。

应当注意,依照《刑法》第 163 条第 2 款的规定,公司、企业或者其他单位的工作人员在经济往来中,利用职位上的便利,违反国家规定,收受各种名义的回扣、手续费,归个人所有的,应以非国家公务人员受贿罪论处。

依照《刑法》第 163 条的规定,犯本罪的,处 5 年以下有期徒刑或者拘役,数额巨大的,处 5 年以上有期徒刑,可以并处没收财产。

九、对非国家工作人员行贿罪

对非国家工作人员行贿罪,是指为谋取不正当利益,给予公司、企业或者其他单位的工作人员以财物,数额较大的行为。

根据《刑法》第 164 条的规定,犯本罪的,处 3 年以下有期徒刑或者拘役,并处罚金;数额巨大的,处 3 年以上 10 年以下有期徒刑,并处罚金。单位犯本罪的,对单位判处罚金,并对其直接负责的主管人员和其他直接责任人员,依照上述规定处罚。行贿人在被追诉前主动交代行贿行为的,可以减轻或者免除处罚。

十、对外国公职人员、国际公共组织官员行贿罪

对外国公职人员、国际公共组织官员行贿罪,是指为谋取不正当商业利益,给予外国公职人员或者国际公共组织官员以财物的行为。

根据《刑法》第 164 条第 2 款、第 3 款的规定,犯本罪的,处 3 年以下有期徒刑或者拘役,数额巨大的,处 3 年以上 10 年以下有期徒刑,并处罚金。单位犯本罪的,对单位判处罚金,并对其直接负责的主管人员和其他直接责任人员,依照上述规定处罚。

十一、非经营同类营业罪

非经营同类营业罪,是指国有公司、企业的董事、经理利用职务便利,自己经营或者为他人经营与其任职公司、企业同类的职业,获取非法利益,数额巨大的行为。

根据《刑法》第165条的规定，犯本罪的，处3年以下有期徒刑或者拘役，并处或者单处罚金。数额特别巨大的，处3年以上7年以下有期徒刑，并处罚金。

十二、为亲友非法牟利罪

为亲友非法牟利罪，是指国有公司、企业、事业单位的工作人员，利用职务便利，将本单位的盈利业务交予自己的亲友进行经营，或者与亲友经营管理的单位进行明显有利于对方的购销活动，使国家利益遭受重大损失的行为。

根据《刑法》第166条的规定，犯本罪的，处3年以下有期徒刑或者拘役，并处或者单处罚金。致使国家利益遭受特别重大损失的，处3年以上7年以下有期徒刑，并处罚金。

十三、签订、履行合同失职被骗罪

签订、履行合同失职被骗罪，是指国有公司、企业、事业单位直接负责的主管人员，在签订、履行合同过程中，因严重不负责任被诈骗，致使国家利益遭受重大损失的行为。

根据《刑法》第167条的规定，犯本罪的，处3年以下有期徒刑或者拘役，造成国家利益特别重大损失的，处3年以上7年以下有期徒刑。

十四、国有公司、企业、事业单位人员失职罪

国有公司、企业、事业单位工作人员失职罪，是指国有公司、企业、事业单位的工作人员，严重不负责任，造成国有公司、企业破产或者严重损失，或者国有事业单位严重损失，致使国家利益遭受重大损失的行为。

根据《刑法》第168条的规定，犯本罪的，处3年以下有期徒刑或者拘役，致使国家利益遭受重大损失的，处3年以上7年以下有期徒刑。国有公司、企业、事业单位工作人员徇私舞弊，犯本罪的，从重处罚。

十五、国有公司、企业、事业单位人员滥用职权罪

国有公司、企业、事业单位人员滥用职权罪，是指国有公司、企业、事业单位工作人员，滥用职权，造成国有公司、企业破产或者严重损失，或者国有事业单位严重损失，致使国家利益遭受重大损失。

根据《刑法》第168条的规定，犯本罪的，处3年以下有期徒刑或者拘役，致使国家利益遭受重大损失的，处3年以上7年以下有期徒刑。国有公司、企业、事业单位工作人员徇私舞弊，犯本罪的，从重处罚。

十六、徇私舞弊低价折股、出售国有资产罪

徇私舞弊低价折股、出售国有资产罪，是指国有公司、企业或者其上级主管部门直接负责的主管人员，徇私舞弊，将国有资产低价折股或者低价出售，致使国家利益遭受重大损失的行为。

根据《刑法》第169条的规定，犯本罪的，处3年以下有期徒刑或者拘役，使国家利益

遭受特别重大损失的，处 3 年以上 7 年以下有期徒刑。

十七、背信损害上市公司利益罪

背信损失上市公司利益罪，是指上市公司的董事、监事、高级管理人员违背对公司的忠实义务，利用职务便利，操纵上市公司从事损害上市公司利益并使上市公司利益遭受重大损失的行为。

【相关司法解释】

2010 年 5 月 7 日最高人民检察院、公安部《关于公安机关管辖的刑事案件立案追诉标准的规定(二)》

第五节　破坏金融管理秩序罪

一、伪造货币罪

(一)伪造货币罪的概念

伪造货币罪，是指违反货币管理法规，仿造货币的形状等外形特征，制造假货币冒充真货币的行为。

最高人民法院 2000 年 4 月 20 日发布、自 2000 年 9 月 14 日起施行的《关于审理伪造货币等案件具体应用法律若干问题的解释》第 7 条规定：伪造，是指没有货币发行权的人仿造真货币的形状、图案、色彩等外部特征，非法制造具有真实货币外观的物品。

(二)伪造货币罪的认定

1. 本罪与非罪行为的界限。2000 年 9 月 14 日最高人民法院《关于审理伪造货币等案件具体应用法律若干问题的解释》第 1 条规定，伪造货币总面额在 2000 元或者币量在 200 张以上的，才构成伪造货币罪。最高人民检察院、公安部 2010 年 5 月 7 日印发的《关于公安机关管辖的刑事案件立案追述标准的规定(二)》第 18 条则规定有下列 3 种情况之一的：(1)伪造货币总面额在 2000 元以上或者币量在 200 张(枚)以上的；(2)制造货币版样或者为他人伪造货币提供版样的；(3)其他伪造货币应予追究刑事责任的情形。

2. 本罪中一罪与数罪的认定。在司法实践中，一人同时实施伪造、出售、运输、持有、使用伪造的货币等数罪犯罪行为的情况常有发生，对这种情况是按一罪处理，还是数罪实行并罚，关键看行为人出售、运输、持有、使用伪造的货币是否是其本人伪造的，如果系行为人本人伪造的，按伪造货币罪一罪从重处罚；如果行为人既伪造了货币，又持有、使用、运输、出售了其他人伪造的货币，则应按伪造货币罪和有关犯罪实行数罪并罚。

根据《刑法》第 170 条的规定，犯本罪的，处 3 年以上 10 年以下有期徒刑，并处罚金。有下列情形之一的，处 10 年以上有期徒刑、无期徒刑，并处罚金或者没收财产：(1)伪造货

币集团的首要分子;(2)伪造货币数额特别巨大的;(3)有其他特别严重情节的。

二、出售、购买、运输假币罪

出售、购买、运输假币罪,是指出售、购买伪造的货币,或者明知是伪造的货币而予以运输,数额较大的行为。

根据《刑法》第 171 条第 1 款的规定,犯本罪的,处 3 年以下有期徒刑或者拘役,并处 2 万元以上 20 万以下罚金;数额巨大的,处 10 年以上有期徒刑或者无期徒刑,并处 5 万元以上 50 万元以下罚金或者没收财产。

三、金融机构工作人员购买假币、以假币换取货币罪

金融机构工作人员购买假币、以假币换取货币罪,是指金融机构的工作人员购买假币或者利用职务上的便利,以伪造的货币换取真币的行为。

根据《刑法》第 171 条第 2 款的规定,犯本罪的,处 3 年以上 10 年以下有期徒刑,并处 2 万元以上 20 万元以下罚金;数额巨大或者有其他严重情节的,处 10 年以上有期徒刑或者无期徒刑,并处 2 万元以上 20 万元以下罚金或者没收财产;情节较轻的,处 3 年以下有期徒刑或者拘役,并处或者单处 1 万元以上 10 万元以下罚金。

四、持有、使用假币罪

持有、使用假币罪,是指持有、使用假币,数额较大的行为。

根据《刑法》第 172 条的规定,犯本罪的,处 3 年以下有期徒刑或者拘役,并处或者单处 1 万元以上 10 万元以下罚金。数额巨大的,处 3 年以上 10 年以下有期徒刑,并处 2 万元以上 20 万元以下罚金;数额特别巨大的,处 10 年以上有期徒刑,并处 5 万元以上 50 万元以下罚金或者没收财产。

五、变造货币罪

变造货币罪,是指行为人对真实的货币,通过剪贴、涂改、挖补、拼接、揭层等方法,使真币改变形态或者升值,数额较大的行为。

根据《刑法》第 173 条的规定,犯本罪的,处 3 年以下有期徒刑或者拘役,并处或者单处 1 万元以上 10 万元以下罚金。数额巨大的,处 3 年以上 10 年以下有期徒刑,并处 2 万元以上 20 万元以下罚金。

六、擅自设立金融机构罪

擅自设立金融机构罪,是指未经国家有关主管部门批准,擅自设立商业银行、证券交易所、期货交易所、证券公司、期货经纪公司、保险公司或者其他金融机构的行为。

根据《刑法》第 174 条的规定,犯本罪的,处 3 年以下有期徒刑或者拘役,并处或者单处 2 万元以上 20 万元以下罚金。情节严重的,处 3 年以上 10 年以下有期徒刑,并处 5 万元以上 50 万元以下罚金。单位犯本罪的,对单位判处罚金,并对其直接负责的主管人员

和其他直接责任人员，依照上述规定处罚。

七、伪造、变造、转让金融机构经营许可证、批准文件罪

伪造、变造、转让金融机构经营许可证、批准文件罪，是指伪造、变造、转让商业银行、证券交易所、期货交易所、证券公司、期货经纪公司、保险公司或者其他金融机构的经营许可证或者批准文件的行为。

根据《刑法》第 174 条的规定，犯本罪的，处 3 年以下有期徒刑或者拘役，并处或者单处 2 万元以上 20 万元以下罚金。情节严重的，处 3 年以上 10 年以下有期徒刑，并处 5 万元以上 50 万元以下罚金。单位犯本罪的，对单位判处罚金，并对其直接负责的主管人员和其他直接责任人员，依照上述规定处罚。

八、高利转贷罪

高利转贷罪，是指以转贷牟利为目的，套取金融机构信贷资金高利转贷他人，违法所得数额较大的行为。

根据《刑法》第 175 条的规定，犯本罪的，处 3 年以下有期徒刑或者拘役，并处违法所得 1 倍以上 5 倍以下罚金；数额巨大的，处 3 年以上 7 年以下有期徒刑，并处违法所得 1 倍以上 5 倍以下罚金。单位犯本罪的，对单位判处罚金，并对其直接负责的主管人员和其他直接责任人员，处 3 年以下有期徒刑或者拘役。

九、骗取贷款、票据承兑、金融票证罪

骗取贷款、票据承兑、金融票证罪，是指行为人以欺骗手段取得银行或者其他金融机构贷款、票据承兑、信用证、保函等，给银行或者其他金融机构造成重大损失或者其他严重情节的行为。

根据《刑法》第 175 条之一的规定，犯本罪的，处 3 年以下有期徒刑或者拘役，并处或单处罚金。给银行或者其他金融机构造成特别重大损失或者其他特别严重情节的，处 3 年以上 10 年以下有期徒刑，并处罚金。单位犯本罪的，对单位判处罚金，并对其直接负责的主管人员和其他直接责任人员，依照上述规定处罚。

十、非法吸收公众存款罪

非法吸收公众存款罪，是指非法吸收公众存款或者变相吸收公众存款，扰乱金融秩序的行为。

根据《刑法》第 176 条的规定，犯本罪的，处 3 年以下有期徒刑或者拘役，并处 2 万以上 20 万元以下罚金；对数额巨大或者有其他严重情节的，处 3 年以上 10 年以下有期徒刑，并处 5 万元以上 50 万元以下罚金。单位犯本罪的，对单位判处罚金，并对其直接负责的主管人员和其他直接责任人员，依照上述自然人犯本罪的规定处罚。

十一、伪造、变造金融票证罪

伪造、变造金融票证罪，是指行为人违反金融票据管理法规，仿造金融票据的式样、形

状、色彩、文字等要素制作假的金融票据或者对真实的金融票据进行改制的行为。

根据《刑法》第 177 条的规定，犯本罪的，处 5 年以下有期徒刑或者拘役，并处或单处 2 万元以上 20 万元以下罚金。情节严重的，处 5 年以上 10 年以下有期徒刑，并处 5 万元以上 50 万元以下罚金。情节特别严重的，处 10 年以上有期徒刑或者无期徒刑，并处 5 万元以上 50 万元以下罚金或者没收财产。单位犯本罪的，对单位判处罚金，并对其直接负责的主管人员和其他直接责任人员，依照上述规定处罚。

十二、妨害信用卡管理罪

妨害信用卡管理罪，是指持有、运输伪造的信用卡或者数量较大的伪造的空白信用卡，或者持有他人数量较大的信用卡，或者使用虚假的身份证明骗取信用卡，或者出售、购买、为他人提供伪造的信用卡或者以虚假身份证明领的行用卡。

根据《刑法》第 177 条之一第 1 款的规定，犯本罪的，处 3 年以下有期徒刑或者拘役，并处或单处 1 万元以上 10 万元以下罚金。数额巨大或者有其他严重情节的，处 3 年以上 10 年以下有期徒刑，并处 2 万元以上 20 万元以下罚金。

十三、窃取、收买、非法提供信用卡信息罪

窃取、收买、非法提供信用卡信息罪，是指行为人秘密窃取、有偿收买或者非法提供他人信用卡信息资料的行为。

根据《刑法》第 177 条之一第 2 款和第 3 款的规定，犯本罪的，处 3 年以下有期徒刑或者拘役，并处或单处 1 万元以上 10 万元以下罚金。数量巨大或者有其他严重情节的，处 3 年以上 10 年以下有期徒刑，并处 2 万元以上 20 万元以下罚金。银行或者其他金融机构的工作人员利用职务上的便利，犯本罪的，从重处罚。

十四、伪造、变造国家有价证券罪

伪造、变造国家有价证券罪，是指伪造、变造国库券或者国家发行的其他有价证券，数额较大的行为。

根据《刑法》第 178 条第 1 款和第 3 款的规定，犯本罪的，处 3 年以下有期徒刑或者拘役，并处或单处 2 万元以上 20 万元以下罚金。数额巨大的，处 3 年以上 10 年以下有期徒刑，并处 5 万元以上 50 万元以下罚金或者没收财产；数额特别巨大的，处 10 年以上有期徒刑或者无期徒刑，并处 5 万元以上 50 万元以下罚金或者没收财产。单位犯本罪的，对单位判处罚金，并对其直接负责的主管人员和其他直接责任人员，依照上述规定处罚。

十五、伪造、变造股票、公司、企业债券罪

伪造、变造股票、公司、企业债券罪，是指伪造，变造股票或者公司、企业债券，数额较大的行为。

根据《刑法》第 178 条第 2 款和第 3 款的规定，犯本罪的，处 3 年以下有期徒刑或者拘役，并处或单处 1 万元以上 10 万元以下罚金。数额巨大的，处 3 年以上 10 年以下有期徒

刑，并处2万元以上20万元以下罚金。单位犯本罪的，对单位判处罚金，并对其直接负责的主管人员和其他直接责任人员，依照上述规定处罚。

十六、擅自发行股票、公司、企业债券罪

擅自发行股票、公司、企业债券罪，是指未经国家有关部门批准，擅自发行股票或者公司、企业债券，数额巨大、后果严重或者有其他严重情节的行为。

根据《刑法》第179条的规定，犯本罪的，处5年以下有期徒刑或者拘役，并处或单处非法募集资金金额1%以上5%以下罚金。单位犯本罪的，对单位判处罚金，并对其直接负责的主管人员和其他直接责任人员，处5年以下有期徒刑或者拘役。

十七、内幕交易、泄露内幕信息罪

内幕交易、泄露内幕信息罪，是指证券、期货交易内幕信息和知情人员、单位或者非法获取证券、期货交易内幕信息的人员、单位，在涉及证券的发行，证券、期货交易或者其他对证券、期货交易价格有重大影响的信息尚未公开前，买卖该债券，或者从事与该内幕信息有关的期货交易，或者泄漏该信息，或者明示、暗示他人从事上述交易活动，情节严重的行为。

所谓"内幕信息"，是指为证券、期货交易内幕人员知悉但尚未公开的对证券、期货交易价格有重大影响的信息。

所谓"信息尚未公开前"，是指信息在国务院证券、期货监督管理机构指定的报刊、网站等媒体或者其他能够被一般投资者接触到的全国性报刊、网站等媒体披露之前。

所谓"泄露内幕信息"，是指知悉内幕信息的人员在内幕信息公开前，以明示或者暗示的方式将内幕信息泄露给不应知悉的人员。

根据《刑法》第180条第1款、第2款的规定，犯本罪的，处5年以下有期徒刑或者拘役，并处或者单处违法所得1倍以上5倍以下罚金；情节特别严重的，处5年以上10年以下有期徒刑，并处违法所得1倍以上5倍以下罚金。单位犯本罪的，对单位判处罚金，并对其直接负责的主管人员和其他直接责任人员，处5年以下有期徒刑或者拘役。

十八、利用未公开信息交易罪

利用非公开信息交易罪，是指证券交易所、期货交易所、证券公司、期货经纪公司、基金管理公司、商业银行、保险公司等金融机构的工作人员，利用因职务便利获取的内幕信息以外的其他未公开的信息，违反规定，从事与该信息相关的证券、期货交易活动，或者明示、暗示他人从事相关交易活动，情节严重的行为。

根据《刑法》第180条第4款的规定，犯本罪情节严重的，处5年以下有期徒刑或者拘役，并处或者单处违法所得1倍以上5倍以下罚金。情节特别严重的，处5年以上10年以下有期徒刑，并处违法所得1倍以上5倍以下罚金。

十九、编造并传播证券、期货交易虚假信息罪

编造并传播证券、期货交易虚假信息罪，是指编造并且传播影响证券、期货交易的虚

假信息,扰乱证券、期货交易市场,造成严重后果的行为。

根据《刑法》第 181 条的规定,犯本罪情节严重的,处 5 年以下有期徒刑或者拘役,并处或者单处 1 万元以上 10 万元以下罚金。单位犯本罪的,对单位判处罚金,并对其直接负责的主管人员和其他直接责任人员,处 5 年以下有期徒刑或者拘役。

二十、诱骗投资者买卖证券、期货合约罪

诱骗投资者买卖证券、期货合约罪,是指证券交易所、期货交易所、证券公司、期货经纪公司的从业人员,证券业协会、期货业协会或者证券期货监督管理部门的工作人员,故意提供虚假信息或者伪造、变造、销毁交易记录,诱骗投资者买卖证券、期货合约,造成严重后果的行为。

根据《刑法》第 181 条的规定,犯本罪的,处 5 年以下有期徒刑或者拘役,并处或者单处 1 万珍元以上 10 万元以下罚金。情节特别恶劣的,处 5 年以上 10 年以下有期徒刑,并处 2 万元以上 20 万以下罚金。单位犯本罪的,对单位判处罚金,并对其直接负责的主管人员和其他直接责任人员,处 5 年以下有期徒刑或者拘役。

二十一、操纵证券、期货市场罪

操纵证券、期货市场罪,是指行为人违法操纵证券、期货市场,情节严重的行为。

具体表现为下列情形:第一,单独或者合谋,集中资金优势、持股或者持仓优势或者利用信息优势联合或者连续买卖,操纵证券、期货交易价格或者证券、期货交易量的。第二,与他人串通,以事先约定的时间、价格和方式相互进行证券、期货交易,影响证券、期货交易价格或者证券、期货交易量的。第三,在自己实际控制的账户之间进行证券交易,或者以自己为交易对象,自买自卖期货合约,影响证券、期货交易量的。第四,以其他方法操纵证券、期货市场的。

根据《刑法》第 182 条的规定,犯本罪的,处 5 年以下有期徒刑或者拘役,并处或者单处罚金。情节特别严重的,处 5 年以上 10 年以下有期徒刑,并处罚金。单位犯本罪的,对单位判处罚金,并对其直接负责的主管人员和其他直接责任人员,依照上述规定处罚。

二十二、背信运用受托财产罪

背信运用受托财产罪,是指商业银行、证券交易所、期货交易所、证券公司、期货经纪公司、保险公司或者其他金融机构,违背受托义务,擅自运用客户资金或者其他委托、信托的财产,情节严重的行为。

根据《刑法》第 185 条之一第 1 款的规定,犯本罪的,对单位判处罚金,并对其直接负责的主管人员和其他直接责任人员,处 3 年以上 10 年以下有期徒刑,并处 5 万以上 50 万以下罚金。

二十三、违法运用资金罪

违法运用资金罪,是指社会保障基金管理机构、住房公积金管理机构等公众资金管理

机构，以及保险公司、保险资产管理公司、证券投资基金管理公司，违反国家规定运用资金，情节严重的行为。

根据《刑法》第 185 条之一的规定，犯本罪的，对其直接负责的主管人员和其他直接责任人员，处 3 年以下有期徒刑或者拘役，并处 3 万元以上 30 万元以下罚金。情节特别严重的，处 3 年以上 10 年以下有期徒刑，并处 5 万元以上 50 万元以下罚金。

二十四、违法发放贷款罪

违法发放贷款罪，是指银行或者其他金融机构的工作人员违反国家规定发放贷款，数额巨大或者造成重大损失的行为。

根据《刑法》第 186 条的规定，犯本罪的，处 5 年以下有期徒刑或者拘役，并处 1 万元以上 10 万元以下罚金；数额特别巨大或者造成特别重大损失的，处 5 年以上有期徒刑，并处 2 万元以上 20 万元以下罚金。银行或者其他金融机构的工作人员违反国家规定，向关系人发放贷款的，依照上述规定从重处罚。单位犯本罪的，对单位判处罚金，并对其直接负责的主管人员和其他直接责任人员，依照上述规定处罚。

二十五、吸取客户资金不入账罪

吸取客户资金不入账罪，是指银行或者其他金融机构的工作人员吸收客户资金不入账，数额巨大或者造成重大损失的行为。

根据《刑法》第 187 条的规定，犯本罪的，处 5 年以下有期徒刑或者拘役，并处 2 万元以上 20 万元以下罚金；数额特别巨大或者造成特别重大损失的，处 5 年以上有期徒刑，并处 5 万元以上 50 万元以下罚金。单位犯本罪的，对单位判处罚金，并对其直接负责的主管人员和其他直接责任人员，依照上述规定处罚。

二十六、违规出具金融票证罪

违规出具金融票证罪，是指银行或者其他金融机构的工作人员违反规定，为他人出具信用证或者其他保函、票据、存单、资信证明，情节严重的行为。

根据《刑法》第 188 条的规定，犯本罪的，处 5 年以下有期徒刑或者拘役；情节特别严重的，处 5 年以上有期徒刑。单位犯本罪的，对单位判处罚金，并对其直接负责的主管人员和其他直接责任人员，依照上述规定处罚。

二十七、对违法票据承兑、付款、保证罪

对违法票据承兑、付款、保证罪，是指银行或者其他金融机构的工作人员，在票据业务中，对违反票据法规定的票据予以承兑、付款或者保证，造成重大损失的行为。

根据《刑法》第 189 条的规定，犯本罪的，处 5 年以下有期徒刑或者拘役；造成特别重大损失的，处 5 年以上有期徒刑。单位犯本罪的，对单位判处罚金，并对其直接负责的主管人员和其他直接责任人员，依照上述规定处罚。

二十八、逃汇罪

逃汇罪，是指违反国家规定，擅自将外汇存放境外，或者将境内的外汇非法转移到境外，数额较大的行为。

根据《刑法》第 190 条的规定，对犯本罪的单位，判处逃汇数额 5%以上 30%以下罚金，并对其直接负责的主管人员和其他直接责任人员处 5 年以下有期徒刑或者拘役；数额巨大或者造成其他严重情节的，对单位判处逃汇数额 5%以上 30%以下罚金，并对其直接负责的主管人员和其他责任人员处 5 年以上有期徒刑。

二十九、骗购外汇罪

骗购外汇罪，是指使用伪造的海关签发的报关单、进口证明、外汇管理部门核准件等凭证和单据，重复使用海关签发的报关单、进口证明、外汇管理部门核准件等凭证和单据或者以其他方式骗购外汇，数额较大的行为。

根据全国人大常委会《关于惩治骗购外汇、逃汇和非法买卖外汇犯罪的决定》第 1 条的规定，个人犯本罪的，处 5 年以下有期徒刑或者拘役，并处骗购外汇数额 5%以上 30%以下罚金；数额巨大或者造成其他严重情节的，处 5 年以上 10 年以下有期徒刑，并处骗购数额 5%以上 30%以下罚金；数额特别巨大或者造成其他特别严重情节的，处 10 年以上有期徒刑或者无期徒刑，并处骗购外汇数额 5%以上 30%以下罚金或者没收财产。单位犯本罪的，对单位依照上述判处罚金，并对其直接负责的主管人员和其他直接责任人员，处 5 年以下有期徒刑或者拘役；数额巨大或者有其他严重情节的，处 5 年以上 10 年以下有期徒刑；数额特别巨大或者有其他严重情节的，处 10 年以上有期徒刑或者无期徒刑。伪造、变造海关签发的报关单、进口证明、外汇管理部门核准件等凭证和单据，并用于骗购外汇的，依照前款的规定从重处罚。

三十、洗钱罪

洗钱罪，是指明知是毒品犯罪、黑社会性质的组织犯罪、恐怖活动犯罪、走私犯罪、贪污贿赂犯罪、破坏金融管理秩序罪、金融诈骗犯罪的所得及其产生的收益，而掩饰、隐瞒其来源和性质的行为。

刑法将掩饰、隐瞒的行为方式规定为如下 5 种：(1)提供资金账户。(2)协助将财产转换为现金、金融票据、有价证券。(3)通过转账或者其他结算方式协助资金转移。(4)协助将资金汇往境外。(5)以其他方式掩饰、隐瞒犯罪的所得及其收益的性质和来源。

根据《刑法》第 191 条的规定，犯本罪的，除没收实施毒品犯罪、黑社会性质的组织犯罪、恐怖活动犯罪、走私犯罪、贪污贿赂罪、破坏金融管理秩序犯罪、金融诈骗犯罪的违法所得及其产生的收益外，处 5 年以下有期徒刑或者拘役，并处或者单处洗钱数额 5%以上 20%以下罚金；情节严重的，处 5 年以上 10 年以下有期徒刑，并处洗钱数额 5%以上 20%以下罚金。单位犯本罪的，对单位判处罚金，并对其直接负责的主管人员或者其他责任人员，处 5 年以下有期徒刑或者拘役。情节严重的，处 5 年以上 10 年以下有期徒刑。

【相关司法解释】

2000 年 4 月 20 日最高人民法院《关于审理伪造货币等案件具体应用法律若干问题的解释》

2010 年 5 月 7 日最高人民检察院、公安部《关于公安机关管辖的刑事案件立案追诉标准的规定(二)》

第六节　金融诈骗罪

一、集资诈骗罪

集资诈骗罪,是指以非法占有为目的,使用诈骗方法非法集资,骗取集资款数额较大的行为。

所谓数额较大,根据最高人民法院 2011 年 1 月 4 日的《关于审理非法集资刑事案件具体应用法律若干问题的解释》第 5 条和最高人民检察院、公安部 2010 年 5 月 7 日印发的《关于公安机关管辖的刑事案件立案追诉标准的规定(二)》第 49 条的规定:个人集资诈骗,数额为 10 万元;单位集资诈骗,数额为 50 万元。

根据《刑法》第 192 条的规定,犯本罪的,处 5 年以下有期徒刑或者拘役,并处 2 万元以上 20 万元以下罚金;数额巨大或者有其他严重情节的,处 5 年以上 10 年以下有期徒刑,并处 5 万元以上 50 万元以下罚金;数额特别巨大或者有其他特别严重情节的,处 10 年以上有期徒刑或者无期徒刑,并处 5 万元以上 50 万元以下罚金或者没收财产。

根据《刑法》第 200 条的规定,单位犯本罪的,对单位判处罚金,并对其直接负责的主管人员和其他直接责任人员,处 5 年以下有期徒刑或者拘役;数额巨大或者有其他严重情节的,处 5 年以上 10 年以下有期徒刑;数额特别巨大或者其他特别严重情节的,处 10 年以上有期徒刑或者无期徒刑。

二、贷款诈骗罪

贷款诈骗罪,是指以非法占有为目的,诈骗银行或者其他金融机构的贷款,数额较大的行为。

至于数额较大的标准,根据最高人民法院、公安部 2010 年 5 月 7 日印发的《关于公安机关管辖的刑事案件立案追诉标准的规定(二)》第 50 条规定为 2 万元。

根据《刑法》第 193 条的规定,犯本罪的,处 5 年以下有期徒刑或者拘役,并处 2 万元以上 20 万元以下罚金;数额巨大或者有其他严重情节的,处 5 年以上 10 年以下有期徒刑,并处 5 万元以上 50 万元以下罚金;数额特别巨大或者有其他特别严重情节的,处 10 年以上有期徒刑或者无期徒刑,并处 5 万元以上 50 万元以下罚金或者没收财产。

三、票据诈骗罪

票据诈骗罪,是指以非法占有为目的,利用金融票据进行诈骗活动,数额较大的行为。

根据《刑法》第 194 条第 1 款、第 199 条的规定，犯本罪的，处 5 年以下有期徒刑或者拘役，并处 2 万元以上 20 万元以下罚金；数额巨大或者有其他严重情节的，处 5 年以上 10 年以下有期徒刑，并处 5 万元以上 50 万元以下罚金；数额特别巨大或者有其他特别严重情节的，处 10 年以上有期徒刑或者无期徒刑，并处 5 万元以上 50 万元以下罚金或者没收财产。

根据《刑法》第 200 条的规定，单位犯本罪的，对单位判处罚金，并对其直接负责的主管人员和其他直接责任人员，处 5 年以下有期徒刑或者拘役；数额巨大或者有其他严重情节的，处 5 年以上 10 年以下有期徒刑；数额特别巨大或者有其他严重情节的，处 10 年以上有期徒刑或者无期徒刑。

四、金融凭证诈骗罪

金融凭证诈骗罪，是指以非法占有为目的，使用伪造、变造的委托收款凭证、汇款凭证、银行存单等其他银行结算凭证，骗取财物，数额较大的行为。

根据《刑法》第 194 条、第 199 条的规定，犯本罪的，处 5 年以下有期徒刑或拘役，并处 2 万元以上 20 万元以下罚金；数额巨大或者有其他严重情节的，处 5 年以上 10 年以下有期徒刑，并处 5 万元以上 50 万元以下罚金。数额特别巨大或者有其他严重情节的，处 10 年以上有期徒刑或者无期徒刑，并处 5 万元以上 50 万元以下罚金或者没收财产。

根据《刑法》第 200 条的规定，单位犯本罪的，对单位判处罚金，并对其直接负责的主管人员和其他直接负责人员，处 5 年以下有期徒刑或者拘役；数额巨大或者有其他严重情节的，处 5 年以上 10 年以下有期徒刑；数额特别巨大或者有其他严重情节的，处 10 年以上有期徒刑或者无期徒刑。

五、信用证诈骗罪

信用证诈骗罪，是指以非法占有为目的，进行信用证诈骗活动的行为。

诈骗行为具体表现为下列情形：(1)使用伪造、变造的信用证或者附随的单据、文件的；(2)使用作废的信用证的；(3)骗取信用证的；(4)以其他方法进行信用证诈骗活动的。

根据《刑法》第 195 条、第 199 条的规定，犯本罪的，处 5 年以下有期徒刑或拘役，并处 2 万元以上 20 万元以下罚金；数额巨大或者有其他严重情节的，处 5 年以上 10 年以下有期徒刑，并处 5 万元以上 50 万元以下罚金。数额特别巨大或者有其他严重情节的，处 10 年以上有期徒刑或者无期徒刑，并处 5 万元以上 50 万元以下罚金或者没收财产。

根据《刑法》第 200 条的规定，单位犯本罪的，对单位判处罚金，并对其直接负责的主管人员和其他直接负责人员，处 5 年以下有期徒刑或者拘役；数额巨大或者有其他严重情节的，处 5 年以上 10 年以下有期徒刑；数额特别巨大或者有其他严重情节的，处 10 年以上有期徒刑或者无期徒刑。

六、信用卡诈骗罪

信用卡诈骗罪，是指以非法占有为目的，利用信用卡进行诈骗活动，骗取他人数额较大财物的行为。

所谓信用卡，是指有商业银行或者其他金融机构发行的具有消费支付、信用贷款、转账结算、存取现金等全部功能或者部分功能的电子支付卡。

信用卡诈骗行为具体表现为：(1)使用伪造的信用卡，或者使用虚拟身份证明骗领的信用卡的。(2)使用作废的信用卡的。(3)冒用他人信用卡的。(4)恶意透支的。

根据2009年12月16日最高人民法院、最高人民检察院《关于办理妨害信用卡管理刑事案件应用法律若干问题的解释》第5条、第6条和2010年5月7日最高人民检察院、公安部《关于公安机关管辖的刑事案件立案追诉标准的规定(二)》第54条的规定，使用伪造的信用卡，或者使用以虚假的身份证明骗领的信用卡，或者使用作废的信用卡，或者冒用他人信用卡，进行诈骗活动，数额较大的标准为5000元；恶意透支，数额较大的标准为1万元。同时规定，恶意透支，数额在1万以上不满10万元的，在公安机关立案前已偿还全部透支款息，情节显著轻微的，可以依法不追究刑事责任。

根据《刑法》第196条的规定，犯本罪的，处5年以下有期徒刑或者拘役，并处2万元以上20万元以下罚金，数额巨大或者有其他严重情节的，处5年以上10年以下有期徒刑；并处5万元以上50万元以下罚金；数额特别巨大或者有其他严重情节的，处10年以上有期徒刑或者无期徒刑，并处5万元以上50万元以下罚金或者没收财产。

七、有价证券诈骗罪

有价证券诈骗罪，是指以非法占有为目的，使用伪造、变造的国库券或者国家发行的其他有价证券，进行诈骗活动，骗取数额较大财物的行为。

根据《刑法》第197条的规定，犯本罪的，处5年以下有期徒刑或者拘役，并处2万元以上20万元以下罚金，数额巨大或者有其他严重情节的，处5年以上10年以下有期徒刑；并处5万元以上50万元以下罚金；数额特别巨大或者有其他严重情节的，处10年以上有期徒刑或者无期徒刑，并处5万元以上50万元以下罚金或者没收财产。

八、保险诈骗罪

保险诈骗罪，是指行为人故意虚构保险标的，或者对已发生的保险事故编造虚假的原因或夸大损失程度，或者编造未曾发生的保险事故，或者故意制造保险事故，进行保险诈骗活动，骗取数额较大的财物的行为。

保险诈骗的具体表现情形有：(1)投保人故意虚构保险标的，骗取保险金的。(2)对已发生的保险事故编造虚假的原因或者夸大损失程度，骗取保险金。(3)编造未曾发生的保险事故，骗取保险金。(4)故意造成财产损失的保险事故，骗取保险金的。(5)故意造成被保险人死亡、伤残或者疾病，骗取保险金。其中有第四、第五种情形，同时又构成其他犯罪的，依照数罪并罚的规定处罚。此外，保险事故的鉴定人、证明人、财产评估人故意提供虚假的证明文件，为他人诈骗提供条件的，以保险诈骗的共犯论处。

依照《刑法》第198条的规定，犯本罪的，处5年以下有期徒刑或者拘役，并处1万元以上10万元以下罚金，数额巨大或者有其他严重情节的，处5年以上10年以下有期徒刑；并处2万元以上20万元以下罚金；数额特别巨大或者有其他严重情节的，处10年以上有期徒刑，并处2万元以上20万元以下罚金或者没收财产。单位犯本罪的，对单位判处罚金，并对其直接负责的主管人员和其他直接责任人员，处5年以下有期徒刑或者拘役；数额巨大或者有其他严重情节的，处5年以上10年以下有期徒刑；数额巨大或者有其他严重情节的，处5年以上10年以下有期徒刑；数额特别巨大或者有其他严重情节的，处10年以上有期徒刑。

【相关司法解释】

2009年12月16日最高人民法院、最高人民检察院《关于办理妨害信用卡管理刑事案件应用法律若干问题的解释》

2010年5月7日最高人民检察院、公安部《关于公安机关管辖的刑事案件立案追诉标准的规定(二)》

2011年1月4日最高人民法院《关于审理非法集资刑事案件具体应用法律若干问题的解释》

第七节 危害税收征管罪

一、逃税罪

逃税罪，是指纳税人采取欺骗、隐瞒手段进行虚假纳税申报或者不申报，逃避缴纳税款数额较大并且占有纳税额10%以上，或者扣缴义务人采取欺骗、隐瞒手段不缴或者少缴已扣、已收税款数额较大的行为。

所谓“欺诈、隐瞒”，是指行为人通过虚构事实、隐瞒真相等方法，欺骗税务机关，意图不缴或者少缴税款。

所谓“虚假纳税申报”，依照最高人民法院2002年11月《关于审理偷税、抗税案件具体应用法律若干问题的解释》第2条的规定，是指缴纳人或者缴扣义务人向税务机关报送虚假的纳税申请表、财务报表、代扣代缴税款报告表或者其他纳税申报资料。

最高人民检察院、公安部2010年5月7日印发的《关于公安机关管辖的刑事案件立案追诉标准的规定(二)》第57条对本罪的立案标准作了如下规定：逃避缴纳税款，涉嫌下列情形之一的，应予立案追诉：(1)纳税人采取欺骗、隐瞒手段进行虚假纳税申报或者不申报，逃避缴纳税款，数额在5万元以上并且占各税种应缴纳税总额10%以上，经税务机关依法下达追缴通知后，不补缴应纳税款、不缴纳滞纳金或者不接受行政处罚的；(2)纳税人5年内因逃避缴纳税款受过刑事处罚或者被税务机关给予两次以上行政处罚，有逃避缴纳税款，数额在5万元以上并且占各种税总额10%的；(3)扣缴义务人采取欺骗、隐瞒手段，不缴或者少缴已扣、已收税款，数额在5万元以上的。

根据《刑法》第201条、第204条第2款和第211条的规定，纳税人犯本罪的，逃避缴纳税款数额较大并且占应缴税额10%以上的，处3年以下有期徒刑或者拘役，并处罚金；

数额巨大并且占应缴税额30％以上的，处3年以上7年以下有期徒刑，并处罚金。扣缴义务人犯本罪，不缴、少缴已扣、已收税款数额较大的，应处3年以下有期徒刑或者拘役，并处罚金；数额巨大的，处3年以上7年以下有期徒刑，并处罚金。单位犯本罪的，对单位判处罚金，并对其直接负责的主管人员和其他直接责任人员，依照上述规定处罚。根据《刑法》第212条的规定，在执行罚金前，应先由税务机关追缴税款。

二、抗税罪

抗税罪，是指违反税收管理法规，以暴力、威胁方法拒不缴纳税款的行为。暴力，是指对执行税收职务的税务机关工作人员人身实施袭击或者其他强暴手段，或者冲击、打砸税务机关，严重破坏税务机关的正常秩序。威胁，是指对执行征税的工作人员实行恐吓，达到精神上的强制。

根据《刑法》第202条的规定，犯本罪的，处3年以下有期徒刑或者拘役，并处拒缴税款1倍以上5倍以下罚金；情节严重的，处3年以上7年以下有期徒刑，并处拒缴税款1倍以上5倍以下罚金。根据《刑法》第212条的规定，在执行罚金前，应当先由税务机关追缴税款。

三、逃避追缴欠税罪

逃避追缴欠税罪，是指纳税人违反国家税收征管法律法规，在欠缴应纳税款情况下，故意采取转移或者隐匿财产的手段，致使税务机关无法追缴欠缴的税款，数额较大的行为。

根据《刑法》第203条、第211条的规定，犯本罪的，数额在1万元以上不满10万元的，处3年以下有期徒刑或者拘役，并处或者单处欠缴税款1倍以上5倍以下罚金；数额在10万以上的，处3年以上7年以下有期徒刑，并处欠缴税款1倍以上5倍以下罚金。单位犯本罪的，对单位判处罚金，并对其直接负责的主管人员和其他直接责任人员，依照上述规定处罚。根据《刑法》212条的规定，在执行罚金前，应先由税务机关追缴税款。

四、骗取出口退税罪

骗取出口退税罪，是指以假报出口或者其他欺骗手段，骗取国家出口退税款，数额较大的行为。

2002年9月17日最高人民法院《关于审理骗取出口退税刑事案件具体应用法律若干问题的解释》第3条和2010年5月7日最高人民法院、公安部《关于公安机关管辖的刑事案件立案追诉标准的规定(二)》第60条将本罪中"数额较大"的标准规定为5万元。

根据《刑法》第204条、第211条的规定，犯本罪的，处5年以下有期徒刑或者拘役，并处骗取税款1倍以上5倍以下罚金；数额巨大的或者有其他特别严重情节的，处10年以上有期徒刑或者无期徒刑，并处骗取税款1倍以上5倍以下罚金或者没收财产。单位犯本罪的，对单位判处罚金，并对其直接负责的主管人员和其他直接责任人员，依照上述规定处罚。根据《刑法》第212条的规定，在执行罚金、没收财产前，应当先由税务机关追缴税款。

五、虚开增值税专用发票、用于骗取出口退税、抵扣税款发票罪

虚开增值税专用发票、用于骗取出口退税、抵扣税款发票罪，是指违反国家税收征管法律法规，故意虚开增值税专用发票或者虚开用于骗取出口退税、抵扣税款的其他发票行为。增值税专用发票是指国家根据增值税征收管理需要设定的，兼记价款及货物或者劳务所负担的增值税税额的一种专用发票。出口退税、抵扣税款的其他发票，是指除增值税专用发票以外的，具有出口退税、抵扣税款功能的收付款凭证或者完税凭证。

根据 1996 年 10 月 17 日最高人民法院《关于适用〈全国人民代表大会常务委员会关于惩治虚开、伪造和非法出售增值税专用发票犯罪的决定〉的若干问题的解释》第 1 条和 2010 年 5 月 7 日最高人民检察员、公安部《关于公安机关管辖的刑事案件立案追诉标准的规定(二)》第 61 条的规定，虚开的税款数额在 1 万元以上或者致使国家税款被骗数额在 5000 元以上的，应予立案。

根据《刑法》第 205 条的规定，犯本罪的，处 3 年以下有期徒刑或者拘役，并处 2 万元以上 20 万元以下罚金；虚开的税款金额较大或者有其他严重情节的，处 10 年以上有期徒刑或者无期徒刑，并处 5 万元以上 50 万元以下罚金或者没收财产。单位犯本罪的，对单位判处罚金，并对其直接负责的主管人员和其他直接责任人员，处 3 年以下有期徒刑或者拘役；虚开的税款金额较大或者有其他严重情节的，处 3 年以上 10 年以下有期徒刑；虚开的税款数额巨大或者有其他特别严重情节的，处 10 年以上有期徒刑或者无期徒刑。根据《刑法》第 212 条的规定，在执行罚金、没收财产前，应当先由税务机关追缴税款。

六、虚开发票罪

虚开发票罪，是指虚开增值税专用发票或用于骗取出口退税、抵扣税款的发票之外的其他发票，情节严重的行为。

根据《刑法》第 205 条之一的规定，犯本罪的，处 2 年以下有期徒刑、拘役或者管制，并处罚金；情节特别严重的，处 2 年以上 7 年以下有期徒刑，并处罚金。单位犯本罪的，对单位判处罚金，并对其直接负责的主管人员和其他直接责任人员，依照前款的规定处罚。

七、伪造、出售伪造的增值税专用发票

伪造、出售伪造的增值税专用发票，是指违反国家税收征管法律法规、国家发票管理法规，非法印制、复制或者使用其他方法伪造增值税专用用发票或者出售伪造的增值税专用发票的行为。

根据《刑法》第 206 条的规定，犯本罪的，处 3 年以下有期徒刑、拘役或者管制，并处 2 万元以上 20 万元以下罚金，数量较大或者有其他严重情节的，处 3 年以上 10 年以下有期徒刑，并处 5 万元以上 50 万元以下罚金或者没收财产，单位犯本罪的，对单位判处罚金，并对其直接负责的主管人员和其他直接责任人员，处 3 年以下有期徒刑、拘役或者管制；数量较大或者有其他严重情节的，处 3 年以上 10 年以下有期徒刑；数量巨大或者有其他

特别严重情节的，处 10 年以上有期徒刑或者无期徒刑。

八、非法出售增值税专用发票罪

非法出售增值税专用发票罪，是指违反国家发票管理法规，未经主管税务机关批准，非法出售增值税专用发票的行为。

根据《刑法》第 207 条与第 211 条的规定，犯本罪的，处 3 年以下有期徒刑、拘役或者管制，并处 2 万元以上 20 万元以下罚金；数量较大的，处 3 年以上 10 年以下有期徒刑，并处 5 万元以上 50 万元以下罚金；数量巨大的，处 10 年以上有期徒刑或者无期徒刑，并处 5 万元以上 50 万元以下罚金或者没收财产。单位犯本罪的，对单位判处罚金，并对其直接负责的主管人员和其他直接责任人员，依照上述规定处罚。

九、非法购买增值税专用发票、购买伪造的增值专用发票罪

非法购买增值税专用发票、购买伪造的增值专用发票罪，是指违反国家增值税专用发票管理法规，非法购买增值税专用发票，或者购买伪造的增值税专用发票的行为。

根据《刑法》第 208 条与第 211 条的规定，犯本罪的，处 5 年以下有期徒刑或者拘役，并处或者单处 2 万元以上 20 万元以下罚金。单位犯本罪的，对单位判处罚金，并对其直接负责的主管人员和其他直接责任人员，依照上述规定处罚。

十、非法制造、出售非法制造的用于骗取出口退税、抵扣税款发票罪

非法制造、出售非法制造的用于骗取出口退税、抵扣税款发票罪，是指违反国家发票管理法规，伪造、擅自制造或者出售伪造、擅自制造的增值税专用发票以外的可以用于骗取出口退税、抵扣税款的其他发票的行为。

根据《刑法》第 209 条第 1 款和第 211 条的规定，犯本罪的，处 3 年以下有期徒刑、拘役或者管制，并处 2 万元以上 20 万元以下罚金；数量巨大的，处 3 年以上 7 年以下有期徒刑，并处 5 万元以上 50 万元以下罚金；数量特别巨大的，处 7 年以上有期徒刑，并处 5 万元以上 50 万元以下罚金或者没收财产。单位犯本罪的，对单位判处罚金，并对其直接负责的主管人员和其他直接责任人员，依照上述规定处罚。

十一、非法制造、出售非法制造的发票罪

非法制造、出售非法制造的发票罪，是指违反国家发票管理法规，伪造、擅自制造或者出售伪造、擅自制造的除增值税专用发票、可以用于骗取出口退税、抵扣税款的发票以外的其他发票行为。

根据《刑法》第 209 条第 2 款和第 211 条的规定，犯本罪的，处 2 年以下有期徒刑、拘役或者管制，并处或者单处 1 万元以上 5 万元以下罚金；情节严重的，处 2 年以上 7 年以下有期徒刑，并处 5 万元以上 50 万元以下罚金。单位犯本罪的，对单位判处罚金，并对其直接负责的主管人员和其他直接责任人员，依照上述规定处罚。

十二、非法出售用于骗取出口退税、抵扣税款发票罪

非法出售用于骗取出口退税、抵扣税款发票罪，是指违反国家发票管理法规，故意非法出售除增值税专用发票以外的可以用于骗取出口退税、抵扣税款的其他发票的行为。

根据《刑法》第 209 条第 3 款和第 211 条的规定，犯本罪的，处 3 年以下有期徒刑、拘役或者管制，并处 2 万元以上 20 万元以下罚金；数额巨大的，处 3 年以上 7 年以下有期徒刑，并处 5 万元以上 50 万元以下罚金；数额特别巨大的，处 7 年以上有期徒刑，并处 5 万元以上 50 万元以下罚金或者没收财产。单位犯本罪的，对单位判处罚金，并对其直接负责的主管人员和其他直接责任人员，依照上述规定处罚。

十三、非法出售发票罪

非法出售发票罪，是指违反国家发票管理法规，故意非法出售除增值税专用发票、可以用于骗取出口退税、抵扣税款的发票以外的其他发票行为。

根据《刑法》第 209 条第 4 款和第 211 条的规定，犯本罪的，处 2 年以下有期徒刑、拘役或者管制，并处或者单处 1 万元以上 5 万元以下罚金；情节严重的，处 2 年以上 7 年以下有期徒刑，并处 5 万元以上 50 万元以下罚金。单位犯本罪的，对单位判处罚金，并对其直接负责的主管人员和其他直接责任人员，依照上述规定处罚。

十四、持有伪造的发票罪

持有伪造的发票罪，是指明知是伪造的发票而持有，数量较大的行为。

根据《刑法》第 210 条之一的规定，犯本罪的，处 2 年以下有期徒刑、拘役或者管制，并处罚金；数量巨大的，处 2 年以上 7 年以下有期徒刑，并处罚金。单位犯本罪的，对单位判处罚金，并对其直接负责的主管人员和其他直接责任人员，依照前款的规定处罚。

【相关司法解释】

1996 年 10 月 17 日最高人民法院《关于适用〈全国人民代表大会常务委员会关于惩治虚开、伪造和非法出售增值税专用发票犯罪的决定〉的若干问题的解释》

2002 年 9 月 17 日最高人民法院《关于审理骗取出口退税刑事案件具体应用法律若干问题的解释》

2002 年 11 月 4 日最高人民法院《关于审理偷税、抗税案件具体应用法律若干问题的解释》

2010 年 5 月 7 日最高人民法院、公安部《关于公安机关管辖的刑事案件立案追诉标准的规定(二)》

第八节　侵犯知识产权罪

一、假冒注册商标罪

假冒注册商标罪，是指未经注册商标所有人许可，在同一种商品上使用与其注册商标相同的商标，情节严重的行为。

对于“情节严重”的标准，2004 年 12 月 22 日最高人民法院、最高人民检察院《关于办理侵犯知识产权刑事案件具体应用法律若干问题的解释》第 1 条和《关于公安机关管辖的刑事案件立案追诉标准的规定(二)》第 69 条将其规定为具有如下三种情形：一是非法经营数额在 5 万元以上或者违法所得数额在 3 万元以上的；二是假冒两种以上注册商标，非法经营数额在 3 万元以上或者违法所得数额在 2 万元以上的；三是其他情节严重的情形。

依照《刑法》第 213 条的规定，犯本罪的，处 3 年以下有期徒刑或者拘役，并处或者单处罚金；情节特别严重的，处 3 年以上 7 年以下有期徒刑，并处罚金。

二、销售假冒注册商标的商品罪

销售假冒注册商标的商品罪，是指违反国家商标管理法规，销售明知是假冒注册商标的商品，销售金额数额较大的行为。

根据《刑法》第 214 条、第 220 条的规定，犯本罪的，销售金额数额较大的，处 3 年以下有期徒刑或者拘役，可以并处或者单处罚金；销售金额数额巨大的，处 3 年以上 7 年以下有期徒刑，并处罚金。单位犯本罪的，对单位判处罚金，并对其直接负责的主管人员和其他直接责任人员，依照上述的规定处罚。

三、非法制造、销售非法制造的注册商标标识罪

非法制造、销售非法制造的注册商标标识罪，是指违反国家商标管理法规，伪造、擅自制造他人注册商标标识或者销售伪造、擅自制造的注册商标标识，情节严重的行为。

根据《刑法》第 215 条、第 220 条的规定，犯本罪的，处 3 年以下有期徒刑、拘役或者管制，并处或者单处罚金；情节特别严重的，处 3 年以上 7 年以下有期徒刑，并处罚金。单位犯本罪的，对单位判处罚金，并对其直接负责的主管人员和其他直接责任人员，依照上述的规定处罚。

四、假冒专利罪

假冒专利罪，是指违反国家专利管理法规，假冒他人专利，情节严重的行为。

根据《刑法》第 216 条、第 220 条的规定，犯本罪的，处 3 年以下有期徒刑或者拘役，并处或者单处罚金；单位犯本罪的，对单位判处罚金，并对其直接负责的主管人员和其他直接责任人员，依照上述的规定处罚。

五、侵犯著作权罪

侵犯著作权罪，是指以营利为目的，未经著作权人许可而复制发行其文字作品、音乐、电影、录像作品、计算机软件及其他作品，或者出版他人享有专有出版权的图书，或者未经录音录像制作者许可而复制发行其制作的录音录像，或者制作、出售假冒他人署名的美术作品，违法所得数额较大或者有其他严重情节的行为。

根据最高人民法院、最高人民检察院《关于办理侵犯知识产权刑事案件具体应用法律若干问题的解释》第5条和《关于办理侵犯知识产权刑事案件具体应用法律若干问题的解释(二)》第1条以及最高人民检察院、公安部《关于公安机关管辖的刑事案件立案追诉标准的规定(一)》第26条的规定，"违法所得数额较大"的标准为3万元，具有以下情形之一的，属于"其他严重情节"：一是非法经营数额5万元以上的；二是未经著作权人许可，复制发行其文字作品、音乐、电影、录像作品、计算机软件及其他作品，复制品数量合计500张(份)以上的；三是未经录音、录像制作者许可，复制发行其制作的录音录像制品，复制品数量合计500张(份)以上的；四是其他情节严重的情形。另外，针对通过信息网络实行的侵犯他人著作权行为，最高人民法院、最高人民检察院、公安部2011年1月10日印发的《关于办理侵犯知识产权刑事案件具体适用法律若干问题的意见》第13条专门规定了"其他严重情节"的标准。该条规定：以营利为目的，未经著作权人许可，通过信息网络向公众传播他人文字作品、音乐、电影、电视、美术、摄影、录像作品、录音录像制品、计算机软件及其他作品，具有以下情形之一的，属于《刑法》第217条规定的"其他严重情节"：非法经营在5万元以上的；传播他人作品的数量合计在500件(部)以上的；传播他人作品实际被点击数量达到5万次以上的；以会员制方式传播他人作品，注册会员达到1000人以上的；数额或者数量虽未达到前述规定标准，但分别达到其中两项以上标准一半以上的；其他严重情节的情形。

根据《刑法》第217条、第220条的规定，犯本罪的，处3年以下有期徒刑或者拘役，并处或者单处罚金；违法所得数额巨大或者有其他特别严重情节的，处3年以上7年以下有期徒刑，并处罚金。单位犯本罪的，对单位判处罚金，并对其直接负责的主管人员和其他直接责任人员，依照上述的规定处罚。

六、销售侵权复制品罪

销售侵权复制品罪，是指以营利为目的，销售明知是侵犯他人著作权的复制品，违法所得数额巨大的行为。

根据《刑法》第218条、第220条的规定，犯本罪的，处3年以下有期徒刑或者拘役，并处或者单处罚金。单位犯本罪的，对单位判处罚金，并对其直接负责的主管人员和其他直接责任人员，依照上述的规定处罚。

七、侵犯商业秘密罪

侵犯商业秘密罪，是指侵犯商业秘密权利人的商业秘密，对其造成重大损失的行为。

所谓商业秘密，是指不为公众所知悉，能为权利人带来经济利益，具有实用性并经权利人采取保密措施的技术信息和经营信息。所谓权利人，是指商业秘密的所有人和经商业秘密所有人许可的商业秘密使用人。

根据《关于办理侵犯知识产权刑事案件具体适用法律若干问题的解释》第7条第1款的规定，本罪中重大损失是指给商业秘密权利人造成直接经济损失数额在50万元以上。而《关于公安机关管辖的刑事案件立案追诉标准的规定(二)》第73条则规定，侵犯商业秘密，涉嫌下列情形之一的，应予立案追诉：给商业秘密权利人造成损失数额在50万元以上的；因侵犯商业秘密违法所得数额在50万元以上的；致使商业秘密权利人破产的；其他给商业秘密权利人造成严重损失的情形。

根据《刑法》第219条、第220条的规定，犯本罪的，处3年以下有期徒刑或者拘役，并处或者单处罚金；造成特别严重后果的，处3年以上7年以下有期徒刑，并处罚金。单位犯本罪的，对单位判处罚金，并对其直接负责的主管人员和其他直接责任人员，依照上述的规定处罚。

【相关司法解释】

1998年12月17日最高人民法院《关于审理非法出版物刑事案件具体应用法律若干问题的解释》

2004年12月22日最高人民法院、最高人民检察院《关于办理侵犯知识产权刑事案件具体适用法律若干问题的解释》

2007年4月4日《关于办理侵犯知识产权刑事案件具体应用法律若干问题的解释(二)》

2010年5月7日最高人民检察院、公安部《关于公安机关管辖的刑事案件立案追诉标准的规定(二)》

第九节　扰乱市场秩序罪

一、损害商业信誉、商品声誉罪

损害商业信誉、商品声誉罪，是指捏造并散布虚假事实，损害他人的商业信誉、商业声誉，给他人造成重大损失或者有其他严重情节的行为。

根据《刑法》第221条、第231条的规定，犯本罪的，处3年以下有期徒刑或者拘役，并处或者单处罚金；单位犯本罪的，对单位判处罚金，并对其直接负责的主管人员和其他直接责任人员，依照上述的规定处罚。

二、虚假广告罪

虚假广告罪，是指广告主、广告经营商、广告发布者违反国家规定，利用广告对商品或者服务作虚假宣传，情节严重的行为。

根据《刑法》第 222 条、第 231 条的规定，犯本罪的，处 2 年以下有期徒刑或者拘役，并处或者单处罚金；单位犯本罪的，对单位判处罚金，并对其直接负责的主管人员和其他直接责任人员，依照上述的规定处罚。

三、串通投标罪

串通投标罪，是指投标人相互串通投标报价，损害招标人或者其他投资人的利益且情节严重，或者投标人与招标人串通投标，损害国家、集体、公民合法利益的行为。

所谓招标人，是指提出项目、进行招标的法人或者其他组织；所谓投标人，是指响应招标、参与投标竞争的法人或者组织，科研项目的投资人可以是个人。

根据《刑法》第 223 条、第 231 条的规定，犯本罪的，处 3 年以下有期徒刑或者拘役，并处或者单处罚金；单位犯本罪的，对单位判处罚金，并对其直接负责的主管人员和其他直接责任人员，依照上述的规定处罚。

四、合同诈骗罪

合同诈骗罪，是指以非法占有为目的，在签订、履行合同过程中，以虚构事实或隐瞒事实真相的方法，骗取对方当事人数额较大财产的行为。

依《刑法》第 224 条的规定，合同诈骗行为有以下几种：一是以虚构的单位或者冒用他人名义签订合同；二是以伪造、变造、作废的票据或者其他虚假的产权证明作担保的；三是没有实际履行能力，以先履行小额合同或者部分履行合同的方法，诱骗对方当事人继续签订和履行合同的；四是收受对方当事人的货物、货款、预付款或者担保财产后逃匿的；五是以其他方法骗取对方当事人财物的。

在认定合同诈骗时要注意与合同经济纠纷区分开来，区分两者的关键在于行为人是否具有非法占有的目的。判断行为人是否具有非法占有的目的，可以从以下几个方面进行综合考察：一是行为人的身份是否真实；二是行为人签订合同时是否具有履行合同的能力；三是行为人签订合同后是否有履行合同的积极行为；四是行为人未履行合同的原因是主观的不愿意还是客观的不可抗力；五是行为人在对方当事人履行或者部分履行合同后是否具有履行合同的表现。

根据《刑法》第 224 条、第 231 条的规定，犯本罪的，处 3 年以下有期徒刑或者拘役，并处或者单处罚金；数额巨大或者有其他严重情节的，处 3 年以上 10 年以下有期徒刑，并处罚金；数额特别巨大或者有其他特别严重情节的，处 10 年以上有期徒刑或者无期徒刑，并处罚金或者没收财产。单位犯本罪的，对单位判处罚金，并对其直接负责的主管人员和其他直接责任人员，依照上述的规定处罚。

五、组织领导传销活动罪

组织领导传销活动罪，是指组织、领导以推销商品、提供服务等经营活动为名，要求参加者以缴纳费用或者购买商品、服务等方式获得加入资格，并按照一定顺序组成层级，直接或间接以发展人员的数量作为计酬或者返利依据，引诱、胁迫参与者继续发展他人参与，骗取财物，扰乱社会经济秩序的传销活动的行为。

根据《关于公安机关管辖的刑事案件立案追诉标准的规定(二)》第78条的规定，涉嫌组织、领导的传销活动人员在30人以上且层级在三级以上的，对组织者、领导者，应予立案追诉。

根据《刑法》第224条之一的规定，犯本罪的，处5年以下有期徒刑或者拘役，并处罚金；情节严重的，处5年以上有期徒刑，并处罚金。

六、非法经营罪

非法经营罪，是指违反国家规定从事经营活动，扰乱市场秩序，情节严重的行为。

依《刑法》第225条的规定，非法经营的行为表现为：一是未经许可经营法律、行政法规规定的专营、专卖物品或者其他限制买卖的物品；二是买卖进出口许可证、进出口原产地证明以及其他法律、行政法规规定的经营许可证或者批准文件；三是未经国家有关主管部门批准，非法经营证券、期货或者保险业务，或者非法从事资金支付结算业务；四是其他严重扰乱市场秩序的非法经营行为。

根据《刑法》第225条、第231条的规定，犯本罪的，处5年以下有期徒刑或者拘役，并处或者单处1倍以上5倍以下罚金；情节特别严重的，处5年以上有期徒刑，并处违法所得1倍以上5倍以下罚金或者没收财产。单位犯本罪的，对单位判处罚金，并对其直接负责的主管人员和其他直接责任人员，依照上述的规定处罚。

七、强迫交易罪

强迫交易罪，是指以暴力、威胁手段强迫他人交易，或者强迫他人参与或者退出投标、拍卖、特定的经营活动，情节严重的行为。

依据《刑法》第226条的规定，强迫交易的行为表现如下：一是强买强卖商品的；二是强迫他人提供或者接受服务的；三是强迫他人参与或者退出投标、拍卖的；四是强迫他人转让或者收购公司、企业的股份、债券或者其他资产的。

根据《刑法》第226条、第231条的规定，犯本罪的，处3年以下有期徒刑或者拘役，并处或者单处罚金；情节特别严重的，处3年以上7年以下有期徒刑，并处罚金。单位犯本罪的，对单位判处罚金，并对其直接负责的主管人员和其他直接责任人员，依照上述的规定处罚。

八、伪造、倒卖伪造的有价票证罪

伪造、倒卖伪造的有价票证罪，是指伪造或者倒卖伪造的车票、船票、邮票或者其他有价票证，数额较大的行为。

根据《刑法》第227条第1款、第231条的规定，犯本罪的，处2年以下有期徒刑、拘役或者管制，并处或者单处票证价额1倍以上5倍以下罚金；数额巨大的，处2年以上7年以下有期徒刑，并处票证价额1倍以上5倍以下罚金。单位犯本罪的，对单位判处罚金，并对其直接负责的主管人员和其他直接责任人员，依照上述的规定处罚。

九、倒卖车票、船票罪

倒卖车票、船票罪，是指倒卖车票、船票，情节严重的行为。

根据《刑法》第 227 条第 2 款、第 231 条的规定，犯本罪的，处 3 年以下有期徒刑、拘役或者管制，并处或者单处票证价额 1 倍以上 5 倍以下罚金。单位犯本罪的，对单位判处罚金，并对其直接负责的主管人员和其他直接责任人员，依照上述的规定处罚。

十、非法转让、倒卖土地使用权罪

非法转让、倒卖土地使用权罪，是指以牟利为目的，违反土地管理法规，非法转让、倒卖土地使用权，情节严重的行为。

根据《刑法》第 228 条、第 231 条的规定，犯本罪的，处 3 年以下有期徒刑或者拘役，并处或者单处非法转让、倒卖土地使用权价额 5%以上 20%以下罚金；情节特别严重的，处 3 年以上 10 年以下有期徒刑，并处非法转让、倒卖土地使用价额 5%以上 20%以下罚金。单位犯本罪的，对单位判处罚金，并对其直接负责的主管人员和其他直接责任人员，依照上述的规定处罚。

十一、提供虚假证明文件罪

提供虚假证明文件罪，是指承担资产评估、验资、验证、会计、审计、法律服务等职责的中介组织的人员故意提供虚假证明文件，情节严重的行为。

根据《刑法》第 229 条第 1 款的规定，犯本罪的，处 5 年以下有期徒刑或者拘役，并处罚金。根据该条第 2 款的规定，前款人员索取他人财物或者非法收受他人财物，犯前款罪的，处 5 年以上 10 年以下有期徒刑，并处罚金。根据《刑法》第 231 条的规定，单位犯本罪的，对单位判处罚金，并对其直接负责的主管人员和其他直接责任人员，依照上述的规定处罚。

十二、出具证明文件重大失实罪

出具证明文件重大失实罪，是指承担资产评估、验证、会计、审计、法律服务等职责的中介组织人员，严重不负责任，出具的证明文件重大失实，造成严重后果的行为。

根据《刑法》第 229 条第 3 款、第 231 条的规定，犯本罪的，处 3 年以下有期徒刑或者拘役，并处或者单处罚金。单位犯本罪的，对单位判处罚金，并对其直接负责的主管人员和其他直接责任人员，依照上述的规定处罚。

十三、逃避商检罪

逃避商检罪，是指违反进出口商品检验法的规定，逃避商品检验，将必须经商检机构检验的进口商品未报经检验而擅自销售、使用，或者将必须经商检机构检验出口商品未报经检验合格而擅自出口，情节严重的行为。

根据《刑法》第 230 条、第 231 条的规定，犯本罪的，处 3 年以下有期徒刑或者拘役，并处或者单处罚金。单位犯本罪的，对单位判处罚金，并对其直接负责的主管人员和其他直接责任人员，依照上述的规定处罚。

【相关司法解释】

1999年9月2日最高人民法院《关于审理倒卖车票刑事案件有关问题的解释》

2000年4月28日最高人民法院《关于审理扰乱电信市场管理秩序案件具体应用法律若干问题的解释》

2008年6月25日最高人民检察院、公安部《关于公安机关管辖的刑事案件立案追诉标准的规定(一)》

2010年5月7日最高人民检察院、公安部《关于公安机关管辖的刑事案件立案追诉标准的规定(二)》

第二十二章　侵犯公民人身权利、民主权利罪

第一节　侵犯公民人身权利、民主权利罪概述

一、侵犯公民人身权利、民主权利罪的概念和构成

侵犯公民人身权利、民主权利罪，是指故意或过失地侵犯公民的人身权利、民主权利以及与人身有直接关系的其他权利的行为。

侵犯公民人身权利、民主权利罪具有如下构成要件：

(1)本类犯罪的客体是公民的人身权利、民主权利以及与人身直接有关的其他权利。所谓人身权利，是指公民依法享有的与其人身不可分离的权利，包括生命权、健康权、性自由权、人身自由权、人格权和名誉权、婚姻自由权等。所谓民主权利，是指公民依法所享有的管理国家和参加社会政治活动的权利，主要包括批评权、申诉权、控告权、检举权及选举权和被选举权、宗教信仰自由权等。与人身直接有关的其他权利，主要包括住宅不受侵犯权、劳动权、休息权、受扶养权等。

本章有些罪侵犯的是复杂客体，如刑讯逼供罪、暴力取证罪等，既侵犯公民的人身权利，又侵犯司法机关的正常活动。刑法之所以将它们规定在本章，是因为这些罪是以侵犯人身权利为主要内容的。

(2)本类犯罪客观方面表现为以各种方法侵犯公民的人身权利、民主权利以及其他与人身直接有关的权利的行为。其中的绝大多数犯罪只能以作为的行为方式实施，如过失致人死亡罪、强奸罪、拐卖妇女儿童罪、刑讯逼供罪、诬告陷害罪等；也有少数犯罪的行为方式，既可以表现为作为，也可以表现为不作为，如故意杀人罪、故意伤害罪、侵犯公民通信自由罪等。

(3)本类犯罪的主体多为一般主体，也有少数犯罪主体为特殊主体，如刑讯逼供罪的主体只能是司法工作人员，遗弃罪的主体只能是家庭成员，报复陷害罪、非法剥夺公民宗教信仰自由罪、侵犯少数民族风俗习惯罪，其主体只能是国家工作人员。根据《刑法》第17条第2款的规定，该类犯罪的刑事责任年龄一般为16周岁，但是，对于故意杀人、故意伤害致人重伤或者死亡、强奸等罪，已满14周岁不满16周岁的人也可构成。

(4)本类犯罪的主观方面，除过失致人死亡罪和过失重伤罪由过失构成外，其他罪均由故意构成。有个别罪还以法定的犯罪目的为必要要件，如拐卖妇女、儿童罪以出卖为目

的，诬告陷害罪以具有意图使他人受到刑事追究的目的。

二、侵犯公民人身权利、民主权利罪的种类

根据本章各具体犯罪所侵害的直接客体以及主要构成要件的特征，可以将它们作如下归纳：

(1)侵犯公民生命权利的犯罪。包括故意杀人罪和过失致人死亡罪。

(2)侵犯公民身体健康权利的犯罪。包括故意伤害罪、组织出卖人体器官罪和过失重伤罪。

(3)侵犯公民性自由权利或健康权利的犯罪。包括强奸罪，强制猥亵、侮辱妇女罪，猥亵儿童罪。

(4)侵犯公民人身自由权利的犯罪。包括非法拘禁罪，绑架罪，拐卖妇女、儿童罪，收买被拐卖的妇女、儿童罪，聚众阻碍解救被收买的妇女、儿童罪，组织残疾人、儿童乞讨罪，组织未成年人进行违反治安管理活动罪。

(5)侵犯公民其他自由权利的犯罪。包括强迫劳动罪，雇用童工从事危重劳动罪，非法搜查罪，侵犯通信自由罪，私自开拆、隐匿、毁弃邮件、电报罪，出售、非法提供公民个人信息罪，非法获取公民个人信息罪，非法侵入住宅罪。

(6)侵犯公民人格权、名誉权的犯罪。包括诬告陷害罪、侮辱罪、诽谤罪。

(7)司法工作人员侵犯公民权利的犯罪。包括刑讯逼供罪、暴力取证罪、虐待被监管人罪。

(8)侵犯宗教信仰、少数民族有关权利的犯罪。包括煽动民族仇恨、民族歧视罪，出版歧视、侮辱少数民族作品罪，非法剥夺公民宗教信仰自由罪，侵犯少数民族风俗习惯罪。

(9)侵犯公民民主权利的犯罪。包括报复陷害罪，打击报复会计、统计人员罪，破坏选举罪。

(10)侵犯婚姻家庭权利的犯罪。包括暴力干涉婚姻自由罪、重婚罪、破坏军婚罪、虐待罪、遗弃罪、拐骗儿童罪。

第二节　侵犯公民人身权利、民主权利罪分述

一、故意杀人罪

(一)故意杀人罪的概念和构成

故意杀人罪，是指故意非法剥夺他人生命的行为。

本罪的构成要件是：

1. 本罪的客体是他人的生命权利。本罪的犯罪对象只能是有生命的自然人。但自己剥夺自己生命的自杀行为，非特定情况，在我国不视为犯罪。人的生命权利始于出生，终

于死亡。按照我国通说，人的生命，起始于胎儿脱离母体后，开始独立呼吸，即采独立呼吸说。生命的终结，传统观点认为以心脏停止跳动为标志。但近年来随着医学科学发展提出了“脑死亡”的概念，即应以脑死亡为准。只有包括大脑、小脑和脑干在内的脑的全部功能不可逆地完全消失，才是死亡的标志，即使心脏仍在跳动，也认为已经死亡。我国实践中仍以心脏停止跳动为生命终结的标志。所以，任何人的生命权利在出生后和死亡前都受到刑法保护，不因对象的条件不同而有所区别。因母体中的胎儿与人死亡后的尸体都没有生命权的存在，故虽然侵犯其权利，也不能构成故意杀人罪，但非法堕胎伤害孕妇身体可构成《刑法》第 234 条的故意伤害罪，毁坏尸体的行为可构成《刑法》第 302 条侮辱尸体罪。在行为人出于故意而误把尸体当活人加以杀害的情况下，属于事实认识错误，应以对象不能犯的故意杀人罪未遂来处罚。

2. 本罪的客观方面表现为非法剥夺他人生命的行为。首先，这种剥夺他人生命的行为须是非法的。如果合法剥夺他人生命，如实行正当防卫或执行公务而将他人杀死，不构成犯罪；其次，要有剥夺他人生命的行为。行为方式既可以表现为作为，也可以表现为不作为。实践中常见的是前者，后者只有在负有防止被害人死亡的特定义务的前提下才能构成。还要注意，故意杀人罪是刑法中的结果犯，即行为人是否将被害人杀死，这是区分故意杀人罪既遂和未遂的根本标志。最后，在死亡结果发生的情况下，杀害行为与死亡结果之间必须有因果关系，否则不成立本罪的既遂。

3. 本罪的主体为一般主体。凡年满 14 周岁，具有刑事责任能力的自然人均可构成。

4. 本罪在主观方面要求行为人具有非法剥夺他人生命的故意，包括直接故意和间接故意。在间接故意情况下，须有放任的死亡结果发生。故意杀人的动机是多种多样的，但动机不影响本罪的成立，只是量刑的情节。

（二）故意杀人罪的认定

1. 故意杀人罪与以危险方法危害公共安全犯罪的关系。行为人采用放火、爆炸、投放危险物质、决水或以其他危害公共安全的人危险方法杀人，这就形成了故意杀人罪与放火罪、爆炸罪、投放危险物质罪、决水罪、以危险方法危害公共安全罪等犯罪的竞合关系，应当按照想象竞合犯的处断原则，从一重罪处断。如果行为人在故意杀人行为实施完毕后，为了消灭犯罪痕迹又实施放火、爆炸、投放危险物质、决水等危险行为，应当以故意杀人罪和触犯的相关犯罪数罪并罚。

2. 安乐死。安乐死在本质上是一种受托杀人的行为。安乐死一般是指应身患绝症，精神、肉体处极度痛苦的病人的请求，实施促使其提前、迅速无痛苦死亡的行为。已有个别国家承认“安乐死”合法化，我国也有学者认为应以专门立法允许通过实行“安乐死”来减轻病人的痛苦，使“安乐死”合法化，但应有严格的条件。我国学者提出的条件可归纳为以下几点：第一，病人只能是身患绝症，临近死亡，即因疾病，死亡已经不可避免。所谓绝症，是指经现代医疗诊断证明，是当前医疗手段尚无法治愈的疾病。第二，病人须是处于无法忍受的精神、肉体的痛苦之中。第三，必须有病患者本人的真诚嘱托和承诺，其他人都不能代替患者提出“安乐死”的请求。但为了切实保障病患者的自主权，可以用遗嘱的方式记载病人的要求，并指定一个或多个代理人为其临终问题作决定。第四，须由医生按照法定程序，并以为解除病人的痛苦为目的，采用伦理上被认为是适当的方法进行。当然，我国能否实行“安乐死”，有待进一步讨论和研究，例如，对患有严重畸形或者严重先天性疾病的新生儿，如何确定其“痛苦”和本人的“真诚嘱托”？其生身父母是否有代替患儿提出请求的权利？这些问题应如何对待，并非仅从上述条件的限制中就可得到圆满的解释。所以，在目前立法上尚未承认“安乐死”的情况下，对实践中“安乐死”的案件，仍应按照故意杀人罪定性，但可根据安乐死的可宽恕性，可以在量刑时予以宽大处理。

3. 自杀相关行为。自杀是指基于本人意愿而结束生命，因而自杀与杀人在本质上截然不同。但在认定故意杀人罪时，故意杀人罪与自杀行为的界限还是存在许多问题的。

(1)致人自杀。致人自杀是由于某种原因而引起他人自杀的行为。司法实践中的致人自杀主要有以下三种情况：第一，行为人的合法正当行为，如履行职责对他人批评或处分，即使处分过重、态度生硬、粗暴或因一般违法行为，如打骂引起他人自杀的。自杀行为往往是由于自杀者的心胸狭隘所致，不应追究其刑事责任。第二，行为人的犯罪行为，如强奸、暴力干涉他人婚姻自由等引起自杀。这种情况下，行为人主观上无杀人的故意，应以相应的罪论处，不能构成故意杀人罪，根据具体情况，一是可将引起自杀作为强奸、暴力干涉婚姻自由等罪的一个从重处罚情节。二是引起他人自杀这一事实可作为定罪与否的情节，如侮辱、诽谤他人引起自杀的，引起自杀就成为判定情节严重与否的一个重要因素。第三，行为人具有致他人死亡的故意，并凭借权势或以暴力、胁迫、诱骗等手段促使他人自杀，由于行为人主观上具有杀人故意，客观上又实施了与死亡有一定的因果关系的行为，实质上是一种“借刀杀人”的行为，应以故意杀人罪论处。

(2)帮助自杀。帮助自杀，是指他人已有自杀意图，帮助他人实现自杀意图的行为。主要有两种情形：一是为他人提供自杀便利条件，如提供药物或其他自杀工具，自杀行为是他人本人实行的。这种情形不能按故意杀人罪处理。二是基于自杀者的要求，对自杀者实施了杀人行为，使其实现自杀。这种情形，即使有自杀者的承诺，也应构成故意杀人罪，但处罚可以考虑从轻。但对特定情况下的帮助自杀行为，应当按照一般故意杀人罪决定刑罚。①

(3)教唆自杀行为。当教唆行为与他人自杀之间具有因果关系时，法律属性上属于故意杀人行为，不过教唆自杀行为的社会危害性较小，虽应以故意杀人罪论处，也应按情节较轻的故意杀人罪从轻、减轻或者免除处罚。但对特定情况下的教唆自杀行为，则应当按

① 参见 2001 年 6 月 4 日最高人民法院、最高人民检察院《关于办理组织和利用邪教组织犯罪案件具体应用法律若干问题的解释(二)》第 9 条的规定，组织、策划、煽动、教唆、帮助邪教组织人员自杀的，依照《刑法》第 232 条，以故意杀人罪定罪处罚。

照一般故意杀人罪决定刑罚。①

对于教唆无责任能力人自杀的，由于被教唆者缺乏辨认和控制能力，对教唆者应以故意杀人罪的间接实行犯对待，依法追究其故意杀人罪的刑事责任。

(4)相约自杀行为。相约自杀是指两人以上相互约定自愿共同自杀的行为。如果相约自杀者在自杀中均已死亡，自然不存在刑事责任问题。如果相约自杀者各自自杀，他人已死，其中一人自杀未遂，对自杀未遂者也不能追究刑事责任。如果相约自杀，由一人将他人杀死，本人却因为反悔而未自杀或自杀未遂，对自杀未遂者应以故意杀人罪追究刑事责任。

(三)故意杀人罪的刑事责任

根据我国《刑法》第 232 条的规定，犯本罪的，处死刑、无期徒刑或者 10 年以上有期徒刑；情节较轻的，处 3 年以上 10 年以下有期徒刑。其中“情节较轻的”，一般是指实践中义愤杀人、防卫过当杀人、因受被害人长期迫害而杀人、帮助自杀、受嘱托杀人等情况。

二、过失致人死亡罪

(一)过失致人死亡罪的概念和构成

过失致人死亡罪，是指因过失致使他人死亡的行为。

本罪的构成要件是：

(1)本罪的客体为他人的生命权利。

(2)本罪的客观方面表现为过失致人死亡的行为。根据法律规定，构成本罪必须发生死亡结果，且过失行为必须对死亡结果的发生具有原因力，即两者之间必须具有刑法意义上的因果关系，至于被害人或其他人有无过错，不影响本罪的成立，但在决定刑事责任时应当予以考虑。

(3)本罪的主观方面出于过失，包括疏忽大意和过于自信。这里的过失是对死亡结果而言，至于行为是有意还是无意，不影响认定。具体是指，行为人应当预见自己的行为可能导致他人的死亡，由于疏忽大意没有预见，或者已经预见而轻信能够避免，以致死亡结果发生的心理态度。

(4)本罪的主体是一般主体，为年满 16 周岁、具有刑事责任能力的自然人。

---

① 参见 1999 年 10 月 8 日、9 日最高人民法院、最高人民检察院《关于办理组织和利用邪教组织犯罪案件具体应用法律若干问题的解释》第 4 条的规定，组织和利用邪教组织制造、散布迷信邪说，指使、胁迫其成员或者其他人实施自杀行为的依照《刑法》第 232 条，以故意杀人罪定罪处罚；2001 年 6 月 4 日最高人民法院、最高人民检察院《关于办理组织和利用邪教组织犯罪案件具体应用法律若干问题的解释(二)》第 9 条的规定，组织、策划、煽动、教唆、帮助邪教组织人员自杀的，依照《刑法》第 232 条，以故意杀人罪定罪处罚。

(二)过失致人死亡罪的认定

(1)过失致人死亡罪与故意杀人罪的界限。一般情况下,二者容易区别。但过于自信的过失致人死亡与间接故意杀人罪二者不易区别。两罪的相同之处在于都造成了死亡结果,行为人都认识到自己的行为可能导致他人死亡的结果发生,并且都不是希望这种结果发生。区别在于:过于自信的过失致人死亡罪,行为人对死亡结果的发生是持一种轻信能够避免的心理态度,并且这种心理状态是以一定的主客观条件为根据,如以本人的能力、经验,当时的环境和其他客观条件为判断基础,在客观上应表现出一些积极避免死亡结果发生的行为;而间接故意杀人的行为人对死亡结果的发生是持一种放任的心理态度,既没有要依据某些条件避免结果发生的意图,也没有避免结果发生的行为,无论结果发生与否都不违背行为人的意志,所以是放任死亡结果发生。

(2)过失致人死亡罪与意外事件的区别。主要是疏忽大意过失致人死亡与意外事件致人死亡的界限。二者相同之处,在于行为人对于死亡结果的发生都未预见,而且,对结果的发生都持有否定的态度。区分二者的关键在于行为人对于死亡结果的发生是否应当预见。这需要根据行为人是否具有一定的经验、认识能力、当时所处环境;本人的一些具体情况等综合分析判断。如果行为人应当预见而没有预见,就是疏忽大意的过失致人死亡罪;如果行为人在当时情况下根本不可能预见,则应属意外事件,不负刑事责任。

(三)过失致人死亡罪的刑事责任

根据《刑法》第233条的规定,犯本罪的,处3年以上7年以下有期徒刑;情节较轻的,处3年以下有期徒刑。本法另有规定的,依照规定。所谓"本法另有规定的",是指对其他因过失致人死亡的情况,如刑法分则作了专门的规定,有独立的罪名与法定刑(如失火致人死亡、交通肇事致人死亡、重大责任事故致人死亡等),已经按照上述各条的规定定罪处刑,不再以本罪论处。

三、故意伤害罪

(一)故意伤害罪的概念和构成

故意伤害罪,是指故意非法损害他人身体健康的行为。

本罪的构成要件是:

(1)本罪的客体是他人的身体健康权。这里所谓的身体健康权,是指己身以外的自然人对于保持其肢体、器官、组织的完整性和正常机能的权利。本罪的对象必须是他人。自己对自己的身体健康造成损害的不构成本罪。但是,如果军人在作战时自伤身体逃避军事义务,可构成战时自伤罪。故意伤害罪区别于其他侵犯人身权利犯罪的本质特征,就在于损害他人肢体、器官、组织的完整和正常机能。如果虽以他人身体为侵害对象,但未造成损害他人肢体、器官、组织的完整和正常机能的,虽然造成一定程度的肉体疼痛(如一般殴打),则不应以故意伤害罪论处。殴打如符合其他犯罪的要件,应构成相应的罪。

(2)本罪的客观方面表现为非法损害他人身体健康的行为。第一,损害他人的身体健康的行为必须是非法的,合法行为而损害他人身体健康的,不构成犯罪。如实施正当防卫行为而打伤不法侵害者。第二,必须具有损害他人身体健康的行为,即具有破坏他人人体的肢体、组织的完整或者损坏人体组织、肢体、器官的正常机能的行为。损害他人身体健康的行为,以作为的方式及暴力方法最为常见,但对故意伤害行为法律并没有以作为及暴力为必要条件。需要指出的是,在刑法中,针对他人身体而实施的犯罪有多种,而且,也多使用暴力并对被害人身体健康造成一定程度的损害,如绑架罪,拐卖妇女、儿童罪,暴力取证罪,抢劫罪等。只要刑法对此另有规定,则不能以伤害罪论处。

本罪的损害结果包括轻伤害、重伤害和伤害致死三种情况。明确三者的界限,对正确地量刑具有重要意义。根据《刑法》第 95 条的规定,有下列情形之一的,均属于重伤害:第一,使人肢体残废或者毁人容貌的;第二,使人丧失听觉、视觉或其他器官机能的;第三,其他对于人身健康有重大伤害的。实践中对于人体重伤害范围及程度的认定,应参照 1990 年最高人民法院、最高人民检察院、公安部、司法部《人体重伤鉴定标准》的规定。此外,确定伤害程度,一般应以伤害当时的情况结合审判时的治疗和恢复情况综合认定。如伤害当时伤情并不十分严重,虽经治疗,在排除有其他因素介入而最终结论是重伤害的,应以重伤害论处;伤害当时伤情比较严重,而后又基本上恢复正常或者只造成轻伤害的,不能以重伤害论处。在确定为重伤害结果并以此确定刑事责任时,必须排除在诊治过程中有他人的不当行为或者其他客观因素的介入,即要查明伤害行为必须对结果的发生具有原因力,与伤害结果之间具有刑法意义上的因果关系。如在诊治过程中有他人不当行为或者其他客观因素的介入最终呈现重伤害的,也不能以重伤害追究刑事责任。

(3)本罪的主体是一般主体。其中,对于故意伤害致人重伤或死亡的,主体为年满 14 周岁、具有刑事责任能力的自然人。对于致人轻伤害的,主体是年满 16 周岁、具有刑事责任能力的自然人。

(4)本罪的主观方面是非法伤害他人身体健康的故意。即明知自己的行为会造成他人身体健康得到损伤的结果,并且希望或放任这种结果发生的主观心理态度。对造成伤害结果而言,可包括直接故意和间接故意,而故意伤害致死,行为人对伤害结果出于故意,而对死亡结果则必须是过失的心理态度,即属于复杂罪过的情况。需注意的是,在间接故意伤害的情况下,只能是放任对他人身体健康损害结果的发生,而不能是放任死亡结果发生,否则,应构成故意杀人罪。在教唆或帮助他人实施故意伤害的情况下,他人造成了伤害致人死亡的结果,只有在查明教唆或帮助者对于死亡结果具有过失的情况下,才能对死亡结果承担刑事责任。

(二)故意伤害罪的认定

(1)故意伤害罪与故意杀人(未遂)罪的界限。两者相同之处在于客观上都造成伤害的结果,区别的关键在于行为人的故意内容不同。故意伤害的故意内容,是非法损害他人身体健康,并无剥夺他人生命的故意内容;而故意杀人未遂故意的内容,是非法剥夺他人的生命,虽然在客观上出现的是损害他人健康的结果,但这是由于行为人意志以外的原因,而未造成死亡的结果,不能因此而改变行为人非法剥夺他人生命的故意内容。因此,两者区别的关键在于主观上有无剥夺他人生命的故意内容。

(2)故意伤害致人死亡与过失致人死亡罪的界限。两者相同之处在于客观上都造成了他人死亡的结果,主观上都没有剥夺他人生命的故意。区别在于:故意伤害致人死亡的,行为人主观上具有伤害的故意,但对死亡的结果是过失,属于复杂罪过;而过失致人死亡的行为人主观上只对死亡结果有过失,主观上并无伤害的故意。因此,区分两者的关键在于主观上有无伤害的故意。

(3)故意伤害(致人死亡)罪与故意杀人罪的界限。两者相同之处在于主观上都是出于故意,在客观上都发生了死亡的结果。区分的关键也在于查清故意的内容。故意伤害致死只具有损害他人身体健康的故意,对死亡结果的发生主观上是过失;而故意杀人在主观上具有非法剥夺他人生命的故意内容。因此,有无剥夺他人生命的故意内容,是区别两者的关键。

(三)故意伤害罪的刑事责任

根据《刑法》第 234 条的规定,犯本罪的,处 3 年以下有期徒刑、拘役或管制;致人重伤的,处 3 年以上 10 年以下有期徒刑;致人死亡或者以特别残忍手段致人重伤造成严重残疾的,处 10 年以上有期徒刑、无期徒刑或者死刑。本法另有规定的,依照规定。这是指,对其他故意伤害他人身体健康的情况,刑法分则作了专门的规定,有独立的罪名与法定刑,如果法律没有规定依照伤害罪定罪处罚,必须按照各条的规定定罪处刑,不再以本罪论处。在上述情况下,故意伤害罪与其他犯罪存在法条竞合。

四、组织出卖人体器官罪

组织出卖人体器官罪,是指违反国家有关规定,组织他人出卖人体器官的行为。本罪的客体是他人的身体健康权、生命权以及国家对人体(活体)器官捐献管理秩序和人体器官移植规范的正常秩序。本罪的客观方面表现为违反国家有关《人体器官移植条例》的规定,组织他人出卖人体器官的行为。所谓"组织",是指对自愿出卖自己人体器官人所实施的指挥、策划、控制的行为。至于行为人以何种方式组织,不影响认定。所谓"出卖",是指将人体器官作价卖出。至于是否是由其本人摘取的人体器官,人体器官的来源,是否有先行买入的行为等,法律并无限制。本罪的主体为一般主体,即年满 16 周岁、具有刑事责任能力的自然人。本罪主观方面是直接故意,以出卖人体器官为其内容。动机不影响认定。根据《刑法》第 234 条之一的规定,犯本罪的,处 5 年以下有期徒刑,并处罚金;情节严重的,处 5 年以上有期徒刑,并处罚金或者没收财产。

五、过失重伤罪

过失重伤罪,是指由于过失,致他人重伤的行为。本罪的主观方面是出于过失,可以是疏忽大意或过于自信。即行为人应当预见其行为可能发生致人伤害的结果;因为疏忽大意而没有预见或已经预见而轻信能够避免,以致造成重伤结果。本罪的客观方面要求必须具备两个条件:第一,必须造成他人重伤的结果,如果仅造成轻伤害,不构成本罪。第二,过失行为与重伤结果之间必须具有因果关系。本罪的主体为一般主体,即年满 16 周岁、具有刑事责任能力的自然人均可构成。根据《刑法》第 235 条的规定,犯本罪的,处 3 年以下有期徒刑或拘役。本法另有规定的,依照规定。该规定是指,因过失致人重伤的行为,在刑法分则中另有规定的,应按相应的罪处理,而不再适用本条定罪处罚。

六、强奸罪

(一)强奸罪的概念和构成

强奸罪,是指以暴力、胁迫或者其他手段,违背妇女意志,强行与妇女性交,或者故意与不满 14 周岁的幼女发生性关系的行为。

本罪的构成要件是:

(1)本罪的客体是妇女的性自由权利和幼女的身心健康权利。本罪的对象是妇女和幼女。妇女是指年满 14 周岁的女性,包括未成年妇女和成年妇女。这里的幼女,是指不满 14 周岁的女性。强奸罪的对象,无论是妇女还是幼女,都是指有生命的自然人。对实践中奸淫妇女、幼女尸体的行为,不能构成强奸罪,可构成《刑法》第 302 条规定的侮辱尸体罪。但如果行为人在妇女、幼女生前已着手实施强奸的暴力手段而致妇女、幼女死亡,又奸淫妇女、幼女尸体的,仍构成强奸罪。

(2)本罪的客观方面表现为两种情形:一是强奸妇女,二是奸淫幼女。

1.强奸妇女行为。强奸妇女行为指以暴力、胁迫或其他手段,违背妇女意志,强行与之性交。在强行与妇女发生性行为时,违背妇女意志,是构成强奸罪的本质特征。所谓违背妇女意志,是指违背了妇女不愿与行为人性交的真实意思。性行为既然是在违背妇女意志的情况下实施的,行为人必然要使用一定的手段来抑制妇女拒绝与行为人实行性交的意志和反抗行为,因此,考察行为人是否使用法律规定的一定的手段,是确认性行为是否违背其意志的主要标志。刑法规定的手段有:暴力、胁迫和其他手段。违背妇女意志和采取暴力、胁迫等手段,是强奸罪本质特征中两个不可分割的组成部分。违背妇女意志是强奸罪的实质,手段行为对被害妇女人身、精神的强制性,是其实质的外部表现。认定强奸罪必须将两者有机地结合起来。

暴力,是指以殴打、伤害、捆绑、按倒、强拉硬拽等,对其人身实行强制的手段,意图在于使被害人不敢、不能反抗,至于现实是否得到该种效果,在所不问。胁迫,是指以杀害、伤害、职权、地位、揭发隐私等相威胁、恫吓,对被害人进行精神强制的手段,意图使其不敢反抗,至于现实是否得到该种效果,在所不问。其他手段,是指暴力、胁迫手段以外,其他使被害人不知反抗或不能反抗的手段,如用药麻醉,用酒灌醉。

2.奸淫幼女行为。奸淫幼女行为指与不满 14 周岁的女性发生性关系。出于对幼女的特别保护,法律对手段并无特别限制,即行为人无论采用何种手段,只要与幼女发生了性关系,无论幼女同意与否,均符合本罪的客观方面的要件。这里的以强奸论,是推定为强奸或准强奸之意。

(3)本罪的主体是年满14周岁并具有刑事责任能力的男性,妇女不可能成为强奸罪的正犯,但可以成为强奸罪的共犯,即成为本罪的教唆犯和帮助犯。

(4)本罪的主观方面是直接故意。这里的故意是指明知是强奸妇女或是奸淫幼女的行为而有意实施的主观心理态度。对与幼女发生性交构成强奸罪的,是否要求明知是幼女,在我国司法实践和理论上一直存在着争议。2003年1月24日最高人民法院《关于行为人不明知是不满14周岁的幼女,双方自愿发生性关系是否构成强奸罪问题的批复》中认为:"行为人明知是不满14周岁的幼女而与其发生性关系,不论幼女是否自愿,均应依照《刑法》第236条第2款的规定,以强奸罪定罪处罚;行为人确实不知对方是不满14周岁的幼女,双方自愿发生性关系,未造成严重后果,情节显著轻微的,不认为是犯罪。"根据上述意见,奸淫幼女构成强奸罪要求行为人必须明知奸淫的是幼女才能构成强奸罪,有证据证明行为人确实不知对方是不满14周岁的幼女,双方自愿发生性关系的,不能构成本罪。这一司法解释可以说对理论和实践中这一争论的问题有一定的结论。

(二)强奸罪的认定

(1)本罪与通奸的区别。通奸,是指有配偶的男女之间以及有配偶的男女一方与相对一方,基于情感、生理需要自愿发生的婚外性行为。通奸虽然可妨害一方或者双方的婚姻家庭关系,但因为通奸并不违背妇女的意志,行为人也不使用暴力、胁迫等手段,不构成本罪。对有的妇女与人通奸,因某种变故,如为了保全家庭关系,维护名声,或者由于利益要求未得到满足而提出控告,把通奸说成强奸,在查清属于通奸事实的情况下,不能定强奸罪。如果男女双方先是通奸,后女方不愿继续保持性关系,男方仍纠缠强行实施性行为的,以强奸罪论处。具体区别可参考1984年4月26日最高人民法院、最高人民检察院、公安部《关于当前办理强奸案件具体应用法律问题的解答》。

(2)已满14周岁不满16周岁的男性与幼女发生性行为的处理。2000年2月24日最高人民法院《关于审理强奸案件有关问题的解释》规定:"对于已满14周岁不满16周岁的人,与幼女发生性关系构成犯罪的,依照《刑法》第17条、第263条第2款的规定,以强奸罪定罪处罚;对于与幼女发生性关系,情节轻微,尚未造成严重后果的,不认为是犯罪。对于行为人既实施了强奸妇女行为又实施了奸淫幼女行为的,依照《刑法》第263条的规定,以强奸罪从重处罚。"2006年1月11日最高人民法院《关于审理未成年人刑事案件具体应用法律若干问题的解释》第6条规定:"已满14周岁不满16周岁的人偶尔与幼女发生性行为,情节轻微、未造成严重后果的,不认为是犯罪。"

(3)与精神病人或痴呆患者发生性行为的认定。根据1984年4月26日最高人民法院、最高人民检察院、公安部《关于当前办理强奸案件具体应用法律问题的解答》的规定,首先,必须查清以下基本事实:第一,精神病人或痴呆(精神发育不全)患者病情的轻重以及意识能力和控制能力的程度。第二,行为人是否明知女性是不能辨认和控制自己的行为。其次,在此基础上分别以下情况处理:第一,如果间歇性精神病人正处在精神正常期,精神发育不全的轻度患者并未完全丧失辨认和控制自己行为的能力,只要性行为不是违背其意志,就不能定为强奸罪。第二,无论患者病情的轻重以及意识能力和控制能力的程度的强弱,只要以暴力、胁迫等手段,应认定为强奸罪。第三,虽然是确实得到患者同意而与之性交的,但明知是丧失辨认和控制自己行为能力的痴呆、精神病患者的,构成强奸罪。第四,确实不知是痴呆或精神病患者,在得其同意,甚至受到病患者的性挑逗的情况下,与之发生了性行为,行为人主观上缺乏违背女性意志强行与其性交的目的,不能认定为强奸罪。

(4)本罪既遂与未遂的区分。关于强奸罪完成的标准,我国通说认为,强奸既遂与否以两性性器官的结合为标准,即采插入说。一般认为,针对已满14周岁妇女的强奸,既遂与否以插入说为宜,针对不满14周岁的幼女,则以两性性器官发生接触即为既遂,即采接触说。例如前引《解答》规定,"只要双方生殖器接触,应视为奸淫既遂"。

(三)强奸罪的刑事责任

根据《刑法》第236条第1款、第3款的规定,犯本罪的,处3年以上10年以下有期徒刑。奸淫不满14周岁幼女的,以强奸论,从重处罚。

强奸妇女,有下列情形之一的,处10年以上有期徒刑、无期徒刑或者死刑:(1)强奸妇女、奸淫幼女情节恶劣的。情节恶劣,应指强奸的手段残忍,在社会上造成很坏影响等等。(2)强奸妇女、奸淫幼女多人的。多人,应理解为3人以上。(3)在公共场所当众强奸妇女的。(4)两人以上轮奸的:轮奸,是指两人以上在较短时间内先后轮流强奸同一妇女或者幼女。(5)致使被害人重伤、死亡或者造成其他严重后果的。"致使被害人重伤、死亡",是指因强奸导致被害人性器官严重损伤或者造成其他严重伤害,甚至当场死亡或者经抢救治疗无效死亡的。该种情况下强奸是否既遂不影响本项的适用。但对出于报复、灭口等动机,在实施强奸的过程中杀死或者伤害被害人的,应定故意杀人罪或者故意伤害罪,与强奸罪实行数罪并罚。"造成其他严重后果",是指因强奸引起被害人自杀、精神失常以及其他严重后果。

七、强制猥亵、侮辱罪

强制猥亵、侮辱罪,是指以暴力、胁迫或者其他手段强制猥亵他人或者侮辱妇女的行为。本罪的客体是他人格尊严和人身自由权利。本罪的客观方面表现为以暴力、胁迫或者其他手段,违背他人意志,强制猥亵他人或者侮辱妇女的行为。所谓暴力,是指以殴打、捆绑、堵嘴等对人身实行强制,使被害人不敢、不能抗拒的手段。所谓胁迫,是指以杀害、伤害、职权、地位、揭发隐私等相威胁、恫吓,使被害被害人不敢反抗,对其进行精神强制的手段。其他手段,是指暴力、胁迫手段以外,其他使被害人不知反抗或不能反抗的手段,如用药麻醉,用酒灌醉等。这里的猥亵,是指除奸淫以外的能够满足性欲和性刺激的有伤风化、损害他人性心理、性观念,有碍其身心健康的性侵犯行为。通常表现为强逼他人对自己的性敏感区或者行为人在他人的性敏感区抠摸、舌舔、吸吮。所谓侮辱妇女,是指实施具有挑衅性有损妇女人格或者损害其性观念、性心理的行为。如公开追逐或者堵截妇女、强行亲吻、搂抱妇女等,以及在公共场所多次向妇女身上泼洒腐蚀物、涂抹污物,在公共场所向妇女显露生殖器或者用生殖器顶擦妇女身体等行为。行为是否具有侮辱的性质,应当以妇女自己的感受，即是否违背其意志以及客观行为是否具有强制性为判断的标准。本罪的主体为一般主体，即年满16周岁、具有刑事责任能力的自然人。本罪在主观方面是直接故意，一般具有满足自己非正当的性欲要求或具有损害妇女人格的目的。这是本罪与强奸罪（未遂）区别的关键，其动机常常是为了寻找精神刺激、取乐等。

根据《刑法》第237条第1款、第2款的规定，犯本罪的，处5年以下有期徒刑或者拘役。聚众或者在公共场所当众犯本罪的，或有其他恶劣情节的，处5年以上有期徒刑。

八、猥亵儿童罪

猥亵儿童罪，是指猥亵不满14周岁儿童的行为。本罪的客体是儿童的身心健康。本罪的对象必须是不满14周岁的儿童，包括男女儿童。客观方面表现为猥亵儿童的行为。猥亵行为在实践中，主要表现为对儿童鸡奸或者让儿童为其手淫等。猥亵既可以强制手段实施，如殴打、捆绑等，也可以非强制手段实施，如利用儿童的年幼无知或者好奇心理实施欺骗、引诱。本罪的主体是一般主体，为年满16周岁、具有刑事责任能力的自然人，性别不限于男性。本罪的主观方面是直接故意。根据《刑法》第237条第3款的规定，犯本罪的，依照强制猥亵、侮辱罪的法定刑从重处罚。

九、非法拘禁罪

（一）非法拘禁罪的概念和构成

非法拘禁罪，是指非法拘禁或者以其他方法，非法剥夺他人人身自由的行为。

本罪的构成要件是：

（1）本罪的客体是他人的人身自由权利，即他人根据自己的意愿自由支配自己身体活动的权利。人身自由权利，是法律赋予人参与社会活动、行使权利的基本保证。本罪的对象，是所有依法享有人身自由权利的他人。不论是成年的，还是未成年的，健康的还是有病的，也不论其民族和国籍，只要是未被依法剥夺人身自由，对其实施非法剥夺人身自由的行为均可构成本罪。“他人”是否以有自主意思能力并支配自己身体活动自由的人为限，理论上有不同认识。我们认为，对没有自主意思的能力的婴儿或者丧失自主意思的能力的精神病患者、醉酒的人的管束行为，不能认为是对其人身自由的侵犯。

（2）本罪的客观方面表现为行为人必须具有以拘禁或者其他强制方法，非法剥夺他人人身自由的行为。剥夺他人人身自由的具体方法，可以是多种多样的，既可以表现为作为，也可以表现为不作为。但不论是何种方法，均要求对人身自由的剥夺必须是非法的，才能构成非法拘禁罪。所谓拘禁，是指以强制性方法使他人在一定时间内失去行动的自由。非法拘禁具有非法性和强制性。首先，拘禁行为必须是非法的。非法性，主要表现为：一是无权拘禁他人的一般公民以非法手段拘禁他人，使其失去人身自由（如绑架他人为人质讨债等）。二是有权拘禁的司法工作人员滥用职权，不遵守法律规定，或者违反法定程序和条件，非法剥夺他人人身自由，或者使他人无法恢复人身自由（如不释放已认定无罪的人、刑满应释放之人）。其次，拘禁行为具有强制性。所谓强制性，是指违背他人意志,强行使他人处于被管束之中。主要表现为使用足以剥夺人身自由的强制性手段,如实施捆绑、关押、禁闭等。这里的其他方法,是指使用绑架等手段。但无论使用何种方法,以作为还是不作为方式非法剥夺他人人身自由,均不影响本罪的成立。

非法拘禁罪属于继续犯,拘禁的不法行为和他人失去自由的状态在一定时间内处于持续的不间断状态。拘禁时间的长短,对犯罪的成立没有影响,是量刑的情节。

(3)本罪的主体为一般主体。年满 16 周岁、具有刑事责任能力的人均可构成。

(4)本罪主观方面出于故意,并且具有非法剥夺他人人身自由的目的,犯罪的动机可以是多种,如索债、挟嫌报复、要特权、逞威风等,动机不同不影响本罪的成立。

(二)非法拘禁罪的认定

(1)本罪与非罪的界限。本罪属继续犯,只要行为人以剥夺他人人身自由为目的,非法拘禁他人,不论时间长短,都是本罪既遂。时间的长短可作为一个量刑情节加以考虑,但如果非法拘禁时间过于短暂,情节显著轻微,没有造成较大危害的,不应以犯罪论处。

(2)本罪的罪数问题。在司法实践中,非法剥夺他人人身自由的行为往往同其他犯罪发生联系,应分清罪数。如非法拘禁行为与其他犯罪存在牵连关系,除刑法有明文规定的外,应从一重罪处断,一般不实行并罚,反之,应实行并罚。例如,在拐卖妇女、儿童过程中,实施非法拘禁行为的,应根据牵连犯的原则,以拐卖妇女、儿童罪从重处罚。收买妇女、儿童后,为防止被收买的妇女、儿童逃走,而将其拘禁的;两者之间虽然存在牵连关系,但根据《刑法》第 241 条第 4 款的规定,应实行数罪并罚。国家工作人员利用职权进行报复陷害,非法拘禁他人,属于想象竞合犯,应从一重罪处断,也有意见认为这是牵连犯。我们认为,虽然行为人是利用职权进行报复陷害,但报复陷害和非法拘禁是同一个行为,利用职权并不是独立的犯罪行为,刑法中也没有独立的利用职权这样的罪名,它只是某些犯罪成立的前提条件,视为牵连犯是不合适的。

(三)非法拘禁罪的刑事责任

根据《刑法》第 238 条的规定,犯本罪的,处 3 年以下有期徒刑、拘役、管制或者剥夺政治权利。具有殴打、侮辱情节的,从重处罚。致人重伤的,处 3 年以上 10 年以下有期徒刑;致人死亡的,处 10 年以上有期徒刑。使用暴力致人伤残、死亡的,依照本法第 234 条、第 232 条的规定定罪处罚。所谓"致人重伤""致人死亡的",是指在非法剥夺他人人身自由的过程中因过失造成被害人重伤、死亡或者引起自杀致死亡、重伤的结果,如精神分裂等。所谓"使用暴力致人伤残、死亡的",是指行为人在犯本罪过程中故意导致被害人伤残、死亡的结果发生,因此应以故意伤害罪、故意杀人罪论处。

此外,根据本条第 3 款、第 4 款的规定,为索取债务非法扣押、拘禁他人的,依照非法拘禁罪论处，同时，索取的债务不以是否受法律保护为条件。[①] 国家机关工作人员利用职权犯本罪的，从重处罚。具体而言，是指 2006 年 7 月 26 日最高人民检察院《关于渎职侵权犯罪案件立案标准的规定》的规定，国家机关工作人员利用职权非法拘禁，涉嫌下列情形之一的，应予立案：(1)非法剥夺他人人身自由 24 小时以上的；(2)非法剥夺他人人身自由，并使用械具或者捆绑等恶劣手段，或者实施殴打、侮辱、虐待行为的；(3)非法拘禁，造成被拘禁人轻伤、重伤、死亡的；(4)非法拘禁，情节严重，导致被拘禁人自杀、自残造成重伤、死亡，或者精神失常的；(5)非法拘禁 3 人次以上的；(6)司法工作人员对明知是没有违法犯罪事实的人而非法拘禁的；(7)其他非法拘禁应予追究刑事责任的情形。这虽为立案标准，但有参考的价值。

十、绑架罪

(一)绑架罪的概念和构成

绑架罪，是指以勒索财物为目的绑架他人，或者绑架他人作为人质的行为。

本罪的构成要件是：

(1)本罪的客体是复杂客体，包括他人的人身自由权利、健康、生命权利及公私财产所有权利。但具体分析，以勒索财物为目的绑架他人的行为，由于使用暴力、胁迫等强制手段将他人掳为人质，又向人质的关系人勒索财物，所以，既侵犯他人的人身自由权利、健康、生命权利，也侵犯公私财产所有权利；而绑架他人作为人质的，虽然也是使用暴力、胁迫等强制手段将他人掳为人质，但并不是以勒索财物为目的而绑架他人，所以，只侵犯到他人的人身自由、健康、生命权利。

(2)本罪的客观方面，表现为使用暴力、胁迫或者其他方法，将他人劫持，使其失去人身自由的行为。所谓暴力，是指对被绑架人实施殴打、伤害、捆绑等，使被害人不能、不敢反抗的人身强制行为。至于实际是否达到该效果，在所不问。胁迫，是指对被绑架人以将要施以杀害、伤害进行威胁、恫吓，使其不敢反抗的精神强制行为。至于实际是否达到该效果，在所不问。其他方法，是指除暴力、胁迫外，使被绑架人不知反抗或不能反抗的人身强制行为，如诱骗、用药物麻醉、用酒灌醉等方法。至于实际是否达到该效果，在所不问。以勒索财物为目的偷盗婴幼儿的，亦构成本罪。

根据我国刑法典的规定，绑架的具体行为可以有两种情况：一是以勒索财物为目的绑架他人为人质；二是出于非勒索财物目的绑架他人为人质(但是，不包括为索取债务绑架他人为人质的情况)。无论属于哪一种情况，绑架的本质在于非法控制他人人身，并将他人作为人质。

实践中，行为人在绑架人质以后，通常以一定的方式将绑架人质的事实通知被绑架人

---

① 2000 年 7 月 19 日起施行的最高人民法院《关于对为索取法律不予保护的债务，非法拘禁他人行为如何定罪问题的解释》规定，行为人为索取高利贷、赌债等法律不予保护的债务，非法扣押、拘禁他人的，依照《刑法》第 238 条的规定定罪处罚。

的亲属或者其他利害关系人或者有关的机关、政府部门，并以继续扣押人质或加以杀、伤相要挟，勒令在一定时间内交付一定数额的金钱或财物，或者满足其某种要求，以换取人质。但根据刑法典的规定，行为人是否实施该种行为，并不影响本罪的成立，只是量刑的情节。

(3)本罪的主体是一般主体。为已满16周岁、具有刑事责任能力的自然人。

(4)本罪的主观方面是直接故意。绑架罪是法定的目的犯，根据主观目的的不同，分别规定了三种绑架罪的类型：一是以勒索财物为目的；二是除勒索财物或者出卖为目的以外，以获取其他利益为目的，可以是为了满足政治目的，也可能是为其他利益，但都不影响本罪的成立；三是以勒索财物为目的地偷盗婴幼儿，是指偷盗婴幼儿作为人质，向婴幼儿的父母或其他亲属勒索财物。

(二)绑架罪的认定

(1)本罪与非法拘禁罪的界限。构成要件的主要区别在于：第一，主观方面不同。本罪是以勒索财物为目的，或者是除勒索财物或者出卖为目的以外，以获取其他利益为目的；后者是以非法剥夺人身自由为目的。第二，客观方面不同。本罪一般既有绑架的行为，又有勒索财物或者要求其他利益的行为，剥夺人身自由是绑架的当然结果；而后者一般只具有非法剥夺人身自由的行为，除了因索取债务的情况外，既无勒索财物的行为，也无要求其他利益的行为。第三，客体不完全相同。本罪既存在复杂客体的情况，也存在单一客体的情况；而后者只是单一客体。

(2)绑架过程中劫取被害人财物行为的定性。在绑架过程中，犯罪分子往往首先当场劫取被害人财物，因而又涉及抢劫罪。对此，最高人民法院2001年11月8日《关于在绑架过程中以暴力、胁迫等手段当场劫取财物行为如何适用法律问题的答复》规定："行为人在绑架过程中，又以暴力、胁迫等手段劫取被害人财物，构成犯罪的，择一重罪处罚。"在司法实践中，对绑架过程中劫取被害人财物的行为应当依照上述司法解释处理。

(3)本罪的既遂与未遂的区分。绑架罪是目的犯，那么，绑架罪是否以这些目的的实现作为既遂与未遂的区分标准呢？理论上有不同主张：第一种观点认为，绑架罪是行为犯。本罪虽然是由两个行为构成，但是否既遂，应以人质是否丧失行动自由为标准。至于是否开始索取财物或要求其他利益，不影响本罪的既遂。第二种观点则认为，绑架罪是结果犯。不能将绑架与勒索相分离，绑架人质是手段，勒索财物和取得其他利益才是目的，不能将其与勒索财物等行为割裂开来，所以，应以是否实际勒索到财物或其他利益为既遂标准。我们赞同第一种观点，绑架罪是行为犯，只要完成绑架行为即为既遂，而不以是否实现勒索财物的目的或其他目的作为既遂与未遂的区分标准。

(三)绑架罪的刑事责任

《刑法》第239条规定，犯本罪的，处10年以上有期徒刑或者无期徒刑，并处罚金或者没收财产；情节较轻的，处5年以上10年以下有期徒刑，并处罚金；杀害被绑架人的，或者故意伤害被绑架人，致人重伤、死亡的，处无期徒刑或死刑，并处没收财产。所谓"致使被绑架人死亡"是指,在绑架实施过程中因使用暴力,故意伤害致人死亡或者因过失致人死亡;"杀害被绑架人",包括出于直接故意先杀害人质,也包括在实施绑架过程中对发生死亡结果持放任态度而造成死亡,然后隐瞒真相,向人质的利害关系人或者有关单位提出要挟;或者在要求未得到满足或得到满足后杀死人质,即通常所说的"撕票"。至于故意杀人后隐瞒被害人死亡事实而勒索财物的,不构成绑架罪,而应以故意杀人罪和敲诈勒索罪实行数罪并罚。

十一、拐卖妇女、儿童罪

(一)拐卖妇女、儿童罪的概念和构成

拐卖妇女、儿童罪,是指以出卖为目的,拐骗、绑架、收买、贩卖、接送、中转妇女、儿童的行为。

本罪的构成要件是:

(1)本罪的客体是人身权利中的人身不受买卖的权利。本罪的对象,是妇女和儿童。妇女,是指已满14周岁的未成年妇女和成年妇女。2000年1月25日最高人民法院《关于审理拐卖妇女案件适用法律有关问题的解释》第1条规定,"《刑法》第240条规定的拐卖妇女罪中的'妇女',既包括具有中国国籍的妇女,也包括具有外国国籍和无国籍的妇女。被拐卖的外国妇女没有身份证明的,不影响对犯罪分子的定罪处罚"。由此可见,被拐卖的妇女,不受国籍的限制。儿童,是指不满14周岁的男、女儿童。

(2)本罪的客观方面表现为实施拐骗、绑架、收买、贩卖、接送、中转妇女、儿童之一的行为。

所谓拐骗,是指采用欺骗、利诱等非强制性手段,将妇女、儿童置于自己的控制之下的行为。所谓绑架,是指采用暴力、胁迫、麻醉或其他强制性手段劫持妇女、儿童的行为。所谓收买,是指以出卖为目的,用货币等从他人处先行买下妇女、儿童的行为。所谓贩卖,是指将妇女、儿童作价卖给第三者换取钱财的行为。所谓接送与中转,是指在拐卖妇女、儿童过程中,分工实施藏匿、移送、接转被拐卖的妇女、儿童的行为。

只要实施上述行为之一的,即符合本罪客观方面的要件。2000年3月20日最高人民法院、最高人民检察院、公安部、民政部、司法部、全国妇联《关于打击拐卖妇女儿童犯罪有关问题的通知》指出:凡是拐卖妇女、儿童的,不论是哪个环节,只要是以出卖为目的,有拐骗、绑架、收买、贩卖、接送、中转、窝藏妇女、儿童的行为之一的,不论拐卖人数多少,是否获利,均应以拐卖妇女、儿童罪追究刑事责任。至于拐卖行为是否"违背被害人意志",不影响以本罪论处。即使实践中,妇女、儿童自愿被卖也不能免除拐卖者的刑事责任,但在量刑时可考虑从轻。

(3)本罪的主体是一般主体。为年满16周岁、具备刑事责任能力的自然人。

(4)本罪的主观方面是直接故意,并且必须具有出卖的目的。刑法规定,本罪必须以出卖为目的,因而本罪是法定的目的犯。

（二）拐卖妇女、儿童罪的认定

（1）本罪与绑架罪的界限。两罪在客观上有相同之处，如绑架罪可以绑架妇女、儿童或偷盗婴幼儿；绑架罪中也具有获取财物的行为。拐卖妇女、儿童罪也可以绑架为手段。区别主要表现在：第一，主观目的不同。本罪是以出卖为目的；而绑架罪是以勒索财物为目的或者除勒索财物目的以外，以获取其他利益为目的。第二，对象不同。本罪的对象仅限于妇女和儿童；而绑架罪的对象可以是任何人。第三，客体不完全相同。本罪只是单一客体；而绑架罪既存在复杂客体的情况，也存在单一客体的情况。第四，获取的利益及方式不同。本罪是将妇女、儿童出卖获取钱财；而绑架罪是向人质的亲属或利害关系人或有关机关要挟，可为钱财，也可为其他利益。第四点是区别二者的关键。

（2）本罪与拐骗儿童罪的界限。两罪都侵犯的是人身权利，都可以儿童为对象，也都能采用欺骗手段。区别的关键在于：本罪是以出卖为目的，而拐骗儿童罪不以出卖为目的，一般是为了供自己或他人收养、奴役。

（3）本罪的罪数。行为人在拐卖妇女、儿童的过程中同时实施了其他犯罪的，应根据刑法有关规定区别不同情况：第一，在拐卖过程中因殴打、捆绑等行为过失致伤害、死亡结果发生的，应以本罪论处。第二，因被害人反抗等原因而故意将被害人杀死或实施伤害的，应以故意杀人罪或故意伤害罪与本罪实行数罪并罚。第三，奸淫（包括强奸）被拐卖的妇女或诱骗、强迫其卖淫的，应以本罪论处。

（三）拐卖妇女、儿童罪的刑事责任

根据《刑法》第 240 条的规定，犯本罪的，处 5 年以上 10 年以下有期徒刑，并处罚金；有下列情形之一的，处 10 年以上有期徒刑或者无期徒刑，并处罚金或者没收财产；情节特别严重的，处死刑，并处没收财产：（1）拐卖妇女、儿童集团的首要分子；（2）拐卖妇女、儿童 3 人以上的；（3）奸淫被拐卖的妇女的；（4）诱骗、强迫被拐卖的妇女卖淫或者将被拐卖的妇女卖给他人迫使其卖淫的；（5）以出卖为目的，使用暴力、胁迫或者麻醉方法绑架妇女、儿童的；（6）以出卖为目的，偷盗婴幼儿的；（7）造成被拐卖妇女、儿童或者其亲属重伤、死亡或者其他严重后果的；（8）将妇女、儿童卖往境外的。

十二、收买被拐卖的妇女、儿童罪

收买被拐卖的妇女、儿童罪，是指不以出卖为目的，收买被拐卖的妇女、儿童的行为。本罪的客体是人身的不受买卖的权利。无论是否违背被收买人的意志，不影响犯罪成立。对象是被拐卖的妇女、儿童。本罪的客观方面表现为，收买被拐卖的妇女、儿童的行为，并对被拐卖的妇女、儿童实施人身控制。收买，是指以金钱或其他有经济价值的物资作价，换取被拐卖的妇女和儿童的行为。本罪是结果犯，只有买到被拐卖的妇女、儿童才构成本罪，并为既遂。本罪的主体为一般主体。主观方面是直接故意，并要求明知收买的对象是被拐卖的妇女、儿童。本罪在主观上不以出卖为目的。如果以出卖为目的而收买，则构成拐卖妇女、儿童罪。但是收买时不以出卖为目的，收买后由于某种原因又将妇女、儿童出

卖,则应以拐卖妇女、儿童罪论处。

根据《刑法》第 241 条第 2 款的规定,收买被拐卖的妇女,强行与其发生性关系的,应定强奸罪。第 4 款规定,对于上述情况,应以收买被拐卖的妇女罪与强奸罪数罪并罚。

根据《刑法》第 241 条第 3 款的规定,收买被拐卖的妇女、儿童,非法剥夺、限制人身自由或有伤害、侮辱等犯罪行为的,应分别以非法拘禁罪、故意伤害罪、侮辱罪论处。第 4 款规定,对于上述情况,应以收买被拐卖的妇女罪与非法拘禁罪、故意伤害罪、侮辱罪数罪并罚。

根据《刑法》第 241 条第 3 款的规定,犯本罪的,处 3 年以下有期徒刑、拘役或者管制。

根据《刑法》第 241 条第 6 款的规定,收买被拐卖的妇女、儿童,按照被卖妇女的意愿,不阻碍其返回原居住地,对被买儿童没有虐待行为的,不阻碍对其解救的,可以不追究刑事责任。

十三、聚众阻碍解救被收买的妇女、儿童罪

聚众阻碍解救被收买的妇女、儿童罪,是指纠集众人,阻碍国家机关工作人员解救被收买的妇女、儿童的行为。本罪的客体为被收买妇女、儿童的人身权利和国家机关的公务活动。本罪的对象必须是正在执行解救被收买的妇女、儿童任务的国家机关工作人员。本罪的主观方面是直接故意,并且应明知阻碍的对象是正在实行解救的国家机关工作人员。客观方面表现为纠集众人阻碍国家机关工作人员解救被收买的妇女、儿童的行为。本罪的主体为一般主体,但必须是聚众阻碍解救活动中的首要分子。这里所谓的首要分子,是指聚众阻碍国家机关工作人员解救被收买的妇女、儿童的策划者、指挥者、组织者。其是否亲自到场指挥,不影响认定。根据《刑法》第 242 条的规定,犯本罪的,对其首要分子处 5 年以下有期徒刑或者拘役;其他参与者使用暴力、威胁方法的,依照《刑法》第 277 条妨害公务罪论处。

十四、诬告陷害罪

(一)诬告陷害罪的概念和构成

诬告陷害罪,是指捏造犯罪事实诬陷他人,意图使他人受刑事追究,情节严重的行为。

本罪的构成要件是:

(1)本罪的客体为他人的人身权利和司法机关的正常活动。犯罪对象是他人。这里的他人是自然人而不是法人,并且是特定的人。如果不是特定的人,就不存在刑事追究的问题。

(2)本罪的客观方面表现为捏造犯罪事实,向国家机关或有关单位作虚假告发,情节严重的行为。捏造犯罪事实和进行告发,是诬告陷害行为不可缺少的组成部分。首先,必须有捏造他人犯罪事实的行为。捏造,是指无中生有,虚构他人的犯罪事实。如果告发的是真实的犯罪事实,即使在情节上有所夸大,亦属检举失实,不能定罪。其次,捏造的必须是犯罪事实,如果捏造他人生活隐私等事实,情节严重的,可构成诽谤罪。再次,还须有告

发的行为。告发既可向司法机关告发,也可向被诬告者所在单位及其他有义务向司法机关转送告发内容的机关、机构告发。告发的方式不影响本罪的成立。最后,必须有特定的诬告对象。特定的对象并不要求明确指出被诬告者的姓名,只要从诬告的内容中能推断出是谁,即为特定对象。本罪是行为犯,只要行为人实施了捏造犯罪事实,进行告发的行为,就构成本罪的既遂。至于被害人是否被错误地追究刑事责任,应作为量刑的情节考虑。最后,必须是情节严重的,才能构成本罪。

(3)本罪的主体是一般主体。为年满 16 周岁、具备刑事责任能力的自然人。

(4)本罪的主观方面是直接故意,必须具有使他人受到刑事追究的目的。因此,本罪是法定的目的犯。《刑法》第 243 条第 3 款规定:“不是有意诬陷,而是错告,或者检举失实的,不构成本罪。”

(二)诬告陷害罪的认定

本罪与诽谤罪的界限。两者的相同之处在于都实施的是捏造事实的行为。其区别在于:第一,直接客体不同。前者是他人的人身权利和司法机关的正常活动;后者是他人的人格和名誉权。第二,捏造的内容和行为的方式不同。前者表现为捏造犯罪事实并向有关机关进行告发;后者是捏造并散布足以损害他人人格和名誉的虚假事实。第三,犯罪目不同。前者是为了使他人受刑事处分;后者则是为了损害他人的人格和名誉。

(三)诬告陷害罪的刑事责任

根据《刑法》第 243 条的规定,犯本罪的,处 3 年以下有期徒刑、拘役或者管制;造成严重后果的,处 3 年以上 10 年以下有期徒刑。国家机关工作人员犯本罪的,从重处罚。

十五、强迫劳动罪

强迫劳动罪,是指以暴力、威胁或者限制人身自由的方法强迫他人劳动的行为。根据《刑法》第 244 条第 2 款的规定,明知他人实施前款行为,为其招募、运送人员或者有其他协助强迫他人劳动行为的,亦构成本罪。根据《刑法》第 244 条的规定,犯本罪的,处 3 年以下有期徒刑或者拘役,并处罚金;情节严重的,处 3 年以上 10 年以下有期徒刑,并处罚金。单位犯本罪的,对单位判处罚金,并对其直接负责的主管人员和其他直接责任人员,依照第 1 款的规定处罚。所谓“情节严重”主要是指强迫多人劳动,长时间强迫他人劳动,以非人道手段对待被强迫劳动者,以及强迫劳动造成劳动者人身伤害的严重后果等。如果在强迫劳动的过程中使用暴力,致使被害人伤残、死亡的,应当以本罪与故意伤害罪或故意杀人罪数罪并罚。

十六、雇用童工从事危重劳动罪

雇用童工从事危重劳动罪,是指违反劳动管理法规,雇用未满 16 周岁的未成年人从事超强度体力劳动的,或者从事高空、井下作业的,或者在爆炸性、易燃性、放射性、毒害性等危险环境下从事劳动,情节严重的行为。本罪的客体是未成年人的身体和身心健康权利。本罪的客观方面，表现为违反劳动管理法规，雇用未满16周岁的未成年人从事超强度体力劳动的，或者从事高空、井下作业的，或者在危险环境下从事劳动，情节严重的行为。对于"情节严重"的标准，最高人民检察院、公安部2008年6月25日印发的《关于公安机关管辖的刑事案件立案追诉标准的规定(一)》第32条有明确规定。本罪的主体为一般主体，法律规定为"直接责任人员"。从构成犯罪的意义上说，应当是工矿企业中的直接责任人员。主观方面只能出于故意，应当明知所雇用的是不满16周岁的人。根据《刑法》第244条之一的规定，对构成本罪的直接责任人员，处3年以下有期徒刑或者拘役，并处罚金；情节特别严重的，处3年以上7年以下有期徒刑，并处罚金。有前述的行为，造成事故，又构成其他犯罪的，依照数罪并罚的规章处罚。

十七、非法搜查罪

非法搜查罪，是指非法对他人的身体或住宅进行搜查的行为。本罪的对象是他人的人身和住宅。人身，包括其身体和着装。本罪的客观方面表现为非法搜查他人身体或住宅的行为。首先，必须有搜查他人身体或住宅的行为。其次，搜查行为必须是非法的。即没有搜查权的人或者有搜查权的人滥用职权或违反法定程序进行的搜查。根据《刑法》第245条的规定，犯本罪的，处3年以下有期徒刑或者拘役。司法工作人员滥用职权，犯本罪的，从重处罚。

十八、非法侵入住宅罪

非法侵入住宅罪，是指未经允许非法进入他人住宅或经要求退出无故拒不退出的行为。本罪的对象必须是他人的住宅，供人居住和生活的场所都应视为住宅。其范围，有院墙的以院墙为界，没有院墙的或公寓楼群，应以居室为界。本罪的客观方面表现为非法侵入他人住宅的行为。司法实践中，非法侵入他人住宅的往往是其他犯罪的手段行为，如闯入他人住宅进行盗窃、抢劫、行凶等犯罪活动。这种情况下属于牵连犯(亦有认为是吸收犯的观点)，应择一重罪处罚。根据《刑法》第245条的规定，犯本罪的，处3年以下有期徒刑或者拘役。司法工作人员滥用职权犯本罪的，从重处罚。

十九、侮辱罪

侮辱罪，是指以暴力或者其他方法公然贬低他人人格，破坏他人名誉，情节严重的行为。本罪的对象必须是特定的自然人，不包括国家机关、企业、事业单位和人民团体等组织。本罪的客观方面表现为，以暴力或其他方法公然贬低他人人格、破坏他人名誉的行为。本罪的主体为一般主体。主观方面是直接故意，并具有贬低他人人格，破坏他人名誉的目的。根据《刑法》第246条的规定，犯本罪的，处3年以下有期徒刑、拘役、管制或者剥夺政治权利。同时，本罪系告诉的才处理，但是严重危害社会秩序和国家利益的除外。

二十、诽谤罪

诽谤罪，是指故意捏造并散布某种事实，损坏他人人格，破坏他人名誉，情节严重的行为。本罪的对象是特定的人。客观方面表现为捏造并散布某种事实，损坏他人人格，破坏他人名誉的行为。所谓捏造，是指无中生有，凭空虚构虚假事实。如果散布传播的是客观存在的或者略有夸张的事实，损坏他人人格，破坏他人名誉，不构成本罪，但可构成侮辱罪。所谓散布，是指用语言或文字的方式扩散捏造的内容，使众人知道。诽谤罪与侮辱罪的区别在于：第一，侮辱的方法可以用暴力方法，而诽谤不可用暴力方法。第二，侮辱是以公然实施的损害人格尊严、名誉的行为，但并不捏造有损他人名誉的事实，而诽谤则必须是捏造并散布有损他人人格、名誉的事实，并且法律没有以公然实施为条件。根据《刑法》第 246 条的规定，犯本罪的，处 3 年以下有期徒刑、拘役、管制或者剥夺政治权利。本罪系告诉的才处理，但是严重危害社会秩序和国家利益的除外。

二十一、刑讯逼供罪

（一）刑讯逼供罪的概念和构成

刑讯逼供罪，是指司法工作人员对犯罪嫌疑人、被告人使用肉刑或者变相肉刑，逼取口供的行为。

本罪的构成要件是：

（1）本罪的客体是复杂客体，既包括公民的人身权利，也包括司法机关的正常活动。本罪的对象为犯罪嫌疑人和被告人。

（2）本罪的客观方面表现为使用肉刑或变相肉刑逼取犯罪嫌疑人或被告人口供的行为。所谓肉刑，是指直接施加于犯罪嫌疑人或被告人人身，可使其身体健康遭到损害或肉体、精神遭受痛苦的摧残手段。如捆绑、吊打、使用戒具、刑具等。所谓变相肉刑，是指上述肉刑以外的其他使犯罪嫌疑人或被告人肉体、精神遭受痛苦折磨的各种手段和方法。如长时间冻饿、站立、罚跪、晒烤、使用强烈灯光照射不准睡眠、轮番不断审讯不准犯罪嫌疑人、被告人休息等。刑讯逼供罪的数量要素，刑法未规定，可参照 2006 年 7 月 26 日最高人民检察院《关于渎职侵权犯罪案件立案标准的规定》，司法工作人员涉嫌下列情形之一的，应作为犯罪予以立案：①以殴打、捆绑、违法使用械具等恶劣手段逼取口供的；②以较长时间冻、饿、晒、烤等手段逼取口供，严重损害犯罪嫌疑人、被告人身体健康的；③刑讯逼供造成犯罪嫌疑人、被告人轻伤、重伤、死亡的；④刑讯逼供，情节严重，导致犯罪嫌疑人、被告人自杀、自残造成重伤、死亡，或者精神失常的；⑤刑讯逼供，造成错案的；⑥刑讯逼供 3 人次以上的；⑦纵容、授意、指使、强迫他人刑讯逼供，具有上述情形之一的；⑧其他刑讯逼供应予追究刑事责任的情形。

（3）本罪的主体为司法工作人员，即具有侦查、检察、审判、监管职责的工作人员。

（4）本罪的主观方面是直接故意，以逼取口供为目的。如果出于其他目的，如泄愤报复等，对被告人或犯罪嫌疑人施以肉刑或变相肉刑，构成犯罪的，可以相应的罪论处，不构成本罪。

（二）刑讯逼供罪的认定

本罪与暴力取证罪的界限。两罪的客体相同，主体都是司法工作人员，在客观方面都可实施暴力行为。区别主要是:第一,对象不同。刑讯逼供罪的对象是犯罪嫌疑人或被告人;暴力取证罪的对象为证人。第二,主观目的不同。刑讯逼供罪的主观目的是逼取口供;暴力取证罪的主观目的是逼取证人证言。第三,行为方式不完全相同。刑讯逼供罪既可采取暴力方式,也可采取非暴力方式;暴力取证罪只能采取暴力方式。第四,行为的场合条件不同。刑讯逼供罪只能发生在刑事诉讼中;暴力取证罪既可发生在刑事诉讼中,也可发生在民事诉讼、行政诉讼中。

(三)刑讯逼供罪的刑事责任

根据《刑法》第 247 条的规定,犯本罪的,处 3 年以下有期徒刑或者拘役。致人伤残、死亡的,依照《刑法》第 234 条规定的故意伤害罪、第 232 条规定的故意杀人罪定罪,从重处罚。这是关于刑讯逼供罪的转化犯的规定。

二十二、暴力取证罪

暴力取证罪,是指司法工作人员使用暴力逼取证人证言的行为。本罪的对象是证人。这里的证人,一般是指在刑事诉讼中,有义务向司法机关作证或者被要求提供所知案件情况的人。对不知案件情况的人使用暴力逼迫其作证的,也可成为本罪的对象。本罪的客观方面表现为使用暴力逼取证人证言的行为。本罪的主体为特殊主体,即司法工作人员。主观方面是直接故意,且必须具有逼取证言的目的。2006 年 7 月 26 日最高人民检察院《关于渎职侵权犯罪案件立案标准的规定》对本罪的立案标准作了明确的规定。根据《刑法》第 247 条的规定,犯本罪的,处 3 年以下有期徒刑或者拘役。致人伤残死亡的,依照《刑法》第 234 条规定的故意伤害罪、第 232 条规定的故意杀人罪定罪,从重处罚。这是关于暴力取证罪的转化犯的规定。

二十三、虐待被监管人罪

虐待被监管人罪,是指监狱、拘留所、看守所等监管机构的监管人员对被监管人进行殴打或者体罚虐待,情节严重的行为。本罪的对象是被监管的人,即一切已判决或未判决的在押人员以及因违反《治安管理处罚法》而被拘留的人和其他依法被监管的人。客观方面表现为对被监管人员进行殴打或者体罚虐待,摧残、折磨其身心的行为。监管人员指使被监管人殴打或者体罚虐待其他被监管人的,依法以本罪处罚。行为可以采用作为的方式,也可以是不作为的方式。对于情节严重的标准,2006 年 7 月 26 日最高人民检察院《关于渎职侵权犯罪案件立案标准的规定》有明确的规定。本罪的主体是特殊主体,即监狱、拘留所、看守所等监督机构的监管人员、劳教管理人员。本罪主观上是出于直接故意。根据《刑法》第 248 条的规定,犯本罪的,处 3 年以下有期徒刑或者拘役;情节特别严重的,处 3 年以上 10 年以下有期徒刑。致人伤残、死亡的,依照《刑法》第 234 条规定的故意伤害罪、第 232 条规定的故意杀人罪的规定定罪,从重处罚。

二十四、煽动民族仇恨、民族歧视罪

煽动民族仇恨、民族歧视罪,是指故意以语言、文字或者其他方式煽动民族间仇恨、歧视，情节严重的行为。客观方面表现为煽动民族仇恨、民族歧视的行为。所谓“煽动民族仇恨”，是指对民族的历史及现实中某些现象进行渲染，或捏造并散布某种虚假事实，公然掀起民族之间的强烈憎恨。所谓“煽动民族歧视”，是指利用民族历史、文化、传统、风俗、习惯、种族、肤色等差异，公然煽动其他民族对之鄙视、排斥、限制，损害民族平等。具体形式可有：语言，如发表演讲、游说等；文字，如张贴大字报、小字报、讽刺漫画、写匿名书信等。煽动应当是对多数人公开进行，如只是暗中对少数人宣扬，则不构成本罪。煽动行为须情节严重。所谓情节严重，一般是指手段恶劣、多次煽动、引起民族公愤的；严重损害民族感情、尊严；致使民族成员大量逃往国外以及引起其他影响民族团结、平等的后果等。如果是因思想落后，其言行损害到民族团结的，属于一般违法行为，可给予必要的批评教育或行政处分，但不构成本罪。本罪的主体为一般主体。主观方面是直接故意。根据《刑法》第 249 条的规定，犯本罪的，处 3 年以下有期徒刑、拘役、管制或者剥夺政治权利；情节特别严重的，处 3 年以上 10 年以下有期徒刑。

二十五、出版歧视、侮辱少数民族作品罪

出版歧视、侮辱少数民族作品罪，是指在出版物中刊载歧视、侮辱少数民族的内容，情节恶劣，造成严重后果的行为。本罪的客体为少数民族的尊严与民族间和睦关系。客观方面表现为在出版物中刊载歧视、侮辱少数民族内容，情节恶劣，造成严重后果的行为。所谓“出版物”(载体)，是指报纸、期刊、图书、音像制品和电子出版物等。可包括公开与内部出版物、合法或非法的出版物。所谓“刊载”，是指在出版物中发表、制作、转载。至于刊载的表现形式，可以是文字、漫画，也可以是录像、录音、数字画面、照片等。所谓“歧视、侮辱少数民族的内容”，是指针对少数民族的形成历史、风俗、习惯等，对少数民族进行贬低、诬蔑、嘲讽、辱骂，以及其他歧视、侮辱。所谓情节恶劣，一般是指动机卑鄙，手段恶劣等。造成严重后果，是指造成恶劣的政治影响；引发民族纠纷、冲突、矛盾甚至社会骚乱等。本罪系结果犯。主体是在出版物中刊载歧视、侮辱少数民族内容的直接责任人员，包括作者、责任编辑以及其他对刊载上述内容负有直接责任的人员。本罪的主观方面是故意。动机有的是为牟利，有的是为追求轰动效应等，动机不影响本罪的成立。根据《刑法》第 250 条的规定，犯本罪的，处 3 年以下有期徒刑、拘役或者管制。

二十六、非法剥夺公民宗教信仰自由罪

非法剥夺公民宗教信仰自由罪，是指国家机关工作人员非法剥夺公民的宗教信仰自由，情节严重的行为。本罪的客体是公民的宗教信仰自由权利。宗教信仰自由权利，包括信仰宗教和不信仰宗教的自由，信仰此种宗教和信仰彼种宗教的自由，信仰同一宗教或信仰不同宗教的自由，改变宗教信仰和恢复宗教信仰的自由。本罪的客观方面表现为非法剥夺公民的宗教信仰自由，情节严重的行为。所谓非法剥夺公民宗教信仰自由，是指违反法律规定采用暴力、胁迫或其他强制方法，制止某人信仰宗教，加入宗教团体，或者强迫其放弃信仰，退出宗教团体；或者强制不信仰宗教的人信仰宗教；或者强制他人信仰此种宗教而不得信仰彼种宗教；或者用上述方法破坏宗教活动等，具体可表现为阻挠参加宗教活

动，捣毁或封闭宗教活动场所等。所谓情节严重，是指非法剥夺宗教信仰自由的手段恶劣，造成被害人精神失常或自杀等严重后果的情况等。本罪的主体为特殊主体，即国家机关工作人员。主观上只能是直接故意。根据《刑法》第 251 条的规定，犯本罪的，处 2 年以下有期徒刑或者拘役。

二十七、侵犯少数民族风俗习惯罪

侵犯少数民族风俗习惯罪，是指国家机关工作人员侵犯少数民族风俗习惯，情节严重的行为。本罪的客体为少数民族保持和改革本民族风俗习惯自由的权利。客观方面表现为非法侵犯少数民族风俗习惯，情节严重的行为。非法侵犯，主要是指以暴力、胁迫或其他方法破坏少数民族风俗习惯或者强迫其改变以及阻止其改革本民族风俗习惯。少数民族风俗习惯，是指各少数民族在历史发展中形成的在婚姻、饮食、丧葬、礼仪等方面的习惯。所谓情节严重，是指多次或组织多人侵犯、手段恶劣、引起民族纠纷、民族矛盾的，造成骚乱、示威游行或社会秩序严重混乱以及产生恶劣的政治影响等。本罪的主体为国家机关工作人员，既可以是汉族的国家机关工作人员，也可以是少数民族的国家机关工作人员。主观方面为直接故意。动机不影响本罪的成立。根据《刑法》第 251 条的规定，犯本罪的，处 2 年以下有期徒刑或拘役。

二十八、侵犯通信自由罪

侵犯通信自由罪，是指隐匿、毁弃或者非法开拆他人信件，侵犯公民通信自由权利，情节严重的行为。本罪的客体是公民的通信自由权利。对象是公民交付邮局递送的信件。但如明知信件是公文而毁灭的，可构成《刑法》第 280 条规定的毁灭国家机关公文、证件罪。本罪的客观方面表现为隐匿、毁弃或者非法开拆他人信件，侵犯他人通信自由的行为。所谓“他人”，是指自然人、法人及非法人组织。隐匿，是指将他人的信件秘密隐藏起来。毁弃，是指将他人的信件予以撕毁、烧毁或者丢弃。非法开拆，是指未经收、发件人同意，或者司法机关批准私自开启他人的信件。国家机关工作人员因依法执行公务而将他人信件予以扣押、开拆的，属合法行为。本罪的主体为一般主体，主观上是直接故意。动机，有的是出于好奇，有的是意图窃取钱财，动机如何，不影响本罪的成立。根据《刑法》第 252 条的规定，犯本罪的，处 1 年以下有期徒刑或者拘役。

二十九、私自开拆、隐匿、毁弃邮件、电报罪

私自开拆、隐匿、毁弃邮件、电报罪，是指邮政工作人员私自开拆或者隐匿、毁弃邮件、电报的行为。本罪的客体是公民的通信自由权利和邮电部门正常的活动。对象是邮件、电报，即各种信件、印刷品、包裹、汇票等。客观方面表现为利用从事邮电业务工作的便利，非法开拆、隐匿、毁弃他人的邮件、电报的行为。须具备：第一，利用自己直接接触邮件、电报工作的便利条件。如果邮政人员并非利用自己本职工作的便利条件，实施隐匿、开拆等行为的，可构成侵犯通信自由罪。第二，有私自开拆、隐匿、毁弃的行为，所谓私自开拆，是指未经任何合法授权开拆他人邮件、电报。隐匿，是指将邮件、电报等予以截留、

收藏。毁弃,是指将邮件、电报等予以撕毁、湮灭或丢弃。第三,须是非法的。如根据有关法律执行机关的命令或委托,实施以上行为的,不构成犯罪。本罪的主体为特殊主体,即邮政工作人员。包括邮电部门从事邮递业务的营业员、分拣员、发行员、投递员、接发员、押运员以及有关的主管干部等。本罪主观方面是直接故意。动机如何不影响本罪的成立。如因过失而使邮件发生毁损、丢失、积压后果,情节严重;符合《刑法》第 397 条规定的玩忽职守罪主体的,可构成玩忽职守罪。根据《刑法》第 253 条的规定,犯本罪的,处 2 年以下有期徒刑或者拘役。邮政人员犯本罪而窃取财物的,应依《刑法》第 264 条的规定,以盗窃罪从重处罚。

三十、侵犯公民个人信息罪

根据刑法第二百五十三条之一规定,违反国家有关规定,向他人出售或者提供公民个人信息,情节严重的,处三年以下有期徒刑或者拘役,并处或者单处罚金;情节特别严重的,处三年以上七年以下有期徒刑,并处罚金。违反国家有关规定,将在履行职责或者提供服务过程中获得的公民个人信息,出售或者提供给他人的,依照前款的规定从重处罚。窃取或者以其他方法非法获取公民个人信息的,依照第一款的规定处罚。单位犯前三款罪的,对单位判处罚金,并对其直接负责的主管人员和其他直接责任人员,依照各该款的规定处罚。

三十一、报复陷害罪

报复陷害罪,是指国家机关工作人员,滥用职权、假公济私,对控告人、申诉人、批评人、举报人实行报复陷害的行为。本罪的客体为公民的控告权、申诉权、批评权、举报权等民主权利和国家机关的正常活动。对象包括:(1)控告人,即向国家机关或其他党政机关告发国家工作人员违法失职行为的人。(2)申诉人,即对于自己或他人的处分不服而向原处分部门或其上级部门提出申诉意见,请求改变原处分的人。(3)批评人,即对国家机关工作人员的缺点、错误或思想作风提出批评的人。(4)举报人,即对违法犯罪行为进行检举汇报的人。客观方面表现为滥用职权、假公济私,对控告人、申诉人、批评人、检举人实行报复陷害的行为。首先,必须有报复陷害的行为。其次,必须是滥用职权、假公济私。滥用职权,即国家机关工作人员在自己职权范围内非法行使权力,以及超越自己的职务权限的越权行为。假公济私,即假借国家机关的名义或权力来实施,是以合法形式掩盖其非法目的。报复行为是与滥用职权、假公济私不可分离的。本罪的主体为特殊主体,限定为国家机关工作人员。主观方面是直接故意,并具有报复陷害他人的目的。2006 年 7 月 26 日最高人民检察院《关于渎职侵权犯罪案件立案标准的规定》对本罪的立案标准作了明确的规定。根据《刑法》第 254 条的规定,犯本罪的,处 1 年以下有期徒刑或者拘役;情节严重的,处 2 年以上 7 年以下有期徒刑。

三十二、打击报复会计、统计人员罪

打击报复会计、统计人员罪;是指公司、企业、事业单位、机关、团体的领导人对依法履行职责,抵制违反会计法、统计法行为的会计、统计人员实行打击报复,情节恶劣的行为。本罪的对象是会计人员、统计人员。客观方面表现为对依法履行职责,抵制违反会计法、统计法行为的会计人员、统计人员实行打击报复,情节恶劣的行为。打击报复行为必须情节恶劣。情节恶劣一般表现为手段恶劣、后果严重、影响较大等。本罪的主体为特殊主体,即公司、企业、事业单位、机关、团体的领导人。主观方面为直接故意,动机不影响本罪的成立。根据《刑法》第 255 条的规定,犯本罪的,处 3 年以下有期徒刑或者拘役。

三十三、破坏选举罪

破坏选举罪,是指以暴力、威胁、欺骗、贿赂、伪造选举文件、虚报选举票数等手段破坏选举或者妨害选民和代表自由行使选举权和被选举权,情节严重的行为。本罪的客体是公民的选举权、被选举权以及国家的选举制度。本罪的客观方面表现为以暴力、威胁、欺骗、贿赂、伪造选举文件、虚报选举票数等手段破坏选举或者妨害选民和代表自由行使选举权和被选举权,情节严重的行为。所谓"情节严重",2006 年 7 月 26 日最高人民检察院《关于渎职侵权犯罪案件立案标准的规定》规定为如下几种:一是以暴力、威胁、欺骗、贿赂等手段,妨害选民、各级人民代表大会代表自由行使选举权和被选举权,致使选举无法正常进行,或者选举无效,或者选举结果不真实的;二是以暴力破坏选举场所或者选举设备,致使选举无法正常进行的;三是伪造选民证、选票等选举文件,虚报选举票数,产生不真实的选举结果或者强行宣布合法选举无效、非法选举有效的;四是聚众冲击选举场所或者故意扰乱选举场所秩序,使选举工作无法进行的;五是其他情节严重的情形。本罪的主体多数情况为一般主体,可以是一般公民,也可以是选举工作人员;既可以是有选举权的公民,也可以是无选举权的公民。少数情况下,某些破坏选举的行为,如虚报选举票数等,只能由选举工作人员构成。本罪的主观方面是直接故意,并且具有破坏选举工作,妨害选民和代表自由行使选举权和被选举权的目的。依照我国《刑法》第 256 条的规定,犯本罪的,处 3 年以下有期徒刑、拘役或者剥夺政治权利。

三十四、暴力干涉婚姻自由罪

(一)暴力干涉婚姻自由罪的概念和构成

暴力干涉婚姻自由罪,是指以暴力方法干涉他人结婚和离婚自由的行为。

本罪的构成要件是:

1. 本罪的客体为他人的婚姻自由权利及人身权利。本罪的对象是他人的婚姻自由。这里的婚姻自由,是指男女双方缔结或解除婚姻关系,在不违背国家法律的前提下,有权按照本人的意愿,自主地决定自己的婚姻问题,不受任何人强制和干涉的权利。婚姻自由包括结婚自由和离婚自由。

2. 客观方面表现为以暴力方法干涉他人婚姻自由的行为。首先,行为人必须实施了暴力行为。所谓暴力,是指用殴打、禁闭、捆绑、抢掠等方法对人身进行强制或打击。虽干涉婚姻自由,但未使用暴力方法的,或者威胁将使用暴力的,均不能成立本罪。如实施了暴力行为，但程度比较轻微的，即使因此而造成严重后果（如引起自杀），也不构成本罪。其次，暴力行为必须是为干涉婚姻自由而实施。但如在于涉他人婚姻自由的过程中实施了故意伤害、故意杀人行为的，应以故意伤害罪或故意杀人罪论处。如长期干涉他人婚姻自由的，但借故一次故意杀害或伤害被害人的，应按本罪与故意杀人罪或故意伤害罪实行数罪并罚。这里的暴力干涉，指下列情形：(1)强迫他人与自己结婚；(2)强迫他人与他人结婚；(3)强迫他人不与他人结婚；(4)强迫他人与自己离婚；(5)强迫他人与他人离婚；(6)强迫他人不与他人离婚。

3.本罪的主体为一般主体。实践中多为被害人的家长或其他亲属。

4.主观方面是故意。这里的故意是明知是暴力干涉婚姻自由的行为而有意实施的主观心理态度。

（二）暴力干涉婚姻自由罪的刑事责任

根据《刑法》第257条的规定，犯本罪的，处2年以下有期徒刑或者拘役；致使被害人死亡的，处2年以上7年以下有期徒刑。根据本条第3款的规定，除"致使被害人死亡的"以外，犯本罪，告诉的才处理。

三十五、重婚罪

（一）重婚罪的概念和构成

重婚罪，是指自己有配偶而与他人结婚，或者明知他人有配偶而与之结婚的行为。

本罪的构成要件是：

1.本罪的客体是一夫一妻制的婚姻关系。对象是他人，既包括已婚者，也包括未婚者。在刑法理论上，重婚罪是必要共犯中的结合犯。

2.本罪的客观方面表现为有配偶而与他人结婚或者明知他人有配偶而与之结婚的行为。包括两种情况：第一，有配偶者又与他人登记结婚，相婚者明知他人有配偶而与之登记结婚。第二，有配偶者又与他人建立事实婚姻关系，相婚者明知他人有配偶而与之建立事实婚姻关系，所谓事实婚姻，即以夫妻名义同居共同生活的关系。在婚姻法上，对事实婚姻是不予承认和保护的。那么，在刑法上具有事实重婚是否构成犯罪呢？1994年12月14日最高人民法院在有关司法解释中指出，有配偶的人与他人以夫妻名义同居生活的，仍应按重婚罪处罚。所以在实务中对事实重婚是以重婚罪论处的。这里所说的"结婚""重婚"，我们认为既包括正式登记结婚，也包括未经结婚登记而以夫妻名义共同生活的事实婚姻。这并非是对事实婚姻的法律承认，而是为了更好地保护一夫一妻制的婚姻家庭关系。

3.本罪的主体。由于重婚罪具有对合(偶)性的特点，单个人不能构成，因此，本罪主体为两种人：一是重婚者。所谓"重婚者"，是指有配偶而在其婚姻关系存续期间又与他人结婚的人。"有配偶"，是指男有妻，女有夫。夫妻关系，是指经依法登记而成立的夫妻关系，以及事实婚姻关系。二是相婚者。所谓"相婚者"，是指本人无配偶，但明知他人有配偶而与之结婚的人。无配偶的人原无婚姻关系,与有配偶之人结婚也只有一个婚姻关系,从严格意义上来讲是无婚可重。但根据刑法典的规定,如果明知他人有配偶而与之结婚仍可构成重婚罪。根据法律要求,此种情况必须以明知他人有配偶为要件,不明知者则不构成重婚罪。

4.本罪在主观上是故意,即明知是重婚行为而有意实施的主观心理态度。具体表现为:第一,有配偶的人明知自己有配偶而与他人结婚。如果行为人基于某些合理的依据,如认为自己的配偶已死亡而与他人结婚的,不构成本罪。第二,无配偶的人明知他人有配偶而与其结婚。如果无配偶的人受到有配偶的人的欺骗,误认为对方没有配偶而与其结婚的,无配偶的人不构成本罪,而由有配偶的人单独构成重婚罪。

(二)重婚罪的认定

实践中认定重婚罪,主要应注意区分重婚罪与非罪的界限。(1)重婚罪与重婚行为的界限。因遭受自然灾害外流谋生而重婚的,因配偶外出长期下落不明,造成家庭生活困难又与他人结婚的,被拐卖后再婚的,因强迫、包办婚姻或者婚后受虐待外逃而又与他人结婚的等,由于受客观条件所迫,且主观恶性较小,不以重婚罪论。(2)重婚罪与同居行为的界限。同居既可以是有配偶的人与有配偶或无配偶的他人同居,也可以是双方都无配偶的人同居。前者,事实上是一种长期与他人的婚外性行为,如果不以夫妻名义,属于一般姘居行为,不构成重婚罪,如果是以夫妻名义长期同居,成立事实婚姻的,可构成重婚罪。后者,不属于婚姻法调整的范围,如果以夫妻名义长期同居,成立事实婚姻的,也可令其补办结婚登记手续,不构成重婚罪。

(三)重婚罪的刑事责任

根据《刑法》第258条的规定,犯本罪的,处2年以下有期徒刑或者拘役。

三十六、破坏军婚罪

破坏军婚罪,是指明知是现役军人的配偶而与之同居或者结婚的行为。本罪的客体为现役军人的婚姻关系。现役军人,是指具有军籍,并正在中国人民解放军或者人民武装警察部队服役的军人。复员退伍军人、转业军人、人民警察以及在部队、人民武装警察部队中工作,但无军籍的工作人员不属于现役军人。本罪的客观方面表现为明知是现役军人的配偶而与之结婚或者同居的行为。所谓现役军人的配偶,是指与现役军人登记结婚,建立合法婚姻关系的人,即现役军人的妻子或者丈夫,不包括"未婚夫""未婚妻"。客观行为包括两种情况:一是与现役军人的配偶结婚。既包括登记结婚,也包括成立事实婚姻关系。二是与现役军人的配偶同居。同居,是以两性关系为基础,双方以夫妻自居,并具有共同的经济生活和其他生活方面的姘居关系。包括公开的同居,也包括秘密的同居,可以是长期的,也可以是短期的。同居不同于事实婚姻之处在于,同居对外并不以夫妻关系相称。同居亦有别于与军人配偶通奸。通奸,是指有配偶的一方或双方与他人之间的婚外性关系。对于与现役军人配偶通奸的行为,不构成本罪。只要有与现役军人的配偶结婚或者同居行为才符合本罪的客观要件。本罪的主体为一般主体,可以是男性,也可以是女性,可以是现役军人,也可以是非现役军人,只要与现役军人的配偶结婚或者同居的,就可构成本罪。根据《刑法》第259条的规定,犯本罪的,处3年以下有期徒刑或者拘役。利用职权、从属关系以胁迫手段奸淫现役军人妻子的,依照《刑法》第236条的规定,以强奸罪论处。

三十七、虐待罪

(一)虐待罪的概念和构成

虐待罪,是指经常以打骂、冻饿、禁闭、有病不给予治疗、强迫过度劳动或限制人身自由、凌辱人格等方法,对共同生活的家庭成员进行肉体上、精神上的摧残和折磨,情节恶劣的行为。

本罪的构成要件是:

1.本罪的客体是复杂客体,既包括共同生活的家庭成员在家庭生活中的平等权利,又包括其人身权利。对象是共同生活的家庭成员。所谓家庭成员,是指基于血亲关系、婚姻关系、收养关系在同一个家庭中生活的成员。

2.本罪的客观方面表现为经常对家庭成员进行虐待的行为。首先,虐待行为可概括为肉体上与精神上的摧残、折磨两个方面。虐待的手段可以是多种多样的,如殴打、捆绑、针扎、火烫、体罚等肉体虐待和侮辱人格、咒骂、讽刺、不让参加社会活动等精神上的虐待。这两种虐待手段可同时使用,也可分别实施或者交替使用。其次,虐待行为的方式既可表现为作为,也可表现为不作为。但只是纯粹不作为则不能构成虐待罪,如有病不给治疗、不给饭吃等行为,可能构成遗弃罪。最后,这种摧残、折磨必须具有经常性、持续性、一贯性的特点。如果仅是偶尔实施虐待行为,一般不构成本罪。虐待行为对家庭成员造成的身心损害是长期形成的。此外,本罪在客观方面要求虐待必须达到情节恶劣的程度。

3.本罪的主体为特殊主体,只能是与被虐待人共同生活在一个家庭之中,具有亲属关系的成员。

4.本罪的主观方面只能是直接故意。

(二)虐待罪的刑事责任

根据《刑法》第260条的规定,犯本罪的,处2年以下有期徒刑、拘役或者管制。致使被害人重伤、死亡的,处2年以上7年以下有期徒刑。这里的“致使被害人重伤、死亡”,是指在进行虐待过程中,由于打骂、冻饿等行为过失地引起被害人的重伤、死亡。如果行为人故意致使被虐待人重伤、死亡的,应以故意伤害罪、故意杀人罪论处。除因虐待“致使被害人重伤、死亡”的以外,犯本罪,告诉的才处理,但被害人没有能力告诉,或者因为受到强制、威吓无法告诉的除外。

三十八、虐待被监护、看护人罪

刑法第二百六十条之一规定,对未成年人、老年人、患病的人、残疾人等负有监护、看护职责的人虐待被监护、看护的人，情节恶劣的，处三年以下有期徒刑或者拘役。

单位犯前款罪的，对单位判处罚金，并对其直接负责的主管人员和其他直接责任人员，依照前款的规定处罚。

有第一款行为，同时构成其他犯罪的，依照处罚较重的规定定罪处罚。

三十九、遗弃罪

遗弃罪，是指对于年老、年幼、患病或者其他没有独立生活能力的人，负有扶养义务而拒绝扶养，情节恶劣的行为。本罪的客体是被遗弃人受扶养的权利。对象是年老、年幼、患病或其他没有独立生活能力的家庭成员。客观方面表现为对年老、年幼、患病或其他没有独立生活能力的家庭成员，应当扶养而拒绝扶养的行为。本罪的主体为特殊主体，即对被遗弃人负有法律上的扶养义务，具有扶养能力的自然人。扶养义务是广义的，包括扶养义务、赡养义务和抚养义务。本罪的主观方面为直接故意。根据《刑法》第 261 条的规定，犯本罪的，处 5 年以下有期徒刑、拘役或者管制。

四十、拐骗儿童罪

拐骗儿童罪，是指拐骗不满 14 周岁的儿童，使其脱离家庭或者其监护人的行为。本罪的客体为他人的家庭关系以及儿童的合法权益。对象是不满 14 周岁的男女儿童。客观方面表现为拐骗不满 14 周岁的儿童，使其脱离家庭或者监护人的行为。如以出卖或勒索财物为目的而偷盗婴幼儿的，则以拐卖儿童罪或绑架罪论处。本罪的主体为一般主体。主观方面是直接故意。动机多为收养或役使。根据《刑法》第 262 条的规定，犯本罪的，处 5 年以下有期徒刑或者拘役。

四十一、组织残疾人、儿童乞讨罪

组织残疾人、儿童乞讨罪，是指以暴力、胁迫手段组织残疾人或者不满 14 周岁的未成年人乞讨的行为。本罪侵犯的客体是残疾人、未成年人的人身自由和人格尊严。本罪在客观上表现为以暴力、胁迫手段组织残疾人或者不满 14 周岁的未成年人乞讨的行为。所谓暴力，既包括对人身实行的强烈的打击或者强制，也包括对财物进行的强烈打击。本罪的主体为一般主体，即任何已满 16 周岁并具有刑事责任能力的自然人。本罪在主观方面出自故意，而且主要以牟利为目的。根据《刑法》第 262 条之一的规定，犯本罪的，处 3 年以下有期徒刑或者拘役，并处罚金；情节严重的，处 3 年以上 7 年以下有期徒刑，并处罚金。

四十二、组织未成年人进行违反治安管理活动罪

组织未成年人进行违反治安管理活动罪，是指组织未成年人实施盗窃、诈骗、抢夺、敲诈勒索等违反治安管理活动的行为。本罪的客体是复杂客体，既侵害了未成年人的人身自由及身心健康权利，同时还侵害了社会治安管理秩序。对象是未满 18 周岁的未成年人。客观方面表现为行为人实施了组织未成年人进行违反治安管理活动的行为；主体是

年满16周岁、具有刑事责任能力的自然人。主观方面出自故意。根据《刑法》第262条之二的规定，犯本罪的，处3年以下有期徒刑或者拘役，并处罚金；情节严重的，处3年以上7年以下有期徒刑，并处罚金。

第二十三章　侵犯财产罪

第一节　侵犯财产罪概述

一、侵犯财产罪的概念和特征

侵犯财产罪是指以非法占有为目的、攫取公私财物或者挪用、毁坏公私财物、破坏生产经营的行为。

侵犯财产罪的主要特征：

1. 犯罪客体是公共财产和公民私人合法财产的所有权。所谓“财产所有权”，是指所有人依法对自己的财产享有占有、使用、收益和处分的权利。占有权、使用权、收益权和处分权共同构成所有权的全部内容。本章犯罪在大多数情况下是对财产所有权的全部权能的侵犯。

侵犯财产罪的犯罪对象是具体的公私财产，可分为公共财产和私人财产两类。其具体形式各异，有生产资料、生活资料；有动产、不动产；有有形财产和无形财产（如电力、煤气等）；有实物、现金和其他含经济价值的权利凭证（如国库券、公债券、股票、签发的支票、汇款单、车票、船票、机票、邮票和邮寄包裹单、货物托运单、提货单等）。根据《刑法》第265条的规定，通信线路、电信码号等，也可以成为某些侵犯财产罪的对象。侵犯财产罪的犯罪对象必须是依法归国家、集体或者公民个人所有的财产。如果是无主财产或被原财产所有人放弃所有权的财产，即使有一定的经济价值，也不能成为侵犯财产罪的对象。但是必须指出，遗忘物、埋藏物不属于无主物，仍受法律的保护。我国《民法通则》第79条规定：“所有人不明的埋藏物、隐藏物，归国家所有。”我国《文物保护法》第4条规定：“中华人民共和国境内地下、内水和领海中遗存的一切文物，属于国家所有”，“古文化遗址、古墓葬、百窟寺属国家所有。”此外，根据我国《宪法》第9条的规定：“矿藏、水流、森林、山岭、草原、荒地、滩涂等自然资源，都属于国家所有”，其中一部分属于集体所有。《刑法》第270条第2款也明确规定：“将他人的遗忘物或者埋藏物非法占为己有，数额较大，拒不交出的，依照前款的规定处罚。”因此，不得把上述物品视为无主物而任意侵占。另外，要把无主物与遗失物、漂流物加以区别。遗失物、漂流物不是无主物，只是暂时脱离了所有者的控制与管理，其所有权仍应受到法律的保护，不允许他人非法侵占，拾得这些遗失物品或打捞的漂流物应当归还失主或者归公。

这里所指“公共财产”，根据我国《刑法》第91条的规定，是指国有财产和劳动群众集体所有的财产，以及用于扶贫和其他公益事业的社会捐助或者专项基金的财产。在国家机关、国有公司、企业、集体企业和人民团体管理、使用或者运输中的私人财产，以公共财产论。例如铁路承运的私人行李，邮局收寄的私人汇款等，均以公共财产论。因为这些私人财产一旦受到损失，其负有管理、使用或者运输责任的国家或集体单位要承担赔偿责任。我国《宪法》第 12 条规定："社会主义的公共财产神圣不可侵犯，国家保护社会主义的公共财产，禁止任何组织或者个人用任何手段侵占或者破坏国家的和集体的财产。"

所谓"公民私人所有财产"，根据《刑法》第 92 条和《民法通则》第 75 条的规定，是指公民私人所有的合法财产，包括公民的合法收入、储蓄、房屋、生活用品、文物、图书资料、林木、牧畜和法律允许公民私人所有的生产资料，个体户和私营企业的合法财产以及个人合法所有的股份、股票、债券和其他合法财产。《宪法》第 13 条还规定："国家保护公民的合法收入、储蓄、房屋和其他合法财产的所有权。国家依照法律规定保护公民私有财产的继承权。"

侵犯财产罪的客体是公私财产的所有权。因此，有必要把侵犯财产罪的对象与客体区分开来，划清侵犯财产罪与其他貌似侵犯财产犯罪的界限。以公私财产作为侵犯对象的犯罪并不都是侵犯财产罪，其性质取决于该公私财产被侵犯时所体现的社会关系和行为人的主观目的。

我国刑法对于非法占有的财产虽然不予保护，但非法财产也可以成为侵犯财产罪的对象，如行为人抢劫赌场上的赌资、盗窃走私物品、敲诈贪污的赃款、盗窃他人受贿所得的赃款等，同样可以构成犯罪。非法占有这些财产归根到底都属于国家、集体或者公民私人合法所有，其性质无异于非法占有合法所有的公私财产，因为这些非法取得的财产有其合法的持有人或所有人。追究行为人刑事责任并不意味着保护非法取得财产的人对财产的非法占有，而是保护原财产所有人的财产所有权。侵犯他人非法占有的财物，同样是危害社会的行为，构成犯罪的，仍应以侵犯财产罪论处。依法惩治侵犯他人非法占有财物的行为，并不是为了保护违法犯罪所得，这并非对非法占有财物的违法犯罪分子的保护，对于他们违法犯罪行为同样要依法处理，使他们各负其罪责，以维护社会治安秩序。

2. 犯罪客观方面表现为实施了各种侵犯公私财物的行为。其行为的表现形式是多种多样的，但概括起来，可以分为三种情况：第一种是以非法手段占有公私财物的行为。所谓"非法占有公私财物"，是指行为人意图并实施非法改变财物的所有权。对"非法占有"的理解，不仅仅限于将公私财物非法据为己有，也包括转归第三者（包括个人和集体）非法占有。例如集体经济组织的个别领导人组织、策划本单位人员盗窃国有企业、事业单位的财产供本单位使用的行为，虽未据为己有，仍应视为非法占有公私财物，构成盗窃罪，因为公私财产的所有权关系受到了侵犯。本章所规定的抢劫、盗窃、诈骗、抢夺、聚众哄抢、侵占、职务侵占、敲诈勒索等犯罪都属于非法占有公私财产的行为。第二种是非法挪用资金或者某些特定款物的行为。所谓"非法挪用"，是指严重违反财经管理及有关制度，利用职务上的便利，擅自把单位资金或某些特定款物移归本人、借贷他人使用或改变其原有特定用途，且在一定时间内不予归还的行为。本章规定的挪用单位资金罪、挪用特定款物罪就是以非法手段挪用公私财物的行为。第三种是毁坏公私财物的行为。所谓"毁坏”，是指采取捣毁、破坏或宰杀等手段，使公私财物丧失使用、收益和处分价值或者致使正常的生产经营停顿，造成重大经济损失的行为。本章规定的故意毁坏公私财物、破坏生产经营等犯罪都是属于毁坏公私财物的行为。

侵犯财产的犯罪行为是否造成经济损害以及损害大小，是衡量社会危害程度的主要因素，也是除抢劫罪外其他侵犯财产罪定罪量刑的重要根据。这类犯罪的既遂与未遂，除抢劫罪外，一般应当以公私财产所有权是否实际受到侵害为标准。

3. 犯罪主体多数是一般主体，其中只有职务侵占罪和挪用资金罪是特殊主体，只能由公司、企业及其他单位的非国家工作人员构成。如果是国家工作人员利用职务上的便利侵吞或挪用公共财产，构成犯罪的，应属于贪污贿赂罪章中的贪污罪或挪用公款罪等。根据《刑法》第 17 条的规定，除抢劫罪负刑事责任的年龄起点是已满 14 周岁，其他侵犯财产罪的刑事责任年龄均为已满 16 周岁。

4. 犯罪主观方面只能是故意，而且都是以直接故意构成，但故意内容又有所不同。大多数犯罪是以非法占有公私财物为目的，少数犯罪以挪用、毁坏或者以谋取财产性利益为目的。

促使犯罪分子实施这类犯罪的动机多种多样。非法占有公私财物的动机，大多出于好逸恶劳、享乐腐化、贪图钱财，少数是由于疾病、家庭困难和自然灾害或其他原因。故意毁坏公私财物的动机，往往是嫉妒、报复、打击、陷害、对境遇不满等。不同的犯罪动机反映了他们的主观恶性程度，属于犯罪情节，而不影响犯罪的成立。

二、侵犯财产的数额认定

侵犯财产罪通常以犯罪数额和犯罪情节作为衡量社会危害性大小的主要标准。除抢劫罪外，其他犯罪的构成都有数额较大的要求，如果数额较小，情节轻微，则不构成犯罪。此外，各种侵犯财产罪的法定刑大都按数额的不同，规定有轻重不同的幅度，数额的多少直接决定着刑罚的轻重。因此，侵犯财产数额的认定非常重要，是区分罪与非罪、重罪与轻罪的主要根据之一。

侵犯财产罪的犯罪对象除现金外，还包括实物和其他财产性利益，数额的认定不可避免地要涉及数额的计算。如何合理地计算数额？根据最高人民法院有关审理盗窃罪及其他侵犯财产罪的司法解释和司法实践经验，总的原则是既不让犯罪分子在经济上占到便宜，又要合情合理。具体而言，认定侵犯财产的数额时应当根据被侵犯物品的不同情况，按照不同的方法计算。主要有以下几种情况：

1. 实物的价格计算：被侵犯物为实物时，其价格应当以被侵犯物品价格的有效证明确定。对于不能确定的，应区别不同情况，根据被告人作案当时、当地的同类物品的价格，并按照一定的核价原则，以人民币计算：

(1)流通领域的商品，生产领域的成品以及进出口货物、物品按照市场零售价的中等价格计算。属于国家定价的，按照国家定价计算；属于国家指导价的，按照国家指导价的最高限价计算。

(2)生产领域的半成品比照成品价格折算。

(3)单位和公民个人的生产资料、生活资料等物品,原则上按购进价计算,作案当时市场价高于原购进价的,按当时市场价的中等价格计算。

(4)农副产品,按农贸市场同类产品的中等价格计算。大牲畜,按交易市场同等大牲畜的中等价格计算。

(5)金、银、珠宝等制作的工艺品,按国有商店零售价格计算。国有商店没有出售的,按国家主管部门核定的价格计算。黄金、白银按国家定价计算。

(6)不属于馆藏三级以上的一般文物(包括古玩、古书画等),按国有文物商店的一般零售价计算,或者按国家文物主管部门核定的价格计算。

(7)邮票、纪念币等收藏品、纪念品,按国家有关部门核定的价格计算。

2.有价支付凭证、有价证券、有价票证的价格计算:非法占有的财物为有价支付凭证、有价证券、有价票证时,其价格应按下列方法计算:

(1)不记名、不挂失的有价支付凭证、有价证券、有价票证,不论能否即时兑现,均按票面数额和案发时应得的孳息、奖金或者奖品等可得收益一并计算;股票按被侵犯的当日证券交易所公布的该种股票成交的平均价格计算。

(2)记名的有价支付凭证、有价证券、有价票证,如果票面价值已定并能即时兑现的,如活期存折、已到期的定期存折和已填上金额的支票,以及不需要证明手续即可提货的提货单等,按票面数额和案发时应得的利息或者可提货物的价值计算。如果票面价值未定,但已经兑现的,按实际兑现的财物价值计算;尚未兑现的,可作为定罪量刑的情节。不能及时兑现的有价支付凭证、有价证券、有价票证或者能及时兑现的有价支付凭证、有价证券、有价票证已被销毁、丢弃,而失主可以通过挂失、补领、补办手续等方法避免实际损失的,票面数额不作为定罪量刑的标准,但可作为定罪量刑的情节。

3.几种特殊情况的价格计算

(1)同种类的大宗被侵犯物品,被害人以多种价格购进,能够分清的分别计算;难以分清的,应当按此类物品的中等价格计算。

(2)被侵犯的物品在被侵犯后损坏的,仍按物品被侵犯的原价值计算,已被销赃、挥霍,无法追缴或者已被丢失、毁坏的,或者几经其手,最初的形态被破坏的,一般应当根据被害人、证人的陈述、证言和提供的有效凭证以及犯罪分子本人的供述,按照前述第一种方法计算。

(3)对已陈旧、残破或者使用过的被侵犯物品,应结合作案当时、当地同类物品的价格和被侵犯时的残旧程度,由有关部门作价。

(4)残次品,按主管部门核定的价格计算;废品,按物资回收利用部门的收购价计算;假货、劣货按假货、劣货的实际价值计算。

(5)被侵害人以明显低于被侵害当时、当地市场零售价购进的商品,应按照前述第一种方法计算。

(6)侵犯财产罪的销赃数额,作为量刑的情节考虑。但销赃数额高于计算数额的,则侵犯财产数额应按销赃数额计算。

(7)侵犯的物品为违禁品的,如毒品、淫秽物品等,应按侵犯财产罪处理,但不计算数额,根据情节的轻重量刑。

(8)被侵犯物品价格不明或者难以确定的,应当按照最高人民法院、最高人民检察院、公安部、国家计委《扣押、追缴、没收物品估价管理办法》委托指定的估价机构估价。

(9)对于多次侵犯财产构成犯罪,依法应当追诉的,应累计计算数额,定罪处罚。对于已经处理过的犯罪行为,即使以前处理偏轻,也不能重新计算其数额。

4.共同犯罪案件中的数额计算:根据刑法总则第26条、第27条的规定和有关司法解释的精神,对组织、领导、指挥犯罪集团的首要分子,应按照集团犯的总数额处罚;对于其他共同犯罪的主犯,应按其所参与、组织、指挥的犯罪的总数额处罚;对于共同犯罪的从犯按照参与的共同犯罪的总数额定罪。具体量刑时,应当根据犯罪分子在共同犯罪中的地位、作用和分赃数额等情节,依法从轻、减轻或者免除处罚。此外,共同犯罪后,犯罪分子具有自首、立功、未成年等法定从轻、减轻或者免除处罚情节的,可以或者应当依法从轻、减轻处罚或者免除处罚。具有坦白或者积极退赃等情节的,也可以酌情从轻处罚。

三、侵犯财产罪的种类

本章侵犯财产罪有14个条文,12个罪名,按照这些犯罪的主观目的和客观行为方式的不同,可以分为以下三类。

(一)利用各种手段非法占有公私财物的犯罪:如抢劫罪、盗窃罪、诈骗罪、抢夺罪、聚众哄抢罪、侵占罪、敲诈勒索罪等。

(二)利用职务侵犯公私财物的犯罪:如职务侵占罪、挪用资金罪、挪用特定款物罪等。

(三)毁灭、损坏公私财物的犯罪:如故意毁坏财物罪、破坏生产经营罪等。

第二节　侵犯财产罪分述

一、侵犯财产罪中的常见犯罪

(一)抢劫罪

1.抢劫罪的概念和特征

抢劫罪是指以非法占有为目的,当场使用暴力、胁迫或者其他方法强行将公私财物劫走的行为。

抢劫罪的主要特征:

(1)犯罪客体是复杂客体。既不仅侵犯了公私财产的所有权,同时也侵犯了被害人的人身权利,往往造成人身伤亡。这是抢劫罪区别于其他财产罪或一般的侵犯公民人身权利罪的主要标志,也是构成抢劫罪的两个必备条件。刑法分则将本罪作为最严重的一种侵犯财产罪,列在侵犯财产罪章之首。基于抢劫罪的最终目的是非法占有财物,只是在使用暴力、胁迫或者其他方法侵犯公私财产所有权时,侵犯了他人的人身权利,故本罪与刑法分则第四章规定的侵犯人身权利罪不同，将抢劫罪规定在侵犯财产罪中比较得当。

抢劫罪的侵犯对象，是属于国家、集体、个人所有的各种财物及他人人身。由于抢劫罪是当场劫取财物，故实践中被抢劫的财物只限于动产。非法侵占不动产的，不属于抢劫罪。如果采用暴力方法把不动产部分分离而抢走，这部分则变成了动产，那么也应构成抢劫罪。有人提出抢劫罪的对象除动产外还应包括不动产和取得财产上之不法利益，我们认为，强行霸占他人之不动产，或以暴力、胁迫逼使他人免除债约、承认股份或减除租金之类的行为，虽带有抢劫性质，但同刑法规定的抢劫罪之特征并不吻合，因此，值得研究。

(2)犯罪客观方面表现为对财物所有人、保管人、守护人当场使用暴力、胁迫或者其他方法当即抢走公私财物或迫使被害人立即交出财物的行为。这种当场对被害人身体实施强制而强行劫取财物的犯罪行为与犯罪手段，是抢劫罪的本质特征，也是该罪与盗窃罪、诈骗罪、敲诈勒索罪和抢夺罪的最显著区别点。

所谓“暴力”，是指对被害人的身体实行强力侵袭，如实施殴打、捆绑、禁闭、伤害、杀害等强暴行为，迫使被害人当场交出财物或直接把财物抢走。抢劫罪的暴力，是犯罪分子对被害人的身体进行打击或者强制，致使被害人不能抗拒。这种暴力是犯罪分子有意用来排除被害人抵抗从而劫取财物的手段。如果犯罪分子是在实施抢夺财物过程中，无意中伤害被害人的身体，情节较轻的，仍应定抢夺罪。伤害后果，一般可以作为从重处罚的情节予以考虑，如果造成被害人重伤，且行为人有过失，则应按抢夺罪和过失重伤罪合并处罚。

所谓“胁迫”，是指以对被害人当即实施暴力相威胁，实行精神强制，如加以杀害、伤害相威胁，使被害人不敢反抗，迫使被害人当场交出财物。抢劫罪的胁迫，是犯罪分子以对被害人立即实施暴力相威胁，实行精神强制，使其恐惧不敢反抗，被迫当场交出财物，或者强行劫走财物。这种胁迫，一般是针对被害人的，有时也可以是针对在场的被害人亲属的。胁迫的形式，可以表现为用语言或某种动作或示意进行威胁。胁迫的特点是：第一，当面对被害人或其亲属发出。第二，以立即实施暴力相威胁。第三，如遇反抗，会立即将暴力予以实现。第四，当场劫取财物。如果犯罪分子对被害人以将要揭露其隐私或以毁损其财产相威胁，限期交出一定数额的财物，则不构成抢劫罪，可构成敲诈勒索罪。

所谓“其他方法”，主要是指对被害人的身体施加某种影响，使其丧失反抗能力，如用酒灌醉，用药物麻醉，使被害人处于昏睡等不能反抗的状态而当场抢走财物。抢劫罪的其他方法，是指犯罪分子实施除暴力、胁迫方法之外的其他使被害人不知反抗或者丧失反抗能力的方法，当场劫走财物。如果犯罪分子只是利用被害人自己熟睡或醉酒状态而窃取其数额较大的财物的，则构成盗窃罪，而不构成抢劫罪。

认定抢劫罪，应以行为人取得财物所实际采用的方法为标准。如果行为人事先虽然策划使用暴力抢劫，但在现场却未使用暴力，而采用秘密窃取或乘人不备夺取财物，则应以盗窃罪或抢夺罪论处。

在抢劫罪的客观要件中，有两点是应当特别予以注意的。第一，行为人必须对被害人实施了强制性的行为，这是构成抢劫罪的基本条件，也是区分抢劫罪与抢夺罪的关键所在。所谓强制性包括三种情况：(1)暴力方法。是指对被害人的人身使用暴力，如捆绑、殴打、禁闭、伤害甚至杀害等足以使被害人的身体受到强制处于不能反抗或者不敢反抗的状态。(2)胁迫方法。是指对被害人以立即使用暴力相威胁,进行精神上的强制,使被害人产生恐惧感,不敢反抗。(3)其他方法。是指对被害人以用酒灌醉或者药物麻醉等方法,使被害人丧失反抗能力,无法反抗。需要说明的是被害人不能反抗、不敢反抗、无法反抗的状态必须是由行为人的强制性行为造成的,也就是说,行为人的强制性行为与被害人不能反抗、不敢反抗、无法反抗的状态之间具有刑法上的因果关系。如果是被害人由于自己的原因造成醉酒状态,或者是被害人处于昏睡状态,行为人拿走财物,不能认定为抢劫而只能是盗窃。第二,财物必须是当场取得,这是构成抢劫罪的重要条件。这一条件表明行为人的强制性行为与取得财物的结果之间在时间上、场合上具有统一性。至于抢劫行为实施的时间、地点,只能说明抢劫行为的情节,对构成抢劫没有影响。

(3)犯罪主体是一般主体,根据《刑法》第 17 条的规定,已满 14 周岁以上的人犯抢劫罪,应当负刑事责任。

(4)犯罪主观方面是直接故意犯罪,并且具有非法占有公私财物的目的。抢劫罪主观方面只能是直接故意,如果行为人只是抢回自己被他人非法占有的财物,而不具有非法占有他人财物的目的,则不构成抢劫罪。对民事借贷或其他财产纠纷中属于讨债不当的行为,由于不是以非法占有他人财物为目的,故不应以抢劫罪论处。

二、认定抢劫罪应当注意的问题

(1)抢劫罪与非罪的区别。抢劫罪是侵犯财产罪中危害最大、性质最严重的犯罪。在一般情况下,凡以非法占有为目的,用暴力、胁迫或其他方法强行劫取公私财物的行为,就构成抢劫罪。《刑法》第 263 条虽未明确规定构成抢劫罪的数额和情节,在立法上尚未规定抢劫的数额和情节的限制,但是按照《刑法》第 13 条之规定,如果行为人使用轻微的威胁手段进行抢劫,抢走很少数额的财物,如强索、抢吃少量食品,数额极其有限,情节显著轻微而危害不大的,应属一般违法行为,不宜认定为抢劫罪。

(2)在抢劫过程中由于使用暴力手段致被害人重伤、死亡的,只定抢劫一罪,不适用数罪并罚。但如果行为人事先只具有非法剥夺他人生命的目的,而抢劫财物是在杀人后实施的,应将故意杀人罪和抢劫罪分别定罪,实行数罪并罚。或者是在抢劫之后,为了灭口,又将被害人杀死的,也应将抢劫罪和故意杀人罪分别定罪,实行数罪并罚。

(3)关于转化型抢劫罪。注意《刑法》第 269 条关于盗窃、诈骗、抢夺罪转化为抢劫罪的特别规定。该条规定:犯盗窃、诈骗、抢夺罪,为窝藏赃物、抗拒抓捕或者毁灭罪证而当场使用暴力或者以暴力相威胁的,依照抢劫罪的规定定罪处罚。盗窃、诈骗、抢夺罪转化为抢劫罪的必须符合下述三个条件:①行为人必须首先实施了盗窃、诈骗或抢夺三种犯罪行为之一的。这是适用《刑法》第 269 条的前提条件。②行为人必须是当场使用暴力或者以暴力相威胁,这是适用《刑法》第 269 条的时间和手段条件。③行为人使用暴力或者以暴力相威胁的目的是为了窝藏赃物、抗拒抓捕或者毁灭罪证,这是适用《刑法》第 269 条的目的条件。实施暴力或以暴力相威胁的目的,是为了窝藏赃物、抗拒抓捕或者毁灭罪证。"使用暴力或以暴力相威胁",是指犯罪分子对抓捕的人故意实施殴打、伤害等危及他人身

体健康和生命安全的行为或以立即实施这些行为相威胁。如果暴力程度显著轻微或者无使用暴力加害他人的意图,只是为了挣脱抓捕而冲撞他人的,可不认为是使用暴力,仍按原来的罪论处。但是,如果有意以撞人的方法加害于他人而使其致伤或致死的,则适用《刑法》第 269 条以抢劫罪论处。使用暴力或以暴力相威胁必须是为了窝藏赃物、抗拒抓捕或者毁灭罪证。窝藏赃物是指犯罪分子防护已到手的赃物不让别人追回;抗拒抓捕是指犯罪分子抗拒公安人员或群众的抓捕扭送;毁灭罪证是指犯罪分子毁灭现场遗留的犯罪证据。如果犯罪分子不是出于上述目的而使用暴力或以暴力相威胁的,则不能适用《刑法》第 269 条,其行为构成犯罪的,应以有关罪名论处。只有上述三个条件同时具备,才能从盗窃、诈骗、抢夺罪转化为抢劫罪。

转化型抢劫罪的另一种情况:《刑法》第 276 条第 2 款规定,携带凶器抢夺的,应依照抢劫罪定罪处罚。显然,我国刑法将"携带凶器抢夺"的行为视为抢劫罪,这一规定是抢夺罪转化为抢劫罪的一种特殊情况。适用这一规定,必须具备以下两个条件:第一,行为人必须首先实施了抢夺行为。第二,在实施抢夺行为时携带了凶器。注意《刑法》第 267 条关于携带凶器抢夺即以抢劫罪认定的特别规定。只要行为人实施了抢夺行为,且在抢夺过程中身上携带有凶器,这就具备了认定的条件,而不考虑凶器是否使用。因为凶器如果使用了,就是典型的抢劫,正由于只携带而未使用,才将抢夺认定为抢劫。

(4)抢劫罪与绑架罪(以勒索财物为目的)的界限。两罪在犯罪客体、主体和主观方面基本相同,客观方面亦有相似之处。主要区别:①两罪的行为手段不尽相同。前罪通过当场使用暴力或以暴力相威胁的方法迫使被害人交出财物,或直接抢走财物;后罪是在将人掳走限制其自由后,以杀害、重伤被害人,威胁其家属亲友迫使其交出赎金。②两罪实施行为的时间和地点不同。前罪是当场使用暴力、威胁等强制手段,当场取得财物,侵犯财产所有权和侵犯被害人的人身权利均在同时、同地完成;后罪则是先绑架人质,然后勒令限期交付财物,侵犯人身权利和非法占有他人财物的行为有一定间隔,发生的地点一般不同。③犯罪对象不尽相同。前罪当场从被害人处劫走财物,只限于动产;后罪一般通过书信或第三者转达勒索财产的要求,被勒令交付财产者不是被绑架者,而是他的家属亲友等,财产可以是动产或不动产,也可以是财产性利益。④二者归属的类罪名不同。两罪均为复杂客体,前罪的主要客体是财产所有权;后罪的主要客体是他人的人身权利。因此前罪归入侵犯财产罪,后罪归入侵犯人身权利罪。

(5)抢劫罪与敲诈勒索罪的界限。两罪的界限主要是在同用胁迫方法实施犯罪时需划清:①威胁的方式不同。前罪是直接对着被害人提出的;而后罪既可对着被害人,也可以通过第三者或书信、电信等间接方式发出。②实施威胁的时间不同。前罪的暴力威胁是当场实施的;而后罪以暴力相威胁到付诸实施有一定的时间间隔。③威胁的内容不尽相同。前罪的威胁内容只能是当场可以实现的暴力侵害;而后罪的威胁内容较广泛,除可以是当场实现的暴力侵害外,也可以是当场不易实现的非暴力侵害,如揭发隐私,告发违法犯罪行为等。④获得财物的时间不尽相同。前罪是当场取得财物;而后罪则既可以当场也可以事后取得财物。

(6)抢劫罪的作案现场,无论是拦路抢劫、入室抢劫,都不影响抢劫罪的成立。至于犯罪分子持械结伙在海上抢劫船载的货物或旅客财物的，国外法律定为海盗罪，我们认为，在我国立法未作出新的规定前，仍以抢劫罪论处。

三、抢劫罪的处罚

根据《刑法》第 263 条的规定，犯抢劫罪的，处 3 年以上 10 年以下有期徒刑，并处罚金；有下列情形之一的，处 10 年以上有期徒刑、无期徒刑或者死刑，并处罚金或者没收财产：(1)入户抢劫的；(2)在公共交通工具上抢劫的；(3)多次抢劫或者抢劫数额巨大的；(4)抢劫致人重伤、死亡的；(5)冒充军警人员抢劫的；(6)持枪抢劫的；(7)抢劫军用物资或者抢险、救灾、救济物资的。

(二)抢夺罪

1.抢夺罪的概念和特征

抢夺罪是指以非法占有为目的，乘人不备，公然夺取数额较大的公私财物的行为。

抢夺罪的主要特征：

(1)犯罪客观方面表现为乘人不备，公然夺取数额较大的公私财物的行为。其特点是：①行为是公开进行的。"公开进行"的含义不仅包括在公共场所或当着众人进行，还应包括在财物所有人的当面或者采用可以被人立即发觉的方法夺取财物。有的是直接从被害人手中或身上用力夺走财物，有的是拿起被害人放在身边的财物等等，这是抢夺罪与盗窃罪的主要区别。②行为人夺取财物时并没有使用暴力或以暴力相威胁等侵犯被害人人身的手段，而是乘被害人没有思想准备而把东西抢走，当东西被抢以后，被害人才清醒过来。而作为抢劫罪的被害人，则往往是财物被抢之前就已经意识到了(除抢劫罪中的其他方法外)。③抢夺的财物必须数额较大。

抢夺特定的财物，如枪支、弹药、爆炸物品等，按刑法有关规定定罪处罚，不以抢夺罪论处。

根据《刑法》第 267 条第 2 款的规定，行为人携带凶器抢夺的，以抢劫罪定罪处罚。

(2)犯罪主观方面必须具有非法占有公私财物的目的。实践中有的行为人为了称王称霸、欺行霸市而公然夺取他人少量货物、物品等行为，由于这种行为主观上通常不具备非法占有的目的，一般不以抢夺罪论处。如果情节严重、社会危害大，可按照刑法的其他犯罪论处。

2.抢夺罪的处罚

根据《刑法》第 267 条的规定，抢夺公私财物，数额较大的或者多次抢夺的，处 3 年以下有期徒刑、拘役或者管制，并处或者单处罚金；数额巨大或者有其他严重情节的，处 3 年以上 10 年以下有期徒刑，并处罚金；数额特别巨大或者有其他特别严重情节的，处 10 年以上有期徒刑或者无期徒刑，并处罚金或者没收财产。携带凶器抢夺的，依照《刑法》第 263 条的规定处罚。

（三）诈骗罪

1.诈骗罪的概念和特征

诈骗罪是指以非法占有为目的，用虚构事实或者隐瞒真相的方法，骗取数额较大的公私财物的行为。

诈骗罪的主要特征：

(1)犯罪客体是公私财产所有权。用欺骗手段骗取其他非法利益的，例如伪造证明骗取登记而重婚的、利用迷信骗奸妇女等等，不能以诈骗定罪，应当根据其所侵犯的客体，依照刑法规定定罪。对刑法另有规定的诈骗特定财物构成的犯罪，不定诈骗罪，按有关法律规定定罪，如骗取出口退税款罪。

(2)犯罪客观方面表现为实施了虚构事实或者隐瞒真相的方法骗取数额较大的公私财物的行为。所谓“虚构事实”，是指捏造并不存在的事实，骗取被害人的信任，使其“同意或自愿”交出财物。行为人可以虚构全部事实，也可以虚构部分事实，但必须骗取被害人的信任。所谓“隐瞒真相”，就是对被害人掩盖某种客观存在的事实，使之陷入错误认识，以此欺骗被害人“同意或者自愿”交出财物。上述两种方法，行为人往往交替使用。虚构事实和隐瞒真相，以欺骗方法占有财物是诈骗罪区别于抢劫、抢夺、盗窃、敲诈勒索、侵占等其他侵犯财产罪的主要特征。诈骗的具体方法多种多样，如编造谎言、假冒身份，骗取钱财；伪造、涂改单据，冒领财物；伪造公文、证件、印章，骗取财物；以帮助他人看管、提拿、代购、代买为名，以恋爱、结婚为诱饵等骗取钱财。“骗取”公私财物，是指行为人故意编造虚假情况或隐瞒事实真相，使公私财物所有人、管理人信以为真，从而将公私财物“自愿地”交出。这种“自愿”并不是财物所有人、管理人的真实意愿，而是被犯罪分子制造的假象所迷惑而上当受骗的结果。“骗”是诈骗罪的突出特点，是与其他侵犯财产罪相区别的重要标志。

诈骗公私财物数额较大的，才构成诈骗罪。所谓“数额较大”，法律无明文规定，以最高司法机关的司法解释为标准。

(3)犯罪主体为一般主体。

(4)犯罪主观方面是直接故意，并且具有非法占有公私财物的目的。无论所骗财物归自己挥霍享用，还是转归第三者，都不影响本罪的成立。

2.认定诈骗罪应当注意的问题

(1)诈骗罪与民间借贷纠纷的区别。借贷纠纷是一种民事法律纠纷，它和以借贷为名进行诈骗有着本质的区别。诈骗者是通过借贷骗取他人财物，根本无归还的意思，应属诈骗罪。而民间借贷纠纷则不具有非法占有公私财物的目的，对借贷打算偿还。对两者可以从分析借贷的原因、不能偿还的原因及行为人对不能偿还的态度多方面加以区别。

(2)诈骗罪与金融诈骗罪的区别。从犯罪客体看，前者侵犯的是公私财产的所有权，后者侵犯的主要是各种金融管理制度。从犯罪主体看，前者是自然人，后者除贷款诈骗罪、信用卡诈骗罪的主体是自然人外，其他金融诈骗罪则既可以由个人也可由单位构成。另外，各种金融诈骗罪在犯罪客观方面都规定了较明确、具体的诈骗手段或只能发生在某些特殊方面，而诈骗罪则无此限制。

(3)诈骗罪与合同诈骗罪的区别。从犯罪客体看，前者是侵犯财产罪，后者则是破坏社会主义市场经济秩序罪。从犯罪客观方面看，前者未作任何限定，后者则要求必须是在签订、履行合同的过程中，以各种特定的欺诈性手段，骗取对方当事人数额较大的财物的行为。

(4)划清以代人购物为名的诈骗罪与代人购物拖欠货款行为的界限。前者是以代人购物作为诈骗的手段，行诈骗他人货款之实，既无替人购物之意，也无归还他人货款之心；后者是代人购物未按时买到货物，而货款被暂时挪作他用，但主观上确实打算归还他人的货款，无非法占有的目的。

(5)本罪与盗窃罪的界限。两罪在犯罪主体、主观方面及侵犯的客体上虽然基本相同，但在一般情况下不难区分。只有当盗窃行为与欺骗行为联结在一起时，才会使两罪混淆，应注意区分。两罪区分的关键在于非法占有财物的基本手段是骗取还是窃取。例如，盗窃空白发货票或没有盖章的空白支票，用自填金额和伪造公章的方法骗取财物的，或者盗窃公章，伪造证明，骗领财物的，非法取得财物的主要方式是蒙蔽他人，盗窃行为并不直接获得所要非法占有的财物，而只是为实现诈骗创造条件，故这类情况应认定为诈骗罪。反之，盗窃能立即兑现的有价证券或票证，如印鉴齐全的支票，不留储户印鉴的活期储蓄存折，然后冒名骗领、骗购财物的，则应定为盗窃罪，因为行为人窃取了这些有价证券或有价票证，就能凭借窃取的有价证券、有价票证支配财物，欺骗在占有财物过程中不起主要作用。

(6)本罪与其他带有诈骗性质的犯罪的界限。刑法规定的许多犯罪在手段上均具有欺诈性，如招摇撞骗罪、生产、销售伪劣商品罪、集资诈骗罪、保险诈骗罪、骗取出口退税罪等。上述犯罪均与诈骗罪具有某些相同之处，但往往在其侵犯的客体、行为对象、行为方式、主观故意等方面存在差别，不能笼统地认定为诈骗罪。因此，《刑法》第 266 条规定："本法另有规定的，依照规定。"在认定这类案件性质时要注意，以诈骗方法骗取财物，刑法另有规定的，依照规定。所谓"另有规定的，依照规定"是指刑法分则中的其他条文对采用虚构事实、隐瞒真相骗取财物行为的特别规定，如金融诈骗罪中的集资诈骗罪、贷款诈骗罪、票据诈骗罪、金融凭证诈骗罪、信用证诈骗罪、信用卡诈骗罪、有价证券诈骗罪、保险诈骗罪以及骗取出口退税罪、合同诈骗罪等等。由于刑法条文已经对这些特殊的诈骗罪作了专门规定，不再适用诈骗罪的规定定罪处罚，而是以专门规定定罪处罚。

例如诈骗罪与其相近的其他犯罪的界限：①诈骗罪与招摇撞骗罪的界限。招摇撞骗罪是假冒国家工作人员的身份进行欺骗，不仅骗取他人的财物，而且还骗取荣誉、职务、职称、福利待遇，甚至他人的"爱情"；而诈骗罪只限于骗取他人财物。在犯罪客体和犯罪的主观目的上，二者也不尽相同。但是，应当指出，如果犯罪分子冒充国家工作人员，骗取财物数额特别巨大，情节非常严重的，应按处理牵连犯的原则以诈骗罪从重处罚。②诈骗罪与非法经营罪的界限：一是客体不同。非法经营罪的客体是国家金融、外汇、金银、物资和工商管理制度；而诈骗罪的客体是公私财产所有权。二是客观行为方式的主要方面不同。非法经营罪主要是通过非法的工商业活动牟取非法利润，即使有某些掺杂使假、以次充好，缺尺少秤等欺骗行为，但仍具有交易的形式、内容和性质；而诈骗罪则是以虚构事实或者隐瞒真相的方法，非法占有公私财物，它既无交易的形式、内容和性质，也无须通过工商业活动来达到非法占有的目的。因此，对于以买卖为名，虚设骗局，而骗取公私财物的，应以诈骗罪论处。

3.诈骗罪的处罚

依照《刑法》第266条的规定，犯本罪的，处3年以下有期徒刑、拘役或者管制，并处或者单处罚金；数额巨大或者有其他严重情节的，处3年以上10年以下有期徒刑，并处罚金；数额特别巨大或者有其他特别严重情节的，处10年以上有期徒刑或者无期徒刑，并处罚金或者没收财产。本法另有规定的，如金融诈骗罪等，依照规定。

（四）盗窃罪

1.盗窃罪的概念和特征

盗窃罪是指以非法占有为目的，秘密窃取公私财物数额较大或者多次窃取公私财物的行为。

盗窃罪的主要特征：

（1）犯罪客体是公私财产所有权。犯罪对象是国家、集体或公民合法所有的各种有价值的财物，包括有形的动产和具有经济价值的某些无形物，如电力、煤气、天然气、重要的技术成果、长途电话账号、电信码号等等。另外，信用卡、增值税专用发票等也可成为盗窃罪的犯罪对象。

这里的财物一般是指动产和从不动产拆卸分离出来的物品，如房屋上的门窗、砖瓦，土地上生长的树木和作物等。从财物形态上看，主要是有形物品，但无形物品如电力、煤气、天然气等，也可成为盗窃的对象。如果盗窃无形能源（电力、燃气等）足以危害公共安全的，则应按有关危害公共安全的犯罪论处。《刑法》第265条规定的关于以牟利为目的，盗接他人通信线路，复制他人电信码号或者明知是盗接、复制的电信设备、设施而使用的行为按盗窃定罪处罚。

（2）犯罪客观方面表现为秘密窃取数额较大的公私财物或者多次盗窃公私财物的行为。

“秘密窃取”，是指行为人主观上自认为采取公私财物的所有人、管理人不会发觉的方法，将财物非法占有的行为。例如撬门入室窃走财物；在公共汽车上掏兜扒窃；或撬门扭锁、挖洞打墙、破窗入户盗窃；有的以某种欺骗手段作掩护行窃等。秘密窃取是盗窃罪区别于抢劫、抢夺、诈骗、敲诈勒索等其他侵犯财产罪的主要标志。秘密窃取是行为人采取自以为不被财产所有人、保管人、持有人发觉的办法，将财物非法占为己有。应当注意的是：秘密窃取一般指取得财物是在暗中进行的，如果财物到手后被发现而公开携财逃跑或使用骗术脱身，仍属秘密窃取的范畴。秘密窃取是行为人自以为不被发觉，并不等于第三人和财产持有人不知道，即使在窃取财物时被财产持有人或其他人发现，也不改变秘密窃取的性质。秘密窃取的具体手段很多，概括起来大体有下列四类：（1）在财产持有人不在场的情况下，将财物盗走，如入室盗窃。（2）在财产持有人在场但不知道的情况下，将财物盗走,如在公共场所扒窃。(3)施展骗术,在财产持有人不注意的情况下窃走财物。(4)利用高新技术的方法进行秘密窃取,如使用计算机进行盗窃等。

所谓"盗窃数额",是指行为人实施盗窃行为已窃取的公私财物数额。"数额较大"具体由司法解释加以确定。被盗物品数额的计算,分为实物和凭证两类,应当区别不同情况,根据作案当时、当地的同类物品的价格或平均价格,以人民币分别计算。盗窃公私财物数额较大的,才能构成犯罪。数额不够较大,情节显著轻微危害不大的,如小偷小摸行为,不构成犯罪。根据最高人民法院于1997年11月4日作出的《关于审理盗窃案件具体应用法律若干问题的解释》的规定,数额较大是指个人盗窃公私财物价值人民币500元至2000元以上,各省、市(直辖市)、自治区司法机关根据当地经济发展状况和社会治安情况,在上述幅度内确定一个适当的起点数额。多次盗窃未作过处理的,应将数额累加计算。盗窃数额仅指实际价值和直接损失,不包括间接损失,也不是指低价销赃所得赃款数额。在计算被盗物品的价值时,应当以案发当时当地的市场零售价格为计算依据。还要注意的是,数额较大虽然是构成盗窃罪的一个重要条件,但并不是唯一条件,还要结合案件的其他情节予以考虑。数额较大在通常情况下,是指已经窃得的数额,但在某些特定的情况下,即使盗窃未遂也要定罪判刑。例如潜入银行金库、博物馆等处,以盗窃巨额钱财、珍贵文物为目标的。

所谓"多次盗窃",是指盗窃3次以上,包括3次。多次盗窃是构成盗窃罪的另一标准。根据最高人民法院上述司法解释,"多次盗窃"是指一年之内入户盗窃或者在公共场所扒窃3次以上,都属于多次盗窃的范畴,也应当按照盗窃罪的规定定罪处罚。如果行为人的盗窃既具备数额较大的情节,又具备多次盗窃的情节,只以数额较大的情节定罪即可。

(3)犯罪主观方面出自故意,并且具有非法占有公私财物的目的。如果行为人误把公共财物或他人财物当作自己的财物而拿走的,或者未经他人同意,暂时使用或借用其财物,用毕归还的,或者将债务人财物拿作抵押的,这些均不具有非法占有的目的,不能以盗窃罪论处。

2.认定盗窃罪应当注意的问题

(1)划清罪与非罪的界限。盗窃数额虽是认定盗窃罪的一个主要的标准,但不是唯一标准。除《刑法》第264条明文规定"或者多次盗窃的"这一情节外,其他犯罪情节如作案的原因、地点、手段、结果以及事后的认罪态度、退赃情况等,也是需要加以认真考虑的,这样才能做到正确地定罪量刑。"数额较大"和"多次盗窃"是构成盗窃罪的两个选择性标准。未达到数额较大(含已窃得的和可窃得的),情节较轻的,不能以犯罪论处。多次盗窃,一般指3次以上,但并非只要偷窃了3次就构成犯罪,而是要结合犯罪情节加以考虑。如在公共场所、公共交通工具上或入户进行盗窃的,以及曾因偷窃受过治安行政处罚的,一般应以盗窃罪论处。但因生活所迫多次小偷小摸生活用品或食物,数额也未达到较大的,不应按犯罪处理。

盗窃公私财物接近数额较大的起点,具有下列情形之一的,可以追究刑事责任:①以破坏性手段盗窃造成公私财产损失的;②盗窃残疾人、孤寡老人或者丧失劳动能力人的财物的；③造成严重后果或者具有其他恶劣情节的。

盗窃公私财物虽已达到数额较大的起点，但情节轻微，并具有下列情形之一的，可不作为犯罪处理：①已满16周岁不满18岁的未成年人作案的；②全部退赃、退赔的；③主动投案的；④被胁迫参加盗窃活动，没有分赃或者获赃较少的；⑤其他情节轻微、危害不大的。

(2)盗窃罪的犯罪对象一般限于公共财物或私人财物。对于盗窃自己家里的财物或者近亲属的财物，一般不按犯罪处理，如果确有追究刑事责任必要的，亦与在社会上作案有较大区别。即要把偷拿自己家里或近亲属的财物，同在社会上作案盗窃加以区别。所谓"近亲属"，根据我国《刑事诉讼法》的规定，是指夫、妻、父、母、子、女、同胞兄弟姊妹。偷窃近亲属的财物，应包括偷拿已分居生活的近亲属的财物。偷拿自己家里的财物，既包括偷拿共同生产的近亲属的财物，也包括偷拿共同生活的其他非近亲属的财物。对于此类案件，一般可不按盗窃罪处理。

(3)盗窃罪与盗窃机器设备及其零部件而构成的破坏生产经营罪的界限。如果盗窃行为是以破坏生产经营为目的的，应以破坏生产经营罪论处；否则，仍应以盗窃罪论处。但是，如果被盗窃物品的价额巨大，同时也破坏了生产经营，按照处理想象竞合犯的原则，应择一重罪处罚，以盗窃罪论处，因为盗窃数额巨大的，其法定刑重于破坏生产经营罪。

(4)盗窃罪与盗窃枪支、弹药、爆炸物罪和盗窃公文、证件、印章罪的界限。后两种犯罪对象都是特定的，前者是不特定的。如果盗窃的公文、证件是财产凭证，如拨款单、提货单等，借以取得财产的，仍应以盗窃罪论处。对于在盗窃他人财物时，由于不知内情一同盗来枪支、弹药、爆炸物或公文、证件、印章的，因为行为人并无盗窃这些物品的故意内容，仍应以盗窃罪论处。但是，如果犯罪分子又利用这些物品进行其他犯罪活动或者法律规定私藏这些物品又构成犯罪的，应分别单独定罪同盗窃罪一起并罚。

(5)剽窃他人著作、盗用技术成果的行为，一般按民事侵权行为处理；构成犯罪的，按有关侵犯他人知识产权犯罪处理。但是，如果盗窃重要技术成果，获取非法利益，情节严重，又不能按侵犯知识产权犯罪追究刑事责任的，则应按盗窃罪处理。

(6)盗墓窃财，数额较大或者多次盗墓窃财的，构成盗窃罪。如盗掘的是具有历史、艺术科学价值的古墓葬，则按盗掘古文化遗址、古墓葬罪论处。

(7)盗伐林木或其他林木，一般按盗伐林木罪处理。但是如果盗窃的是他人已采伐下的木材，数额较大，或多次进行盗窃的，以盗窃罪论处。

(8)正确理解和掌握《刑法》第265条的规定。《刑法》第265条规定："以牟利为目的，盗接他人通信线路，复制他人电信码号或者明知是盗接、复制的电信设备、设施而使用的，依照本法第二百六十四条的规定定罪处罚。"这是关于三种特定形式的行为按盗窃罪定罪处罚的规定。构成本条规定的盗窃罪必须具备以下三个条件：

①主观上必须有牟利的目的。这里的"以牟利为目的"，是指意图无偿地非法使用或者出租、转让他人的通信线路、电信码号等电信设备、设施，以获取经济上的非法利益。

②客观上必须实施了盗接他人通信线路，复制他人电信码号或者明知是盗接、复制的电信设备、设施而使用的行为之一。所谓盗接，是指未经权利人的同意，采取秘密的方法

连接他人的通信线路无偿地使用，从而给权利人造成损失的行为。所谓复制他人电信码号，主要是指取得他人的电信码号后非法加以复制，而后无偿使用或者非法出租、出借、转让的行为。

③必须给权利人造成数额较大的经济损失或者有其他严重情节。我们认为，既然刑法规定对上述三种行为依照盗窃罪的规定定罪处罚，就不能不受盗窃罪数额和次数的限制，因此，实施本条的行为也应以造成数额较大的经济损失或具有多次盗接或复制的严重情节，作为构成犯罪的重要标准。

(9)本罪与某些危害公共安全罪的界限。在司法实践中，有些盗窃行为指向特定的对象，如交通工具、设备、电力或通信设备、枪支、弹药、爆炸物等。有些盗窃行为则以爆炸、投毒等手段来完成，可能危及公共安全。对这类情况应分别不同情况处理。

①盗窃正在使用中的交通工具、交通设备、电力、燃气设备、易燃易爆设备、通信设备或者上述设备上的重要零部件，足以使上述设备不能正常运转，有危害公共安全的危险，或者造成严重后果的，应根据刑法有关危害公共安全的犯罪处理。反之，盗窃上述设备或设备之零部件，不足以危害公共安全的，则仍应以盗窃罪论处。

②故意盗窃枪支、弹药、爆炸物的，应认定为危害公共安全的犯罪。如果行为人没有盗窃枪支的故意，只是在盗窃的他人财物中意外地窃得了枪支弹药，仍以盗窃罪论处。但是，如果行为人又利用枪支弹药进行其他犯罪活动的，应分别定罪并与盗窃罪合并处罚。

③出于盗窃的故意，毒死或炸死较大数量的鱼，将其偷走，未引起其他严重后果的，应定盗窃罪；如果不顾人畜安危，向供饮用的池塘中投放大量剧毒药物，或者向水库中投掷大量炸药，严重危及公共安全，致人重伤、死亡或者使公私财产遭受重大损失的，应定投毒罪或者爆炸罪。

(10)盗窃罪与其他罪的界限：

①为盗窃其他财物，盗窃机动车辆当犯罪工具使用的，被盗机动车辆的价值计入盗窃数额。为实施其他犯罪盗窃机动车辆的，以盗窃罪和所实施的其他犯罪实行数罪并罚。为实施其他犯罪，偷开机动车辆当犯罪工具使用后，将偷开的机动车辆送回原处或者停放在原处附近，车辆未丢失的，按照其所实施的犯罪从重处罚。为练习开车、游乐等目的，多次偷开机动车辆，并将机动车辆丢失的，以盗窃罪定罪处罚。在偷开机动车辆过程中发生交通肇事构成犯罪，又构成其他犯罪的，应当以交通肇事罪和其他犯罪实行数罪并罚。偷开机动车辆造成车辆损坏的，按照刑法关于毁坏财物罪的规定定罪处罚。偶尔偷开机动车辆，情节轻微的，可不认为是犯罪。

②实施盗窃犯罪，造成公私财物损毁的，以盗窃罪从重处罚；又构成其他犯罪的，择一重罪从重处罚。盗窃公私财物未构成盗窃罪，但因采用破坏性手段造成公私财产损毁数额较大的，以故意毁坏财物罪定罪处罚。盗窃后，为掩盖盗窃罪行或者报复等，故意破坏公私财物构成犯罪的，应当以盗窃罪和构成的其他罪数罪并罚。

③盗窃技术成果等商业秘密的，按照《刑法》第 219 条侵犯商业秘密罪的规定定罪处罚。

(11)本罪既遂与未遂的界限。盗窃罪的成立一般以窃取公私财物数额较大为条件，但这不意味着盗窃罪不存在着未遂。根据司法解释,盗窃未遂,情节严重,如以数额巨大的财物或者国家珍贵文物等为盗窃目标的,应当定罪处罚。

【观点论争】

对于盗窃罪既遂与未遂的区分标准,主要有以下几种观点:①"转移说",即以行为人是否把财物从原处转移为标准。②"接触说",以行为人是否实际接触到财物为标准。③"藏匿说",以行为人是否把被盗财物隐藏起来为标准。④"失控说",以财产持有人是否失去对财产的控制为标准。⑤"控制说",以行为人是否实际控制财产为标准。⑥"失控加控制说",以财产持有人是否失去对自己财产的控制和犯罪嫌疑人是否实际控制该财产为标准。

我们认为,盗窃是否既遂,关键在于盗窃行为是否对刑法禁止盗窃所意图维护的合法权益即财产所有权造成损害,造成实际损害的即为既遂。当盗窃行为使财产持有人失去对财产的控制时,即表明盗窃行为已经使他人的财产所有权处于受实际损害的状态,是为盗窃既遂。因此,我们赞同"失控说"。

3.盗窃罪的处罚

依照《刑法》第264条的规定,犯本罪的,处3年以下有期徒刑、拘役或者管制,并处或者单处罚金;数额巨大或者有其他严重情节的,处3年以上10年以下有期徒刑,并处罚金;数额特别巨大或者有其他特别严重情节的,处10年以上有期徒刑或者无期徒刑,并处罚金或者没收财产;有下列情形之一的:①盗窃金融机构,数额特别巨大的;②盗窃珍贵文物,情节严重的,处无期徒刑或者死刑,并处没收财产。

根据最高人民法院的上述司法解释,数额巨大是指个人盗窃公私财物价值人民币5000元至2万元以上;数额特别巨大是指个人盗窃公私财物价值人民币3万元至10万元以上。

盗窃数额达到"数额较大"或者"数额巨大"的起点,并具有下列情形之一的,可以分别认定为"其他严重情节"或者"其他特别严重情节":①犯罪集团的首要分子或者共同犯罪中情节严重的主犯;②盗窃金融机构的;③流窜作案危害严重的;④累犯;⑤导致被害人死亡、精神失常或者其他严重后果的;⑥盗窃救灾、抢险、防汛、优抚、扶贫、移民、救济、医疗款物,造成严重后果的;⑦盗窃生产资料,严重影响生产的;⑧造成其他重大损失的。

"盗窃金融机构",是指盗窃金融机构的经营资金、有价证券和客户的资金等,如储户的存款、债券、其他款物,企业的结算资金、股票。不包括盗窃金融机构的办公用品、交通工具等财物。

"盗窃珍贵文物,情节严重",主要是指盗窃国家一级文物后造成损毁、流失,无法追回;盗窃国家二级文物3件以上或者盗窃国家一级文物1件以上,并具有前述"其他特别严重情节"列举的第(1)、(3)、(4)、(8)情节之一的行为。

盗窃信用卡并使用的,其盗窃数额应当根据行为人盗窃信用卡后使用的数额认定。

对于依法应当判处罚金刑的盗窃犯罪分子,应当在1000元以上盗窃数额的二倍以下判处罚金;对于依法应当判处罚金刑,但没有盗窃数额或者无法计算盗窃数额的犯罪分子,应当在1000元以上10万元以下判处罚金。

（五）侵占罪

1.侵占罪的概念和特征

侵占罪是指以非法占有他人财物为目的，将代为保管的他人财物或者他人的遗忘物、埋藏物非法占为己有，数额较大，拒不交还的行为。

侵占罪的主要特征：

(1)犯罪客体是他人的财物所有权。

(2)犯罪客观方面表现为将代为保管的他人财物或者他人的遗忘物、埋藏物非法占为己有，数额较大，拒不交还的行为。在侵占罪的客观要件中，需要把握三个要点。第一，行为人必须具有非法占有他人财物的行为，这是构成侵占罪的前提条件。这里所说的非法占有，是指行为人侵犯他人的财产利益，侵吞、占有、使用或者处分他人的财物。他人的财物是指：①他人委托自己代为保管的他人财物。这里的他人财物，既可以是他人的个人财物，也可以是单位的财物。②他人的遗忘物。遗忘物是指财物的所有人或者持有人由于不慎而暂时失去占有、控制的财物。③地下的埋藏物。埋藏物是指埋藏于地下的财物，埋藏物除了有明确个人归属的以外，所有权都属于国家。第二，侵占的财物必须达到数额较大的程度，这是构成侵占罪的数额条件。第三，行为人必须具有拒不退还或者拒不交出的行为，这是构成侵占罪的行为条件。如果行为人虽然有非法占有自己代为保管的他人财物、遗忘物、埋藏物的行为，但一经要求其退还或者交出立即退还或者交出，则不构成侵占罪。

(3)犯罪主体是一般主体。

(4)主观方面是故意，并且具有非法占有他人财物的目的。

2.认定侵占罪应当注意的问题

(1)侵占罪与不当得利的区别。“不当得利”，是指无法律依据而使他人的合法利益受到损害，这种受损害的利益却被不应得到该利益的人所获得，即为不正当利益。它与侵占罪都表现为非法占有他人财物，但二者有本质的区别：①二者产生占有他人财物故意形成的时间不同。侵占罪行为人非法占有的故意产生于实施侵占行为之前；不当得利的受益人非法占有的故意，在取得不当利益之前根本没有产生。②二者行为有主动与被动之分。侵占罪的行为人对于非法占有他人财物这一事实的发生是积极主动促成的；不当得利这一事实的出现，是由于受害人的疏忽、过错造成的，受益人获得不当得利是被动的。③行为性质和法律后果不同。侵占财物数额较大是一种犯罪行为，行为人既要被追究刑事责任，也要依法承担民事赔偿责任；而不当得利的行为是一种轻微的民事违法行为，不当得利的受益人只需承担返还该获得利益的民事责任。

(2)如何认定拒不退还和拒不交出的行为。对此应区分以下几种情况：①有证据证明财产的所有者，而犯罪行为人拒绝退还，或者同意归还，但擅自处理财物，实际无法归还的，属拒不退还。②有证据证明犯罪行为人所持财物为拾得遗忘物或埋藏物，司法机关要求交出而不予交出的，属拒不交出；财产所有人有证据证明上述物品属其所有，犯罪行为人不予交出的，属拒不交出。③行为人在合法所有者明确提出交还主张以前，已经处理了该财物，事后承认并答应赔偿的，不属于拒不退还或拒不交出。④遗忘物、埋藏物所有人的证据足以证明行为人所持财物是拾得物，但不足以证明属己所有时，行为人不予交出的行为不构成本罪，但如果是司法机关要求行为人交出财物，其拒不交出的，应认定符合本罪中“拒不交出”的内涵。

(3)怎样理解“遗忘物”与“丢失物”的关系。就概念本身而言，二者是有明显区别的。作为失主，其对物品所存的主观记忆也是不相同的。但是如果只按照法律对拒交他人遗忘物的行为定罪处理，而无视对拒交他人遗失物行为，显然与立法精神不符。那么如何界定“遗忘物”呢？我们认为，由于这里是分析刑法犯罪构成问题，因此应当从犯罪主体的心态分析行为是否符合法律规定，就失主的主观意识而言，其行为既可能是遗忘也可能是丢失，但对于犯罪行为人而言则无法得知失主对落失物的主观意识。所以这里遗忘的概念是犯罪行为人主观认识的结果，而不是丢失人的客观心态。例如，出租车司机侵占乘客留在车内的财物，尽管对乘客而言，财物可能是丢失了，也可能是遗忘在车内，但对司机而言，均属他人遗忘物，如果数额较大且拒不交出的，应认定为本罪。再如，售货员侵占顾客留在柜台上的财物，尽管对顾客而言财物是遗失了，但对售货员而言，其应属他人遗忘的物品。

(4)本罪是亲告罪。本罪属于告诉才处理的犯罪，不属于公诉案件，必须由被害人或其近亲属自己到人民法院提起诉讼，法院才予以受理。当被害人受到强制、威吓而无法告诉时，法律则允许人民检察院进行告诉。

侵占罪与盗窃罪的区别。两罪的客体、主观方面、主体均相同。二者的主要区别：①犯罪形成的时间不同。前罪非法占有的故意产生于持有他人财物之后；后罪非法占有的故意则产生于持有他人财物之前。②客观方面不同。前罪行为人在实施侵占行为时被侵害之物已在其实际控制之下，以种种借口或采取各种手段拒不归还或拒不交予物主；后罪行为人在实施非法占有公私财物的行为时，并未控制财物，只是通过秘密窃取的方法才将他人财物非法转归己有。③犯罪对象不同。前罪的对象是行为人事先代为保管的他人财物或者他人的遗忘物或埋藏物；后罪的对象，则可以是任何公私财物。

3. 侵占罪的处罚

根据《刑法》第 270 条的规定，犯本罪，数额较大，拒不交还的，处 2 年以下有期徒刑、拘役或者罚金；数额巨大或者有其他严重情节的，处 2 年以上 5 年以下有期徒刑，并处罚金。本罪告诉的才处理。

(六)职务侵占罪

1. 职务侵占罪的概念和特征

职务侵占罪是指公司、企业或者其他单位的人员，利用职务上的便利，将本单位财物非法占为己有，数额较大的行为。

职务侵占罪的主要特征：

(1)犯罪客体是公司、企业或者其他单位的财产所有权。犯罪对象必须是行为人所属单位的财物。所谓“公司”，是指非国有的有限责任公司和股份有限公司；所谓“企业”，是指除上述公司以外的非国有的经工商行政机关批准设立约有一定数量注册资金和从业人员的营利性经济组织;"其他单位",是指除上述公司、企业之外的非国有的社会团体或经济组织。

(2)犯罪客观方面表现为行为人利用职务上的便利,将本单位的财物非法占为己有,数额较大的行为。其行为具体表现为三个特征:①利用职务便利,主要是指行为人利用自己职务上所具有的主管或者管理、经手本单位财务的便利条件,如企业的法人代表在一定范围内有调配本单位财务的权力;董事、经理具有主管财物的便利;会计有管理财务的职责;出纳员有经手、管理钱财的职责等。如果行为人不是利用职务之便,而是利用工作上的便利,或者利用熟悉周围环境的便利条件占有本单位财物的,不构成本罪。②将本单位的财物非法占为己有,是指行为人将本单位财物通过秘密窃取、虚构事实或者隐瞒真相或其他方法,非法侵吞单位财物的行为。刑法中并未对行为人具体采用什么方法占有本单位财物作出具体规定,一般应理解为行为人是采用侵吞、窃取、骗取或者其他方法非法占有本单位财物。实践中比较常见的职务侵占的犯罪方法有:利用为本单位推销商品之机侵占货款、涂改单据、发票骗取本单位财物、采用虚报人数冒领工资、巧立名目私分单位款物等。无论行为人具体使用何种方法,必须以本单位的财物为犯罪对象。③数额较大,是指侵占的财物必须数额较大,这是划分罪与非罪、既遂与未遂的重要标准。根据司法解释,利用职务之便,侵占本单位财物 5 千元至 2 万元以上的,属于数额较大。

(3)犯罪主体是特殊主体,即公司、企业或其他单位的不具有国家工作人员身份的人员。他们与所侵害的公司、企业或单位之间建立了某种形式的短暂或长期的劳动关系,否则不可能利用职务上的便利侵占单位财物。

依照《刑法》第 271 条第 2 款的规定,如果是国有公司、企业或者其他国有单位中从事公务的人员和国有公司、企业或者其他国有单位委派到非国有公司、企业以及其他单位从事公务的人员有前款行为的,应按《刑法》第 382 条、第 383 条规定的贪污罪定罪处罚。

2. 认定本罪应当注意的界限

(1)本罪与侵占罪的界限。两罪虽同属以非法占有为目的的侵占型犯罪,而且在犯罪构成上又都有数额较大的要求,但两罪毕竟性质不同,其主要区别如下:①犯罪主体不同。前罪是特殊主体;后罪是一般主体。②客观方面不同。前罪表现为行为人利用职务上的便利侵吞、窃取、骗取本单位财物的行为;后罪则表现为将代为保管的他人财物或者遗忘物、埋藏物占为己有,拒不退还或者拒不交出的行为。参见 1995 年 12 月《最高人民法院关于办理违反公司法受贿、侵占、挪用等刑事案件适用法律若干问题的解释》。③犯罪对象不同。前罪的对象是行为人所在单位的财物;后罪的对象是代为保管的他人财物或者埋藏物、遗忘物。

(2)本罪与盗窃罪、诈骗罪的界限。本罪与盗窃罪、诈骗罪在犯罪主体、客观行为和数额标准上均有明显不同,一般不难区分。但行为人利用职务便利,采用窃取、骗取方法侵占本单位财物构成的本罪与盗窃罪、诈骗罪极易混淆。区分的关键在于行为人是否利用职务上的便利。如果利用职务上的便利窃取、骗取本公司、企业或单位的财物,应构成本罪;如果没有利用职务上的便利条件,而是利用了其他便利条件窃取本公司、企业或单位的财物，如从公司辞职后，又利用以前对环境的熟悉，潜入原单位行窃的，应按盗窃罪处理。

(3)要划清本罪与贪污罪的界限。两罪在犯罪对象、利用职务上的便利、犯罪手段等方面有相同之处。两罪的主要区别：①犯罪主体不同。前罪的主体是非国有公司、企业或者其他单位中的非国家工作人员；后罪的主体则必须是国家工作人员和受国家机关、国有公司、企业、事业单位、人民团体委托管理、经营国有财产的人员。②构成两罪的数额标准不同。前罪数额较大的标准高于后罪追究刑事责任的数额起点。有关数额标准，将由最高司法机关作出的司法解释作为依据。

3.职务侵占罪的处罚

根据《刑法》第271条的规定，犯本罪，数额较大的，处5年以下有期徒刑或者拘役；数额巨大的，处5年以上有期徒刑，可以并处没收财产。

(七)挪用资金罪

1.挪用资金罪的概念和特征

挪用资金罪是指公司、企业或者其他单位的工作人员，利用职务上的便利，挪用单位资金归个人使用或者借贷给他人，数额较大，超过3个月未还的；或者虽然未超过3个月，但数额较大，进行营利活动或者非法活动的行为。

挪用资金罪的主要特征：

(1)犯罪客体是公司、企业或者其他单位的财产所有权。

(2)犯罪客观方面表现为利用职务上的便利，挪用单位资金归个人使用或者借贷给他人，数额较大，超过3个月未还的；或者虽然未超过3个月，但数额较大，进行营利活动或者非法活动的行为。本罪在客观方面表现为利用职务上的便利，挪用资金归个人使用或者借贷给他人的行为。所谓“利用职务上的便利”，是指利用本人主管、保管、经手本单位资金的便利条件。构成本罪的挪用行为包括三种情况：①挪用资金归个人使用或者借贷给他人，数额较大，超过3个月未还的。②挪用资金归个人使用或者借贷给他人，虽未超过3个月，但数额较大，进行营利活动的。所谓“营利活动”，是指经营性或者其他获取利润的活动。③挪用资金归个人使用或者借贷给他人，进行非法活动的。所谓“非法活动”，是指进行违法或者犯罪活动，如非法经营、走私、赌博、贩毒等活动。根据司法解释，挪用本单位资金1万元至3万元以上的，为“数额较大”。

(3)犯罪主体是特殊主体。本罪的主体是特殊主体，即公司、企业或者其他单位的不具有国家工作人员身份的人员。根据《刑法》第272条第2款的规定，国有公司、企业或者其他国有单位中从事公务的人员和国有公司、企业或者其他国有单位委派到非国有公司、企业以及其他单位从事公务的人员犯有前款行为的，依照《刑法》第384条关于挪用公款罪的规定定罪处罚。

(4)犯罪主观方面是故意。本罪主观方面是直接故意，行为人的目的是暂时取得本单位资金的使用权，并非永久非法占有。

2.认定挪用资金罪应当注意的问题

(1)本罪与非罪的界限。判断挪用资金的行为是否构成犯罪,应当根据前述客观构成要件,即挪用金额多少,挪用时间长短以及挪用资金后的用途进行综合、具体分析。挪用本单位资金进行非法活动,一般说来,不论金额多少,时间长短,均应认定为犯罪。此处并无挪用资金的数额要求,但也不是根本无须考虑挪用资金的数额。如果挪用数额很小,案发前又已归还,就应以《刑法》第13条规定的"情节显著轻微危害不大的,不认为是犯罪"予以处理。

本罪有三种行为形式,三种形式构成犯罪所要求的法定条件各不相同。因此,认定本罪时应综合挪用数额、挪用时间、挪用资金后的用途,进行具体分析。详见1995年12月《最高人民法院关于办理违反公司法受贿、侵占、挪用等刑事案件适用法律若干问题的解释》。

①挪用本单位资金供个人进行非法活动,不论挪用时间长短,均可构成本罪。但应注意,对这种行为虽没有要求挪用资金的数额较大,并不意味着根本无须考虑挪用资金的数额。如果挪用数额小,案发前又已归还,应视为情节显著轻微,不以犯罪论处。

②挪用本单位资金供个人使用或者借贷给他人,进行营利活动的,应注意挪用资金的数额。如果挪用资金的数额达到较大以上,不论挪用时间长短,一律构成犯罪。

③挪用本单位资金归个人使用或者借贷给他人,未进行非法活动、营利性活动的,则要同时考虑挪用的数额、挪用的时间和是否归还。如果挪用本单位资金的数额达到较大以上,挪用时间超过3个月,而且案发时尚未归还的,应作为犯罪处理。

(2)本罪与职务侵占罪的界限。两罪的主要区别是:①客体的具体内容不同。前罪只侵犯资金的占有权、使用权和收益权,未侵犯到处分权;后罪则侵犯了财产所有权的全部权能。②犯罪对象的范围不同。前罪只限于本单位的资金;后罪包括本单位的资金和其他财物。③犯罪的手段、方式不同。前罪不采用转移所有权的方法,只是将本单位资金挪归个人使用或借给他人使用;后罪则以侵吞、窃取、骗取等手段,非法占有本单位的财物。④犯罪目的不同。前罪以非法使用为目的,行为人主观上准备以后归还;后罪则以非法占为己有为目的。这点是从主观上区分两罪的关键。

(3)本罪与挪用特定款物罪的界限:①客体与对象不同。前罪客体是资金管理制度和使用权,对象必须是单位的资金;后罪客体是公共财物使用权和特定款项的专款专用制度,对象是用于救灾、抢险、防汛、优抚、扶贫、移民和救济款物。②用途不同。前罪所挪用资金限于归个人使用或者借贷给他人;后罪所挪用款物只限于公用。③对危害结果的要求不同。前罪对构成犯罪结果的危害程度没有明确限定;后罪限定为情节严重,致使国家和人民群众利益遭受重大损害的,才构成犯罪。④主体不同。前罪主体是公司、企业或者其他单位中的不具有国家工作人员身份的人;后罪主体则为掌管、经手救灾、抢险、防汛、优抚、扶贫、移民、救济款物的直接责任人员。

(4)商业银行、证券交易所、期货交易所、证券公司、期货经纪公司、保险公司或者其他金融机构的工作人员利用职务上的便利,挪用本单位或者客户资金的,依照挪用资金罪的规定定罪处罚。

国有商业银行、证券交易所、期货交易所、证券公司、期货经纪公司、保险公司或者其他国有金融机构的工作人员和国有商业银行、证券交易所、期货交易所、证券公司、期货经纪公司、保险公司或者其他国有金融机构委派到前面规定中的非国有金融机构从事公务的人员利用职务上的便利，挪用本单位或者客户资金的，依照挪用公款罪的规定定罪处罚。

3. 挪用资金罪的处罚

根据《刑法》第 272 条的规定，犯本罪，数额较大的，处 3 年以下有期徒刑或者拘役；数额巨大或者数额较大不退还的，处 3 年以上 10 年以下有期徒刑。

(八)敲诈勒索罪

1. 敲诈勒索罪的概念和特征

敲诈勒索罪是指以非法占有为目的，对公私财物的所有人、管理人，使用威胁或者要挟的方法勒索公私财物数额较大的行为。

敲诈勒索罪的主要特征：

(1)犯罪客体是公私财产的所有权，同时也侵犯了被害人的其他合法权益，如人身权、经营权等。但主要客体是公私财产所有权。

(2)犯罪客观方面表现为行为人采用威胁或者要挟的方法，逼迫被害人就范，将公私财物交由行为人或其指定的第三人控制或提供财产性利益。威胁、要挟的方法是多种多样的。从形式上看有口头的，也有书面的；有直接的，也有通过他人转告的。从威胁的内容看有危害生命、健康、自由的，也有损害名誉、财产的等等。敲诈勒索中的要挟则往往是利用被害人的困境或某种迫切要求，以及某种隐私或不正当行为等。总之，无论使用什么方法，其目的和结果都使被害人产生恐惧心理，被迫交付财物或者提供某种财产性利益。

根据刑法的规定，构成敲诈勒索罪必须具备数额较大的条件。

(3)犯罪主观方面只能是直接故意，并且以非法占有为目的。如果行为人进行威胁或要挟的目的是为了要求对方偿还欠下的正当债务或履行义务，则不构成犯罪。

2. 认定敲诈勒索罪应当注意的问题

(1)敲诈勒索罪与绑架勒索罪的区别：①从犯罪客体看，前者侵犯的主要客体是公私财产所有权；而后者的主要客体则是他人的人身权利。②从犯罪客观方面看，前者是以威胁或要挟的方法迫使被害人本人交出财物；后者则是以劫持绑架他人，剥夺被害人的人身自由，并以杀伤等相威胁来勒索人质的家属或其他利害关系人交出财物。③两罪在犯罪对象、威胁的内容方面也有明显的不同。

(2)敲诈勒索罪与抢劫罪的区别。在认定这类案件性质时，要注意区分敲诈勒索罪与抢劫罪的界限。敲诈勒索罪的威胁方法与抢劫罪的胁迫方法有类似之处，都具有非法占有公私财物的目的。二者的区别在于：①前者的威胁既可以当面实施，也可以不当面实施；既可以由自己实施，也可由通过第三者实施。后者的威胁是当面直接对被害人实施的。②前者威胁的内容既可以是当场实现的，也可以是在以后的某个时间实现的；后者威胁的内容只能是当场可以实现的。③前者既可以是当场取得财物，也可以在以后的某个时间取得财物;后者只能是当场取得财物。在威胁的内容方面:前者可以是暴力、揭发隐私、毁坏财物、阻止正当权利行使等;后者则只限于暴力。从威胁的方式看,前者可以是面对被害人,也可以不面对被害人实施;后者则只限于当场面对被害人直接口头实施,有的以行动实施。从非法取得财物的时间上看,前者可以是当场取得,也可以在若干时日内取得;后者只能是当场取得。从犯罪主观方面看,前者主要是谋取财物,也包括一些财产性利益(如提供劳务);后者则只能是谋取财物。

3.敲诈勒索罪的处罚

根据《刑法》第274条的规定,敲诈勒索公私财物,数额较大的,处3年以下有期徒刑、拘役或者管制;数额巨大或者有其他严重情节的,处3年以上10年以下有期徒刑。

二、侵犯财产罪中的其他犯罪

(一)聚众哄抢罪

1.聚众哄抢罪的概念和特征

聚众哄抢罪,是指以非法占有为目的,聚集多人公然夺取公私财物,数额较大或者情节严重的行为。

聚众哄抢罪的主要特征:

(1)犯罪客体是复杂客体。既侵犯了公私财物的所有权,同时也侵犯了正常的社会管理秩序。

(2)犯罪客观方面表现为聚集多人公然夺取公共财物,或者积极参加众人的哄抢活动。在客观方面表现为聚集、纠合多人,采用哄闹、滋扰等方法,公然抢夺公私财物,数额较大或者情节严重的行为。其行为特征主要表现为:①聚众性。所谓“聚众”,是指在首要分子的召集下,聚集多人。一般是指聚集3人或3人以上,现实中多表现为几十人、几百人,甚至上千人。②公然性。这种哄抢行为一般是当着公私财物的所有者、保管者或者守护者的面,公开将财物抢走。所谓“哄抢”,是指一哄而上,公然夺取财物或者趁财物所有人、管理人无法有效守护财物而公然拿取财物。有时即使在被害人不在场的情况下,只要发生在社会公开场合,同样可表现为聚众哄抢行为。这里的“哄”是表现形式,“抢”是本质特征。本罪不针对他人人身使用暴力或暴力胁迫。如果聚众使用暴力、胁迫方法行抢的,构成抢劫罪。聚众哄抢只有数额较大或者情节严重的,才构成犯罪。何为“数额较大”,刑法没有具体规定,有待于司法解释进一步明确。所谓情节严重,一般认为是指哄抢救灾、抢险、防汛物资、军用物资、援外物资、重要原材料,或因物资被抢严重影响生产、生活的正常进行等情况。

(3)犯罪主体虽属一般主体,但仅限于聚众哄抢的首要分子和积极参加者。其中,首要分子是指在聚众哄抢中起组织、策划、指挥作用的犯罪分子;积极参加者是指主动参与哄抢,在哄抢中起主要作用或者哄抢财物较多的人。至于一般性参与哄抢的人,不以犯罪论处,应视情况批评教育或给予治安处罚。

(4)犯罪主观方面是故意,并且具有非法占有公私财物的目的。

2.认定聚众哄抢罪应当注意的问题

(1)划清罪与非罪的界限。对于实施聚众哄抢行为的一般参与者(显然不是首要分子和积极参加者),数额不是巨大,情节不是特别严重的,不构成聚众哄抢罪。参加聚众哄抢的首要分子和积极参加者,尽管没有达到较大的数额标准,但如果有其他严重情节的,仍可定聚众哄抢罪。

(2)聚众哄抢罪与抢劫罪的界限。两者区别主要表现在:①侵犯客体不同。二者同属复杂客体,抢劫罪除侵犯公私财产权外,还侵犯了公民人身权利;而聚众哄抢罪除了侵犯公私财产权外,还侵犯了社会管理秩序。②客观方面表现不同。聚众哄抢罪表现为聚众方式,暴力特征不一定十分明显;而抢劫罪可以由单个人构成,多数带有明显的暴力特征。③犯罪主体不同。聚众哄抢罪仅限于聚众哄抢的首要分子和积极参加者,某种意义上也可以说是特殊主体;而抢劫罪则是纯粹意义上的一般主体。聚众哄抢罪犯罪主体必须年满16周岁,而抢劫罪犯罪主体只要年满14周岁即可。

(3)聚众哄抢罪与抢夺罪的界限。二者的主要区别在于:①抢夺罪是单一客体。②抢夺罪不是特殊主体,而是一般主体。③抢夺罪可以由单个人实施,而聚众哄抢罪则必须3人以上。

3.对聚众哄抢罪的处罚

《刑法》第268条规定,聚众哄抢财物,数额较大或者有其他严重情节的,对首要分子和积极参加的,处3年以下有期徒刑、拘役或者管制,并处罚金;数额巨大或者有其他特别严重情节的,处3年以上10年以下有期徒刑,并处罚金。

所谓"数额较大""数额巨大"的标准,司法实践中与抢夺罪标准规定方式相同,基本由各省、自治区、直辖市根据本地区的实际情况确定。

所谓"情节严重",通常是指参与哄抢人数较多;哄抢较重要的物资;社会影响很坏;哄抢一般历史文物;哄抢数额不大,但次数较多的等等。

所谓"情节特别严重",主要是指哄抢重要军事物资;哄抢抢险、救灾、救济、优抚等特定物资;哄抢珍贵出口文物;煽动大规模、大范围哄抢活动,后果严重;由于哄抢行为造成公私财产巨大损失;由于哄抢行为造成大中型企业停产、停业;由于哄抢导致被害人精神失常、自杀的,等等。

(二)挪用特定款物罪

挪用特定款物罪,是指违反国家财经管理制度,挪用用于救灾、抢险、防汛、优抚、扶贫、移民、救济款物,情节严重,致使国家和人民群众利益遭受重大损害的行为。

本罪的主要特征:

1.犯罪客体是国家对前述七项特定款物专款专用、专物专用的财经管理制度。

2.犯罪客观方面表现为挪用国家救灾、抢险、防汛、优抚、扶贫、移民、救济款物的行为。"挪用",即未经合法批准,擅自将自己经管的上述专项款物挪作他用的行为。应当指出,挪用上述特定款物必须是情节严重,致使国家和人民群众利益遭受重大损害的行为,才能构成犯罪。

3.犯罪主体是特殊主体,即掌管国家救灾等七项款物的会计人员、发放人员,以及有关领导人员。

4.犯罪主观方面出自故意,过失不能构成本罪。

根据《刑法》第273条的规定,犯本罪的,处3年以下有期徒刑或者拘役;情节特别严重的,处3年以上7年以下有期徒刑。

(三)故意毁坏财物罪

故意毁坏财物罪,是指故意毁灭或者损坏公私财物,数额较大或者情节严重的行为。

本罪的主要特征:

1.犯罪客体是公私财物的所有权。侵犯的对象是各种公私财物,包括生产资料与生活资料。

2.犯罪客观方面表现为行为人实施了毁灭或损坏公私财物,数额较大或者有其他严重情节的行为。"毁灭"指使物品的价值或使用价值全部丧失,如烧毁、砸毁等。"损坏"指使物品的价值或使用价值部分丧失。

3.犯罪主观方面出自故意,其目的不是将财物占为己有或转归第三者所有,而是将财物毁坏。

4.犯罪主体是一般主体。

根据《刑法》第275条的规定,犯本罪,数额较大或者有其他严重情节的,处3年以下有期徒刑、拘役或者罚金;数额巨大或者有其他特别严重情节的,处3年以上7年以下有期徒刑。

(四)破坏生产经营罪

1.破坏生产经营罪的概念和特征

破坏生产经营罪,是指由于泄愤报复或者其他个人目的,毁坏机器设备、残害耕畜或者以其他方法破坏生产经营的行为。

破坏生产经营罪的主要特征:

(1)犯罪客体是生产经营活动。侵犯的对象限于生产经营中正在使用的设备和用具以及牲畜等。如果破坏的是闲置不用的设备、用具或者非生产经营性的设备和用具,均不构成本罪。由于对生产经营活动的破坏主要是造成生产经营者的财产损失,所以本罪被列入侵犯财产罪中。

(2)犯罪客观方面表现为毁坏机器设备、残害耕畜或者以其他方法破坏生产经营的行为。所谓"其他方法",是指除前述方法之外的、足以使生产经营不能正常进行或者使已进行的生产经营归于失败的方法。如切断电源、制造停电事故;破坏农业灌溉设备;毁坏种子、禾苗;干扰生产控制系统;设置电脑自毁程序;偷走技术资料;改变科学配方或工艺流程导致不出产品、缓出产品等等。

(3)犯罪主体是一般主体。

(4)犯罪主观方面是故意,并且出于泄愤报复或者其他个人目的。所谓"其他个人目

的”，主要是指为了称霸一方、打击竞争对手或者牟取其他不正当的利益，如通过破坏机器设备，达到怠工、停工休息的目的等。

2.认定本罪时应当注意划清以下界限：

(1)划清本罪与放火罪、爆炸罪、破坏电力设备罪等危害公共安全的犯罪的界限。如果使用放火、爆炸等危险方法破坏生产经营，并危害公共安全的，或者毁坏本法另有规定的特定对象(电力设备、易燃易爆设备等)来破坏生产经营，危害公共安全的，应当依照危害公共安全罪的有关规定定罪处罚。

(2)划清本罪与故意毁坏财物罪的界限。两罪最主要的区别在于行为对象和行为目的不同。本罪的对象必须是用于生产经营或者与生产经营直接相关的公私财物，如设备、工具等，行为人出于泄愤报复的动机，目的是影响、破坏生产经营活动。而故意毁坏财物罪的对象则不限于用于生产、经营的公私财物，且行为人只具有使财物丧失其应有价值的故意，而不具有破坏生产经营的目的。

3.破坏生产经营罪的处罚

根据《刑法》第 276 条的规定，犯本罪的，处 3 年以下有期徒刑、拘役或者管制；情节严重的，处 3 年以上 7 年以下有期徒刑。

第二十四章　妨害社会管理秩序罪

良好的社会秩序既是国家机关对社会生活进行管理的目标，也是使国家各种管理活动得以顺利进行的保证，同时也是国家赖以存在和发展的基础和条件，因此我国历来注重用刑法同妨害社会管理秩序的犯罪行为作斗争。但是，社会秩序有多方面内容的表现，如社会经济秩序、政治秩序、军事秩序以及文化、卫生、体育等，它们都属于法治国家的管理范畴，所以从广义上来说，上述这些内容都包含在社会管理秩序里。只是从社会学分类的角度来看，总是有一些内容不是太好进行归类，这就需要单列一个门类加以收编。刑法作为调整社会关系的重要规范，其所要调控的门类有很多，而对于那些难以被其他门类“收编”的内容，则需要一个“收容站”来进行合理归置，这就是设立本章的由来；如果需要做一个形象的比喻，它就像西方国家的政府部门中所设立的“不管部”。

第一节　妨害社会管理秩序罪概述

所谓妨害社会管理秩序罪，是指故意或者过失地妨害国家机关或其他有关机构对社会的管理活动，破坏社会正常秩序，依法应当受到刑罚处罚的行为。妨害社会管理秩序罪规定在刑法分则第六章，共 9 节 91 个条文，121 个罪名。

本类犯罪具有如下构成特征：

（一）本类犯罪侵犯的客体是社会管理秩序，即国家机关依法对社会进行管理而形成的正常的社会秩序。社会秩序是一个含义非常广泛的概念。它包括社会秩序、生产秩序、工作秩序、教学科研秩序和人民群众的生活秩序。从本质上讲，一切犯罪都是对社会管理秩序的侵害。但是，由于刑法对侵害或者破坏国家安全、社会公共安全、市场经济、人身权利、家庭婚姻、公私财产、国防与军事利益以及国家机关正常活动等社会秩序的行为列入了刑法分则的其他章节，故本章所规定的犯罪所侵犯的同类客体是国家对社会的日常管理活动和秩序，换言之，是刑法分则其他各章规定之罪所侵犯的同类客体以外的国家对社会的日常管理活动与秩序。

（二）本类犯罪在客观方面，表现为妨害国家机关对社会的管理活动、破坏社会秩序，情节严重的行为。由于国家对社会的管理活动多种多样，社会管理秩序的范围广泛，因此，妨害社会管理秩序的犯罪行为的具体内容与表现形式也是多种多样。这些行为可以分为以下九类：(1)扰乱公共秩序；(2)妨害司法；(3)妨害国(边)境管理；(4)妨害文物管理；(5)危害公共卫生；(6)破坏环境资源保护；(7)走私、贩卖、运输、制造毒品；(8)组织、强迫、引诱、容留、介绍卖淫；(9)制作、贩卖、传播淫秽物品。其中，绝大多数行为表现为作为,少数行为表现为不作为。本章犯罪多为法定犯,即行为没有违反社会伦理,但出于行政取缔的目的而根据法律被认为是犯罪,犯罪的构成以违反国家机关对各种社会关系进行管理所依据的法律、法规为前提。这里的法律、法规,主要是指具有较强的行业或部门针对性的社会管理性规范文件,包括由国家立法机关制定的法律,由国务院颁布的行政法规以及经国务院批准的各国家行政主管部门制定的实施办法、细则等,如《公民出入境管理法》《环境保护法》《麻醉药品管理办法》《精神药品管理办法》等。一般而言,违反国家对社会生活的管理法规就必然会妨害国家机关对社会生活的管理活动,但并非所有违法的行为都构成犯罪,而只有那些妨害国家机关对社会生活的管理活动情节严重或者造成严重危害后果的,才构成犯罪。

(三)本类犯罪中的多数犯罪的主体是自然人,但单位也可以成为部分犯罪的主体,例如破坏环境资源保护罪中的所有犯罪,制作、贩卖、传播淫秽物品罪中的全部犯罪,以及其他某些节中的部分犯罪;还有个别犯罪的主体仅限于单位,例如非法出售、私赠文物藏品罪。就自然人犯罪主体而言,多数是一般主体,但也有少数是特殊主体,例如脱逃罪的主体只能是依法被关押的罪犯、被告人和犯罪嫌疑人,医疗事故罪的主体只能是医务人员。在单位犯罪中,多数犯罪为一般主体,但个别犯罪则为特殊主体,例如非法出售、私赠文物藏品罪的主体只能是国有博物馆、图书馆等特定单位。

(四)本类犯罪在主观方面,除少数犯罪以外多数犯罪都是由故意构成,亦即行为人明知自己的行为会发生妨害国家对社会的管理活动和社会管理秩序的危害结果,而希望或放任这种结果的发生。在故意犯罪中,有少数犯罪还要求行为人出于特定的犯罪目的,例如赌博罪,要求行为人以营利为目的,制作、复制、出版、贩卖、传播淫秽物品罪,也要求行为人以营利为目的。

第二节　扰乱公共秩序罪

扰乱公共秩序罪,是指违反国家对社会秩序的正常管理,破坏公共秩序,情节严重的行为。本节规定有 40 个罪名。2013 年 9 月,最高人民法院发布司法解释,对严重扰乱社会秩序的六种情形作出了界定。

1. 妨害公务罪,是指以暴力、威胁方法阻碍国家机关工作人员依法执行职务,阻碍人民代表大会代表依法执行代表职务,阻碍红十字会工作人员依法履行职责,阻碍国家安全机关、公安机关依法执行国家安全工作任务,未使用暴力、威胁方法,造成严重后果的行为。其特征包括:(1)侵害的客体是国家机关正常的活动。(2)客观方面表现为实施了《刑法》第 277 条第 1 款至第 4 款规定的妨害公务的行为(以暴力、威胁的方法阻碍国家机关工作人员依法执行职务的行为;以暴力、威胁方法,阻碍全国人民代表大会和地方各级人民代表大会代表依法执行代表职务的行为;在自然灾害和突发事件中,以暴力、威胁方法阻碍红十字会工作人员依法履行职责的行为;故意阻碍国家安全机关、公安机关依法执行国家安全工作任务,未使用暴力、威胁方法,造成严重后果的行为)。如果采用了暴力、威胁方法，应从重处罚。妨害公务，不仅表现为使被害人员不能或不得不放弃执行某项职务，而且还表现为迫使其违背自己的意志和职责，实施不应当实施的行为，如迫使公安人员放走逮捕的人犯等。(3)犯罪主体是一般主体。(4)主观方面只能是故意。要划清妨害公务与人民群众同违法乱纪的国家机关工作人员作斗争的界限；要划清妨害公务罪与一般违法行为的界限。要划清本罪与伤害罪、杀人罪的界限。以暴力手段实施本罪的，以给国家机关工作人员造成轻伤害为限度。在此限度之内的，构成妨害公务罪。如果超过了这个限度，给国家机关工作人员造成了重伤、死亡，则牵连触犯了故意伤害罪或故意杀人罪。在这种情况下，就不应再定妨害公务罪了，而应按照处理牵连犯的原则，以重罪吸收轻罪，按故意伤害罪或故意杀人罪论处。在《刑法修正案》(九)部分，增加“暴力袭击正在依法执行职务的人民警察的，依照第一款的规定从重处罚”，作为刑法第 277 条中的第五款内容。随着自媒体的发展，警察的执法行为常常会被放在社会的显微镜下进行观察，依法保护警察的正常执法活动，实际就是保护人民的生命财产安全，只是为了避免错误出入罪，需要界定“暴力”、“正在依法执行职务”等词语的内涵和外延。

2.煽动暴力抗拒法律实施罪，是指煽动群众暴力抗拒国家法律、行政法规实施，扰乱社会秩序的行为。其特征表现为：(1)侵犯的客体是国家法律的实施秩序。要注意区分本罪与煽动颠覆国家政权罪和煽动分裂国家罪的界限。因为后罪侵犯的是人民民主专政和社会主义制度；要注意区分本罪与煽动民族仇恨、民族歧视罪的界限，因为后者侵犯的是正常的民族关系。(2)客观上表现为煽动群众暴力抗拒国家法律、行政法规实施，扰乱社会秩序的行为。所谓煽动，是指以鼓动性言词或文字劝诱、引导、促使他人去实施犯罪活动，煽动的内容必须是暴力抗拒国家法律实施，煽动的对象必须是群众。如果煽动群众以和平方式如沉默的方式抗拒国家法律实施，不构成本罪。群众一般是指三人以上，既可以是守法公民，也可以是违法犯罪分子。所谓国家法律，应当从广义上理解，包括宪法、法律、法规、规章等。本罪属于行为犯，只要行为人将暴力抗拒国家法律实施这一特定的煽动内容，在煽动的形式灌输给了群众，不管被煽动的群众是否付诸实施了，均构成本罪。(3)犯罪主体是一般主体。(4)主观上只能是出于故意。

3.招摇撞骗罪，是指为了谋取非法利益，假冒国家机关工作人员的身份进行招摇撞骗，从而损害国家机关的威信、公共利益和公民合法权益的行为。其特征表现为：(1)侵犯的客体是国家机关的威信和公民的合法权益。(2)客观方面表现为冒充国家机关工作人员进行招摇撞骗的行为。首先，犯罪分子要有冒充国家机关工作人员身份的行为。其次，犯罪分子必须利用冒充的国家机关工作人员的身份进行了招摇撞骗活动。所谓招摇撞骗，是指假冒国家机关工作人员的名义，到处炫耀，进行欺骗。犯罪分子必须同时具备冒充国家机关工作人员身份和招摇撞骗的行为才构成本罪。(3)犯罪主体是一般主体。(4)主观上只能由故意构成。

要注意把本罪与诈骗罪区别开来。(1)侵害客体不同。招摇撞骗罪侵犯的客体主要是国家机关的管理活动及其威信，而诈骗侵害的客体限于财产权利。(2)行为方式不同。招摇撞骗罪必须用冒充国家机关工作人员身的方式进行，而诈骗罪所采用的手段则可以是多种多样的。招摇撞骗罪和诈骗罪虽然具有上述区别，但二者有时会出现重合的情形。

比如，当冒充国家机关工作人员的身份骗取财物时，就和诈骗罪重合了。遇到这种情况，不能一律定招摇撞骗罪。如果冒充国家机关工作人员主要是为了骗取财物，而且数额巨大，或者特别巨大，则其侵犯的客体已主要不是国家机关的威信，而是财产权利，应依照《刑法》第266条规定的诈骗罪论处。

4.伪造、变造、买卖国家机关公文、证件、印章罪，是指伪造、变造、买卖国家机关的公文、证件、印章的行为。(1)侵犯的客体是国家机关正常的管理活动和信誉。犯罪对象是国家机关制作的公文、证件、印章。私人印章用于公务，起机关证明作用时，也可以成为本罪的犯罪对象。(2)客观方面表现为伪造、变造、买卖国家机关公文、证件、印章的行为。(3)犯罪主体是一般主体。(4)主观上只能由故意构成。

5.盗窃、抢夺、毁灭国家机关公文、证件、印章罪，是指盗窃、抢夺、毁灭国家机关的公文、证件、印章的行为。其特征表现为：(1)侵犯的客体是国家机关正常的管理活动和信誉。犯罪对象是国家机关制作的公文、证件、印章。私人印章用于公务，起机关证明作用时，也可以成为本罪的犯罪对象。(2)客观方面表现为盗窃、抢夺、毁灭国家机关公文、证件、印章的行为。(3)犯罪主体是一般主体。(4)主观上只能是故意构成。

6.伪造公司、企业、事业单位、人民团体印章罪，是指伪造公司、企业、事业单位、人民团体印章的行为。其特征表现为：(1)本罪所侵犯的直接客体是公司、企业、事业单位、人民团体的正常活动的声誉，同时构成对社会公共秩序的侵犯。本罪的犯罪对象是公司、企业、事业单位、人民团体的印章。所谓印章，是指公司、企业、事业单位、人民团体刻制的以文字、图记表明主体同一性的公章、专章，它是公司、企业、事业单位、人民团体从事民事活动、行政活动的符号和标记。作为本罪犯罪对象的印章，须是公司、企业、事业单位、人民团体的印章，侵犯国家机关的印章不构成本罪。(2)本罪在客观方面表现为行为人实施了伪造公司、企业、事业单位、人民团体印章的行为。所谓"印章"，是指上述单位依法刻制的以文字与图记表明主体同一性的公章或专用章，是上述单位行使管理本单位事务、对外承担法律规定的权利义务和法律后果的符号和标记。一般说来，公文要在加盖印章后始能生效。因此《刑法》第280条仅对伪造上述单位印章的行为明确规定为犯罪。如果行为人实施了伪造上单位公文、证件的行为的，则不构成本罪。所谓"伪造"是指无制作权的人，冒用名义，非法制作上述单位的印章的行为。本罪是选择性罪名，只要行为人实施了伪造印章的行为就可构成本罪。具体罪名可根据所伪造单位的印章来定，如伪造公司印章罪等等。(3)本罪的主体属一般主体。(4)本罪在主观方面是故意。即行为人明知自己无权制作上述单位的印章，但为了某种目的而进行伪造。如行为人根本不知道所承制的印章是他人无权要求制作的，不构成本罪。行为人犯罪的动机是多种多样的，有的是为了取得某种利益，有的是为了营利，有的是为了实施其他犯罪活动而做准备；等等。

7.伪造、变造买卖身份证件罪，是指伪造、变造、买卖居民身份证、护照、社会保障卡、驾驶证等可以依法用于证明身份的证件的行为。本罪是行为犯，只要实施了伪造、变造、买卖上述证件的行为，原则上就构成犯罪，不论结果如何。而造成严重后果的，将会加重处罚。其特征表现为：(1)本罪侵犯的客体是国家身份证明管理制度。(2)本罪的客观方面表现为伪造、变造、买卖可以依法证明身份的证件的行为。"伪造"，是无身份证制作权的人制作虚假的证件;“变造”,指用涂改、擦消、拼接等方法,在真证件上进行变更,改变姓名、年龄等事项内容。“买卖”,是指以金钱或者实物换取证件的行为。(3)本罪的主体为一般主体。(4)本罪的主观方面是故意,而且只能是直接故意。

8.使用虚假身份证件、盗用身份证件罪,是指在依照国家规定应当提供身份证明的活动中,使用伪造、变造的或者盗用他人的居民身份证、护照、社会保障卡、驾驶证等依法可以用于证明身份的证件,情节严重的行为。

9.非法生产、买卖警用装备罪,是指非法生产、买卖人民警察制式服装、车辆号牌等专用标志、警械,情节严重的行为。其侵犯的客体是人民警察制式服装、车辆号牌等专用标志警械的管理秩序。在客观方面表现为非法生产、买卖人民警察制式服装、车辆号牌等专用标志、警械,情节严重的行为。

10.非法获取国家秘密罪,是指以窃取、刺探、收买方法,非法获取国家秘密的行为。其特征表现为:(1)本罪侵犯的客体是复杂客体。一是国家的安全和发展。国家安全是指中华人民共和国的领土、主权的完整与安全。当今世界仍存在许多的矛盾和不稳定因素,因此,保证国家秘密的安全,不仅关系到我国的长治久安,而且有可能影响我国在国际事务中的地位。此外,国家秘密还关系着国民经济和社会发展,尤其是在全球“技术战”“贸易战”日趋激烈的今天,获取他国秘密已成为国际科技竞争、市场竞争的重要手段。二是国家保密制度。我国一系列保密法律、法规均明确规定了保密的范围、事项,非法获取国家秘密行为违反我国的保密法规,应依法追究其刑事责任。(2)本罪在客观方面表现为以窃取、刺探、收买方法,非法获取国家秘密的行为。(3)本罪的主体是一般主体。(4)本罪在主观方面表现为故意,通常是直接故意。

11.非法持有国家绝密、机密文件、资料、物品罪,是指非法持有属于国家绝密、机密的文件、资料或者其他物品,拒不说明来源与用途的行为。其特征表现为:(1)本罪的客体是国家的保守秘密制度。本罪的犯罪对象仅限于属于国家绝密级和机密级的秘密的物品。(2)本罪在客观方面表现为非法持有属于国家绝密、机密的文件资料或者其他物品,拒不说明来源与用途的行为。(3)本罪的犯罪主体为一般主体,如果行为人是间谍组织成员或者接受了间谍组织及其代理人的任务的人员,符合间谍罪构成特征的,则应以间谍罪论处,不构成本罪。(4)本罪行为人主观方面表现为直接故意。

12.非法生产、销售专用间谍器材、窃听、窃照专用器材罪,是指非法生产、销售专用间谍器材或者窃听、窃照专用器材的行为。该罪的客观方面,表现为行为人实施了非法生产、销售专用间谍器材的行为。“专用间谍器材”是指进行间谍活动特殊需要的下列器材:暗藏式窃听、窃照器材;空发式收发报机、一次性密码本、密写工具;用于获取情报的电子监听、截收器材。在认定本罪时,需要注意,专用间谍器材是国家安全部门进行侦察、保卫工作的专用工具,其生产、销售均由国家安全部门严格控制。专用间谍器材的生产、销售在法律上属于一般禁止的事项,因此除非已有国家安全部门明确的指定、批准,原则上均属于非法生产、销售。实践中对于涉嫌非法生产、销售专用间谍器材的,行为人必须提供其生产、销售行为已经国家安全部门指定、批准的证据,不能证明其行为为合法的,应当认定其为非法生产、销售。同样,即便经过指定、批准的,如果其行为超出指定、批准范围,超

出部分仍应认定为非法,"非法生产"是指未经批准,运用各种手段加工、制作窃听、窃照等专用间谍器材的行为,实践中常用的手段有自行设计加工,如设计加工窃听装置;自行编制,如编制一次性密码本;组装,如购买电子元器件组装窃听装置;改装,如把一般民用电子设备改装成电子窃听设备等,不论行为人采取何种手段,只要从无到有地制造出窃听、窃照等专用间谍器材或者把普通民用设备经过改造变为窃听、窃照等专用间谍器材,就构成非法生产窃听、窃照等专用间谍器材,只要行为人生产的产品属于国家安全部确认的专用间谍器材,即使其产品质量、性能低于合法生产的专用间谍器材,也不影响本罪的成立。"非法销售"是指未经批准擅自经营专用间谍器材或者向没有法定使用许可手续的单位或个人出售专用间谍器材的行为。根据刑法第 283 条规定:"非法生产、销售专用间谍器材或者窃听、窃照专用器材的,处三年以下有期徒刑、拘役或者管制,并处或者单处罚金;情节严重的,处三年以上七年以下有期徒刑,并处罚金。单位犯前款罪的,对单位判处罚金,并对其直接负责的主管人员和其他直接责任人员,依照前款的规定处罚。"

13. 非法使用窃听、窃照专用器材罪,是指违反国家有关法律规定,使用窃听、窃照专用器材,造成严重后果的行为。在我国,窃听、窃照专用器材是一般禁止持有、使用的物品,除非法律特别授权,持有、使用即为非法。对于有关机关确有需要的,其具体使用程序应作严格的限制,如《国家安全法》第 10 条规定,国家安全机关因侦察危害国家安全行为的需要,根据国家有关规定,经过严格的批准手续,可以采取技术侦察措施。第 33 条规定,公安机关执行国家安全工作任务时,适用本法有关规定。这些程序规定目的在于防止有关机关滥用国家权力,侵犯公民权利。

14. 组织考试作弊罪,是指在法律规定的国家考试中,组织作弊或者为他人组织作弊提供作弊器材或者其他帮助的行为。

15. 非法出售、提供试题、答案罪,是指在法律规定的国家考试中,为实施考试作弊行为,向他人非法提供试题、答案的行为。

16. 代替考试罪,是指在法律规定的国家考试中,代替他人或者让他人代替自己参加考试的行为。

17. 非法侵入计算机信息系统罪,是指违反国家规定,侵入国家事务、国防建设、尖端科学技术领域的计算机信息系统的行为。计算机信息系统是指由计算机及其相关的和配套的设备、设施(含网络)构成的,按照一定的应用目标和规则对信息进行采集、加工、存储、传输、检索等处理的人机系统。这些计算机信息系统的正常运行、对于保障国家安全、经济发展和保护人民生命财产安全等方面都起着十分重要的作用。但是,这些重要的计算机信息系统一旦被非法侵入,就可能导致其中的重要数据遭受破坏或者某些重要、敏感的信息被泄露,不但系统内可能产生灾难性的连锁反应,还会造成严重的政治、经济损失,甚至还可能危及人民的生命财产安全。对这种非法侵入国家重要计算机信息系统的行为必须予以严厉打击。在《刑法修正案》(九)部分,在原刑法第 285 条中增加一款作为第四款:"单位犯前三款罪的,对单位判处罚金,并对其直接负责的主管人员和其他直接责任人员,依照各该款的规定处罚。"

18. 非法获取计算机信息系统数据罪,是指违反国家规定,侵入国家事务、国防建设、尖端科学技术领域以外的计算机信息系统或者采用其他技术手段，获取该计算机信息系统中存储、处理或者传输的数据，情节严重的行为。它与非法控制计算机信息系统罪的区别在于：(1)前罪是对普通计算机信息系统中存储、处理或传输的数据，并不涉及计算机信息系统功能和实际运行；后罪是针对普通计算机信息系统本身，对计算机系统功能和运行进行了非法控制。(2)犯罪行为不相同，前罪行为为非法获取数据；后罪表现为非法控制计算机信息系统的行为。另外，两罪的犯罪对象亦不同，构成犯罪要求的情节严重程度也不同。

19.提供侵入、非法控制计算机信息系统程序、工具罪，是指提供专门用于侵入、非法控制计算机信息系统的程序、工具，或者明知他人实施侵入、非法控制计算机信息系统的违法犯罪行为而为其提供程序、工具，情节严重的行为。

20.破坏计算机信息系统罪，是指违反国家规定，对计算机信息系统功能或计算机信息系统中存储、处理或者传输的数据和应用程序进行破坏，或者故意制作、传播计算机病毒等破坏性程序，影响计算机系统正常运行，后果严重的行为。在《刑法修正案》(九)部分，在原刑法第 286 条中增加一款作为第四款："单位犯前三款罪的，对单位判处罚金，并对其直接负责的主管人员和其他直接责任人员，依照第一款的规定处罚。"另外，"网络服务提供者不履行法律、行政法规规定的信息网络安全管理义务，经监管部门责令采取改正措施而拒不改正，有下列情形之一的，处三年以下有期徒刑、拘役或者管制，并处或者单处罚金：(一)致使违法信息大量传播的；(二)致使用户信息泄露，造成严重后果的；(三)致使刑事案件证据灭失，情节严重的；(四)有其他严重情节的。单位犯前款罪的，对单位判处罚金，并对其直接负责的主管人员和其他直接责任人员，依照前款的规定处罚。有前两款行为，同时构成其他犯罪的，依照处罚较重的规定定罪处罚。"(该条文罪名为拒不履行信息网络安全管理义务罪)。并在原刑法第 287 条后增加两条，作为第 287 条之一、之二：第 287 条之一利用信息网络实施下列行为之一，情节严重的，处三年以下有期徒刑或者拘役，并处或者单处罚金：(一)设立用于实施诈骗、传授犯罪方法、制作或者销售违禁物品、管制物品等违法犯罪活动的网站、通讯群组的；(二)发布有关制作或者销售毒品、枪支、淫秽物品等违禁物品、管制物品或者其他违法犯罪信息的；(三)为实施诈骗等违法犯罪活动发布信息的。单位犯前款罪的，对单位判处罚金，并对其直接负责的主管人员和其他直接责任人员，依照第一款的规定处罚。有前两款行为，同时构成其他犯罪的，依照处罚较重的规定定罪处罚。第 287 条之二明知他人利用信息网络实施犯罪，为其犯罪提供互联网接入、服务器托管、网络存储、通讯传输等技术支持，或者提供广告推广、支付结算等帮助，情节严重的，处三年以下有期徒刑或者拘役，并处或者单处罚金。单位犯前款罪的，对单位判处罚金，并对其直接负责的主管人员和其他直接责任人员，依照第一款的规定处罚。有前两款行为，同时构成其他犯罪的，依照处罚较重的规定定罪处罚。(之一、之二罪名分别为非法利用信息网络罪与帮助信息网络犯罪活动罪)。

21.扰乱无线电通讯管理秩序罪，是指违反国家规定，擅自设置、使用无线电台、站或者擅自明占用频率，经责令停止使用后拒不停止使用，干扰了无线电通讯正常进行，造成严重后果的行为。在《刑法修正案》(九)部分，将原刑法第 288 条第一款修改为："违反国家规定，擅自设置、使用无线电台（站），或者擅自使用无线电频率，干扰无线电通讯秩序，情节严重的，处三年以下有期徒刑、拘役或者管制，并处或者单处罚金；情节特别严重的，处三年以上七年以下有期徒刑，并处罚金。”

22. 聚众扰乱社会秩序罪，是指聚众扰乱社会秩序，情节严重，致工作、生产、营业和教学、科研、医疗无法进行，造成严重损失的行为。其特征表现为：(1)本罪侵犯的客体是社会秩序。这里所说的社会秩序是指国家机关与人民团体的工作秩序，企业单位的生产与营业秩序，事业单位的教学与科研秩序。侵犯的对象是国家机关、企事业单位和人民团体。(2)本罪的客观方面表现为以聚众的方式扰乱企事业单位、社会团体的正常活动，致使其工作、生产、营业和教学、科研无法进行，造成严重损失。所谓聚众是指纠集多人实施犯罪行为，一般应当是纠集3人以上，有起组织、策划、指挥作用的首要分子，有积极实施犯罪活动，行动特别卖力，情节比较严重的积极参加者，在犯罪分子实施犯罪过程中，有时还会有受蒙蔽的群众，被威胁的一般违法者、围观者、起哄者，纠集3人以上是指包括聚首和积极参加者在内3人以上。如果是一人或二人闹事引得众人围观起哄的，不构成本罪。聚首聚集众人的手段多种多样，可以是煽动、收买、挑拨、教唆等等，聚首可以是躲在幕后唆使、策划而不亲自实施具体扰乱行为人的。行为人扰乱社会秩序的手段主要有：聚众冲击企事业单位、社会团体所在地；在企事业单位、社会团体门前、院内大肆喧嚣吵闹；封锁大门、通道，阻止工作人员进入；围攻、辱骂、殴打工作人员；毁坏财物、设备；强占工作、营业、生产等场所；强行切断电源、水源等等。行为人在实施本罪中，殴打工作人员，毁损公私财物构成犯罪的，应实行数罪并罚。只要行为人聚众扰乱社会秩序的行为情节严重，致使企事业单位、社会团体的工作、生产、营业和教学、科研无法进行，造成严重损失的，就构成本罪，根据本条第1款的规定，情节严重是构成本罪的要件之一，所谓情节严重是指由于行为人的聚众扰乱行为，企事业单位、社会团体的正常活动无法进行，并造成严重损失。致使工作、生产、营业和教学、科研无法进行与造成严重损失二者必须同时具备，前者是行为人实施扰乱行为的社会危害性的直接表现，后者是社会危害性的实际所在。虽然行为人的行为致使工作、生产、营业和教学、科研无法进行，但尚未造成严重损失的，不以犯罪论处，由公安机关依照《治安管理处罚法》的有关规定处理。所谓严重损失是指有形的物质和无形的智力成果、社会利益和政治利益等诸多方面的严重损失。物质损失包括因犯罪行为而停产、停业等造成的既有财产损害和可得利益损失，可得利益应以具备充分成就条件，若非犯罪行为干扰就可顺利实现的利益为限，物质损失的严重程度以造成损失的数额为标准。无形的智力成果、社会利益、政治利益损失是指犯罪行为致使以社会利益、政治利益为宗旨的社会组织及其他不直接从事生产经营活动的社会组织如各政党、工会、妇联和学校、科研机构等无法工作而造成的无法精确计算的损失，对于这类损失是否严重一般可从扰乱行为的手段、持续时间的长短、因无法工作直接延误的工作事项的重要程度、损失是否可以弥补等方面把握。一般来说，扰乱社会秩序的手段情节严重；致使有关单位工作瘫痪时间较长；因扰乱而延误的工作事项关乎重要的社会利益或政治利益的，可视为情节严重。如聚集人数特别众多，围攻、殴打工作人员多人，毁损一定财物的；占据办公场所，封锁通道等持续相当长时间，拒不退出，致使有关单位长期工作瘫痪的；由于扰乱行为，致使教学计划无法完成，影响多人学业；致使重大科研项目无法继续或者造成重大损失的；致使政党、人民团体大的会议（如党代会、青代会等）无法如期举行或中止；打乱其他关乎重大社会利益的事项的部署的（如致使防疫计划无法实施的）等等。由于行为人的扰乱行为，致使有关单位无法正常开展工作给第三人利益造成严重损害的；虽然该损害结果并非行为人直接造成，但属于行为扰乱社会秩序给社会利益造成的损失，也应作为衡量行为人行为是否情节严重的根据之一。如出于行为人聚众扰乱医疗单位工作秩序，致使危重病人不能得到及时救治而死亡或残疾的，虽然行为人的行为与危害病人的死亡或残疾不具有直接因果关系，但行为人的行为与医疗单位无法开展工作具有直接因果关系，因此，行为人的行为与危重病人的死亡或残疾具有间接因果关系，应当将之作为行为人行为的危害结果。(3)本罪的主体是一般主体。但并非一切聚众扰乱社会秩序的人都能构成本罪，构成本罪的只能是扰乱社会秩序的首要分子和其他积极参加者。所谓首要分子，即在扰乱社会秩序犯罪中起组织、策划、指挥作用的犯罪分子。所谓其他积极参加者，是指除首要分子以外的在犯罪活动中起主要作用的犯罪分子。对于一般参加者，只能追究其行政责任，不能成为本罪主体。(4)本罪在主观方面只能出故意构成。

23.聚众冲击国家机关罪，是指组织、策划、指挥或者积极参加聚众强行侵入国家机关的活动，致使国家机关工作无法进行，造成严重损失的行为。在《刑法修正案》(九)部分，原刑法第290条增加二款作为第三款、第四款："多次扰乱国家机关工作秩序，经行政处罚后仍不改正，造成严重后果的，处三年以下有期徒刑、拘役或者管制"。"多次组织、资助他人非法聚集，扰乱社会秩序，情节严重的，依照前款的规定处罚。"（第三款罪名为扰乱国家机关工作秩序罪；第四款罪名为组织、资助非法聚集罪）。

24.聚众扰乱公共场所秩序、交通秩序罪，是指聚众扰乱车站、码头、民用航空站、商场、公园、影剧院、展览会、运动场或者其他公共场所秩序，聚众堵塞交通或者破坏交通秩序，抗拒、阻碍国家治安管理工作人员依法执行职务，情节严重的行为。根据法律规定，聚众扰乱公共场所秩序、交通秩序的行为，必须达到"情节严重"的程度才构成犯罪。所谓情节严重，在司法实践中，一般是指聚众扰乱公共场所秩序、交通秩序人数多或者时间长的；造成人员伤亡或者公私财物重大损失的；影响或者行为手段恶劣的，等等。在《刑法修正案》(九)部分，在原刑法第291条之一中增加一款作为第二款："编造虚假的险情、疫情、灾情、警情，在信息网络或者其他媒体上传播，或者明知是上述虚假信息，故意在信息网络或者其他媒体上传播，严重扰乱社会秩序的，处三年以下有期徒刑、拘役或者管制；造成严重后果的，处三年以上七年以下有期徒刑。"（第二款罪名为编造、传播虚假信息罪）。

25.编造、故意传播虚假恐怖信息罪，是指编造爆炸威胁、生物威胁、放射威胁等恐怖信息，或者明知是编造的恐怖信息而故意传播，严重扰乱社会秩序的行为。在《刑法修正案》(九)部分，在原刑法第291条之一中增加一款作为第二款："编造虚假的险情、疫情、灾情、警情，在信息网络或者其他媒体上传播，或者明知是上述虚假信息，故意在信息网络或者其他媒体上传播，严重扰乱社会秩序的，处三年以下有期徒刑、拘役或者管制；造成严重后果的，处三年以上七年以下有期徒刑。"（第二款罪名为编造、故意传播虚假信息罪）。

26.聚众斗殴罪，是指为了报复他人、争霸一方或者其他不正当目的，纠集众人成帮结伙地互相进行殴斗,破坏公共秩序的行为。其特征表现为:(1)本罪侵犯的客体是公共秩序,所谓公共秩序,不应简单地理解为公共场所的秩序,而是指在社会公共生活中应当遵守的各项共同生活的规则、秩序,在实际生活中,聚众斗殴犯罪可以是在公共场所,例如在公园、影剧院中,也可以是发生在较僻静的私人场所。(2)本罪客观方面表现为纠集众人结伙殴斗的行为。聚众斗殴主要是指出于私仇、争霸或者其他不正当目的而成伙结帮地殴斗。“聚众”,一般是指人数众多,至少不得少于3人;斗殴,主要是指的采用暴力相互搏斗,但使用暴力的方式各有所别。聚众斗殴多表现为流氓团伙之间互相殴斗,少则几人、十几人,多则几十人、上百人,他们往往是约定时间、地点,拿刀动棒,大打出手,而且往往造成伤亡和社会秩序的混乱,是一种严重影响社会公共秩序的恶劣犯罪行为。(3)聚众斗殴罪的主体是一般主体,但并非所有参加聚众斗殴者均构成聚众斗殴罪。只有聚众斗殴的首要分子和其他积极参加者,才能构成聚众斗殴罪主体。(4)聚众斗殴罪的主观方面是故意犯罪。那种公然藐视社会公德和国家法纪的心理状态,是聚众斗殴犯罪故意的最明显的特点。

27.寻衅滋事罪,是指肆意挑衅,随意殴打、骚扰他人或任意损毁、占用公私财物,或者在公共场所起哄闹事,严重破坏社会秩序的行为。刑法将寻衅滋事罪的客观表现形式规定为四种:①随意殴打他人,情节恶劣的;②追逐、拦截、辱骂、恐吓他人,情节恶劣的;③强拿硬要或者任意损毁、占用公私财物,情节严重的;④在公共场所起哄闹事,造成公共场所秩序严重混乱的。寻衅滋事罪是从1979年《刑法》第160条规定的流氓罪中分解出来的一种罪。寻衅滋事罪的客观行为方式具体规定为:(1)本罪的犯罪客体,学界一致认为是社会秩序。但如何具体理解社会秩序则存在分歧:第一种观点认为,社会秩序就是公共场所秩序。第二种观点认为,社会秩序就是公共秩序。(2)本罪的客观行为方式具体规定为:随意殴打他人,情节恶劣的;追逐、拦截、辱骂、恐吓他人,情节恶劣的;强拿硬要或者任意损毁、占用公私财物,情节严重的;在公共场所起哄闹事,造成公共场所秩序严重混乱的。(3)寻衅滋事罪的主体为一般主体。(4)本罪的主观方面是直接故意,行为人的犯罪动机是为了满足要威风、取乐等不正常的精神刺激或其他不健康的心理需要。在寻衅滋事活动中的行凶伤人、抢夺财物、毁坏公物、侮辱人格等,同伤害罪、抢夺罪、毁坏财物罪等,在客观上几乎没有任何区别,要分清寻衅滋事与上述犯罪,关键看主观动机。如果是出于贪利而非法占有公私财物,或者为了泄愤、报复而故意毁坏公私财物数额较大的,就构成抢夺罪、故意毁损公私财物等侵犯财产罪;如果是为了向社会挑战,故意破坏公共秩序而公然抢夺或毁损公私财物情节恶劣的,就构成寻衅滋事罪;如果是为了寻求精神刺激或变态心理的满足随意殴打他人,就构成寻衅滋事罪;如果在公共场所无理取闹,破坏公共秩序,寻求精神刺激,就构成寻衅滋事罪。

28.组织、领导、参加黑社会性质组织罪,是指组织、领导或者参加以暴力、威胁或者其他手段,有组织地进行违法犯罪活动,称霸一方,为非作歹,欺压、残害群众,严重破坏经济、社会生活秩序的黑社会性质组织的行为。其特征表现为:(1)本罪的客体是为社会管理秩序。黑社会性质的组织应当同时具备以下特征:形成较稳定的犯罪组织,人数较多,有明确的组织者、领导者,骨干成员基本固定;有组织地通过违法犯罪活动或者其他手段获取经济利益,具有一定的经济实力,以支持该组织的活动;以暴力、威胁或者其他手段,有组织地多次进行违法犯罪活动,为非作恶,欺压、残害群众;通过实施违法犯罪活动,或者利用国家工作人员的包庇或者纵容,称霸一方,在一定区域或者行业内,形成非法控制或者重大影响,严重破坏经济、社会生活秩序。(2)本罪在客观方面表现为行为人组织、领导和积极参加以暴力威胁或者其他手段,有组织地进行违法犯罪活动,称霸一方,为非作恶,欺压、残害群众,严重破坏经济、社会生活秩序的黑社会性质的组织的行为。(3)本罪主体为一般主体,即达到刑事责任年龄具有刑事责任能力的自然人,也可以包括单位。(4)本罪在主观方面必须有明确的故意,即明知是黑社会性质的组织而积极参加;明知是黑社会性质的组织而组织、领导;如果不了解情况,参加了黑社会性质的组织,事后退出的,可能构成别的罪,而不按本罪追究刑事责任。当然,如果参加时不明知,加入后明知了仍不退出,则应按本罪追究刑事责任。

29.入境发展黑社会组织罪,是指境外的黑社会组织的人员到中华人民共和国境内发展组织成员的行为。根据《刑法》第 294 条第 2 款的规定,境外的黑社会组织人员到中华人民共和国境内发展组织成员的,应当立案。本罪是行为犯,只要境外的黑社会组织的人员到中华人民共和国境内发展组织成员的,原则上就构成犯罪,应当立案追究。

30.包庇、纵容黑社会性质组织罪,是指国家机关工作人员包庇黑社会性质的组织,或者纵容黑社会性质的组织进行违法犯罪活动的行为。所谓包庇,根据最高人民法院 2000 年 12 月 4 日通过、2000 年 12 月 4 日通过、2000 年 12 月 10 日开始实行的《关于审理黑社会性质组织犯罪的案件具体应用法律若干问题的解释》第 5 条的规定,是指国家机关工作人员为使黑社会性质组织及其成员逃避查禁而通风报信,隐匿、毁灭、伪造证据,阻止他人作证、检举、揭发,指使他人作伪证,帮助逃匿,或者阻挠其他国家机关工作人员查禁等行为。所谓纵容,是指国家机关工作人员不依法履行职责,放纵黑社会性质组织进行违法犯罪活动的行为,即明知是黑社会性质的组织进行的违法犯罪活动而放纵、宽容,对之听之任之,放任不管,不予制止,不加查处。

31.传授犯罪方法罪,是指用语言、文字、动作、图像或者其他方法,故意向他人传授实施犯罪的具体经验和技能的行为。其特点是:(1)本罪的客体是复杂客体。一方面,任何传授犯罪方法的犯罪都是扩散犯罪方法、传授犯罪技巧,进而直接造成对社会治安秩序的破坏,这是本罪的直接客体;另一方面,根据行为人传授的不同性质的犯罪方法,被传授人可能实施各种不同的犯罪从而侵犯不同的社会关系,尽管本罪所可能侵犯的间接客体已经不是其行为直接所致,但是,传授者在向被传授者传授某一特定犯罪方法时,对被传授者掌握并利用这些方法去侵犯一定的社会关系持希望或放任的态度,他对因传授内容而确定的社会关系的侵犯主观上具有故意,客观上有侵犯行为。至于被传授人是否接受传授或是否运用此方法去进行犯罪,不影响传授者对社会关系的侵犯。(2)本罪的客观方面表现为实施了传授犯罪方法的行为,即以语言、文字、动作或者其他方式方法将实施犯罪的具体经验、技能传授给他人的行为,行为人构成本罪,所传授的必须是犯罪方法。这里的犯罪方法,是指犯罪的经验与技能,包括手段、步骤、反侦查方法,等等,如果所传授的只是一般的违法方法,则不构成本罪。行为人传授犯罪方法的形式是多种多样的,既有口头传授的也有书面传授的;既有公开传授的,也有秘密传授的;既有当面直接传授的,也有间接转达传授的;既有用语言、动作传授的,也有通过实际实施犯罪而传授的,等等。不论采取何种方式传授,均不影响本罪的构成。本罪的行为对象既可以是达到刑事责任年龄、不具有刑事责任能力的人,也可以是未达到刑事责任年龄、具有刑事责任能力的人。传授犯罪方法罪属于举动犯,不存在既遂未遂之分。凡有了传授犯罪方法的行为,哪怕是刚刚着手,只要结合全案不属于情节显著轻微,就应按既遂追究,并不存在未遂问题。至于是否全部完成行为人所计划的传授行为,可以作为影响案件社会危害性和量刑的一个因素。(3)本罪的主体是一般主体。(4)本罪的主观方面是故意,并且只能是直接故意。即行为人为了使他人接受自己所传授的犯罪方法去实施犯罪而故意向其进行传授。至于实践中那些因说话不检点,随意散布一些道听途说的犯罪方法,或者在工作中如教授武术、修配钥匙、化学知识、讲课、写作以及司法人员在职务范围内剖析犯罪方法,等等,即使有失误,甚至被人利用来犯罪,因其没有传授犯罪方法的故意,不应以犯罪论处。

本罪一罪与数罪的界限:(1)本罪所传授的对象一般都是已具备某一种或几种犯罪决意,但实施中不乏原本没有犯罪意图或没有传授者所传授的犯罪的犯罪意图,由于传授者的传授,才得以产生了原来没有的犯罪决意。这时,行为人的行为是一个行为同时触犯了传授犯罪方法罪和教唆犯罪两个罪名,这是想象竞合犯,只能作为一罪处理,不存在数罪并罚问题。(2)传授犯罪方法罪的行为人基于传授犯罪方法,其手段行为或结果行为又触犯其他犯罪的,因前后两个行为存在着手段行为与目的行为或目的行为与结果行为的牵连关系,虽分别有两个故意、两个不同的犯罪行为,是实质上的数罪,但是,按照我国刑法理论,这种情况还是当作一罪处理,从一重罪处罚,而不实行数罪并罚。(3)传授犯罪方法罪的行为人在向他人传授犯罪方法后,又与被传授人一起运用自己所传授的犯罪方法共同进行犯罪的,由于行为人主观上有两个故意,客观上又实行了两个犯罪行为,且这两个犯罪行为之间不存在牵连关系,侵犯了两个直接客体,符合两个犯罪构成,构成两个独立的犯罪,应该实行数罪并罚。

本罪与教唆犯罪的区别:教唆犯罪属于共同犯罪的范畴,它与本罪有许多相似之处,并且在实施的犯罪中两者还会发生交叉,因此,有必要正确区别这两种犯罪。概括起来,两者有下列区别:(1)客体要件不同,教唆犯罪并无特定的和统一的直接客体,具体的教唆行为侵犯的客体,就是所教唆之具体犯罪侵犯的客体。而本罪作为独立的犯罪,有其特定的和统一的客体,即社会治安管理秩序。(2)客观要件不同。教唆行为的本质是制造犯意,为引起他人的犯意,教唆犯往往来取劝诱、挑拨、威胁等手段。而传授犯罪方法行为的本质是将犯罪方法传给他人,为达到这目的,犯罪分子往往言传身教,从犯罪对象上来说,教唆犯的犯罪对象限于具有刑事责任能力、达到刑事责任年龄的人,而传授犯罪方法的对象则无此种限制,无论向何人传授犯罪方法都构成该罪。(3)主体要件不同。对教唆犯罪而言,已满14周岁未满16周岁的人只有教唆他人实施《刑法》第7条第3款规定的各种罪,才有可能构成教唆犯罪的主体;传授犯罪方法罪的主体只能是年满16周岁,且具有刑事责任能力的人。(4)主观要件不同。教唆犯罪的故意是有意识地引起他人的犯意,并与教唆的人具有共同的犯罪故意,而传授犯罪方法罪的故意内容是有意识地向他人传授犯罪方法，传授者与被传授者不一定具有共同犯罪故意。(5)在一罪与数罪问题上不同，教唆犯罪如果是向同一对象或不同对象教唆了不同的犯罪行为，教唆人就具备了不同罪的犯罪构成，如教唆了强奸、盗窃、抢劫等犯罪，应认定教唆人构成教唆强奸罪、教唆盗窃罪、教唆抢劫罪等数罪而予以并罚；而传授犯罪方法罪则可以同时包括数种犯罪方法的传授行为，传授人尽管传授了不同犯罪的方法，也只能认为一罪。(6)犯罪停顿状态的不同。教唆犯罪的既遂和未遂随被教唆者的犯罪行为而定，而传授犯罪方法罪没有既遂未遂之分，只要实施了犯罪方法的传授，就是犯罪既遂。(7)量刑原则的不同。教唆他人犯罪的，应当按照他在共同犯罪中所起的作用处罚，而传授犯罪方法罪有独立的法定刑。

32.非法集会、游行示威罪，是指举行集会、游行、示威，未依照法律规定申请或者申请未获许可，或者未按照主管机关许可的起止时间、地点、路线进行，又拒不服从解散命令，严重破坏社会秩序的行为。有下列情形之一，并且严重破坏社会秩序的，应予立案：举行集会、游行、示威，未依照法律规定申请或者申请未获许可，又拒不服从解散命令；举行集会、游行、示威，未按照主管机关许可的起止时间、地点、路线进行，又拒不从解散命令。

33.非法携带武器、管制刀具、爆炸物参加集会游行示威罪，是指违反法律规定，携带武器、管制刀具或者爆炸物参加集会、游行、示威。这里的违反法律规定，是指违反《集会游行示威法》第 5 条关于“集会、游行、示威应当和平地进行，不得携带武器、管制刀具和爆炸物，不得使用暴力和煽动使用暴力”的规定。携带，是持随身藏带，或者利用工具夹带。

34.破坏集会、游行、示威罪，是指扰乱、冲击或者以其他方法破坏依法举行的集会、游行、示威。这里的扰乱，是指对依法举行的集会、游行、示威起哄、闹事，破坏其正常秩序。冲击，是指冲散、冲入依法举行的集会、游行、示威队伍，使其不能正常进行。其他方法，是指扰乱、冲击方法以外破坏依法举行的集会、游行、示威的方法，例如堵塞集会、游行、示威队伍进行、停留的通道、场所等。

35.侮辱国旗国徽罪，是指在公共场合以焚烧、毁损、涂划、玷污、践踏等方式侮辱中华人民共和国国旗、国徽的行为。

36.组织、利用会道门、邪教组织、利用迷信破坏法律实施罪，是指组织、利用会道门、邪教组织或者利用迷信活动破坏国家法律、行政法规实施的行为。

37.组织、利用会道门、邪教组织、利用迷信致人、重伤死亡罪，是指组织、利用会道门、邪教组织或者利用迷信蒙骗他人，致人重伤、死亡的行为。

38.聚众淫乱罪，是指公然藐视国家法纪和社会公德，聚集男女多人集体进行淫乱的行为。凡年满 16 周岁且具备刑事责任能力的自然人均能构成本罪。见《刑法》第六章(妨害社会管理秩序罪)第 301 条。本罪侵犯的客体是公共秩序。所谓公共秩序，就是通过一定的社会结构中人们必须共同遵守的生活规则来维护的公共生活有条不紊的状态。违反了这种公共生活规则，也就打破了公共生活有条不紊的状态。因此，对公共秩序的破坏实质上就是对公共生活规则的违犯。本罪在主观方面表现为直接故意，即明知会发生危害社会的结果，并且希望这种结果发生。

39.引诱未成年人聚众淫乱罪，是指公然藐视国家法纪和社会公德，采取各种手段引诱未成年人参加聚众淫乱活动的行为。其特征是：(1)在客观方面表现为引诱未成年人聚众淫乱的行为。所谓引诱，是指通过语言、表演、示范、收听观看淫秽音像制品的等手段，拉拢、腐蚀、诱惑未成年人参加聚众淫乱活动。就本罪而言，勾引诱惑本无意参加聚众淫乱的不满 18 周岁的人参加聚众淫乱，具有教唆的性质，引诱的方式，在实践中常常表现为以淫秽下流的语言，观看淫秽色情音像制品，宣讲性体验、性感受甚至直接进行性表演等方式，刺激、拉拢、腐蚀、勾引未成年人参与淫乱活动。应注意的是，“引诱”尽管含有“骗”的因素，但不能等同于“诱骗”。就引诱而言，被引诱者在引诱者的引诱下参与聚众淫乱活动是出于其本心自愿的，不同于“诱奸”行为。如果行为人在聚众淫乱活动中，诱奸幼女的则构成强奸幼女，犯强奸罪；参加，是指未成年人到了聚众淫乱的现场。未成年人实际从事聚众淫乱活动的构成参加，未成年人实际并未进行聚众淫乱活动而只是观看他人从事聚众淫乱活动的，也应认定构成本罪。(2)在犯罪客体方面是复杂客体，既包括公共秩序也包括未成年人的身心健康。未成年人处于生理的生长发育期和心理的逐步成熟时期，不像成年人那样人生观、价值观、道德观已确立，其意志薄弱，可塑性很大，容易被犯罪分子所利用、诱惑。如果他们参与有违社会道德准则的淫乱活动，不仅有害于其自身的身心健康，也不利于培养他们健康的性道德观，会助长他们与社会公德的背离，最终导致其丧失人伦道德，腐化堕落，成为社会的不安定因素，甚至诱发其他犯罪，因而现代世界各国无不注重对未成年人的保护，用刑法这道屏障来预防针对未成年人的各种犯罪。引诱未成年人聚众淫乱的行为严重侵害了未成年人身心健康。同时，无论是成年人还是未成年人，无论其参与聚众淫乱活动是公开的还是地下的，都严重伤害了周围群众的道德情感，败坏了社会风气，造成严重的精神污染，具有极大的腐蚀性，因此引诱未成年人参加聚众淫乱罪又侵犯了社会公共秩序。本罪的犯罪对象是未成年人。未成年人，是指不满 18 周岁的人。对成年人通过各种手段引诱参加聚淫乱活动的，不构成本罪，但可能构成聚众淫乱罪。

40. 盗窃、侮辱故意毁坏尸体、尸骨、骨灰罪，本罪是一种选择性罪名，盗窃，是指秘密窃取，置于自己实际支配下之行为。侮辱，是指以暴露、猥亵、毁损、涂划、践踏等方式损害尸体、尸骨或者骨灰而伤害有关人员感情的行为。本罪侵犯的直接客体是社会风尚。主体是已满 16 周岁且具有刑事责任能力的自然人。主观上为故意，即明知道是他人的尸体、尸骨或者骨灰而故意进行侵害。行为人的动机可能是多种多样的，但不影响本罪的成立。

41. 赌博罪，是指以营利为目的，聚众赌博或者以赌博为业的行为。本罪侵犯的客体是社会主义的社会风尚。赌博不仅危害社会秩序，影响生产、工作和生活，而且往往是诱发其他犯罪的温床，对社会危害很大，应予严厉打击。

42. 开设赌场罪，是指客观上具有聚众赌博、开设赌场、以赌博为业的行为。开设赌场的主要方式有：一是以营利为目的，以行为人为中心，在行为人支配下设立、承包、租赁专门用于赌博的场所。提供赌博用具让他人赌博的，其场所公开与否并不影响犯罪构成。二是以营利为目的，在计算机网络上建立赌博网站，或者为赌博网站担任代理，接受投注的。一旦赌场开始正式营业，并有人实际使用，就成立本罪既遂，与开设者是否实际获得利润无关紧要。开设赌场的人自己参与赌博，并以赌博为业的，可以考虑以本罪和赌博罪并罚。对于"开设"的含义，应当做广义理解，除传统的营业性地为赌博者提供场所，设定赌博方式，提供赌具、筹码，接受赌客投注，以供他人赌博外，在计算机网络上建立赌博网站，或者为赌博网站担任代理，接受投注的，以及以接受电话投注的方式进行赌博，而参与者并不集中在一起的，也属于开设赌场。提供棋牌室等娱乐场所只收取正常的场所和服务费的，不构成本罪。提供赌场之后，本人是否参与，是否抽取渔利等，不影响本罪成立。由于开设赌场，吸引他人前去赌博，参赌人数多，赌资数额大，赌场收入更加丰厚，社会危害性也较一般的聚众赌博更大，所以，刑法在赌博罪之外单设开设赌场罪。

43.故意延误投递邮件罪，是指邮政工作人员严重不负责任，故意延误投递邮件，致使公民财产、国家和人民的利益遭受重大损失的行为。

第三节　妨害司法罪

伪证罪，是一种很古老的罪名，是指在刑事诉讼中，证人、鉴定人、记录人和翻译人对与案件有重要关系的情节，故意作虚假证明、鉴定、记录、翻译，意图陷害他人或者隐匿罪证的行为。它对于国家正常的司法秩序以及当事人的人身权利都有严重的危害，所以无论是国内还是国外，统治者都对它进行了严格的规定。但是，国内外对于伪证罪的规定是不同的，就是在同一个国家不同历史时期的规定也不同。其特征有：(1)本罪侵犯的客体是公民的人身权利与司法机关的正常活动，是复杂客体。但也有人认为，并不是任何形式的伪证罪都必然侵犯公民的人身权利，例如隐匿罪证的伪证犯罪行为就不侵犯公民的人身权利，但它必须侵犯国家司法机关的正常活动。因此认为，伪证罪侵犯的是单一客体，即国家机关的正常活动。伪证罪妨碍司法机关的正常活动，这是指司法机关的刑事诉讼活动。司法机关的民事诉讼活动、行政诉讼活动不能成为伪证罪的客体要件。本罪侵犯的对象，可以是有罪的人，也可以是被怀疑有罪而实际上是无罪的人。(2)本罪在客观方面表现为在刑事侦查、起诉、审判中，对与案件有重要关系的情节，作虚假的证明、鉴定、记录、翻译的行为，或者隐匿罪证的行为。所谓作虚假的证明、鉴定、记录、翻译，指证人作了虚假的证明，鉴定人作了不符合事实真相的鉴定，记录人作了不真实的记录，翻译人作了歪曲原意的翻译。所谓隐匿罪证，指掩盖歪曲事实真相、毁灭证据，将应该提供的证据予以隐匿。所谓与案件有重要关系的情节，主要是指对案件是否构成犯罪、犯罪的性质或者对罪行轻重有重大影响的情节。如果伪证的事实无关紧要、对案件的处理影响不大，不能以伪证罪论处。至于伪证行为是否造成了错判，不影响定罪，可作为量刑的情节予以考虑。行为人伪造、变造、毁灭凭证、隐瞒事实真相的行为，不是发生在司法机关的刑事诉讼活动中，而是在一般责任事故调查处理中，或是在审计、监察等行政活动中发生的，不能以伪证罪论处。如《会计法》第 26 条规定，单位行政领导人、会计人员和其他人员伪造、变造、故意毁灭会计凭证、会计账簿的，给予行政处分；情节严重的，依法追究刑事责任。《审计法》也规定，对于弄虚作假、隐瞒事实真相的单位、单位直接责任人员、单位负责人以及其他有关人员，审计机关可予以警告、通报批评，并可酌情处以罚款；审计机关认为应当给予行政处分的人员，移送监察或者有关部门处理；对情节严重，构成犯罪的，由审计机关提请司法机关依法追究刑事责任。上述法律、法规中提及的情节严重、构成犯罪的行为，虽然在客观上也表现为隐瞒事实真相，毁灭、伪造、隐匿有关资料，但不是在刑事诉讼中，行为所侵犯的客体不同于伪证罪，只能分别情况，以其他犯罪论处。(3)本罪的主体是特殊主体，即只能是在刑事诉讼中的证人、鉴定人、记录人和翻译人。(4)伪证罪在主观方面必须出自直接故意，即行为人明知其虚假陈述是与案件有重要关系的情节，但为了陷害他人或者隐匿罪证而为之。如果行为人不是出于陷害他人的意图或者隐匿罪证，就不能以伪证罪论处。如行为人因粗心大意，工作不认真，或者学识、业务能力不高而作出了错误的鉴定结论、记录、翻译，或者因错记、漏记、错译、漏译等而不能反映原意，等等。

辩护人、诉讼代理人毁灭证据、伪造证据、妨害作证罪是指在刑事诉讼中，辩护人、诉讼代理人毁灭、伪造证据，帮助当事人毁灭、伪造证据，威胁、引诱证人违背事实、改变证言或者作伪证的行为。其特征是：(1)本罪侵犯的客体是公民的人身权利与司法机关的正常活动，是复杂客体。(2)本罪的行为具有以下三种情形：毁灭、伪造证据；帮助当事人毁灭、伪造证据；威胁、引诱证人违背事实改变证言或者作伪证。(3)本罪的主体只能是刑事案件中的辩护人和诉讼代理人。(4)本罪在主观方面是直接故意。行为人的犯罪动机可能是袒护亲友、挟私报复、贪利图财等，但是不同的动机不影响本罪的成立。

妨害作证罪，是指采用暴力、威胁、贿买等方法阻止证人作证或者指使他人作伪证的行为。其特征是：(1)本罪侵犯的客体是国家司法机关的正常诉讼活动和公民依法作证的权利。采用暴力或威胁手段妨害证人作证的，还侵害了公民的人身权利，是复杂客体。(2)本罪在客观方面表现为行为人实施了采用暴力、威胁、贿买等方法阻止证人依法作证或者指使他人作伪证的妨害作证行为 。至于证人是否被劝止、阻止没有作证，或者是否接受贿买或者接受贿买后是否作证，对成立妨害作证罪无实际意义，同样他人是否因其行为人的指使作伪证，或者是否接受贿买或接受贿买后是否作伪证等，对成立妨害作证罪也无实际影响。(3)妨害作证罪的主体为一般主体，司法工作人员犯妨害作证罪的，从重处罚。(4)妨害作证罪在主观方面表现为故意，且为直接故意，即行为人明知自己妨害证人作证的行为会妨害国家司法机关正常的诉讼活动和他人的作证权利或人身权利，仍决意实施妨害作证行为，希望这种社会危害性的发生。

帮助毁灭、伪造证据罪，是指在诉讼活动中，唆使、协助当事人隐匿、毁灭、伪造证据，情节严重的行为。其主要特征是：(1)本罪所侵害的客体是司法机关的正常活动，对象则是当事人。如果不是帮助当事人而是帮助当事人以外的他人毁灭、伪造证据，则不能构成本罪。(2)本罪在客观方面表现为帮助当事人毁灭、伪造证据。所谓帮助，是指为当事人毁灭、伪造证据准备工具、扫除障碍、出谋划策、提供条件、撑腰打气、坚定其毁灭、伪造证据的信心等。其既可以表现为体力上的、物质上的帮助，也可以表现为精神上的、心理上的支持。既可以是在诉讼中，有时也可以是在诉讼前。本罪为情节犯，即帮助当事人毁灭、伪造证据的行为必须达到情节严重的程度，才能构成本罪，如不属于情节严重，不能构成本罪。所谓情节严重，则主要是指动机卑劣的：多次进行帮助的；帮助重大案件的当事人的；因其帮助行为导致诉讼活动无法进行、中止的；造成错案的；影响恶劣的；等等。在

《刑法修正案》(九)部分,在原刑法第 307 条后增加一条,作为第 307 条之一:“以捏造的事实提起民事诉讼,妨害司法秩序或者严重侵害他人合法权益的,处三年以下有期徒刑、拘役或者管制,并处或者单处罚金;情节严重的,处三年以上七年以下有期徒刑,并处罚金。单位犯前款罪的,对单位判处罚金,并对其直接负责的主管人员和其他直接责任人员,依照前款的规定处罚。有第一款行为,非法占有他人财产或者逃避合法债务,又构成其他犯罪的,依照处罚较重的规定定罪从重处罚。司法工作人员利用职权,与他人共同实施前三款行为的,从重处罚;同时构成其他犯罪的,依照处罚较重的规定定罪从重处罚。”(该条罪名为虚假诉讼罪)。

打击报复证人罪,是指对证人进行打击报复的行为。本罪的特征在罪状上已经反映出来:行为特征是“打击”,主观目的是“报复”,行为对象是“证人”。在《刑法修正案》(九)部分,在原刑法第 308 条后增加一条,作为第 308 条之一:“司法工作人员、辩护人、诉讼代理人或者其他诉讼参与人,泄露依法不公开审理的案件中不应当公开的信息,造成信息公开传播或者其他严重后果的,处三年以下有期徒刑、拘役或者管制,并处或者单处罚金。有前款行为,泄露国家秘密的,依照本法第三百九十八条的规定定罪处罚。公开披露、报道第一款规定的案件信息,情节严重的,依照第一款的规定处罚。单位犯前款罪的,对单位判处罚金,并对其直接负责的主管人员和其他直接责任人员,依照第一款的规定处罚”。(该条含两个罪名,为泄露不应公开的案件信息罪与披露、报道不应公开的案件信息罪)。

扰乱法庭秩序罪,是指聚众哄闹、冲击法庭,或者殴打司法工作人员,严重扰乱法庭秩序的行为。其主要特征是:(1)本罪侵犯的客体是法庭开庭审理案件的正常活动和秩序。法庭既包括专门用于审理案件的正规固定场所,如审判庭等,也包括非正规的临时审理案件的场所,如巡回法庭在案发地临时开庭的场所;既包括设在室内的开庭场所,也包括设在室外的开庭场所,如公审所使用的场所。开庭审理的案件,即包括民事案件、经济案件,也包括刑事案件、行政案件。(2)本罪在客观方面表现为行为人聚众哄闹、冲击法庭,或者殴打司法工作人员,严重扰乱法庭秩序的行为。从时间看,犯罪行为只能发生在法庭开庭审理过程中;从地点看,本罪限于开庭审理案件的法庭内;从行为来看,须是聚众哄闹、冲击法庭或者殴打司法工作人员,严重扰乱法庭秩序的行为;从结果看,必须是严重扰乱法庭秩序的行为,才构成扰乱法庭秩序罪。

窝藏、包庇罪,是指明知是犯罪的人而为其提供隐藏处所、财物,帮助其逃匿或者作假证明包庇的行为。本罪为选择性罪名,具体包括窝藏罪和包庇罪。其特征是:(1)本罪的客体是司法机关对犯罪进行刑事追诉和刑事执行的正常活动。本罪窝藏、包庇的对象是“犯罪的人”,即已经实施了犯罪行为的人(不仅包括被法院宣告有罪的人,还包括依法被刑事追诉的人)。如果是窝藏、包庇一般的违法分子和已被免于刑罚处罚的人,不能构成本罪。根据《刑法释义》第 362 条的规定:“旅馆业、饮食服务业、文化娱乐业、出租汽车业等单位的人员,在公安机关查处卖淫、嫖娼活动时,为违法犯罪分子通风报信,情节严重的,依照本法第三百一十条的规定定罪处罚。”(2)本罪的客观方面表现为行为人实施了窝藏或包庇犯罪分子的行为。所谓窝藏、包庇犯罪分子,是指两类行为:一为犯罪分子提供隐藏处所、财物,帮助其逃匿;二是作假证明包庇犯罪的人。这是指向司法机关提供假的证明来帮助犯罪分子逃避法律追究。应当指出,本罪属于选择性罪名,只要行为人实施了窝藏与包庇犯罪分子行为之一,便足以成立本罪。在确定具体犯罪行为的罪名时,可根据行为人实际实施的行为来使用罪名。(3)本罪的主观方面为故意。行为人如果不知道对方是犯罪分子而为其提供藏身之所或财物帮助,或者不了解事实而讲了客观上有利于犯罪人的证词的,不能以犯罪论处。

1. 本罪与事前有通谋的共同犯罪的界限。窝藏、包庇行为是在被窝藏、包庇的人犯罪后实施的,其犯罪故意也是在他人犯罪后产生的,即只有在与犯罪人没有事前通谋的情况下,实施窝藏、包庇行为的,才成立本罪。如果行为人事前与犯罪人通谋,商定待犯罪人实行犯罪后予以窝藏、包庇的,则成立共同犯罪。因此,《刑法》第 310 条第 2 款规定,犯窝藏、包庇罪,事前通谋的,以共同犯罪论处。在这种情况下,即使共同犯罪所犯之罪的法定刑低于窝藏、包庇罪的法定刑,也应以共同犯罪论处。

2. 本罪与伪证罪的界限。伪证罪中的故意作虚假证明为犯罪人隐匿罪证的行为,与窝藏、包庇罪有相似之处。二者的主要区别在于:(1)本罪为一般主体;而伪证罪是特殊主体,只限于证人、鉴定人、记录人与翻译人。(2)本罪发生的时间没有限制;而伪证罪必须发生在刑事诉讼中。(3)本罪是通过使犯罪人逃匿或者采取其他庇护方法,使其逃避刑事制裁;伪证罪掩盖的是与案件有重要关系的犯罪情节。(4)窝藏、包庇的对象既可以是未决犯,也可以是已决犯;而伪证罪所包庇的对象只能是未决犯。

3. 本罪与帮助毁灭、伪造证据罪的界限。刑法增设了帮助毁灭、伪造证据罪之后,也有人认为包庇罪包括帮助湮灭罪迹和毁灭罪证的行为。我们认为,根据刑法的规定,包庇罪应仅限于作假证明包庇的行为,而不包括帮助犯罪人毁灭或者伪造证据的行为。不过,这两种犯罪的法定刑相差较大,如何合理划清其界限,还需要研究。

拒绝提供间谍犯罪、恐怖主义犯罪、极端主义犯罪证据罪,是指明知他人有间谍犯罪、恐怖主义犯罪、极端主义犯罪行为,在司法机关向其调查有关情况、收集有关证据时拒绝提供,情节严重的行为。过失不能构成本罪。

掩饰、隐瞒犯罪所得、犯罪所得收益罪,2007 年 5 月 9 日最高人民法院、最高人民检察院出台的《关于办理盗窃、抢劫、诈骗、抢夺机动车相关刑事案件具体应用法律若干问题的解释》法释(2007)11 号中进一步明确了"掩饰、隐瞒犯罪所得、犯罪所得收益罪"这一新罪名。而后两高《关于执行〈中华人民共和国刑法〉确定罪名的补充规定(三)》,正式取消了窝藏、转移、收购、销售赃物罪罪名,改为掩饰、隐瞒犯罪所得、犯罪所得收益罪罪名,该罪名适用时间从 2007 年 11 月 6 日开始。

【观点论争】

在司法实践中,对于掩饰、隐瞒犯罪所得、犯罪所得收益罪的罪名到底如何适用尚不统一,有的认为应当定掩饰、隐瞒犯罪所得、犯罪所得收益罪,有的认为应当根据案情定掩饰、隐瞒犯罪所得罪或者掩饰、隐瞒犯罪所得收益罪。笔者认为,如何正确适用本罪的罪名,应当结合刑法的立法技巧来进行分析。在我国刑法中,对于罪名的适用有两种方式,一种是具体罪名,如故意杀人罪、抢劫罪。另一种是选择性罪名,选择性罪名又分为三种形式,一是手段选择性罪名,如走私、贩卖、运输、制造毒品罪,在这类罪名中，犯罪的对象是固定的，即毒品，但手段却可以选择。在适用罪名时，应根据犯罪嫌疑人所实施具体犯罪行为来定；二是对象选择性罪名。如打击报复会计、统计人员罪，盗掘古人类化石、古脊椎动物化石罪。这类犯罪中，犯罪对象是会计或统计人员、古人类化石或古脊椎动物化石，但手段是固定的，适用罪名要根据犯罪嫌疑人所侵害的具体犯罪对象来选择。三是手段和对象选择罪名。最典型的是伪造、变造、买卖国家机关公文、证件、印章罪。这一类选择性罪名手段和对象均有多种，要根据犯罪嫌疑人所实施的手段和侵害的对象不同来选择罪名。根据以上的分析，我们可以看出，掩饰、隐瞒犯罪所得、犯罪所得收益罪这一罪名的犯罪手段有掩饰和隐瞒两种，而犯罪对象则有犯罪所得和犯罪所得收益两种，符合选择性罪名的手段对象选择性罪名这一特征。因此在适用这一罪名时，应当根据案情分别适用不同的罪名，具体适用应为"掩饰犯罪所得罪""隐瞒犯罪所得罪""掩饰犯罪所得收益罪"和"隐瞒犯罪所得收益罪"这四种。

拒不执行判决、裁定罪，是指对人民法院的判决、裁定有能力执行而拒不执行，情节严重的行为。其特征是：(1)本罪侵犯的客体是人民法院的正常活动。人民法院代表国家作出的判决和裁定一经生效，就具有法律强制力，有关当事人以及负有执行责任的机关、单位，都必须坚持执行。即使有不同意见，也只能按照法律的有关规定，进行申诉，而不允许抗拒执行。它有两层含义：一是人民法院作出的判决和裁定，二是具有执行内容已经发生法律效力的判决和裁定。(2)本罪在客观方面表现为：被执行人隐藏、转移、故意毁损财产或者无偿转让财产、以明显不合理的低价转让财产，致使判决、裁定无法执行的；担保人或者被执行人隐藏、转移、故意毁损或者转让已向人民法院提供担保的财产，致使判决、裁定无法执行的；协助执行义务人接到人民法院协助执行通知书后，拒不协助执行，致使判决、裁定无法执行的；被执行人、担保人、协助执行义务人与国家机关工作人员通谋，利用国家机关工作人员的职权妨害执行，致使判决、裁定无法执行的；其他有能力执行而拒不执行，情节严重的情形。(3)当事人以暴力阻止司法工作人员执行判决、裁定，其暴力程度应以造成轻伤害为限度，如果行为人在抗拒判决、裁定执行过程中将执行人员或协助执行人员打成重伤甚至杀害的，则应按牵连犯的原则，从一重罪按故意伤害罪或故意杀人罪处理。

本罪与妨害公务罪的界限：首先，妨害公务罪指向的对象是依法执行职务的国家工作人员，而拒不执行判决、裁定罪指向的对象是已生效的判决、裁定。其次，妨害公务罪的方法必须是用暴力、威胁的方法，而构成拒不执行判决、裁定罪不要求用这种方法。但是，往实践中，有的当事人拒不执行判决、裁定，往往表现为司法工作人员到现场强制执行判决、裁定时(如强制拆除违章建筑、强制搬迁时)，当事人用对执行人员实施暴力的方法阻碍执行，这既是拒不执行判决、裁定，又具有妨害公务的特征，通常认为，对执行人员使用暴力，目的是阻碍执行判决、裁定，因此，定拒不执行判决、裁定罪更为恰当。

根据刑法第 313 条的规定，犯本罪的，处三年以下有期徒刑、拘役或者罚金；情节特别严重的，处三年以上七年以下有期徒刑，并处罚金。单位犯前款罪的，对单位判处罚金，并对其直接负责的主管人员和其他直接责任人员，依照前款的规定处罚。

非法处置查封、扣押、冻结的财产罪，是指隐藏、转移、变卖、故意毁损已被司法机关查封、扣押、冻结的财产,情节严重的行为。其主要特征是:(1)本罪侵犯的客体是司法机关的正常活动。(2)本罪在客观方面表现为隐藏、转移、变卖、故意毁损已被司法机关查封、扣押、冻结的财产,情节严重的行为。

破坏监管秩序罪,是指依法被关押的罪犯,有法定破坏监管秩序行为之一的,情节严重的行为。严厉打击这项犯罪活动将保证国家法律法规在刑罚执行活动中的正确实施,维护监管场所秩序的稳定,保障惩罚与改造罪犯工作的顺利进行是监所检察部门的重要任务。检察机关监所检察部门作为法律监督部门,这种独特的法律地位使其能够深入到罪犯监管工作的各个环节,在打击破坏监管秩序犯罪,维护监管秩序,维护在押人员的合法权益中大有作为。

脱逃罪,是指依法被关押的罪犯、被告人、犯罪嫌疑人,从羁押和改造场所逃走的行为。其特征是:(1)本罪所侵犯的客体是司法机关的正常管理秩序,对犯罪嫌疑人、被告人、罪犯进行拘留、逮捕、羁押、监管是司法机关依照法定条件和程序施加于犯罪嫌疑人、被告人、罪犯的法律强制措施,而接受司法机关依法对其所采取的羁押、监管,是犯罪嫌疑人、被告人、罪犯必须遵守的义务;如其不遵守义务而脱逃,就直接破坏了司法机关的监管秩序,妨害了司法机关的活动。(2)本罪在客观方面表现为逃离羁押、改造场所。羁押场所主要是指看守所。改造场所主要指监狱、劳动改造管教队、少年犯管教所等。另外,押解犯罪分子的路途中,也应视为监管场所范围。如果脱逃中犯有重伤害或者故意杀人的,应按处理牵连犯的原则,从一重罪处罚。对于多数人集体脱逃的,应按共同犯罪论处。(3)本罪的主体是特殊主体,即必须是依照本法与刑事诉讼法被关押的罪犯、被告人、犯罪嫌疑人。即一是依法被拘留、被逮捕的未决犯;二是已被判处拘役以上刑罚,正在劳改机关服刑的已决犯。只有上述两种人才能成为本罪主体。被行政拘留或劳动教养的人逃跑的,不构成本罪。被错抓、错判的人,独立实施脱逃行为的,不构成本罪。但可以以参与其他人脱逃行为的方式构成本罪。(4)本罪在主观方面表现为直接故意。行为人脱逃的目的是逃避羁押与刑罚的处罚。如果没有逃避羁押或刑罚处罚的目的,则不构成犯罪,如犯人获准回家办理丧葬事宜,确实因故未能按时返回监狱,就不能视为脱逃罪。

劫夺被押解人员罪,是指劫夺押解途中的罪犯、被告人、犯罪嫌疑人的行为。其主要特征是:(1)本罪所侵害的客体是司法机关的正常秩序,犯罪对象则为被押解的罪犯、被告人及犯罪嫌疑人。所谓罪犯,是指经人民法院生效裁判确认为有罪的人。所谓被告人,是指在刑事诉讼中被检察机关或自诉人向人民法院控告犯有某种罪行而依法追究其刑事责任的人。所谓犯罪嫌疑人,是指人民检察院提起公诉前,有证据证明其可能实施了某种犯罪行为,但是根据已掌握的证据还不足以确定其实施了这种犯罪行为的人。构成本罪对象的不仅要求是罪犯、被告人或者犯罪嫌疑人,而且还要求其必在押解途中。否则,虽为罪犯、被告人、犯罪嫌疑人,但不是押解途中的罪犯、被告人或犯罪嫌疑人,如被判处管制、单独判处罚金或剥夺政治权利、宣告缓刑、裁定假释等依法释放而未被押解的罪犯,或者被羁押在监狱、未成年犯管教所、劳动改造队、拘役所、看守所等羁押场所的罪犯,以及仅被采取取保候审、监视居住而未被押解的被告人、犯罪嫌疑人,就都不能构成本罪的对象。(2)本罪在客观方面表现为劫夺押解途中的罪犯、被告人、犯罪嫌疑人的行为。所谓劫夺,是指使用暴力、胁迫或者其他方法夺取或者释放被押解人，以使其脱离押解人员控制的行为。所谓押解途中，是指将被依法关押的人自关押场所押解出来后直至押解人关押场所前的全过程。情节严重是本罪的加重情节。所谓情节严重，一般指劫夺多名人犯或致多名人犯逃逸的；劫夺重大案件人犯的；持械劫夺人犯的等。

组织越狱罪，是指依法被关押的犯罪分子，在为首分子的组织、策划、指挥下有组织、有计划地以非暴动方式越狱逃跑的行为。其主要特征是：(1)本罪侵犯的客体是司法机关监管秩序。(2)本罪在客观方面表现为被关押的罪犯在首要分子的组织和秘密策划下有组织、有计划地逃往狱外的行为。这里所说的"狱"，包括监狱、劳改队等场所。在押解罪犯的路途中，罪犯有组织、有计划地逃跑的，也属于组织越狱的行为。越狱的方式是多种多样的，如冲闯狱门、翻越狱墙、挖掘地道等。只要是多名在押罪犯有组织越狱行为，无论采取什么方式，都不影响本罪的构成。在越狱的过程中可能出现抢劫、抢夺看守人员枪支弹药、绑架、杀害监管人员等其他犯罪行为。对于这种行为一般不按数罪并罚处理，而视为本罪从重处罚的情况。但对于越狱后实施的其他犯罪行为，仍应按数罪并罚的原则处理。(3)本罪的主体是特殊主体，即只能由在监狱、劳改队等关押场所的罪犯构成。其他人员不能构成本罪的主体。对于个别监管人员为越狱的罪犯提供帮助或方便条件的，按组织越狱罪的共犯处理。(4)本罪在主观方面必须出于故意，并且具有通过组织越狱的行为以达到逃避法律制裁的目的。本罪为必要共同犯罪，但其不要求行为人都出于相同的动机，行为人只要认识到自己在与他人一起共同实行有组织、有预谋、有计划的逃跑越狱行为而仍决意实施的，即可构成本罪。

暴动越狱罪，是指依法被关押的犯罪分子，以有组织或者聚众的形式集体使用暴力手段强行越狱的行为。本罪侵犯的客体是监管场所的正常监管秩序；客观方面表现为以有组织或者聚众的形式集体使用暴力手段强行越狱的行为；犯罪主体是特殊主体，即依法被关押的犯罪分子，包括已决犯和未决犯；主观方面是故意。需要注意的是：(1)本罪与组织越狱罪的区别在于构成本罪必须采取共同的暴力行为；而组织越狱罪的构成要件中则排斥共同的暴力行为。(2)在暴动越狱的过程中致人重伤、死亡的，仍只需以本罪一罪论处。

聚众持械劫狱罪，是指狱外的人聚众持械劫夺被监禁在狱中的罪犯的行为。本罪侵犯的客体是司法机关监管秩序。监狱、劳改队、看守所等监管场所的任务是看管、教育、改造罪犯。为了保证监管场所的正常秩序，国家对罪犯的出狱(包括出劳改队、看守所等)作了严格的规定。聚众劫狱就是违反监管规定，公然聚众持械将罪犯非法劫出狱外，使监管场所的正常监管秩序受到侵扰。本罪与组织越狱罪的区别在于：聚众劫狱罪是由狱外人员实施的行为；而组织越狱罪是狱内的罪犯，在首要分子的指挥、策划下，集体逃往狱外的行为。

第四节 妨害国(边)境管理罪

组织他人偷越国(边)境罪，是指非法组织他人偷越国(边)境的行为。犯罪客体是国家对其国(边)境的正常管理秩序。这里的组织他人偷越国(边)境,根据 2002 年 1 月 30 日最高人民法院《关于审理组织、运送他人偷越国(边)境等刑事案件适用法律若干问题的解释》第 1 条的规定,是指领导、策划、指挥他人偷越国(边)境或者在首要分子指挥下,实施拉拢、引诱、介绍他人偷越国(边)境。本罪为行为犯,实施了组织偷渡即可成立,但要考虑达到一定的情节,公安部的立案标准可资参考。[①] 犯组织他人偷越国(边)境罪,对被组织人有杀害、伤害、强奸、拐卖等犯罪行为,或者对检查人员有杀害、伤害等犯罪行为的,依照数罪并罚的规定处罚。本罪与运送他人偷越国(边)境罪的界限:组织他人偷越国(边)罪在客观方面表现为通过拉拢、串联、诱使、煽动等方式,有组织、有计划地安排他人偷越国(边)境的行为;而运送他人偷越国(边)境罪在客观方面则表现为,行为人采用步行的方式陪伴偷渡者或者用车辆、船只、航空器等交通运输工具将偷渡者带出或者运送出入国(边)境的行为。因而,如果行为人组织了一批人偷越国(边)境后,又运送另一批人偷越国(边)境的,则具备了两种犯罪的构成要件,应以组织他人偷越国(边)境罪和运送他人偷越国(边)境罪两个罪名,实行数罪并罚;但如果行为人既组织、又运送同一批人偷越国(边)境的,则属刑法理论中的牵连行为,根据牵连犯"从一重罪处断"的原则,以组织他人偷越国(边)境罪论处;对于直接参与组织他人偷越国(边)境而分工负责运送的,亦应以组织他人偷越国(边)境罪定罪量刑。

二、骗取出境证件罪,是指行为人以劳务输出、经贸往来或者其他名义,弄虚作假,骗取护照、签证等出境证件,为组织他人偷越国(边)境使用的行为。从法理上讲,本罪规定的行为实质上是组织他人偷越国(边)境行为的一种特殊情况,只是由于这种犯罪日益猖獗,法律才将它规定为独立的犯罪。所以,只要行为人实施了为组织他人偷越国(边)境骗取出境证件的行为,就构成本罪。如果行为人骗取出境证件后,又采用骗取的出境证件组织他人偷越国(边)境,则根据吸收犯的理论,对行为人以组织他人偷越国(边)境罪论处,但在量刑时应从重。

三、提供伪造、变造的出入境证件罪,是指为他人提供伪造、变造的护照、签证等出入境证件的行为。这里的提供,既包括有偿提供,也包括无偿提供。所谓伪造出入境证件,是指仿照正式的护照、签证等出入境证件的形状、图案、文字和色彩等制作假的护照、签证等出入境证件。所谓变造出入境证件,是指对已过期失效或者他人的护照、签证等出入境证件采用剪贴、拼接等打法,变造出入境证件。提供伪造、变造的假证件,无论是本人伪造、变造,还是他人伪造、变造的,对提供者构成本罪均无影响。如果行为人自己伪造、变造后又向他人提供的,其伪造、变造行为又构成伪造、变造公文、证件、印章罪,此罪与向他人提供伪造、变造的出入境证件罪之间形成牵连关系、按处理牵连犯的原则,从一重罪处断。如果是组织他人偷越国(边)境犯罪集团中的个别成员分工伪造、变造出入境证件,供犯罪集团使用、应以组织他人偷越国(边)境的共犯论处。

---

① 公安部《关于妨害国(边)境管理犯罪案件立案标准及有关问题的通知》(2000.3.31 公通字〔2000〕30 号)。

四、出售出入境证件罪，是指出于营利的目的，出售护照、签证等出入境证件的行为。出售出入境证件罪的犯罪对象是出入境证件，这是众人的共识，但出入境证件是专指真实的出入境证件，还是包括伪造、变造的出入境证件，理论界和实践中有不同的认识，我们认为非法出售出入境证件罪中的出入境证件，既包括伪造、变造的假证件，也包括国家有关部门批准发放的真实的证件。

五、运送他人偷越国(边)境罪，是指违反出入国(边)境管理法规，非法运送他人偷越国(边)境的行为。该罪有严格的罪名认定和处罚标准。本罪在客观方面表现为非法运送他人偷越国(边)境的行为。非法，是指违反有关出入国(边)境的管理法规，如《公民出境入境管理法》《外国人入境出境管理法》、国务院批准公安部的《中国公民因私事往来香港地区或者澳门地区的暂行管理办法》、最高人民法院、最高人民检察院和公安部《关于对非法越境去台人员的处理意见》等等。如果没有违反法律规定，而运送了符合条件的出入境人员，就不构成本罪。另外，虽然违反了有关法规，而以不正当的方式运送了不是偷越国(边)境的人员，也不能构成本罪。所谓运送，是指以车、船、航空器等交通工具或其他方法如徒步带领、将越境的违法犯罪分子偷运送出或接入国(边)境的行为。

六、偷越国(边)境罪，是指违反出入国(边)境管理法规，偷越国(边)境，情节严重的行为。本罪侵犯的客体是国家对出入国(边)境的管理制度。所谓国境，是指我国与邻国的交界。所谓边境，是指大陆与香港、澳门、台湾等地区的分界。国(边)境是出入国家的门户，为了维护国家主权、安全和社会管理秩序，我国政府采取了许多措施来加强对出入国(边)境的管理。其行为一般表现为在不准通过的地点秘密出入境，有用船偷渡的，也有靠车马或步行偷越的；有的虽然是在指定的地点通过，但伪造、涂改、冒用出入境证件或用其他蒙骗手段蒙混过关的，例如有人藏在进出国(边)境的飞机、船只、汽车里，也有人藏在出入境装货的集装箱或行李箱中。无论采取什么方法，只要是实施了非法出入境等行为的，都是偷越国(边)境行为。在这里，需要注意的是，行为人仅只是涂改、伪造了出入境文件，还没有进一步实施偷越国(边)境行为的，就不能构成本罪，而可能触犯其他罪名，如伪造公文、证件、印章罪，对外国人入境后在我国非法居留、停留的，或者到不对外国人开放地区旅行的、都不能视为偷越同(边)境的行为，不能以本罪论处。

七、破坏界碑、界桩罪，是指明知是国家设立在边境上的界碑、界桩而故意加以破坏的行为。这里的破坏，是指将界碑、界桩砸毁、拆除、挖掉、盗走、移动或者改变原样，从而使其丧失国(边)境的分界作用。因此，破坏界碑、界桩并不在于毁坏界碑、界桩的物质载体，主要在于使其丧失分界作用；而界碑、界桩指的是国家设置的界定我国领土疆界的标志物，这是本罪与一般破坏公私财物罪的区别点。

八、破坏永久性测量标志罪，是指故意破坏国家边境的永久性测量标志的行为。本罪侵犯的客体是国家对永久性测量标志的正常管理活动。测量是从事工农业生产、国防建设和某些科学研究工作的必不可少的手段。在测量工作中，常常需要设置一定的测量标志。擅自移动或者破坏这些测量标志，就会使有关数据资料失去准确性，影响国家的经济建设、国防建设和有关的科学研究工作。所以，有必要加强测量标志的保护，维护国家对测量标志的正常管理。为此，本法规定了破坏永久性测量标志罪，有重要意义。

第五节　妨害文物管理罪

一、故意损坏文物罪，是指违反文物保护法规，明知是国家保护的珍贵文物或者被确认为全国重点文物保护单位、省级文物保护单位的文物而予以故意损毁的行为。这里的“珍贵文物”主要是指可移动文物。根据《文物保护法》和《文物藏品定级标准》的规定，凡属一、二级的文物均属珍贵文物，部分三级文物也属珍贵文物。三级文物中需要定为珍贵文物的，应经国家文物鉴定委员会确认。珍贵文物主要包括：历史上各时代珍贵的艺术品；工艺美术品；重要的革命文献资料以及具有历史、艺术、科学价值的手稿；古旧图书资料；反映历史上各时代、各民族社会制度、社会生产、社会生活的代表性实物。比如货币、舆服、器具、名画等。“文物保护单位”是指人民政府按照法定程序确定的，具有历史、艺术、科学价值的革命遗址、纪念建筑物、古文化遗址、古墓葬、古建筑、石窟寺、石刻等不可移动的文物。如宋庆龄故居、清东陵、燕旧都遗址等。文物保护单位分为全国重点文物保护单位、省级文物保护单位、县（市）级文物保护单位。文物保护单位根据其级别分别由国务院、省级人民政府和县（市）级人民政府核定公布。“故意损毁”，指故意将国家保护的珍贵文物毁坏；将全国重点文物保护单位、省级文物保护单位破坏的行为。其中“损毁”包括打碎、涂抹、拆散、烧毁等使文物失去文物价值的破坏行为。“情节严重的”，主要是指损毁特别珍贵的文物或者是有特别重要价值的文物保护单位的；损毁多件或者多次损毁国家保护的珍贵文物，使之无法补救、修复；多次损毁或者损毁多处全国重点文物保护单位、省级文物保护单位，使之难以恢复原状，给国家文物财产造成不可弥补的损失的情形等等。

二、故意损毁名胜古迹罪，是指违反文物保护法规，明知是国家保护的名胜古迹而予以损毁，情节严重的行为。所谓名胜古迹，包括风景名胜及文物古迹。其中，风景名胜是指具有观赏、文化或科学价值，自然景物、人文景物比较集中，环境优雅、具有一定规模和范围，可供人们游览、休息或进行科学文化活动的地区。根据其观赏、文化或科学价值的大小，环境质量的高低，规模大小，游览条件的优劣等，可分为国家重点、省级和市县级3级风景名胜区。所谓文物古迹，是指与名人事迹、历史大事有关而值得后人登临凭吊的胜地、建筑物以及文物保护单位。文物保护单位，根据其历史、艺术、科学价值，可分为国家重点文物保护单位，省、自治区、直辖市级文物保护单位及县、自治区、市级文物保护单位。属于本罪对象的名胜古迹，应是国家保护的名胜古迹，其范围宜控制在全国重点与省级两级内，县、市级的名胜古迹，一般不能构成本罪的对象。过失损毁名胜古迹的，不构成犯罪。

三、过失损毁文物罪，是指违反文物保护法规，过失损毁国家保护的珍贵文物或者被确定为全国重点文物保护单位、省级文物保护单位的文物，造成严重后果的行为。

四、非法向外国人出售、赠送珍贵文物罪，是指违反文物保护法规，将收藏的国家禁止出口的珍贵文物私自出售或者私自赠送给外国人的行为。这里的私自，是指未经国家文物主管部门批准。出售，是指有偿地转让。赠给，是指无偿地转让。这里的国家禁止出口的文物，根据文化部《文物出境鉴定管理办法》的规定，是指 1949 年中华人民共和国成立以前中国、外国制作、生产和出版的陶瓷品、金银器、玉石器、漆器、玻璃器皿、各种质料的雕刻品、雕塑品、家具、书画、碑帖、拓片、文献资料、织绣、文化用品、邮票、货币、器具、工艺美术品等。1949 年以后，我国已故近、现代著名书画家、工艺美术家的作品，经鉴定不许出口的文物也是国家禁止出口的文物。此外，根据文化部、对外贸易部公布的《文物出口鉴定参考标准》《文物出境鉴定管理办法》的规定，国家禁止出口的文物还包括：1949 年以前创作、生产、出版的具有一定历史、科学和艺术价值的文物、图书；各个时期的革命文物；有泄漏国家机密，或者歪曲、丑化中国人民，或者歪曲、丑化中国人民，或者在政治上有不良影响的文物、图书；少数民族的文物；1949 年以后具有高度的政治意义和艺术水平的艺术创作、原稿、手稿等。应当指出，在上述国家禁止出口的文物中，只有珍贵文物才是本罪的客体。

五、倒卖文物罪，是指以牟利为目的，倒卖国家禁止经营的文物，情节严重的行为。其特征是：(1)本罪侵犯的客体是国家的文物管理制度。国家的文物管理制度，主要是以《文物保护法》为核心的一系列有关文物保护的法律法规。根据法律、法规的规定，中华人民共和国境内地下、内水和海中遗存的一切文物，属于国家所有。古文化遗址、古墓葬、石窟寺属于国家所有。国家机关、部队、全民所有制企业、事业组织收藏的文物，属于国家所有。文物只能由文化行政主管部门指定的单位收购，其他任何单位或者个人不得经营文物收购业务。对于那些以牟利为目的，倒卖国家禁止买卖的文物，势必影响国家对于文物的管理，损害我国文化行政部门的声誉，扰乱文物市场和正常的文物收购秩序，因此，本法将倒卖文物规定为犯罪予以惩治。(2)本罪在客观方面表现为倒卖国家禁止买卖的文物，情节严重的行为，所谓倒卖，是指以牟利为目的出售、购买国家禁止经营的文物的行为，行为人倒卖的对象只能是国家禁止经营的文物。如果倒卖的不是国家禁止经营的文物，就不构成本罪，构成本罪，还要求必须具备情节严重的要素。根据司法实践，所谓情节严重，是指倒卖三级文物的，非法获利数额较大的，非法经营数额较大的，或者多次倒卖三级以下文物、倒卖三级以下文物多件的等情节。而倒卖二级文物的、倒卖一级文物的，非法获利数额巨大的、非法经营数额巨大的或者倒卖稀世国宝的等等，则属于情节特别严重。(3)本罪在主观方面表现为故意，且以牟利为目的。行为人不具有故意的心理不构成本罪，还必须同时具有牟利的目的，才能构成本罪。对于那些确实既无牟利目的，也无行使目的，而纯粹因为个人兴趣的，不以犯罪论处。此外，对于不知是禁止买卖的文物而买卖的，也不以犯罪论处。

六、非法出售、私赠文物藏品罪，是指国有博物馆、图书馆等单位违反文物保护法规，将国家保护的文物藏品出售或者私自赠送给非国有单位或者个人的行为。其特征是：(1)本罪侵犯的客体是国家文物保护法规，国家对文物的所有权、文物保管的正常工作秩序，本罪的犯罪对象是国有博物馆、图书馆等单位收藏的文物。属于哪一级文物，并不影响本罪的成立，只是一个量刑时考虑的情节因素。(2)非法出售、私赠文物藏品罪在犯罪客观方面表现为行为人违反文物保护法规，私自处置国家保护的文物藏品，具体有以下方式：行为人违反国家文物保护法律、行政法规及本单位的规章制度，私自非法出售由国家保护的文物、图书等藏品；私自将由国家保护的文物藏品赠送给个人或者非国有单位。(3)非法出售、私赠文物藏品罪在犯罪主观方面表现为故意。(4)本罪的犯罪主体为特殊主体，既指具有保护国家文物的博物馆、图书馆等单位的法人，也指非法出售或者和私赠文物藏品的直接负责任的主管人员和其他直接责任人。包括国家机关、部队、国有企业、事业组织。本罪的主体不能是个人，也不包括集体所有制企业、事业组织。

七、盗掘古文化遗址、古墓葬罪，是指盗掘具有历史、艺术、科学价值的古文化遗址、古墓葬的行为。其特征是：(1)本罪的客体是具有历史、艺术、科学价值的古文化遗址、古墓葬。这里的古文化遗址，是指清代和清代以前中华民族历史发展中由古代人类创造并留下的表明其文化发展水平的石窟、地下城、古建筑等。古墓葬，是指清代和清代以前中华民族历史上建造并留下的墓穴及其有关设施。(2)本罪的行为是盗掘具有历史、艺术、科学价值的古文化遗址、古墓葬。这里的盗掘，是指未经国家文化主管部门批准而私自挖掘。

八、盗掘古人类化石、古脊椎动物化石罪，是指盗掘国家保护的具有科学价值的古人类化石和古脊椎动物化石的行为。本罪属选择性罪名，具体包括盗掘古人类化石罪和盗掘古脊椎动物化石罪。这里的盗掘，是指以非法占有为目的的秘密挖掘。这里的古人类化石，是指距今一万年以前的石化了的古人类遗骸或者遗迹，包括直立人，早期、晚期智人的遗骸等。古脊椎动物化石，是指距今一万年以前石化了的古脊椎动物的遗骸或者遗迹。

九、抢夺、窃取国有档案罪，是指趁人不备公然夺取或者采取秘密手段获取国家所有的档案的行为。本罪的犯罪对象是国家所有的档案。档案是指过去和现在的国家机构、社会组织以及个人从事政治、经济、军事、科学、技术、文化、宗教等活动直接形成的对国家和社会有保存价值的各种文字、图表、声像等不同形式的历史记录。所谓国家所有的档案，是指国家档案馆保管且所有权属于国家的档案。归集体、个人所有的档案不是本罪的对象。档案在社会主义现代化建设事业中具有重要的作用，档案的灭失、毁损往往会给国家和人民造成不可弥补的损失，因此，为了加强对国有档案的保管、利用，惩治严重妨害国有档案的犯罪十分必要。

十、擅自出卖、转让国有档案罪，是指违反档案法的规定，擅自出卖、转让国家所有的档案，情节严重的行为。这里的擅自出卖，是指未经批准而卖给他人。擅自转让，是指未经批准而无偿送给他人。所谓情节严重，一般是指出卖、转让有关国家政治、军事、经济、科学、技术、文化、宗教等活动的重要档案的；多次出卖、转让国有档案的；出卖、转让国有档案牟利较大的；出卖、转让国有档案造成恶劣社会或者政治影响的；因出卖、转让国有档案受过行政处分不思悔改又实施这种行为的；将国有档案出卖、转让给境外机构或人员的；等等。

第六节　危害公共卫生罪

一、妨害传染病防治罪，是指违反传染病防治法规定，引起甲类传染病传播或者有传播严重危险的行为。其特征是:(1)本罪侵害的客体是国家关于传染病防治的管理制度。传染病是由病原性细菌、病毒立克次体和原虫引起的,能在人间、动物间或者人与动物间相互传播的一种疾病,是一种流行性危害比较严重的疾病,其种类繁多,《传染病防治法》规定管理的传染病有甲、乙、丙三类。各类传染病不同程度地侵害人们的身体健康,影响传染病流行地区人们的生产和生活,因此,世界上许多国家都已将传染病防治管理法律化。(2)本罪在客观方面表现为违反国家传染病防治法规定,引起甲类传染病传播或者有传播严重危险的行为。本罪在具体行为方式上表现为下述四种情形:供水单位供应的饮用水不符合国家规定的卫生标准的;拒绝按照卫生防疫机构提出的卫生要求,对传染病病原体污染的污水、污物、粪便进行消毒处理的;准许或者纵容传染病病人、病原携带者和疑似感染病病人从事国务院卫生行政部门规定从事的易使该传染病扩散的工作的;拒绝执行卫生防疫机构依照传染病防治法提出的预防、控制措施的。(3)本罪属危险犯,必须以发生法定的危害危险,即引起甲类传染病传播或者有传播严重危险的为必备构成要件。甲类传染病,就目前而言,包括鼠疫和霍乱两种。(4)本罪应当与一般违法行为区别开来。一般违法行为没有造成甲类传染病传播的结果,也不可能有甲类传染病传播的严重危险。对有违反传染病防治规定的一般行为,应由县级以上政府卫生行政部门责令限期改正,可以处以罚款;造成传染病流行危险的,由卫生行政部门报请同级政府采取强制措施。

二、传染病菌种、毒种扩散罪,是指从事实验、保藏、携带、运输传染病菌种、毒种的人员,违反国务院卫生行政部门的有关规定,造成传播染病菌种、毒种扩散,后果严重的行为。其特征是:(1)本罪侵犯的客体是国家关于传染病防治的管理制度,具体是国家的传染病菌种、毒种管理制度。所谓传染病毒种、菌种,根据《传染病防治法》第 16 条的规定,分为下列三类:一类:鼠疫耶尔森氏菌、霍乱弧菌;天花病毒、艾滋病病毒。二类:希氏菌、炭疽菌、麻风杆菌、肝炎病毒、狂犬病毒、出血热病毒、登革热病毒;斑疹伤寒立克次体。三类:脑膜炎双球菌、链球菌、淋病双球菌、结核杆菌、百日咳嗜血杆菌、白喉棒状杆菌、沙门氏菌、志贺氏菌、破伤风梭状杆菌;钩端螺旋体、梅毒螺旋体;乙型脑炎病毒、脊髓灰质炎病毒、流感病毒、流行性肋腺炎病毒、麻疹病毒、风疹病毒。(2)本罪在客观方面表现为行为人违反国务院卫生行政部门的有关规定,造成传染病菌种、毒种扩散,后果严重的行为。(3)本罪的主体为特殊主体,只限于从事实验、保藏、携带、运输传染病菌种、毒种的人员,而且只能是依照国家有关规定享有从事传染病菌种、毒种实验、保藏、携带、运输工作资格的单位中的直接负责的主管人员和其他直接责任人员。单位不能成为本罪主体。(4)本罪在主观方面表现为过失。

三、妨害国境卫生检疫罪,是指违反国境卫生检疫规定,引起检疫传染病传播的行为。其特征是:(1)本罪侵犯的客体是国家对国境卫生检疫的正常管理活动。(2)本罪在客观方面表现为实施了违反国境卫生检疫规定,引起检疫传染病的传播,或者有传播严重危险的行为。所谓违反国境卫生检疫规定,是指入境、出境时采取逃避、蒙混或者其他手段,不接受国境卫生检疫机关对人身或者物品的医学检查、卫生检查和必要的卫生处理,以及其他违反应当接受国境卫生检疫义务的行为。(3)本罪的主体是一般主体。但一般必须是出入国(边)境的人才可能构成本罪。(4)本罪在主观方面表现为故意,即行为人明知应当接受卫生检疫检查而故意逃避或拒绝。

四、非法组织卖血罪，是指违反国家有关规定，非法组织出卖他人血液的行为。其特征是：(1)本罪侵犯的客体是国家血液管理制度，同时也对公共卫生造成妨害。我国于1993年3月27日颁布、并于7月1日施行《采供血机构和血液管理办法》是其中最主要的法律依据。(2)本罪在客观方面表现为非法组织他人出卖血液的行为。本罪行为人将血液视为"商品"而组织他人加以出卖。"非法"是指违反我国献血法规定的无偿献血制度。(3)本罪在主观方面只能由故意构成，过失不构成本罪。至于本罪是否以牟利为目的，本条未作规定，一般而言，非法组织他人出卖血液的行为多以牟利为目的，但并不以此目的为构成要件。

五、强迫卖血罪，是指以暴力、威胁方法强迫他人出卖血液的行为。本罪侵犯的是复杂客体，其主要客体是国家对血液的管理制度，次要客体是公共卫生以及被强迫人的人身权利。其特征是：(1)本罪首先直接侵犯了国家对血液的管理制度。输血工作是社会主义卫生事业的重要组成部分，必须坚持以社会效益为准则，绝不允许把血液作为商品进行倒买倒卖，从中谋利。(2)本罪在客观方面表现为以暴力、威胁方法强迫他人出卖血液的行为，暴力是指对他人人身进行打击或实施强制，如殴打、捆绑等，威胁是指以杀害、伤害、毁坏财产、破坏名誉等手段进行要挟，迫使他人接受自己的意志，从而实施卖血行为，他人既可以是除行为人外的特定的他人，也可以是除行为人外的不特定的他人。(3)本罪的主体要件为一般主体。单位亦能成为本罪主体。单位犯本罪的，实行两罚制。(4)本罪在主观方面表现为直接故意，间接故意和过失不构成本罪。虽本罪多以牟利为犯罪目的，但不为此为构成要件。

六、非法采集、供应血液或制作、供应血液制品罪，是指非法采集、供应血液或者制作、供应血液制品，不符合国家规定的标准，足以危害人体健康，或者对人体健康造成严重危害的行为。其特征是：(1)非法采集、供应血液或制作、供应血液制品罪侵犯的客体是复杂客体，其主要客体是国家对血液和血液制品的管理制度，次要客体是公共卫生。侵犯的对象，是血液和血液制品。(2)本罪在客观方面表现为非法采集、供应血液或制作、供应血液制品，不符合国家规定的标准，足以危害人体健康的行为。具体包括以下几层含义：必须有非法采集、供应血液或者制作、供应血液制品的行为；行为人实施非法采集、供应血液或者制作、供应血液制品的行为，客观上还必须是足以危害人体健康。(3)本罪的主体为一般主体，而单位则不能构成本罪。(4)本罪在主观方面只能是出于故意，即行为人明知自己违反有关操作规定，或者明知自己没有资格从事采集、供应血液或者制作、供应血液制品活动仍决意为之。

本罪与非法组织卖血罪的界限：(1)从客观要件看，本罪表现为非法采集、供应血液或者制作、供应血液制品，不符合国家规定的标准，足以危害人体健康的行为，属于危险犯，其行为主体为实行者；而非法组织卖血罪则表现为非法组织他人出卖血液的行为，属于行为犯，其行为主体为组织者。(2)从犯罪对象而言，本罪侵犯的是血液和血液制品，而非法组织卖血罪的对象只有血液。(3)从主观的内容而言，本罪是明知自己违反操作规程，或者不具有采集、供应血液或者制作、供应血液制品资格；而非法组织卖血罪则是明知组织他人出卖血液之行为非法。

七、采集、供应血液、制作、供应血液制品事故罪，是指经国家主管部门批准采集、供应血液或者制作、供应血液制品的部门，不依照规定进行检测或者违背其他操作规定，造成危害他人身体健康后果的行为。其特征是：(1)本罪侵犯的客体是复杂客体，其主要客体是国家对血液、血液制品的管理制度，次要客体是公共卫生。侵犯的对象是血液和血液制品。血液是指用于临床的全血、成分血和用于血液制品生产的原料血浆。血液制品，则是特指各种人血浆蛋白制品。(2)本罪在客观方面表现为采集、供应血液或者制作、供应血液制品时，不依照规定进行检测或者违背其他操作规定，造成危害他人身体健康的后果。(3)本罪的主体是特殊主体，即必须是经国家主管部门批准的有权从事采集、供应血液或者制作、供应血液制品活动的单位，包括采供血机构和血液制品生产单位。(4)本罪在主观方面只能表现为过失。

八、医疗事故罪，是指医务人员由于严重不负责任，造成就诊人死亡或者严重损害就诊人身体健康的行为。其特征是：(1)本罪侵犯的客体是医疗单位的工作秩序，以及公民的生命健康权利。犯罪对象是生命健康安全正遭受病魔侵害的病人。所以，倘若救治措施不能客观上起到控制病情发展的作用，则必然由于病情发展而引起人体健康的更大损害，直至导致伤残、功能障碍和死亡结果。(2)本罪在客观方面表现为严重不负责任，造成就诊人死亡或者严重损害就诊人身体健康的行为。具体而言，包括以下几个方面：医务人员在诊疗护理工作中有严重不负责任的行为；因严重不负责任行为导致病人严重损害身体健康或死亡的结果；严重不负责任行为与病员重伤、死亡之间必须存在刑法上的因果关系。(3)本罪主体为特殊主体，是达到刑事责任年龄并具有刑事责任能力的实施了违章医疗行为的医务人员。医务人员是指具有一定医学知识和医疗技能，取得行医资格，直接从事医疗护理工作的人员，包括医院医务人员及经批准的个体行医者。由于医务工作有极强的专业性、技术性和导致人身伤亡的危险性，所以，国家卫生行政管理机关向来十分重视对行医者任职资格的考核，事实上只有具备一定医疗知识和技能，才能避免行医的特殊危险性，从而达到救死扶伤的目的。目前社会上存在一些既无医疗技能又未取得行医许可证的非法行医者，这些人不属于医疗事故罪的主体。(4)本罪在主观方面表现为过失，即行为人主观上对病人伤亡存在重大业务过失。在这里，本罪要求行为人主观上存在重大过失而不是一般过失，即从主观上过失程度之轻重来说，行为人主观上存在严重过失。临床医疗活动本身有特殊的导致人身伤亡的危险性，医务人员稍有不慎即会发生不幸后果，如果把一般过失行为确定为犯罪，于情理上有失公平、于法律上则有失于严苛。因此，本罪主观方面是指存在业务过失而不是普通过失。

九、非法行医罪，是指未取得医生执业资格的人擅自从事医疗活动，情节严重的行为。其特征是：(1)本罪所侵犯的客体是国家对医疗机构的管理制度及公众的生命健康安全。非法行医不仅扰乱了业已建立的良好的医疗卫生管理秩序，而且往往由于非法行医者不具备执业的基本条件，医疗服务质量差，同时也侵犯了就诊人的身体健康和生命安全。(2)本罪在客观方面表现为：首先，必须有擅自从事医疗活动的行为。医疗活动主要是指诊断和治疗，即通过各种检查对疾病作出诊断，借用药物、器械和手术等方法消除疾病、缓解病情、减轻痛苦、延长生命、改善病理或生理状况的活动。其主要有以下几种表现形式：①利用巫术、封建迷信行医。行为人大多不懂医术，有些略微懂一点医学常识，主要是凭烧香、念经、看手相以及各种封建迷信方式愚弄就诊人。②利用气功行医。气功对某些疾病有一定的疗效，但有些人根本不懂气功，却号称自己的气功如何了得，挂牌行医，骗取钱财；利用现代仪器进行非法医疗活动。如利用电脑为人诊断病情，开具处方；非医疗机构超越服务范围进行医疗活动。如一些不具备外科整形手术资格的美容医院，擅自开展医学整容活动；具备一定医学知识的人擅自开办诊所，进行医疗活动；利用非法行医的手段推销产品。其次，擅自从事医疗活动的行为，须达到"情节严重"的程度。(3)该罪的主体，即未取得医生执业资格的人，包括中国人、外国人和无国籍人，单位不构成该罪。(4)本罪在主观方面表现为故意。行为人对病人伤亡结果存在间接故意的罪过而不是业务过失的罪过。因为，在认识因素上，行为人既对自己缺乏行医技能和控制病情发展的能力是明知的，又对病人在得不到有效及时治疗时会伤残直至死亡是明知的，所以不是疏忽大意的过失；在意志因素上，对病人的伤残、死亡采取了漠然视之、听之任之的放纵态度。

十、非法进行节育手术罪，是指未取得医生执业资格的人擅自为他人进行节育复通手术、假节育手术、终止妊娠手术或者摘取宫内节育器，情节严重的行为。其主要特征是：(1)本罪直接侵犯的是复杂客体，其主要客体是国家的计划生育政策和制度，次要客体是公共卫生。(2)本罪在客观方面表现为擅自为他人进行节育复通手术、假节育手术、终止妊娠手术或者摘取宫内节育器，情节严重的行为。(3)本罪主体为一般主体。但必须是未取得医生执业资格的人。未取得医生执业资格的人，应当是根据《执业医师法》的有关规定，未依法取得医师执业证书的人。根据卫生法律、行政法规及行政规章的规定，在通常情况下，超出执业范围、未变更执业地点等行为，属于行政违法行为。应当依照卫生法律、法规和规章的规定，予以行政处罚。此为区别罪与非罪的界线。(4)本罪在主观方面表现为故意，即行为人明知自己无权为他人实施计划生育手术，但为了牟取不法利益或者基于其他考虑所实施的行为。

十一、妨害动植物防疫、检疫罪，是指妨害动植物防疫、检疫罪是指违反有关动植物防疫、检疫的国家规定，引起重大动植物疫情的，或者有引起重大动植物疫情危险，情节严重的行为。《刑法》第 337 条第 1 款规定：违反有关动植物防疫、检疫的国家规定，引起重大动植物疫情的，或者有引起重大动植物疫情危险，情节严重的，处三年以下有期徒刑或者拘役，并处或者单处罚金。

第七节　破坏环境资源保护罪

一、污染环境罪，是指违反防治环境污染的法律规定，造成环境污染，后果严重，依照法律应受到刑事处罚的行为。污染环境罪是最高人民法院、最高人民检察院对《刑法修正案(八)》(以下简称《修正案八》)罪名作出的补充规定，取消原重大环境污染事故罪罪名，改为污染环境罪。该罪具体的内容包括：违反国家规定，排放、倾倒或者处置有放射性的废物、含传染病病原体的废物、有毒物质或者其他有害物质。其特征是:(1)本罪侵犯的客体是国家防治环境污染的管理制度。本罪的对象为危险废物。具体包括放射性废物、含传染病病原体的废物、有毒物质或者其他危险废物。(2)本罪在客观方面表现为违反国家规定,向土地、水体、大气排放、倾倒或者处置有放射性的废物、含传染病病原体的废物、有毒物质或其他危险废物,造成环境污染,致使公私财产遭受重大损失或者人身伤亡的严重后果的行为。(3)本罪的主体为一般主体,单位可以成为本罪主体。(4)本罪在主观方面表现为过失。至于行为人对违反国家规定排放、倾倒、处置危险废物这一行为本身有时则常常是有意为之,但这并不影响本罪的过失犯罪性质。

二、非法处置进口的固体废物罪,是指违反国家规定,将境外的固体废物进境倾倒、堆放、处置的行为。其特征是:(1)本罪侵犯的客体是国家防治固体废物污染环境的管理制度。本罪的犯罪对象是境外的各种固体废物。(2)本罪在客观方面表现为违反国家规定,将境外的固体废物进境倾倒、堆放、处置的行为。本罪属行为犯,只要实施了进境倾倒、堆放、处置固体废物的行为,即构成犯罪。(3)本罪的主体为一般主体,单位也可成为本罪主体。实践中,本罪的主体大多为废物进口单位或废物利用单位。个人构成本罪的情况极为罕见。(4)本罪在主观方面表现为故意,过失不构成本罪。

三、擅自进口固体废物罪,是指未经国务院有关主管部门许可,擅自进口固体废物用作原料,造成重大环境污染事故,致使公私财产遭受重大损失或者严重人体健康的行为。其主要特征是:(1)本罪侵犯的客体是国家对固体废物污染环境的防治制度。(2)本罪在客观方面表现为未以国务院有关主管部门许可,擅自进口固体废物用作原料,造成重大环境污染事故,致使公私财产遭受重大损失或者严重人体健康的行为。(3)本罪在主观方面表现为过失。也就是说行为人对造成的严重危害后果主观是过失的,但是,对于未经国务院有关部门许可,擅自进口固体废物用作原料是法律禁止的,行为人则是明知的。

四、非法捕捞水产品罪,是指违反保护水产资源法规,在禁渔区、禁渔期或者使用禁用的工具、方法捕捞水产品,情节严重的行为。其特征是:(1)非法捕捞水产品罪的客体是水产品,这里的水产品,是指自然野生的水产品,不包括人工养殖的水产品。(2)非法捕捞水产品罪的行为是违反保护水产资源的法律法规,在禁渔区、禁渔期或者使用禁用的工具、方法捕捞水产品。这里的禁渔区,是指对某些重要鱼、虾、贝类的产卵场、越冬场和幼体索饵划定的一定区域,在此区域内禁止全部作业或者限制作业种类。禁渔期,是指根据某些鱼类产卵或者成长的时间而规定的禁止全部作业或者限制作业的一定期限。禁用的工具,是指禁止使用的超过国家关于不同捕捞对其所分别规定的最小网眼尺寸的网具和其他禁止使用的破坏水产资源的捕捞方法。禁用的方法,是指采用爆炸、放电、放毒等使水产品正常生长、繁殖受到损害的破坏性方法。(3)非法捕捞水产品罪的责任形式是故意。这里的故意,是指明知是非法捕捞水产品的行为而有意实施的主观心理状态。

五、非法猎捕、杀害珍贵、濒危野生动物罪,是指违反野生动物保护法规,非法收购、运输、加工、出售国家重点保护的珍贵、濒危野生动物及其制品的行为。其特征是:(1)本罪侵犯的客体是国家重点保护的珍贵、濒危野生动物的管理制度。珍贵、濒危野生动物是国家的一项宝贵自然资源,不仅具有重要的经济价值,而且具有重要的文化价值、社会价值乃至政治价值。非法捕杀珍贵、濒危野生动物，致使国家重点保护的珍贵、濒危野生动物濒临灭绝的危险，严重侵犯了国家对野生动物资源的保护和管理制度，应当依法予以惩处。本罪的犯罪对象是国家重点保护的珍贵、濒危野生动物。(2)本罪在客观方面表现为非法猎捕、杀害国家重点保护的珍贵、濒危野生动物的行为。非法捕杀珍贵、濒危野生动物的行为方式多种多样，但可以归纳为 3 类：猎取珍贵、濒危的陆生野生动物，捕捞珍贵、濒危的水生野生动物，杀害珍贵、濒危的陆生或水生野生动物。其捕杀行为是在何时、何地、用何种工具，采用何种方法都不影响本罪的成立。实践中具有非法猎捕和杀害两种方式之一的，即可构成本罪，同时具备两种方式的，也只构成一罪，不能按数罪并罚。本罪属于行为犯，只要行为人实施了非法捕杀珍贵、濒危野生动物的行为，就构成犯罪，不以其是否具备"情节严重"作为划分罪与非罪的界限。(3)本罪在主观方面表现为故意，过失不构成本罪。行为人可能是为了出卖牟利、自食自用、馈赠亲友或者出限取乐的目的，都可以构成本罪。(4)2000 年 11 月 17 日最高人民法院《关于审理破坏野生动物资源刑事案件具体应用法律若干问题的解释》第 7 条规定：使用爆炸、投毒、设置电网等危险方法破坏野生动物资源，构成非法猎捕、杀害珍贵、濒危野生动物罪或者非法狩猎罪；同时又构成《刑法》第 114 条或者第 115 条规定之罪的，依照处罚较重的规定定罪处罚。这是关于本罪的想象竞合犯的规定，对此应从一重罪处断。(5)根据前引司法解释第 8 条的规定：实施本罪，又以暴力、威胁方法抗拒查处，又构成其他犯罪的，依照数罪并罚的规定处罚。这是关于本罪与妨害公务罪等其他犯罪数罪并罚的规定。

六、非法收购、运输、出售珍贵、濒危野生动物制品罪，是指非法猎捕、杀害国家重点保护的珍贵、濒危野生动物的，或者非法收购、运输、出售国家重点保护的珍贵、濒危野生动物及其制品的犯罪。其特征是：(1)本罪侵犯的客体是国家重点保护的珍贵、濒危野生动物的管理制度。本罪的对象只能是国家重点保护的珍贵、濒危野生动物及其制品。(2)本罪在客观方面表现为违反野生动物保护法规，收购、运输、出售珍贵、濒危野生动物及其制品的行为。所谓收购，是指未经有关部门批准以金钱作价，购买珍贵、濒危野生动物及其制品的行为；所谓运输，是指未经批准，私自运输珍贵、濒危野生动物及其制品的行为；所谓出售，是指未经批准，以牟利为目的出价售卖珍贵、濒危野生动物及其制品的行为，至于是否已实际获得利益，并不影响犯罪的成立。无论行为人实施的是其中一种行为，还是同时实施数种行为，均可构成本罪。定罪标准目前尚无明确的规定，在新的司法解释出台之前，可以参照林业部、公安部《关于陆生野生动物刑事案件的管辖及其立案标准的规定》。(3)本罪在主观方面表现为故意，过失不构成本罪。实践中，由于一些非专业人员对野生动物领域了解不多，因而通常对何种动物为野生动物的认识不够，也因此对该种动物制品缺乏认识，在这种情况下实施了非法收购、运输、出售自己认为是珍贵、濒危野生动物及其制品的，一般不以本罪论处；如果行为人实施了非法收购、运输、出售自己认为不是珍贵、濒危野生动物及其制品的，而事实上确实是珍贵、濒危野生动物及其制品的，亦不宜以本罪论处。

七、非法狩猎罪，是指违反狩猎法规，在禁猎区、禁猎期或者使用禁用的工具、方法进行狩猎，破坏野生动物资源，情节严重的行为。其主要特征是：(1)本罪侵犯的客体是国家保护野生动物资源的管理制度。非法狩猎罪的对象是指除珍贵、濒危的陆生野生动物和水生野生动物以外，有益的或者有重要经济、科学研究价值的陆生野生动物。行为人非法狩猎的对象如果涉及属于国家重点保护的珍贵、濒危野生动物，应按非法猎捕、杀害珍贵、濒危野生动物罪论处。可见，本罪的对象仅指一般陆生动物，即未列入《国家重点保护野生动物名录》的其他所有陆生野生动物。(2)本罪在客观方面表现为违反狩猎法规，在禁猎区、禁猎期或者使用禁用的工具、方法进行狩猎，破坏野生动物资源，情节严重的行为。所谓禁猎区，是指国家对适宜野生动物栖息繁殖或者野生动物资源贫乏和破坏比较严重的地区，如国家自然保护区、风景区、城镇、工矿区、革命圣地、名胜古迹等区域为保护野生动物而划定的禁止狩猎区域。所谓禁猎期，是指按法定程序规定，禁止进行狩猎活动的一定时间期限。一般是根据不同野生动物的繁殖及生长期(如肉食、皮毛成熟)，而分别划定的禁止狩猎的期间。其目的在于保证野生动物能够拥有良好的繁殖环境，使其正常发展，保持并增加种群数量，供人们永续利用。禁猎期由县级以上人民政府或其野生动物行政主管部门按照自然规律规定的。所谓禁用的工具，是指足以破坏野生动物资源，危害人畜安全以及破坏森林的工具。(3)本罪在主观方面表现为故意，即明知是在禁猎区、禁猎期或者使用禁止的工具、方法进行狩猎而故意为之。至于是为了营利或者其他目的，均不影响本罪的成立。过失不能构成本罪。(4)区分本罪与非法猎捕、杀害珍贵、濒危野生动物罪的界限：首先，两罪的犯罪主体、主观方面都相同，皆属故意犯罪。两罪侵犯的客体不尽相同，其同类客体都是对环境资源保护和管理制度的侵犯，只是犯罪所侵犯的直接客体有所不同，非法狩猎罪所侵犯的客体为国家保护野生动物资源的管理制度；而非法猎捕、杀害珍贵、濒危野生动物罪所侵犯的客体为国家对珍贵、濒危野生资源的重点保护制度。其次，两罪的主要区别是：非法狩猎罪主要表现为在禁猎区、禁猎期或使用禁用工具、方法实施的狩猎行为，且情节严重的才构成犯罪；而非法猎捕、杀害珍贵、濒危野生动物罪则表现为非法猎捕、杀害珍贵、濒危野生动物的行为，行为人只要客观上对国家重点保护的珍贵、濒危野生动物实施了非法捕杀行为，即可构成犯罪，不受任何“禁止性”条件和情节是否严重的限制。犯罪对象不同。非法狩猎罪的犯罪对象主要是指珍贵、濒危野生动物以外的一般陆生野物；而非法猎捕，杀害珍贵、濒危野生动物罪的犯罪对象为《国家重点保护野生动物名录》的珍贵、濒危野生动物，既包括陆生的野生动物，也包括水生的野生动物。(5)区分本罪与非法捕捞水产品罪的界限：首先，非法捕捞水产品罪，是指违反保护水产资源法律法规，在禁渔区、禁渔期或者使用禁用的工具、方法捕捞水产品，情节严重的行为。两罪在犯罪主体、主观方面较为一致，都属于故意犯罪的范畴。其次，区别在于：客体不尽相同，其同类客体都是对环境资源保护和管理制度的侵犯，只是犯罪所侵犯的直接客体有所不同，非法狩猎罪所侵犯的直接客体为国家保护野生动物资源的管理制度；而非法捕捞水产品罪所侵犯的客体为国家保护水产资源的管理制度。犯罪对象不同。非法狩猎罪的对象是除国家重点保护的珍贵、濒危野生动物资源、水生野生动物资源以外的陆生野生动物资源；而非法捕捞水产品罪的犯罪对象则为除国家重点保护的珍贵、濒危陆生和水生野生动物资源以外的其他水产品资源，这些水产品资源不仅包括水生野生动物，还包括海藻类、淡水食用水生植物类等水产品。行为内容不同。非法狩猎罪在违反“四个禁止性规定”的前提下，突出了与危害陆生动物相关的“狩猎”行为；而非法捕捞水产品罪则在“四个禁止性规定”的前提下，强调的是危及水产资源的“捕捞”行为。故两者所违反的“四个禁止性规定”实为形式相同而内容各异的限制性规定。

八、非法占用农用地罪，是指违反土地管理法规，非法占用耕地改作他用，数量较大，造成耕地大量毁坏的行为。其主要特征是：(1)本罪侵犯的客体是国家的耕地管理制度。珍惜和合理利用土地和切实保护耕地是我国的基本国策。因为我国人均只有耕地约 1.3 亩，仅相当于世界人均耕地 4.1 亩的 1/3。耕地的贫乏已成为制约我国经济发展的重要因素之一，严加保护耕地是摆在全国人民面前的重要任务，也是每个公民的重要职责。本罪的对象是耕地资源。耕地资源分为已开垦的已耕地和尚未开发利用的后备耕地。已开垦的耕地包括熟地、当年新开荒地、连续撂荒未满 3 年的耕地、当年的休闲地、以种植农作物为主并附带其他作物的土地和沿海沿湖地区围垦利用的海涂湖田等。(2)本罪在客观方面表现为违反土地管理法规，非法占用耕地改作他用，数量较大，造成耕地大量毁坏的行为。非法占用耕地，是指未经法定程序审批、登记、核发证书、确认土地使用权，而占用耕地的行为。非法占有耕地行为通常表现为：其一，未经批准占用耕地，即未经国家土地管理机关审理，并报经人民政府批准，擅自占用耕地的；其二，少批多占耕地的，即部分耕地的占用是经过合法批准的，但超过批准的数量且多占耕地的数量较大的；其三，骗取批准而占用耕地的，主要是以提供虚假文件、谎报用途或借用、盗用他人的名义申请等欺骗手段取得批准手续而占用耕地，且数量较大的。改作他用是指改变耕地的种植用途而作其他方面使用，诸如开办企业、建造住宅、筑路、采石、采矿、采土、采河、倾倒废物等。非法占用耕地数量较大且造成耕地大量毁坏结果，是非法占用耕地罪的必备要件。至于数量较大的具体标准，法律没有明文规定，根据《土地管理法》对土地的征用或使用所作的详细规定：征用基本农田、基本农田以外的耕地超过 35 公顷、其他土地超过 70 公顷的，由国务院批准；征用上述规定以外的土地，由省、自治区、直辖市人民政府批准，并报国务院备案。如果违反上述有关土地管理的审批程序或所规定的数量而多征用、使用耕地的行为，就是违反土地管理法的非法占用耕地的行为。(3)本罪的主体既可以是自然人，也可以是单位。(4)本罪在主观方面表现为故意。即明知占用耕地改作他用的行为违反土地管理法规，而且对于占用耕地改作他用会造成大量耕地被毁坏的结果也是明知的。

九、非法采矿罪，是指违反矿产资源保护法的规定，未取得采矿许可证擅自采矿的，擅自进入国家规划矿区、对国民经济具有重要价值的矿区和他人矿区范围采矿的，擅自开采国家规定实行保护性开采的特定矿种，经责令停止开采后拒不停止开采，造成矿产资源破坏的行为。其特征是：(1)本罪侵犯的客体是国家对矿产资源和矿业生产的管理制度以及国家对矿产资源的所有权。根据《宪法》和《矿产资源管理法》的规定，矿产资源属于国家所有，国家保障矿产资源的合理开发利用，禁止任何组织或个人用任何手段破坏矿产资源。但是，国家可在不改变对矿产资源的所有权性质的前提下，按照所有权和采矿权适当分离的原则，将矿产资源的开采权依法授予特定的组织或个人，并有权对任何组织或者个人的采矿活动实施监督管理。因而，所谓国家对矿产资源的管理制度，主要是指国家依法对采矿单位或者个人所制定的一系列行政管理制度的总称。(2)本罪在客观上表现为违反矿产资源保护法的规定，非法采矿，致使矿产资源破坏的行为。非法采矿，即无证开采，是指未取得采矿许可证擅自采矿的，进入国家规划矿区、对国民经济具有重要价值的矿区和他人矿区范围采矿的，擅自开采国家规定实行保护性开采的特定矿种，或者虽有采矿许可证，但不按采矿许可证上采矿范围等要求的，经责令停止开采后拒不停止开采，造成矿产资源破坏的行为。(3)本罪的主体为一般主体，但一般限于直接责任人员，具体包括国营、集体或乡镇矿山企业中作出非法采矿决策的领导人员和主要执行人员以及聚众非法采矿的煽动、组织、指挥人员和个体采矿人员。(4)本罪主观上出于故意。其主观目的是为获取矿产品以牟利。

十、破坏性采矿罪，是指违反矿产资源法的规定，采取破坏性的开采方法开采矿产资源，造成矿产资源严重破坏的行为。本罪侵犯的客体是国家对矿产资源的管理制度。矿产资源属于不可再生的资源，采取破坏性开采的办法，使矿产资源遭受毁灭，是对国家矿产资源管理制度的侵犯。其主要特征是：(1)国家对矿产资源的管理活动主要包括：对全国有矿产资源进行统一规划、合理布局；对采矿权主体进行资格审查，授予采矿权、颁发采矿许可证，依法保护正当的采矿权；对采矿单位或者个人进行全面的技术监督，保证采矿活动的科学性和计划性，防止破坏矿产资源。凡违反上述及其他有关矿产资源保护的法律制度以及管理活动，均视为对矿产资源管理制度的侵犯。本罪的对象是矿产资源，是指在地质活动过程中形成的、蕴藏于地壳之中的、能为人们用于生产和生活的各种矿物质的总称。其中包括各种呈固态、液态或气态的金属、非金属矿产、燃料矿产和地下热能等。(2)本罪在客观方面表现为违反矿产资源法的规定，采取破坏性的开采方法开采矿产资源，造成矿产资源严重破坏的行为。所谓“合理的开采顺序”，是指保证回采作业安全，资源合理回收和采矿效益好的开采顺序。(3)本罪在主观方面表现为故意，过失不能构成本罪。这种故意具体是指行为人明知其行为会造成矿产资源严重破坏的结果而仍然实施，最终导致该种结果发生的心理态度。(4)区分破坏性采矿罪与故意毁坏财物罪的界限：①客体要件不同。破坏性采矿罪主要侵犯的国家保护矿产资源的管理制度；而故意毁坏财物罪侵犯的则是公私财物的所有权。②客观要件不同。破坏性采矿罪在客观上表现为违反矿产资源保护法的规定，实施采矿行为，从而造成矿产资源破坏，但这种行为并没有改变矿产资源的性质，只是在某种程度上造成巨大浪费现象，降低或减少其利用率和回收率，从而造成对整体矿产资源的破坏，但矿产资源本身仍具有其原有价值和使用价值；而故意毁坏财物罪在客观上则表现为毁坏行为，即毁灭、损坏，其结果是使公私财物的使用价值或价值部分或全部丧失。③主体要件不同。破坏性采矿罪的主体既可以是自然人，也可以是单位；而故意毁坏财物罪的犯罪主体只能由自然人构成。

十一、非法采伐、毁坏国家重点保护植物罪，是指违反森林法的规定，非法采伐、毁坏国家重点保护植物的行为。其特征是：(1)本罪侵犯的客体，是国家的林业管理制度。包括林木区域、分布、林木种植、林木树种规划、林木采伐等各项林业管理制度。这些制度以森林法为代表，包括其他国家森林保护法规以及地方森林保护法规。本罪的对象只能是国家重点保护植物，而不是指所有的珍贵野生植物。根据《野生植物保护条例》第 2 条的规定：“本条例所保护的野生植物，是指原生地天然生长的珍贵植物和原生地天然生长并具有重要经济、科学研究、文化价值的濒危、稀有植物。”(2)本罪在客观方面表现为违反森林法的规定,非法采伐、毁坏国家重点保护植物的行为。行为人非法采伐,毁坏国家重点保护植物的行为,违反有关森林资源保护的法律、法规,主要是指违反森林法及其他法规中有关采伐、毁坏国家重点保护植物的规定。行为的表现形式为非法采伐和毁坏。所谓“非法采伐”,是指违反森林资源保护的法律、法规的规定,未经允许擅自砍伐国家重点保护植物的行为。所谓“毁坏”,是指毁灭和损坏,亦即使国家重点保护植物的价值或使用价值部分丧失或者全部丧失的行为,如造成国家重点保护植物数量减少、濒于灭绝或者已经绝种等。(3)本罪在主观方面只能由故意构成,过失不构成本罪。关于非法采伐、毁坏国家重点保护植物以何为目的,在所不问。非法采伐、毁坏珍贵树木,有的是以营利为目的,有的仅仅是为了搭建住宅而用,有的是为了采集标本科学研究而用,但无论何种目的,只要行为人明知是国家重点保护植物,而予以采伐、毁坏的,主观上即存有故意。至于不知道树木是国家重点保护植物而采伐、毁坏的,不构成本罪。

十二、非法收购、运输、加工、出售国家重点保护植物、国家重点保护植物制品罪,是指非法收购、运输、加工、出售国家重点保护植物、国家重点保护植物制品,破坏国家林业管理制度的行为。其主要特征是:(1)本罪侵犯的客体,是国家的林业管理制度。包括林木区域、分布、林木种植、林木树种规划、林木采伐等各项林业管理制度。这些制度以森林法为代表,包括其他国家森林保护法规以及地方森林保护法规。本罪的对象只能是国家重点保护植物及其制品,而不是指所有的珍贵野生植物及制品。(2)本罪在客观方面表现为非法收购、运输、加工、出售国家重点保护植物、国家重点保护植物制品,破坏国家林业管理制度的行为。收购是指以营利为目的,予以购买。如果行为人收购的是合法采伐的林木,则不构成本罪。收购行为没有地域限制。(3)本罪在主观方面表现为故意,过失不构成本罪。关于非法收购、运输、加工、出售国家重点保护植物、国家重点保护植物制品以何为目的,在所不问。非法收购、运输、加工、出售国家重点保护植物、国家重点保护植物制品,有的是以营利为目的,有的仅仅是为了搭建住宅而用,有的是为了采集标本科学研究而用,但无论何种目的,只要行为人明知是国家重点保护植物,而予收购的,主观上即存有故意。至于不知道树木是国家重点保护植物而收购的,不构成本罪。

十三、盗伐林木罪,是指违反国家保护森林法规,以非法占有为目的,擅自砍伐国家、集体所有或者个人所有的森林或者其他林木,数量较大的行为。其特征是:(1)本罪侵犯的客体是国家对森林资源的管理活动和林木的所有权。犯罪的对象,是森林法规定的森林及其他林木,包括防护林、用材林、经济林、薪炭林、特种用途林等。不属于森林法调整范围的个人房前屋后种植的零星树木,不属于本罪的犯罪对象。个人承包全民所有和集体所有的宜林荒山荒地造林,承包后种植的树木归承包个人所有,但这些林木已构成国家林业资源的组成部分,这些林木同样可作为盗伐林木罪的犯罪对象。(2)本罪在客观方面表现为违反保护森林法规,盗伐国家、集体和个人所有的森林及其他林木,数量较大的行为。具体表现为,以非法占有为目的,擅自砍伐国家、集体所有的林木的;擅自砍伐他人依法承包经营管理的国家、集体所有的林木的;擅自砍伐本人承包经营管理的国家或集体所有的林木的;违反林业行政主管部门及法律规定的其他主管部门核发的采伐许可证的规定，采伐国家、集体及他人自留山上的或他人经营管理的森林或其他林木的；国有企事业单位擅自采伐其他单位管理或所有的林木的；集体组织擅自采伐国家或其他集体组织所有的林木，数额巨大的。根据司法解释，以非法占有为目的，哄抢国家、集体或他人所有的上述林木，情节严重的，也应以盗伐林木罪惩处。决定盗伐的性质，不仅在于非经合法批准而秘密砍伐，而且还在于，行为人以非法占有为目的，侵犯了国家、集体或个人对林木的所有权。明知林木权属不清，在争议未解决前擅自砍伐林木，情节严重的，应确定林木权属，分别根据具体情况，按盗伐林木罪或滥伐林木罪追究刑事责任，林木权属难以确定的，按滥伐林木罪惩处。根据 1987 年 9 月 5 日最高人民法院、最高人民检察院《关于办理盗伐、滥伐林木案件应用法律的几个问题的解释》中的规定："数量较大"的起点，在林区，盗伐一般可掌握在 2 立方米～5 立方米或幼树 100～250 株；在非林区，盗伐一般可掌握在 1 立方米～2.5 立方米或幼树 50～125 株；关于数额的起点数量，各省、自治区、直辖市人民法院、人民检察院可以在两高规定的数量幅度以内掌握，也可以参照上述数量，根据本地区实际情况，规定认定本地区盗伐林木罪数量的适当标准。盗伐林木接近上述规定的数量，而且具有下列情形之一的，应按上述规定的标准定罪量刑：(1)为首组织、策划、煽动盗伐林木，或者破坏植被面积较大，致使森林资源遭受损失的；(2)盗伐防护林、经济林、特种用途林的；(3)一贯盗伐或屡教不改的；(4)盗伐林木不听劝阻，或威胁护林人员的；(5)其他盗窃，情节严重的。(3)本罪在主观方面表现为故意。即明知林木不归本人或者本单位所有，而以非法占有为目的，故意盗伐。(4)与盗窃罪的界限主要是两种情况：一是盗窃他人已伐倒的原木的，属于盗窃行为，因为没有破坏自然资源。二是盗伐他人村前屋后零星树木，数额较大的以盗窃论，因为作为盗伐林木罪的构成要件，对象是成片的林木。惩罚盗伐林木行为毕竟不是单纯地为了保护财产，而是为了保护环境。林木是涵养生态的重要资源，因此，不是成片林木，不是破坏了环境只按盗窃论处。(5)与破坏生产经营罪的区别：为了泄愤报复而砍伐他人或者破坏他人经济林木的，通常定破坏生产经营罪。

十四、滥伐林木罪，是指违反森林法的规定，未经有关部门批准并核发采伐许可证，或者虽持有采伐许可证，但违背采伐许可证所规定的地点、数量、树种、方式而任意采伐本单位所有或管理的，以及本人自留山上的森林或者其他林木，数量较大的行为。这是破坏国家林业资源的一种犯罪行为，对国民经济的发展及自然生态平衡，具有严重的危害性。滥伐林木数量较大是构成滥伐林木罪的要件。根据《关于办理盗伐滥伐林木案件应用法律的几个问题的解释》，数量较大的起点，在林区，滥伐一般可掌握在 10 立方米～20 立方米或幼树 500～1200 株。在非林区，滥伐一般可掌握在 5 立方米～10 立方米，或幼树 250～600 株，或者相当于上述损失。滥伐林木接近上述规定的数量，而具有下列情形之一的，应按上述规定的标准定罪量刑：(1)为首组织、策划、煽动滥伐林木，或者破坏植被面积极大，致使森林资源遭受损失的；(2)滥伐防护林、经济林、特种用途林的；(3)一贯滥伐或屡教不改的；(4)滥伐林木不听劝阻，或威胁护林人员的；(5)其他滥伐情节严重的，如滥伐珍稀树木等。如果滥伐林木未达到数量较大的，不构成犯罪，属于一般违法行为。根据《森林法》第 39 条的规定，由林业主管部门责令补种滥伐株数 5 倍的树木，并处以违法所得 2～5 倍的罚款。与盗伐林木罪的区别是：盗伐往往是盗伐国家、集体或者是他人所有、经营的林木，而滥伐通常是乱伐自己所有或者经管的林木，主要表现为不按规定采伐。但是，对于国家集体林木的承包者擅自砍伐承包林木、据为己有的应该认为是盗伐。因为林木的所有权是国家集体的，不是承包人个人的。1987 年 9 月 5 日最高人民法院、最高人民检察院《关于办理盗伐滥伐林木案件应用法律的几个问题的解释》中指出，为收购林材、木制品以及其他目的，唆使他人滥伐林木构成犯罪的，按教唆犯追究刑事责任。

十五、非法收购、运输盗伐、滥伐的林木罪，是指违反森林法的规定，滥伐森林或者其他林木，数量较大的行为。其主要特征是：(1)本罪侵犯的客体是国家对森林资源的管理活动。犯罪对象，是盗伐、滥伐的林木。行为人在林区收购盗伐、滥伐的林木的行为，极大地助长了盗伐、滥伐林木犯罪活动的蔓延、发展，对这种行为必须严厉打击。(2)非法收购、运输盗伐、滥伐的林木罪在客观方面表现为在林区非法收购盗伐、滥伐的林木，情节严重的行为。收购是指以营利为目的，予以购买。如果行为人收购的是合法采伐的林木，则不构成非法收购、运输盗伐、滥伐的林木罪。收购行为必须是在林区。行为人在非林区收购林木的，无论该林木是否为盗伐、滥伐的林木，均不构成非法收购、运输盗伐、滥伐的林木罪。“情节严重”，是构成非法收购、运输盗伐、滥伐的林木罪的必要要件。情节严重，是指多次作案的；收购的数量较大的，屡教不改的；对管理人员履行职责进行阻挠的；造成恶劣社会影响的等。(3)本罪在主观方面表现为故意，且具有牟利的目的。要求行为人在主观上对其收购、运输的对象是盗伐、滥伐林木，是明知的。不知道收购、运输的是盗伐、滥伐来的林木，不构成本罪。

第八节　走私、贩卖、运输、制造毒品罪

一、走私、贩卖、运输、制造毒品罪，是指明知是毒品而故意实施走私、贩卖、运输、制造的行为。其特征是：(1)本罪侵犯的客体是国家对毒品的管理制度和人民的生命健康。由于鸦片、海洛因、甲基苯丙胺等麻醉药品和精神药品既有医用价值，又能使人形成瘾癖，使人体产生依赖性，因而被犯罪分子用来牟取非法利润。本罪的对象是毒品。所谓毒品是指鸦片、海洛因、甲基苯丙胺(冰毒)、吗啡、大麻、可卡因以及国务院规定管制的其他能够使人形成瘾癖的麻醉药品和精神药品。(2)本罪在客观方面上表现为行为人进行走私、贩卖、运输、制造毒品的行为。其中，走私毒品是指非法运输、携带、邮寄毒品进出国(边)境的行为。贩卖毒品是指有偿转让毒品或者以贩卖为目的而非法收购毒品。运输毒品是指采用携带、邮寄、利用他人或者使用交通工具等方法在我国领域内将毒品从此地转移到彼地。运输毒品必须限制在国内，而且不是在领海、内海运输国家禁止进出口的毒品，否则便是走私毒品。制造通常是指使用原材料而制作成原材料以外的物。制造毒品一般是指使用毒品原植物而制作成毒品。它包括以下几种情况：一是将毒品以外的物作为原料，提取或制作成毒品，如将罂粟制成为鸦片。二是毒品的精制，即去掉毒品中的不纯物，使之成为纯毒品或纯度更高的毒品。如去除海洛因中所含的不纯物。三是使用化学方法使一种毒品变为另一种毒品。如使用化学方法将吗啡制作成海洛因。四是使用化学方法以外

的方法使一种毒品变为另一种毒品。如将盐酸吗啡加入蒸馏水,使之成为注射液。五是非法按照一定的处方针对特定人的特定情况调制毒品。上述五种行为都属于制造毒品。本罪是选择性罪名,凡实施了走私、贩卖、运输、制造毒品行为之一的,即以该行为确定罪名。凡实施了其中两种以上行为的,如运输、贩卖毒品,由定为运输、贩卖毒品罪,不实行数罪并罚。(3)本罪的主体是一般主体。根据《刑法》第17条第2款的规定:已满14周岁未满16周岁的未成年人贩卖毒品的,应当负刑事责任。因此,对于走私、运输、制造毒品犯罪,只有达到16周岁才负刑事责任。对于被利用、教唆、胁迫参加贩卖毒品犯罪活动的已满14周岁不满16周岁的人,一般可以不追究其刑事责任。(4)本罪在主观方面表现为故意,且是直接故意,即明知是毒品而走私、贩卖、运输、制造,过失不构成本罪。如果行为人主观上不明知是毒品,而是被人利用而实施了走私、贩卖、运输、制造的行为,就不构成犯罪。一般是以营利为目的,但也不能排除其他目的,法律没有要求构成本罪必须以营利为目的。

需要注意的是,对于走私其他货物、物品的,以实际走私的货物、物品的性质认定犯罪,不能认定为走私毒品罪。行为人在一次走私活动中,既走私毒品又走私其他货物、物品的,一般应按走私毒品罪和构成的其他走私罪,实行数罪并罚。行为人故意以非毒品冒充毒品或者明知是假毒品而贩卖营利的,应认定为诈骗罪,而非贩卖毒品罪,但行为人不明知是毒品而贩卖,事实上具有贩卖毒品的可能性的,应认定为贩卖毒品(未遂)。行为人在生产、销售的食品中掺入微量毒品的,应认定为生产、销售有毒、有害食品罪,不宜认定为贩卖毒品罪。

二、非法持有毒品罪,是指明知是鸦片、海洛因、甲基苯丙胺或者其他毒品,而非法持有且数量较大的行为。随着社会的发展,毒品犯罪已成为危害人类社会的国际一大公害,而犯罪分子为了逃避法律的制裁,作案手段变得愈来愈隐蔽,证明犯罪也愈加困难。于是实践中经常出现虽然从犯罪分子手中查获了大宗毒品,但是却找不到证据证明犯罪分子利用该大宗毒品进行的是什么犯罪,或者将进行什么犯罪的现象。这种情况下,犯罪分子就可能因法律的疏漏而逃脱制裁。因此,将单独地非法持有毒品行为犯罪化的意义就凸显了出来。设立非法持有毒品罪,对于那些客观上非法持有了一定数量的毒品,但是却因没有证据证明行为人利用该毒品实施了或者将要实施其他犯罪的行为予以刑事归责提供了法律依据。从这个角度看,非法持有毒品罪是一个补漏性的罪名,即当非法持有一定数量毒品的行为未能被走私、贩卖、运输、制造毒品等行为所吸纳时,适用该罪名。同时从毒品犯罪的法律体系看,非法持有毒品罪又是一个保底性的罪名,即只要客观上存在非法持有一定数量毒品的行为,即使持有的动机和目的是模糊不定的或者是难以求证的,都构成犯罪并受到相应的制裁。其特征是:(1)本罪侵犯的客体,是国家对毒品的管制和他人的身体健康。本罪的对象为毒品,即《刑法》第357条所规定的鸦片、海洛因、甲基苯丙胺(冰毒)、吗啡、大麻、可卡因以及国务院规定管制的其他能够使人形成瘾癖的麻醉药品和精神药品。(2)本罪客观方面表现为非法持有数量较大的毒品。所谓持有毒品,是指行为人持有毒品时,没有合法的根据;或者说,行为人持有毒品,不是基于法律、法令、法规的规定或允许。如果行为人合法持有毒品,则不构成犯罪。即依法生产、使用、研究毒品的人持有毒品时，是正当行为，不构成犯罪。非法持有毒品达到一定数量才构成犯罪。即非法持有鸦片200克以上、海洛因或者甲基苯丙胺10克以上或者其他毒品数量大的。需要注意的是，行为人对毒品的事实上的支配，具体表现为占有、携带、藏有或者以其他方法持有支配毒品。持有不要求物理上的握有，不要求行为人时时刻刻将毒品握在手中、放在身上和装在口袋里，只要行为人认识到它的存在，能够对之进行管理或者支配，就是持有。持有时并不要求行为人对毒品具有所有权，所有权虽属他人，但事实上置于行为人支配之下时，行为人即持有毒品；行为人是否知道自己具有所有权、所有权人是谁，都不影响持有的成立。此外，持有并不要求直接持有，即介入第三者时，也不影响持有的成立。如行为人认为自己管理毒品不安全，将毒品委托给第三人保管时，行为人与第三者均持有该毒品。持有是一种持续行为，只有当毒品在一定时间内由行为人支配时，才构成持有，至于时间的长短，则并不影响持有的成立，只是一种量刑情节，但如果时间过短，不足以说明行为人事实上支配着毒品时，则不能认为是持有。(3)本罪在主观方面表现为故意。行为人将假毒品误认为是真毒品而加以收藏、保存，行为人主观上明知是毒品，而故意违反国家毒品管制，实施非法持有的行为，这属于刑法理论上的对象认识错误。对象认识错误，不影响定罪，仍构成非法持有毒品罪。

三、包庇毒品犯罪分子罪，是指明知是走私、贩卖、运输、制造毒品的犯罪分子，而向司法机关作假证明掩盖其罪行，或者帮助其毁灭罪证，以使其逃避法律的制裁的行为。其特征是：(1)本罪侵犯的客体是司法机关同毒品犯罪分子作斗争的正常活动。(2)本罪在客观方面表现为行为人必须具有对走私、贩卖、运输、制造毒品罪的犯罪分子给予保护，使其逃避法律制裁的行为。这些犯罪分子既包括尚未被抓获而潜逃在外的犯罪分子，也包括已被抓获的已决犯和未决犯，所谓“包庇”是指向司法机关作假证明掩盖走私、贩卖、运输、制造毒品的犯罪分子罪行，或者帮助其毁灭罪证，以使其逃避法律制裁的行为。实践中，如果明知其人是公安机关正在追捕的走私、贩卖、运输、制造毒品的案犯，而仍向其提供资助或者交通工具，帮助该案犯潜逃的，或者帮助毒品犯罪分子毁灭罪迹，隐匿、转移、销毁罪证等，也都是包庇毒品犯罪分子的行为。尽管包庇毒品犯罪分子手段多种多样，但目的只有一个，是帮助毒品犯罪分子逃避法律的制裁。另外包庇毒品犯罪分子的行为，只能发生在被包庇者实施犯罪之后，并且事先没有通谋，如果事前通谋，事后又包庇的，则属于帮助犯，以共同犯罪论处。事中通谋也属于事先通谋，也应以共同犯罪论处。窝藏走私、贩卖、运输、制造毒品犯罪分子的，也应当按照本罪处罚。(3)本罪的主体为一般主体，国家机关工作人员包庇毒品犯罪分子的应从重处罚。(4)本罪在主观方面表现为故意。“知情不举”是指明知是毒品犯罪分子，而不向司法机关检举揭发，也没有向司法机关作虚假证明，对犯罪分子也不提供积极帮助，表现为消极不作为，这种消极不作为，由于我国法律没有规定知情不举罪，因此不构成包庇毒品犯罪分子罪。

四、窝藏、转移、隐瞒毒品、毒赃罪，指明知是毒品或者毒品犯罪所得的财物而为犯罪分子窝藏、转移、隐瞒的行为。其特征是：(1)本罪侵犯的客体是国家对毒品的管制和国家司法机关的正常活动。窝藏毒品、毒赃的行为，不仅帮助犯罪分子隐匿罪证，妨害司法机关的调查取证，使犯罪分子逃避法律的制裁，而且为毒品犯罪分子继续犯罪提供物质条件。本罪的犯罪对象是犯罪分子用作犯罪的毒品、毒赃,其中所谓毒赃是指犯罪分子进行毒品犯罪所得财物,以及由非法所得获取的收益。(2)本罪在客观方面表现为行为人为走私、贩卖、运输、制造毒品的犯罪分子窝藏、转移、隐瞒毒品、毒赃的行为。窝藏是指将犯罪分子的毒品、毒赃窝藏在自己的住所或者其他隐蔽的场所,以逃避司法机关的追查。所谓"转移",主要是指将犯罪分子的毒品、毒赃从一地转移到另一地,以抗拒司法机关对毒品、毒赃的追缴,帮助犯罪分子逃避法律的制裁,或者便于犯罪分子进行毒品交易等犯罪活动。所谓"隐瞒",是指在司法机关询问调查有关犯罪分子的情况时,自己明知犯罪分子的毒品、毒赃藏在何处,而有意对司法机关进行隐瞒。只要行为人实施了其中任一行为,就构成本罪。窝藏的毒品、毒赃,必须是走私、贩卖、运输、制造毒品的犯罪分子的毒品、毒赃。(3)本罪在主观方面表现为故意。即行为人明知是用于走私、贩卖、运输、制造的毒品、毒赃而故意予以窝藏、转移、隐瞒,这是区分罪与非罪的标志之一。如果事前有通谋的,属于共同犯罪中的帮助犯,以共犯论处。

五、非法生产、买卖运输制毒物品、走私制毒物品罪,是指违反国家规定,非法生产、买卖、运输醋酸酐、乙醚、三氯甲烷或者其他用于制造毒品的原料或者配剂或者携带上述物品进出境的行为。其特征是:(1)本罪侵犯的客体是国家对醋酸酐、乙醚、三氯甲烷或者其他用于制造毒品的原料或者配剂的管制。我国对制毒化学物品实行由国家统一归口管理制度。本罪的犯罪对象是国家统一管制的醋酸酐、乙醚、三氯甲烷或者其他用于制造毒品的原料或配剂。至于什么是"其他",法律没有具体规定,需要国务院有关主管部门参照联合国公约作出具体规定。目前,可以参照《公约》中附表所列的几种可用于制造毒品的化学物品,这些物品是麻黄碱、麦角新碱、麦角胺、麦角酸、1 苯基 2 丙酮、伪麻黄碱、醋酸酐、丙酮、邻氨基苯甲酸、乙醚、苯乙醚、哌啶,并规定这些物质可能存在的盐类包括在内。(2)本罪在客观方面表现为违反国家有关规定,非法实施了生产、买卖、运输醋酸酐、乙醚、三氯甲烷或者其他用于制造毒品的原料或者配剂的行为或者携带上述物品进出境的行为。(3)本罪在主观方面表现为故意。即行为人明知是国家管制的用于制造毒品的原料或者配剂,而非法生产、买卖、运输或者携带进出境。如果明知他人制造毒品,而实施上述行为的,则应以制造毒品罪的共犯论处。

六、非法种植毒品原植物罪,是指违反毒品原植物种植管制法规,未经国家主管部门的批准,私自种植罂粟、大麻等毒品原植物,情节严重的行为。其特征是:(1)本罪侵犯的直接客体是国家对毒品原植物种植的管制。行为对象是用于提炼能够使人形成瘾癖的麻醉药品和精神药品的罂粟、大麻等毒品原植物,如果种植的植物不能用于提炼毒品,则不构成本罪。(2)本罪在客观上必须同时具备三个条件:第一,行为人种植毒品原植物必须是非法的。所谓非法,是指未经国家主管部门批准和指定,私自种植毒品原植物,以及没有按照批准的种植计划、限定数量进行种植。这是构成本罪的前提条件。第二,实施了种植毒品原植物的行为。所谓"种植",是指播种、插苗、移栽、施肥、灌溉、收获等,无论行为人实施上述的全部行为,还是只实施其中的一种行为,都视为种植。至于行为人是否割取到罂粟的津液,是自己亲自种植还是雇用他人种植,是在自己责任地里种植,还是在深山开荒种植,均不影响本罪的成立。第三,非法种植毒品原植物必须具有下列情形之一:种植罂粟500株以上不满3000株或者其他毒品原植物数量较大的；经公安机关处理后又种植的；抗拒铲除的。如果非法种植毒品原植物，不具有这三种情形的其中一种，不能构成本罪。(3)本罪的主体，只能是已满16周岁且具有刑事责任能力的一般主体。单位不能成为本罪的主体。如果单位非法种植毒品原植物，对其负责人和其他直接责任人员，按自然人犯本罪处理。(4)本罪在主观上表现为故意，并且只能是直接故意。直接故意的内容，是指行为人明知是毒品原植物而非法种植，或者经公安机关处理后又故意种植，以及抗拒铲除的。不论其种植毒品原植物的目的是为了营利，还是供自己使用，均不影响本罪的成立。如果行为人不知道是毒品原植物而进行种植的，不构成犯罪。

七、非法买卖、运输、携带、持有毒品原植物种子、幼苗罪，是指违反国家规定，非法买卖、运输、携带、持有未经灭活的毒品原植物种子或者幼苗，数量较大的行为。其特征是：(1)本罪侵犯的客体是国家对毒品原植物的管理制度。本罪的对象是未经灭活的毒品原植物种子或者幼苗，毒品原植物是用来提炼、加工成鸦片、海洛因、甲基苯丙胺、吗啡、可卡因等麻醉药品和精神药品的原植物。未经灭活，也就是能存活的，买卖、运输、携带、持有已经灭活的毒品原植物的种子或者幼苗的不构成本罪。(2)本罪在客观方面表现为行为人实施了违反国家有关法规，非法买卖、运输、携带、持有毒品原植物种子或者幼苗，数量较大的行为。(3)本罪在主观方面表现为故意，过失不构成本罪。

八、引诱、教唆、欺骗他人吸毒罪，是指以引诱、教唆、欺骗的方法，促使他人吸食、注射毒品的行为。其特征是：(1)本罪的客体是他人，即指从未吸毒的人，或者曾经吸食但已戒除的人。(2)引诱、教唆、欺骗他人吸毒罪的行为是以引诱、教唆、欺骗的方法，促使他人吸食、注射毒品。由此可见，本罪的行为具有以下三种情形：(1)引诱他人吸毒。这里的引诱，是指以金钱、物质或者含有毒品的物品让他人吸食，或者以向他人进行鼓动等方法，勾引、诱使、拉拢本无吸毒意愿的人吸毒。(2)教唆他人吸毒。这里的教唆，是指以宣扬吸毒后的体验、示范吸毒方法和劝说、授意、怂恿等其他方法，故意唆使他人产生吸毒的意图并进而吸毒。(3)欺骗他人吸毒。这里的欺骗，是指暗地里在药品中掺入毒品供他人吸食，使他人不知不觉地染上毒瘾。(3)引诱、教唆、欺骗他人吸毒罪的责任形式是故意。这里的故意，是指明知是引诱、教唆、欺骗他人吸毒的行为而有意实施的主观心理状态。

九、强迫他人吸毒罪，是指违背他人意志，使用暴力、胁迫或者其他强制手段迫使他人吸食、注射毒品的行为。其特征是：(1)本罪侵犯的客体是社会治安管理秩序和他人的身体健康，属于复杂客体。强迫他人吸毒，往往使人染上毒瘾，成为吸毒者，而吸毒成瘾严重损害身心健康，使吸毒者身体虚弱、智能减退、人格扭曲，而且吸毒还是艾滋病传播的途径之一。(2)本罪在客观方面表现为行为违背他人的意志，使用暴力、胁迫或者其他强制手段迫使他人吸食、注射毒品的行为。所谓"暴力"，是指犯罪分子对被害人身体实施强制，排除被害人的抵抗，迫使其违背自己的意志吸食、注射毒品。所谓"胁迫"，是指犯罪分子以实施暴力相威胁，实行精神强制，使被害人产生恐惧不敢抗拒而吸食、注射毒品。所谓"其他强制方法"是指除了暴力或胁迫方法以外，以暴力、胁迫方法相当的，如酒醉、麻醉药麻醉等方法，使被害人不知抗拒而吸食和注射毒品的行为。强迫他人吸毒的手段多种多样，但无论采取什么手段，客观上行为人只要实施了强迫他人吸毒的行为，就构成本罪，至于被强迫者是否因此成瘾,不是构成本罪的必要条件。对于强迫未成年人吸毒的,从重处罚。如果行为人以单纯故意杀人或者伤害为目的而强迫他人吸毒,构成故意杀人罪或故意伤害罪,强迫他人吸毒仅是杀人或伤害的手段而已。如果行为人在强迫他人吸毒后,为灭口而杀人,这样行为人就有了两个犯罪故意,两个犯罪行为,符合两个犯罪构成,应以故意杀人罪与强迫他人吸毒罪实行数罪并罚。行为人强迫他人吸毒,采用暴力手段,如果致人轻伤的,按强迫他人吸毒罪从重处罚。如果使用暴力行为致人重伤或死亡,行为人对重伤或死亡采取的是一种故意放任的心理态度,应按故意杀人罪(故意伤害罪)从重处罚。如果行为人强迫他人吸毒后,由于毒量过大,致使被害人重伤或死亡,对被害人重伤或死亡,行为人是一种过失的心理态度,应构成过失致人死亡罪或过失重伤罪与强迫他人吸毒罪的想象数罪,应择一重罪处罚。(3)本罪在主观方面表现为故意。

十、容留他人吸毒罪,是指给吸毒者提供吸毒的场所,既可以是行为人主动提供,也可以是在吸毒者的要求或主动前来时被动提供;既可以是有偿提供,也可以是无偿提供。其特征是:(1)本罪侵犯的客体是社会的正常管理秩序和人们的身心健康。容留他人吸毒,主要指的是人们通常所说的开设地下烟馆或变相烟馆的行为。但近几年来,某些宾馆、饭店、舞厅也成为吸毒的场所,导致吸毒人数上升,因此,必须对为他人吸毒提供场所的行为予以严厉惩处。(2)本罪在客观方面表现为行为人实施了容留他人吸毒的行为。(3)本罪在主观方面表现为故意。

十一、非法提供麻醉药品、精神药品罪,是指依法从事生产、运输、管理、使用国家管制的麻醉药品、精神药品的单位和个人,明知他人是吸毒者,而向其提供国家管制的能够使人成瘾的麻醉药品、精神药品的行为。非法是指没有经过国家法律批准或授予的一切行为。其特征是:(1)本罪侵犯的客体是国家对麻醉药品、精神药品的管理制度。联合国《麻醉药品单一公约》《精神药物公约》和《禁止非法贩卖麻醉药品和精神药物公约》,都对麻醉药品和精神药物的生产、使用、输出、输入等等,作了详细的规定。我国对麻醉药品和精神药物的管制是根据我国的实际情况以及参照联合国公约所制定的。(2)本罪在客观方面表现为违反国家规定,向吸毒者提供国家规定管制的能够使人成瘾的麻醉药品、精神药品。所谓"违反国家规定",是指违反包括卫生部、公安部、农牧渔业部、国家中医药管理局、国家工商行政管理局《关于进一步加强对安钠咖管理方法》《麻醉药品管理办法》《麻醉药品生产管理办法》《麻醉药品经营管理办法(试行)》和国务院《精神药品管理办法》等有关规定。如果擅自提供给用于医疗、科研、教学的人以及需要使用麻醉药品、精神药品的病人,尽管违反了法律规定,亦不构成本罪。如果行为人出于故意向走私、贩卖毒品等的毒品犯罪分子提供毒品,也不构成本罪,而应以走私、贩卖毒品罪或者其他有关的毒品犯罪共犯论处。至于吸毒的人是否已经吸食、注射了行为人所提供的毒品,以及吸食、注射后是否成瘾,则不影响本罪的成立。行为人提供毒品的行为必须利用了职务或工作上的便利,即利用了自己从事生产、运输、管理、使用上述药品的职务或工作之便利,如医生、药剂师利用职务之便,违反规定向吸毒的人提供麻醉药品或精神药品。如果行为人没有利用职务之便,如医生利用自己熟悉药品库房的机会,深夜从库房盗取药品后或者将自己非法持有如祖传的、受赠的或者通过其他非法手段获得的毒品提供给吸毒的人,则不构成本罪,构成犯罪的,应以他罪如非法持有毒品罪等论处。行为人利用职务之便提供,既可以发生在依法从事生产、运输、管理、使用上述药品的过程中,也可以是在从事上述工作中事先截留在结束之后提供。行为人提供给吸毒者以麻醉药品或精神药品,必须是无偿的。有偿的提供,包括货币交易、以物易物或以毒品换取其他劳务、抵偿债务的,不属于本罪的非法提供行为,其性质实为一种贩卖毒品的行为。(3)本罪的主体为特殊主体,即依法从事生产、运输、管理、使用国家管制的麻醉药品、精神药品的人员和单位。单位也可以成为本罪主体,单位包括生产厂家以及销售、运输、管理、教学科研、医疗等部门。(4)本罪在主观方面只能是故意,要求行为人有下列三个方面的明知:明知提供毒品的对象是吸食、注射毒品的人;明知对方是用于吸食或注射;明知自己所提供的是毒品。如果行为人因过失而将毒品提供给他人,造成严重后果的,应以医疗事故罪等追究刑事责任。

第九节　组织、强迫、引诱、容留、介绍卖淫罪

1.组织卖淫罪,是指以招募、雇佣、引诱、容留等手段,纠集、控制多人从事卖淫的行为。其特征是:(1)侵犯的客体是社会治安管理秩序。卖淫、嫖娼是社会的丑恶现象,组织他人卖淫的犯罪行为直接促使卖淫、嫖娼活动的蔓延,严重损害或威胁人们的身心健康,败坏社会风气,危害社会治安管理秩序。组织卖淫的犯罪对象是"他人",不是指一个人,而是指多人。根据我国有关法律的规定,"他人"主要指妇女,但同时还包括不满14周岁的幼女以及男性。(2)本罪在客观方面表现为行为人实施了组织、策划、指挥他人卖淫的行为。组织是指发起、建立卖淫集团或卖淫窝点,将分散的卖淫行为进行集中和控制,并在其中起组织作用的行为。策划是指为组织卖淫活动进行谋划布置、制订计划的行为。指挥是指行为人在实施组织他人卖淫活动中起领导、指挥作用,如实际指挥、命令、调度卖淫活动的具体实施等,它对于具体施行组织卖淫活动往往具有决定性作用。(3)本罪的主体为一般主体,而构成本罪的必须是卖淫的组织者,即俗称的"老鸨""窝主"。组织者可以是一个人,也可以是一个团伙。有些被组织的卖淫者,同时又积极参与组织他人卖淫,对此,应按组织卖淫罪的共犯处理。(4)本罪在主观方面表现为具有组织他人卖淫的"组织故意",至于行为人组织他人卖淫的目的,可以是为了从中牟取暴利,或者虽然是出于别的目的,如有些饭店或宾馆等单位为了招揽生意,有些企业组织妇女卖淫以达到推销产品、兜揽业务的目的,也有的是出于玩弄妇女以满足其精神空虚的心理要求和追求腐朽、糜烂生活方式的精神需求。不管行为人出于何种动机,并不影响本罪的构成。

另外,在组织他人卖淫的犯罪活动中,组织者与被组织者合在一起,通常组成一个相对稳定的团体,这一点与犯罪集团比较相似,但两者有本质的区别:(1)犯罪集团是共同犯罪的一种形式,不是罪名,只是量刑的一个情节;组织卖淫罪是一个独立的罪名,不是犯罪情节;(2)在组织他人卖淫的活动中,只有组织者、协助组织者构成犯罪,被组织者不构成犯罪,而犯罪集团的成员,无论是组织犯、实行犯、帮助犯、教唆犯,只是实施共同犯罪的行为,都构成犯罪;(3)犯罪集团一般有固定的组织形式,并长期或多次进行一种或多种犯罪

活动;而组织卖淫罪不以是否具有固定的组织形式及犯罪活动的时间、次数为构成要件。

2.协助组织卖淫罪,是指协助他人组织妇女包括男性卖淫,即为他人实施组织卖淫的犯罪活动提供方便、创造条件、排除障碍的行为。其特征是:(1)本罪侵犯的客体是社会治安管理秩序。组织卖淫罪是一种严重的犯罪行为,而协助组织卖淫虽不是组织他人卖淫,却在组织他人卖淫的犯罪活动中起了重要作用。特别是有些协助者的行为手段恶劣,造成的后果特别严重,因而对协助组织他人卖淫的行为予以惩处。(2)本罪在客观方面表现为实施了对组织他人卖淫犯罪活动起协助作用的犯罪行为。(3)本罪在主观方面表现为具有协助组织他人卖淫的"协助故意"。即行为人明知自己是在进行协助组织他人卖淫的犯罪活动,而为组织他人卖淫犯罪提供帮助,创造条件,并希望或放任危害结果的发生。动机如何不影响本罪构成。

3.强迫卖淫罪,是指以暴力、胁迫或者其他手段,迫使他人卖淫的行为。其特征是:(1)本罪侵犯的客体是他人的人身权利和性的不可侵犯的权利,犯罪的对象是"他人",这里的"他人"主要是指妇女,但也包括不满14周岁的幼女和男性。(2)本罪在客观方面表现为违背他人意志,用暴力、胁迫或者其他方法迫使他人卖淫。关于用何种方法强迫他人卖淫,法律上没有限制,实践中主要用暴力、胁迫的方法,如采用对他人殴打、虐待、捆绑或以实施杀害、伤害、揭发隐私、断绝生活来源相威胁,或利用他人走投无路的情况下采用挟持的方法迫使他人卖淫。如果仅仅是采用物质引诱、暗示、鼓动他人卖淫,没有违背他人意志的,不能构成本罪。(3)本罪在主观方面表现为故意,且为直接故意。法律上没有要求行为人主观上必须具有营利的目的,只要故意强迫他人卖淫就可构成本罪。

需要注意的是,它与组织卖淫罪是有区别的:第一,侵犯的客体不同。强迫卖淫罪除侵犯社会道德风尚及社会治安管理秩序外,还包括他人的人身权利;而组织卖淫罪侵犯的是社会道德风尚及社会治安管理秩序。第二,实施行为的内容不同。强迫卖淫罪的行为人采用暴力、胁迫等强制手段,违背卖淫者的意志;而组织卖淫的行为,是指以招募、雇佣、引诱、容留的手段,控制多人从事卖淫活动,不违背受害人意志。第三,故意的内容不同。强迫卖淫罪行为人主观上是强迫他人卖淫的故意;而组织卖淫罪的行为人主观上具有组织多人卖淫的故意。

组织、强迫未成年人卖淫的,从重处罚。强迫他人卖淫,并有杀害、伤害、强奸、绑架等犯罪行为的,依照数罪并罚的规定处罚。

4.引诱、容留、介绍卖淫罪,是指以金钱、物质或者其他利益为手段,诱使他人卖淫,或者为他人卖淫提供场所,或者为卖淫的人与嫖客牵线搭桥的行为。其特征是:(1)本罪侵犯的客体是社会治安管理秩序。引诱、容留、介绍卖淫罪促使了卖淫嫖娼活动的泛滥,因而具有严重的社会危害性。(2)本罪在客观方面表现为引诱、容留、介绍他人卖淫的行为。其中,引诱是指行为人利用金钱、物质利益或非物质利益作诱饵,或者采取其他手段,拉拢、勾引、劝导、怂恿、诱惑、唆使他人从事卖淫活动。至于行为人的引诱行为是以言语、文字、举动、图画或者其他方式实施,与本罪的成立无关,引诱者允诺的内容有无实现,由谁实现,也不影响本罪的成立。容留是指行为人为他人卖淫提供场所或者其他便利条件的行为。这里所说的提供场所,是指行为人安排专供他人卖淫的处所或者其他指定的地方。

比如在行为人的长期居住地、暂时租住的房屋或者采取欺骗手段借得的亲朋好友的住居以及其他地点和处所。需要特别注意的是，这里的场所，不仅仅限于房屋，其他诸如汽车、船舶等交通工具亦可作为提供的场所。这里的提供其他便利，是指行为人为他人卖淫提供需要的物品、用具及其他一些条件，如为他人卖淫把风望哨等。至于行为人的容留行为是主动实施，还是应卖淫者或嫖客之请实施，不影响本罪的成立；容留的时限长短，有无获利，也非所问。介绍，是指在卖淫者和嫖客之间牵线搭桥、沟通撮合，使他人卖淫活动得以实现的行为，俗称“拉皮条”。实践中，介绍的方式多表现为双向介绍，如将卖淫者引见给嫖客，或将嫖客领到卖淫者住处当面撮合，但也不排除单向介绍，如单纯地向卖淫者提供信息，由卖淫者自行去勾搭嫖客。(3)本罪在主观方面表现为故意。即行为人明知自己是在实施引诱、容留、介绍他人卖淫的行为，并且明知这种行为会造成危害社会的结果，而希望或追求这种结果的发生。(4)关于本罪的既遂问题，只要行为人实施了引诱、容留、介绍他人卖淫，即具备了本罪客观方面的全部要件，实际上是否已经发生卖淫或者其他特定的结果，不影响犯罪既遂的成立，而他人卖淫行为本身完成与否，与本罪既遂的成立无关。

5. 引诱幼女卖淫罪，是指利用金钱、物质等手段诱使不满 14 周岁的幼女卖淫的行为。其特征是：(1)本罪侵犯的客体是社会治安管理秩序。引诱幼女卖淫罪促使了卖淫嫖娼活动的泛滥，因而具有严重的社会危害性，不但破坏社会风尚，而且严重破坏了社会治安管理秩序，同时也严重摧残了幼女的身心健康。本罪的犯罪对象是幼女，幼女是指不满 14 周岁的少女。(2)本罪在客观方面表现为引诱幼女卖淫的行为。行为人如果是引诱幼女与自己发生性关系，则应依具体案情以强奸罪或嫖宿幼女罪论处。本罪行为人的行为方式仅限于引诱，若是组织、强迫、容留、介绍幼女卖淫的，则应分别以组织卖淫罪、强迫卖淫罪和容留、介绍卖淫罪论处。(3)本罪在主观方面表现为故意，是否具有营利目的，不影响本罪的构成。

6. 嫖宿幼女罪，是指嫖宿不满 14 周岁的幼女的行为。① 其特征是：(1)本罪侵犯的客体是幼女的身心健康和社会风化管理秩序。这是因为幼女尚处于身体发育成长时期，从生理上讲，其各种器官尚未发育成熟，根本不适宜性交；从心理上说，幼女的智能正处于增长时期，其认识、思维能力和控制自己的能力都很低下，因而极易被社会上不法分子所引诱或直接受到社会不良现象及观念的影响而走上卖淫违法之路。出于对幼女的特殊保护，从法律上视幼女不具有性行为的能力，即使是幼女自愿的性行为，也属无效的法律行为。本罪的犯罪对象是特殊对象，不仅特殊在其是不满 14 周岁的幼女，而且特殊在其为卖淫的幼女，如果行为人以欺骗手段对非卖淫的幼女实施奸淫行为的，则构成强奸罪。需指出的是，这里的卖淫的幼女，如果是幼女自愿或主动卖淫的，则一般地说明了幼女认识到其行为的卖淫性质，如果幼女是被他人(而非嫖宿者)引诱或强迫卖淫，则不要求其认识到行为的卖淫性，只要求客观上是在卖淫即可。所谓不满 14 周岁的幼女是指幼女的实际

① 2012 年 3 月，全国妇联副主席甄砚认为设置“嫖宿幼女罪”不利于对未成年人的保护，呼吁废除嫖宿幼女罪。2014 年在两会期间，全国人大代表农工党妇女工作委员会主任、中华女子学院女性学系教授孙晓梅第三次建议“取消嫖宿幼女罪”。

年龄未到14周岁,不包括14周岁本身,满14周岁的计算方法是自幼女过完14周岁生日的第二日起算。过14周岁的生日亦视为不满14周岁,如果行为人对幼女于过完14周岁生日的第二日加以嫖宿的,则不构成嫖宿幼女罪。(2)本罪在客观方面表现为嫖宿不满14周岁幼女的行为。嫖宿是指以交付金钱或其他财物为代价,与卖淫幼女发生性交或者从事其他性淫乱活动的行为。这里的性淫乱活动包括幼女以生殖器、乳房、腹股沟、口等接触刺激男性生殖器官的各种行为。同时,这里的嫖宿行为应视为一个包括与卖淫幼女结识、谈价、支付、发生手淫、口淫、口交、性交、肛交等与此有关行为的整体过程,行为人在嫖宿主观犯意的支配下,从事了上述过程中任一环节的,都应视为嫖宿,只是在认定嫖宿的既遂还是预备、未遂、中止形态上有所不同。(3)本罪的主体为一般主体,即凡年满16周岁具有刑事责任能力的自然人均可构成本罪。一般情况下,本罪主体多为男子,但也并不排除同性间发生卖淫嫖娼行为,因此,女子也可以成为嫖宿幼女罪的主体。(4)本罪在主观方面表现为故意,构成犯罪是否要求明知不满14周岁的幼女,立法未明确规定,但行为人主观上是应当知道的。

实践中需要注意的是,如果行为人引诱幼女卖淫,事后又加以嫖宿的现象,对之如何定性,不可一概而论。如果行为人引诱幼女卖淫与其嫖宿行为之间并无直接的手段与目的的关系,一般应对其引诱行为和嫖宿行为分别定性,即以引诱幼女卖淫罪和嫖宿幼女罪定罪,实行并罚。

【资料检索】

嫖宿幼女罪存废之所以引发争议,缘于按照现行刑法规定,奸淫幼女作为强奸罪的法定从重情节,可按照强奸罪定罪量刑,最高刑可至死刑;而嫖宿幼女罪的法定刑则为5年至15年的有期徒刑。由于司法实践中存在对“嫖宿”性质的争议,往往导致同罪不能同罚的尴尬。对如此大相径庭的惩处差异,执法部门建议从立法层面予以取缔,即将“嫖宿”归并于“奸淫”,而立法部门则倾向于对执法环节的误读矫正。应该说,就成年男女的不正当关系而言,判定“强奸”与“嫖宿”的区别显而易见,即是否违背当事妇女的本人意志,或该妇女是否处于意识清醒状态。但对于身心发育不成熟、尚不具备性决定能力的幼女而言,这种情形判断则应另当别论,即不能用成年人的认知解读与幼女的性关系。事实上,无论是利用强制、胁迫、引诱、欺骗手段实施,还是以有偿性为前提,即使幼女表示同意甚至有某种性暗示,只要成年人知道或应该知道对方是幼女,都应当视为强奸,毕竟她们还是涉世未深的孩子。这种“一刀切”的定罪量刑,有利于打击对幼女的性侵行为,实现对“儿童最大利益”的保护。再者,“嫖宿”意为“性交易”,设置“嫖宿幼女罪”罪名等于间接认可了幼女的“妓女”“卖淫女”身份。在笔者看来,刑罚定罪既应当考虑罪名之间的逻辑严谨,有利于执法者的司法判案,也要顾及受害者的人格尊严与引发的社会效应。这种疑似标签性的定罪无疑具有对受害幼女的污名化之嫌,既无益孩子的身心发育,也是对社会风化的一种误导。也许,我们可以用司法解释的办法进一步明确“嫖宿幼女罪”的法律适用界限,但与其多此一举的解疑释惑,倒不如干脆一笔勾销。更为关键的,从幼女心智不全的生理局限和最低限度保障幼女权益的角度出发,所谓“嫖宿幼女”本身就是一个伪命题。某媒体一项在线调查也显示，废除嫖宿幼女罪拥有92.17%的民众支持率。

7.传播性病罪，是指明知自己患有梅毒、淋病等严重性病而又卖淫、嫖娼的行为。其特征是：(1)本罪侵犯的客体是双重客体，即他人的身体健康和社会治安治理秩序。卖淫、嫖娼本就是国家法律严肃禁止的行为，而行为人又在明知自己患有梅毒、淋病等严重性病的情况下，仍旧进行卖淫、嫖娼活动，其行为将直接传播性病，对他人的身体健康造成危害。(2)本罪在客观方面表现为严重性病患者实施卖淫嫖娼的行为。卖淫、嫖娼是相对应的行为，卖淫是指以营利为动机，与不特定的异性发生性交或从事其他淫乱活动，嫖娼则是指以交付金钱或其他财物为代价与卖淫者发生性交或从事其他淫乱活动。即性病患者与他人从事性交以外的淫乱活动时，也轻易将性病传染给对方。因此，其他淫乱活动与以性交为内容的卖淫、嫖娼具有相同的社会危害性。既然刑法规定性病患者卖淫、嫖娼罪的意图之一是防止性病的传播，就应禁止这种行为，否则不利于实现刑事立法的意图。本罪是行为犯，只要行为人在明知自己患有严重性病的情况下，故意实施了卖淫、嫖娼行为，即构成犯罪。至于实际上是否已造成将性病传染给他人的结果，不影响本罪的成立。当然，假如行为人的卖淫嫖娼行为确已引起他人染上性病的后果，可以作为量刑的情节予以考虑。(3)本罪的主体是特别主体，即已满16周岁、具有刑事责任能力，且患有梅毒、淋病等严重性病的人。(4)本罪在主观方面表现为故意，即行为人明知自己患有严重性病，而出于某种动机或为达到某种目的，仍然向他人卖淫或嫖娼。行为人的“明知”可以是确切知道自己患有某种严重性病，也可以是其知道可能患有某种严重性病。假如行为人未被确诊为患有严重性病，但根据其知识、阅历能证实其明知可能患有严重性病的，也应视为“明知”。至于行为人对可能发生的将性病传染给他人的危害结果是持希望或放任态度，不影响本罪成立。关于“明知”有两个标准可以参考：一为有证据证实其曾到医院就医，被诊断为患有严重性病的；二为通过其他方法能够证明被告是“明知”的。如果行为人确实不知道自己患有严重性病而卖淫、嫖娼的，则不认为构成犯罪。

第十节　制作、贩卖、传播淫秽物品罪

1.制作、复制、出版、贩卖、传播淫秽物品牟利罪，是指以牟利为目的，制作、复制、出版、贩卖、传播淫秽物品的行为。其特征是：(1)侵犯的客体为国家对文化出版物品的管理秩序和社会的善良风俗。本罪的犯罪对象仅限于淫秽物品。《刑法》第367条第1款规定：“本法所称淫秽物品，是指具体描绘性行为或者露骨宣扬色情的诲淫性书刊、影片、录像带、录音带、图片及其他淫秽物品。”判断一部作品是否淫秽物品时，应在把握淫秽物品的实质属性的前提下，坚持整体性、客观性与关联性的判断原则，要看性的描写：第一，是否露骨、详细；第二，采取的是何种描写方法；第三，在作品中的比重；第四，是否为表现作品的思想、艺术所必需；第五，是否能被作品的科学性、艺术性、思想性所缓和与淡化。(2)客观方面表现为制作、复制、出版、贩卖、传播淫秽物品。制作，是指生产、录制、编写、绘画、印刷等创造、产生淫秽物品的行为。复制，是指通过翻印、翻拍、复印、转录等方式将原

已存在的淫秽物品制作一份或多份的行为。出版，是指将淫秽作品编辑加工后，经过复制向公众发行的行为。贩卖，通常是指低价购进再高价卖出的行为，但也应包括单纯的有偿转让淫秽物品的行为。传播，是指通过播放、陈列、在互联网上建立淫秽网站、网页等方式使淫秽物品让不特定或者多数人感知以及通过出借、赠送等方式散布、流传淫秽物品的行为。实施上述行为之一的，即可成立本罪；同时实施上述行为的，也只认定为一罪，不实行数罪并罚。因此，本罪名可以分解拆开使用。(3)犯罪的主体为一般主体，单位也可构成本罪。(4)主观方面为直接故意，同时具有牟利的目的。本罪的故意要求行为人认识到自己制作、复制、出版、贩卖、传播的是淫秽物品。此外还必须具有牟利目的。是否具有牟利目的，要从行为人制作、复制、出版、贩卖淫秽物品的数量、向他人传播淫秽物品的人次与组织播放的次数、获利的数额等方面进行判断。

2.为他人提供书号出版淫秽书刊罪，是指违反国家规定，为他人提供书号、刊号，造成淫秽书刊出版的行为。其特征是：(1)本罪所侵犯的客体是双重客体，首先，行为人违反国家对书号管理的规定，出卖或者向他人提供了国家标准书号，侵犯了国家对书刊出版的管理活动。其次，当被出卖的书号用于出版淫秽书刊时，客观上又造成了淫秽物品的广泛传播，从而又进一步侵犯了社会管理秩序。本罪的犯罪对象是淫秽书刊。① (2)本罪在客观方面表现为违反国家关于书号管理的各种规定，向单位或个人提供书号，造成淫秽书刊出版的后果。② (3)本罪的主体是一般主体，自然人以及单位均能成为本罪的主体。由于书号不被一般人或单位掌握，所以能够提供书号进而构成本罪的，主要为国家新闻出版单位及其工作人员。此外还有两种情况：第一，出版社主管部门的领导指令或变相指令将书号提供给他人；第二，接受出版社提供书号的人，又将书号提供给他人用以出版淫秽书刊。(4)本罪在主观方面表现为过失，即行为人对于其提供的书号被用于出版淫秽书刊是不明

① 淫秽书刊与色情出版物不同。根据国家新闻出版署的规定：色情出版物是指在整体上不是淫秽的，但其中一部分内容有淫秽的成分，对人特别是未成年人的身心健康有影响，并且缺乏艺术价值和科学价值的出版物。提供书号出版色情出版物的，只是违法行为，不构成犯罪。同时，要划分淫秽书刊与"夹杂淫秽内容的出版物"。所谓夹杂淫秽内容的出版物，是指在出版物中夹杂着低级庸俗，妨害社会公德，缺乏艺术价值和科学价值，会对青少年身心健康产生危害的内容，但尚不能定性为淫秽、色情的出版物，如描写性心理、性行为，宣传性自由、性开放的观念，具体描写腐化堕落的行为，足以导致青少年仿效的，具体描写诱奸、通奸、淫乱、卖淫细节的，具体描写与性行为有关的梅毒、淋病、艾滋病等疾病，令普通人厌恶的等等。提供书号出版此类书刊，同样也只属于违法行为，不构成本罪。淫秽与含淫秽、色情内容而具有艺术价值的文艺作品、表现人体美的美术作品、有关人体的解剖生理知识、生育知识、疾病预防和其他有关性知识、性道德的自然科学和社会科学作品不同。对于后者，根据 1988 年国家新闻出版署《关于认定淫秽及色情出版物的暂行规定》的规定，不属于淫秽色情出版物。

② 所谓书号，是指中国标准书号，它是由一个国际标准书号(ISBN)和一个图书分类号两部分组成。其中国际标准书号是中国标准书号的主体，可以独立使用。国际标准书号由组号(代表出版者的国家、地理区域、语种或其他特征，如中国的组号为 7)、出版者(代表组区内的具体出版者，如人民出版社为 01)、书名号(代表某出版者出版的具体出版物)和校验位(用以检查 ISBN 编号转录过程中的错误)组成。图书分类号由图书所属学校的分类号和该类号下的种次号两段组成。书号，是图书出版上市的通行证，任何书刊必须有统一的编号，才可以印刷、出版发行。

知的，如果行为人明知他人是用于出版淫秽书刊而为其提供书号，则行为人的行为构成出版淫秽书刊罪。但是，行为人对引起淫秽书刊出版的后果出于过失，而其提供书号的行为则是出于故意的。

3.传播淫秽物品罪，是指传播淫秽的书刊、影片、音像、图片或者其他淫秽物品，情节严重的行为。其特征是：(1)本罪侵犯的客体是国家对淫秽物品的管理秩序。在社会上传播淫秽物品对于人民特别是青少年的身心健康会造成危害，也极易诱发违法犯罪活动。本罪的对象包括各种淫秽物品。(2)本罪在客观方面表现为：传播淫秽的书刊、影片、录像带、录音带、图片或者其他淫秽物品，情节严重的行为。传播方式既可以是直接传播赤裸裸的淫秽物品，也可以改头换面，在艺术品中故意加入淫秽情节，或者在小说中故意加入淫秽描写等。(3)本罪在主观方面表现为故意，但行为人不必出于牟利目的。一定情况下，间接故意也可以构成，比如行为人自己观看淫秽物品，对于他人围观不闻不问，因而造成恶劣影响的，即可按本罪论处。如果行为人因为工作责任心不强，粗心大意误将有淫秽物内容的书刊、图片等传播出去的，不能以犯罪论处。

需要注意的是，传播淫秽物品罪与传播淫秽物品牟利罪之间存在着一定的界限：第一，虽然两罪均属故意犯罪，但后者必须以牟利为目的，前者则并无此要求。第二，后者为行为犯，只要实施上述行为即可构成犯罪，情节严重是其加重法定刑的情节，但前者需以情节严重为其构成要件。

4.组织播放淫秽音像制品罪，是指组织召集多人观看、收听并播映淫秽的电影、录像等音像制品的行为。其特征是：(1)本罪侵犯的客体是社会管理秩序和社会风尚。组织播放淫秽音像制品罪同其他有关淫秽物品犯罪一样，都不同程度地侵害了社会的管理秩序，腐蚀了人们的心灵，毒化了社会良好的道德风尚，但本罪以其音像结合的特性，使淫秽内容的传播更加直观更具刺激性，因而社会危害性也就更大，对社会管理秩序这一客体的侵害就更为严重。(2)本罪在客观方面表现为组织播放淫秽音像制品的行为。所谓“组织播放”是指召集多人或多次播放淫秽音像制品的行为。这种行为可以在家中实施，也可以在社会上或单位里实施。具体地讲，所谓播放，就是以放映机、放录机、录音机等机器来进行传播，但是，播放的方式并非组织播放淫秽音像制品罪所独有，在一定条件下，播放淫秽制品也可以构成传播淫秽物品罪。另外，由于本条对于本罪已明确限定是组织播放行为，因此，只向个别人播放或仅仅是参与观看等行为均不构成本罪。所谓“淫秽音像制品”，主要包括淫秽的电影、录像、幻灯片、录音带、激光唱片等。(3)本罪在主观方面表现为故意，过失不构成本罪。本罪不能含有以牟利为目的，否则构成传播淫秽物品牟利罪。

需要注意的是，组织播放淫秽音像制品罪与传播淫秽物品牟利罪的界限表现为：第一，前者仅限于淫秽的电影、录像等音像制品，而后者则包括所有淫秽物品。第二，后者必须以牟利为目的；但构成前罪则不应具有牟利目的，如具有牟利目的，其组织播放行为应以传播淫秽物品牟利罪的共同犯罪处理。第三，后者需具备传播行为，而前者则要有组织播放行为才能构成犯罪，如果仅有播放行为而无组织行为，也不能构成该罪，但可能构成传播淫秽物品罪。

5.组织淫秽表演罪，以招募、雇佣、强迫、引诱、容留等手段控制他人从事淫秽表演的行为。其特征是:(1)本罪侵犯的客体是社会道德风尚和社会治安秩序。淫秽表演者,可以是女人,也可以是男人。(2)本罪在客观方面表现为组织他人当众进行色情淫荡、挑动人们性欲的形体或动作表演。组织他人,表现为招揽安排表演人员、时间、场次、地点、编排动作节目等。当众进行,一般是指三人以上。淫秽表演,是指进行色情淫荡、挑动人们性欲的形体、动作表演,如裸体展露、裸体表现性情、性欲的各种形态、动作、模拟性动作等。这里的"情节严重"主要是指,多次地,经常地组织淫秽表演;虽然次数不多,但被传播的对象人数众多,造成的后果严重;在未成年人中传播,造成严重后果的。(3)本罪的主体是一般主体,单位也可构成本罪。本罪的主体是淫秽表演的组织者。而非表演者本身,在实践中一般是文化娱乐场所、饮食服务行业的经营者,如歌厅、舞厅、夜总会的老板。(4)本罪在主观方面表现为故意,是否以牟利为目的,不影响对本罪的认定。

需要注意的是,本罪与组织播放淫秽音像制品罪的界限表现为:两罪的犯罪客体、犯罪主体具有一致之处,主观上都表现为直接故意,在客观上都有组织行为,两罪的主要区别是组织内容不同。本罪组织的是淫秽表演,属于现场表演;而后罪组织的内容是播放淫秽音像制品。而且在本罪中如果没有组织行为,仅淫秽表演行为本身不构成犯罪;而在后罪中,若没有组织行为,播放淫秽音像制品的行为仍然可构成传播淫秽物品牟利罪或传播淫秽物品罪。在司法实践中,行为人在组织淫秽表演的同时,往往为了增强演出效果,配之以音乐、灯光或画面,而这些画面、音乐往往属于淫秽音像制品,因此,行为人在构成组织淫秽表演罪的同时,又构成了组织播放淫秽音像制品罪,由于二行为之间具有目的行为和手段行为的牵连关系,构成牵连犯,依牵连犯处断原则,应从一重罪从重处断,但二罪的法定刑幅度完全相同。这种情况下,宜以目的行为构成的犯罪定罪并从重处断,并可考虑适用组织淫秽表演罪"情节严重"情形的法定刑幅度。

另外,本罪与聚众淫乱罪的界限也表现为:第一,本罪中被组织者进行淫秽活动的目的在于表演,或者更确切地说,行为人将这些表演者组织起来,意在让他人进行淫秽表演,并由此决定了这种行为的公开性,即为组织内部以外的其他人能够看到、听到,且行为人主观上一般具有牟利的目的。而聚众淫乱罪尽管可以发生于公开场合,但聚众淫乱的行为并不在于进行表演供他人观赏,而在于行为人以及参加淫乱活动的人自己的某种精神的满足,以填补其精神空虚,不具有牟利的目的。第二,在行为表现方式上,本罪中除进行性淫乱行为以外,常见的方式多为脱衣舞、裸体舞表演;而聚众淫乱罪中淫乱行为虽常伴有脱衣、裸体行为,但这种行为主要在于为淫乱服务,行为内容主要是男女性交以及其他有关淫秽下流的行为。第三,在犯罪主体上,本罪只处罚淫秽表演的组织者,对淫秽表演者不予定罪处罚。而聚众淫乱罪处罚的则是首要分子或多次参加者。

再者,本罪中组织者往往并不直接参与淫秽表演,而在聚众淫乱罪中,首要分子一般直接参与淫乱活动。司法实践中,行为人在组织他人进行淫乱活动的同时又组织他人进行观看的,此种情况下,行为人虽有两个犯意,但一般认为只构成一个组织淫秽表演罪,因为,若将聚众淫乱的行为单独抽出,组织淫秽表演中,仅有组织观众的行为无以成立犯罪,而即使没有组织观众观看的行为,则行为人已单独地构成聚众淫乱罪,结合两方面考虑,宜以组织淫秽表演罪定罪。

第二十五章　危害国防利益罪

第一节　危害国防利益罪概述

一、危害国防利益罪的概念和构成

危害国防利益罪，是指危害作战和军事行动，危害国防建设，危害国防管理秩序，拒绝或逃避国防义务的犯罪行为。

危害国防利益罪具有以下构成特征：

(1)本类犯罪侵犯的客体是国防利益。国防是国家生存和发展的安全保障。国防利益是国家的重要利益，直接涉及国家的安全。国防利益，是指国家为防备和抵抗侵略，制止武装颠覆，保卫国家的主权、统一、领土完整和安全所进行的军事活动，以及与军事有关的活动正常进行的状态。这里的国防利益又可分为作战利益与军事行动利益、国防建设利益、国防管理秩序和国防义务等。

(2)本类犯罪的客观方面表现为违反国防法律、法规，危害国防利益，并且情节严重的行为。具体包括拒绝或者逃避履行国防义务，危害作战和军事行动，危害国防物质基础和国防建设活动，妨害国防管理秩序，损害部队声誉等行为。至于行为方式，有的犯罪只能是作为，有的犯罪只能是不作为，有的犯罪既可以是作为也可以是不作为。绝大多数犯罪是情节犯，即只有达到情节严重的程度，才成立犯罪。本章所规定的某些犯罪，成立的时间条件为战时。

(3)本类犯罪的主体多为一般主体，少数罪只能由特殊主体构成。例如，《刑法》第370条第1款规定的故意提供不合格武器装备、军事设施罪等即是特殊主体。

(4)本类犯罪的主观方面多为故意，即明知自己的行为对国防利益构成危害而故意去实施。只有个别犯罪由过失构成，如《刑法》第370条第2款规定的过失提供不合格武器装备、军事设施罪。

二、危害国防利益罪的种类

刑法典用14个条文规定了危害国防利益罪，具体包括23个罪名。对于该类犯罪可以依据不同的标准进行分类。较为常见的分类，是将危害国防利益罪分为平时危害国防利益的犯罪与战时危害国防利益的犯罪。平时危害国防利益的犯罪，是平时与战时均能成立的犯罪，此类犯罪不以战时实施为成立条件，但战时实施是法定或者酌定从重处罚的情节。战时危害国防利益的犯罪，是战时才能成立的犯罪，此类犯罪以战时实施为成立条件。《刑法》第368条至第375条规定的犯罪，属于平时危害国防利益的犯罪；《刑法》第376条至第381条规定的犯罪，属于战时危害国防利益的犯罪。

第二节　危害国防利益罪分述

一、阻碍军人执行职务罪

（一）阻碍军人执行职务罪的概念和构成

阻碍军人执行职务罪，是指以暴力、威胁方法阻碍军人依法执行职务的行为。

本罪的构成要件是：

（1）本罪的客体是军人依法执行职务的活动。

（2）本罪的客观方面表现为以暴力、威胁方法阻碍军人依法执行职务的行为。所谓暴力，是指行为人对依法执行职务的军人的身体实施打击或强制，例如，伤害、殴打、捆绑等。所谓威胁，是指以伤害身体、毁坏财物、破坏名誉、揭穿隐私等手段相胁迫，致使他人产生恐惧心理。所谓阻碍军人依法执行职务，是指对军人依法执行职务造成障碍，使其不能或难以依法执行职务。

（3）本罪的主体为出军人以外的其他公民，即非军人。如果是军人以暴力、威胁方法阻碍军人依法执行职务的，则可能构成《刑法》第426条规定的阻碍执行军事职务罪。

（4）本罪的主观方面是故意，即明知是正在依法执行职务的军人而对其使用暴力、威胁，迫使其停止、放弃、变更执行职务或者无法正常执行职务。过失不构成本罪。

（二）阻碍军人执行职务罪的认定

（1）本罪与妨害公务罪的界限。二者的区别关键在于侵犯的客体与对象不同：第一，本罪侵犯的同类客体是国防利益，直接客体是军人依法执行职务的活动；妨害公务罪的同类客体是社会管理秩序，直接客体是国家机关的管理活动。第二，本罪的犯罪对象是正在依法执行职务的军人；妨害公务罪的犯罪对象则是正在执行职务的国家工作人员。

（2）本罪与阻碍执行军事职务罪的界限。区别主要在于：第一，犯罪对象不同。本罪侵害的是正在依法执行职务的现役军人，包括指挥人员和普通士兵；阻碍执行军事职务罪侵害的是正在执行职务的军事指挥人员或者正在值班、值勤的军人。第二，犯罪主体不同。本罪的主体是一般主体，阻碍执行军事职务罪的主体是特殊主体，即军人。

（三）阻碍军人执行职务罪的刑事责任

根据《刑法》第368条第1款的规定，犯本罪的，处3年以下有期徒刑、拘役、管制或者罚金。

二、阻碍军事行动罪

阻碍军事行动罪，是指以暴力、威胁以及其他方法，故意阻碍武装部队的军事行动，造成严重后果的行为。本罪的客体是武装部队的军事行动。本罪在客观方面表现为以暴力、威胁以及其他方法，阻碍武装部队军事行动，造成严重后果的行为。本罪的主体为一般主体。本罪的主观方面是故意，即明知是武装部队的军事行动，而故意予以阻碍。过失不构成本罪。根据《刑法》第 368 条第 2 款的规定，犯本罪的，处 5 年以下有期徒刑或者拘役。

三、破坏武器装备、军事设施、军事通信罪

（一）破坏武器装备、军事设施、军事通信罪的概念和构成

破坏武器装备、军事设施、军事通信罪是指故意破坏武器装备、军事设施、军事通信的行为。

本罪的构成罪件是：

（1）本罪的客体，是军队战斗力的物质保障。犯罪对象是武器装备、军事设施、军事通信。武器装备，是指实施和保障军事行动的武器、武器系统和军事技术器材。军事设施，是指国家直接用于军事目的的建筑、场地和设备。军事通信，是指国家和军队在军事活动中运用各种通信手段实施指挥、控制、协同等而进行的信息传输，包括无线电通信、有限电通信、光通信、运动通信和简易通信。

（2）本罪在客观方面表现为破坏武器装备、军事设施、军事通信的行为。破坏，是使武器装备、军事设施、军事通信的功能全部或者部分丧失。破坏行为可以表现为作为，也可以表现为不作为。根据 2007 年 6 月 26 日最高人民法院《关于审理危害军事通信刑事案件具体应用法律若干问题的解释》第 5 条的规定，建设、施工单位直接负责的主管人员、施工管理人员，明知是军事通信线路、设备而指使、强令、纵容他人予以损毁的，或者不听管护人员劝阻，指使、强令、纵容他人违章作业，造成军事通信线路、设备损毁的，以破坏军事通信罪定罪处罚。

（3）本罪的主体是一般主体。

（4）本罪的主观方面是故意，即明知自己的行为会发生破坏武器装备、军事设施、军事通信的危害结果，并且希望或者放任这种结果的发生。过失不构成本罪。

（二）破坏武器装备、军事设施、军事通信罪的认定

（1）本罪与盗窃罪的界限。一般情况下，此二罪不难区别。但是，当行为人盗窃军事设施上的某些材料或零部件，从而造成该军事设施严重毁损甚至报废的情况下，对行为人如何定罪，较难确定。主要区别在于：所盗设备、器材是否固定在军事设施上，作为保障具体军事设施功能的有机组成部分。盗窃固定在军事设施上作为军事设施组成部分的设备、器材，使军事设备的功能全部或者部分丧失的，应以故意破坏军事设施罪论处；盗窃军

事设施内存放的器材、物资的,应定为盗窃罪,其中,盗窃枪支、弹药、爆炸物的,构成盗窃枪支、弹药、爆炸物罪。

(3)破坏军事通信罪与相关犯罪的界限。根据2007年6月26日最高人民法院《关于审理危害军事通信刑事案件具体应用法律若干问题的解释》第6条的规定,应当注意区分的界限包括:第一,破坏军事通信,并造成公用电信设施损毁,危害公共安全,同时构成《刑法》第124条第1款和第369条第1款规定的犯罪的,依照处罚较重的规定定罪处罚。第二,盗窃军事通信线路、设备,不构成盗窃罪,但破坏军事通信的,依照《刑法》第369条第1款的规定定罪处罚;同时构成《刑法》第124条、第264条和第369条第1款规定的犯罪的,依照处罚较重的规定定罪处罚。第三,违反国家规定,侵入国防建设、尖端科学技术领域的军事通信计算机信息系统,尚未对军事通信造成破坏的,依照《刑法》第285条的规定定罪处罚;对军事通信造成破坏,同时构成《刑法》第285条、第286条、第369条第1款规定的犯罪的,依照处罚较重的规定定罪处罚。第四,违反国家规定,擅自设置、使用无线电台、站,或者擅自占用频率,经责令停止使用后拒不停止使用,干扰无线电通讯正常进行,构成犯罪的,依照《刑法》第288条的规定定罪处罚;造成军事通信中断或者严重障碍,同时构成《刑法》第288条、第369条第1款规定的犯罪的,依照处罚较重的规定定罪处罚。

(三)破坏武器装备、军事设施、军事通信罪的刑事责任

根据《刑法》第369条第1款的规定,犯本罪的,处3年以下有期徒刑、拘役或者管制;破坏重要武器装备、军事设施、军事通信的,处3年以上10年以下有期徒刑;情节特别严重的,处10年以上有期徒刑、无期徒刑或者死刑。战时犯本罪的,从重处罚。

四、过失损坏武器装备、军事设施、军事通信罪

过失损坏武器装备、军事设施、军事通信罪,是指过失损坏武器装备、军事设施、军事通信,造成严重后果的行为。本罪的犯罪对象是武器装备、军事设施、军事通信。本罪的客观方面表现为损坏武器装备、军事设施、军事通信,造成严重后果的行为。本罪的主体是一般主体。本罪的主观方面是过失。根据2007年6月26日最高人民法院《关于审理危害军事通信刑事案件具体应用法律若干问题的解释》的规定,建设、施工单位直接负责的主管人员、施工管理人员,忽视军事通信线路、设备保护标志,指使、纵容他人违章作业,致使军事通信线路、设备损毁,构成犯罪的,以过失损坏军事通信罪定罪处罚。该司法解释同时规定,过失损坏军事通信,并造成公用电信设施损毁,危害公共安全,同时构成《刑法》第124条第2款和第369条第2款规定的犯罪的,依照处罚较重的规定定罪处罚。根据《刑法》第369条第2款的规定,犯本罪,造成严重后果的,处3年以下有期徒刑或者拘役;造成特别严重后果的,处3年以上7年以下有期徒刑。战时犯本罪的,从重处罚。

五、故意提供不合格武器装备、军事设施罪

故意提供不合格武器装备、军事设施罪,是指明知是不合格的武器装备、军事设施而故意提供给武装部队的行为。本罪的犯罪对象是武器装备、军事设施。本罪的客观方面

表现为将不合格的武器装备、军事设施提供给武装部队的行为。2008 年 6 月 25 日最高人民检察院、公安部《关于公安机关管辖的刑事案件立案追诉标准的规定(一)》第 87 条对本罪的立案标准作了明确的规定。根据《刑法》第 370 条第 1 款的规定，犯本罪的，处 5 年以下有期徒刑或者拘役；情节严重的，处 5 年以上 10 年以下有期徒刑；情节特别严重的，处 10 年以上有期徒刑、无期徒刑或者死刑。根据《刑法》第 370 条第 3 款的规定，单位犯本罪的，对单位判处罚金，并对其直接负责的主管人员和其他直接责任人员，依照上述规定处罚。

六、过失提供不合格武器装备、军事设施罪

过失提供不合格武器装备、军事设施罪，是指因过失将不合格的武器装备、军事设施提供给武装部队，造成严重后果的行为。本罪的犯罪对象是武器装备、军事设施。本罪的客观方面表现为将不合格的武器装备、军事设施提供给武装部队，并且造成了严重后果。2008 年 6 月 25 日最高人民检察院、公安部《关于公安机关管辖的刑事案件立案追诉标准的规定(一)》第 88 条对本罪中的"严重后果"有明确的规定。本罪的主体只能是自然人。本罪的主观方面为过失。根据《刑法》第 370 条第 2 款的规定，犯本罪，处 3 年以下有期徒刑或者拘役；造成特别严重后果的，处 3 年以上 7 年以下有期徒刑。

七、聚众冲击军事禁区罪

聚众冲击军事禁区罪，是指聚众冲击军事禁区，严重扰乱军事禁区秩序的行为。本罪的客体，是军事禁区的正常管理秩序。本罪客观方面表现为聚众冲击军事禁区，严重扰乱军事禁区秩序的行为。军事禁区是指根据军事需要，按照国家法律规定划定的由军队控制的、不得擅自进入的范围、区域。本罪客观方面的特点有三：一是聚众，二是冲击，三是严重扰乱军事禁区秩序。本罪是结果犯，即必须是冲击行为严重扰乱了军事禁区秩序。本罪的主体为一般主体。具体而言，本罪的主体是聚众冲击军事禁区的首要分子和其他积极参加者。一般参与冲击军事禁区的人员并不构成本罪主体。本罪的主观方面是故意，即行为人明知是军事禁区而故意聚众进行冲击。2008 年 6 月 25 日最高人民检察院、公安部《关于公安机关管辖的刑事案件立案追诉标准的规定(一)》第 89 条对本罪的立案标准作了明确规定。根据《刑法》第 371 条第 1 款的规定，犯本罪的，对首要分子处 5 年以上 10 年以下有期徒刑；对其他积极参加的，处 5 年以下有期徒刑、拘役、管制或者剥夺政治权利。

八、聚众扰乱军事管理区秩序罪

聚众扰乱军事管理区秩序罪，是指聚众扰乱军事管理区秩序，情节严重，致使军事管理区工作无法进行，造成严重损失的行为。本罪的客观方面表现为聚众扰乱军事管理区秩序，情节严重，致使军事管理区工作无法进行，造成严重损失的行为。军事管理区是指根据军事需要，按照国家法律规定划定的由军队主持控制或负责的范围、区域。本罪的主体为一般主体。处罚对象限于首要分子和其他积极参加者。注意本罪与聚众冲击军事禁

区罪的区别，主要在客观方面。2008 年 6 月 25 日最高人民检察院、公安部《关于公安机关管辖的刑事案件立案追诉标准的规定(一)》第 90 条对本罪的立案标准作了明确的规定。根据《刑法》第 371 条第 2 款的规定，犯本罪的，对首要分子，处 3 年以上 7 年以下有期徒刑；对其他积极参加的，处 3 年以下有期徒刑、拘役、管制或者剥夺政治权利。

九、冒充军人招摇撞骗罪

冒充军人招摇撞骗罪，是指以谋取非法利益为目的，冒充军人招摇撞骗的行为。本罪的客体，是军人的良好信誉。本罪的客观方面表现为冒充军人招摇撞骗罪的行为。招摇撞骗，是指假冒军人名义，实施欺骗活动，谋取非法的物质性利益或者非物质性利益。根据 2002 年 4 月 10 日最高人民法院《关于审理非法生产、买卖武装部队车辆号牌等刑事案件具体应用法律若干问题的解释》第 4 条的规定，冒充军人使用伪造、变造、盗窃的武装部队车辆号牌，造成恶劣影响的，依照冒充军人招摇撞骗罪的规定定罪处罚。本罪的主体为非军人的一般公民。如果军人冒充国家机关工作人员招摇撞骗的，则可构成《刑法》第 279 条规定的招摇撞骗罪。本罪的主观方面为故意，且具有谋取非法利益的目的。如果行为人谋取的不是非法利益，则不构成本罪。根据《刑法》第 372 条的规定，犯本罪的，处 3 年以下有期徒刑、拘役、管制或者剥夺政治权利；情节严重的，处 3 年以上 10 年以下有期徒刑。

十、煽动军人逃离部队罪

煽动军人逃离部队罪，是指煽动军人逃离部队，情节严重的行为。本罪的客观方面表现为实施了煽动军人逃离部队，情节严重的行为。所谓煽动，是指以鼓动、唆使、怂恿等方式使军人离开部队，具体形式可以是言词、书信等。所谓情节严重，是指战时煽动军人逃离部队，煽动指挥人员、部队作战必需人员或负有其他重要职责的人员逃离部队的，等等。本罪的主体为一般主体。本罪的主观方面为故意。2008 年 6 月 25 日最高人民检察院、公安部《关于公安机关管辖的刑事案件立案追诉标准的规定(一)》第 91 条对本罪的立案标准作了明确的规定。根据《刑法》第 373 条的规定，犯本罪的，处 3 年以下有期徒刑、拘役或者管制。

十一、雇用逃离部队军人罪

雇用逃离部队军人罪，是指明知他人是逃离部队的军人而雇用，情节严重的行为。本罪的客观方面表现为雇用逃离部队的军人，情节严重的行为。所谓雇用，是指支付报酬使逃离部队的军人为自己或者单位劳动或者提供服务。所谓情节严重，是指雇佣多名逃离部队军人的，多次雇佣的，以及其他严重情节。本罪的主体为一般主体。本罪的主观方面为故意。2008 年 6 月 25 日最高人民检察院、公安部《关于公安机关管辖的刑事案件立案追诉标准的规定(一)》第 92 条对本罪的立案标准作了明确的规定。根据《刑法》第 373 条的规定，犯本罪的，处 3 年以下有期徒刑、拘役或者管制。

十二、接送不合格兵员罪

(一)接送不合格兵员罪的概念和构成

接送不合格兵员罪,是指在征兵工作中徇私舞弊,接送不合格兵员入伍,情节严重的行为。

本罪的构成要件是:

(1)本罪侵犯的直接客体,是国家征兵工作的正常活动。

(2)本罪的客观方面表现为在征兵工作中徇私舞弊,接送不合格兵员,情节严重的行为。徇私舞弊,通常是指为徇私情、私利,故意违背事实和法律,伪造材料,隐瞒情况,弄虚作假的行为。接送不合格兵员入伍,具体表现形式包括:第一,接送不到入伍年龄的兵员;第二,接送学历不符合征兵要求的兵员;第三,接送健康状况不符合入伍条件的兵员;第四,接送政治审查不合格的兵员;第五,接送依法受过刑事处罚的人等不合格兵员;第六,接送其他不合格兵员。行为必须同时具备"徇私舞弊"与"接送不合格兵员"的构成要件,且情节严重的,才成立本罪。

(3)本罪的主体是特殊主体,即本罪主体只能是那些在征兵工作中负有一定责任,掌握有一定征兵权限的地方征兵人员、部队接兵人员等。

(4)本罪的主观方面是故意,且行为人具有徇私的动机。过失不构成本罪。

(二)接送不合格兵员罪的认定

本罪的认定,应着重区分本罪与非罪的界限。根据 2008 年 6 月 25 日最高人民检察院、公安部《关于公安机关管辖的刑事案件立案追诉标准的规定(一)》第 93 条的规定,接送不合格兵员涉嫌下列情形之一的,应予立案追诉:(1)接送不合格特种条件兵员一名以上或者普通兵员三名以上的;(2)发生在战时的;(3)造成严重后果的;(4)其他情节严重的情形。

(三)接送不合格兵员罪的刑事责任

根据《刑法》第 374 条的规定,犯本罪的,处 3 年以下有期徒刑或者拘役;造成特别严重后果的,处 3 年以上 7 年以下有期徒刑。

十三、伪造、变造、买卖武装部队公文、证件、印章罪

伪造、变造、买卖武装部队公文、证件、印章罪,是指伪造、变造、买卖武装部队公文、证件、印章的行为。本罪的犯罪对象是武装部队公文、证件、印章。本罪的客观方面分别表现为伪造、变造、买卖武装部队公文、证件、印章的行为。伪造是指无权制作而非法制作;变造是指利用涂改、擦消、更换照片等方式改变其真实内容的方法制作;买卖是指购买和出卖。根据 2002 年 4 月 10 日最高人民法院《关于审理非法生产、买卖武装部队车辆号牌等刑事案件具体应用法律若干问题的解释》第 1 条的规定,伪造、变造、买卖武装部队车辆

行驶证、车辆驾驶证、车辆监理印章，具有下列情形之一的，根据《刑法》第375条第1款的规定，以伪造、变造、买卖武装部队证件、印章罪定罪处罚：(1)伪造、变造、买卖武装部队车辆监理印章的；(2)伪造、变造、买卖武装部队车辆行驶证、车辆驾驶证三本以上的。根据《刑法》第375条第1款的规定，犯本罪的，处3年以下有期徒刑、拘役、管制或者剥夺政治权利；情节严重的，处3年以上10年以下有期徒刑。

十四、盗窃、抢夺武装部队公文、证件、印章罪

盗窃、抢夺武装部队公文、证件、印章罪，是指以秘密窃取的方式或者公然夺取的方式非法取得公文、证件、印章的行为。本罪的犯罪对象是武装部队公文、证件、印章。本罪的客观方面表现为以秘密窃取的方式或者公然夺取的方式非法取得公文、证件、印章的行为。本罪的主体均为一般主体。本罪的主观方面均为故意。根据2002年4月10日最高人民法院《关于审理非法生产、买卖武装部队车辆号牌等刑事案件具体应用法律若干问题的解释》第1条的规定，盗窃、抢夺武装部队车辆行驶证、车辆驾驶证、车辆监理印章，具有下列情形之一的，根据《刑法》第375条第1款的规定，以盗窃、抢夺武装部队证件、印章罪定罪处罚：(1)盗窃、抢夺武装部队车辆监理印章的；(2)盗窃、抢夺武装部队车辆行驶证、车辆驾驶证三本以上的。根据《刑法》第375条第1款的规定，犯本罪的，处3年以下有期徒刑、拘役、管制或者剥夺政治权利；情节严重的，处3年以上10年以下有期徒刑。

十五、非法生产、买卖武装部队制式服装罪

非法生产、买卖武装部队制式服装罪，是指非法生产、买卖武装部队制式服装，情节严重的行为。本罪的对象是武装部队制式服装，即指由武装部队依法按统一制式订购、监制，仅供武装部队官兵穿着的统一式样的各类服装。需要注意的是，制式服装应当理解为武装部队正在配发、穿着的制式服装。本罪的客观方面表现为非法生产、买卖武装部队制式服装，情节严重的行为。"非法生产、买卖"，是指未经武装部队有关部门的授权、准许擅自生产、加工、经营。对本罪的"情节严重"的判断，可参照2008年6月25日最高人民检察院、公安部《关于公安机关管辖的刑事案件立案追诉标准的规定(一)》第94条的规定。本罪的主体是一般主体，包括自然人和单位。根据《刑法》第375条第2款的规定，犯本罪的，处3年以下有期徒刑、拘役或者管制，并处或者单处罚金。根据《刑法》第375条第4款的规定，单位犯本罪的，对单位判处罚金，并对其直接负责的主管人员和其他直接责任人员，依照第2款的规定处罚。

十六、伪造、盗窃、买卖、非法提供、非法使用武装部队专用标志罪

伪造、盗窃、买卖、非法提供、非法使用武装部队专用标志罪，是指伪造、盗窃、买卖、非法提供、非法使用武装部队车辆号牌等专用标志，情节严重的行为。本罪的对象是武装部队车辆号牌等专用标志。具体而言，包括武装部队统一悬挂的军车号牌，以及其他表明武装部队性质和人员身份的军徽、军旗、肩章、星徽、帽徽、军种符号或者其他专用标志。本罪的客观方面表现为伪造、盗窃、买卖、非法提供、非法使用武装部队车辆号牌等专用标

志，情节严重的行为。“伪造”，是指无制作权而非法制作武装部队车辆号牌等专用标志的行为。“盗窃”，是指以非法占有为目的，秘密窃取武装部队车辆号牌等专用标志的行为。“买卖”，是指以金钱为交换条件，购买或者销售武装部队车辆号牌等专用标志。“非法提供”，是指违反法律、法规，未经主管部门准许，擅自把武装部队车辆号牌等专用标志供给他人使用。“非法使用”，是指不具备配备武装部队专用标志的资格，而违法使用武装部队专用标志的行为，既包括非武装部队人员使用武装部队专用标志，也包括武装部队及其成员不按规定使用武装部队专用标志。本罪的主体是一般主体，包括自然人和单位。本罪的主观方面是故意。本罪情节严重的判断，可以参照2002年4月10日最高人民法院《关于审理非法生产、买卖武装部队车辆号牌等刑事案件具体应用法律若干问题的解释》第2条，以及2008年6月25日最高人民检察院、公安部《关于公安机关管辖的刑事案件立案追诉标准的规定(一)》第94条的相关规定。根据《刑法》第375条第3款的规定，犯本罪的，处3年以下有期徒刑、拘役或者管制，并处或者单处罚金；情节特别严重的，处3年以上7年以下有期徒刑，并处罚金。根据《刑法》第375条第4款的规定，单位犯本罪的，对单位判处罚金，并对其直接负责的主管人员和其他直接责任人员，依照第3款的规定处罚。

十七、战时拒绝、逃避征召、军事训练罪

战时拒绝、逃避征召、军事训练罪，是指预备役人员战时拒绝、逃避征召或者军事训练，情节严重的行为。本罪的客观方面表现为战时拒绝、逃避征召、军事训练，情节严重的行为，所谓拒绝，是指行为人拒不接受国家征召或军事训练。所谓逃避，是指行为人躲避征召或军事训练。对本罪中“情节严重”的标准，2008年6月25日最高人民检察院、公安部《关于公安机关管辖的刑事案件立案追诉标准的规定(一)》第95条有明确的规定。本罪的主体为特殊主体，即只能是预备役人员。本罪的主观方面为故意。根据《刑法》第376条第1款的规定.犯本罪的，处3年以下有期徒刑或者拘役。

十八、战时拒绝、逃避服役罪

战时拒绝、逃避服役罪，是指公民战时拒绝、逃避服役，情节严重的行为。本罪的主体为军人和预备役人员以外的普通公民。本罪的客观方面表现为战时拒绝、逃避服役，情节严重的行为。对本罪中“情节严重”的标准，2008年6月15日最高人民检察院、公安部《关于公安机关管辖的刑事案件立案追诉标准的规定(一)》第96条有明确的规定。本罪的主体为依法应服兵役的公民。本罪的主观方面为故意。根据《刑法》第376条第2款的规定，犯本罪的，处2年以下有期徒刑或者拘役。

十九、战时故意提供虚假敌情罪

战时故意提供虚假敌情罪，是指战时故意向武装部队提供虚假敌情，造成严重后果的行为。本罪的客观方面表现为战时向武装部队提供虚假敌情，造成严重后果的行为。所谓虚假敌情，即与事实不符的有关敌人的信息，可以是凭空捏造的，也可以是经过夸大或

缩小的，具体包括虚假的敌方军情以及与军事有关的政治、经济、科技、气象、地理等方面的情况。本罪只能发生在战时。本罪的主体为一般主体，但不包括现役军人。如果现役军人战时提供虚假情报的，应按谎报军情罪处理。本罪的主观方面为故意，战时过失向武装部队提供虚假情报的，不能按犯罪处理。根据《刑法》第 377 条的规定，犯本罪的，处 3 年以上 10 年以下有期徒刑；造成特别严重后果的，处 10 年以上有期徒刑或者无期徒刑。

二十、战时造谣扰乱军心罪

战时造谣扰乱军心罪，是指战时造谣惑众，扰乱军心的行为。本罪的客观方面表现为战时造谣惑众，扰乱军心的行为，所谓造谣惑众，是指制造谣言并加以散布，蛊惑官兵，煽动厌战、怯战、恐怖情绪，或夸大、吹捧敌方势力，极力贬低我军的战斗力，等等。所谓扰乱军心，是指行为人的造谣惑众致使我军军心动摇或混乱。值得注意的是，“扰乱军心”是本罪成立的重要客观要件。这里的扰乱军心，既指事实上已扰乱了军心，又指可能扰乱军心，即具有扰乱军心的现实危险性。造谣惑众与扰乱军心必须同时具备。本罪成立的时间条件为战时。本罪的主体为一般主体，如果军人战时造谣扰乱军心的，应按《刑法》第 433 条规定的战时造谣惑众罪处理。本罪的主观方面为故意。根据《刑法》第 378 条的规定，犯本罪的，处 3 年以下有期徒刑、拘役或者管制；情节严重的，处 3 年以上 10 年以下有期徒刑。

二十一、战时窝藏逃离部队军人罪

战时窝藏逃离部队军人罪，是指战时明知是逃离部队的军人而为其提供隐蔽处所、财物，情节严重的行为。本罪的客观方面表现为战时为逃离部队的军人提供隐蔽处所、财物，情节严重的行为。对本罪中“情节严重”的标准，2008 年 6 月 25 日最高人民检察院、公安部《关于公安机关管辖的刑事案件立案追诉标准的规定（一）》第 97 条有明确的规定。本罪成立的时间条件是战时。本罪的主体为一般主体。本罪的主观方面为故意。根据《刑法》第 379 条的规定，犯本罪的，处 3 年以下有期徒刑或者拘役。

二十二、战时拒绝、故意延误军事订货罪

战时拒绝、故意延误军事订货罪，是指战时拒绝或故意延误军事订货，情节严重的行为。本罪的客体是国家军事订货制度。本罪的主体为从事科研、生产、销售的单位以及直接负责的主管人员和其他直接责任人员。本罪的客观方面表现为战时拒绝或者故意延误军事订货，情节严重的行为。本罪成立的时间条件是战时。军事订货是指军事单位依据国家法律、法规、行政命令规定，采用协议或合同方式向军工部门或者其他经济部门订购的，直接用于实施和保障作战行动的武器装备、军事设施，以及供应部队作战、训练、施工、科研、后勤保障等方面的军需物资。所谓拒绝军事订货，是指有能力接受生产军事订货而拒不接受生产军事订货。所谓故意延误军事订货，是指故意违反协议或合同规定，延误交付军事订货。对本罪中“情节严重”的标准，2008 年 6 月 25 日最高人民检察院、公安部《关于公安机关管辖的刑事案件立案追诉标准的规定（一）》第 98 条有明确的规定。本罪

的主体仅限于单位。本罪的主观方面为故意，过失不构成本罪。

根据《刑法》第 380 条的规定，犯本罪的，对单位判处罚金，并对其直接负责的主管人员和其他直接责任人员，处 5 年以下有期徒刑或者拘役；造成严重后果的，处 5 年以上有期徒刑。

二十三、战时拒绝军事、征收征用罪

战时拒绝军事征收、征用罪，是指战时拒绝军事征收、征用，情节严重的行为。本罪的客体是军事征用制度。本罪的主体为一般主体。单位不能成为本罪主体。本罪主观方面为故意。本罪客观方面为战时拒绝军事征用，情节严重的行为。对于本罪中“情节严重”的标准，2008 年 6 月 25 日最高人民检察院、公安部《关于公安机关管辖的刑事案件立案追诉标准的规定(一)》第 99 条有明确规定。本罪的主体为一般主体。本罪的主观方面为故意。根据《刑法》第 381 条的规定，犯本罪的，处 3 年以下有期徒刑或者拘役。

第二十六章　贪污贿赂罪

第一节　贪污贿赂罪概述

一、贪污贿赂罪的概念和构成

贪污贿赂罪，指国家工作人员或国有单位利用职务上的便利实施的贪污、挪用、贿赂、私分等侵犯国家廉政建设制度，以及其他人员或单位实施的与受贿具有对向性或撮合性的情节严重的行为。将贪污贿赂罪规定为独立的一章是1997年刑法的重大修改。在1997年刑法中，贪污罪、贿赂罪只是个罪，而且贪污罪属于侵犯财产罪，贿赂罪也只包括行贿罪、受贿罪和介绍贿赂罪。

贪污贿赂罪具有如下构成特征：

1.本类犯罪的客体是复杂客体，包括国家机关及其工作人员的廉政建设制度和公私财产所有权。

2.本类犯罪的客观方面表现为行为人利用职务上的便利实施的贪污、挪用、贿赂、私分等侵犯国家廉政建设制度情节严重的行为，包括作为与不作为两种行为。其中，贪污罪、挪用公款罪、受贿罪、私分国有资产罪等通常表现为作为，隐瞒境外存款罪通常表现为不作为。除少数犯罪如介绍贿赂罪、行贿罪、对单位行贿罪等以外，多数犯罪行为都与行为人的职务有密切关系。

3.本类犯罪的主体，绝大多数是特殊主体。如贪污罪、受贿罪、挪用公款罪、巨额财产来源不明罪、隐瞒境外存款罪等，其主体都是国家工作人员。少数与受贿具有对向性或撮合性的犯罪是一般主体，如行贿罪、对单位行贿罪和介绍贿赂罪即是。

4.本类犯罪的主观方面均为故意，一般具有占有公私财物或使用公共财物的目的，过失不能构成本类犯罪。

二、贪污贿赂罪的种类

根据我国刑法典分则第八章的规定，贪污贿赂罪共有13个具体罪名，包括贪污罪、挪用公款罪、受贿罪、单位受贿罪、利用影响力受贿罪、行贿罪、对单位行贿罪、介绍贿赂罪、单位行贿罪、巨额财产来源不明罪、隐瞒境外存款罪、私分国有资产罪、私分罚没财物罪。

第二节　贪污贿赂罪分述

一、贪污罪

(一)贪污罪的概念和构成

贪污罪,是指国家工作人员利用职务上的便利,侵吞、窃取、骗取或者以其他手段非法占有公共财物的行为。

贪污罪的构成要件是:

1.本罪的客体是复杂客体,即本罪既侵犯国家工作人员公务行为的廉洁性,也侵犯公共财产的所有权。本罪的犯罪对象是公共财物或国有财物。根据《刑法》第91条的规定,公共财产是指下列财产:国有财产;劳动群众集体所有的财产;用于扶贫和其他公益事业的社会捐助或专项基金的财产。在国家机关、国有公司、企业、集体企业和人民团体管理、使用或者运输中的私人财产,以公共财产论。但是,根据《刑法》第382条第2款的规定,受国家机关、国有公司、企业、事业单位、人民团体委托管理、经营国有资产的人员成立贪污罪,必须是非法占有国有财物。

2.本罪的客观方面表现为利用职务上的便利,侵吞、窃取、骗取或者以其他手段非法占有公共财物的行为。首先,必须利用职务上的便利。利用职务上的便利,是指利用本人职务范围内主管、管理、经营、经手公共财物的便利条件。主管,主要是指负责调拨、处置及其他支配公共财物的权力;管理,主要是指负责保管、处理公共财物的权力;经营,主要是指将公共财物作为生产、流通手段等使公共财物增值的权力;经手,主要是指领取、支出等经办公共财物的权力。其次,刑法明文列举了贪污行为的四种手段,即侵吞、窃取、骗取或以其他手段非法占有公共财物。侵吞,是指行为人利用职务上的便利,将自己主管、经手、管理的公共财物,非法占为己有。窃取,是指行为人利用职务上的便利,采取秘密方式将自己合法管理的公共财物占为己有。骗取,是指行为人利用职务上的便利,采用虚构事实或者隐瞒真相的方法非法占有公共财物。至于其他手段,是指行为人利用职务上的便利,采用侵吞、窃取、骗取以外的方法,非法占有公共财物。例如,挪用公款后携款逃跑等,将公共财物非法占为己有。

3.本罪的主体是特殊主体,即国家工作人员或受委托管理、经营国有财产的人员。

国家工作人员的本质特征是从事公务。从事公务,是指代表国家机关、国有公司、企业、事业单位、人民团体等履行组织、领导、监督、管理等职责。公务主要表现为与职权相联系的公共事务以及监督、管理国有财产的职务活动。根据《刑法》第93条的规定,国家工作人员,是指国家机关中从事公务的人员。国有公司、企业、事业单位、人民团体中从事公务的人员和国家机关、国有公司、企业、事业单位委派到非国有公司、企业、事业单位、社会团体从事公务的人员,以及其他依照法律从事公务的人员,以国家工作人员论。据此,

并结合有关贪污罪的立法规定、立法解释、司法解释和规范文件,贪污罪的主体具体包括以下人员:

第一,国家机关工作人员。根据2003年11月13日最高人民法院《全国法院审理经济犯罪案件工作座谈会纪要》(以下简称《纪要》),刑法中所称的国家机关工作人员,是指在国家机关中从事公务的人员,包括在各级国家权力机关、行政机关、司法机关和军事机关中从事公务的人员。根据全国人民代表大会常务委员会《关于〈中华人民共和国刑法〉第九章渎职罪主体适用问题的解释》的规定,在依照法律、法规规定行使国家行政管理职权的组织中从事公务的人员,或者在受国家机关委托代表国家行使职权的组织中从事公务的人员,或者虽未列入国家机关人员编制但在国家机关中从事公务的人员,视为国家机关工作人员。在乡(镇)以上中国共产党机关、人民政协机关中从事公务的人员,司法实践中也应当视为国家机关工作人员。

第二,国有公司、企业、事业单位、人民团体中从事公务的人员。

第三,国家机关、国有公司、企业、事业单位委派到非国有公司、企业、事业单位、社会团体从事公务的人员。

第四,其他依照法律从事公务的人员。根据《纪要》,《刑法》第93条第2款规定的"其他依照法律从事公务的人员"应当具有两个特征:一是在特定条件下行使国家管理职能;二是依照法律规定从事公务。具体包括:依法履行职责的各级人民代表大会代表;依法履行审判职责的人民陪审员;帮助乡镇人民政府、街道办事处从事行政管理工作的村民委员会、居民委员会等农村和城市基层组织人员;其他由法律授权从事公务的人员。根据全国人民代表大会常务委员会《关于〈中华人民共和国刑法〉第93条第2款的解释》的规定,村民委员会等村基层组织人员协助人民政府从事下列行政管理工作时,属于《刑法》第93条第2款规定的"其他依照法律从事公务的人员":救灾、抢险、防汛、优抚、扶贫、移民、救济款物的管理;社会捐助公益事业款物的管理;国有土地的经营和管理;土地征用补偿费用的管理;代征、代缴税款;有关计划生育、户籍、征兵工作的管理;协助人民政府从事的其他行政管理工作。

上述四类人员均属于《刑法》第93条规定的"国家工作人员"的范畴。

第五,受国家机关、国有公司、企业、事业单位、人民团体委托管理、经营国有财产的人员。根据《纪要》,《刑法》第382条第2款规定的"受委托管理、经营国有财产",是指因承包、租赁、临时聘用等管理、经营国有财产。

此外,其他人员与上述人员勾结,伙同贪污的,以共犯论处。

4.本罪的主观方面是故意,只能是直接故意,并且具有非法占有公共财物的目的。贪污罪的故意是指明知是公共财物而利用职务上的便利予以非法占有的主观心理态度。

(二)贪污罪的认定

1.本罪与盗窃罪、诈骗罪、侵占罪的界限。侵吞、窃取、骗取是贪污罪的三种基本行为形态,这使贪污罪与盗窃罪、诈骗罪、侵占罪在行为形态上具有相似性。贪污罪与盗窃罪、诈骗罪、侵占罪的区别主要表现在:第一,犯罪客体和犯罪对象不同。本罪的客体是复杂客体，即国家工作人员的职务廉洁性和公共财产所有权，对象是公共财物；盗窃罪、诈骗罪、侵占罪的客体是简单客体，即公私财产所有权，对象是公私财物。第二，犯罪主体不同。本罪的主体为特殊主体，即国家工作人员和受国家机关、国有公司、企业、事业单位、人民团体委托管理、经营国有财产的人员；而盗窃罪、诈骗罪、侵占罪的主体为一般主体。

2.本罪共犯的认定问题。正确认定贪污罪，应正确处理不具有国家工作人员身份的人员与国家工作人员或受委托管理、经营国有财产的人员相勾结侵占本单位财物的案件。《刑法》第382条第3款规定：非国家工作人员与国家工作人员和受委托经营、管理国有财产的人员勾结，伙同贪污的，以共犯论处。

根据2000年6月27日最高人民法院《关于审理贪污、职务侵占案件如何认定共同犯罪几个问题的解释》，行为人与国家工作人员勾结，利用国家工作人员的职务便利，共同侵吞、窃取、骗取或者以其他手段非法占有公共财物的，以贪污罪共犯论处。行为人与公司、企业或者其他单位的人员勾结，利用公司、企业或者其他单位人员的职务便利，共同将该单位财物非法占为己有，数额较大的，以职务侵占罪共犯论处。公司、企业或者其他单位中，不具有国家工作人员身份的人与国家工作人员勾结，分别利用各自的职务便利，共同将本单位财物非法占为已有的，按照主犯的犯罪性质定罪。2003年11月13日最高人民法院《纪要》对该解释的规定予以重申，并适当有所调整。《纪要》规定，对于国家工作人员与他人勾结，共同非法占有单位财物的行为，应当按照最高人民法院《关于审理贪污、职务侵占案件如何认定共同犯罪几个问题的解释》的规定定罪处罚。对于在公司、企业或者其他单位中，非国家工作人员与国家工作人员勾结，分别利用各自的职务便利，共同将本单位财物非法占有的，应当尽量区分主从犯，按照主犯的犯罪性质定罪。司法实践中，如果根据案件的实际情况，各共同犯罪人在共同犯罪中的地位、作用相当，难以区分主从犯的，可以贪污罪定罪处罚。

（三）贪污罪的刑事责任

根据《刑法》第383条的规定，对犯贪污罪的，根据情节轻重，分别依照下列规定处罚：

（1）贪污数额较大或者有其他较重情节的，处三年以下有期徒刑或者拘役，并处罚金。

（2）贪污数额巨大或者有其他严重情节的，处三年以上十年以下有期徒刑，并处罚金或者没收财产。

（3）贪污数额特别巨大或者有其他特别严重情节的，处十年以上有期徒刑或者无期徒刑，并处罚金或者没收财产；数额特别巨大，并使国家和人民利益遭受特别重大损失的，处无期徒刑或者死刑，并处没收财产。

“对多次贪污未经处理的，按照累计贪污数额处罚。

“犯第一款罪，在提起公诉前如实供述自己罪行、真诚悔罪、积极退赃，避免、减少损害结果的发生，有第一项规定情形的，可以从轻、减轻或者免除处罚；有第二项、第三项规定情形的，可以从轻处罚。

“犯第一款罪，有第三项规定情形被判处死刑缓期执行的，人民法院根据犯罪情节等情况可以同时决定在其死刑缓期执行二年期满依法减为无期徒刑后，终身监禁，不得减刑、假释。"

二、挪用公款罪

(一)挪用公款罪的概念和构成

挪用公款罪,是指国家工作人员利用职务上的便利,挪用公款归个人使用,进行非法活动的,或者挪用公款数额较大、进行营利活动的,或者挪用公款数额较大、超过3个月未还的行为。

本罪的构成要件是:

1.挪用公款罪的主体是特殊主体,即是国家工作人员。

2.本罪的主观方面是故意,并具有非法使用公款的目的。这里的故意是明知是公款而予以挪用的主观心理态度。

3.本罪的客体是复杂客体,既侵犯国家工作人员的职务廉洁性,也侵犯公共财产的占有、使用、收益权。本罪的犯罪对象是公款,在一般情况下是指国有款项,即国家机关、国有公司、企业、事业单位、人民团体所有的款项。关于公款的表现形式,一般是指现金,但也可以是股票、国库券、债券等有价证券,或定期存单等金融凭证。根据1997年10月13日最高人民检察院《关于挪用国库券如何定性问题的批复》,国家工作人员利用职务上的便利,挪用公有或本单位的国库券的行为以挪用公款论;符合《刑法》第384条、第272条第2款规定的情形,构成犯罪的,按挪用公款罪追究刑事责任。根据2003年1月28日最高人民检察院《关于挪用失业保险基金和下岗职工基本生活保障资金的行为适用法律问题的批复》,国家工作人员利用职务上的便利,挪用失业保险基金和下岗职工基本生活保障资金归个人使用,构成犯罪的,应当依照《刑法》第384条的规定,以挪用公款罪追究刑事责任。根据《刑法》第384条第2款的规定,挪用用于救灾、抢险、防汛、优抚、扶贫、救济款物归个人使用的,从重处罚。依此规定,挪用公款罪的犯罪对象并不限于公款,还包括特定物。但除上述特定物外的非特定公物或一般公物,不属于挪用公款罪的犯罪对象。2000年3月15日最高人民检察院《关于国家工作人员挪用非特定公物能否定罪的请示的批复》规定,《刑法》第384条规定的挪用公款罪中未包括挪用非特定公物归个人使用的行为,对该行为不以挪用公款罪论处。如构成其他犯罪的,依照刑法的相关规定定罪处罚。

4.本罪的客观方面表现为行为人利用职务上的便利,挪用公款归个人使用,进行非法活动的,或者挪用公款数额较大、进行营利活动的,或者挪用公款数额较大、超过3个月未还的行为。所谓利用职务上的便利,是指利用主管、保管公款的便利条件。既包括行为人直接经手、管理公款的便利条件,也包括行为人因其职务关系而具有的调拨、支配、使用公款的便利条件。

根据2002年4月28日全国人大常委会《关于〈中华人民共和国刑法〉第384条第1款的解释》,有下列情形之一的,属于挪用公款"归个人使用":一是将公款供本人、亲友或者其他自然人使用的;二是以个人名义将公款供其他单位使用的;三是个人决定以单位名义将公款供其他单位使用，谋取个人利益的。据此，挪用公款归个人使用，分为将公款供个人使用的行为，以及将公款供其他单位使用的行为。认定这两类有所区别的挪用公款归个人使用的行为，需要注意依据司法解释或者规范性文件的精神予以准确判断。其中，首先，认定将公款供个人使用的行为，需要注意单位决定将公款给个人使用行为的性质判定。对此，2003 年 11 月 13 日最高人民法院《全国法院审理经济犯罪案件工作座谈会纪要》规定，经单位领导集体研究决定将公款给个人使用，或者单位负责人为了单位的利益，决定将公款给个人使用的，不以挪用公款罪定罪处罚。上述行为致使单位遭受重大损失，构成其他犯罪的，依照刑法的有关规定对责任人员定罪处罚。其次，认定将公款供其他单位使用的行为，需要对"以个人名义""个人决定"和"谋取个人利益"作出正确判断。对此，2003 年 11 月 13 日最高人民法院《全国法院审理经济犯罪案件工作座谈会纪要》规定，在司法实践中，对于将公款供其他单位使用的，认定是否属于"以个人名义"，不能只看形式，要从实质上把握。对于行为人逃避财务监管，或者与使用人约定以个人名义进行，或者借款、还款都以个人名义进行，将公款给其他单位使用的，应认定为"以个人名义"。"个人决定"既包括行为人在职权范围内决定，也包括行为人超越职权范围决定。"谋取个人利益"，既包括行为人与使用人事先约定谋取个人利益实际尚未获取的情况，也包括虽未事先约定但实际已获取了个人利益的情况。其中的"个人利益"，既包括不正当利益，也包括正当利益；既包括财产性利益，也包括非财产性利益，但这种非财产性利益应当是具体的实际利益，如升学、就业等。挪用公款归个人使用分为三种类型，各种类型的成立条件不完全相同。根据《刑法》第 384 条的规定和 1998 年 4 月 6 日最高人民法院《关于审理挪用公款案件具体应用法律若干问题的解释》(以下简称《解释》)，对挪用公款归个人使用的行为，要区分不同的具体表现形式或者类型予以认定：

第一，挪用公款进行非法活动。"非法活动"，既包括犯罪活动，也包括其他违法活动。根据《解释》的规定，挪用公款归个人使用，进行赌博、走私等非法活动的，构成挪用公款罪，不受"数额较大"和挪用时间的限制。挪用公款给他人使用，不知道使用人将公款用于非法活动，数额较大、超过 3 个月未还的，构成挪用公款罪；明知使用人将公款用于非法活动的，应当认定为挪用人挪用公款进行非法活动。但《解释》同时规定，"挪用公款归个人使用，进行非法活动的"，以挪用公款 5000 元至 1 万元为追究刑事责任的数额起点。

第二，挪用公款数额较大、进行营利活动。根据上述《解释》，挪用公款数额较大，归个人进行营利活动的，构成挪用公款罪，不受挪用时间和是否归还的限制。在案发前部分或者全部归还本息的，可以从轻处罚；情节轻微的，可以免除处罚。挪用公款存入银行，用于集资，购买股票、国债等，属于挪用公款进行营利活动。所获取的利息、收益等违法所得，应当追缴，但不计入挪用公款的数额。挪用公款给他人使用，不知道使用人用公款进行营利活动，数额较大、超过 3 个月未还的，构成挪用公款罪；明知使用人用于营利活动的，应当认定为挪用人挪用公款进行营利活动。挪用公款归个人使用，"数额较大、进行营利活动的"，以挪用公款 1 万元至 3 万元为"数额较大"的起点。根据 2003 年 11 月 13 日最高人民法院《全国法院审理经济犯罪案件工作座谈会纪要》的规定，申报注册资本是为进行生产经营活动作准备，属于成立公司、企业进行营利活动的组成部分。因此，挪用公款归个人用于公司、企业注册资本验资证明的，应当认定为挪用公款进行营利活动。

第三，挪用公款数额较大、超过3个月未还。即挪用公款进行营利活动、非法活动以外的活动，数额较大，挪用时间超过了3个月。根据上述《解释》，挪用公款归个人使用，数额较大、超过3个月未还的，构成挪用公款罪。挪用正在生息或者需要支付利息的公款归个人使用，数额较大，超过3个月但在案发前全部归还本金的，可以从轻处罚或者免除处罚，给国家、集体造成的利息损失应予追缴。挪用公款数额巨大，超过3个月，案发前全部归还的，可以酌情从轻处罚。挪用公款归个人使用，"数额较大、超过3个月未还的"，以挪用公款1万元至3万元为"数额较大"的起点。

需要注意的是，根据2003年11月13日最高人民法院《全国法院审理经济犯罪案件工作座谈会纪要》的规定，挪用公款归还个人欠款的，应当根据产生欠款的原因分别认定属于挪用公款的何种情形。归还个人进行非法活动或者进行营利活动产生的欠款，应当认定为挪用公款进行非法活动或者进行营利活动。

根据上述《解释》，挪用救灾、抢险、防汛、优抚、扶贫、移民、救济款物归个人使用的数额标准，参照挪用公款归个人使用进行非法活动的数额标准。

（二）挪用公款罪的认定

1. 本罪与贪污罪的界限。本罪与贪污罪都是国家工作人员利用职务上的便利实施的兼具渎职性与贪利性的犯罪，都侵犯了公务行为的廉洁性和公共财物的所有权。两罪的区别在于：第一，犯罪对象不完全相同。挪用公款罪的对象原则上限于公款，法定的例外情形下包括特定款物；贪污罪的对象既包括公款，也包括其他公共财物。第二，客观方面的行为方式不同。挪用公款罪表现为利用职务上的便利，挪用公款进行非法活动，或者挪用公款数额较大、进行营利活动，或者挪用公款数额较大、超过3个月未还的行为；贪污罪的客观方面表现为利用职务上的便利，侵吞、窃取、骗取或者以其他手段非法占有公共财物的行为。第三，主体范围不同。挪用公款罪主体限于国家工作人员；贪污罪的主体除了国家工作人员外，还包括受国有单位委托管理、经营国有财产的人员。第四，主观目的不同。本罪以非法取得公款使用权为目的；而贪污罪则以非法占有公共财物为目的。

2. 本罪与挪用资金罪的界限。本罪与挪用资金罪的区别主要表现在：其一，犯罪对象不同。挪用公款罪的犯罪对象原则上限于公款，法定的例外情形下包括特定款物；而挪用资金罪的犯罪对象是非国有单位的资金。其二，犯罪主体不同。挪用公款罪的主体是国家工作人员，而挪用资金罪的主体则是公司、企业或者其他单位的工作人员。

（三）挪用公款罪的刑事责任

根据《刑法》第384条的规定，犯本罪的，处5年以下有期徒刑或者拘役；情节严重的，处5年以上有期徒刑。挪用公款数额巨大不退还的，处10年以上有期徒刑或者无期徒刑。

三、受贿罪

(一)受贿罪的概念和构成

受贿罪,是指国家工作人员利用职务上的便利,索取他人财物的,或者非法收受他人财物,为他人谋取利益的行为。

本罪的构成要件是:

1. 本罪的对象是财物,这一范围比外国刑法规定的贿赂范围要小。本罪的客体是国家工作人员的职务廉洁性。

2. 本罪的客观方面表现为利用职务上的便利,索取他人财物,或者非法收受他人财物,为他人谋取利益的行为。受贿行为包括两种不同的基本形式:

一是利用职务之便,索取他人财物。基本特征是索要行为的主动性和交付财物行为的被动性。索取他人财物的,不论是否"为他人谋取利益",均可构成受贿罪。根据1999年9月16日最高人民检察院《关于人民检察院直接受理立案侦查案件立案标准的规定(试行)》的规定,"利用职务上的便利",是指利用本人职务范围内的权力,即自己职务上主管、负责或者承办某项公共事务的职权及其所形成的便利条件。根据2003年11月13日最高人民法院《全国法院审理经济犯罪案件工作座谈会纪要》的规定,"利用职务上的便利",既包括利用本人职务上主管、负责、承办某项公共事务的职权,也包括利用职务上有隶属、制约关系的其他国家工作人员的职权。担任单位领导职务的国家工作人员通过不属自己主管的下级部门的国家工作人员的职务为他人谋取利益的,应当认定为"利用职务上的便利"为他人谋取利益。

二是利用职务之便,非法收受他人财物,为他人谋取利益。基本特征是给付财物行为的主动性、自愿性和收受财物行为的被动性。根据1999年9月16日最高人民检察院《关于人民检察院直接受理立案侦查案件立案标准的规定(试行)》的规定,非法收受他人财物的,必须同时具备"为他人谋取利益"的条件,才能构成受贿罪。但是为他人谋取的利益是否正当,为他人谋取的利益是否实现,不影响受贿罪的认定。根据2003年11月13日最高人民法院《全国法院审理经济犯罪案件工作座谈会纪要》的规定,为他人谋取利益包括承诺、实施和实现三个阶段的行为。只要具有其中一个阶段的行为,如国家工作人员收受他人财物时,根据他人提出的具体请托事项,承诺为他人谋取利益的,就具备了为他人谋取利益的要件。明知他人有具体请托事项而收受其财物的,视为承诺为他人谋取利益。据此,不能将"为他人谋取利益"简单地理解为已经为他人谋取到了利益。一般而言,为他人谋取利益包括四种情况:一是已经许诺(许诺包括明示与默许)为他人谋取利益,但尚未实际进行;二是已经着手为他人谋取利益,但尚未谋取到利益;三是已经着手为他人谋取利益,但尚未完全实现;四是为他人谋取利益,已经完全实现。根据2000年6月30日最高人民法院《关于国家工作人员利用职务上的便利为他人谋取利益离退休后收受财物行为如何处理问题的批复》的规定,国家工作人员利用职务上的便利为请托人谋取利益,并与请托人事先约定,在其离退休后收受请托人的财物,构成犯罪的,以受贿罪定罪处罚。

除上述受贿行为的基本形式之外，我国刑法还对经济往来中的受贿行为以及斡旋受贿行为作出了专门规定。

《刑法》第385条第2款规定，国家工作人员在经济往来中，违反国家规定，收受各种名义的回扣、手续费归个人所有的，以受贿论处。所谓违反国家规定，是指违反全国人民代表大会及其常务委员会制定的法律和决定以及国务院制定的行政法规、规定的行政措施、发布的决定和命令。

《刑法》第388条规定，国家工作人员利用本人职权或者地位形成的便利条件，通过其他国家工作人员职务上的行为，为请托人谋取不正当利益，索取请托人财物或者收受请托人财物的，以受贿论处。该条规定的受贿行为即为斡旋受贿行为。斡旋受贿具有以下特征：第一，必须利用本人职权或者地位形成的便利条件。根据2003年11月13日最高人民法院《全国法院审理经济犯罪案件工作座谈会纪要》的规定，"利用本人职权或者地位形成的便利条件"，是指行为人与被其利用的国家工作人员之间在职务上虽然没有隶属、制约关系，但是行为人利用了本人职权或者地位产生的影响和一定的工作联系，如单位内不同部门的国家工作人员之间、上下级单位没有职务上隶属、制约关系的国家工作人员之间、有工作联系的不同单位的国家工作人员之间等。第二，接受他人请托，通过其他国家工作人员职务上的行为，为请托人谋取不正当利益。参照1999年3月4日最高人民法院、最高人民检察院《关于在办理受贿犯罪大要案的同时要严肃查处严重行贿犯罪分子的通知》，"谋取不正当利益"是指谋取违反法律、法规、国家政策和国务院各部门规章规定的利益，以及要求国家工作人员或者有关单位提供违反法律、法规、国家政策和国务院各部门规章规定的帮助或者方便条件。第三，必须索取请托人财物或者收受请托人财物。总之，斡旋受贿行为与前述基本或典型受贿行为和经济往来中的受贿行为有所不同，主要表现为两个方面：第一，行为人不是直接利用本人职务上的便利为请托人谋取利益，而是利用本人职权或者因为具有间接利用职权为他人谋利的特点，所以斡旋受贿又被称为"间接受贿"，与此相对，直接利用职权为他人谋利的典型受贿行为和经济往来中的受贿行为被称为"直接受贿"。第二，必须为请托人谋取不正当利益。

3.本罪的主体是特殊主体，即只能由国家工作人员构成。国家工作人员的范围具体根据《刑法》第93条的规定确定。国家工作人员限于在职的国家工作人员。根据2000年4月29日全国人大常委会《关于〈中华人民共和国刑法〉第93条第2款的解释》，村民委员会等基层组织人员协助人民政府从事行政管理工作，利用职务上的便利，索取他人财物或者非法收受他人财物，构成犯罪的，适用《刑法》第385条和第386条受贿罪的规定。根据2000年6月30日最高人民法院《关于国家工作人员利用职务上的便利为他人谋取利益离退休后收受财物行为如何处理问题的批复》的规定，国家工作人员利用职务上的便利为请托人谋取利益，并与请托人事先约定，在其离退休后收受请托人财物，构成犯罪的，以受贿罪定罪处罚。根据2007年7月8日最高人民法院、最高人民检察院《关于办理受贿刑事案件适用法律若干问题的意见》第10条的规定，国家工作人员利用职务上的便利为请托人谋取利益之前或者之后，约定在其离职后收受请托人财物，并在离职后收受的，以受贿论处。

4.本罪的主观方面是故意。完整理解受贿罪的主观故意,需要注意从三个方面把握:首先,行为人具有索取贿赂或者收受贿赂的意图。其次,行为人认识到自己索取、收受贿赂的行为是在与对方进行权钱交易(或者认识到索取、收受贿赂行为与职务行为的关联性),认识到自己的行为会侵害职务行为的廉洁性。最后,行为人对受贿行为本身的危害后果(即受贿行为对职务行为廉洁性的侵犯)持希望或者放任的态度。

(二)受贿罪的认定

1.本罪与贪污罪的界限。受贿罪与贪污罪的区别主要表现在:其一,犯罪客体和对象不同。受贿罪的客体是单一客体,即国家工作人员的职务廉洁性;贪污罪的客体则是复杂客体,既侵犯国家公职人员的职务廉洁性,也侵犯公共财产所有权。其二,客观行为表现不同。受贿罪的客观方面表现为行为人利用职务上的便利,索取他人财物,或者非法收受他人财物,为他人谋取利益;后者则表现为行为人利用职务上的便利,侵吞、窃取、骗取或者以其他方法非法占有公共财物。其三,主体的范围不同。受贿罪的主体只能是国家工作人员,而贪污罪的主体除了国家工作人员外,还可以由受国家机关、国有公司、企业、事业单位、人民团体委托管理、经营国有财产的人员构成。其四,犯罪目的不同。受贿罪的目的是非法获取他人财物,贪污罪的目的则是非法占有公共财物。

2.本罪与非国家工作人员受贿罪的界限。本罪与非国家工作人员受贿罪存在诸多相同之处:主观方面的罪过形式都是故意,客观方面都是利用职务上的便利索取或者非法收受他人财物。二者的区别主要表现在:其一,客体不同。受贿罪的客体是国家工作人员的职务廉洁性,而非国家工作人员受贿罪的客体是公司、企业或者其他单位的管理秩序和工作人员的职务廉洁性。其二,客观方面有所不同。受贿罪中的索取贿赂不以为他人谋取利益为要件,只有收受贿赂以为他人谋取利益为要件;而非国家工作人员受贿罪中的索取贿赂和收受贿赂,都以为他人谋取利益为要件。其三,犯罪主体不同。受贿罪的主体是国家工作人员,而非国家工作人员受贿罪的主体是公司、企业或者其他单位中不具有国家工作人员身份的人员。

(三)受贿罪的刑事责任

《刑法》第386条规定:"对犯受贿罪的,根据受贿所得数额及情节,依照本法第三百八十三条的规定处罚。索贿的从重处罚。"

四、单位受贿罪

单位受贿罪,是指国家机关、国有公司、企业、事业单位、人民团体,索取、非法收受他人财物,为他人谋取利益,情节严重的行为。本罪的主体是国家机关、国有公司、企业、事业单位、人民团体。本罪的主观方面是故意,目的是索取或非法收受他人财物归单位所有。本罪的客观方面表现为索取、非法收受他人财物,为他人谋取利益,情节严重的行为。索取他人财物或者非法收受他人财物,必须同时具备为他人谋取利益的条件,且是情节严重的行为,才能构成单位受贿罪。国家机关、国有公司、企业、事业单位、人民团体,在经济往来中,在账外暗中收受各种名义的回扣、手续费的,以单位受贿罪追究刑事责任。1999年9月16日最高人民检察院《关于人民检察院直接受理立案侦查案件立案标准的规定(试行)》对本罪的立案标准有明确的规定。根据《刑法》第387条第1款的规定,犯本罪的,对单位判处罚金,并对其直接负责的主管人员和其他直接责任人员处5年以下有期徒刑或者拘役。根据《刑法》第387条第2款的规定,前款所列单位,在经济往来中,在账外暗中收受各种名义的回扣、手续费的,以受贿论,依照前款的规定处罚。

五、利用影响力受贿罪

(一)利用影响力受贿罪的概念和构成

利用影响力受贿罪,是指国家工作人员的近亲属或者其他与该国家工作人员关系密切的人,通过该国家工作人员职务上的行为,或者利用该国家工作人员职权或者地位形成的便利条件,以及离职的国家工作人员或者其近亲属以及其他与其关系密切的人,利用该离职的国家工作人员原职权或者地位形成的便利条件,通过其他国家工作人员职务上的行为,为请托人谋取不正当利益,索取请托人财物或者收受请托人财物,数额较大或者有其他较重情节的行为。

本罪的构成要件是:

1.本罪的客观方面表现为法定的利用影响力受贿行为。理解本罪的客观方面,需要注意的主要问题:第一,本罪客观方面的法定表现包括三种,即国家工作人员的近亲属或者其他与该国家工作人员关系密切的人,通过该国家工作人员职务上的行为,为请托人谋取不正当利益,索取请托人财物或者收受请托人财物;国家工作人员的近亲属或者其他与该国家工作人员关系密切的人,利用该国家工作人员职权或者地位形成的便利条件,通过其他国家工作人员职务上的行为,为请托人谋取不正当利益,索取请托人财物或者收受请托人财物;离职的国家工作人员或者其近亲属以及其他与其关系密切的人,利用该离职的国家工作人员原职权或者地位形成的便利条件,通过其他国家工作人员职务上的行为,为请托人谋取不正当利益,索取请托人财物或者收受请托人财物。根据2003年11月13日最高人民法院《全国法院审理经济犯罪案件工作座谈会纪要》,“利用职务上的便利”,既包括利用本人职务上主管、负责、承办某项公共事务的职权,也包括利用职务上有隶属、制约关系的其他国家工作人员的职权。担任单位领导职务的国家工作人员通过不属自己主管的下级部门的国家工作人员的职务为他人谋取利益的,应当认定为“利用职务上的便利”为他人谋取利益。“利用本人职权或者地位形成的便利条件”,是指行为人与被其利用的国家工作人员之间在职务上虽然没有隶属、制约关系,但是行为人利用了本人职权或者地位产生的影响和一定的工作联系,如单位内不同部门的国家工作人员之间、上下级单位没有职务上隶属、制约关系的国家工作人员之间、有工作联系的不同单位的国家工作人员之间等。第二,必须是为请托人谋取不正当利益才构成犯罪,如果为请托人谋取的是正当利益不构成犯罪。根据1999年3月4日最高人民法院、最高人民检察院《关于在办理受贿犯罪大要案的同时要严肃查处严重行贿犯罪分子的通知》,“谋取不正当利益”是指谋取违反法律、法规、国家政策和国务院各部门规章规定的利益，以及要求国家工作人员或者有关单位提供违反法律、法规、国家政策和国务院各部门规章规定的帮助或者方便条件。根据2008年11月20日最高人民法院、最高人民检察院《关于办理商业贿赂刑事案件适用法律若干问题的意见》，在行贿犯罪中，"谋取不正当利益"，是指行贿人谋取违反法律、法规、规章或者政策规定的利益，或者要求对方违反法律、法规、规章、政策、行业规范的规定提供帮助或者方便条件。在招标投标、政府采购等商业活动中，违背公平原则，给予相关人员财物以谋取竞争优势的，属于"谋取不正当利益"。第三，必须是数额较大或者有其他较重情节的，才成立犯罪。总之，尽管本罪的客观方面有三种法定的表现形式，但其共同特征是，行为人必须利用在职或现职国家工作人员职务上的行为，为请托人谋取不正当利益，索取请托人财物或者收受请托人财物，数额较大或者有其他较重情节。

2.本罪的主体是特殊主体，即与国家工作人员（以及离职的国家工作人员）关系密切的非国家工作人员，包括国家工作人员的近亲属或者其他与该国家工作人员关系密切的人，以及离职的国家工作人员或者其近亲属以及其他与其关系密切的人。"近亲属"主要是指夫、妻、父、母、子、女、同胞兄弟姊妹、祖父母、外祖父母、孙子女、外孙子女。"其他与其关系密切的人"，是指除近亲属之外的其他关系亲近、可以间接或无形的方式对国家工作人员的行为、决定施加影响的人。"离职的国家工作人员"是指曾经是国家工作人员，但由于离休、退休、辞职、辞退等原因已离开了国家工作人员岗位的人。

3.本罪的主观方面是故意。

（二）利用影响力受贿罪的认定

利用影响力受贿罪与受贿罪的界限。本罪与受贿罪区分的关键，是犯罪主体的不同。本罪的主体是特殊主体，即与国家工作人员（以及离职的国家工作人员）关系密切的非国家工作人员，包括国家工作人员的近亲属或者其他与该国家工作人员关系密切的人，以及离职的国家工作人员或者其近亲属以及其他与其关系密切的人。受贿罪的主体是特殊主体，即在职的国家工作人员。

（三）利用影响力受贿罪的刑事责任

根据《刑法》第388条之一的规定，犯本罪，数额较大或者有其他较重情节的，处3年以下有期徒刑或者拘役，并处罚金；数额巨大或者有其他严重情节的，处3年以上7年以下有期徒刑，并处罚金；数额特别巨大或者有其他特别严重情节的，处7年以上有期徒刑，并处罚金或者没收财产。

六、行贿罪

（一）行贿罪的概念和构成

行贿罪是指为谋取不正当利益，给予国家工作人员以财物的行为。

本罪的构成要件是：

1.本罪的主体是一般主体，凡是年满16周岁具有刑事责任能力的自然人均能成为本罪的主体。

2.本罪的主观方面是故意，并且具有谋取不正当利益的目的。本罪是法定的目的犯，只有行为人具有谋取不正当利益的目的，才构成本罪。这里的故意是指明知是谋取不正当利益而向国家工作人员行贿的行为而有意实施的主观心理状态。

3.本罪的客体。犯罪对象仅限于国家工作人员。

4.本罪的客观方面表现为为谋取不正当利益，给予国家工作人员以财物的行为。此外，《刑法》第389条第2款规定，在经济往来中，违反国家规定，给予国家工作人员以财物，数额较大的，或者违反国家规定，给予国家工作人员各种名义的回扣、手续费的，以行贿论处。《刑法》第389条第3款规定，因被勒索给予国家工作人员以财物，没有获得不正当利益的，不是行贿。

构成行贿罪应有数量的要求。2000年12月最高人民检察院《关于行贿罪立案标准的规定》第1条规定了应以行贿罪予以立案追究刑事责任的如下情形：①行贿数额在1万元以上的。②行贿数额不满1万元，但具有下列情形之一的：为谋取非法利益而行贿的；向三人以上行贿的；向党政领导、司法工作人员、行政执法人员行贿的；致使国家或者社会利益遭受重大损失的。

（二）行贿罪的刑事责任

根据《刑法》第390条的规定，犯本罪的，处5年以下有期徒刑或者拘役并处罚金；因行贿谋取不正当利益，情节严重的，或者使国家利益遭受重大损失的，处5年以上10年以下有期徒刑，并处罚金；情节特别严重的，或者使国家利益遭受特别重大损失的，处10年以上有期徒刑或者无期徒刑，并处罚金或者没收财产。

行贿人在被追诉前主动交代行贿行为的，可以从轻或者减轻处罚。其中，犯罪较轻的，对侦破案件起关键作用的，或者有重大立功表现的，可以减轻或者免除处罚。

七、对有影响力的人行贿罪

对有影响力的人行贿罪，是指为谋取不正当利益，向国家工作人员的近亲属或者其他与该国家工作人员恭喜密切的人，或者向离职的国家工作人员或者其近亲属以及其他与其恭喜密切的人行贿的行为。根据《刑法》390条之一规定，自然人犯本罪的，处三年以下有期徒刑或者拘役，并处罚金；情节严重的，或者使国家利益遭受重大损失的，处三年以上七年以下有期徒刑，并处罚金；情节特别严重的，或者使国家利益遭受特别重大损失的，处七年以上十年以下有期徒刑，并处罚金。单位犯前款罪的，对单位判处罚金，并对其直接负责的主管人员和其他直接责任人员，处三年以下有期徒刑或者拘役，并处罚金。

八、对单位行贿罪

对单位行贿罪，是指为谋取不正当利益，给予国家机关、国有公司、企业、事业单位、人民团体以财物的,或者在经济往来中,违反国家规定,给予各种名义的回扣、手续费的行为。本罪的对象必须是国家机关、国有公司、企业、事业单位、人民团体,非国家机关、国有公司、企业、事业单位、人民团体以及国家工作人员不能成为本罪的对象。本罪的客观方面有两种具体表现形式:一是为谋取不正当利益,给予国家机关、国有公司、企业、事业单位、人民团体以财物。二是为谋取不正当利益,在经济往来中,违反国家规定,给予国家机关、国有公司、企业、事业单位、人民团体各种名义的回扣、手续费。根据《刑法》第 391 条的规定,自然人犯本罪的,处 3 年以下有期徒刑或者拘役,并处罚金。单位犯本罪的,对单位判处罚金,并对其直接负责的主管人员和其他直接责任人员依照上述自然人犯本罪的规定处罚。

九、介绍贿赂罪

介绍贿赂罪,是指向国家工作人员介绍贿赂,情节严重的行为。本罪的客体是国家机关、国有公司、企业、事业单位、人民团体的正常管理活动。本罪的客观方面表现为在行贿人与受贿人之间进行沟通、撮合,牵线搭桥,使行贿和受贿得以实现。介绍贿赂,情节严重才构成犯罪。本罪的主体是一般主体,凡已满 16 周岁具有刑事责任能力的人均可成为犯罪主体。本罪的主观方面是故意。根据《刑法》第 392 条的规定,犯本罪的,处 3 年以下有期徒刑或者拘役,并处罚金。介绍贿赂人在被追诉前主动交代介绍贿赂行为的,可以减轻处罚或者免除处罚。

十、单位行贿罪

单位行贿罪,是指公司、企业、事业单位、机关、团体为谋取不正当利益而给予国家工作人员以财物,或者违反国家规定,给予国家工作人员以回扣、手续费,情节严重的行为。本罪的犯罪对象仅限于国家工作人员。本罪的客观方面表现为单位为谋取不正当利益而行贿,或者违反国家规定,给予国家工作人员以回扣、手续费,情节严重的行为。本罪的主体是单位。本罪的主观方面是故意,并具有谋取不正当利益的目的。根据《刑法》第 393 条的规定,犯本罪的,对单位判处罚金,并对直接负责的主管人员和其他直接责任人员处 5 年以下有期徒刑或者拘役,并处罚金。因行贿取得的违法所得归个人所有,依照刑法第 389 条、第 390 条的规定定罪处罚。

十一、巨额财产来源不明罪

巨额财产来源不明罪,是指国家工作人员的财产、支出明显超出合法收入,差额巨大,而本人又不能说明其来源合法的行为。本罪的主体是特殊主体,即只能由国家工作人员构成。本罪客观方面表现为行为人的财产或者支出明显超出合法收入,差额巨大,而本人又不能说明其来源合法的行为。根据《刑法》第 395 条的规定,国家工作人员的财产、支出明显超过合法收入,差额巨大的,可以责令该国家工作人员说明来源,不能说明来源的,差额部分以非法所得论。理解本罪的客观方面,需要注意的主要问题:一是差额巨大的标准。根据 1999 年 9 月 16 日最高人民检察院《关于人民检察院直接受理立案侦查案件立案标准的规定(试行)》的规定,涉嫌巨额财产来源不明,数额在30万元以上的,应予立案。二是不能说明巨额财产来源合法的认定规则。关于行为人不能说明巨额财产来源合法的认定,2003年11月13日最高人民法院《全国法院审理经济犯罪案件工作座谈会纪要》规定,行为人不能说明巨额财产来源合法的认定《刑法》第395条第1款规定的"不能说明",包括以下情况:(1)行为人拒不说明财产来源;(2)行为人无法说明财产的具体来源;(3)行为人所说的财产来源经司法机关查证并不属实;(4)行为人所说的财产来源因线索不具体等原因,司法机关无法查实,但能排除存在来源合法的可能性和合理性的。三是"非法所得"的数额计算。对此,2003年11月13日最高人民法院《全国法院审理经济犯罪案件工作座谈会纪要》规定,《刑法》第395条规定的"非法所得",一般是指行为人的全部财产与能够认定的所有支出的总和减去能够证实的有真实来源的所得。在具体计算时,应注意以下问题:(1)应把国家工作人员个人财产和与其共同生活的家庭成员的财产、支出等一并计算,而且一并减去他们所有的合法收入以及确属与其共同生活的家庭成员个人的非法收入。(2)行为人所有的财产包括房产、家具、生活用品、学习用品及股票、债券、存款等动产和不动产;行为人的支出包括合法支出和不合法的支出,包括日常生活、工作、学习费用、罚款及向他人行贿的财物等;行为人的合法收入包括工资、奖金、稿酬、继承等法律和政策允许的各种收入。(3)为了便于计算犯罪数额,对于行为人的财产和合法收入,一般可以从行为人有比较确定的收入和财产时开始计算。本罪的主观方面是故意。根据《刑法》第395条第1款的规定,犯本罪的,处5年以下有期徒刑或者拘役;差额特别巨大的,处5年以上10年以下有期徒刑。财产的差额部分予以追缴。

十一、隐瞒境外存款罪

隐瞒境外存款罪,是指国家工作人员违反国家规定,故意隐瞒不报在境外的存款,数额较大的行为。本罪的客观方面表现为应申报境外存款而隐瞒不报,且隐瞒不报的境外存款数额较大的行为。根据1999年9月16日最高人民检察院《关于人民检察院直接受理立案侦查案件立案标准的规定(试行)》的规定,涉嫌隐瞒境外存款,折合人民币数额在30万元以上的,应予立案。本罪的主体是特殊主体,即只能由国家工作人员构成。本罪的主观方面是故意。如果行为人不是故意隐瞒不报,而是由于对国家的申报制度不了解,或者由于客观方面的原因而未能申报,则不构成本罪。根据《刑法》第395条第2款的规定,犯本罪的,处2年以下有期徒刑或者拘役;情节较轻的,由其所在单位或者上级主管机关酌情给予行政处分。

十二、私分国有资产罪

私分国有资产罪,是指国家机关、国有公司、企业、事业单位、人民团体,违反国家规定,以单位名义将国有资产集体私分给个人,数额较大的行为。本罪的客体是复杂客体,既侵犯国家工作人员的职务廉洁性,也侵犯国有资产的所有权。犯罪对象是国有资产。本罪的客观方面表现为违反国家规定,以单位名义将国有资产集体私分给个人,数额较大的行为。根据1999年9月16日最高人民检察院《关于人民检察院直接受理立案侦查案件立案标准的规定(试行)》的规定,涉嫌私分国有资产,累计数额在 10 万元以上的,应予立案。本罪的主体是特殊主体,即只能由国家机关、国有公司、企业、事业单位、人民团体等国有单位构成。本罪的主观方面是直接故意。根据《刑法》第 396 条第 1 款的规定,犯本罪的,对其直接负责的主管人员和其他直接责任人员,处 3 年以下有期徒刑或者拘役,并处或者单处罚金;数额巨大的,处 3 年以上 7 年以下有期徒刑,并处罚金。

十三、私分罚没财物罪

私分罚没财物罪,是指司法机关、行政执法机关违反国家规定,将应当上缴国家的罚没财物,以单位名义集体私分给个人的行为。本罪的客体是复杂客体,既侵犯国家工作人员的职务廉洁性,也侵犯罚没财物的所有权。犯罪对象限于罚没财物。罚没财物,是指司法机关、行政执法机关和法律、法规授权的机构依据法律、法规对公民、法人和其他组织实施处罚所得的罚款以及追缴、没收的财物。依照国家规定,罚没财物除依法发还给有关公民、法人和其他组织的以外,一律上缴财政,严禁集体私分。本罪的客观方面表现为违反国家的规定,将应当上缴国家的罚没财物,以单位名义集体私分给个人的行为。根据 1999 年 9 月 16 日最高人民检察院《关于人民检察院直接受理立案侦查案件立案标准的规定(试行)》的规定,涉嫌私分罚没财物,累计数额在 10 万元以上,应予立案。本罪的主体是特殊主体,限于司法机关、行政执法机关等单位。本罪的主观方面是直接故意。根据《刑法》第 396 条第 2 款的规定,犯本罪的,对其直接负责的主管人员和其他直接责任人员处 3 年以下有期徒刑或者拘役,可以并处或者单处罚金;数额巨大的,处 3 年以上 7 年以下有期徒刑,并处罚金。

第二十七章　渎职罪

第一节　渎职罪概述

一、渎职罪的概念和构成

渎职罪,是指国家机关工作人员在履行职责或者行使职权过程中,滥用职权、玩忽职守或者徇私舞弊,妨害国家机关的正常活动,致使公共财产、国家和人民利益遭受重大损失的行为。

渎职罪具有如下构成特征:

(1)本类犯罪侵犯的客体是国家机关的正常管理活动。

(2)本类犯罪在客观上表现为各种严重的渎职行为,即滥用职权、徇私舞弊、玩忽职守的行为。滥用职权、徇私舞弊、玩忽职守,是本类犯罪客观方面行为的三类基本形式。在表现形式上,既可以是作为,如徇私枉法罪,也可以是不作为,如失职造成珍贵文物损毁、流失罪。无论是作为还是不作为,都必须与职务活动或公务活动相联系。如果行为人的犯罪行为与其职务和公务活动无关,不能构成本类犯罪。根据刑法的规定,本类犯罪中的多数犯罪都必须具有严重情节或者造成严重后果,否则,不能以犯罪论处。前者如故意泄露国家秘密罪,后者如玩忽职守罪。

(3)本类犯罪的主体为特殊主体,即国家机关工作人员。这里的国家机关工作人员是指在国家机关从事公务的人员,包括各级国家权力机关、行政机关、审判机关、监察机关和军事机关中从事公务的人员。此外,根据 2002 年 12 月 28 日全国人大常委会通过的《关于〈中华人民共和国刑法〉第九章渎职罪主体适用问题的解释》的规定,在依照法律、法规规定行使国家行政管理职权的组织中从事公务的人员,或者在受国家机关委托代表国家机关行使职权的组织中从事公务的人员,或者虽未列入国家机关人员编制但在国家机关中从事公务的人员,在代表国家机关行使职权时,有渎职行为,构成犯罪的,依照刑法关于渎职罪的规定追究刑事责任。根据这一司法解释,滥用职权罪的主体亦包括上述人员。

(4)本类犯罪在主观上既可以是故意,也可以是过失。如滥用职权罪、故意泄露国家秘密罪等,只能是故意。玩忽职守罪、过失泄露国家秘密罪等,则只能由过失构成。

二、渎职罪的种类

渎职罪被规定在刑法典分则第九章,共 25 个条文、37 个具体罪名。根据渎职罪的主体情况，可以把渎职罪划分为以下三个种类：

(1)一般国家机关工作人员渎职罪。具体包括10个罪名，即滥用职权罪，玩忽职守罪，故意泄露国家秘密罪，过失泄露国家秘密罪，徇私舞弊不移交刑事案件罪，国家机关工作人员签订、履行合同失职被骗罪，非法批准征用、占用土地罪，非法低价出让国有土地使用权罪，招收公务员、学生徇私舞弊罪，失职造成珍贵文物损毁、流失罪。

(2)司法工作人员渎职罪。具体包括8个罪名，即徇私枉法罪，民事、行政枉法裁判罪，执行判决、裁定失职罪，执行判决、裁定滥用职权罪，枉法仲裁罪，私放在押人员罪，失职致使在押人员脱逃罪，徇私舞弊减刑、假释、暂予监外执行罪。

(3)特定国家机关工作人员渎职罪。具体包括19个罪名，即滥用管理公司、证券职权罪，徇私舞弊不征、少征税款罪，徇私舞弊发售发票、抵扣税款、出口退税罪，违法提供出口退税凭证罪，违法发放林木采伐许可证罪，环境监管失职罪，食品监管渎职罪，传染病防治失职罪，放纵走私罪，商检徇私舞弊罪，商检失职罪，动植物检疫徇私舞弊罪，动植物检疫失职罪，放纵制售伪劣商品犯罪行为罪，办理偷越国(边)境人员出入境证件罪，放行偷越国(边)境人员罪，不解救被拐卖、绑架妇女、儿童罪，阻碍解救被拐卖、绑架妇女、儿童罪，帮助犯罪分子逃避处罚罪。

第二节 渎职罪分述

一、滥用职权罪

(一)滥用职权罪的概念与构成

滥用职权罪，是指国家机关工作人员超越职权、违法决定、处理其无权决定、处理的事项，致使公共财产、国家和人民利益遭受重大损失的行为。

本罪的构成要件是：

(1)本罪侵犯的客体是国家机关的正常管理活动。

(2)本罪在客观上表现为超越职权、违法决定、处理其无权决定、处理的事项，致使公共财产、国家和人民利益遭受重大损失。本罪的客观方面包括两个要素：第一，行为人具有滥用职权的行为。滥用职权表现为两种情况：一是违反法律规定的权限行使职权。违反法律规定的权限行使职权就是一种滥用职权的行为。二是违反法律规定的程序行使职权。任何权力都必须根据一定的程序行使，违反法律规定的程序行使职权也是一种滥用职权的行为。第二，滥用职权行为给公共财产、国家和人民利益造成了重大损失。对于重大损失的标准，2006年7月26日最高人民检察院《关于渎职侵权犯罪案件立案标准的规定》规定为以下情形之一：①造成死亡1人以上，或者重伤2人以上，或者重伤1人、轻伤3人以上，或者轻伤5人以上的；②导致10人以上严重中毒的；③造成个人财产直接经济损失10万元以上，或者直接经济损失不满10万元，但间接经济损失50万元以上的；④造成公共财产或者法人、其他组织财产直接经济损失 20 万元以上，或者直接经济损失不满 20 万元，但间接经济损失 100 万元以上的；⑤虽未达到③④两项数额标准，但③④两项合计直接经济损失 20 万元以上，或者合计直接经济损失不满 20 万元，但合计间接经济损失 100 万元以上的；⑥造成公司、企业等单位停业、停产 6 个月以上，或者破产的；⑦弄虚作假，不报、缓报、谎报或者授意、指使、强令他人不报、缓报、谎报情况，导致重特大事故危害结果继续、扩大，或者致使抢救、调查、处理工作延误的；⑧严重损害国家声誉，或者造成恶劣社会影响的；⑨其他致使公共财产、国家和人民利益遭受重大损失的情形。

(3)本罪的主体为特殊主体，即是国家机关工作人员。这里的国家机关工作人员是指在国家机关从事公务的人员，包括各级国家权力机关、行政机关、审判机关、监察机关和军事机关中从事公务的人员。根据 2002 年 12 月 28 日全国人大常委会通过的《关于〈中华人民共和国刑法〉第九章渎职罪主体适用问题的解释》的规定，在依照法律、法规规定行使国家行政管理职权的组织中从事公务的人员，或者在受国家机关委托代表国家机关行使职权的组织中从事公务的人员，或者虽未列入国家机关人员编制但在国家机关中从事公务的人员，在代表国家机关行使职权时，有渎职行为，构成犯罪的，依照刑法关于渎职罪的规定追究刑事责任。国有公司、企业、事业单位、人民团体中从事公务的人员和国家机关、国有公司、企业、事业单位委派到非国有公司、企业、事业单位、社会团体从事公务的人员，以及其他依照法律从事公务的人员，不能成为本罪的主体。该类人员滥用职权构成犯罪的，不能构成本罪，而应依其他有关犯罪论处。

(4)本罪在主观上是故意，这里的故意是指明知是滥用职权的行为而有意实施的主观心理态度。

(二)滥用职权罪的认定

本罪与国有公司、企业、事业单位人员滥用职权罪的界限。两罪在客观方面都有滥用职权的行为，主观上都出于故意，故二者有区别的必要。但两罪有明显的区别：第一，侵犯的客体有所不同。前者侵犯了国家机关的正常管理活动；后者侵犯了公司、企业、事业单位的正常管理秩序。第二，犯罪主体不同。前者的主体只能是国家机关工作人员；后者的主体只能是国有公司、企业、事业单位工作人员。

(三)滥用职权罪的刑事责任

根据《刑法》第 397 条第 1 款的规定，犯本罪的，处 3 年以下有期徒刑或者拘役；情节特别严重的，处 3 年以上 7 年以下有期徒刑。根据《刑法》第 397 条第 3 款的规定，国家机关工作人员徇私舞弊犯本罪的，处 5 年以下有期徒刑或者拘役；情节特别严重的，处 5 年以上 10 年以下有期徒刑。

二、玩忽职守罪

(一)玩忽职守罪的概念与构成

玩忽职守罪，是指国家机关工作人员严重不负责任，不履行或不正确地履行职责，致使公共财产、国家和人民利益遭受重大损失的行为。

本罪的构成要件是：

(1)本罪侵犯的客体是国家机关的正常管理活动。

(2)本罪在客观上表现为不履行或不正确履行职责。本罪客观方面包括两种情形：第一，不履行职责，这是一种不作为的玩忽职守行为，表现为行为人应当履行而且能够履行但不履行职责。这种情形，包括擅离职守、放弃职守、拒绝履行职守和不及时履行职守等。第二，不正确履行职责。在这种情形下，行为人虽然履行了职责，但不严肃认真对待其职责，以致错误地履行了职责。

玩忽职守罪的结果是致使公共财产、国家和人民利益遭受重大损失的行为。对于重大损失的标准，2006 年 7 月 26 日最高人民检察院《关于渎职侵权犯罪案件立案标准的规定》规定为以下情形之一：①造成死亡 1 人以上，或者重伤 3 人以上，或者重伤 2 人、轻伤 4 人以上，或者重伤 1 人、轻伤 7 人以上，或者轻伤 10 人以上的；②导致 20 人以上严重中毒的；③造成个人财产直接经济损失 15 万元以上，或者直接经济损失不满 15 万元，但间接经济损失 75 万元以上的；④造成公共财产或者法人、其他组织财产直接经济损失 30 万元以上，或者直接经济损失不满 30 万元，但间接经济损失 150 万元以上的；⑤虽未达到③④两项数额标准，但③④两项合计直接经济损失 30 万元以上，或者合计直接经济损失不满 30 万元，但合计间接经济损失 150 万元以上的；⑥造成公司、企业等单位停业、停产 1 年以上，或者破产的；⑦海关、外汇管理部门的工作人员严重不负责任，造成 100 万美元以上外汇被骗购或者逃汇 1000 万美元以上的；⑧严重损害国家声誉，或者造成恶劣社会影响的；⑨其他致使公共财产、国家和人民利益遭受重大损失的情形。

(3)本罪的主体为特殊主体，即只能是国家机关工作人员。根据 2002 年 12 月 28 日全国人大常委会通过的《关于〈中华人民共和国刑法〉第九章渎职罪主体适用问题的解释》的规定，在依照法律、法规规定行使国家行政管理职权的组织中从事公务的人员，或者在受国家机关委托代表国家机关行使职权的组织中从事公务的人员，或者虽未列入国家机关人员编制但在国家机关中从事公务的人员，在代表国家机关行使职权时，有渎职行为，构成犯罪的，依照刑法关于渎职罪的规定追究刑事责任。国有公司、企业、事业单位、人民团体中从事公务的人员和国家机关、国有公司、企业、事业单位委派到非国有公司、企业、事业单位、社会团体从事公务的人员，以及其他依照法律从事公务的人员，不能成为本罪的主体。

(4)本罪在主观上只能出自过失，这里的过失是指应当预见自己玩忽职守的行为可能致使公共财产、国家和人民利益遭受重大损失，因为疏忽大意而没有预见，或已经预见而轻信能够避免，以致发生这种结果的主观心理态度。

(二)玩忽职守罪的刑事责任

根据《刑法》第 397 条第 1 款的规定，犯本罪的，处 3 年以下有期徒刑或者拘役；情节特别严重的，处 3 年以上 7 年以下有期徒刑。根据《刑法》第 397 条第 3 款的规定，国家机关工作人员徇私舞弊犯本罪的，处 5 年以下有期徒刑或者拘役；情节特别严重的，处 5 年以上10年以下有期徒刑。

三、故意泄露国家秘密罪

(一)故意泄露国家秘密罪的概念与构成

故意泄露国家秘密罪,是指国家机关工作人员或者非国家机关工作人员违反保守国家秘密法的规定,故意使国家秘密被不应知悉者知悉,或者故意使国家秘密超出限定的接触范围,情节严重的行为。

本罪的构成要件是:

(1)本罪犯罪对象是国家秘密。并且,本罪所说的国家秘密,包括"绝密""机密""秘密"三个密级的国家秘密。

(2)本罪在客观上表现为违反保守国家秘密法的规定,使国家秘密被不应知悉者知悉,或者使国家秘密超出限定的接触范围,情节严重的行为。本罪在客观上包括两个要素:第一,违反保守国家秘密法的规定,泄露国家秘密。第二,泄露国家秘密情节严重。情节严重的标准,2006年7月26日最高人民检察院《关于渎职侵权犯罪案件立案标准的规定》规定为下列情形之一:泄露绝密级国家秘密1项(件)以上的;泄露机密级国家秘密2项(件)以上的;泄露秘密级国家秘密3项(件)以上的;向非境外机构、组织、人员泄露国家秘密,造成或者可能造成危害社会稳定、经济发展、国防安全或者其他严重危害后果的;通过口头、书面或者网络等方式向公众散布、传播国家秘密的;利用职权指使或者强迫他人违反国家保守秘密法的规定泄露国家秘密的;以牟取私利为目的泄露国家秘密的;其他情节严重的情形。

(3)本罪的主体主要是国家机关工作人员。此外,非国家机关工作人员泄露国家秘密,情节严重的,也应构成本罪。

(4)本罪在主观上是故意。故意泄露国家秘密的动机多种多样,有的是为了出卖获利,有的是为了炫耀,以显示自己消息灵通等,但动机如何,不影响本罪的构成。但如果行为人出于危害国家安全的目的而泄露国家秘密的,应以为境外窃取、刺探,收买、非法提供国家秘密罪论处。如果过失泄露国家秘密的,应以过失泄露国家秘密罪论处。

(二)故意泄露国家秘密罪的刑事责任

根据《刑法》第398条的规定,犯本罪的,处3年以下有期徒刑或者拘役;情节特别严重的,处3年以上7年以下有期徒刑。非国家工作人员犯本罪的,依照上述规定酌情处罚。

四、过失泄露国家秘密罪

过失泄露国家秘密罪,是指违反保守国家秘密法的规定,过失泄露国家秘密,情节严重的行为。本罪的客观表现为泄露国家秘密,且情节严重。对于情节严重的标准,2006年7月26日最高人民检察院《关于渎职侵权犯罪案件立案标准的规定》有明确规定。本罪主体多为国家机关工作人员，但了解国家秘密的非国家机关工作人员也单独构成本罪。根据《刑法》第 398 条的规定，犯本罪的，处 3 年以下有期徒刑或者拘役；情节特别严重的，处 3 年以上 7 年以下有期徒刑。非国家工作人员犯本罪的，依照上述规定酌情处罚。

五、徇私枉法罪

（一）徇私枉法罪的概念与构成

徇私枉法罪，是指司法工作人员徇私枉法、徇情枉法，对明知是无罪的人而使他受追诉，对明知是有罪的人而故意包庇不使他受追诉，或者在刑事审判活动中故意违背事实和法律做枉法裁判的行为。

本罪的构成要件是：

（1）本罪侵犯的客体是国家司法机关的正常活动及司法机关严格执法的威信。此外还包括因对无罪之人非法追究而侵犯的公民的人身权利。

（2）本罪在客观上表现为在刑事诉讼活动中，违背事实和法律做枉法裁判。根据刑法规定，徇私枉法行为包括以下两种情形：一是对明知是无罪的人而使他受追诉，或者对明知是有罪的人而故意包庇不使他受追诉。所谓追诉，是指从立案到向法院提起公诉的司法行为，因此，这种行为的主体一般承担追诉职责的侦查、检察和监管人员。二是在刑事审判活动中故意违背事实和法律做枉法裁判，这里的枉法裁判包括把有罪的人判为无罪，把无罪的人判为有罪，轻罪重判或重罪轻判。

需要注意的是，2006 年 7 月 26 日最高人民检察院《关于渎职侵权犯罪案件立案标准的规定》对徇私枉法罪的立案标准作了规定，即徇私枉法涉嫌下列情形之一的，应予立案：第一，对明知是没有犯罪事实或者其他依法不应当追究刑事责任的人，采取伪造、隐匿、毁灭证据或者其他隐瞒事实、违反法律的手段，以追究刑事责任为目的立案、侦查、起诉、审判的；第二，对明知是有犯罪事实需要追究刑事责任的人，采取伪造、隐匿、毁灭证据或者其他隐瞒事实、违反法律的手段，故意包庇使其不受立案、侦查、起诉、审判的；第三，采取伪造、隐匿、毁灭证据或者其他隐瞒事实、违反法律的手段，故意使罪重的人受较轻的追诉，或者使罪轻的人受较重的追诉的；第四，在立案后，采取伪造、隐匿、毁灭证据或者其他隐瞒事实、违反法律的手段，应当采取强制措施而不采取强制措施，或者虽然采取强制措施，但中断侦查或者超过法定期限不采取任何措施，实际放任不管，以及违法撤销、变更强制措施，致使犯罪嫌疑人、被告人实际脱离司法机关侦控的；第五，在刑事审判活动中故意违背事实和法律，作出枉法判决、裁定，即有罪判无罪、无罪判有罪，或者重罪轻判、轻罪重判的；第六，其他徇私枉法应予追究刑事责任的情形。

（3）本罪的主体为特殊主体，即只能是司法工作人员。司法工作人员，是指具有侦查、检察、审判、监管职责的人员。

（4）本罪在主观上只能出于故意。动机是为了徇私枉法或徇情枉法。所谓徇私枉法，是指为了个人利益而枉法，主要是贪图钱财而枉法。所谓徇情枉法，是指为了私情而枉法，主要表现为出于照顾私人关系或感情、袒护亲友或者泄愤报复而枉法。行为人明知根据其他司法人员提供的证据等材料进行追诉会出现枉法裁判的危害后果,而不负责任进行错误追诉的,如果不是徇私枉法或徇情枉法,不能构成本罪,但可以构成玩忽职守罪。

(二)徇私枉法罪的刑事责任

根据《刑法》第 399 条第 1 款、第 4 款的规定,犯本罪的,处 5 年以下有期徒刑或者拘役;情节严重的,处 5 年以上 10 年以下有期徒刑;情节特别严重的,处 10 年以上有期徒刑。司法工作人员犯本罪并收受贿赂,同时又构成受贿罪的,依照处罚较重的犯罪定罪处罚。

六、民事、行政枉法裁判罪

民事、行政审判枉法裁判罪,是指司法工作人员在民事、行政审判活动中故意违背事实和法律做枉法裁判,情节严重的行为。本罪在客观上表现为行为人在民事、行政审判活动中违背事实和法律做枉法裁判,且达到情节严重的程度。根据《刑法》第 399 条第 2 款、第 4 款的规定,犯本罪的,处 5 年以下有期徒刑或者拘役;情节特别严重的,处 5 年以上 10 年以下有期徒刑。司法工作人员犯本罪并收受贿赂,同时又构成受贿罪的,依照处罚较重的犯罪的规定处罚。

七、执行判决、裁定失职罪

执行判决、裁定失职罪,是指司法工作人员在执行判决、裁定活动中,严重不负责任,不依法采取诉讼保全措施、不履行法定执行职责,或者违法采取诉讼保全措施、强制执行措施,致使当事人或者其他人的利益遭受重大损失的行为。本罪在客观上表现为行为人在执行判决、裁定活动中,严重不负责任,不依法采取诉讼保全措施、不履行法定执行职责,或者违法采取诉讼保全措施、强制执行措施,并给当事人或者其他人的利益造成重大损失。本罪在主观上只能出自过失。根据《刑法》第 399 条第 3 款、第 4 款的规定,犯本罪的,处 5 年以下有期徒刑或者拘役;致使当事人或者其他人的利益遭受特别重大损失的,处 5 年以上 10 年以下有期徒刑。司法工作人员犯本罪并收受贿赂,同时又构成受贿罪的,依照处罚较重的犯罪定罪处罚。

八、执行判决、裁定滥用职权罪

执行判决、裁定滥用职权罪,是指司法工作人员在执行判决、裁定活动中,滥用职权,违法采取诉讼保全措施、强制执行措施,致使当事人或者其他人的利益遭受重大损失的行为。本罪在客观上表现为行为人在执行判决、裁定活动中,滥用职权,违法采取诉讼保全措施、强制执行措施,并给当事人或者其他人的利益造成重大损失。本罪的主体只能是司法工作人员。本罪在主观上只能出自故意。根据《刑法》第 399 条第 3 款、第 4 款的规定,犯本罪的,处 5 年以下有期徒刑或者拘役;致使当事人或者其他人的利益遭受特别重大损失的,处 5 年以上 10 年以下有期徒刑。司法工作人员犯本罪并收受贿赂,同时又构成受贿罪的,依照处罚较重的犯罪定罪处罚。

九、枉法仲裁罪

枉法仲裁罪，是指依法承担仲裁职责的人员，在仲裁活动中故意违背事实和法律作枉法裁决，情节严重的行为。本罪在客观上表现为在仲裁活动中故意违背事实和法律作枉法裁决，情节严重的行为。至于情节严重的标准，有待于最高司法机关作出司法解释。本罪的主体是依法承担仲裁职责的人员。本罪在主观上是故意。根据《刑法》第 399 条之一的规定，犯本罪的，处 3 年以下有期徒刑或者拘役；情节特别严重的，处 3 年以上 7 年以下有期徒刑。

十、私放在押人员罪

私放在押人员罪，是指司法工作人员利用职务上的便利，私放在押的犯罪嫌疑人、被告人或者罪犯的行为。本罪客观上表现为行为人利用职务上的便利，私放在押的犯罪嫌疑人、被告人或者罪犯。本罪的主体是司法工作人员。本罪在主观上只能出自故意。根据《刑法》第 400 条第 1 款的规定，犯本罪的，处 5 年以下有期徒刑或者拘役；情节严重的，处 5 年以上 10 年以下有期徒刑；情节特别严重的，处 10 年以上有期徒刑。

十一、失职致使在押人员脱逃罪

失职致使在押人员脱逃罪，是指司法工作人员由于严重不负责任，致使在押的犯罪嫌疑人、被告人或者罪犯脱逃，造成严重后果的行为。本罪在客观上表现为行为人严重不负责任，致使在押的犯罪嫌疑人、被告人或者罪犯脱逃，且造成严重后果。本罪的主体是司法工作人员。本罪在主观上只能出自过失。根据《刑法》第 400 条第 2 款的规定，犯本罪的，处 3 年以下有期徒刑或者拘役；造成特别严重后果的，处 3 年以上 10 年以下有期徒刑。

十二、徇私舞弊减刑、假释、暂予监外执行罪

徇私舞弊减刑、假释、暂予监外执行罪，是指司法工作人员徇私舞弊，对不符合减刑、假释、暂予监外执行条件的罪犯，予以减刑、假释或者暂予监外执行的行为。本罪在客观上表现为行为人对不符合减刑、假释、暂予监外执行条件的罪犯，予以减刑、假释或者暂予监外执行。本罪的主体只能是司法工作人员。根据《刑法》第 401 条的规定，犯本罪的，处 3 年以下有期徒刑或者拘役；情节严重的，处 3 年以上 7 年以下有期徒刑。

十三、徇私舞弊不移交刑事案件罪

徇私舞弊不移交刑事案件罪，是指行政执法人员徇私舞弊，对依法应当移交司法机关追究刑事责任的不移交，情节严重的行为。本罪在客观上表现为行政执法人员对依法应当移交司法机关追究刑事责任的案件不移交，且情节严重。本罪的主体只能是行政执法人员。本罪在主观上只能是故意，且出于徇私的动机。根据《刑法》第 402 条的规定，犯本罪的，处 3 年以下有期徒刑或者拘役；造成严重后果的，处 3 年以上 7 年以下有期徒刑。

十四、滥用管理公司、证券职权罪

滥用管理公司、证券职权罪，是指国家有关主管部门的国家机关工作人员，徇私舞弊，滥用职权，对不符合法律规定条件的公司设立、登记申请或者股票、债券发行、上市申请，予以批准或者登记，致使公共财产、国家和人民利益遭受重大损失的行为。本罪在客观上表现为行为人徇私舞弊，滥用职权，对不符合法律规定条件的公司设立、登记申请或者股票、债券发行、上市申请，予以批准或者登记，并使公共财产、国家和人民利益遭受重大损失。本罪的主体只能是对公司设立、登记具有审批权限的国家有关主管部门的国家机关工作人员及其上级部门的直接负责主管人员。本罪在主观上只能出自故意，且出于徇私的动机。根据《刑法》第403条的规定，犯本罪的，处5年以下有期徒刑或者拘役。

十五、徇私舞弊不征、少征税款罪

徇私舞弊不征、少征税款罪，是指税务机关的工作人员徇私舞弊，不征或少征应征税款，致使国家税收遭受重大损失的行为。本罪在客观上表现为行为人徇私舞弊，不征或少征应征税款，并使国家税收遭受重大损失。至于重大损失的具体标准，2006年7月26日最高人民检察院《关于渎职侵权犯罪案件立案标准的规定》有明确的规定。本罪的主体只能是税务机关的工作人员。本罪在主观上只能出自故意，且出于徇私的动机。根据《刑法》第404条的规定，犯本罪的，处5年以下有期徒刑或者拘役；造成特别重大损失的，处5年以上有期徒刑。

十六、徇私舞弊发售发票、抵扣税款、出口退税罪

徇私舞弊发售发票、抵扣税款、出口退税罪，是指税务机关的工作人员违反法律、行政法规的规定，在办理发售发票、抵扣税款、出口退税工作中，徇私舞弊，致使国家利益遭受重大损失的行为。本罪在客观上表现为行为人违反法律、行政法规的规定，在办理发售发票、抵扣税款、出口退税工作中，徇私舞弊，并使国家利益遭受重大损失。本罪的主体只能是税务机关的工作人员。本罪在主观上只能出自故意，且出于徇私的动机。根据《刑法》第405条的规定，犯本罪的，处5年以下有期徒刑或者拘役；致使国家利益遭受特别重大损失的，处5年以上有期徒刑。

十七、违法提供出口退税凭证罪

违法提供出口退税凭证罪，是指国家机关工作人员违反国家规定，在提供出口货物报关单、出口收汇核销单等出口退税凭证的工作中，徇私舞弊，致使国家利益遭受重大损失的行为。本罪在客观上表现为行为人违反国家规定，在提供出口货物报关单、出口收汇核销单等出口退税凭证的工作中，徇私舞弊，并使国家利益遭受重大损失。本罪在主观上只能出自故意，且出于徇私的动机。根据《刑法》第405条第2款的规定，犯本罪的，处5年以下有期徒刑或者拘役；致使国家利益遭受特别重大损失，处5年以上有期徒刑。

十八、国家机关工作人员签订、履行合同失职被骗罪

国家机关工作人员签订、履行合同失职被骗罪，是指国家机关工作人员在签订、履行合同过程中，因严重不负责任被诈骗，致使国家利益遭受重大损失的行为。本罪在客观上表现为行为人在签订、履行合同过程中，因严重不负责任被诈骗，并使国家利益遭受重大损失。构成本罪，要求失职行为给国家利益造成重大损失。本罪的主体只能是国家机关工作人员。本罪在主观上只能出自过失。根据《刑法》第 406 条的规定，犯本罪的，处 3 年以下有期徒刑或者拘役；致使国家利益遭受特别重大损失的，处 3 年以上 7 年以下有期徒刑。

十九、违法发放林木采伐许可证罪

违法发放林木采伐许可证罪，是指林业主管部门的工作人员违反森林法的规定，超过批准的年采伐限额发放林木采伐许可证或者违反规定滥发林木采伐许可证，情节严重，致使森林遭受严重破坏的行为。本罪在客观上表现为行为人违反森林法的规定，超过批准的年采伐限额发放林木采伐许可证或者违反规定滥发林木采伐许可证，情节严重，并造成森林遭受严重破坏的后果。滥发林木采伐许可证，是指不按规定的条件随意发放，将采伐许可证发给不应当发放的企业或个人。本罪的主体只能是林业主管部门的工作人员。本罪的行为人在主观上出自故意。根据《刑法》第 407 条的规定，犯本罪的，处 3 年以下有期徒刑或者拘役。

二十、环境监管失职罪

环境监管失职罪，是指负有环境保护监督管理职责的国家机关工作人员严重不负责任，导致发生重大环境污染事故，致使公私财产遭受重大损失或者造成人身伤亡的严重后果的行为。本罪在客观上表现为行为人在环境保护监督管理活动中严重不负责任，造成重大环境污染事故，并由此使公私财产遭受重大损失或造成人身伤亡的严重后果。本罪的主体只能是负有环境保护监督管理职责的国家机关工作人员。本罪在主观上出自过失。根据《刑法》第 408 条的规定，犯本罪的，处 3 年以下有期徒刑成者拘役。

二十一、食品监管渎职罪

食品监管渎职罪，是指负有食品安全监督管理职责的国家机关工作人员，滥用职权或者玩忽职守，导致发生重大食品安全事故或者造成其他严重后果的行为。本罪在客观上表现为行为人在从事食品安全监督管理活动中，滥用职权或者玩忽职守，导致发生重大食品安全事故或者造成其他严重后果的行为。本罪的主体是负有食品安全监督管理职责的国家机关工作人员。本罪的主观方面既可以是故意，也可以是过失。根据《刑法》第 408 条之一的规定，犯本罪的，处 5 年以下有期徒刑或者拘役；造成特别严重后果的，处 5 年以上 10 年以下有期徒刑。徇私舞弊犯本罪的，从重处罚。

二十二、传染病防治失职罪

传染病防治失职罪，是指从事传染病防治的政府卫生行政部门的工作人员严重不负责任，导致传染病传播或者流行，情节严重的行为。本罪在客观上表现为行为人在从事传染病防治管理活动中严重不负责任，由此导致了传染病传播或者流行，并且达到情节严重的程度。本罪的主体只能是从事传染病防治的政府卫生行政部门的工作人员。本罪在主观上出自过失。根据《刑法》第409条的规定，犯本罪的，处3年以下有期徒刑或者拘役。

二十三、非法批准征收、征用、占用土地罪

非法批准征收、征用、占用土地罪，是指国家机关工作人员徇私舞弊，违反土地管理法规，滥用职权，非法批准征收、征用、占用土地，情节严重的行为。本罪在客观上表现为行为人违反土地管理法规，滥用职权，非法批准征用、占用土地，并且达到情节严重的程度。本罪的主体只能是国家机关工作人员。本罪在主观上出自故意。根据《刑法》第410条的规定，犯本罪的，处3年以下有期徒刑或者拘役；致使国家或者集体利益遭受特别重大损失的，处3年以上7年以下有期徒刑。

二十四、非法低价出让国有土地使用权罪

非法低价出让国有土地使用权罪，是指国家机关工作人员徇私舞弊，违反土地管理法规，滥用职权，非法低价出让国有土地使用权，情节严重的行为。本罪在客观上表现为行为人违反土地管理法规，滥用职权，非法低价出让国有土地使用权，并且达到情节严重的程度。本罪的主体只能是国家机关工作人员。本罪在主观上出自故意。根据《刑法》第410条的规定，犯本罪的，处3年以下有期徒刑或者拘役；致使国家或者集体利益遭受特别重大损失的，处3年以上7年以下有期徒刑。

二十五、放纵走私罪

放纵走私罪，是指海关工作人员徇私舞弊，放纵走私，情节严重的行为。本罪在客观上表现为行为人放纵走私，并且达到情节严重的程度。放纵走私，是指故意不履行或不认真履行监管、查验进出境货物、物品、人员的职责，使走私行为得逞的。本罪的主体只能是海关工作人员。本罪在主观上出自故意。根据《刑法》第411条的规定，犯本罪的，处5年以下有期徒刑或者拘役；情节特别严重的，处5年以上有期徒刑。

二十六、商检徇私舞弊罪

商检徇私舞弊罪，是指国家商检部门、商检机构的工作人员徇私舞弊，伪造检验结果的行为。本罪在客观上表现为行为人伪造商品检验结果。本罪的主体只能是国家商检部门、商检机构的工作人员。行为人在主观上出自故意。根据《刑法》第412条第1款的规定，犯本罪的，处5年以下有期徒刑或者拘役；造成严重后果的，处5年以上10年以下有期徒刑。

二十七、商检失职罪

商检失职罪，是指国家商检部门、商检机构的工作人员严重不负责任，对应当检验的物品不检验，或者延误检验出证、错误出证，致使国家利益遭受重大损失的行为。本罪在客观上表现为行为人对应当检验的物品不检验，或者延误检验出证、错误出证，致使国家利益遭受重大损失。本罪的主体只能是国家商检部门、商检机构的工作人员。本罪在主观上出自过失。根据《刑法》第 412 条第 2 款的规定，犯本罪的，处 3 年以下有期徒刑或者拘役。

二十八、动植物检疫徇私舞弊罪

动植物检疫徇私舞弊罪，是指动植物检疫机关的检疫人员徇私舞弊，伪造检疫结果的行为。本罪在客观上表现为伪造检疫结果。本罪的主体只能是动植物检疫机关的检疫人员。本罪在主观上出自故意。根据《刑法》第 413 条第 1 款的规定，犯本罪的，处 5 年以下有期徒刑或者拘役；造成严重后果的，处 5 年以上 10 年以下有期徒刑。

二十九、动植物检疫失职罪

动植物检疫失职罪，是指动植物检疫机关的检疫人员严重不负责任，对应当检疫的检疫物不检疫，或者延误检疫出证、错误出证，致使国家利益遭受重大损失的行为。本罪在客观上表现为行为人对应当检疫的检疫物不检疫，或者延误检疫出证、错误出证，致使国家利益遭受重大损失。本罪的主体只能是动植物检疫机关的检疫人员。本罪在主观上只能出自过失。根据《刑法》第 413 条第 2 款的规定，犯本罪的，处 3 年以下有期徒刑或者拘役。

三十、放纵制售伪劣商品犯罪行为罪

放纵制售伪劣商品犯罪行为罪，是指对生产、销售伪劣商品犯罪行为负有追究责任的国家机关工作人员徇私舞弊，不履行法律规定的追究职责，情节严重的行为。本罪在客观上表现为行为人对生产、销售伪劣商品犯罪行为不履行法律规定的追究职责，且达到情节严重的程度。本罪的主体只能是对生产、销售伪劣商品犯罪行为负有追究责任的国家机关工作人员。本罪在主观上出自故意。根据《刑法》第 414 条的规定，犯本罪的，处 5 年以下有期徒刑或者拘役。

三十一、办理偷越国(边)境人员出入境证件罪

办理偷越国(边)境人员出入境证件罪，是指负责办理护照、签证以及其他出入境证件的国家机关工作人员，对明知是企图偷越国(边)境的人员，予以办理出入境证件的行为。本罪在客观上表现为行为人对企图偷越国(边)境的人员，予以办理出入境证件。本罪的主体只能是负有办理护照、签证以及其他出入境证件职责的国家机关工作人员。本罪在主观上出自故意。根据《刑法》第 415 条的规定，犯本罪的，处 3 年以下有期徒刑或者拘

役;情节严重的,处 3 年以上 7 年以下有期徒刑。

三十二、放行偷越国(边)境人员罪

放行偷越国(边)境人员罪,是指边防、海关等国家机关工作人员,对明知是偷越国(边)境的人员予以放行的行为。本罪在客观上表现为行为人对偷越国(边)境人员予以放行。本罪的主体只能是边防、海关等国家机关工作人员。本罪在主观上出自故意。根据《刑法》第 415 条的规定,犯本罪的,处 3 年以下有期徒刑或者拘役;情节严重的,处 3 年以上 7 年以下有期徒刑。

三十三、不解救被拐卖、绑架妇女、儿童罪

不解救被拐卖、绑架妇女、儿童罪,是指对被拐卖、绑架的妇女、儿童负有解救职责的国家机关工作人员,接到被拐卖、绑架的妇女、儿童及其家属的解救要求或者接到其他人的举报,而对被拐卖、绑架的妇女、儿童不进行解救,造成严重后果的行为。本罪在客观上表现为行为人接到被拐卖、绑架的妇女、儿童及其家属的解救要求或者接到其他人的举报,而对被拐卖、绑架的妇女、儿童不进行解救,并由此造成了严重后果。本罪的主体只能是对被拐卖、绑架的妇女、儿童负有解救职责的国家机关工作人员。本罪在主观上出自故意。根据《刑法》第 416 条第 1 款的规定,犯本罪的,处 5 年以下有期徒刑或者拘役。

三十四、阻碍解救被拐卖、绑架妇女、儿童罪

阻碍解救被拐卖、绑架妇女、儿童罪,是指负有解救职责的国家机关工作人员,利用职务阻碍解救被拐卖、绑架的妇女、儿童的行为。本罪在客观上表现为行为人利用职务阻碍解救被拐卖、绑架的妇女、儿童,不仅包括利用职权,禁止、阻止或者妨碍有关部门、人员解救,也包括利用职务上的便利,向拐卖、绑架者或者收买者通风报信,妨碍解救工作正常进行等其他情形。本罪的主体只能是负有解救职责的国家机关工作人员。本罪在主观上出自故意。根据《刑法》第 416 条第 2 款的规定,犯本罪的,处 2 年以上 7 年以下有期徒刑;情节较轻的,处 2 年以下有期徒刑或者拘役。

三十五、帮助犯罪分子逃避处罚罪

帮助犯罪分子逃避处罚罪,是指有查禁犯罪活动职责的国家机关工作人员,向犯罪分子通风报信、提供便利的行为。本罪在客观上表现为行为人向犯罪分子通风报信、提供便利。通风报信,是指向犯罪分子透漏有关国家机关将追查其犯罪活动的消息或司法机关对其犯罪事实的查证情况等信息。本罪的主体只能是有查禁犯罪活动职责的国家机关工作人员。本罪在主观上出自故意。根据《刑法》第 417 条的规定,犯本罪的,处 3 年以下有期徒刑或者拘役;情节严重的,处 3 年以上 10 年以下有期徒刑。

三十六、招收公务员、学生徇私舞弊罪

招收公务员、学生徇私舞弊罪,是指国家机关工作人员在招收公务员、学生工作中徇

私舞弊，情节严重的行为。本罪在客观上表现为行为人在招收公务员、学生工作中徇私舞弊，并且达到情节严重的程度。本罪的主体只能是国家机关工作人员。本罪在主观上出自故意。根据《刑法》第 418 条的规定，犯本罪的，处 3 年以下有期徒刑或者拘役。

三十七、失职造成珍贵文物损毁、流失罪

失职造成珍贵文物损毁，流失罪，是指国家机关工作人员严重不负责任，造成珍贵文物损毁或者流失，后果严重的行为。本罪在客观上表现为行为人严重不负责任，造成珍贵文物损毁或者流失，后果严重。本罪的主体只能是国家机关工作人员。本罪在主观上出自过失。根据《刑法》第 419 条的规定，犯本罪的，处 3 年以下有期徒刑或者拘役。

第二十八章　军人违反职责罪

第一节　军人违反职责罪概述

一、军人违反职责罪的概念和特征

根据《刑法》第420条的规定，军人违反职责罪，是指军人违反职责，危害国家军事利益，依照法律应当受刑罚处罚的行为。

军人违反职责罪作为刑法分则中比较特殊的一类犯罪，具有以下特征：

本类犯罪的客体是国家的军事利益。2013年3月，最高人民检察院、总政治部修订并下发《军人违反职责罪案件立案标准的规定》(以下简称《立案标准》)，明确规定，国家的军事利益，是指国家在国防建设、武装力量建设以及军事行动等方面的利益。国家的军事利益，与军事活动有着直接关系，因其直接关系到国家主权、领土完整与安全，关系到整个国家的利益，所以，应受到特殊的保护。危害国家军事利益，这是本类罪区别于刑法分则其他各类犯罪的最本质的特征。军人违反职责的犯罪对国家军事利益的危害可以表现在许多方面，如，危害部队的作战行动，破坏武器装备、军事设施，泄露军事机密等等。军人违反职责罪对国家军事利益的危害可能是直接的，如直接危害了作战行动，导致作战失败；也有可能是间接的，如自伤身体，在军事行动区残害、掠夺无辜居民等。军人违反职责罪对国家军事利益的危害既包括对国家军事利益已经造成危害后果的，也包括可能危害国家军事利益的情况。

本类犯罪的客观方面，表现为行为人实施了违反军人职责，危害国家军事利益，依法应受刑罚处罚的行为。根据《立案标准》的规定，“违反职责”，是指违反国家法律、法规，军事法规、军事规章所规定的军人职责，包括军人的共同职责，士兵、军官和首长的一般职责，各类主管人员和其他从事专门工作的军人的专业职责等。军人职责的范围，是我国宪法、法律、法规以及各种军事法规、规章中规定的军人职责。例如《宪法》明确规定：中华人民共和国武装力量的任务是巩固国防，抵抗侵略，保卫祖国，保卫人民的和平劳动，参加国家建设事业，努力为人民服务。《兵役法》规定：现役军人必须遵守宪法和法律，遵守军队的条令和条例，忠于职务，随时为保卫祖国而战斗。这些属于军人的共同职责。中国人民解放军的《内务条令》《纪律条令》《保守国家军事机密条例》以及其他各类专门军事法规、规章中对于各类军人的一般职责和各级指挥人员、主管人员、值班值勤人员及其他专门人员的具体职责等都作了明确的规定。

任何违反军人职责的行为，都要按照军纪处理，触犯刑法，构成军人违反职责罪的，要依法追究刑事责任。军人违反职责、危害国家军事利益的行为表现多样，其危害程度的大小也各有不同。法律对于军人违反职责危害国家军事利益的哪些行为构成犯罪作了具体规定，也规定了不同的定罪标准，有的行为只要实施了就可构成犯罪，有的行为要求造成了一定的危害后果才能构成。只有依照刑法或者其他法律的规定，应当受到刑罚处罚的行为，才能构成犯罪，这也是区分军人违反职责犯罪与一般的违反军队纪律行为的界限。

本类犯罪的主体是特殊主体，即军人，根据《刑法》第 450 条的规定，军人是指中国人民解放军的现役军官、文职干部、士兵及具有军籍的学员或者中国人民武装警察部队的现役警官、文职干部、士兵及具有军籍的学员以及执行军事任务的预备役人员和其他人员才能构成本罪。具体包括两类：其一，现役军人，现役军人的资格从被兵役机关批准入伍之日开始，至被部队批准退出现役、离休、退休或除名、开除军籍之日为止。保留军籍正在服刑的军人及正在被劳动教养的军人，不能作为本类罪的主体。其二，根据《刑法》第 426 条的规定，执行军事任务的预备役人员和其他人员，也可以成为本类罪的主体。执行军事任的预备役人员，是指被征召参加作战、支前、军事训练或者参加执行其他军事任务的预备役人员。执行军事任务的其他人员，是指执行作战、支前、战场救护等军事任务的军内职员和工人等。除此之外的其他人员不能成为军人违反职责罪的主体，也不能适用军人违反职责罪一章的规定，但可以作为本类犯罪的共犯。应当注意的是，如果上述人员在服役期间犯了军人违反职责罪，而在退役之后才被发现的，只要未过法律规定的追究其刑事责任的时效，仍应当按照军人违反职责罪追究刑事责任。如果上述人员在服役之前犯罪，而在服役期间被发现，不应当按照军人违反职责罪追究刑事责任，而应当按照刑法的其他规定追究刑事责任。

本类犯罪的主观方面，除武器装备肇事罪、遗失军事机密罪、玩忽职守罪等是出于过失，大多数犯罪则是出于故意。某些犯罪还以特定目的为构成要件，如战时自伤罪，必须以逃避军事义务为目的。

二、军人违反职责罪的特殊规定

军人违反职责罪，相对于其他犯罪而言，具有特殊性，因此刑法对这类罪名作了一些特别的规定：

(1)对军人违反职责罪不适用管制刑。由于军队属于高度机密、机动的武装部队，随时都有可能被调动或者参加战斗，所在无法对判处管制的罪犯进行监督改造，因此，在刑法中对军人违反职责的犯罪都没有规定管制这个法定刑种。

(2)对军人违反职责罪适用特殊的缓刑制度。《刑法》第 449 条规定："在战时，对被判处三年以下有期徒刑没有现实危险宣告缓刑的犯罪军人，允许其戴罪立功，确有立功表现时，可以撤销原判刑罚，不以犯罪论处。"战时缓刑制度与《刑法》第 72 条规定的一般缓刑制度的主要区别在于被判处战时缓刑的犯罪军人，如果确有立功表现，可以撤销原判刑罚，不以犯罪论，不但没有执行原判刑罚，而且连"罪"都不再认定，因此，行为人不留有前科。而一般缓刑制度，即便不执行原判刑罚，也依然留有前科。《刑法》之所以这样规定，是要鼓励犯罪军人戴罪立功,以保证战时能够调动一切参战力量,保持部队的战斗力,也有利于部队内的巩固和团结。

(3)在研究军人违反职责罪的客观方面时,要特别注意以犯罪的时间、地点作为选择要件时,对于一些犯罪的定罪量刑,具有重要的影响。有一部分军职罪,是以"战时""在战场上""战时临阵""在履行公务期间""战时在军事行动区""战时在救护治疗职位上"等为其犯罪构成的必要条件。如果不具备这些时间、地点条件,同样的行为就不构成犯罪。另外一些军职罪,虽不以特定的时间、情况为必要条件,但刑法规定了在这些特定的时间、情况下犯罪的,处刑严于平时,成为影响量刑的重要情节。例如擅离职守罪、玩忽职守罪等,在战时犯罪比平时犯罪处刑上要重得多。

(4)军人违反职责罪的规定实质上仍属于特别法。根据法律适用原则,如果军人的行为既触犯了本章的刑法条文,又触犯了刑法分则其他章的条文时,应根据特别法条优于普通法条的原则,适用本章的有关规定。如果所犯之罪不属于军人违反职责范围内的犯罪,如军人杀人、放火、盗窃、强奸妇女等犯罪,都应适用刑法分则其他章的有关条文。

三、军人违反职责罪的分类

刑法分则第十章规定的军人违反职责罪,共有 32 个条文。其中,总则性条文 4 条,规定了军人违反职责罪的概念、戴罪立功、军人的概念、战时的概念。分则性条文共 28 条,计有 31 个罪名。

关于本类犯罪的分类,通常有以下两种划分法:一是按犯罪的时间来划分,可以划分为平时的犯罪、战时的犯罪,军事行动区内构成的犯罪、战时和平时以及在非军事行动区都能构成的犯罪。二是按犯罪所侵犯的客体来划分,据此可以划分为危害作战利益的犯罪、违反部队管理制度的犯罪、危害军事秘密的犯罪、危害部队武器装备、物资保障的犯罪、侵犯部属、伤病军人、平民、战俘利益的犯罪。上述划分法都有道理。

为了论述上的便利,本章将按照刑法条文的顺序进行论述。军人违反职责罪的犯罪类型依次为:战时违抗命令罪,隐瞒、谎报军情罪,拒传、假传军令罪,投降敌人罪,战时临阵脱逃罪,擅离、玩忽军事职守罪,阻碍执行军事职务罪,指使部属违反职责罪,违令作战消极罪,拒不救援友邻部队罪,军人叛逃罪,非法获取军事秘密罪,为境外窃取、刺探、收买、非法提供军事秘密罪,故意泄露国家军事秘密罪,过失泄露国家军事秘密罪,战时造谣惑众罪,战时自伤罪,逃离部队罪,武器装备肇事罪,擅自改变武器装备编配用途罪,盗窃、抢夺武器装备、军用物资罪,非法出卖、转让武器装备罪,遗弃武器装备罪,遗失武器装备罪,擅自出卖、转让军队房地产罪,虐待部属罪,遗弃伤病军人罪,战时拒不救治伤病军人罪,战时残害、掠夺居民财物罪,私放俘虏罪,虐待俘虏罪。

第二节 军人违反职责罪分述

一、战时违抗命令罪

(一)战时违抗命令罪的概念和特征

战时违抗命令罪是指军人在战时故意违抗命令,对作战造成危害的行为。本罪只能发生在“战时”,根据《刑法》第451条的规定,战时,是指国家宣布进入战争状态、部队受领作战任务或者遭敌突然袭击时。部队执行戒严任务或者处置突发性暴力事件时,以战时论。本罪的构成要件是:

本罪侵犯的客体是作战指挥秩序。关于本罪的客体,有两种不同的表述,有学者认为,本罪的客体是作战利益。但是本书认为作战指挥秩序更符合本罪的客体表述。作战指挥秩序要求全体参战人员必须服从命令,听从指挥,坚决做到有令必行,有禁必止。军队是高度集中统一的武装集团,一切行动听指挥,坚决执行命令,尤其是在现代战争条件下诸兵种协同作战,参战人员众多,武器装备繁杂,战机千变万化,更要求每一名参战人员务必严格执行命令。下级服从上级是作战指挥秩序的具体体现,也是战斗胜利的重要纪律保障,而违抗作战命令,严重扰乱了作战指挥秩序,因此应当受到刑罚处罚。

本罪的客观方面表现为行为人实施了在战时故意违抗命令,并对作战造成危害的行为。“违抗命令”,是指主观上出于故意,客观上违背、抗拒首长、上级职权范围内的命令,包括拒绝接受命令,或者不按照命令的具体要求行动等。“命令”,是指上级在职权范围内对下级、部属下达的必须执行的关于作战的命令、指示等,也包括与战斗有关的一系列命令。例如,战时军需物资的调遣令等等。“违抗命令”,是指以违背、抗拒的方式,故意不执行命令的行为,如拒不执行命令,拖延或迟缓执行命令,故意执行与命令不同的内容等。其行为的表现形式可以是作为,也可以是不作为。所谓“对作战造成危害”,是由于行为人违抗命令而扰乱了战斗部署,贻误战机,使部队遭受较大损失等情况。本罪是结果犯。如果行为人只是拒不执行上级命令,尚未对作战造成危害结果的,不构成本罪。如果行为人拒不执行命令,不仅没有对作战造成损失,反而对作战有利,那么对行为人不仅不能处罚,而且还应予以肯定和奖励。

本罪的主体为特殊主体,是接受命令的部属人员。根据《中国人民解放军内务条令》的规定,在发布命令和违抗命令的人之间,必须具有隶属关系。这种隶属关系既可以是直接的隶属关系,即违抗命令的行为人是下达命令的首长的直接部属,也可以是越级的隶属关系,即违抗命令的行为人是下达命令的首长的下级部属。

本罪的主观方面是故意。即行为明知应该执行命令而故意不执行。其动机则多种多样,如贪生怕死、畏惧战斗、对上级领导不满等。过失行为不成立本罪。

(二)战时违抗命令罪的刑事责任

根据《刑法》第421条的规定,犯本罪的处3年以上10年以下有期徒刑;致使战斗、战役遭受重大损失的,处10年以上有期徒刑、无期徒刑或者死刑。

二、隐瞒、谎报军情罪

隐瞒、谎报军情罪是指军人故意掩盖真实的军事情况,不报告或者报告不真实的军事情况,因而对作战造成危害的行为。本罪侵犯的客体是武装力量的作战指挥秩序和国家军事利益。本罪在客观方面表现为隐瞒军情及报告虚假的、不真实的军情,并对作战造成危害的行为。"隐瞒军情",是指将应当向首长、上级报告的军事情况隐瞒不报。"谎报军情",是指用编造或者篡改的军事情况欺骗首长、上级。"报告",是指用口头或者书面等形式,将军事情况正式告诉首长、上级或者部队。"军情",是指与作战有关的我军、友军和敌军的情报及其他重要信息。本罪主体是军人,主要各级指挥人员和情报工作人员以及其他人员中负有报告军情职责的人员。本罪主观方面是故意,即明知真实的军情而故意隐瞒或者谎报,其动机如何不影响本罪的成立。

根据《刑法》第422条的规定,犯本罪的处3年以上10年以下有期徒刑;致使战斗、战役遭受重大损失的,处10年以上有期徒刑、无期徒刑或者死刑。

三、拒传、假传军令罪

拒传军令罪是指负有传递军令职责的军人,明知是与作战有关的命令、指示而故意拒绝传递或拖延传递,对作战造成危害的行为。

本罪侵犯的客体是武装力量的作战指挥秩序和国家的军事利益。客观方面表现为明知是与作战有关的命令、指示而故意拒绝传递或拖延传递,对作战造成危害的行为。

假传军令罪是指军人故意伪造、篡改军令并予以传达或发布,对作战造成危害的行为。"军令",是指与部队军事活动有关的命令、指示等。本罪的主体是负有传递军令职责的军人。主观方面为故意,即明知军令而拒不传达,或故意作虚假传达。

根据《刑法》第422条的规定,犯本罪的处3年以上10年以下有期徒刑;致使战斗、战役遭受重大损失的,处10年以上有期徒刑、无期徒刑或者死刑。

四、投降罪

投降罪是指军人在战场上,因畏惧战斗、贪生怕死而自动放下武器,投降敌人的行为。

本罪侵犯的客体是军人的作战义务和国家的军事利益。客观方面表现为行为人在战场上,因畏惧战斗、贪生怕死而自动放下武器,投降敌人的行为。"自动放下武器",是指可以使用武器进行有效抵抗而自动放弃抵抗的。"投降",是指向敌对一方表示屈服的行为。投降敌人的行为只能发生在战场上,即在敌我双方进行作战活动的区域,包括陆域、海域和空域,实践中较多的是发生在敌众我寡、敌强我弱、被敌人包围或者追击的情况下。"在战场上"与"战时"有所区别,前者则强调的是敌我双方直接交战,彼此互有具体的作战行

动，而后者仅说明是在战争时期，敌我双方不一定发生了直接的作战行动。自动放下武器是投降罪的客观方面的主要行为特征，对其含义应作广义的理解。即行为人当时能够使用武器杀伤敌人，保护自己，却有意不使用武器，放弃抵抗。一般情况下，凡可以使用武器进行抵抗而不抵抗的，无论是自动抛弃了武器，还是武器仍然持在手中，甚至将武器砸毁等，都属于"自动放下武器"的范畴。对于在战场上因患病、受伤，丧失继续战斗能力，以及在战斗中被敌人打散或包围、被叛徒出卖或误入敌人阵地等而被俘的，不构成本罪。对于因听从上级命令放下武器投降敌人的，也不宜以投降罪论处。本罪没有要求必须造成一定后果才构成。"情节严重"和"投降后为敌人效劳"是本罪的加重情节。本罪的主体是参加作战的军人，并且是具有使用武器打击敌人的行为能力的人。主观方面是故意。其动机多是畏惧战斗、贪生怕死。

根据《刑法》第 423 条的规定，犯本罪的处 3 年以上 10 年以下有期徒刑；情节严重的，处 10 年以上有期徒刑或者无期徒刑；投降后为敌人效劳的，处 10 年以上有期徒刑、无期徒刑或者死刑。

五、战时临阵脱逃罪

战时临阵脱逃罪，是指军人在战斗中或者在接受作战任务后，因贪生怕死、畏惧战斗，擅自逃离战斗岗、逃避战斗的行为。本罪侵犯的客体是军人的作战义务和国家的军事利益。客观方面表现为行为人在战时临阵脱逃、逃避履行军事义务的行为。"临阵"，是指部队已经受领战斗任务，进入待命出击的地域及战场。临阵的地区范围既包括陆地战区，也包括海上、空中战区。军人只有在战斗中或待命出击情况下逃离部队，才存在临阵脱逃问题；如果在平时逃离部队，情节严重，需追究刑事责任的，则应按《刑法》第 435 条规定的逃离部队罪处理。临阵脱逃的表现方式是多种多样的，概括起来有作为与不作为两种形式。不论临阵脱逃的具体表现形式如何，最终都是逃避参加作战，这是战时临阵脱逃罪的本质特征。临阵脱逃只是行为人为了逃避参加作战而离开岗位，通常并没有彻底地逃离部队。本罪的主体是参战的军人。主观方面为故意，并具有贪生怕死、畏惧战斗的动机。

根据《刑法》第 424 条的规定，犯本罪的处 3 年以下有期徒刑；情节严重的，处 3 年以上 10 年以下有期徒刑；致使战斗、战役遭受重大损失的，处 10 年以上有期徒刑、无期徒刑或者死刑。

六、擅离、玩忽军事职守罪

擅离或者玩忽军事职守罪是指指挥人员和值班、值勤人员擅自离开正在履行职责的岗位，或者在履行职责的岗位上，严重不负责任，不履行或者不正确履行职责，造成严重后果的行为。

本罪侵犯的客体是国家军事机关的管理活动。客观方面表现为擅自离开正在履行职责的岗位，或者在履行职责的岗位上，严重不负责任，不履行或者不正确履行职责，造成严重后果的行为。"指挥人员"，是指对部队或者部属负有组织、领导、管理职责的军人，专业主管人员在其业务管理范围内，视为指挥人员。"值班人员"，是指军队各单位、各部门为保持指挥或者履行职责不间断而设立的、定期轮流负责处理本单位、本部门特定事务的人员。“值勤人员”,是指正在担任警卫、巡逻、观察、纠察、押运等勤务,或者作战勤务工作的人员。造成严重后果,是本罪客观方面的必须具备的内容,它是指由于擅离职守或者玩忽职守,致使军事利益遭受危害,比如贻误战机致使战斗(争)失败、让敌特趁机混入军事禁区并造成重大破坏,等等。本罪主体是现役军人中的指挥人员、正在值班和值勤的人员。主观方面出于过失,即行为人对因自己的擅离职守或者玩忽职守而造成的严重后果存在过失的心理态度,包括过于自信的过失和疏忽大意的过失。

根据《刑法》第425条的规定,犯本罪的处3年以下有期徒刑或者拘役;造成特别严重后果的,处3年以上7年以下有期徒刑;战时犯本罪的,处5年以上有期徒刑。

七、阻碍执行军事职务罪

(一)阻碍执行军事职务罪的概念和构成

阻碍执行军事职务罪是指军人以暴力、威胁等方法,故意阻挠或者妨碍指挥、值班、值勤人员以及其他军人执行职务的行为。

本罪侵犯的客体是指挥和值班值勤秩序。军队的指挥工作和值班、值勤制度对于军队保持高度的集中统一,维护正常的内部秩序,保证自身安全,充分发挥职能作用,具有重要的意义。指挥人员和值班、值勤人员在执行职务时,担负着特殊的职责,责任重大。如果他们正常履行职责的活动受到严重干扰,将导致部队指挥失控,内部秩序混乱,难以完成作战、战备、训练及其他各项任务。因此,对指挥人员和值班、值勤人员履行职责的活动必须给予特殊的法律保护。本罪在客观方面表现为行为人以暴力、威胁等方法,故意阻挠或者妨碍指挥、值班、值勤人员以及其他军人执行职务的行为。本罪侵害的对象是正在执行职务的部队指挥人员或者值班、值勤人员。“暴力”,是指使用捆绑、拘禁、殴打、伤害及其他方法危害人身安全或者限制人身自由,或者强行毁坏装备、设施和财物,使对方不能正常执行职务的行为。“威胁”,是指以实施暴力、逼迫、恫吓等方式,使对方不能正常执行职务的行为。“执行职务”,是指指挥、值班、执勤人员以及其他军人正在履行的特定职责。如果军人没有在履行指挥或者值班、值勤职责,仅是在正常进行个人的日常工作,不能作为本罪的侵害对象。本罪属于行为犯。只要行为人实施了以暴力、威胁或其他方法阻碍执行职务的行为,就构成犯罪。如果行为人仅以打击报复、揭发隐私等非暴力方法对被害人进行要挟,因其不足以对指挥人员和值班、值勤人员执行职务造成强制性的阻碍,则不属于本罪的威胁方法。行为人对指挥人员或者值班、值勤人员使用暴力、威胁方法,阻碍其执行职务,包括强制指挥人员和值班、值勤人员停止或者放弃执行职务、变更执行职务的内容等。本罪的主体是军人。包括现役军人、文职人员、武装警察官兵和执行军事任务的预备役人员和其他人员。主观方面只能是故意,即行为人明知对方系正在执行军事任务的指挥、值班、值勤人员,却故意以暴力、威胁方法加以阻挠,以致对方停止、放弃、变更执行职务,或者无法正常执行职务。

(二)阻碍执行军事职务罪的认定

1.犯本罪致人重伤、死亡的定罪量刑

本罪致人重伤、死亡的定罪,在行为人以故意伤害他人的暴力方法阻碍指挥人员或者值班、值勤人员执行职务时,可能会造成被害人重伤或者死亡的后果。在这种情况下,行为人虽然对造成他人伤害的结果主观上也是故意实施的,客观上也实施了故意伤害的行为,但这种伤害行为已与阻碍执行职务的行为发生犯罪竞合关系。鉴于本法对阻碍执行军事职务罪有特别规定,其中对致人重伤或者死亡的法定刑重于《刑法》第234条故意伤害罪致人重伤、死亡的法定刑,而且《刑法》第234条还明确规定"本法另有规定的,依照规定",所以应一律以阻碍执行军事职务罪论处,不能再定故意伤害罪。

2.本罪与阻碍军人执行职务罪的界限

(1)客体不同,阻碍执行军事职务罪侵害的是指挥和值班、值勤秩序,而阻碍军人执行职务罪侵害的是军人依法执行职务的秩序。

(2)对象不同,阻碍执行军事职务罪的犯罪对象限定为指挥人员或者值班、值勤人员,而阻碍军人执行职务罪的犯罪对象是所有军人,其中包括了指挥人员或者值班、值勤人员。

(3)主体不同,阻碍执行军事职务罪的犯罪主体是所有军人,而阻碍军人执行职务罪的犯罪主体是所有达到刑事责任年龄、具有刑事责任能力的公民,包括了所有军人。因此,当军人阻碍其他军人依法执行职务时,如果被阻碍执行职务的是指挥人员或者值班、值勤人员,则应以阻碍执行军事职务罪论处;如果被阻碍执行职责的是其他军人,则应以阻碍军人执行职务罪论处。

3.本罪与妨害公务罪的界限

两罪在主观心理状态方面是相同的,都是基于故意;在客观方面都是以暴力和威胁方法为犯罪手段,实施了阻碍执行职务的行为。其区别是:

(1)主体要件不同。阻碍执行军事职务罪的主体要件为特殊主体,即只能是军人;妨害公务罪的主体,是一般主体,即可以是任何达到法定刑事责任年龄、具有刑事责任能力的人。

(2)侵害的客体不同。阻碍执行军事职务罪侵害的客体是军职任务的正常执行活动,侵害的对象是军队的指挥人员、值班人员、值勤人员;妨害公务罪侵害的客体是社会管理秩序,侵害的对象是国家机关工作人员。这是认定和区分两罪的关键所在。例如军人以暴力、威胁方法阻碍国家工作人员执行职务的,以妨害公务罪论处。

(三)阻碍执行军事职务罪的处罚

根据《刑法》第426条的规定,犯本罪的处5年以下有期徒刑或者拘役;情节严重的,处5年以上10以下有期徒刑;情节特别严重的,处10年以上有期徒刑或者无期徒刑。战时从重处罚。

情节严重的,是指将指挥人员或者值班、执勤人员打伤,致其不能履行职责的;阻碍执行紧急重要勤务或者重要军事要地警卫任务的人员执行职务的；聚众阻碍执行职务的；使用武器、尖锐凶器阻碍执行职务的；使特定的人员执行的任务遭受重大损失的。

情节特别严重的，是指致人重伤、死亡；局长持械或者使用武器阻碍执行职务的；致使国家军事利益遭受特别重大损失的。

八、指使部属违反职责罪

指使部属违反职责罪是指指挥人员滥用职权，指使部属进行违反职责的活动，造成严重后果的行为。

本罪侵犯的客体是军队正常的管理制度。客观方面表现为行为人滥用职权，故意指使部属进行违反职责的活动，并造成了严重后果。"滥用职权"，是指不正当地运用职务上的权力，超越职权，违法决定、处理无权决定处理的事项，或者违反规定处理公务。"指使部属进行违反职责的活动"，是指指使部属实施违反军人共同职责、一般职责或专业职责的行为。指使部属进行违反职责的活动分两种情况，一种是指使部属所实施的行为违背了部属所担负的职责，另一种是不正当地让部属履行职责。造成严重后果是构成本罪的必要条件，通常包括造成人员重伤死亡的，造成重要武器装备、军事设施、军用物资严重毁损及其他严重责任事故的，影响部队完成重要任务的，引起严重事端的等。本罪的主体是部队中具有指挥、调动、命令一定数量军队或下属人员的军职干部，一般指军官。主观方面是故意，其动机可以多种多样。

根据《刑法》第 427 条的规定，犯本罪的处 5 年以下有期徒刑或者拘役；情节特别严重的，处 5 年以上 10 年以下有期徒刑。

九、违令作战消极罪

违令作战消极罪，是指指挥人员违抗命令，临阵畏缩，作战消极，并造成严重后果的行为。本罪侵犯的客体是军人的作战义务和国家的军事利益。客观方面表现为违抗命令，临阵畏缩，作战消极，并造成严重后果的行为。"违抗命令，临阵畏缩，作战消极"，是指在作战中故意违背并抗拒执行首长、上级的命令，或者面临战斗任务而畏难怕险，怯战怠战，行动消极。本罪的主体是部队中的指挥人员，普通士兵不能成为本罪的主体。主观方面为故意。根据《刑法》第 428 条的规定，犯本罪的处 5 年以下有期徒刑；致使战斗、战役遭受重大损失，或者有其他特别严重情节的，处 5 年以上有期徒刑。

十、拒不救援友邻部队罪

拒不救援友邻部队罪是指指挥人员在战场上，明知友邻部队被敌人包围、追击或者阵地将被攻陷等紧急情况请求救援，能救援而不救援，致使友邻部队遭受重大损失的行为。本罪侵犯的客体是武装部队的救援秩序。客观方面表现为在战场上，明知友邻部队被敌人包围、追击或者阵地将被攻陷等紧急情况请求救援，能救援而不救援，致使友邻部队遭受重大损失的行为。"友邻部队"，是指由于驻地、配置地域或者执行任务而相邻，没有隶属关系的部队（分队）。"能救援而不救援"，是指根据当时自己部队（分队）所处的环境、作

战能力及所担负的任务,完全有条件组织救援却没有组织救援。本罪的主体是参战部队的指挥人员。主观方面是故意。根据《刑法》第 429 条的规定,犯本罪的处 5 年以下有期徒刑。

十一、军人叛逃罪

(一)军人叛逃罪的概念及特征

军人叛逃罪是指军人在履行国家、国防事务以及其他军事事务期间,擅离岗位,叛逃境外或者在境外叛逃,危害国家军事利益的行为。

本罪侵犯的客体是国家的军事利益,以及军人永不叛国的义务。客观方面表现为行为人在履行国家、国防事务以及其他军事事务期间,擅离岗位,叛逃境外或者在境外叛逃,危害国家军事利益的行为。所谓擅离岗位,是指不经请示和允许,擅自离开履行职责的位置的行为。所谓叛逃,是指逃往国外、境外不归,或者利用公务出境之机滞留国外、境外不归,以及逃往外国和有关地区的驻华使领馆等行为。叛逃行为必须发生在履行公务期间,并且必须危害了国家军事利益才构成本罪。"叛逃境外",是指通过合法或者非法手段叛逃境外的行为。"在境外叛逃",是指在境外履行国家、国防事务以及其他军事事务期间,擅自离队或者与派出单位和有关部门脱离关系,并滞留不归的行为。本罪的主体是正在履行公务的军人,即中国人民解放军的现役军官、文职干部、士兵及具有军籍的学员和中国人民武装警察部队的现役警官、文职干部、士兵及具有军籍的学员以及执行军事任务的预备役人员和其他人员。本罪的主观方面是故意。动机有多种多样,如贪图享乐、逃避惩罚等,动机不影响定罪。主观上,必须具有背叛祖国的目的。

(二)军人叛逃罪的认定

1.本罪与投敌叛变罪的区别

两罪的主要区别是:(1)侵害的客体不同。本罪侵犯的同类客体是国有的军事利益,直接客体是出境军人和军人出境的管理活动。后者的客体是国家安全。(2)客观方面不同。本罪必须是逃往境外的非敌对国家、组织,后者则是投向敌国、境内外的敌对组织。(3)主体不同。本罪必须是军人,后者则是一般主体,既包括军人,也包括非军人。(4)主观方面不同。本罪必须明知逃往的国家、地区是非敌对的,后者必须知明逃往的是敌国或境内外的敌对组织,并且行为人主观上具有危害国家安全的目的。

2.本罪与国家机关工作人员叛逃罪的界限

两罪在主客观方面相似。其区别是主体不同。本罪的主体是军人,后者则是国家机关工作人员。在客体上也有区别,后者是国家安全。

3.本罪与逃离部队罪的界限。主要区别有:

(1)客体不同。本罪的客体是国家军事利益和军人永不叛国的义务,后者则是国家的兵役制度。(2)客观方面不同。本罪表现为叛逃境外或者是境外叛逃,后者则表现为违反兵役法规,擅自逃离部队。(3)主观方面不同。本罪行为人的主观意图是叛离祖国,后者则是逃避继续服兵役的义务。

(三)军人叛逃罪的刑事责任

根据《刑法》第 430 条的规定,犯本罪的处 5 年以下有期徒刑或者拘役;情节严重的,处 5 年以上有期徒刑;驾驶航空器、舰船叛逃的,或者有其他严重情节的,处 10 年以上有期徒刑、无期徒刑或者死刑。所谓情节严重,一般指率众叛逃,中级以上指挥人员叛逃,以及因其叛逃影响重要军事任务完成等情况。所谓其他特别严重情节,是指胁迫他人叛逃,策动多人叛逃,携带重要或大量军事秘密叛逃,携带航空器、舰船以外的重要武器装备叛逃等情况。

十二、非法获取军事秘密罪

非法获取军事秘密罪是指军人违反国家和军队的保密规定,采取窃取、刺探、收买方法,非法获取有关国家军事秘密情报、载体的行为。本罪侵犯的客体是国家和军队的军事保密制度。客观方面表现为行为人违反国家和军队的保密规定,实施了采取窃取、刺探、收买方法,非法获取有关国家军事秘密情报、载体的行为。“窃取”,是指采取秘密手段,获取军事秘密的行为。“刺探”,是指搜集、侦察、探听军事秘密的行为。“收买”,是指以金钱或者财物与他人交换,获取军事秘密的行为。“军事秘密”,是指直接关系到国防和军队利益与安全,在一定时间内只限一定范围的人员知悉的事项,内容包括:国防和武装力量建设规划及其实施情况等。军事秘密的范围和等级,依照《中国人民解放军保密条例》的有关规定确定。本罪的主体是军人。主观方面是故意。根据《刑法》第 431 条第 1 款的规定,犯本罪的处 5 年以下有期徒刑;情节严重的,处 5 年以上 10 年以下有期徒刑;情节特别严重的,处 10 年以上有期徒刑。所谓“情节特别严重”,主要是指担负重要职责的人员利用职权或者其他特殊便利条件非法获取军事秘密的;获取的手段特别恶劣的;从作战、机要、保密等重要部门非法获取的;获取了重要或者大量的军事秘密。

十三、为境外窃取、刺探、收买、非法提供军事秘密罪

为境外窃取、刺探、收买、非法提供军事秘密罪是指军人违反国家和军队的保密规定,以非法手段,为境外机构、组织、人员窃取、刺探、收买、非法提供国家军事秘密的行为。

本罪侵害的客体是军事秘密的安全和国防安全。军事秘密是国家秘密中的重要组成部分。客观方面表现为行为人违反国家和军队的保密规定,以非法手段,为境外机构、组织、人员窃取、刺探、收买、非法提供国家军事秘密的行为。“境外机构、组织、人员”,是指境外企图搜集我国情报的一切机构、组织和人员。窃取、刺探、收买、非法提供是本罪的四种表现形式,行为人实施其中之一,即可以成立本罪。“非法提供”,是指违反国家和军队的保密规定,未经批准,擅自提供或者故意泄露军事秘密的行为。军事秘密一旦为境外的机构、组织、个人所掌握,对国家的国防安全和军事利益都有很大的危害,因而本款对这种行为规定了比非法获取军事秘密更为严厉的刑罚。本罪的主体是特殊主体,即军人。本罪在主观方面是故意。应当注意的是,《刑法》第 111 条已规定为境外窃取、刺探、收买、非

法提供国家秘密、情报罪,可以完全包括对为境外窃取、刺探、收买、非法提供军事秘密罪的规定。当军人为境外窃取、刺探、收买、非法提供军事秘密罪时,应优先适用本章的规定,以为境外窃取、刺探、收买、非法提供军事秘密罪论处。根据《刑法》第 431 条第 2 款的规定,犯本罪的处 10 年以上有期徒刑、无期徒刑或者死刑。

十四、故意泄露军事秘密罪

(一)故意泄露军事秘密罪的概念和特征

故意泄露军事秘密罪,是指违反保守国家秘密法规,故意泄露国家军事秘密,情节严重的行为。其特征是:

本罪侵犯的客体是国家军事秘密的保密制度。侵犯的对象是军事秘密。客观方面表现为行为人实施了违反保守国家秘密法规,泄露国家军事秘密,情节严重的行为。因此,成立本罪,在客观方面,必须同时具备这三个条件。所谓违反保守国家秘密法规,是指违反《保守国家秘密法》《中国人民解放军保守国家军事机密条例》等法规。所谓泄露国家军事秘密,是指故意或过失地将军事机密透露出去。军事秘密的载体,包括文件、资料、图表、书刊等纸质载体和光盘、硬盘、软盘、音像磁带等磁介质载体以及重要的内部网络信息等。泄露的方式,包括用口头、书面、实物、计算机软盘和光盘以及其他方式。至于以何种方式泄露出去,不影响本罪的成立。所谓国家军事秘密,是指一定时间内限于一定范围的人员知悉的事关国防和军队安全与利益的军事情况和信息,并分为绝密、机密、秘密三级。所谓情节严重,是指泄露重要或大量军事秘密的,机要、保密人员和其他担负重要职责的人员泄露秘密的,因泄露而造成严重后果的,出于个人的恶劣动机或者为达到非法目的而泄密的等等。

本罪的主体是特殊主体现役军人。既包括对军事秘密负有特殊保密义务的军人,如机要、通信、保密人员等,也包括所有了解军事秘密的普通军人,而且不论他们是通过职务活动了解的军事秘密,还是通过其他渠道了解的军事秘密。

本罪主观方面是故意。故意犯罪的动机,有的是为了贪图钱财,有的是为了显示自己消息灵通等。动机不影响定罪。

(二)认定本罪与泄露国家秘密罪的界限

两罪间存在着法条竞合关系。其区别是:(1)犯罪对象不同。本罪的犯罪对象是军事秘密,后者则是国家秘密。(2)主体不同。本罪的主体是现役军人,后者则是国家机关工作人员。如果军人的一行为同时触犯上述两个法条时,应根据特别法条优先适用的原则,认定为按本罪处罚。

(三)泄露国家军事秘密罪的刑事责任

根据《刑法》第 432 条的规定,犯本罪的处 5 年以下有期徒刑或者拘役;情节特别严重的,处 5 年以上 10 年以下有期徒刑;战时犯本罪的,处 5 年以上 10 年以下有期徒刑;战时犯本罪且情节特别严重的,处10年以上有期徒刑或者无期徒刑。

十五、过失泄露军事秘密罪

过失泄露军事秘密罪,是指违反保守国家秘密法规,过失泄露国家军事秘密,情节严重的行为。本罪侵犯的客体是军事秘密的保密制度。本罪在客观方面表现为违反保守国家秘密法规,过失泄露军事秘密的行为。"过失泄露军事秘密",是指过失泄露军事秘密或者遗失军事秘密载体,致使军事秘密被不应知悉者知悉或者超出了限定的接触范围。本罪的犯罪主体是所有军人。本罪在主观方面由过失构成。过失泄露军事秘密是行为人应当预见自己的行为违反保密法规,会造成军事秘密泄露的危害结果,因疏忽大意而没有预见,或者虽已预见却轻信能够避免,以致将军事秘密泄露。按照本条规定,过失泄露军事秘密的行为,除需具备以上构成要件外,还必须达到情节严重的程度才构成犯罪。所谓情节严重,一般包括:机要、保密人员或者其他负有特殊保密义务的人员泄密的,战时泄密的,执行特殊任务时泄密的,泄露重要或者大量军事秘密的,因泄密造成严重后果的,泄密后隐情不报或者未及时采取补救措施的等。

根据《刑法》第432条的规定,犯本罪的处5年以下有期徒刑或者拘役;情节特别严重的,处5年以上10年以下有期徒刑;战时犯本罪的,处5年以上10年以下有期徒刑;战时犯本罪且情节特别严重的,处10年以上有期徒刑或者无期徒刑。

十六、战时造谣惑众罪

战时造谣惑众罪,是指军人在战时造谣惑众、动摇军心的行为。本罪侵犯的客体是战时军队的作战利益。客观方面表现为行为人实施了在战时造谣惑众、动摇军心的行为。这里的"造谣惑众,动摇军心",是指战时在部队中公开或者私下,用口头或者普通文字、图像、计算机网络或者其他途径,故意制造、散布谣言,煽动怯战、厌战或恐怖情绪,蛊惑官兵,造成或者足以造成部队情绪恐慌、士气不振、军心涣散的行为。本罪的主体是军人。主观方面是故意。

根据《刑法》第433条的规定,犯本罪的,处3年以下有期徒刑;情节严重的,处3年以上10年以下有期徒刑;情节特别严重的,处10年以上有期徒刑或者无期徒刑。情节严重的,是指散布谣言严重失实,性质恶劣,造成军心严重动摇,部队严重混乱,指挥严重失控,人员大量逃跑等。情节特别严重的,是指散布谣言失实特别严重,性质特别恶劣,造成军心特别严重动摇,部队混乱特别严重,指挥完全失控,部队溃散等。

十七、战时自伤罪

战时自伤罪,是指军人在战时为了逃避履行军事义务,故意伤害自己身体的行为。本罪侵犯的客体是战时军队的作战利益和军人的军事义务。客观方面表现为行为人实施了在战时自伤身体,逃避军事义务的行为。"逃避履行军事义务",是指逃避临战准备、作战行动、战场勤务和其他作战保障任务等与作战有关的义务。自伤身体指有意识地伤害自己的身体。伤害的部位、程度和方法,法律没有限制规定,因此,对自伤行为应作广义的理解。不论是伤害身体的哪一个部位，是造成轻伤还是重伤，是利用枪击、刀砍还是其他手法，是行为人自行伤害自己的身体，还是利用他人的故意或过失行为伤害自己的身体，均属自伤身体的行为。自伤身体的行为必须发生在战时。本罪的主体是现役军人。主观方面为故意。动机是贪生怕死，畏惧战斗，目的是逃避履行军事义务。根据《刑法》第 434 条的规定，犯本罪的处 3 年以下有期徒刑；情节严重的，处 3 年以上 7 年以下有期徒刑。

十八、逃离部队罪

逃离部队罪，是指军人违反兵役法规，逃离部队，情节严重的行为。本罪侵犯的客体是国家的兵役制度。客观方面表现为行为人实施了违反兵役法规，逃离部队，情节严重的行为。“违反兵役法规”，是指违反我国刑法、国防法、兵役法及其他涉及兵役方面的法律规定。“逃离部队”，是指为逃避服役擅自离开部队或者逾期拒不归队。主体是现役军人。主观方面为故意。动机不影响本罪的成立。根据《刑法》第 435 条的规定，犯本罪的处 3 年以下有期徒刑或者拘役；战时犯本罪的，处 3 年以上 7 年以下有期徒刑。

十九、武器装备肇事罪

武器装备肇事罪是指军人违反武器装备使用规定和操作规程，情节严重，因而发生责任事故，致人重伤、死亡，或者造成其他严重后果的行为。本罪侵犯的客体是军队的武器装备管理和使用制度。武器装备是指部队用于实施和保障作战行动的武器、武器系统和军事技术装备。客观方面表现为行为人实施了违反武器装备使用规定和操作规程，情节严重，因而发生责任事故，致人重伤、死亡，或者造成其他严重后果的行为。这里所谓的“情节严重”，是指故意违背武器装备的使用规定，或者在使用过程中严重不负责任的行为，包括作为和不作为。“责任事故”，是指因违反规章制度的失职行为而造成的事故。“其他严重后果”，是指因武器装备肇事而引起爆炸、火灾、大面积污染或者其他重大损失等。对那些入伍不久，对武器装备的性能尚未熟练掌握、对使用规定和操作规程也不熟知的军人，在管理、使用或者操纵中，不是出于故意违反规定和规程而发生的重大事故。主体是现役军人。主观方面是过失。行为人对违反武器装备使用规定也可能是明知故犯，但对引起重大事故，致人重伤、死亡或者造成其他严重后果，则属过失。根据《刑法》第 436 条的规定，犯本罪的处 3 年以下有期徒刑或者拘役；后果特别严重的，处 3 年以上 7 年以下有期徒刑。

二十、擅自改变武器装备编配用途罪

擅自改变武器装备编配用途罪是指军职人员违反武器装备的动用权限、编配用途和使用范围等管理规定，未经有权机关批准而自行将编配的武器装备改作其他用途，造成严重后果的行为。本罪侵犯的客体是部队的武器装备管理制度。客观方面表现为行为人违反武器装备的动用权限、编配用途和使用范围等管理规定，未经有权机关批准而自行将编配的武器装备改作其他用途，造成严重后果的行为。主体是武器装配的管理人员，既包括主管人员，也包括保管人员。主观方面表现为故意违反器装备的动用权限，过失造成严重后果。根据《刑法》第 437 条的规定,犯本罪的处 3 年以下有期徒刑或者拘役;造成特别严重后果的,处 3 年以上 7 年以下有期徒刑。这里的特别严重后果,是指毁损重要武器装备的,伤亡多人的,严重影响部队执行重要任务的等。

二十一、盗窃、抢夺武器装备、军用物资罪

(一)盗窃、抢夺武器装备、军用物资罪的概念及特征

盗窃、抢夺武器装备、军用物资罪,是指军人采用秘密手段或者趁人不备公然夺取的方法,非法占有武器装备、军用物资的行为。其特征是:

本罪侵犯的客体是军队武器装备、军用物资的所有权和国家军事利益。

客观方面表现为行为人军人采用秘密手段或者趁人不备公然夺取的方法,非法占有武器装备、军用物资的行为。侵害对象为武器装备或者军用物资,这是本罪同其他侵犯财产罪相区别的重要标志。所谓"武器装备",是指部队用于实施和保障作战行动的武器及其配套的弹药、仪器、器材、备附件的统称。但根据《刑法》第 438 条第 2 款的规定,构成本罪的武器装备中不包括枪支、弹药和爆炸物。行为人盗窃枪支、弹药、爆炸物的,应当按《刑法》第 127 条的规定定罪处罚。所谓"军用物资",是指除武器装备以外的供军事上使用的物资,如车船、药品、器材等。本罪的主体是特殊主体现役军人,但非军人可以构成本罪的共犯。主观方面是故意,行为人同时具有非法占有武器装备或军用物资的意图。

(二)认定盗窃武器装备、军用物资罪应注意的界限

与盗窃枪支、弹药、爆炸物罪的界限。其区别是:(1)侵害的客体不同。本罪侵犯的是国家军事利益和军队武器装备、军用物资的所有权,后者则是公共安全。(2)主体不同。本罪是特殊主体现役军人,后者是一般主体。(3)侵害的对象也有些不同。本罪的对象是武器装备、军用物资,其中包括枪支、弹药、爆炸物;后者是枪支、弹药、爆炸物,多数属于军用武器装备的范畴,但有部分是民用的。

本罪与盗窃罪的界限。两罪在主客观方面相似。其区别是:(1)对象不同。本罪的对象是军用物资、武器装备,后者是公私财物。(2)主体不同。本罪的主体是现役军人,后者是一般主体。

(三)盗窃武器装备、军用物资罪的刑事责任

根据《刑法》第 438 条的规定,犯本罪的,处 5 年以下有期徒刑或者拘役;情节严重的,处 5 年以上 10 年以下有期徒刑;情节特别严重的,处 10 年以上有期徒刑、无期徒刑或者死刑。

二十二、非法出卖、转让武器装备罪

(一)非法出卖、转让武器装备罪的概念及特征

非法出卖、转让武器装备罪,是指军人违反武器装备管理规定,非法出卖、转让武器装

备的行为。其特征是：

本罪侵犯的客体是部队武器装备的所有权和军队战斗力的物质保障。侵犯的对象是武器装备。客观方面表现为行为人实施了违反武器装备管理规定，非法将用于军事目的的武器装备出卖或者转让给他人。所谓武器装备管理规定，是指《中国人民解放军武器装备管理条例》等规定。所谓非法，是指违反军队有关武器装备管理的法规、规章，未经有关机关批准。“出卖、转让”，是指违反武器装备管理规定，未经有权机关批准，擅自将武器装备出售、馈赠他人，或者换取其他物品的行为。应当注意的是，非法出卖、转让武器装备应是行为人合法管理或者执掌的。如果将抢劫、抢夺、盗窃等所得的武器装备出卖、转让的，应当按其行为所构成的犯罪从重论处，而不应以本罪论处。本罪主体为特殊主体现役军人，主要是武器装备的管理、使用、维护、保养人员。主观方面是故意。行为人多具有牟利的目的。本罪是故意犯罪。对不知是军队的武器而出卖、转让的，不构成本罪。本罪出卖、转让的武器必须是在编尚未列入非编的武器装备。对于不在编、已列入非编或报废的武器装备进行出卖、转让的，不构成本罪。

注意区分本罪中以非法出卖枪支、弹药、爆炸物为表现形式的情况，两罪在主客观方面相似，其区别是主体的不同：本罪的主体是军人，后者则是一般主体。

（二）非法出卖、转让武器装备罪的刑事责任

根据《刑法》第 439 条的规定，犯本罪的处 3 年以上 10 年以下有期徒刑；出卖、转让大量武器装备或者有其他特别严重情节的，处 10 年以上有期徒刑、无期徒刑或者死刑。所谓其他严重情节，是指因非法出卖、转让军队的武器装备而引发重大恶性刑事案件和给公共安全造成重大危害的，非法出卖、转让重要武器装备的，非法出卖、转让武器装备给犯罪团伙或境外的机构、组织、人员尤其是敌对势力的，等等。

二十三、遗弃武器装备罪

遗弃武器装备罪是指负有履行保管武器装备义务的军人，违抗命令，故意遗弃武器装备的行为。本罪侵犯的客体是武器装备管理制度。客观方面表现为行为人违抗命令，故意遗弃武器装备的行为。主体是负有履行保管武器装备义务的军人。主观方面是故意。过失不构成本罪。根据《刑法》第 440 条的规定，犯本罪的处 5 年以下有期徒刑或者拘役；遗弃重要或者大量武器装备的，或者有其他严重情节的，处 5 年以上有期徒刑。

二十四、遗失武器装备罪

遗失武器装备罪，是指军人遗失武器装备，不及时报告或者有其他严重情节的行为。本罪侵犯的客体是武器装备的管理制度。在客观方面表现为行为人遗失武器装备，不及时报告或者有其他严重情节的行为。“遗失”，是指在武器装备的操作、使用、维护、修理、保养、运送等过程中，因疏忽大意或者过于自信而造成武器装备丢失。“不及时报告”，是指丢失武器装备后不按有关规定如实向首长、上级报告，因而丧失追查、寻找武器装备的机会。“其他严重情节”，是指遗失武器装备严重影响部队战备、作战、训练、戒严、抢险救

灾、处置突发事件等重大任务的；给人民群众生命财产安全造成严重危害的；编造虚假情况欺骗首长、上级或者嫁祸于人的；遗失的武器装备被敌人或者境外机构、组织和人员利用，造成恶劣影响的；遗失武器装备数量多、价值高的；战时遗失的。主体是现役军人。主观方面只能由过失构成。根据《刑法》第 441 条的规定，犯本罪的，处 3 年以下有期徒刑或者拘役。

二十五、擅自出卖、转让军队房地产罪

擅自出卖、转让军队房地产罪是指负有直接责任的军人违反《中国人民解放军内务条令》《中国人民解放军房地产管理条例》及其他有关军队房地产管理和使用规定，未经有关机关借故依法审批，有偿或者无偿改变军队土地、房屋、国防工程设施、林木的产权关系，情节严重的行为。本罪侵犯的客体是房地产管理制度。军队房地产是国家财产的重要组成部分，也是国有资产不可缺少的有机整体。军队房地产权属由国家依法授予中央军委、总部所持有，任何人员、组织和部队不得擅自出卖、转让。本罪在客观方面表现为违反规定，擅自出卖、转让军队房地产，情节严重的行为。军队房地产是指由军队管理、使用的房屋及其附属设施、设备和土地、林木等。违反规定是指违反《内务条令》《中国人民解放军房地产管理条例》及其他有关军队房地产管理和使用的规定。出卖和转让军队房地产是两种主要的处理军队房地产的方式，未经批准，将本单位的房地产出卖或者转让给军队其他单位，因房地产的产权关系仍在军队内部，所以也不属于出卖或者转让军队房地产。出卖或者转让都是改变军队房地产的产权关系，如果仅是临时出租或出借给他人使用，到期收回，不改变产权关系的，不属于出卖或者转让。出卖，是指以牟利为目的出售军队房地产的行为。转让，是指私下将房地产赠予他人或者以此换取其他物品。擅自出卖、转让军队房地产行为，只有情节严重的，才能构成犯罪。情节严重是指出卖、转让军队房地产数量较大的，出卖、转让重要房地产的，出卖、转让给境外的机构、组织、人员的，因出卖、转让军队房地产造成严重后果的，严重影响部队正常训练、工作和生活的，以及事后弄虚作假欺骗上级的等。

本罪的主体是出卖、转让军队房地产的直接责任人员，即军队各单位的主管人员和负有房地产管理职责的人员，居于军人违反职责罪中的特殊主体。本条虽然没有对犯罪主体作明文限定，只规定追究直接责任人员的刑事责任，但由于房地产的不动产属性，决定了出卖、转让军队房地产的行为只能由对房地产负有管理职权的人员实施。主观方面是故意。根据《刑法》第 442 条的规定，犯本罪的，对直接责任人员处 3 年以下有期徒刑或者拘役；情节特别严重的，处 3 年以上 10 年以下有期徒刑。

二十六、虐待部属罪

虐待部属罪，是指军人滥用职权，虐待部属，情节恶劣，致人重伤或者造成其他严重后果的行为。本罪侵犯的客体是我军官兵一致、平等相待的军人之间的相互关系。官兵一致是我军政治工作三大原则之一，尊干爱兵是我军光荣传统的重要组成部分。本罪在客观方面表现为军职人员滥用职权，对部属进行虐待，情节恶劣，因而致人重伤或造成其他

严重后果的行为。客观方面表现为行为人实施了滥用职权，虐待部属，情节恶劣，因而致人重伤或者造成其他严重后果的行为。滥用职权是指超越职责范围，不正当地使用职权。"虐待部属"，是指采取殴打、体罚、冻饿或者其他有损身心健康的手段，折磨、摧残部属的行为。对部属管理上的简单粗暴或者在训练、施工及其他体力活动上提出过高要求，也不应以虐待行为对待。致人重伤或者造成其他严重后果是构成本罪的必要条件，而致人死亡则是本罪加重处罚的条件。一般的辱骂、斥责及管理教育方法简单生硬，没有致部属重伤或者造成其他严重后果的，不属于情节恶劣的虐待部属行为，不构成本罪，即使个别部属心胸狭窄，因而自杀或自伤身体、逃离部队等，也不应追究刑事责任。虐待部属造成其他严重后果的情况，是指受虐待的部属因不堪忍受而自杀的，被害人身心健康受到摧残，甚至患精神病的；因虐待部属，造成部队开小差、行政管理工作混乱，影响部队正常训练、工作的；战时虐待部属，因而致使部队战斗力下降，造成战斗失利的；因虐待部属造成恶劣影响，败坏我军声誉的等。行为人虐待部属的时间较长、方法多样，也不构成数罪，不适用数罪并罚，可作为犯罪情节在量刑上予以适当考虑。本罪的主体为特殊主体，指处于领导岗位的军职人员，亦即行为人与被害人之间存着职务上的隶属关系，前者是后者的领导。主观方面是故意。

根据《刑法》第 443 条的规定，犯本罪的处 5 年以下有期徒刑或者拘役；致人死亡的，处 5 年以上有期徒刑。

二十七、遗弃伤病军人罪

遗弃伤病军人罪是指在战场上故意将我方伤病军人遗弃，情节恶劣的行为。本罪侵犯的客体是战时伤病军人的人身权利，即在战场上的伤病军人获得救护、输送的权利。客观方面表现为行为人在战场上不履行职责，对有条件抢救、输送的伤病军人不予抢救、输送，或对已抢救下来的伤病军人无故遗弃，情节恶劣的行为。主体是在战场上对抢救、输送伤病军人负有责任的军人。主观方面只能是故意。根据《刑法》第 444 条的规定，在战场上故意遗弃伤病军人，情节恶劣的，对直接责任人员，处 5 年以下有期徒刑。

二十八、战时拒不救治危重伤病军人罪

战时拒不救治危重伤病军人罪是指军队的医务人员战时在救护治疗职位上，有条件救治而拒不救治危重伤病军人的行为。本罪侵犯的客体是军队对救护治疗秩序的管理和伤病军人的人身权利。客观方面表现战时在救护治疗职位上，有条件救治而拒不救治危重伤病军人的行为。"有条件救治而拒不救治"，是指根据伤病军人的伤情病情，结合救护人员的技术水平、医疗单位的医疗条件及当时的客观环境等因素，能够给予救治而拒绝抢救、治疗的。本罪是行为犯。主体必须是负有救护治疗职责的军人。主观方面是故意。根据《刑法》第 445 条的规定，犯本罪的，处 5 年以下有期徒刑或者拘役；造成伤病军人重残、死亡或者有其他严重情节的，处 5 年以上 10 年以下有期徒刑。

二十九、战时残害、掠夺战区无辜居民罪

战时残害、掠夺战区无辜居民罪，是指战时在军事行动地区，残害无辜居民或者采取

暴力、胁迫等手段抢劫、抢夺、损毁无辜居民财物的行为。本罪侵犯的客体是我国武装力量的声誉和战时军事行动地区无辜居民的人身、财产权利。本罪在客观方面表现为行为人战时在军事行动地区,残害无辜居民或者采取暴力、胁迫等手段抢劫、抢夺、损毁无辜居民财物的行为。这种行为不仅为国内刑事法律所禁止,也为国际法所禁止。战时在军事行动地区,通常又简称为“战区”,是指我军作战区域,包括境内和境外。军人在非军事行动地区实施掠夺、残害平民百姓等行为的,则按刑法分则其他章节条款惩处。本罪的犯罪对象是无辜居民的财产,包括金钱和财物;残害的对象是无辜居民。“无辜居民”,是指对我军无敌对行动的平民。在战场上掠夺阵亡烈士、伤员和敌人的财物的,不构成本罪。“残害”,是指采用暴力手段,杀伤无辜居民或者焚烧、毁坏无辜居民财物的行为。掠夺,主要是指以暴力、胁迫等方式,抢劫、抢夺无辜居民财物的行为。对那些与敌方通风报信、泄露我军行动秘密、用武力骚扰我军行动,围攻、暗杀、绑架我方人员,煽动当地群众、居民反抗我军的首要分子等,应按“敌人或敌对分子”看待,不能划入“无辜居民”的范围之内。主体是在军事行动地区参与军事行动的现役军人。主观方面是故意。根据《刑法》第 446 条的规定,犯本罪的处 5 年以下有期徒刑;情节严重的,处 5 年以上 10 年以下有期徒刑;情节特别严重的,处 10 年以上有期徒刑、无期徒刑或者死刑。

三十、私放俘虏罪

私放俘虏罪,是指未经批准,擅自放走俘虏的行为。本罪侵犯的客体是部队关于俘虏的管理制度。客观方面表现为未经批准,擅自将俘虏放走的行为。本罪的对象是俘虏。主体是具有看守、管理、调运俘虏等职责的军人。主观方面是故意。根据《刑法》第 447 条的规定,犯本罪的处 5 年以下有期徒刑;私放重要俘虏、私放俘虏多人或者有其他严重情节的,处 5 年以上有期徒刑。

三十一、虐待俘虏罪

虐待俘虏罪,是指对被我方俘获的敌方人员,实施虐待,情节恶劣的行为。本罪侵犯的客体是俘虏的人身权利和我军对俘虏的政策。本罪侵犯的客体是我军的俘虏管理制度。对放下武器的敌军官兵,实行宽待政策,给予人道待遇,不杀不辱,不没收私人财物,受伤给予治疗,妥善处理死亡俘虏的遗体和遗物,这是我军瓦解敌军的政治工作原则的具体体现。而且我国还于 1956 年 11 月 5 日加入《关于战俘待遇的日内瓦公约》。本罪在客观方面表现为虐待俘虏,情节恶劣的行为。虐待的对象必须是俘虏,即在战争或武装冲突中被我方俘获的敌方武装人员及其他武装部队服务的人员。如果仅为敌方的普通百姓,则不属本罪的犯罪对象。虐待行为一般表现为侮辱人格,不人道的生活待遇,打骂、体罚、折磨及施以其他酷刑,强迫从事危险性和屈辱性的工作,摧残其身体等。随意杀死俘虏的行为属于严重侵害俘虏人身权利的犯罪,已超出虐待行为的本意,不应再以本罪论处。虐待俘虏的行为既可以发生在战时,也可以发生在战后,所以本罪没有限定为战时犯罪。只有情节恶劣的虐待俘虏行为才构成犯罪,如一贯虐待俘虏屡教不改的,虐待俘虏的手段特别残酷的,因虐待等行为导致俘虏自杀、凶杀、逃跑、闹事等严重后果或造成恶劣政治影响的，因虐待导致俘虏伤残和死亡的等。

本罪的主体是军人，以及预备役人员、民兵组织中管理、看押俘虏的人员。主观方面是故意。根据《刑法》第448条的规定，犯本罪的处3年以下有期徒刑。